《韦卓民全集》编委会

湖北省学术著作出版专项资金资助项目

韋卓民全集

第四卷

判断力批判

《判断力批判》解义

[德] 康德 等著

熊桂玉 高新民 整理

韦卓民 译

華中師範大学出版社

图书在版编目(CIP)数据

韦卓民全集·第四卷/[德]康德等著;韦卓民译;熊桂玉　高新民整理.—武汉:华中师范大学出版社,2016.7
ISBN 978-7-5622-7221-2

Ⅰ.①韦…　Ⅱ.①康…　②韦…　③熊…　④高…　Ⅲ.①韦卓民(1888—1976)—全集　Ⅳ.①C52

中国版本图书馆 CIP 数据核字(2015)第 315662 号

韦卓民全集·第四卷
©[德]康德等著　韦卓民译　熊桂玉　高新民整理

责任编辑:何军华　**责任校对**:王　胜
编辑室:学术出版中心　**电话**:027—67863220
出版发行:华中师范大学出版社　**社址**:湖北省武汉市珞喻路 152 号
电话:027—67863426/3280(发行)　027—67861321(邮购)
传真:027—67863291
网址:http://www.ccnupress.com　**电子信箱**:press@mail.ccnu.edu.cn
印刷:湖北恒泰印务有限公司　**督印**:王兴平
字数:560 千字　**封面设计**:甘　英
开本:710mm×1000mm　1/16　**印张**:37.25
版次:2016 年 7 月第 1 版　**印次**:2016 年 7 月第 1 次印刷
定价:113.00 元

欢迎上网查询、购书

总 序

历经20年以上两代华师相关学者曹方久、高新民诸教授的辛勤搜集、整理、校订、编辑,《韦卓民全集》终于出版问世。这是华中师范大学出版社的又一壮举,也是这位前辈大家给我们留下的一笔丰厚学术文化遗产。

韦卓民先生不仅是一位卓越的大学校长,还是一位学贯中西、博古通今的杰出学者,其重要业绩在于中西文化之沟通。他毕业于华大前身文华大学,并曾先后就读于哈佛、伦敦、牛津、柏林等世界著名大学。他以毕生精力营造中西文化交流的桥梁。正如年轻一代学者王宏维所描述的那样:“集翻译、研究、教学于一体,熔‘三大批判’于一炉,风雨如磐,运动迭起。精译、深耕、勤教,始终无怨无悔。”1915年,韦先生以英文撰写《孟子之政治思想》,取得文华大学文学硕士学位,可以看作是其学术生涯的发端。随后陆续发表的《佛教净土宗以信得救的教义及其与基督教之比较》(1920)、《孔门伦理》(1929,博士论文)、《中国文化之精神》(1947)等论著,则是这一事业的继续发展。上个世纪50年代中期以后,他身处逆境,而沟通中西文化致力更勤,译著笔耕始终未辍,如《康德哲学介绍》(1956)、《亚里士多德逻辑》(1957)、《培根与其〈新工具〉》(1956)、《康德哲学浅说》(1972)、《黑格尔〈小逻辑〉讲稿》(年代不详)等。这些学术业绩多侧重于介绍西方传统文化的精华,特别是对亚里士多德、培根、康德、黑格尔等人哲学名著的翻译、阐释与导读。早在1928年他就说过:“有机体须从其环境吸收并同化一些要素,而且只有在吸收及同化的过程不断的情况下,才可能有生命。‘综合’一词是很重要的。它意指我们须对我们要综合的文化有完整的分析,比较其优缺点,然后造成一个有机体的整体,以保存两种文化的优点。我们必须这样做,而且必须以母体系统为新结构的间架。这是精神创新的工作……又是多么伟大的工作。”(《东西文化之综合问题》,据台北韦卓民纪念馆译文)这些话陈义甚高。他是这样说的,也是这样做的,而且是以自己的全部生命投入这项伟大工作。或许可以说,不理解这一点就不懂得真正的韦卓民。

诚然，韦卓民是一个虔诚的基督徒，但他信仰而非偏执，更没有流于浅薄的迷信。其根本原因就在于他是一个真正的哲学家，在精神世界更着重于理性的超越，既超越世俗，也超越宗教。正如香港年轻一代学者陈广培所曾指出：韦卓民眼中的基督教与中国社会文化的关系，“隐含着‘他者’的伦理视野”，其终极探究乃是整个宇宙与人类文明的存在与变化。但他并非沉溺于幻想，而是立足现实，关切现实，理解现实。所以他在基督教对华传播问题上，极力主张必须根植于中华文化土壤。用我自己的话来表述，就是“主归中华应该先于中华归主”。作为基督徒，他当然希望“将远东拥有世界最悠久历史的这个国家的优良文化，带到主的神坛前，作为对主的奉献”。因此，他自己坦然承认：“我毕生研究，都在导致去发现怎样使中国文化基督教化。”但他毕竟又是一个经过长期科学训练的现代哲学家，他对基督教的信仰，虔诚而非迷信，从不认为任何经典就是绝对真理，而多数传教士与基督徒信奉与传播的也不一定就是真正的教义真谛。所以，他摒弃西方中心主义，特别是许多欧美差会在华传播基督教过程中所拘守的专断与偏执。我认为，他在学术上致力更多的还是对西方近代哲学名著的译介与诠释。即使是在神学方面，也是反复强调并致力于基督教的中国化，即根植于中华文化。

韦卓民一生最为辉煌的时期是1945—1947年。抗战胜利后，华中大学返回昙华林，重整家园，百废待兴，并且雄心勃勃制订十年发展计划。在此期间，他曾应邀赴美讲学，先是作为鲁斯世界基督教讲座教授(The Henry W. Luce Visiting Professorship of World Christianity)，发表题为“让基督教在中国土地上生长”(Rooting the Christian Church in Chinese Soil)的系统演讲。随后，又应Hewell基金会邀请，在Andoer-Newton以及波士顿的圣公会多次演讲，主题是“中国文化之精神”(The Spirit of Chinese Culture)。这些系列演讲，均于1947年在美国结集出版。

这次讲学，规格甚高，声誉颇隆。韦卓民以前在耶鲁大学的老同事，曾任美国历史学会与美国教会史学会会长的赖德烈教授(Kenneth Scott Latourette)，为其演讲文集撰写序言，高度评价说：“韦博士了解中国文化的精神，有同情而深度的睿智，同时他又是一位基督徒，在向英语世界里，阐述中国文化之深处,实在罕与其比。”赖德烈 1910—1917 年曾在中国雅礼学院任教,是上个世纪 30—40 年代美国中国史与教会史研究的领军人物,他对韦卓民的评价绝非礼仪性的客套,而是由衷的倾服。韦卓民虽然专攻西方哲学,但其中国文化根底甚深,长期教授逻辑学、代数与几何、政治学、哲学、神学等课程,早已具备中西跨文化研究(他自己称为“综合”)的坚实基础,即使对欧洲早期汉学大家也不盲目崇信。韦卓民曾指出:“由于不够严谨地解释中国文字中若干名词,或是无意地把若干我们自己的意见掺杂到中国哲学宗教文献之中,我们假中国文化之名,表达我们自己的思想。……如此我们犯了理解上的谬误,翻译上的谬误,这尤其是在引用上最恶劣的谬误,因为在翻译原著时,你等于有效地告诉读者,这是原作者的意思。……最著名的汉学家,往往是最大的罪人。但是谁肯带头来批评呢?”他只有自己带头来批判,并且指名道姓地以这些“饱学之士”为例,如“19 世纪的 Legge(理雅各)与 Ross(罗约翰),20 世纪的 Bruce(卜道成)和 Rawlinson(乐灵生)”。他有意不提当时仍然在世的某些“饱学之士”的名字,算是给他们留点面子。

韦卓民在对外文化交流过程中显示出可贵的自觉与自信,他有足够的底气向西方学界挑战,因为他中文底子极好,熟读四书五经;又精通英、德、法、俄、希腊、拉丁等文字,不仅对西方相关经典著作钻研颇深,而且阅读涉猎甚广。例如,英国史学大师汤因比的巨著《历史研究》尚在陆续撰写出版之中,他就在演讲涉及人类文明兴衰时多次引用其论述,而当时中国史学界研究汤因比者还寥若晨星。韦卓民对西方“饱学之士”的批评,并非局限于经典中个别词语翻译的考订纠误。他特别强调:“我要指出的,不只是语言文字而已。整个的文化背景,必须也要加以考虑,诸如思想形式、思想规则、研究方法、哲学、宗教、艺术及社会结构等。”(以上引文均据老校友沈宝寰译文)因此,这种批评就不是口舌之争,更不是意气之争,而是力图实现层次更高而收效更为深远的东西文化高层交流。韦卓民的演讲不仅面对美国,而且面对世界;不仅面对基督徒,而且面对全人类。

韦卓民虽然是基督徒,但也是教育家与哲学家,他投入精力与思考更多的毕竟还是学校教育与哲学研究。教育使他进入世俗,哲学使他超越宗教;他追求美好的理想,但始终立足于现实,立足于中国的土地,厕身于中国的人民。因此,不像那些专业的神学家与偏执的布道者,他公开而真诚地履行现实社会的公民承担。抗战爆发后,他不断以英文撰写时评文章,向全世界介绍中国人民团结抗击日本疯狂侵略的真实情况,勇敢地表明反对法西斯主义的政治立场,比如 1938 年 6 月在美国《耶鲁评论》(Yale Reviews)上发表《抗战初期中国的若干问题》(Questions about China),1940 年于重庆发表的长篇英文通讯稿《抗战时期中国的教育》(Education in Wartime China), 1941 年春发表于《基督王国》(Christendom)杂志的《中国战争对中国文化的影响》(Cultural Effects of the Present War in China),1941 年 3 月在中国广播电台发表的广播词《学者在战争中的任务》(The Role of Scholars in the War)等。特别是这篇向美国人民发表的广播词,再次重申:“在中国所发生的战争,只是极权与民主间大战的先锋。过去一年半来的事实,证实了我的看法,中国正在作战,而且决心继续作战,直至正义和世界道德得到维护为止。”作为一所西迁云南大理的大学之校长,他还自豪地向世界宣布:“透过坚持不懈的努力,中国的高等教育,不仅在战时得以维持,而且在一些重要方面还获得了显著进步,特别是许多研究所和高等学府向大后方落后地区的转移,产生了很好的影响,使得过惯了沿海各地生活的师生们,有机会熟识内地的生活。这种情形本身就是一种具有深远意义的教育,文化得以广泛散布,现代思想得以传播,水准较低的学校,在和进步的省份迁来的大学接触后,也因此提高了程度和效能,其结果将是战后会出现一个更教育化的中国。”在这些平实而又恳挚的话语中,我们可以看到一个真正的爱国者,一个终生奉献教育的老校长,一个胸怀世界的卓越中国公民。

但是抗战结束以后,人们还没有从胜利的喜悦中醒悟过来,国民党反动派就发动了史无前例的大规模内战,而政府腐败与战祸绵延,迅速使广大民众再次陷入痛苦深渊。韦卓民与成千上万善良的知识精英一样,逐步放弃了对于国民党政府的幻想,同情民主运动,保护进步学生,并且毅然拒绝国民政府迁校台湾的指令。他与华中大学广大师生一起,迎接了新中国的诞生,并且接受人民政府的命令,断绝与外国差会的联系,把学校由私立改为公立,以后又顺应全国性院系调整,与中华大学、中原大学等校合并,改制建立华中师范学院。他确实自觉地努力适应新社会,新政府也确曾给予重视并委以领导建校的重任。但是由于朝鲜战争爆发,美国成为敌国,而中国选择“一面倒”的亲苏外交政策。在抗美援朝热潮中,教会大学被定位为“美帝侵华文化堡垒”,其校长也相应被定格为“帝国主义文化侵略代理人”。在肃清“亲美”、“崇美”、“恐美”思想运动的高潮中,韦卓民成为理所当然且火力集中的靶子,并且从此离开学校领导岗位,成为一般教师。1957 年他被错划为“右派”以后,在政治上更受歧视,“十年动乱”期间亦为当然的批斗对象,直至 1976 年以后才经过平反恢复名誉。但好景确实不长,不过两年,这一代学术宗师就溘然与世长辞。

应该承认,韦卓民 1949 年以后这将近 30 年之久的漫长岁月确实是一个悲剧,但悲剧并非个人原因造成。根据我个人亲自接触与文献检索两方面的了解,过去无论如何屈辱痛苦,俨然成为众矢之的,他都能以平和的心态、超脱的胸怀,似乎顺应而又有内在定力地坦然应对。他天性幽默,语言风趣。记得“文革”时期,他作为“批斗对象”每天都要挤公交车从昙华林到南湖校本部“集中学习”。吃中饭排长队时,有人好心提醒他的铝制饭盒已被挤扁,他微笑轻声回应:“人都扁了,何况饭盒?”这就是真实的韦卓民,一位伟大的哲学家、教育家。在那种是非颠倒、蒙冤受屈的岁月,仍然保持着学者的尊严与人格魅力,甚至在集中学习的“牛棚”里仍然照常写作不辍。

俱往矣,过往的岁月,已逝的往事! 大江东去,浪淘尽千古风流人物。刘知几云:披沙拣金,时有获宝。评文如此,评人亦然,只要是真金,迟早总会闪耀炫目光芒。出版社领导嘱我作序,哲学与神学浅薄如我,何必贻佛头著粪之讥。但曾忝任后辈校长,毕竟有所相知,于公于私,义不容辞。感慨万端,直抒胸臆而已。不当之处,尚祈多界贤达不吝批评教正。

章开沅

乙未初冬 年方九十

于南湖实斋

韦卓民引领我们走向康德
——代出版前言

在中国，伟大哲学家康德的著作和思想正在被越来越多的人所熟悉、所掌握，他那博大精深的思想在中华民族精神进程中的魅力已逐步展现。

韦卓民先生对康德哲学在中国的传播起到了巨大的作用，他在康德哲学“东渐”过程中的关键性地位是不可磨灭的。

20世纪甫始，梁启超发表《近世第一大哲康德之学说》一文，首次向中国人系统地介绍了康德。

“五四”新文化运动前后，张颐先生率先将康德和黑格尔的哲学带进了中国大学的课堂，张铭鼎等许多老一辈的学者致力于康德哲学的介绍和传播，在文化理论界掀起了一个热潮。

20世纪30年代以后，国内陆续翻译出版了康德的一些原著，它们是：《纯粹理性批判》(胡仁源译，1931年，商务印书馆)、《实践理性批判》(张铭鼎译，1936年，商务印书馆)、《道德形而上学探本》(唐钺译，1937年，商务印书馆)。与此同时，也出现了一些有价值的研究专著和论文，如郑昕先生的《康德学述》(1946年，商务印书馆)。

从“五四”到中华人民共和国成立前，尽管康德哲学得到了一定传播，但正如贺麟先生所评论的：成效不大，深度不够，范围狭小，“以致最后谈康德的仅有学术界为数极少的几个人”①。这种情况之所以产生，恐怕与学术界对康德哲学原著的系统翻译和介绍工作做得不够有莫大关系。

20世纪60年代，这种情况得到了很大改善。康德的三大批判中译本陆续出版：《纯粹理性批判》(蓝公武译，1960年)、《实践理性批判》(关文运译，1960年)、《判断力批判》(宗白华、韦卓民译，1964年)。中国人终于可以用中文一窥康德批判哲学体系的全豹了。接着，商务印书馆又出

① 贺麟：《康德、黑格尔哲学在中国的传播》，见《贺麟选集》，吉林人民出版社，2005年，第461页。

版了三本解释康德原著的译作。即是韦卓民先生翻译的《康德〈纯粹理性批判〉解义》([英]斯密著,1964 年)、《康德哲学著作选译》([加拿大]华特生编选,1963 年)和《康德哲学讲解》([加拿大]华特生著,1963 年)。

《纯粹理性批判》是批判哲学的根基,是康德的扛鼎之作。尘封 20 多年的蓝译《纯粹理性批判》的问世,对想学习康德而又无条件直接阅读原文的莘莘学子,就像久旱后之甘露①,它成了哲学系学生和哲学研究者案头必备之书。读懂康德,特别是他的《纯粹理性批判》,是十分艰难之事。入门需要引领,康蒲·斯密的《康德〈纯粹理性批判〉解义》,像他英译的康德原著一样,是一本国际公认的权威著作,近一个世纪以来,广泛流传,经久不衰。这一著作汉译本的出版,对康德哲学的传播,无疑又是一场及时雨。试问,有志于研究康德的学者,有几位没有读过这本《解义》的呢? 这本书当时"内部"出版,印数很少,可谓洛阳纸贵,得之者将它作为珍品收藏。直到 20 世纪 90 年代,有的学校因难觅此书,为教学需要,不得不内部翻印,可见它的价值和作用。

同期出版的其他两本华特生讲解康德的译作,也是对学习、研究康德极具参考价值的读物。《康德哲学原著选读》(原书 1888 年出版)编选了"三大批判"和《道德形而上学基础》四本原著中的若干章节。作者认为这些包括了康德系统思想的一切要点,对初学康德哲学的人很有帮助,可以为进一步研究康德哲学作好充分准备。这本书曾作为加拿大的大学教材,美国的大学也采用过。《康德哲学讲解》(原书 1908 年出版)是作者用前书作为基本教材向大学生讲的讲稿,积 20 年的教学经验整理而成。作者认为把这两本书结合起来向学生传授康德哲学,是"比较成功的一种试验结果"。韦卓民教授也正是用过华特生的教本和经验讲授康德哲学的。

以《解义》为标志的上述三本讲解康德哲学的著作,对促进康德哲学的教学、研究的重要意义,是显而易见的。它们的翻译出版,在康德哲学东渐史中,如果不能说"不亚于",那也是"仅次于"康德原著翻译出版的一件大事。在短短的两三年内,韦卓民先生向世人贡献了包括《判断力批判》(下册)在内的四本有关康德的译作,这在当时无人能出其右,可以说,

---

① 20 世纪 30 年代出版的胡仁源的译本是公认读不懂的。

解放后国内引进康德哲学最早、最多、最有力者，实应首属韦卓民先生。这些事实已然可以确定：在康德哲学在中国传播的第三个阶段[①]中，韦先生起到了发端奠基的重要历史作用。

但韦卓民先生所从事的康德哲学的传播、研究工作远远不止于此，人们以前知道得太少了。

韦卓民先生是一位学贯中西、融汇古今的大学者。他在中外哲学史、逻辑、教育和宗教神学等领域中均有很深的造诣与丰硕的建树。在西方哲学史领域，韦先生着重研究了四个人，即亚里士多德、培根、康德和黑格尔。关于这四位哲人，他均有遗著留下，但花时间最长、耗精力最多的乃是康德。在他留下近百部(篇)达七八百万字的中英文遗稿中，关于康德哲学的竟占了二分之一左右。这些足以证明，20 世纪中期，国内关于康德哲学的传播和研究，韦先生确实是首屈一指的。

韦先生之所以花大力从事康德哲学的传播和研究，是因为，他把康德看作西方哲学思想发展中承前启后的最关键人物。他认为，研究西方近代哲学中的人不管谈什么哲学问题，都必须追踪到康德。在他讲授康德、黑格尔哲学时，讲到康德，不时会流露出一种激情，这是他讲黑格尔时所没有的。他曾向王元化先生讲过，他对康德的评价远远超过黑格尔。当然，在那极“左”的年代里，他在称颂康德的同时也不得不从政治角度斥责过康德几句，这是可以理解的。

韦先生在 1957 年突遭厄运后，从居住几十年的校长楼移居一间斗室，工资陡降，生活条件急剧变差，但他从容对待，一心扑到对康德等人的研究上，到“文革”前，数年内以惊人的速度译出有关康德的专著竟达 10 部，300 余万字(同一时期，韦先生还撰写和翻译了 4 本关于黑格尔哲学和逻辑学等方面的著作达 100 万字左右)。这个时期，是中国最需要理性和人性的时期，也是他在康德的研究中成就最多的时期，也许这并不是偶然的。商务印书馆慕其名向他约稿，由于“文革”爆发，只出版了 4 部，这可以说是学界的一大损失。此后 10 年，这位耄耋老人在蹲牛棚、下农村、

① 贺麟先生在《康德、黑格尔哲学在中国的传播》中把康德、黑格尔哲学在中国的传播分为三个时期：早期为从变法运动到五四运动，中期为从五四运动到全国解放，后期为中华人民共和国成立之后到现在。

挨批斗、受凌辱等更为恶劣的境遇中仍念念不忘康德、黑格尔，笔耕不辍。在那令知识分子濒于崩溃绝望的岁月，他鼓励难友说："要有信心，做学问不能停下来！"像其他中国学者一样，韦卓民先生也以自己的人格谱写了康德、黑格尔东渐史上悲壮的一幕。

我们看到，韦先生关于康德研究的遗著中，绝大部分是译著，是康德的原著和对原著解读的著作。他认为，要真正认识康德哲学一定要读原著，特别是他的"三大批判"，这是康德哲学思想的精髓。韦先生曾著文专门分析"三大批判"的前提、基础和背景，提出了独到的见解。他认为"三大批判"中的《纯粹理性批判》是重中之重，代表了康德在哲学史上的地位。五六十年代，他在"康德哲学讲座"上，主要讲的是《纯粹理性批判》。他着重分析了该书的主题思想"验前综合判断怎样成为可能的?"这一课题的理论来源、内容实质和解决途径。正是因为想要帮助国内学子更好、更深入地学习这部名著，才知难而进，重新翻译这本最难读的书，以克服当时已有译本中的缺陷。在此前后，他还翻译了两位英国学者讲解《纯粹理性批判》的两本专著(即《康德〈纯粹理性批判〉解义》和《康德的经验形而上学》)；特别在"文革"前夕，又翻译了康德为《纯粹理性批判》所撰的简写本《一切未来形而上学导论》。这些都说明了他对这一名著的异常重视。

但是韦先生并不是单纯为翻译而翻译，而是把研究寓于翻译之中，翻译的过程也就是他的研究过程。当年他讲康德、黑格尔哲学时，对一些重要概念、词语，总是反复地从结构、词根讲到语义，从英文、德文追溯到拉丁文，给人的感觉似乎有点"咬文嚼字"、"烦琐考证"，但只要用心体会，就会领略到其中的奥妙和深刻。

下面仅举两例：

例一，"a priori"一词，国内一般都译为"先天"，韦先生认为是错误的，因为"a priori"在拉丁文中并无"与生俱来"之意，康德用这个词更无此意。韦先生在译此词时，先译为"先验"，后一再琢磨，觉得也不妥当。因为在康德著作里多年来已用"先验"来译德文的"transzendental"，如果再用它来译"a priori"，就混淆不清了。于是他反复推敲，最后决定创造一个崭新的词语"验前"来译"a priori"。从字面上看，二者似无甚区别，实际上意思却大不相同，"验前"更符合康德的原意。韦先生在"文革"中还专为此写过一篇文稿。韦先生的这一翻译，目前已得到许多学者的认同。例如中国人民大学的钟宇人教授在来信中写道："康德所用'a priori'一词，蓝译本译为'先天的'，影响很大，其实是不确切的。韦先生根据原拉丁文与对康德用意的深入研究，创译为'验前的'，很符合康德所说'绝对不依赖于经验的'原意。"

例二，《纯粹理性批判》第二版序言中康德有一句名言：Ich musste also das Wissen aufheben，um zum Glauben Platz zu bekommen。20 世纪的五六十年代，国内都把它译成"我否定知识，以便给信仰扫清地盘"，并据此认定康德是个反对科学知识的信仰主义者。韦先生说，这根本不是康德的原意，是英译者错误地把"aufheben"译为"deny"，国内有人据英文而译为"否定"，是跟着别人犯错误。因此韦先生根据对德文"aufheben"与"Glaube"词义的考察，及对康德思想主旨的理解，把这句话译为"我要扬弃知识，以便替信念留有余地"。近年来，随着对康德哲学研究的深入，学术界对把"aufheben"译为"扬弃"，把"Glaube"译为"信念"尚有不同的意见。但若留意到当年韦先生这样译，至少表达了康德既未否定知识，又给信仰扫清地盘的意蕴，从而为康德在中国的"错案"平了反，也就不难体会他的苦心了。

对康德哲学中的概念、术语，乃至重要句子，像这样苦心推敲、决不含糊的例子还有很多很多。正如韦先生说的，他在翻译时"以信为主"，用尽心思忠实于原著，不能为了追求"达"、"雅"而损伤原著本意。为了更忠实于原著，他始终不断地修订自己的译文，刻苦钻研、精益求精，正如他所说的，做学问一定要有一种"主见不可无，成见不可有"的独立与创新精神。这种精神在当今弥漫着浮躁、浮夸气氛的学术界，尤其值得提倡，值得推崇。

韦卓民先生在康德哲学研究领域卓有成效的工作，辉煌的成就，是他一生事业的重要组成部分。韦卓民先生乃是为了一个宏伟的工程而奋斗终生的。这个工程就是营造一座宽广而坚实的融通中西文化的桥梁。早在 70 年前，他已明确了这一奋斗目标。1928 年他在伦敦所作的一篇演讲中声称，融合异质文化是各民族文化发展的规律，而在当时的我国，"融合中西文化则是中国走向现代化而必需的、富有挑战性的工作"。他还旗帜鲜明地申明：在吸收西方文化时，我们反对妄自尊大的“保守派”，也要反对崇洋媚外的“洋化派”。如果说，解放前他在融合中西文化方面所做的工作主要是通过在国内办教会大学、宣讲基督教神学和在国外讲解与介绍中国传统优秀文化的话，那么，解放后他就把主要精力放在西方哲学史的译介上来了。原来，他研究、译介康德哲学正是站在这个高度来进行的！他常说：我们要在学习西方哲学时做到取长补短，以便更好地发展中国的哲学。他在上世纪50年代就曾多次说过：在欧洲，有些小国都翻译、出版了柏拉图、亚里士多德、康德、黑格尔等哲学大师的“全集”，而我们至今还没有一套，这同我们这个文明古国的地位是极不相称的。他立志要弥补这一缺陷。本来他已具备优越的主观条件，既“通晓古今”，又“学贯中西”，仅外语就精通英、德、法、俄、拉丁文等七八种。可他并不满足，仍自谦说“差距很大”。其实，他是在鼓励我们努力奠定扎实的功底，以铺设他理想中的“桥梁”。他还认为，在介绍西方文化、西方哲学时，要避免把西方的观念“解说成中国的观念”，过分追求中国化、通俗化，以致把人家的文化变质变味。我们体会他的意思是，在学习康德这样的西方哲学时，一定要力争学到原汁原味的康德思想；要努力体验领会德国语言的特征及其文化背景；设法逐渐领会康德的思维方式从而弄懂其实质，真正做到沟通中西，优势互补。

在这方面，韦先生开了先河，做了榜样，引领我们走近了康德，也引领我们走上了民族文化复兴的宽广大道。

唐有伯　曹方久

2006年6月24日

总 目 录

判断力批判

［德］康　德　著
韦卓民　译

目　录

一七九〇年第一版序言

从先验的原理所得的知识之机能可以称为纯粹理性，而关于这机能的可能性与限度的一般研究则称为纯粹理性批判。虽然按照这些名词在我们第一本著作中的同样用法，所谓“纯粹理性”只是旨在指理性之在其理论的用途上，而现在也不准备重新检讨其机能之作为实践理性与其作为实践理性的特别诸原理，但上述名词的定义还是可用的，所以纯粹理性批判的研究只是对于我们在经验之先而认识事物的那种机能而言的。因之它只是有关于人们认识的种种机能而和愉快与不愉快的感情并且与愿望的机能完全无涉的；而在各种的认识机能之中，它只注意到悟性与其先验的原理，而不涉及判断与理性（这些也是属于理论的认识的），因为在其结果中弄清楚了，除悟性之外，没有其他认识的机能是能够提供知识的组织性先验原理的。于是这批判把种种的机能逐一细查之后，从每一个的根柢上考验过它对于可能显明地拥有知识一部分所提出的要求，而留得的只是悟性对于自然作为一切现象的复杂体所先验地规定的东西为其规律，而这些现象的形式也同样是先验地准备好的。一切其他纯粹概念都归之于理念的范围，而以我们关于理论的认识之机能而言，这些理念都是超经验的，虽然这些理念不是没有它们的用处而又不是多余的，但是它们是作为制约性的原理而显出其某些一定的功用的。因为这些概念部分是服务于抑制悟性的过分主张，认为它有能力来对于它能够认识的一切事物，在经验之先提供其可能性的各种条件，就好像它这样确定了其限度，如同它确定了所有一般事物之可能性的限度一样，而部分又在悟性的研究自然中，引导它按照着完整性的原理进行，纵然这完整性是完全不能达到的，而这样就鼓励一切知识的最后目的。

所以正当地说，这本批判，一般称为纯粹理性批判，原本所要对于一切其他的竞争者而确立其安全并且是特殊的领地的，乃是悟性——悟性在其包含有组织性的先验认识原理的限度内，是有其特定的领域，而且这领域是在我们的知识的机能里面的。同样地，包含有只关于愿望的机能的组织性的先验原理之理性也由实践理性批判替它划定其保有地。

可是又来了判断，在我们认识的种种机能之秩序中占着悟性与理性之间的中介地位。它是否也有其独立的先验原理呢？如果有的话，这些原理是组织性的，或者只是制约性的，因而并不指定什么特别的领域呢？它们对于苦乐的感情是否在经验之先作出一种规定，作为认识的机能与愿望的机能两者之间的中介，正如悟性对于前者在经验之先规定其规律，理性对于后者同样地做呢？这就是本批判所要从事研讨的题目。

如果关于判断力的批判检查不是单独来处理，而判断力是知识的机能，并且作为这样看是要求有其独立的原理的，那么纯粹理性批判，即我们按先验原理进行判断的机能之批判，就会是不完全的。然而它的各原理，在纯粹哲学的一个体系中，仍然不能在理论的和实践的两大部分之间形成一种单独的中间组成部分，而在必要时，可以按其需要，附属于这一大部分或那一大部分。因为如果这样一个体系在玄学这一般的名称下将来被作好出来——而它的全部与完全成就是可能的，而同时对于理性使用在其一切部门中的活动，是极其重要的——这个建筑的根基之批判的检查，必须事前曾进行到独立于经验的原理之机能的基础最深处，以防它在某方面倒塌，而下坠时就连带一切都崩溃了。

但是从判断力的性质，人们可以容易地推测到(而人们谈到正确的悟性时，所指的就是恰恰这种机能，足见判断力的正确使用是必需的而普遍所要求的)属于它的一种特别的原理之发现必须是包含有相当大困难的工作——可是在一切经验之先，它内部必定含有某一种像这样的原理，不然的话，它就不能成为一种认识的机能，其与其他机能所不同的性格，对于最平凡的批评都是明显的。因为这原理必不能从先验概念派生出来，由于先验概念是属于悟性的，而判断力只是指向着先验概念的应用。因之它自己必须提供一个概念，而从这概念，正当地说来，我们不能获得关于事物的认识，而是它自己只作为一种规则使用的——可不是一种客观的规则，它能使它的判断与之适应，因为为着那，又须有另一种判断的机能，使人们能够决定当前的情况能否应用这条规则。

主要是在那些称为美学的而有关于无论是自然的或者艺术的美和崇高的估计里，人们才碰见上述关于原理的困难的（不管它是主观的或客观的困难），然而在这些估计的情况下，批判地来寻找判断力的原理是这个机能的批判之中最重要的一个项目。因为这些估计虽然本身对于事物的知识毫无贡献，然而还是完全属于知识的机能的，而且证明这种机能对于苦乐感情按照某种先验原理的一种直接关系，同时又不在这样做时，把这原理和能够作为愿望的机能之有决定性的根据混淆起来，因为后者是有理性的概念中先验地有其原理的——然而关于自然的逻辑性的种种估计则当别论。它们所处理的情况是经验符合于事物的规律一种现象，为悟性关于感性的东西之一般性概念所不足以使之成为可理解可说明的，而判断力便可依靠自己来取得自然事物涉及不可知的超感性的东西之原理。而实际上又必须用某一种这样的原理，纵然只是关于它自己和自然的知识的时候。因为在这种情况之下，为着关于在世界中一切的认识，应用这样一条先验原理是有其可能而同时又是必需的，而因之就打开了有利于实践理性的种种展望。但是这里并未涉及苦乐的感情，而这恰恰就是判断力原理中的闷葫芦，在批判中须有为这个机能另设一部分的——因为没有什么理由而不去按照已经处理过的各概念（从这些概念绝不能直接关于苦乐的感情而作出结论的）而形成逻辑性的种种估计，并批判地叙明其各种限制，作为哲学理论部分附属物。

当前关于审美力作为美学判断的机能之研究，并非想要形成或培养审美力（这种工作将来和过去一样，是要独立于这种研究而进行的），而只是指向其先验各方面的，因之我确信为着那缘故，人们对于研究的各种缺点必定宽大地进行批评的。可是凡有关于先验方面，它必须准备接受最严格审查的考验。然而甚至在这里，我也大胆地希望，解决性质上这么复杂的一个问题，其所有的困难可以作为在其解答中某些难以避免的含糊之谅解，只要原理说明的准确性是尽其可能清楚地证明的。我承认从那条原理推论出判断力的种种现象的方式，其明晰性实不如别处以概念来推论到认识为题的地方所正当要求的明晰性，而我也承认我是相信在这著作中第二编里，事实上我曾达到那标准的。

从此我整部批判的工作就结束了。我急忙地来谈理论部分，使得尽其可能，我能在我的晚年之中，争取对于工作有利的时间。很明显，我们并没有为判断力的机能留有理论的单独一部分，因为论到判断力，批判就替代了理论；但是按照哲学划分为理论的和实践的，纯粹哲学亦复如是，是则自然的玄学与道德的玄学就穷尽了哲学的范围。

引　言

甲　哲学的划分

哲学可以说是包含着概念提供给我们关于事物的理性的认识之种种原理(不是像逻辑那样,只是关于不问其对象的一般思想的形式之原理),而按这样的解释,通常所采用的方法,把哲学划分为理论的和实践的两大部分是完全正确的。但是这样一来,这个理性的认识之原理从而得到对象划归于它们的那些概念,就不得不有其特别的明晰性。因为如果概念不是明晰的,它们就不成为划分的正当理由,这划分总是预先假定,属于讨论中科学各个部分的理性认识之各种原理,其自身是相互排斥的。

可是只有两种概念,因而产生与之相当的数目的不同的原理,是关于其对象之可能性的,所讲的概念就是自然的种种概念和自由这一概念,靠这些概念的第一种,从先验原理而得理论的认识就成为可能的。然而关于这种认识,其第二种,靠其概念本身,所提供的不过是一种消极的原理(即简单正反对的原理),可是另一方面,对于意志的确定而言,它建立一些基本原理,以扩大其活动的范围,因之就称为实践的。所以正当地说,哲学划分为两部分,其原理是很不相同的——理论部分,即自然的哲学,和实践部分,即道德的哲学(因为这就是理性按自由这概念所作出的实践规定的名称)。但是,在把这些词句用于各种不同原理之划分时,因而用于哲学的划分时,名词的严重错用一向是盛行的,因为按自然的概念,所谓实践的就理解为同一于按自由这概念所谓实践的,其结果便是,按理论的和实践的这些项目所划分的,其实并没有什么划分(因为两部分所有的原理可能是相同的)。

意志——据一般人所说——是愿望的机能,而作为这样的一种机能,只是世界中许许多多的自然原因之一,就是按概念而动作的那个原因;而凡是通过意志的效力描写为可能的(或必然的)都称为实践上可能的(或必然的);其用意是要把这种可能性(或必然性)从结果的物理的可能性或必然性区分开来，所谓结果，其原因的因果作用不是由概念而决定其结果的产生的(而是由机械的结构产生其结果的，例如无生的物质之例，或者由本能而产生其结果的，如下等动物之例)。——那么关于实践的机能的问题就是：意志的因果作用以之得到它的规则的概念是自然的概念呢，还是自由的概念呢？这问题还没有获得解答。

然而后一种区别是本质上的，因为如果决定因果作用的概念是一种自然的概念，那么它的各种原理就是技术上实践的；如果它是自由的概念，则它的各种原理就是道德上实践的。可是，在理性的科学中，为着它们的认识而需要有不同的原理这种对象上的分别乃是一切以之为转折点的分别。因之，技术上实践的各种原理是属于理论的哲学(自然科学)，而只有那些道德上实践的原理才形成其第二部分，即实践哲学(伦理学)。

一切技术上实践的规则(就是说一般艺术与技能的规则，甚至谨慎行为的规则，因谨慎是一种技能，影响人与其意志的)，就其各原理以概念为依据而言，必须只算为理论哲学必然的结果。因为它们只提到事物根据自然概念的可能性，而这包括着不只为这意图在自然中可以找出的方法而且甚至意志本身(指意志之作为愿望的机能，因而作为自然的机能)，这是就意志按这些规则可以为自然的动机所决定而言的。但这些实践的规则仍不称为规律(像物理的规律那样)，而只称为告诫，这就是因为意志不只隶属于自然概念而且并隶属于自由这概念。在后一种联系上，它的原理则称为规律，而这些原理连同从它们所推论出来的就单独构成哲学的第二部分，或者说实践部分。

纯粹几何问题的解答不归之于那门科学的特别一部分，土地测量的技术也不与纯粹部分区别开来，配得上实践部分的名称，作为普通几何学的第二部分，而机械学或者化学的实验或观察的技术能列为自然科学的实践部分，其权利是同样的微小，或者甚至更小。总之，家庭经济、农业经济、政治经济，甚至得到幸福的一般教导，为要得到幸福而尽量控制嗜好或抑制感情。这一切都无权称为实践的哲学——更不必说把后面这一些来形成一般哲学的第二部分，因为上述的一起只包括技能的规则，而这些规则只是技术上实践的——其技能是旨在产生按照原因与结果的自然概念而有其可能的结果的。这些概念既然属于理论哲学，它们便从属于作为只是理论哲学的自然结果的那些告诫(即作为自然科学的自然结果的那些告诫),因而就不能在什么称为实践的特别哲学中要求有任何地位。在另一方面,完全以自由这概念为其基础的道德上实践的种种告诫,对于意志的决定来讲,绝然与从自然而来的根据无涉,就形成一特种的告诫。这一些告诫,像自然所服从的规则一样是毫无条件称为规律的——虽然它们不像后者那样,并不以感性的种种条件为基础,而是以一种超感性的原理为其基础的——而它们势必有哲学单独一部分划归给它们作为其自己的一部分,与理论部分相应,而称为实践哲学。

可见哲学所提供的种种实践的告诫之集合体不能因其所有告诫是关于实践的就形成哲学的一特别部分,和理论部分平列起来——因为它们尽可能这样的,虽然它们所根据的原理是完全从自然的理论知识而得来(作为技术上实践规则的),但是只有一种足够的理由,就是它们的原理,绝不从自然的概念假借过来。因为自然的概念总是为感性所决定,而因之以超感性的为基础,那超感性的只有自由这概念借着它的形式上的种种规律而使之可为人所认识,所以在这里它们是道德上实践的,那就是说,不只是在这种或那种利益上是告诫和规则,而绝不预先问到什么结局或目的而成为规律的。

乙　一般哲学的领域

人们从原理而认识的这种机能的使用,因而哲学也是如此,其限度是与先验概念的应用相同的。

然而为要在可能的限度内了解关于它们的知识而把那些概念所准据的一切对象之集合体进行划分,其划分可以按照人们在那点上所用的机能之不同程度的有能力或没有能力。

概念,就其以对象为准据而言,不管关于这些对象的知识是否有其可能,是有它们的范围的,其范围之决定只靠它们的对象对于我们一般认识的机能的关系。——这范围之中,知识对我们来说是有其可能的那部分,就是这些概念和所需要的认识机能之境界(拉丁文的 territorium)。这些概念操有立法权的那部分境界就是它们和适合于它们的认识机能之领域(拉丁文的 ditio),经验的概念所以无疑在自然之作为一切感性对象的集合体之中,有其境界,可是没有领域(只有一种住处,domicilium),因为它们固然是按照规律而形成，但它们本身不是立法的，而以它们为基础的一些规则是经验的，结果这些规则是偶性的。

我们整个认识的机能有两个领域，即自然概念的领域和自由概念的领域。因为通过两者它都在经验之先立定规律的，于是按照这个区别，哲学就划分为理论的和实践的。但是它建立其领域的境界与行使其立法权的境界仍然总是局限于不过理解为只是现象的那一切可能的经验之对象的集合体，因为不然的话，悟性关于它们行使立法权是不可思议的。

借助于自然概念以立定规律的任务是悟性所履行，而是理论的；借助于自由这概念而立定规律的任务是理性所履行而只是实践的。理性所能立定规律的只是在实践的区域里面，关于自然的理论知识方面，它只能（通过熟悉规律的悟性）从原有的各规律推论出其逻辑的各后果，而这些后果仍然一直限制于自然的。但是我们不能把这颠倒过来而便说，凡规则是实践的地方，理性就在那里是立法的，因为其规则可能是技术上实践的。

所以，在同一的经验境界里，悟性与理性有两个各别的管辖，彼此是不得干涉的，自由这概念之不侵犯自然的立法正如自然的概念不影响通过自由概念而立法一样。纯粹理性批判已证明，对我们来说，至少是有其可能来想到这两种管辖而不矛盾，而且想到它们适宜的机能同时并存于同一主体里面的，因为那批判已将对方的种种反对意见侦察出其辩证的幻相而予以处理了。

虽然如此，这两个不同的领域之所以不成为一个领域，是因为它们虽是在其立法上不互相限制，而在感性世界中它们的结果是不断地互相限制的。其解释是在于这一事实，就是自然的概念无疑是在直觉中表现其对象，可是不是作为物自身而是作为现象表现的，而自由概念所表现的对象无疑是物自身，但并不把它成为可直觉的，并且因之两者都不能对于其对象提供一种理论的认识（甚至对于思维的主体亦复如是）作为一个物自身而因之是属于超感性的——其思想诚然是要引进来作为经验的一切那些对象成为有其可能的根据，虽然它本身是绝不能提高到认识的水平或扩充为认识的。

所以，在我们整个认识的机能面前呈现出一个无限的，但又是不能达到的范围——超感性的范围——我们在其里面寻找境界是徒劳无功的，因之我们对于它就不能有理论认识的领域，不管是悟性或理性的概念之领域。这个范围，我们为着理性的理论用途之利益，正如为着它的实践用途之利益一样，必须要以理念来占领的。可是联系着从自由这概念所发生的一些规律，我们并不能为这些理念获得什么实践以外的实在性，因之就不能使我们的理论认识向超经验的范围前进一步。

那么，虽然在作为感性的自然概念的领域与作为超感性的自由这概念的领域两者之间固定了一道大的鸿沟，以致不能（凭借理性的理论使用）从前者过渡到后者，正像它们是两个不同的世界似的，其第一个世界是无能影响其第二个的：纵然如此，后者原本是要影响前者的——那就是说，自由这概念原本就要在感性世界之中使其各规律所提出的目的现实化；而自然因之又必须能够被看为是这样的，在其遵照其形式的规律时，至少是和在它里面按照自由的规律使种种的目的实现之可能性相和谐的。——所以，在自然的基础上的超感性的东西，和自由这概念在实践的方式上所包含的东西，两者的统一必定有一种根据，而虽然这个根据的概念，在理论上和实践上，都不能达到关于它的一种知识，因之就没有它自己的特别领域，然而它能使按一种的原理进行思维的方式有可能过渡到按其他一种的原理进行思维的方式。

丙　判断力批判作为联系哲学的两部分成为一个整体的手段

处理我们认识机能所能先验产生的东西之批判，严格说来，关于对象是没有其领域的，因为它并非一种学理，其唯一的任务是研究。顾虑到我们各种机能的一般结果，是否还可能凭借它们而有一种学理？而且如果可能的话，是如何能有的？它的范围扩张到各机能的一切主张，旨在把它们限制于其合法的限度之内。但是从哲学的部门排除出来的仍可纳入我们纯粹认识的机能之一般批判中作为一主要部分，万一它包含有一些原理，其本身不是理论或实践所能使用的。

自然的概念包含有一切先验理论认识的根据而像我们所已看到的，是以悟性的立法权为其基础的。——自由这概念包含有一切感性上无条件的先验实践告诫之根据，而是以理性的立法权为其基础的。所以这两种机能，除在逻辑的形式上适用于无论什么来源的原理之外，还在其内容方面有其特别的权限，而这样，在它们之上既然更没有其他(先验的)权限，是则哲学之划分为理论的和实践的是有其正当理由的。

但是在我们高等认识的各机能的系统中，在悟性与理性之间还有一个中介，这就是判断力。关于这判断力，我们按类比法有理由来假定，它同样可以包含有如果不是一种特别的立定规律的权力，还是它特有的一种原理，按之来寻找规律的，纵然这原理只是主观的先验的，即使这原理没有与之适合的对象范围作为它的领域，然而仍可有某一种具有一定性格的境界，而恰恰只有这条原理对它才是有效的。

但是在上述各考虑之上另外还有(按类比法来判断)一种根据，而按这根据，判断力可以因之而与我们表现的各种能力另一种安排相一致，并且这根据的重要性像是比它和认识的机能之系统有亲和关系这重要性还大，因为心灵的一切机能或能力都可归结为三种，再不容许它们从一种共同的根柢以另一方法获得它们。这三种机能就是：知识的机能，苦乐的感情，和愿望的机能①。只有悟性对于认识的机能才是立法的，如果(在它在

① 凡是有理由可以认为用作经验的原理的那些概念和先验纯粹认识的机能之间存在有一种关系的地方，都值得由于这种联系而试给它们以一个先验的定义——就是用纯粹范畴所下的定义，只要这些范畴本身能足够指出所谈的概念是如何与其他概念不同的。这个是遵照数学家所用的办法，把问题的经验材料尽管让它们依然未确定，而只把它们在纯粹综合中的关系归之于纯粹算术的各概念，这样就概括其问题的解答。——我曾因为采用类似的进程(见《实践理性批判》一书，序言，第16页)而受到责备，在我把愿望的机能下定义为一种机能用它的表现形式成为那些表现的对象之现实性的原因，这当中找我的错处：因为只是心愿还是愿望，然而在心愿的情况下，谁都不认为只有心愿便足以使其所心愿的成为现实。——但是这只证明在人里面有某些愿望是和他自己相矛盾的，因为在这种情况下，他只用他的心象来求其对象的产生，而并不希望发生什么实效，因为他意识到他的机械力量(如果我可以这样称呼那些不是心理的力量)，即那心象所须决定的，要就不足以实现那对象(就是依靠实现那对象的手段之发明)，要就是用于完全不可能的东西上面。例如取消已过去的事情(哦，忘记我过去的事等)或者要能够取消现在和迟迟未来到而是所希望的将来一顷刻之间的时间。——可是，纵然在这种异想天开的愿望里，我们意识到我们心象力量之不足，甚至意识到这些愿望之枉费心机，不能成为其对象发生的原因，然而在每一个心愿里，仍然包含有同样作为原因的关系，因而包含有因果作用的心象。而在心象是一种如饥如渴的爱情时，这一点尤其容易看出，这一类的爱情能使心膨胀，使之无力动作而因之耗尽其力量，这就证明心象在这些心力上不断起其作用而形成一种紧张，但是心灵还不断地由于认识它面前的不可能性而自馁疲倦，甚至祈祷，求避免巨大的看来是不可避免的灾害，和种种想要达到自然的方法绝不能达到的许多迷信的方法，都证明心象对于其对象是有因果的关系的——

脱离与愿望的机能相混淆而以其本身来着想之情况下，它必须如此的那样）这机能和理论的认识一样，是涉及自然的，而只有关于自然（作为现象看），我们才能借助于自然的各种先验概念来立定规律，自然的先验概念正当地是悟性的纯粹概念。——对于愿望的机能之作为在自由概念下动作的一种高级机能，只有理性才先验地立定其规律（因只在理性中自由概念才有地位）。——而在知识与愿望两机能之间有愉快的感情，正如判断力之处在悟性与理性之间一样。因之我们可以至少作为暂时性的假定，认为判断力也同样含有其自己的先验原理，而且认为苦乐必然是和愿望的机能结合的（无论在其原理之前，如较低的愿望那样，或像高级的愿望那样，只附带于道德规律决定了愿望之后），它于是就实现一种过渡，从纯粹知识的机能，即从自然概念的领域到自由概念的领域，正如在其逻辑的用途上那样，使其有可能从悟性过渡到理性。

所以，虽然事实上哲学只是划分为两个主要部分，即理论的和实践的，而且我们所能对于判断力说的一切得要划归于其理论部分，即划归于按照自然概念的理性认识，然而纯粹理性批判，既然必须解决了这整个问题之后，上述的体系才得到处理以证实其可能性，依然是由下面三部分组成的：纯粹悟性批判，纯粹判断力批判，和纯粹理性批判，这些机能之称为纯粹是因为它们是在经验之先立法的。

丁　判断力是从而在经验之先规定种种规律的一种机能

一般说来，判断力是思维特殊作为包含在一般之下的机能。如果一般（规则，原理，或规律）是既定的，则把特殊包摄在其之下的判断力就是有决定力的。即使这样的判断力是先验的，而作为先验的判断力，在经验之先供给有实现包摄在一般之下所必须与之符合的种种条件，那判断力还是有决定力的。可是，如果只有特殊是已定的，而须为它寻找其一般，

这是一种因果的作用，甚至无能产生其结果的那种意识也不能阻止它向着对象而挣扎的。——可是我们的性质何以具有明知是枉然而依然愿望的这种倾向，这是人类学的目的论之问题。事情好像是，如果在我们的确知道我们的能力是足够来产生其对象之先，我们就不会被确定去出尽我们的力量，我们的大部分力量就不会使用。因为通常我们只有试用我们的力量才开始认识我们的力量的，所以枉然的愿望这种欺骗只是我们本性中一种有益的倾向的结果。

则判断力只是反思的。

有决定力的判断力在悟性所提供的普遍性的先验规律下进行决定，而是包摄性的而已，其规律是在经验之先已替它指定的，它不必去发明指导自己的规律来使它能够把自然中的特殊从属于一般。但是自然中有那么多种的形式，那么多的改变，都是上述的纯粹悟性在经验之先所提供的规律未曾确定下来的，而且又因为这些规律只谈到（作为感官对象的）自然的一般可能性，所以就必须因为这而另有种种的规律。这些规律既是经验的，则可能在我们悟性的识力范围内是偶性的，但是，如果它们是要称为规律（如自然的概念所要求的），它们还必须被看为根据一种原理而是必然的，这原理虽然是我们不知道的而是杂多的统一。反思的判断力不得不从自然中的特殊上升到一般，所以就需要一条原理。它不能从经验借来这原理，因为它所要做的正是建立在更高的，虽然仍是经验的原理之下的一切经验的原理之统一性，从而建立更高与较低的原理之系统从属关系之可能性。所以这样的一条先验原理，反思性的判断力只能作为一条规律由自己给与自己，它不能从任何其他地方取得它（因为如果这样，它便是有决定力的判断力了）。它也不能对自然来规定它，因为关于自然规律的反思，是自己适应于自然，而不是自然适应于我们按照着来努力获得关于自然一种概念的那些条件，这种概念关于这些条件是完全偶性的。

那么所寻找的原理只能是这个：因为一般的自然规律是在我们的悟性中有其根据，而悟性是对自然规定这些规律的（虽然只按照自然之作为自然的一般性概念），所以特殊的经验的规律必须看为，关于这些一般的自然规律留在它们里面未确定下来的东西，是按照着一种统一性的，这统一性是它们会有的，如果有一种悟性（虽然不是我们的悟性）为着我们认识的种种机能之利益而早就准备好这些特殊的经验的规律，使得按照这些规律经验的成为系统有其可能。这不是意味着现实上必须假定有这样的一种悟性（因为只是反思性的判断力，利用这个理念作为为着反思而不是为着确定什么的一条原理），可是这机能实在是用这方法只给自己而不给自然以一条规律。

至于一个对象的概念，以其同时包含这个对象现实性的根据而言，称为它的目的(德文的 Zweck),而一个东西和一切东西的天性(德文的 Beschaffenheit)相一致,这只能按照一切目的才有可能的,就称为东西的形式之终局(德文的 Zweckmässigkeit)。这样说来,判断力的原理,关于一般经验的规律下之自然的事物的形式,就是自然在其杂多上的终局。换句话说,按这个概念来讲,自然是描写为好像悟性就包含着它的种种经验的规律之杂多的统一性之根据。

所以自然的终局,乃是一个特殊先验的概念,其根源完全是在反思性的判断力里面的。因为我们不能以任何像是自然的物品中以目的为自然的准据的东西,归之于自然的物品,但是我们可以用这个概念只是来对它们作反思而关系到自然中各种现象之联系——这联系是按照经验的规律定下来的。并且这个概念是完全不同于实践的终局的(在人类的艺术中或者在道德中的终局),虽然人们无疑是按着这种类比来思维它的。

戊　自然形式上的终局原理是判断力的先验原理

先验原理,乃是通过它我们就能在经验之先,描述事物能成为我们一般认识的对象所必须具有的普遍条件的。另一方面,一条原理,当它在经验之先描述一种条件,而那条件是只有在它之下,其概念得要由经验来给与的对象,才能在经验之先进一步被确定下来的,这原理就称为玄学的。据此,则对于物体认识为实体,并且认识为可变动的实体,这条原理,当它的说法是其变动必然有一原因时,就是先验的原理,可是当它肯定物体的变动必然有一种外面的原因时,它就是玄学的。因为在第一种情况下,只需通过本体论的述项来思维物体(通过悟性的纯粹概念),例如实体,以使命题被认识为先验的;而在第二种情况下,必须引用物体的经验的概念(物体之作为在空间中能动的东西)来支持这命题,虽然一经过这之后,就可在经验之先,尽可看到后之一种述项(只能靠外面的原因才有运动)是适用于物体的。像这样,如我不久将要指出的,自然的终局这条原理(即自然在其经验的杂多规律之终局这条原理)是先验的原理,因为关于对象,作为服从于这条原理来看,其概念只是一般可能经验的认识之对象的纯粹概念,而并不包含有什么经验的东西的。另一方面,含蕴在自由意志被确定这理念之内的实践终局这条原理须看为一条玄学的原理,因为愿望的机能作为意志这概念得要是经验所给与的,就是说,它不包含在先验的述项之内。但是虽是如此,这两条原理都不是经验的,而是先验的原理,因为在它们的判断之中,并不需另外的经验来把述项和主体的概念综合起来,而是可以在经验之先尽能了解的。

自然的一种终局这概念属于先验原理,从自然的研究中我们在经验之先所依靠的判断力之各准则就看得十分明显了,然而这些准则只涉及经验的可能性,因而只涉及关于自然的知识的可能性——可是所谈的自然,不只是一般的说法的自然,而是指许多特殊规律所确定的自然。——这些准则在这科学中时常会碰见,虽然是分散在各处的。它们是玄学智慧的箴言,以一些规则的形式出现,其必然性不能从概念来加以证明。"自然走最短的路(拉丁文 Lex parsimoniae 即经济的原则);然而自然并不跳跃的,不论是在其变动的程序中,抑或在特别不同形式的并列中(拉丁文 Lex continui in natura 即自然中延续原则);自然有许许多多各种的经验规律,但虽然这样,是统一于几条原理之下的(拉丁文 principia praeter necessitatem non sunt multiplicanda 即非必要时绝不增加的原则)";诸如此类。

如果我们提议选定这些基本规则的来源,而且企图照心理学的路线来这样做,我们就直接和它们的意思相背而驰。因为它们告诉我们的,不是事情是怎样,就是说,我们判断力的力量是按照什么规则在现实上行使其各种职能,和我们是怎样做出判断,而是我们应该怎样作出判断;当原理只是经验的时,我们是不能得到这种逻辑性的必然性的。所以为我们各种认识机能与其使用的自然之结局,那是从它们明显地看得清楚的,乃是判断的一种先验原理,因而也需要有一种先验演绎,从而必须把作出判断的这种方式的根据追踪到知识的先验源头那里去。

可是当我们注意一种经验的可能性的各种根据时,所看见的第一件东西当然就是必然的某一东西——即离开它们一般的自然都不能为我们所思维的那些普遍性规律(所谓自然是指感官的对象),这些普遍性的规律是基于种种的范畴,而应用于对我们是可能的一切直觉的形式的条件,而直觉是指其又是在经验之先所与而言的。在这些规律之下,判断力是有决定力的;因为它除包摄在所既有的规律之下,没有他事要做。例如悟性说:一切变动都有其原因(自然的普遍性规律),先验判断力除在经验之先提供包摄在摆在它面前的悟性概念所需要的条件之外，别无他事：这个条件我们在同一的东西一连串的确定中就可取得。可是，以一般的自然作为可能的经验之对象而言，那规律是认识为绝对必然的。——但是除这个形式的时间条件之外，经验的认识对象是确定于各种不同的方式上的，或者说，据我们能在经验之先所判断的限度内，这对象是可以确定于各种不同的方式上的，因之各种特别区分出来的自然物品，除它们作为一般自然的东西为其所共同的之外，还可在无量数各种各样的方式上作为原因；而每一个这些方式，按一般原因的概念，必须有其规则，而这规则是一条规律，因而带来了必然性，虽然由于我们各认识机能的构造与其种种限制，我们可能没有看见这个必然性。

因此，关于自然的只是经验的规律，我们在自然中必须想到可能有无穷尽那么多的经验的规律，然而这些规律在我们见识的限度内而言，都是偶性的，就是说，不能在经验之先被认识的。考虑到这些，我们估计自然按照经验的规律的统一性，和经验的统一性之可能性，其作为按照经验的规律之一个体系是偶性的。但是当知这样的一种统一性是必然要预先假定而认定下来，因为否则我们就不能有经验的认识在经验的一个整体中首尾一贯的联系。因为自然的普遍性规律，一方面诚然在物品类别上作为一般自然的物品而供给了这样的联系；但是另一方面在物品之特别形式上作为自然的特殊物品而言，是没有供给联系的。因之判断力为着自己的指导，就不得不把这采取为一种先验的原理，就是说，在自然的特殊（经验的）规律中对于人类的见识是偶性的东西，包含有原本可能的经验中其杂多的综合之规律的统一性——纵然这种统一性无疑对于我们可能是不可测度的，可是仍然可以想象的。结果是，正如我们在服从一种必然的目的（悟性的需要）所认识到综合中的规律统一性，虽然同时是承认为偶性的，但是却描写为对象的终局（这里是指自然的对象）；同样地，判断力，它关于服从于可能的（却还得要发现的）种种经验的规律的一切事物，不过是反思的，可是关于经验的规律，必须按照对我们认识的机能一条终局的原理来看自然，而这原理就在上述的判断力诸准则中获得其表达。那么这个自然的终局这先验概念不是自然的概念，也不是自由的概念，因为它对于对象，即对于自然，并无作出什么贡献，而只表现那独特的方式，是我们所必须照着来进行我们对于自然对象的反思，以得到经验的彻底相互联系的整体，因而它是判断力的一种主观的原理，就是说，是判断力的准则。而且为着这个缘故，好像我们碰见有利于我们的好运气一样，我们大大欢喜（严格地说，满足了一种需要），因为我们在只是经验的规律之下，碰见这样的系统的统一性，虽然我们不管我们能否了解或证明其存在，还必须假定有这样一种统一性的。

为要说服我们自己关于眼面前的概念这个演绎之正确性并且关于我们必须假定它为认识的一种先验的原理，让我们仔细想想这任务之怎样宏大。我们要从一个包含着可能无穷尽众多经验的规律的自然所与的知觉来形成一个联系着的经验，而这个问题是在经验之先有其位置在我们的悟性里，这悟性无疑在经验之先已具有自然的普遍性规律，离开这些规律则自然完全不能作为经验的对象。但是除这之外，它在它的特殊规则中需要自然一定的秩序，而这些规则只能从经验而为它所知道，而且以它而言，这些规则是偶性的。没有这些规则，我们就无法从可能的一般经验的普遍性类比进到一种特殊的经验，这些规则就必须被悟性看为规律，就是说，看为必然的——因为否则它们就不能形成自然的一种秩序——虽然它不能认识它们的必然性，而且绝不能对这必然性得到一种见识。那么，虽然关于这些对象，在经验之先悟性不能确定什么，然而为着追求经验上这种所谓规律，它必须在关于这些规律的反思基础上有一种先验的原理，大意是说，按照这些规律是可以认识到自然的秩序的。这种原理以下面的各命题来表达。在自然中有我们可理解的类与种之从属关系；每一个这些类又按一种共同的原理接近其他的各类，这样就可以有从一类到其他类的过渡，从而到一个更高类；在其起头，虽则好像悟性不能不假定为特定的各种各样自然的动作有同样多的各种各样的因果作用，然而这一些是可以都归结为很少数目的原理，而寻求这些少数原理就是我们的事情；如此等等。自然的这个对于我们认识各机能的适应，是判断力为着它按照经验的规律对于自然的反思，而在经验之先预先假定的。但是悟性一直是承认它客观上是偶性的，而惟有判断力把它作为先验的结局，即关于主体的认识机能是一种结局来归之于自然的。因为如果没有这预先的假定，我们就没有自然的秩序与经验的各规律相符合，其结果就是，为经验没有指导的线索，而那经验是必须和这些规律在其一切多样性中发生关系的，并且这指导线索又是为着这些规律的研究的。

尽可想象，虽然有自然的东西按照普遍规律的一切一律性，没有这，我们就完全不会有一般经验的知识之形式，然而自然的经验的规律详细说来，是多种多样的，而又加上它们的结果，其浩繁可能使我们的悟性不能在自然中发现一种可理解的秩序，不能把自然的产物划分为类与种，使我们能利用关于一个的解释与理解的种种原理来解释与说明另一个，而且从以这样的杂乱无章方式而到我们手中的材料（正当地说来，只是无限的多种多样而不适合于我们了解的力量的）作成经验前后一致的脉络。

可见判断力也是具有一条为自然的成为可能之先验原理，可是只在其主观的方面，借助这条原理，它就立定一条规律，不是为自然的（自然是自主的），而是为它自己的（它自己约束自己），以指导它对于自然进行反思。这条规律可以称为自然详说的规律，是关于它的经验的各规律的。这规律不是在经验之先而在自然中为人所认识，而是判断力为着自然的秩序起见采取的，是我们的悟性所能认识的，这秩序是在判断力所作出的自然的普遍性规律之划分中的，企图把各种各样的特殊规律从属于这些普遍性规律的。所以当人们说，自然按终局的一条原理为我们的认识各机能详定其普遍性种种规律，所谓终局，就是指为人类悟性与其必需的功能，适合于为知觉向它呈现出来的特殊寻找其一般，而且为多样性（当然这是每一个种所共同的）在原理的统一性中寻找其联系，然而我们并不这样作时就对自然规定一条规律，或者以观察从自然学得一条规律——虽然所讨论的原理是可以用这方法来证实的，因为它不是有决定力的判断力之原理，而只是反思的判断力之原理。所要说的不过是，无论关于它的普遍性规律，自然的秩序与倾向是什么，我们必须按那原理和以那原理为基础的各准则彻底地研究它的经验的规律，因为只有那原理是适用时，我们在经验中使用我们的悟性才有进展，或者说才获得知识。

己　愉快的感情和自然的结局这一概念的联合

人们想象的自然之许许多多特殊规律和我们为自然寻找原理普遍性

之需要，那种和谐，在我们见识所到的限度内，必须要看为是偶性的。可是同时对于我们悟性之要求是不可缺少的，而其结果就是一种终局，根据这终局，自然是和我们的目的相一致的，但只是以这是指向着知识而言的。——悟性的普遍性规律，同样也是自然的规律，虽然它们是从自发性发生，但是它们是自然所必需，正如运动的各规律之适用于物质一样。它们的起源并不先行假定与我们认识的各机能有什么关系，因为只有借助于它们，我们才开始有关于事物(指自然事物)的知识之意义这种想法，而它们必须是应用于自然之作为我们一般的认识的对象的。但是以我们所能看到的来讲，自然体系的特殊规律，至少它可能有的数目之众多而又多种多样，完全超出我们的理解力量，可是在现实上又和这些力量相应，这是偶性的。寻找这体系乃是我们悟性方面的事情，而悟性寻找它是为着它自己的一种必然的目的，就是要把原理的统一性带进自然里面去这一目的。那么，这目的必须由判断力归之于自然，因为悟性在这里是不能替自然规定什么规律的。

凡是目的的达到都是带有愉快的感情的。可是凡这样的目的达到有先验的表象为其条件时——例如这里为一般反思的判断力的原理——愉快的感情也是为一种先验的、对一切人都有效的根据所决定的，而那又是由于对象对于我们认识机能有其关系。既然终局这概念在这里不去管任何关于愿望机能的事情，它就完全不同于一切自然的实践上的终局。

事实上，我们在我们自己里面找不着，也不能找着，知觉按照自然的普遍性概念(范畴)和种种规律之完全符合在愉快的感情上有丝毫的影响，因为在知觉的情况下，悟性必然是随着其自己性质的倾向而没有另外的目标的。但是，纵然如此，另一方面，在发现两种或更多的经验上不同类的自然规律，在包括它们在一起的一条原理之下，联合起来的时候，这是一种很可以感知到的愉快之根据，常常甚至是赞赏的根据，而且纵然我们对于它的对象已经是足够熟悉时，这种感情依然并不减弱的。不错，我们在自然之可理解性或自然所划分出来的类与种之统一性中，再不觉到什么一定的愉快，而没有这统一性，则在自然的特殊规律中提供给我们以关于自然的知识的那些经验的概念便是不可能的了。然而在相当的时候这愉快必定会出现的，而只是因为最平常的经验都不能不有它，它就逐渐和简单的认识打成一片而再不令人特别注意到它。——所以,必须有某一种东西使我们在我们关于自然的估计中,注意到它对于我们悟性而言的终局——这就是一种努力,把自然的各种不同的规律,尽其可能,隶属于更高,虽然还总是经验上的规律——其目的就是要在碰见顺利时,在它们这样和我们的认识机能相一致可以感到愉快,而这种相一致是我们看为纯粹是偶性的。如果我们预先从自然得到警告说,只稍为把研究推进到超过最平常的经验一点儿,我们所接触的会是这么各种不同类的规律,以致它的特殊规律在普遍性经验的规律之下统一起来对我们的悟性是不可能的,那么,和上述的相反,则自然的表象会是完全对我们不愉快的,因为这就会和主观把自然最后详分为其各类这原理,而又和我们自己关于它的反思的判断力相冲突的。

可是判断力关于自然那理想的终局对于我们认识的各种机能,其普及的范围是多大这问题的假定是这么不确定,因而设使有人告诉我们说,把从观察得到关于自然的知识更加研讨或者加以扩大,则终究必使我们和许许多多的规律相接触,我们人类的悟性是不能把这些规律归结为一条原理,那么我们是能甘心接受这想法的。但是如果有别的人指出这个希望,说我们认识自然的秘密越发详尽,或者能够更好地把它和我们尚未知道的外面部分比较,我们就会发现其种种原理越发简单。而且当我们的经验越向前推进时,我们就发现它经验的规律表面上的不同类性越发是和谐的。因为我们的判断力逼使我们按自然符合于我们认识机能的这条原理进行,只以那原理能到达的范围为限度,而并不决定它在什么地方是否会受到限制,因为这规则不是有决定力的判断力所给与我们的。因为关于我们认识的机能之理性的使用,固然可以有限制明确地确定下来,然而在经验的范围内没有这样的限制之确定是可能的。

庚　自然的终局之美学的表象

在一个对象的表象中,其纯粹主观的,即构成它对于主体的准据的东西,而不是对于对象的,就是它的美学的质。另一方面,在这样的一个表象中,作为(为着知识的缘故)用以确定对象的,或者可用来这样做的,就是它的逻辑的有效性。在认识一个感官的对象时,两方面是联合着呈现出来的。在外部东西的感官表象里,我们在其中直觉到这些东西的空间性质只是我们对于它们的表象之主观方面(东西自身作为对象是什么是表象所未决定的),由于那个准据,对象在空间中被直觉到时,也就是只作为现象而被思维的,但是尽管有它的纯粹主观的质,空间仍然是关于东西作用现象的知识之一个要素。感觉(这里是指外部的感觉)在表达只是我们关于外部东西的表象之主观方面时是与之一致的,但是这一方面,正当地说,是表象的质料(通过它我们就有了具有实在存在的某一东西),正如空间不过是东西的直觉之可能性的先验形式一样,而因之感觉依然也是被用在外部对象之认识里面。

但是一个表象的不能成为认识的要素之那个主观方面乃是与之联系着的苦与乐,因为通过这要素我在表象的对象里不认识什么,虽然它容易是这种或那种认识作用的结果。至于一个东西的终局,以它之表现在我们的知觉而言,并不是对象自身的一种质(因为这一类的质不是能知觉到的),虽然它可以从东西的一个认识被推论出来。所以在这终局中,而终局是在对象被认识之先,而且纵然没有什么想望要为着认识的缘故,利用它的表象,然而这终局是直接和认识联系着的,我们有属于认识的主观的质,那是不能成为知识的要素的。因之我们只把"最后"这词用于对象,因为它的表象是直接和愉快的感情联系着的,而这个表象本身是终局的一种美学的表象。——唯一的问题乃是,终局的这种表象到底是否存在。

如果愉快感只和对象直觉的形式之了解相联系,而并没有涉及它可能为着明确的认识所有对于概念的关系,这并不使其表象涉及对象,而只涉及主体。在这种情况下,愉快感只能表达对象之符合于在反思的判断力中起着作用的种种认识的机能,而且只在其起作用的限度内,因而只是对象的一种主观上形式的终局。因为绝不能有在想象中关于形式的那种了解,而反思的判断力不把这些形式至少和它的把直觉以概念为准据的机能相比较,纵然它不是故意这样做的。那么,如果在这个比较中,想象力(作为先验的知觉机能)借助于某一表象无意地和悟性(作为概念的机能)成为一致,而因之引起一种愉快的感情,对于反思的判断力而言,这对象就必须看为终局。这一类的判断力是关于对象的终局的一种美学的判断力,而对象并不依靠对象的任何现在的概念,而又不提供一个概念的。

当一个对象的形式(和它的表象之内容作为感觉对比时)在只是对于它的反思活动中而不顾到要从它得到的任何概念,被估计为在这样的一个对象的表象中一种愉快感的根据的时候,则这个愉快感就也判断为必然地和它的表象结合在一起,而这样它就不只是为着了解这个形式的主体而已,而是为着一般凡作出判断的人的。那么这对象就称为美丽的,而借助于这样的一种愉快感进行判断的机能(而这样也就是以普遍的有效性进行判断的机能)就称为审美力。因为既然使愉快感的根据只处在一般反思对象的形式中,因而不在对象的任何感觉里,而又不涉及以什么某东西为其目的的概念,是则反思中对象的表象所与之符合的,乃是判断力在经验上一般使用之与规律的一致性(即想象力与悟性的统一性),而且只此而已,而反思中对象的表象之种种条件是在经验之先就普遍地有效的。而对象和主体的种种机能的这种相一致既然是偶性的,于是就在对象方面关于主体的认识各机能发生一种终局的表象。

那么这里就有了一种愉快感——如同在一切愉快或不愉快的情况下,不是通过自由这概念之作用(即不是通过愿望的这个高级机能借助于纯粹理性在事前作了决定)而发生的——是没有什么概念在任何时候能使我们看为和一个对象的表象必然地联系着的。它必须总是只通过反思的知觉才是被认识为和这个表象结合在一起的,所以它如一切的经验的判断一样,它不能声言客观必然性,也不能自认先验的有效性。可是审美的判断事实上像一切其他经验的判断一样,只自认为对每一个人都是有效的,而纵使有其内部的偶性,这总是有其可能的。关于它只有一点是奇怪的,或者说不是平常的,就是它虽然是审美的判断从每一个人逼取出来的,然而不是一种经验的概念而是一种愉快的感情(所以完全不是概念),正像它是和对象的认识连在一起的一个述项似的,而那就是要和它的表象相连合的。

一个奇特的经验判断,例如一个人看见水晶里有一滴活动的水,是有权来要求每一个别的人都看见所说的事实的,因为这判断是服从一般有可能的经验之规律,按照有决定力的判断力之普遍性种种条件而形成的。同样地,一个人在简单的反思中在一个对象的形式上感到愉快,而心中并没有管到任何概念,是正确地要求每一个人都与之同感,虽然这判断是经验的奇特的判断。因为这愉快感的根据是在于反思的判断的普遍的，纵然是主观的条件，那就是一个对象（不管它是自然或技术的产物）和一切经验的认识所需的种种认识机能的相互关系之最后和谐。审美的判断中之愉快感所以无疑是依靠一种经验的表象，而不能在经验之先和任何概念结合（没有人能在经验之先决定什么对象是否和审美力相一致——必须找出一个是与之相一致的对象），但是它成为这判断的有决定性的根据只是由于我们意识到它只依靠反思和那反思与关于一般对象的知识之和谐之普遍性，虽然只是主观的各条件，而对于一般对象的知识而言，对象的形式是最后决定的。

这就是何以审美的判断在其可能性方面得要有一种批判的缘故，因为这些判断的可能性预先假定一条先验的原理，虽然那条原理不是为悟性的一种认识的原理，也不是为意志的一种实践的原理，因而并不是在经验之先有决定力的。

从反思各东西（无论是自然的或技术的）形式而发生的愉快感受性所表示的，却不只在对象在其与主体的反思判断力的关系那方面按照自然的概念之终局，而反之还在于主体方面，遵照自由这概念，关于对象的形式，甚至无形式的一种终局。其结果便是，审美的判断作为审美力的一个判断，不只是以美丽为其准据，而且作为从更高级的一种智识感而发生的，还以**崇高**为其准据，因之上述的美学的判断批判必须按这些路线划分为两大部分。

辛　自然的终局之逻辑的表象

经验中所给与的对象所呈现的终局可能有两种方式，它可能变为转向纯粹是主观的，在这种情况下，对象关于它的形式，就被认为是在任何概念之先存在于了解中的；而这形式和促进直觉为着一般的认识而与概念结合的各认识的机能之间的和谐是表现为对象形式的终局。另一方面，终局的表象也可能变为转向客观的东西那里，而在这情况之下，它就表现为对象的形式与东西本身按照包含有这形式的根据之一种它的先行概念之可能性的和谐。我们已经看到，前一种终局的表象是基于在只反思到对象的形式中所直接感觉到的愉快。但是后一种终局的表象因为它把对象的形式不以主体在其了解中所用的各种认识机能为准据，而以对象在某一定的概念下一定的认识为其准据，是和东西中感觉到的愉快毫无关系，而只和悟性与其对于那些东西的估计有关系。凡是已经有了对象的概念的地方，判断力在使用那概念来进行认为时，其功能是在于有所提示（拉丁文 exlibitio），即把与之相应的直觉摆在概念之旁。在这里所用的作因可能是我们自己的想象力，如在艺术的情况下那样，我们体会到一个对象预先想象到的概念摆在我们面前作为一个目的。这作因也可能是自然的技巧（例在有机体之中），我们把它解作我们自己的一种目的的概念来帮助我们对于自然产物的估计。在这种情况之下，所表现的不光只是东西的形式中自然的**终局**，而是这产物本身作为一种**自然的目的**。——虽然我们关于自然根据其经验的规律的形式上之一种终局这概念并不是关于对象的概念，而只是判断力的原理，使得判断力自己在许许多多的自然现象中能有一些概念来确定其方位，然而以目的为类推，我们在这里所以之归之于自然的好像是它顾及我们的认识机能的。所以，**自然的美丽**可以看为是**形式的**即只是主观的终局的概念之呈出，而**自然的目的**则作为一个实在的即客观的终局的概念之呈出。我们用审美力来估计前者（即在美学上用愉快的感情来估计前者），而用悟性和理性（即在逻辑上按照概念）来估计后者。

根据这些考虑，判断力批判就划分为美学的判断力批判和目的论的判断力批判。前者是指用愉快与不愉快的感情来估计形式的终局这机能（又称为主观的），而后者是指用悟性与理性来估计自然的实在终局的机能（又称为客观的）。

在判断力批判中，有关美学的判断力部分是特别重要的，因为只有它才包含有判断力所完全在经验之先引进来作为它对于自然反思的根据之一条原理。这就是自然对于我们各认识机能在其特殊的（经验的）种种规律之形式的终局的原理——没有这条原理，悟性在自然中就不能觉得舒适。然而在经验之先不能指定什么理由，从自然作为经验的一个对象这一概念又看不出任何理由之可能，无论是在自然的普遍的或其特殊的方面看，何以有自然的客观上的目的，就是说，种种东西作为自然的目的才有其可能。唯有判断力本身固没有在经验之先具有关于那事情的什么原理，却在现实上发生的情况下（指某些产物的情况下）则包含有利用目的的概念以求理性的利益这规则，在那之后，上述的先验原理就已经准备好悟性来把目的的概念应用于自然（至少在其形式方面是如此）。

但是把自然的终局在其主观涉及我们认识的各机能方面，在东西的形式上表现为对于东西的估计的原理那条先验原理，完全没有确定在什么地方和在什么情况下，我们须要把对象估计为按照终局的原理之产物，而不是单纯按照自然的普遍性规律来估计。它把决定这产物（在其形式方面）符合于我们认识的各机能这任务作为审美力问题让归美学的判断力（美学的判断力决定这问题不是靠和什么概念的和谐而是靠感情的）。另一方面，作为目的论上使用的判断力，则指定有决定性的各条件，按照它们来根据自然的一种目的这观念进行某一东西（例如一个有机体）的估计。但是它不能从自然作为经验的对象的概念，引用什么原理作为它的权威，在经验之先把目的作为准据归之于自然，甚至不能在这种自然产物的情况下从现实的经验只不作决定地假定这些目的。其所以然的理由就是，为要在某一定的对象中能够只在经验上认识到客观的终局，必须在原理的统一性之下搜集并检查许多特殊的经验。——所以美学的判断力是按照一条规则，但不是按照概念，进行估计的一种特别机能。目的论的判断力不是一种特别的机能，而只是一般反思的判断力，按照概念，但关于自然某些对象，遵循着特别的一些原理而进行，像它在理论的认识中总是那样进行一样——而所遵循的那些原理就是只是反思的而不确定其对象的判断力之原理。因之，论到它的应用，它是属于哲学的理论部分的，而因为它的特别原理不是有决定力的，像属于学说的原理不得不如此那样，它就必然又形成批判之一特别部分。可是，美学的判断力对于其对象的认识毫无贡献，所以它必须只分派到进行判断的主体与其关于知识的各机能之批判，只要这些机能是能够在经验之先具有原理，无论在其他方面这些原理的用途（理论的用途或实践的用途）是怎样——这种批判乃是一切哲学的前论。

壬　悟性的规律规定与理性的规律规定通过判断力而结合

悟性对自然之作为感官的对象在经验之先而规定其种种规律，使得我们可以在可能的经验中有关于自然的理论知识。理性对自由与其特别的因果作用在主体中作为超感性的东西，在经验之先规定其种种规律，使得我们可以有一种纯粹的实践知识。在一种规律的规定下自然的概念之范围和在另一种规律的规定下自由的概念之范围，是完全断绝了一切相互的影响的，由于把超感性的和现象分开的那条广阔的鸿沟，它们是不能(各按其自己的原理)来对彼此发生作用的。关于自然的理论的认识方面，自由这概念不决定什么的；而关于自由的实践各规律方面，自然这概念亦复如是，在这限度内，是不可能从一个领域架一道桥梁到其他一个领域的。——可是虽然按照自由这个概念(与这所包含着的实践规则)，因果作用的决定性种种根据在自然中没有地位，而感性的东西不能决定主体中的超感性的；其反面仍然是有其可能的(诚然不是关于自然知识方面，而是关于从超感性的所发生的种种后果与其对于感性的关系方面)。在由自由而起的因果作用这个概念中含蕴着有这么多的意思，这因果作用遵照自由的形式的各规律之作用是要世界中发生效果的。然而原因这词，在其应用于超感性的上面，只意味着一种根据，它是按照其适当的自然规律，决定自然东西的因果作用产生一种结果的，但同时也和理性的各规律的形式的原理结合在一起来这样做——上面所讲的根据，虽然它的可能性是不可测度的，但仍然是没有人们认为它所含有的那种矛盾[1]。按照自由这个概念，上面所说的结果就是最后的目的，这目的(或者说它

---

[1] 在这个自然的因果作用和那通过自由的因果作用的完全区别中所认为有的各种矛盾中之一种，是表达于这种反对意见，说当我谈到自然对于按照自由(或者说道德)的规律的因果作用有阻碍或自然对于它有帮助时，我一直是承认前者之影响着后者。可是如果只要注意到说法的意义，则这种误解是易于避免的。所谓抵抗或促进，不是在自然与自由之间，而是在前者之作为现象和后者的结果作为在感官世界的现象之间的。甚至自由(纯粹而实践理性的自由)的因果作用，乃是服从于自由(即主体被看为是人，因而是一个现象)的自然原因的因果作用，而且其决定的根据，是包含在理智的东西中，而理智是隶属于自由而被思维的，其方式是不能进一步或以另一种方式来解释的(正如那形成自然的超感性的基质的理智的东西之情况一样的)。

在感性世界的表示)是有其存在的,而这就先行假定了那个目的在自然中的可能性之条件(即在主体作为感性世界的一个存在者,就是说主体作为人的性质中之条件),这是判断力在经验之先所先行假定而并未顾及实践方面的。这个机能,和它关于自然的一种终局的概念,提供给我们以介于自然的概念与自由的概念之间的那个概念——这概念是使其有可能从纯粹理论的[悟性的规律规定]过渡到纯粹实践的[理性的规律规定]而且从按照前者而符合规律过渡到按照后者的最后目的。因为通过那个概念,我们就认识到那最后的目的有其可能,是只在自然之中和自然规律相和谐才得到实现的。

悟性由于它之可能供给自然以先验的规律,就替这事实提供一种证明,说自然只是作为现象而为我们认识的,而在这样做时就指出它有一个超感性的基质,可是它并未确定这基质是什么。判断力以它按照其可能的特殊规律估计自然的先验原理就替这超感性的基质提供(在我们以内和以外的)通过智力机能的可决定性。但理性在经验之先以其实践的规律又给超感性的基质以其决定,这样判断力就使其有可能从自然的概念之领域过渡到自由的概念之领域。

关于一般心灵的各种机能,作为高级机能来看,就是说作为具有自主权的机能来看,悟性是其含有组织性先验的对于认识机能的种种原理(即对于自然的理论的知识)的判断力,独立于一切涉及愿望的机能而这样便能够成为直接实践的种种概念与感觉,就提供了苦乐的感情。为愿望的机能有了理性,它无须通过任何来源的愉快便是实践的,而且是为这机能作为一种更高的机能决定了同时有纯粹理智的对于对象的喜乐伴随着的最后目的的。——判断力关于自然的终局这概念,除上述外,又属于自然概念的项目,但只作为认识的各种机能的一种制约性原理——虽然关于某些对象(自然的或技术的)的美学的判断,即是使那概念发生的判断,关于苦乐感情方面是一种组织性原理。在其和谐的一致含有这愉快感的根据之各认识的机能作用中之自发性,就标志着所谈的概念,在其各种后果中,为一种适宜的中间环节,把自然的概念之领域和自由的概念之领域联系起来,因为这种一致同时是促进心灵对于道德感的敏感的。下表可能有助于重查一切上述的机能之系统的统一性[①]。

心理的机能一览：	先验各原理：
认识的各机能	与规律相一致
苦乐的感情	终局
愿望的机能	最后目的

认识的各机能：	应用范围：
悟性	自然
判断力	技术
理性	自由

① 有人认为我在纯粹哲学中的划分几乎总是分成三种，这是有点令人怀疑的。可是这是由于情况的本质是如此。如果划分是先于经验的，那么它要就是分析的，按照矛盾律的——是则它总是二分的(任何东西都是A或非A)——要就是**综合的**。如果是从后一情况而得出，是从先验的概念而来的(不是像在数学里那样，从与概念相应的先验直觉而来)，那么要满足一般综合的统一性之各种要求，即必须有(1)条件，(2)被限制的，(3)从被限制的与其条件之结合而发生的概念，是则划分必然是三分的了。

上卷　美学的判断力批判

第一部分　美学的判断力之分析论

第一卷　美的分析论

第一个契机　关于审美力的判断：质的契机[①]

第一节　审美力的判断是美学的

如果我们想要看出任何东西是否美丽，我们就不用悟性以认识为目的而把对象作为这东西的表象之准据，而是用想象力（可能和悟性一致行动）把主体与其苦乐感情作为表象的准据。审美力的判断所以不是一种认识的判断，因而不是逻辑的，而是美学的——意思是，它的有决定性的根据不能不同于主观的。凡表象的准据是可为客观的，即感觉的准据亦复如是（在这情况下，它以一种经验的表象来表示其实在的东西），其唯一的例外就是苦乐感。这苦乐感并不指对象中的什么，而所指的是主体关于自己和关于它如何为表象所影响的方式之一种感情。

用认识的各机能来了解一座正规而适宜的建筑物，无论表象的方式是清楚或模糊，是完全不同于意识到这表象而伴随着有一种喜乐的感觉。这里的表象完完全全以主体为准据，而且不止于此，它以生命的感情为准据——称为苦乐感——而这就形成完全另外一种分辨和估计事物的机能之基础，而对于知识是毫无贡献的。它所作的无非是把主体中所有的表

① 这里所依靠的审美力之定义乃是审美力估计美丽的之机能。但是要发现称一个对象为美丽的需要什么得要留待审美力的判断之分析。在我寻找这判断力在其反思中所注意的各契机中，我曾遵循作判断的逻辑功用之指导（因为审美力的判断总是包含有提到悟性的）。我首先拿质的契机来检查，因为这就是关于美丽的美学的判断所首先注意的。

象和心灵在其状态的感情中所意识到的各种表象的整个机能来比较。在一个判断中现有的各表象可能是经验的，因而是美学的，但用这些表象来宣示的判断，如果这判断把它们提到对象作为准据，则是逻辑的。反之，甚至所给与的各表象是理性的，但在判断中只以主体为准据（以主体的感情为准据），则在那限度内，它们总是美学的。

第二节 决定审美力的判断之喜乐是独立于一切利益的

我们把它和一个对象在实际上存在的表象联系着的那种喜乐称为利益。所以这种喜乐总是包含有和愿望机能的关系，或者作为它有决定性的根据，或者不然的话就作为和它有决定性的根据必然牵连着的。可是，凡问题是某一东西是否美丽的地方，我们不要知道我们或任何其他一个人，是否关心于，甚或可能关心于，那东西的实在存在，而是我们刚只在沉思中对于这东西作何估计（即在直觉或反思中作何估计）。如有人问我，我对于面前的大厦是否认为美丽，我可能回答说，我对于那种只是为着人们瞠目惊奇的东西不感兴趣。或者我可能用同样的口气回答像那个北美印第安人伊鲁卡酋长那样，说在巴黎没有什么东西比饮食馆叫他更感愉快。我甚至可能进一步以卢梭的强力，猛烈地攻击名公大人们耗尽人民的血汗而为着这些多余的东西之浮华。总而言之，或者我可能很容易使自己相信，设使我落在一个荒岛上，没有盼望再回到人群中来，而只一起念头，就可一念咒语便使一座大厦呈现在眼前，我也不愿费力去那样做，只要我在那里有一个茅舍足以安身。这一切都可以承认而且赞成，但这并非现在的争点。所要知道的无非对象的刚只表象是否是我所喜欢的，不管我对于这表象的对象之实在存在是怎样地不关痛痒。很明显，为要能说对象是美的，而且显出我有审美力，一切都是以我能给这表象以什么意义为关键，而不在于任何因素使我依赖对象的实在存在。任何一个人必须承认，关于美的判断丝毫带有利益的色彩，就是很不公平而不是一个审美的纯粹判断。一个人不可丝毫有着成见，偏于东西的实在存在，而必须在这方面保持完全的不偏不倚的态度，才能在审美的事情上起裁判员的作用。

这个极其重要的命题最好的解释就是把那出现于审美判断的纯然公平的喜乐[①]和牵连到一种利益的喜乐来对照一下——尤其是如果我们还能对自己保证,除马上就要提到的之外没有其他的利益。

第三节　对于适意的东西之喜乐是和利益牵连的

感官在感觉中感到愉快的东西是适意的。这就立刻提供一个机会来谴责并叫人特别注意"感觉"这词能具有的双重意义之流行混乱。一切喜乐(如所说或所认为那样)本身都是感觉(愉快的感觉),结果便是,凡使人愉快的东西,而且因为它使人愉快这缘故,都是适意的——而按其不同的程度,或者按其对于其他适意的感觉的各种关系,它就是俏的,迷人的,美妙的,令人欣赏的,等等。但是如果承认了这点,那么感官的种种印象是决定倾向的,理性的原理是决定意志的,或者只是所想到的直觉的形式,是决定判断力的。这一切在其有关于对愉快感的影响各方面都是同等的,因为这就是在一个人的状态的感觉中之适意性;而归根到底,既然我们各种机能的一切五花八门的工作必须以实践的为其归宿,我们就除了能够满足事物所应许的之外,不能说我们的机能还对事物有其他的欣赏和看为有价值。如何能达到这点,到底是不关重要的,而有关系的在这里既然只是手段的选择,人们固然可以因愚蠢或轻率,但绝不能因卑鄙或不道德而互相责备;因为大家都是按其各人看事物的方法,追求同一的目标,即每一个人得到所谈的满足。

当苦乐的感情变化而称为感觉时,这词得到的意思则完全不同于当我称一种事物的表象为感觉(即通过感官作为属于知识机能的感受性)这词所有的意思。因为在后一种情况下,表象是以对象为准据,而在前一种情况下 ,它只以主体为准据而对于任何认识是无用的,即使对于主体认识自己的那种认识也无用。

---

① 关于我们喜乐的对象之判断可能完全是公平的,但却是很有兴趣的,就是说,它不依靠什么利益,但它产生一种利益。一切纯粹道德的判断都属于这一类。可是审美力的判断自己甚至并不提出任何的利益,只在社会中有审美力才是有兴趣的——这点详见后文。

可是在上面的定义中，感觉这词是用来指一种感官的客观表象，而为着避免不断地有着被曲解的危险，以后我们称那必须总是纯然主观的，而绝对不能形成一个对象的表象的为感情这一人所熟悉的名词。草地的绿色属于客观的感觉，是感官对象的知觉，但它的适意性则属于主观的感觉，没有什么对象是它所表现的。就是说，它属于感情，通过它对象是被看为喜乐的对象(不含有对象的认识的)。

关于用来肯定其适意性那种关于对象的判断是表达对于对象一种利害关系的，这是从通过感觉它就引起一种对于同样的对象之欲望这事实看得很清楚的，因之这种喜乐便先行假定不是关于它的那种单纯的判断，而是它的实在存在对于我的境况，在其为这样一个对象所影响之限度内的关系。所以关于这适意的东西，我们不只说它令人愉快而说它令人满足。我所给与它的不是一种单纯的赞成，而是它引起了爱好，并且凡遇见其适意性是极强烈的，则对于其对象的性质之判断便不适当，因而总是一心但求享乐的那些人(因为享乐这词是用来指强烈的满足的)便率性不去管一切判断。

第四节 对于良好的东西之喜乐是和利益牵连的

凡用理性靠其单纯概念而给自己好印象的东西就是良好的。只作为手段而令人愉快的东西，我们称为有用的(德文 das Nützliche)，但是因为自己而令人愉快的，我们称为本身良好的。在这两种情况之下，都含蕴着一种目的的概念，因而含蕴着理性对于(至少可能对于)意志的关系，而这样就有对于一个对象或一种行动的存在的喜乐，就是说有某一种的利益。

要认为某东西是良好的，我总得要知道这对象原来是准备做什么东西的，就是说，我必须具有它的概念。但要使我能在一个东西里面看见美丽，那是不需要的。花朵，自由花样，无目的缠结起来的线——技术上称为簇叶饰——都没有意义，不依靠什么一定的概念，然而令人愉快。对于美丽的喜乐必须依靠关于一个对象的反思而为某一(未明确决定的)概念之准备，这样它又和适意的分辨开来，适意的是完全以感觉为基础的。

无疑在许多情况之下，适意的和良好的像是可交换的名词，例如平常是说，一切(尤其是持久的)满足本身是良好的，这就几乎等于说，恒久适意的和良好的是同一的。可是很容易看出这只是一种词的恶劣混乱，因为适合于这些说法的概念远非可以互换的。适意的，作为适意的来讲，只在其对于感官的关系而表现对象，首先必须隶属于理性的各原理，通过一个目的的概念，作为意志的一个对象，才是名为良好的。但是谈到喜乐就完全不同，在喜乐上，凡能满足的同时也是良好的，这点从这事实便可看出，即关于良好的，其问题总是，它是间接抑或直接良好的，就是说，它是有用的抑或本身良好的；至于谈到适意的，这论点绝不会提起的，因为这词总是直接令人愉快的意思——而我所称为美丽的恰恰就是这样。

甚至在日常的话语中，适意的和良好的两者之间也是有区别的。关于一味以香料和其他作料刺激味觉的菜色，我们毫不迟疑说它是适意的——而一直承认它不是良好的，因为虽然它直接是**满足**各感官，然而间接地它是令人不愉快的，就是说在向前看到种种的后果之理性眼中，它是如此。甚至在我估计健康时，也可以寻找到同一的区别，对于健康的人来说，它是直接适意的——至少消极上是如此，即远离一切身体上的痛苦。但是，如果我们要说它是良好的，我们就必须进一步请求理性来把它指向着目的，就是说，我们必须把它看为一种状态，使我们有一种愉快的心情来做一切我们要做的事。最后，关于幸福，每一个人都相信，生命最大总计的愉快，计算到数量和持续，配得上真正的好处，甚至最高的好处，这名称。可是理性又反对这种说法。适意是享乐，但是如果这就是我们所想要的一切，那么对于为我们求得它的手段多所顾虑，便是愚蠢——不管是由于自然的丰富我们被动地获得它，或者主动地由我们自己用手劳动而来。如果一个人只为享乐而生活，无论在这方面他是如何忙碌，甚至在忙碌中他为他人服务——对自己来讲，同样是热衷于只是享乐——作为一种美好的手段来达到那唯一的目的，而这样做时还因为通过同情，他就分享别人一切的满足，但还说在这个人的实在存在中有着什么真正的价值——这一种见解是理性绝不能同意的。唯有由于一个人所做的，不问享乐，完全自由而且独立于他所能被动地从自然的手中获得什么，他才能给他的存在，作为一个人的实在存在，以一种绝对的价值。幸福带有它过多的愉快,远远不是一种无条件的好处①。

但是尽管适意的与良好的之间有着一切的这种差别,然而两者总是对于对象有一种利益与之牵连着这一点是一致的。这点不但适意的(第三节)和间接良好的,即有用的作为一种手段来得到某些愉快而令人喜欢的是如此,即那是绝对地,从任何观点看都是良好的,即带来最高利益的道德的良好,亦复如此。因为良好的东西是意志的对象(即愿望的机能为理性决定的之对象)。但是决心做什么和乐于有什么的存在,即对它有兴趣是同一的事。

第五节 三种特别不同的喜乐之比较

适意的和良好的两者都包含有对于愿望机能的关系,而这样,前者并有(为刺激)病状式决定的喜乐伴随着,而后者则有一种纯粹实践的喜乐伴随着。这种喜乐不只是对象的表象所决定,而且并为主体与对象的实在存在两者之间表现出的联系结合所决定。令人愉快的不只是对象,而且又是它的实在存在。另一方面,审美力的判断不过是静思的,就是说,它是一种判断,对于对象的存在并不关心,而只决定对象的性质和苦乐的感情有什么关系。可是甚至这种静思本身也不只指着概念的,因为审美力的判断不是一种认识的判断(既不是理论的又不是实践的),因而又不是以概念为根据,又不是有意地指向着概念的。

可见适意的、美丽的和良好的是指表象对于苦乐的感情三种不同的关系,苦乐的感情是一种感情,在它的一方面我们分辨出不同的对象或不同的表象方式,而且表示我们对于这些东西的满意的口气是不同的。适意的是使人满足的;美丽的只是令人愉快的;良好的是为人所尊重(赞成)的,就是人所认为客观上有价值的。适意性甚至对于无理智的动物都是一种有意义的因素;美丽的只对于人类才有意义和重要性,就是说,对于同时是动物而又是有理性的存在者(但是不只是为着他们是有理性

① 享乐的义务是公开的荒谬,那么关于认为是对于只以享乐为目的的行动之义务也必须同样地这样说,不管在精神上这种享乐在思想中是如何使之高尚(或者说修饰过),而且甚至它可能是一种神秘的,所谓属天的享乐。

的——能理解的存在者——而只是为着同时是动物而又是有理性的存在者);至于良好的是为一般的有理性的存在者都是良好的——这是一个命题只在后文才得到其完全的辩解和解释。这三种喜乐之中,审美力对于美丽的之喜乐可以说是一种而且唯一的一种公平而自由的喜乐,因为在它那里,无须利益,无论感官或理性的利益,来索取赞成的。因而我们可以说,在上述三种情况下的喜乐是有关于癖性,好意或尊重。因为好意(德文 Gunst)是唯一自由的爱好,癖性的对象和理性的规律加在我们愿望之上的对象都不让我们有自由来把什么变为愉快感的对象。一切利益都预先假定一种缺乏,或者说引起一种缺乏;而因为它是决定赞成的根据就使判断对其对象再不是自由的了。

只就癖性的利益在适意的情况下来说,尽人都说饥饿是最好的调味品;而有健康胃口的人觉得什么东西都有味,只要是能吃的。这种喜乐就不表示审美力对于选择有什么关系的。只有人们已有他们所要的时候,我们才能说他们之中谁是有审美力的。同样地,可能有好的习惯(行为)而没有美德,可能有礼貌而没有善意,有礼节而没有道义,等等。因为凡是道德规律命令的地方,人所须要做的,客观上就没有什么可以自由选择的;而在履行道德的命令方式上显出审美力,或者在他人这样做时估计其方式,是与表示一个人心里的道德状态完全不同的一件事情。因为后者包含有一种命令而产生对于某东西的需要,而道德的审美力只和喜乐的种种对象相周旋而不诚意地心向那一个。

从第一个契机所得到的美丽的之定义:

审美力乃是离开任何利益而用喜乐或厌恶来估计一个对象或表象的一种方式之机能,这种喜乐的对象称为美丽的。

第二个契机　关于审美力的判断:量的契机

第六节　美丽的乃是离开概念被表现为一种普遍性的喜乐之对象的东西

美丽的这条定义,是可以从上面它的定义,说它是离开任何利益而为喜乐的一种对象这定义演绎出来的。因为凡是一个人意识到他的喜乐之对于一个对象,以他而论,是独立于利益的,那么他就不能不把这对象看为含有对一切人都有喜乐的根据的一个对象。因为喜乐既然不是基于什么主体的癖性(或什么其他细想过的利益),而在主体给与对象以喜悦这方面,他觉得自己完全是自由的,于是他对于自己何以这样喜乐就找不出什么个人的条件作为其理由而是他自己主观的人品所独自与之发生关系的。因之他就必须把它看为是基于可以认为是在每一其他的人里面的东西,因而他必须相信有其理由从每一个人要求同样的喜乐。所以他谈到美丽的,好像美是对象的一种质而判断是逻辑的(以其概念而形成关于对象的认识的),虽然它只是美学的,而只含有对象的表现以主体为其准据的——因为它仍然这样类似于逻辑的判断,所以就可被认为对于一切的人都是有效的。但是这普遍性不能从概念而来,因为从概念无法过渡到苦乐的感情(除非是在纯粹实践的规律之情况下,然而这又不带有利益;而这种利益并不附于纯粹的审美力的判断)。结果就是审美力的判断有着与一切利益分离的这种伴随意识,必然包含有尽人都是有效的要求,而这样要求的缘故又与附丽于对象的普遍性无涉,就等于说,和它联系着的必然是主观普遍性的要求。

第七节　用上述特征来把美丽的和适意的与良好的相比较

关于适意的,尽人都承认他的以个人的感情为根据,而且在其里面他明言有一个对象令他愉快的这判断是只限于他个人的。因之，当他说金丝雀群岛葡萄酒是适意的，而另一个人纠正他的说法并且提醒他应该说，这酒对于我是适意的，他一点也不觉得不舒服。这不只适用于舌根的审美力、味觉和食道，而且亦可适用于对任何一个人的眼耳是适意的。一种紫罗兰色对于一个人是不刺眼而可爱的，对于另一个人是暗淡而褪色的。一个人喜欢管乐器的声音，另一个人愿意听弦乐器。关于这些事情与人争辩，想要判定别人和我们自己不同的判断为不正确的，好像这两个判断之对立是逻辑性的，这简直是愚蠢。所以关于适意的，这公理是有效的：各人有自己的审美力(感官的)。

美丽的则不可同日而语，在相反方面，如果任何人炫耀其审美力而为自己申辩，说：这对象(我们看见的建筑物，那人所穿的衣服，我们所听的音乐会，交给我们批评的诗)对我来说是美丽的，这是荒谬的。因为如果只令他愉快，他就不得称它为美丽的。许多东西可能对他是具有魔力和适意性——谁也不去管那；但是当他把它抬得高高而称它为美丽时，他是要求别人有同样的喜乐。他不只为自己，而且为所有的人作出判断，而谈到美丽，好像它是事物的属性似的。例如他说这东西是美丽的，而不是像他打算别人和他同意于他喜欢的判断，因为有过多少次他发现他们是和他同意的，而是他要求他们这样同意于他。如果他们所判断的不相同，他就责备他们，而否认他们有审美力，而依然要他们有审美力作为他们应有的东西；而在这限度内，人们就不能说：各人有其自己的审美力。这就会等于说，完全没有审美力这样的东西，就是说，没有美学的判断是能对一切的人的同意而作合法的要求的。

然而甚至在适意的之情况下，我们发现人们所作的估计在他们中间不自觉地露出一种一般的一致，而叫我们相信有些人是具有审美力而否认另外一些人是有这审美力的。而且这又不是一种器官的感官而是关于一般适意的东西之一种批评的机能。因之对于一个人，他懂得如何用种种娱乐来款待他的宾客(所谓娱乐是指通过一切感官的享乐)使得每一个人都感到愉快，我们就说他具有审美力。可是这里的普遍性只在其一种比较上的意思来理解的；而我适用的规则，像一切经验的规则一样，只是一般的，而不是普遍的(原文是 nur generale …nicht universale)——后者乃是审美力的判断关于美丽的所处理或者自认为要处理的。在其以经验的规则为基础的限度内，它是关于社交性的一种判断。关于良好的东西，判断诚然也正确地要求其有效性是对于每一个人的，但是良好的东西只借助于一个概念才被表现为普遍喜乐的一个对象，而谈到适意的东西和美丽的东西时就不是这个情况。

第八节　在一个审美力的判断中，喜乐的普遍性只被表现为主观的

在审美力的判断中所要遇见的这个美学的判断之普遍性的特殊形式是一个有意义的特色，诚然不是为着逻辑家，而是为着先验哲学家而言的。发现其根源，在他的方面需要不少努力，但是作为一种报酬，他发现我们的认识机能的一种属性。没有这分析，就会一直没有人知道的。

第一，我们必须坚信审美力的判断（关于美丽的东西）是把对于一个对象的喜乐归之于每一个人，然而并不以概念为其根据（因为这样一来，它便是良好的），而且这种对于普遍性的要求，是用来描写任何东西为美丽的那种判断之这么一种重要的因素。如果不是因为它已经存在于心里，绝不会有人想起要用这个名词，而凡是没有概念便令人愉快的东西都会列为适意的了。因为关于适意的，每一个人都可以有他自己的意见，而没有人坚持要他人与之同意于他对于审美力的判断，但那就是关于美的审美力判断所必然做的。第一种我可以称为感官的审美力，而第二种则称为反思的审美力：第一种作出只是个人的判断，而另一方面，第二种则作出表面上是一般有效的（公共的）判断，但两种都同是美学的（不是实践的）判断，其对象只是关于其表象对于苦乐感情的关系。可是好像奇怪的，谈到感官的审美力，不只是经验证明它（对于某东西是愉快或不愉快）的判断不是普遍的有效，而且人人都自愿不把这种同意硬加于别人（纵然甚至在这些判断上，舆论相当大部分是常常在实际上普遍一致的），而反思的审美力，按经验所教导我们的，每每要忍受它对于美丽的东西之判断的普遍有效之要求遇到无礼的驳回，而虽然是如此，它还发现（如它实际上发现那样）可以提出一些判断能够要求普遍的一致同意的。其实它是从每一个人对于它的每一个审美力的判断要求这样的同意——所谓每一

个人是指那些人,他们作出判断时所争辩的,不是这种要求之可能性,而只是在特殊情况下不能同意于这个机能的正确应用。

首先我们得要注意,不是以对象的概念为其基础的普遍性(纵然这些概念只是经验的),并不是逻辑的,而是美学的,就是说,并不包含有判断的任何客观的量的,而只包含着主观的量。为着表达这个普遍性,我用公共有效性(德文 Gemeingültigkeit)这词,说明表象以为准据的不是认识的机能,而是每一个主体的苦乐感这一种有效性(然而这词也可用来表达判断的逻辑的量,只要加上客观的普遍有效性,以区别于只是主观的有效性,因主观的有效性总是美学的)。

可是有客观的普遍有效性的判断总是同时有主观的有效性的,就是说,如果一个判断对于包含在某一定概念之下的东西都是有效的,那它对于一切用这个概念来表示一个对象的人也是有效的。但是从一个主观普遍有效性,即美学的有效性,不以任何概念为基础的,不能有逻辑的有效性之结论,因为那种判断对于对象是没有关系的。可是就是为着这个缘故,归于一个判断的美学的普遍性又必须属于特别一类的,因为它把美这个述项联系于对象的概念,不是指其整个范围的,然而是把这述项推广到作判断的各主体之整个范围。

以一切审美力的判断之逻辑的量来讲,这些判断都是单称判断,其理由就是,我既然把对象向着我的苦乐的感情直接地呈出,而不借助于概念,这样的判断就不能有具有客观公共有效性的判断之量。然而拿审美力判断的对象之单一表象,而用比较法把它按照决定那判断的条件变成一个概念,我们就能得到一个逻辑上普遍的判断(即全称判断)。例如我用审美力判断描述我正在看的玫瑰花为美丽的。另一方面,从许多单一的表象之比较而得出的判断:玫瑰一般都是美丽的,那就再不说是纯粹美学的一个判断,而是以一个美学的判断为基础的一个逻辑的判断了。至于“这玫瑰花是适意的”(以嗅觉来说)这一个判断无疑也是一个美学的而且是单称的判断,但是它已不是审美力判断而是感官判断了。因为它和一个审美力的判断有这点的差别,就是后者带有普遍性的美学的量,即对每一个人的有效力,这是在对于适意的所作出之判断中碰不见的。只有对于良好的所作出的判断一方面决定对于一个对象的喜乐,而又一方面具有逻辑的而不只美学的普遍性，因为是在于包含有对于对象的认识，它们对于对象才是有效的，而因为那缘故，就对于每一个人都是有效的。

只从概念而形成对于对象的估计，则美的表象便无效了，所以没有什么规则，是可以遵照着来强迫任何人承认任何东西是美丽的。一件服装、一座房屋或者一朵花是否美丽，这是一件事情，人们不肯让所作出的判断为任何理由或者任何原理所左右的，我们要亲眼看看那对象，好像我们的喜乐是全凭感觉似的。可是，在看的时候，我们称那对象为美丽的，我们就相信我们是以大众的声音在那儿说话，而要求大家同意，至于个人的感觉，除对于观察者自己与其爱好之外，没有什么决定力的。

那么，这里我们就可以看出，在审美力的判断中，除了关于不是以概念为媒介的喜乐的这样一种大众的声音之外，没有什么东西是预先认定的。结果就是，只有美学的判断有其可能被同时认为对任何人都是有效的。审美力的判断本身不预先认定众人都一致（因只有一个逻辑上是普遍的判断才能这样认定，由于它能提出种种理由）；它只把这个一致归之于众人，例如规则，它不是从概念而是从别人的同意而得到证实的，所以，大众的声音只是一个思想——其以为基础的种种根据之研究暂且搁置。一个认为他是作出审美力判断的人是否事实上符合那个思想在作出判断，这是不确定的；可是在他使用“美”这词的时候是已声明在他的判断中所想的就是这个思想，因而原本是要作一个审美力的判断的。以他自己来说，只从他意识到，凡属于适意的东西和良好的东西的，都与他还留下来的喜乐分开，他就在这点上没有疑惑的了；而这也就是他相信大家会同意的理由——在这些条件之下，他也是有他的正当理由来作出上述的要求的，然而他常常是对不起大家而作出错误的审美力判断的。

第九节　在一个审美力的判断之中愉快感与对象的估计两者相对优先权的问题之研究

这个问题的解决是审美力批判的关键，因而是值得格外注意的。

如果对于所与的对象之愉快是在先，而这种愉快的普遍可传达性是审美力的判断原来能给与对象的表象之一切而无其他，那么这种先后秩序就是自相矛盾的。其理由是那种愉快就不过是各感官的适意性之感情,而按其性质只能具有个人的有效性,因为它是直接依靠着对象从而被给与的表象。

因此,基本的必然是在那作为审美力判断的主观条件的所与之表象中那种心理状态所附随的普遍被传达的力量,而以对于对象的愉快为其后果。然而只有认识和表象在其作为认识的附属品之限度内,才是能普遍地被传达的,因为只有这样作为附属品时,表象才是客观的,而只有这个才给表象以一种普遍的准据点,借以强迫每一个人的表象能力与之相和谐。那么,如果判断关于这个表象的普遍传达性之决定性根据只是主观的,就是说,要独立于任何对象之概念而被想象到的,是则它只能是那种心理状态,就是那出现于表象的能力的互相关系中的心理状态,只要那些能力都把一般认识作为所与的表象之准据。

这个表象所使之起作用的各种认识能力,在这里是自由地起着作用的,因为没有什么一定的概念把它们限制于一条特殊的认识规则,所以在这个表象中的心理状态必然是一种感情的心理状态,感觉到在某一表象中表象的种种能力,为着一般的认识自由地起着作用。可是对象因而被给与的表象,为要可以成为认识的来源,包含着想象力,为着把直觉的杂多结合起来,而又包含着悟性,为着把所有表象统一起来的那个概念之统一性。

伴随着一个对象借以被给与的表象之种种认识机能的自由作用这个状态必然是容许普遍可传达的,因为作为所与的种种表象(无论在任何主体里面)所要与之符合的对象之限定那个认识乃是对每一个人都是有效的一种而且唯一的一种表象。

既然在一个审美力判断中,表象方式的主观普遍可传达性,是要离开任何一定的概念之先行假定而存在,它就只能是想象力与悟性自由作用中存在着的心理状态(只要这想象力和这悟性是相互一致,如一般认识所要求的那样)。因为我们意识到适合于一般认识的这个主观关系必然是对于每一个人都一样的有效,因而是普遍可传达的,正如任何确定的认识那样,这种认识总是基于那关系作为其主观条件的。

可是这种纯粹地对于对象,或者对于对象由之而被给与的表象之主观的(美学的)估计,乃是先于对它的愉快的,而且是在各种认识机能的和谐之中的这种愉快之基础。再则上面所描述的估计对象之主观条件的普遍性,乃是我们使之和我们称为美丽的对象之表象联系着的喜乐之这个普遍主观有效性的唯一根基。

把一个人的心理状态来传达的能力,纵然它只是有关我们认识的种种机能方面,是伴随着有一种愉快,这是一种事实,可以容易地从人类对于社会生活的倾向,即从经验上和心理学上证明的。可是我们在这里所讲到的需要更多于这个。在一个审美力判断里面,我们感觉到的愉快是作为必然的来要求于每一个人的,好像当我们称什么东西为美丽的时候,美是要被看为对象的按照概念而形成其固有的规定之一部分的一种质;虽然美自其本身而言,离开对于主体的感情一切关系,是不存在的东西。但是这个问题的讨论必须留待我们答复了另一个问题,即美学的判断是否并如何在经验之先有其可能这问题之后。

眼前我们担心的是较小的问题,即我们如何能意识到在审美力判断中有认识的能力主观共同的相互一致,是否在美学上,由于感觉和只是我们的内部感官呢?或者是理智上由于我们有意的活动把这些能力使之起作用这意识呢?

那么,如果使审美力判断发生的所与表象是一个概念,把悟性与想象力在对象的估计中统一起来,而使之有对于对象的认识,这个关系的意识就会是理智的(像在《批判》一书中所处理的判断的客观图型里一样)。但是,这样一来,判断之作出就不会有关于愉快与不愉快,因而就会不是一个审美力判断。但是不然,审美力判断是独立于概念,关于喜乐和美这述项,而决定其对象的,所以除感觉之外,没有其他方法使所讨论的关系之主观统一性为人所知道的。把两种机能(想象力与悟性)促进到一种未定的,但由于所与的表象成为和谐的活动的,像属于一般认识那样的,就是感觉,它的普遍可传达性是审美力判断所预先认定的。当然,一种客观的关系只能被思维的,然而在其条件方面,只要它是主观的,它对于心的影响是可以被感觉到的,而在一种关系的情况之下(像表象的能力对于一般的认识的机能之关系一样),那种关系并不以任何概念为基础的,除通过感觉对于它对心的影响之意识之外,没有其他的意识是可能的——所说的影响,就是两种心理的能力(想象力与悟性)被它们相互的一致所促进而有的更流畅的作用。一种单一的而独立于和其他表象相比较的表象，然而虽是如此，仍然和悟性一般关心的普遍性之种种条件相一致的，是一种表象，使认识的种种机能有其比例上的一致，那种一致性就是我们对一切认识所要求的，因而我们认为对于其本性是能够用悟性与感官结合起来进行判断的每一个人都是有效的，即对于一切人都有效的。

从第二个契机所得到的美丽的之定义：

美丽的就是离开概念而普遍地令人愉快的东西。

第三个契机　关于审美力的判断:种种目的的关系在这种判断中受检查的契机

第十节　一般的终局

让我们用先验的名词来下"一个目的"的意义之定义(就是说,不先行假定什么像愉快感这种经验的东西)。一个目的乃是一个概念的对象,而所谓概念,是就其为对象的原因(即对象的可能性之实在根据)而言的;而一个概念关于其对象的因果作用就是终局(拉丁文 forma finalis)。所以凡是所思维只通过对象的概念而就有其可能的不只是关于对象的认识,而是对象本身(它的形式或实在存在),那么我们所想象的就是目的。这里,结果的表象是决定着它的原因之根据而作为原因的指导的。关于主体的状态的一个表象的因果作用之意识作为能帮助来保持那状态的延续的一种意识,在这里可以说是一般上指那称为愉快的;而不愉快就是那种表象,它含有把表象的状态变为表象的反面的根据的(阻碍或取消那些表象的)。

愿望的机能,以其只通过概念而便可以决定而言,即以其遵照一个目的的表象而动作而言,就是意志。但是一个对象,或心的一种状态,甚至或者一种动作,纵然它的成为可能不是必然预先假定一个目的的表象,可以称为最后的,纯然是由于它的可能性是因为在我们方面,假定一种按照目的的基本因果作用,才对于我们能够予以解释和成为可理解的,就是说,在我们方面要假定一个意志,按照所表现的某一定的规则而规定它的。所以终局只要我们不把这个形式的种种原因放在一个意志里面,然而还能够只靠从一个意志来得着它,就使它的可能性之解释对于我们成为可理解的,那也可能离开一个目的而存在的。可是我们并不总是必要用理性的眼光来看我们所观察的(就是说,来考虑它之可能性方面),所以我们至少可以观察形式的一种终局,而在对象中追踪它——虽然只靠反思——而不把它奠基在一个目的之上(作是最终关系的材料)。

第十一节　审美力的判断之唯一根基乃是一个对象(或表现它的方式)的终局之形式

凡是一个目的被看为喜乐的来源的地方,它总是带来一种利益作为对于愉快感的对象的判断之有决定性的根据,所以审美力的判断不能奠基于任何主观的目的作为其根据。可是任何客观的目的的表象,即对象本身按最后关系种种原理之可能性的表象也不能决定审美力判断,其结果是,任何良好的东西之概念也不能决定。因为审美力判断是一个美学的而不是一个认识的判断,因而并不处理对象的性质或对象按这个或那个原因的内部或外部可能性之任何概念,而只处理各表现能力在其为一个表象所决定之限度内之相对关系。

可是这个关系,当一个对象以美丽的为其特征时总是存在的,是和愉快的感情联结在一起的,审美力判断是声言这愉快对每一个人都是有效的,所以伴随着表象的一种适意性之不能含有这判断的有决定性的根据,是正如对象的臻于完善的表象或良好的东西的概念一样。所以剩下来就是一个对象的表象中的主观终局,完全没有任何目的(客观的或主观的)——结果就是一个对象借以被给与于我们的表象之中的终局之只是一个形式,只要我们是意识到它——作为唯一的东西,可能构成离开任何概念我们估计为普遍可传达的那个喜乐,因而可能形成审美力判断的有决定性之根据。

第十二节　审美力的判断以先验的根据为基础

在经验之先决定苦乐的感情作为结果和某一种表象(感觉或概念)作为其原因的这种联系是完全不可能的,因为那就是一种因果关系(以经验的对象而言),总是只能在经验之后,有经验的帮助才能被认识到的。诚然在《实践理性批判》一书中,我们在现实上曾在经验之先从普遍道德的概念获得尊敬的感情(作为这个感情的特殊而又特别的变化,而这个感情严格说来,并不适合于我们从经验的对象所得的愉快或不愉快),但是在那里,我们又进一步能够超出经验的界限而求助于以主体的一种超感性的属性为基础的因果作用,即自由的因果作用。但是甚至在那里,我们从道德的思想作为原因而演绎出的不是恰恰就是这个感情,而从这个所获得的只是意志的决定。可是无论用什么方法所得到的意志的决定里面的心理状态,其本身是一种愉快的感情而同时又同一于这感情,因而不是从它而出来作为一种结果的。凡是道德作为一种良好的东西之概念先于意志为规律所决定的地方,必然只得假定这样的一种结果,因为在那种情况之下,想要从这概念作为只是一种认识而得出和这概念结合在一起的愉快,是枉然的。

可是在美学的判断中的愉快是站在同样的地位上的,只是在这里它不过是静思的而并不发生对于对象的利益;而在道德的判断中,它是实践的。伴随着那用以一个对象得到给与的表象之关于在主体各种认识机能的作用里面的只是形式的终局之意识,就是愉快本身,因为它包含有一种主体关于促进其认识能力方面的活动之有决定性的根据。这样也就包含有关于一般认识方面的一种内部因果作用(这因果作用是最后的),但是并不被局限于一定的认识,因而只是在一个美学的判断里面的一个表象之主观终局的形式。这个愉快又并不是实践的,既不类似于从适意性的病理的根据而来的愉快,又不类似于从所表现的良好的东西之理智根据而来的愉快。但是它仍然包含有一种固有的因果作用,就是保持表象本身的状态和各种认识机能无另外目标的那种积极活动之延续,我们留意(德文 weilen)于美丽的沉思,因为沉思加强而再生自己的。这种情况类似于(但只是类似于)我们留意于一个对象的表象中的吸引力,因为这是能使人持久地注意它,而心一直总是被动的。

第十三节　审美力的纯粹判断是独立于吸引力和情绪的

一切利益都损害审美力的判断而夺去其公平态度。尤其是在终局不是领导愉快的感情,像理性的利益那样,而是以这个感情为其根据的情况下,它是如此的——这就是在美学的判断中(其对象是使人满足或痛苦的)总是要发生的情况。所以受了这种影响的判断要就完全不要求有普遍有效的喜乐,要就必须按所讨论的这种感觉参进去审美力的有决定性之根据里的比例而减少其吸引力。需要另加的一种吸引力和情绪的要素然后发生喜乐的审美力，更不必去说要采取这个作为赞同它的尺度的，是还没有野蛮挣脱出来的。

然而吸引力常常不但和美平列起来（美，严格说来，应该只是形式的问题）作为补充美学上的普遍喜乐的，而且曾为人认为原本的美，其结果便是喜乐的质料作为形式看了。这是一种曲解，像许多其他的曲解，还存在着基础上一种真理的成分的，经过这些概念的仔细下定义，就可消除的。

不受吸引力或情绪的影响之审美力判断（纵然吸引力和情绪可能和对于美丽的喜乐联系着），而因之其有决定性的根据只是形式的终局，这种判断是审美力的纯粹判断。

第十四节　例证

美学的判断，正如理论的（逻辑的）判断一样，可划分为经验的和纯粹的两种。第一种是以适意性或不适意性来陈述一个对象或其表象的方式的那些判断，而第二种是以美来陈述一个对象或其表象的方式的那些判断。前者是感官的判断（质料的美学的判断），而后者（是形式的）才是正当的审美力的判断。

所以只有判断的有决定性的根据不为只是经验上的喜乐所感染时，审美力的判断才是纯粹的。但是凡吸引力或情绪参加到以之描述某东西为美丽的那个判断里面的地方，这种感染总是存在的。

可是这里有着许多像有道理的辩解之复发，竟然甚至提出这个问题，认为吸引力不但是美的必需成分，而且其本身甚至足以值得称为美丽的。只是一种色，例如一块草坪的青色，或者只是一种音调（有别于声音或吵闹），像小提琴的音调，大多数人是描述为其本身是美丽的，纵然事实上两者看来都只依靠其表象的质料的——换言之，单纯依靠感觉的，而感觉只使它们有资格称为适意的。但是同时要看到，颜色与音调的感觉，只有在任何一情况下是纯粹的，才有资格被直接看为是美丽的。这个是一个决定，立刻就到判断的形式去的，而且是唯一的决定为这些表象所具有而可一定地被承认为普遍可传达的。因为我们不能假定甚至感觉的一种质对于一切的主体都是一致的，而且我们几乎不能承认一种颜色的适意性或者一种乐器的音调，是我们判定为比另一种为可取的，是在每一个人的估计中都是同样认为可取的。

如果人们同意于欧拉认为颜色都是以太的同色震动，像音色是声音使空气震动一样，而且最重要的乃是，人的心不只用感官来感知到颜色刺激器官的影响，而且用反思来感觉到印象的正规作用(结果是知道各种不同的表象联结的形式)——这是我并不怀疑的——那么颜色与音色就不只是感觉而已。它们便不亚于感觉的杂多之统一的种种形式上的决定，而这样一来就甚至可以列为原本的美了。

但是感觉的一种简单的方式之纯洁性是意味着它的一律不为任何性质不同的感觉所搅扰或打断。它只属于形式，因为可能从这样的感觉之方式的质作出抽象(它表象什么颜色或音色，如果是有的话)，因此之故，所有简单的颜色，只要它们是纯粹的，都是被看为美丽的。混和的颜色没有这个长处，因为它们既然不是简单的，就没有标准来估计它们是否应该称为纯粹的或不纯粹的。

但是谈到由于其形式而归之于对象的美，和它能够为吸引力所增益这种假定，这是一种通常的错误而且是不利于真正的、未经损坏而诚意的审美力的。但是吸引力可以加在美之上而在只是喜乐之外使人心有对于对象的表象一种外来的兴趣，这样就鼓舞着审美力与其培养，尤其是在审美力还粗糙未经锻炼的时候，这是如此的。但是如果让它们硬插进来作为估计美的根据，它们对于审美力判断就是正面有破坏性的。因为它们远远不是对于美有贡献的，所以只在审美力还是薄弱而未经锻炼的地方，它们才像外国人那样，因善意得进来，而且只能按它们不破坏那美丽的形式这种条件。

在绘画里，雕刻里，而事实上在一切造型美术里，在建筑术里，和在园林艺术里，以其是美术而言，**图样**是最重要的。这里审美力所预先非有不可的，不是在感觉上令人满足的东西，而只是以其形式而令人愉快的东西。使草图有其光艳的各种颜色是吸引力的一部分，它们无疑在其自己的方式上使对象对于感觉变为生动，但不能使之实在值得鉴赏，使之变为美丽的。事实上，美丽的形式的种种要求常常就是把颜色局限于很窄的范围的，其反面是不多见的，而甚至吸引力能够插进来的地方，还是这个形式给那些颜色以其光荣的地位。

感官的对象之一切形式（外部感官的和间接的内部感官的）不是形状就是活动（德文 Spiel）。在后一种情况下，所谓活动是指形状的活动（在空间的：丑角和舞蹈），或者只是感觉的活动（在时间的）。颜色的吸引力或乐器适意的音色的吸引力，是可以加上去的，但是前者的图案和后者的作法构成审美力纯粹判断的真正对象。说颜色与音色的纯洁性，或者说它们的变化与对比，好像对于美有所贡献，这并不意味着，因为它们原来是适意的，所以就增加其形式上的喜乐而且是和形式上的喜乐等量齐观的。其实在的意义毋宁是它们使这个形式变为更清楚地更确定地而更完全地可以直觉到，而且更以它们的吸引力刺激表象，正如它们激发而支持对于对象本身的注意力那样。

甚至所谓装饰（parerga），即只是一种附属品，而不是对象的整个表象中一种固有的成分，在其增加审美力的喜乐时，亦只利用其形式来这样做的。例如图画的框架，雕像的披布，或大建筑物的柱廊便是如此。但是如果装饰本身不成为美丽的形式之结构的一部分——如果它是用来像一个金画框那样只利用它的吸引力而替图画博得欣赏——那么它便称为华饰而夺去真正的美。

情绪——一种感觉只利用一时的停顿而产生一种适意的感情，却跟着就是那生动力量的强烈涌出——是和美格不相入的。崇高（情绪的感情是与之联系着的）就需要不同于审美力所依靠的另一种估计的标准，所以审美力的纯粹判断没有吸引力或情绪，总之没有作为美学的判断之质料，作为其有决定性的根据。

第十五节　审美力的判断是完全独立于臻于完善这个概念的

客观的终局只能利用把一个确定的目的作为杂多的准据才被认识到的，所以只能通过一个概念。只这一点就使我们看得清楚，只以形式的终局，即离开一个目的的终局，为根据而被估计的美丽的东西是完全独立于良好的东西的表象的。因为后者是预先假定一个客观的终局，即把一个确定的目的作为对象的准据。

客观的终局要就是外部的,即对象的功用,要就是内部的,即对象的臻于完善。对于对象的喜乐,就是我们因之而称它为美丽的,是不能以其功用的表象为基础,这是从上面两节看得极其明显的;因为在那种情况之下,它不会是对于对象的一种直接的喜乐,而后者是对于美的判断之最重要的条件。但是在一个客观的、内部的终局里面,即在臻于完善里面,我们所有的是更类似于美这个述项,因而甚至有名望的哲学家们就主张这个终局是可和美互换的,虽然要服从于这条件:就是在它在模糊的方式上被思维的地方才这样。在审美力的批判中,决定美是否实在可归结为臻于完善这概念是极其重要的。

为估计客观的终局,我们总是需要一个目的的概念,而这种终局必定是一个内部的而不是一个外部的(即功用),所需要的内部目的的概念就得要含有对象内部可能性的根据。可是一个目的,一般说来,乃是它的概念可以被看为对象本身之可能性的根据的。所以为要表现一个东西中的客观的终局,我们首先必须有它是要做什么样的东西这个概念,一个东西里面的杂多和这个(提供其综合的规则的)概念之一致就是这东西的质之臻于完善。量的臻于完善是完全与此不同的,它是任何一个东西按其类别的完成,而不过是量的概念(总体的概念)。在它的情况下,东西要成为什么这问题是看为已明确地解决了的,而我们就只问它是否具有一切需要使它成为这样东西的资格。在一个东西的表象里形式的东西,即它的杂多和一种统一性的一致(就是说,不管它要成为什么),其本身并不向我们提供任何关于客观的终局之认识。因为从这个终局作为目的作了抽象(这东西要成为什么),除了进行直觉的主体心中的种种表象之主观的终局之外,就没有东西剩下来了。这就给了主体的表现状态之某一定终局,主体在它里面觉得很自然来努力在想象中抓住某一形式,但不是什么对象的臻于至善,因为后者在这里不是正在通过任何概念而被思维着。譬如,在一个森林里,如果我偶然遇见一块草坪,周围有作圆圈形的树,而我在那时并不形成一个目的的任何表象,例如说它是准备,比方说,为农村舞蹈用的,那么只从形式上讲,并没有丝毫的影子是臻于至善的概念的。认为有一个形式的客观的终局而没有目的的,就是说,只是臻于完善的形式(离开那一致所关的东西之任何质料或概念,纵然有符合于规律的只是一个一般的思想)是一种真正的矛盾。

可是审美力的判断是美学的判断，即以主观的种种根据为其基础的。没有概念能作它的有决定性之根据，因而不是一个确定目的的根据。所以美作为一个形式的主观的终局而言，并不包含有任何对象之臻于完善的思想，就是作为一个冒充为形式上的而仍然是客观的终局。而美丽的概念和良好的概念两者之间的区别只在于它们的逻辑的形式，其第一个只是臻于完善的概念之一种模糊的形式，而第二个是其清楚地明确起来的形式，而在其他方面在内容上与发生上都是一样的，那么这区别就化为乌有了。因为这样一来，两者之间就没有什么特别的差异，而审美力的判断是一种认识的判断，正如用来描述某东西是良好的一种判断一样——正如一个普通的人，当他说欺骗是不对的时候，其判断的根据是模糊的，而哲学家的根据是清楚的，但两者都实际上诉之于理性的同一原理的。可是我已经说过，美学的判断是很独绝的，而绝对不对于有关对象的知识提供什么（甚至模糊的），只通过一个逻辑的判断我们才获得知识的。美学的判断则不同，它以主体为用以给与对象的表象的唯一准据，而使我们注意的并没有对象的质，而只是对于对象所用的表象的各种能力之确定中的最后形式。这判断之称为美学的，其理由就是它的有决定性的根据不能是一个概念，而是心理种种能力作用之一致的内部感官之感情，一种只能感觉到的东西。如果另一方面模糊的种种概念与根据它们的客观判断要称为美学的，我们就要发现我们自己用悟性却靠感官来进行判断，否则用感官而靠概念来表现其对象——只是两种矛盾任择其一。概念不管是模糊的或清楚的，其机能是悟性；而悟性虽然（像一切判断中一样）在审美力的判断中，即作为一个美学的判断之中，有其作用，但它在那里的作用不是一种要认识一个对象的机能之作用，而是要按照判断对于主体与其内部感情的关系来决定那判断的一种机能的作用，而且这样决定时，只能是在按照一条普遍性的规则而那判断有其可能的范围之内。

第十六节　在一个确定的概念之条件下用来描述一个对象为美丽的一个审美力的判断不是纯粹的

美有两种：自由的美（拉丁文 pulchritudo vaga，流浪的美）和只是依赖的美（拉丁文 pulchritudo adhaerens，粘性的美）。第一种不预先假定什么概念关于其对象应该是什么；第二种则预先假定这样的一个概念，并且预先假定与之相符合的其对象之臻于完善。第一种的美说是这个或那个东西之(自存在的)美;其他一种的美,因为是与一个概念联系的(是有条件的美),是归之于在一种特殊目的的概念之下的各对象的。

花朵是自然的自由的美。除植物学家之外难得有一个人知道花的真性质,而且甚至一个植物学家,虽然在花中认识到植物的生殖器,可是当他用他的审美力来判断其美时,他并不注意到这个自然的目的。所以没有任何性质的臻于完善——没有作为杂多的安排与之有关系的内部终局——是在这个判断的基础上的。许多种鸟(鹦鹉、蜂鸟、极乐鸟),许多的甲壳类,都是自存的美,这种美不附属于目的明确的对象,而靠自己来自由地令人欢喜的。所以希腊式的图样,构架或糊墙纸上的簇叶饰,等等,并无固有的意义;它们不表现什么——没有明确概念之下的对象——而是自由的美。我们也可以把音乐中称为幻想曲(没有主题)的东西列入同一这类,其实一切没有词的音乐都可以这样列入。

在自由的美(只按形式)之估计中,我们就有了审美力的纯粹判断。这里没有预先假定任何目的的概念,即杂多服务于所与的对象的目的,因而是对象所表现的——一种妨碍,只限制着可以说是在沉思外部形式中起其作用的想象力的自由。

但是人的美(在这人的名目下包括着男人、女人、儿童),马的美,建筑物(如礼拜堂、大厦、兵工厂、暑季别墅)的美,都预先假定明确那东西是要成为什么这种目的的一个概念,因而是它的臻于完善的概念,所以就是附属的美而已。可是,正如有了(感觉的)适意的东西和应该只有形式才与之有关的美结合在一起是审美力判断的纯洁性之一个障碍,同样地,把良好的东西(即杂多按其目的对于东西本身的好处)和美结合起来是损伤美的纯洁性的。

在一座建筑物上可加上许多悦目的东西,如果这建筑物不是要成为礼拜堂的话,一个形状可以用各种的花样和微细而正规的线来华饰它,如新西兰人的文身所做的,如果我们所处理的只不是一个人的形状。而这里是谈到一种形状,其粗野的面貌可以使之变温和些而得到更令人愉快的样子,可是他总得要是一个人,或者有一种赳赳武夫的脸面的战士。

至于对于一个东西的杂多而关于决定其可能性的内部目的之喜乐乃

是以一个概念为根据的喜乐。然而对于美丽的东西之喜乐乃是不预先假定任何概念的这一种，但是直接和通过它而给与其对象的那个表象联系起来的（而不是通过它而思维其对象的）。可是，如果关于后一种喜乐的那个审美力的判断，变成依靠着包含在前一种喜乐里面的目的，作为理性的一个判断，而这样就受到一种限制，那么它就再不是审美力的一个自由而纯粹的判断了。

诚然，将理智的喜乐和美学的喜乐结合起来，审美力是有利的。它变为固定了，而虽然不是普遍的，它能够有关于某一定的明确而最后的对象为它规定一些规则。但是这些规则就不是审美力的规则，而只是为成立审美力和理性结合的规则，就是说，美丽的和良好的结合的规则——一些规则是前者用来可以对于后者变为一种有意的工具，而为着把自力支持而有主观普遍有效性的心之情绪用来支持和继续思想的一种方式，这种方式虽是具有客观普遍的有效性，但只能以坚决的努力才保持得住的。可是严格地说来，臻于完善从美得不到什么，美从臻于完善也得不到什么。真理毋宁说是这个，当我们把通过它而有对象给与我们的那个表象和那对象来比较的时候（所谓对象，是关于它原要成为什么那方面），而比较是用一个概念，我们就不得不同时在关于主体里面的感觉方面进行表象的检查。因之对于我们表现的能力，当两种心的状态都充满着和谐时，结果是有利的。

关于带有一个明确内部的目的的对象，审美力的判断，只在作判断的人没有这个目的的概念，或者在他的判断中和这目的分开的那种时候，才是纯粹的。但是在这种情况之下，虽然这样一个人是作出一个正确的审美力判断，因为他是把对象作为一种自由的美来估计的，然而另一个人在对象的美之中所看见的，只是一种依存的质（就是说，他看到了对象的目的），就会仍然找第一个人的错处而谴责他犯了错误审美的过失，虽然两个人各在其自己的方式上是……①

---

① 从此处至第60节的上卷约三分之二的译稿不知何故全部遗失。可能是韦卓民先生翻译出来了，辗转中丢失了；也可能是他本人有翻译计划，但没有翻译出来。好在韦卓民先生译的《康德哲学原著选读》（华中师范大学出版社2000年5月第1版，2010年1月第2次印刷）中选译了这遗失章节中的部分内容。为本书的尽可能完整计，特将该书的第277页至298页节译的第十八至五十七节中的相关内容收录于此。——整理者注

丁、鉴赏判断是关于模态的①

第十八节　一个鉴赏判断的模态是什么

我们把美看作是与满意有着必然的关系的。但是这必然性是特种的。它不是一种理论上客观的必然性，是我能够在验前知道每一个人都要感觉到我对于我称为美的对象所经验的那种满意。也不是一种实践上的必然性，是借助于作为自由行动的存在者一条规则的纯粹的，或者说有理性的这种意志的一些概念，而引起的满意，作为一条客观规律的必然后果的；因为这种必然性只是说，我们绝对有责任应该按一定的方式行动。所说的必然性只能称为示范的，就是说，它是一种必然性，就是尽人都应对于一个判断同意，那个判断是作为不能表示出来的一条普遍有效的规则的一个实例的。

第十九节　我们以之归于鉴赏判断的主观必然性是有条件的

鉴赏判断含有每一个人都同意的意思：凡是肯定什么东西是美的，这个人就认为每一个人都应该和他一样同意，肯定这东西是美的。所以审美判断应该是按照判断所需要的材料而表达出来，然而只是有条件地表达的。我们要求每一个人同意，因为我们的判断有尽人共通的一个根据；如果我们总是信赖得过当前的特殊实例是正确地包摄在作为同意的规则的根据之下，我们就会算定别人的同意。

① 这部分的补充选录，华特生原是编在《康德哲学讲解》（华中师范大学出版社 2000 年 5 月第 1 版）一书内的，中译本把它移入《康德哲学原著选读》内。华特生在这里有一个注解，说明他所选的几段是康德对美学理论比较完整的叙述。——整理者注

第二十节　一个鉴赏判断所肯定的必然性是依据共通感的观念的

如果鉴赏判断也像知识判断那样有一定的客观原理，我们就能为它们要求无条件的必然性；如果这些判断没有原理，像根据诸感官的判断那样，就没有人会想到为它们要求必然性，所以它们必然具有一条主观的原因，纯是通过感情而不是通过概念，这样确定什么东西令人愉快，什么东西令人不愉快，而仍然是普遍有效的。这种原理可以看为共通感；然而必须把这慎重地从那种共通的知性区分开来。有时那共通的知性也称为共通感（Sensus Communis——通常译常识），而那绝非以感情为它的判断的根据，而是根据概念的，尽管这些概念通常只是模糊理解的原理。

第二十一节　我们有没有正当的理由来预先假定有共通感呢

知识判断连同伴随着它们的信念都是普遍可传达的：不然的话，它们就不会和对象一致，而是像怀疑派者所肯定，都只是意识主观的玩弄而已。但是，如果知识能传达给一切的人，那么心灵的状态，就是说我们以一般知识为目的的各种能力的一致，其实以知识为其结果的那些能力适当比例的运用，也必然是能普遍传达的；因为除非每一个人都具有这种一致作为知识的主观条件，否则就不能有知识作为结果了。可是，只要所与的对象，利用诸感官使想像力活跃起来去结合杂多，而想像力又使知性活跃起来去把这样结合着的杂多纳于概念，在每一个这种情况下就都是有知识发生的。但是按照对象之不同，就有不同比例的在知识中运用的各种能力之一致。然而这一致必须一般说来是最适合于使想像力和知性有着最宜于知识的比例，而且这一致必然是感情所确定，而不是靠概念来确定的。正如各能力的一致能传达到一切的人那样，作它的指针的感情也照样必须能传达给一切的人。但是感情的普遍传达性预先是假定有共通感的；因而我们就有了良好的根据来认定共通感的存在，而这样认定时并无须退而依靠心理学的观察，而只把它作为我们知识普遍传达性的必然条件，这是每种逻辑所预先假定，而且是知识的每一条原理所预先假定的，除非是怀疑派的原理。

所以我们的结论是，认识美作为一种必然的满意之对象是没有用概念的。

一般的说明

总结上面分析的结果：鉴赏乃是这种能力，以自由符合于想像力的规律为标准来判断一个对象的。可是，如果在鉴赏判断里，必须把想像力看作是自由的，那么它就不是再生的，而且是受着联想律的支配的，是创作的，并且是自动的。不错，想像力在领会感官所与的一个对象时，它是为这个对象的一定形式所束缚，而在这限度内不能自由活动(像在作诗里那样)，但没有什么东西妨碍我们去认定，对象所提供的形式是包括着这么多的因素，想像力若果没有外力干扰，就会和知性特色的与规律的符合相一致来自己进行设计。然而我们不能认为想像力是自决的而不犯矛盾的错误。只有知性才规定规律的。如果想像力被迫去按照一定的规律来进行，它的产物所采取的形式将是为应该怎样这个概念所确定的；那样一来，如上面所说明的，所得的满意就是在于善而不是在于美，而作出的判断就不是鉴赏的判断了。所以想像力是无规律而符合规律的；而只有想像力和知性的主观一致，而没有像包含在把一个观念联系到一个对象的概念那里面的客观一致，才是和知性的规律自由符合而又和鉴赏判断的特性相容的。

第二卷　崇高的分析论

第二十三节　从美过渡到崇高

美和崇高共同的一点就是本身令人愉快。而且两者都预先假定有一个反思判断，但不是一个感官的判断，或者一个逻辑上决定性的判断。所以所得到的满意不依靠感觉，像愉快那样，也不依靠一个一定的概念，像对于善的满意那样。同时它是和概念有关系的，尽管这些概念是不一定的。因之它是和一个对象的只是表现，或者和表现的能力相联系的。因之，在所与的直观的情况下，想像力是看为和知性或理性的概念能力相一致的，而且是导致这些概念的形成的。两种判断都又是单一的，然而声明是对每一个主体都是普遍有效的，虽然它们所要求的只是对于愉快感而不是对于对象的任何知识。

但是它们之间有着种种显著的差别。自然的美是关于有一定限度的对象之形式的；崇高则不同，它甚至在一个无定形的对象中都可发现，只要我们在它里面想象着那无限的，或者由它而引起这种想象，而同时把它作为总体去想。这样，美像是被看为知性不确定的概念之表现，而崇高则作为理性不确定的概念之表现，因之前者的满意是和质的表象联系，而后者的满意是和量的表象联系的。满意在种类上也有不同，美带来生命扩张的一种直接感情，因之可以和情欲的魔力与想像力的活动联合着；崇高感是一种愉快，只间接地发生，出自生命力一时受到阻抑，随着有着生命力更强度的流露这一种感觉，而且由于含有情感的刺激，它不以想像力的活跃，而是以它的严肃运用出现的。所以，它不能和情欲的魔力结合在一起；而且由于心灵时而为对象所吸引，时而为它所排拒，相互交替，因之对于崇高的满意所含蕴的，与其说是正面的愉快，毋宁说是惊奇或敬畏，可以称为消极的愉快。

可是崇高与美丽之间最重要而最本质的区别可以这样来说明:在这里我们首先可以限于自然对象的崇高,因为艺术的崇高总是限于和自然一致的那些条件的。自然的或者说独立的美含有在它的形式里面的有意图性,因之那对象看来好像适应于我们的判断的,这样在它的本身就构成一个令人满意的对象。但是在我们只是领会中,没有什么推理,而在我们里面激起崇高感的东西,像是以它的形式挫折了我们判断的意图,使我们表象能力受到困惑,像是打击了我们的想像力似的,然而因为是这样,反把它判断为更加崇高。

这样就立刻清楚,当我们称一个自然的对象为崇高时,我们是不正确地表达自己,而我们可以很正确地称许多自然的对象为美丽的。因为怎能以一个赞同的词句来标志本身是被领会为妨害意图的东西呢? 我们只能说,适合作为崇高性的表现的对象只能发现在心里;因为真正崇高的不能包含在什么感性的形式里,而只表示理性的观念,对于这些观念,没有足够的表象是可能的,然而由于感性表现出来的都是不足,所以在心里就激起这些观念而导致它们出来,例如风暴激起大海怒号不能称为崇高。它的光景是可怕的;一个人必须心中充满了许多的观念,才能为这种的知觉唤起本身是崇高的感想,而激动到放弃那感性的去忙于含有更高尚有意图性的观念。

自然的自由美显出自然的一种技术,能使我们把它表现为按照规律的一个系统,其原理是我们在我们的知性全部能力中所不能发现的。这个原理就是有意图性的原理,是关于我们的判断力对于现象的使用的,以致现象必须被判断为不但属于自然非意图性的机构方面,而且也属于类乎艺术的东西的。美的东西实际上并不扩张我们关于自然对象的知识,而是扩张我们对于自然只作为机构的概念到自然作为一种艺术的概念。这就叫我们对于这样一个形式要作深刻的研讨。另一方面,在我们通常称为自然里崇高的东西里面,没有任何东西导致特殊的客观原理和与之相应的自然之形式。自然在它的混沌状态上,或者在它的狂暴而且极无规则的杂乱与荒凉上,所显示如果只是伟大与力量,多半是激动崇高的观念的。因之自然崇高的概念远不如美的概念那么重要,其后果也不是那么丰富;它并不表示在自然本身里面有任何有意图的东西,而只是在我们对自然的直观的可能用途上才有的。由于这些直观我们感觉到在我们里面有一种完全独立于自然的有意图性。关于自然的美，我们必须在我们之外面寻找一种根据，可是关于崇高，我们必须只在我们自己里面和在将崇高性引入关于自然的表象里的心灵态度里面来寻找它。这个重要的分别就完全把崇高的观念和自然的有意图性的观念分开，而把崇高的理论变为自然中有意图性的审美判断的一种附属物而已。

第二十四节　崇高的各种形式

崇高的分析包含有一个划分，是美的分析所不必要的，那就是崇高的划分为数学上的崇高和力学上的崇高。

崇高感的特性就是它有着心灵的运动，是和我们关于对象的判断相联系的，而美的欣赏是预先假定心灵是安静的静观而且一直是如此的。这个运动我们必须判断为主观有意图的，因为崇高是令人愉快的；它通过想象，或者是对于知识的能力有关系，或者是对于欲望的能力有关系，但是在两种情况下，都必须把适应判断为属于我们的机能，而排斥意图与利害关系的。在前一种情况下，适应是归之于对象作为想像力的一种数学上的确定，而在后一种情况下，是作为一种力学上的确定的。

甲、数学上的崇高

第二十五节 “崇高”这词的解释

绝对伟大的我们称为崇高。大小(magnitudo)与量(quantitas)是两个完全不同的概念。同样地,绝对地说(simpliciter)某东西是大不等于说它是绝对地大(absolute,non comparative magnum)。后者是无可比拟地大。那么,说某东西是大是小,或不大不小,是什么意思呢? 意思不是指知性的纯粹概念,更不是感官的直观,也不是理性的概念,因为它并不含有知识的原理。所以它必然是判断力的一个概念,或者是从这种概念得出来的。而它的基础一定是观念关于判断的主观适应。我们没有把一个东西和另外一个东西比较过,就知道那东西是一定的量(quantum);它的统一性是同类的杂多相结合而构成的。但是要知道一个东西是大是小,就需要某另一个大小为标准。可是在判定大小时,我们不只注意到数目的多少,而还要注意到单位的大小(那就是标准),而后者的大小又需要另外一个东西作标准与之比较。由此可见,现象大小的确定不可能提供一个绝对大小的概念,而只是一个相对的概念。

可是如果我们称某东西不只是大,而且是绝对地大,各方面都是大,或无可比拟地大,即崇高,我们就立刻明白,不容许在它本身以外寻求一个足够的标准,而必须在这东西里面去找它。它是只和自身相等的大小。因之崇高必不能求之于自然的东西,而只在我们的理念里去追求它。

上面所说的可以这样来表达:崇高是凡和它比较的东西都相形为小的。很容易明白,自然中没有什么东西,不管把它判为怎样大,而从另一观点来看是不可以变为无限小的,也没有什么东西是这么小,而和更小的标准比较时,不能为我们的想像力把它扩张到一个世界之大的。所以没有感官对象是崇高的。但是,正因为我们的想像力向着无限力求前进,而我们的理性又要求有绝对的总体作为一个实在的理念,我们想像力的不足以相对于这个理念来估计感官的东西的大小,就在我们里面唤起一种超感性能力的感觉。

我们可以在上面的公式之上增加这个公式:崇高就是,光只能想到它的能力,就证明我们是具有超越一切感官标准的能力的。

第二十六节　在估计自然的事物的大小量中须有什么才得到崇高这个理念

通过数的概念(或代数的符号)而得到大小的估计乃是数学的,但靠用眼来测量它们而只在直观中的估计是审美的。借助于数目,我们只有一个东西是多么大的明确概念,而数目的尺码是单位,并且在这限度内一切逻辑的估计大小都是数学的。可是,既然尺码的大小必须假定是已知的,而这尺码又是在数学上和用数目来估计的,其单位必须是另一个尺码,所以我们永远不能有一个第一个或者说根本的尺码,因而就不能有一个所与的大小之明确概念。一切自然对象的大小估计终之是审美的,即主观的而不是客观的。

可是,在大小的数学估计里,没有最大,因为数目的幂是扩张到无限的;但是在大小的审美估计中无疑是有最大的,关于这最大,我们可以说,如果判定它是绝对的尺码,在它以外没有更大的是主观上可能的,它就含有崇高的理念,而且引起一种情绪是没有数学的靠数目的大小估计能产生的。

无限不只是比较的而且是绝对的大,和它比较起来,一切同大小一类的其他东西都是小的。但是最重要的是,甚至能够把它想为一个全体都指向心灵的一种超出一切感官标准的能力。因为要把它在感性上来表现,就得需要能提供和可以用数学表达出来的无限,有一种明确关系的标准或单位的那样的理解力,而这是不可能的。可是甚至能够想到这个无限而没有矛盾,都需要在人心里有一种其本身是超感性的能力。因为只有通过这种能力和它关于本体的理念(这本体本身是不能在知觉上表现出来,而是预先假定为我们对于世界作为只是一个现象的知觉的基质的),感官世界的无限,才在大小的纯粹理性的估计上,完全包含在一个概念里面,虽然它永远不能完全掌握在使用数目的概念的数学估计里面。

自然的真正不变的尺码乃是它的绝对总体,或者说在它里面作为一个现象的无限的理解。但是这个根本的尺码既然是自相矛盾的概念，因为不可能绝对完成一种无止境的前进，那为想像力白白地耗尽了它理解的全部能力的自然对象的大小，必须把自然的概念一直推到在这概念里面和在我们思维的能力里面预先假定的超感性基质那里去。这个基质是超越感官的一切尺码的，因而我们看为崇高的必须是我们自己心灵在估计它的状态，而不是那对象。

第二十七节　包含在我们关于崇高的判断里的满意的质

我们无能达到对我们是一条规律的一个理念这种感觉就是崇敬。可是，每一个可以对我们表现的现象之综合为一个整体的那种直观，是理性的规律硬加在我们头上的。因为理性除了绝对全体之外，并不承认任何一定的、普遍的而且是不变的尺码。但是我们的想像力，尽管它竭其全力来把所与的对象使之结合为一个可直观到的整体，这样来表现理性的理念，却暴露它的限制和不足之处，然而也指出它的理想是和这个理念或者说理性的规律相称的。因之在自然中得到的崇高感乃是对我们自己性格的崇敬，而暗暗地转移到自然的对象去，而不把它认为起因于在我们本身的人类理念。这就是一种可直观到的证据，证明我们知识的各种能力的合理确定，是优越于我们感性的最大能力的。

乙、自然在力学上的崇高

第二十八节　自然是力量

自然作为不压服我们的一种力量来着想，就是在力学上的崇高。

如果我们要判定自然在力学上是崇高的，就必须把它看为一个可怕的对象（虽然我们不能反过来说，我们的审美判断是把一切可怕的对象都认为是崇高的）。因为在一个不以概念为根据的审美判断里，只依抵抗力的大小才能判定对反对力是优越的。然而我们努力来抵抗的乃是一种有害的东西，如果我们发现我们抵抗力量的不足，它便是可怕的对象。因之对审美判断来说，只有当自然是一个可怕的对象时，它才是作为力量看，因而是在力学上崇高的。

然而我们可以看一个对象为可怕而并不怕它。这就是当我们只想到我们要抵抗而同时认识到一切抵抗都属枉然的。例如有德行的人敬畏上帝而不怕他，因为他想到抵抗上帝和抗拒上帝的命令是与他无涉的。但是大凡认为这种抵抗是不可能的人都承认上帝是可怕的。

谁怕，谁就不能判定自然是崇高的，正如受偏爱和嗜好影响的人不能看一个对象是美丽的一样。他看见一个使他惧怕的对象时就逃跑，在感觉为真正可怕的东西里面，是得不到什么满意的。因之不安的情绪停止下来，就有了快乐了。

悬崖峭壁，黑云密集，雷电交作，火山爆发，狂风怒号，海洋澎湃，瀑布飞腾；这些惊心动魄的现象，使人魂飞体外，不敢仰视，更说不上抵抗了。可是当我们感到安全的时候，这些现象越是可怕，它们的光景越是吸引人；我们便立刻称它们为崇高，因为它们引起心灵的稀有力量。在我们里面透露出完全不同的一种抵抗力，使我们敢于把自己和看来是自然的万能作一种较量。

在自然的广大磅礴里边，我们的能力不足以找出一个标准是相称于它的区域大小的审美估计的。我们发现我们物质上的限制，但是与此同时，我们在自己的理性能力中又发现另一种标准，非感性的，而把那无限放在它的下边作为一种统一体，而和这对比起来，自然中一切都是渺小的了。这样，尽管自然怎样广大无边，我们却意识到我们在心灵深处是优越于自然的。这样一来，自然的不可抵抗的力量，一方面显出我们作为自然的存在者在物理上是无能的，而另一方面，在我们里面又表出一种判断的能力是不依赖自然而比自然优越的……所以在我们身上的人类依然未受到侮辱，尽管个人是不得不屈服于自然的威力的。在我们的审美判断中，自然是这样被看为那么可怕，而是崇高的……所以我们称自然为崇高，只是因为在那些情况里，心灵感觉到它自己的崇高和甚至对于大自然的优越性，而提高其想像力以引出这些情况的表现。

所以在任何自然对象里都并没有崇高性，而只在我们自己的心灵里边才有，这是就我们能意识到我们高于我们里边的自然而言的，而因之又高于我们外边的自然，这是就自然对我们的有影响而言的。

第二十九节　就自然中的崇高说到判断的模态

在自然中有无数的美丽东西，关于它们我们能不大容易发生错误而预知每一个人都会在我们的判断上和我们同意的；但是在我们关于崇高的判断上是不是尽人都得和我们同意，我们就不能有同样的把握了。因为在这里，须要不只审美判断力更大的培养，而且还须有知识的各种能力更大的培养。

为要使心灵可以易于接受崇高的感觉，它就必须对理念有一种容量；因为正是由于大自然对于理念的不相称，因而只有在预先假定了这些理念的情况下，想像力才感到不能不使用自然作为理念的一种图型……事实上，没有发展道德的理念，文化准备了我们去看为崇高的东西，对于粗野而未受过培养的人，看来只是可怕的。

但是关于自然中的崇高而作出的判断虽然需要的文化比美丽所需要的更多，可是我们不可认为那种判断完全是由于文化和社会上的习俗而来的；它的基础是在于人性，而且事实上是在于我们有权认为尽人都有的东西，像一个健全的知性一样的；换句话说，它的根源是在于实践理念的感觉的倾向，即在于道德的倾向。

别的人都应该在我们关于崇高的判断上和我们同意，这个必然性是以上述的倾向为根据的。正如一个人如果对于我们在自然中看作美丽的，他却视之淡然，我们就责备他说他缺乏欣赏力，同样地，在我们判定是崇高的对象面前，如果一个人无动于衷，我们便说他是凉血动物。两者都是我们期望于每一个人，而预先假定是人人都具有的，如果人是有文化的话；但是两者之间却有分别的；前者是我们直接期望于每一个人的，因为这里，想像力是和知性作为一种概念的能力有关系的；但在后一种情况下，想像力是和理性有关系的。作为理念的能力来说，我们预先假定道德感是它的主观条件，但是我们相信我们有权把它归之于每一个人的。因之我们就把这个审美判断也看为是必然的。

纯粹审美判断的演绎

第三十节 关于自然对象的审美判断的演绎，对崇高不需要，而只对美才需要

一个审美判断，要求对每一个主体，都是作为根据验前的原理而普遍有效的，这个主张是需要有演绎或者说有正当理由的提出的；而且当判断是在对象的形式里含有令人满意或令人不满意的意思时，在说明外，还须加上上述的演绎的。关于自然中的美的鉴赏判断是属于这种性格的。因为那时有意图性的根据是在于对象与其形状，虽然它并不通过关于知识判断形式的概念而指出这对象和其他对象的关系，而所涉及的，只是这个形式在其表示自己同时和概念能力与在心灵中表现这些概念的能力相一致这限度内之为人所领会。所以关于自然中的美可以提出许多问题。但是当我们对于自然中的崇高作出一个不涉及完善或客观有意图性的纯是审美判断的时候——因为这一种完善或客观有意图性会把它变成一个目的论的判断——自然中的崇高可以看为是完全没有形式或形状的，然而它仍然可以是一种纯粹满意的对象而表现一个主观意图的。所以很可以提出这个问题，在这样的一个审美判断中，除了含在它的思想中的东西之阐述之外，还需不需要它被看为是一个验前的（主观的）原理的这种要求的演绎？

对于这个问题的答复就是说自然中有崇高不是完全正确的，崇高应该只归之于心灵的一种状态，或者更确切地说，归之于人性中心灵这种状态的基础……因之我们对于自然中的崇高的判断之阐述，同时也就是这些判断的演绎。

所以我们只要寻找鉴赏判断的演绎，即关于自然东西的美的判断之演绎。

第三十一节

只有当判断要求有必然性时，我们才有责任来作出一类判断的演绎或提出它的正当理由的。然而当判断要求有主观的普遍性或者说每一个人的同意时，这才是有效的，尽管那判断不是关于知识的而只关于对某当前一个对象的感到愉快或苦闷的。

可是，一个鉴赏判断不是关于知识的判断，因它既不是依据一般自然的概念而为理论的，也不是依据理性在验前给予出来的自由这个理念而为实践的。所以在这里，我们既无须为表达一个东西是什么这种判断的有效性在验前提出其正当理由，也无须为规定我们为要作出一个判断而应该作什么这种判断的有效性在验前提出其正当理由；我们所需要的，只是表出那表达关于一个对象的形式的经验上的意识之主体的适应的判断之普遍有效性。

这种普遍有效性不能用发现别的人一致在我们的感觉上和我们同意这种方法而得到建立起来，而必须依据可以称为关于对某一当前的表象感到愉快而作出判断的主体的自决性的，就是说，必须依这主体自己的欣赏力的；然而另一方面，这种普遍性又不得从概念得出来。一个这种的判断——例如鉴赏判断就是——有两种特别的逻辑特性。第一，它是在验前普遍有效的，可是它的普遍性不是逻辑的，或者说根据于概念的，而是一个个别的判断的普遍性。第二，它是必然的，因而必须依据一些验前的根据，然而它的必然性，不能用每一个同意于鉴赏判断的人所不得不承认的根据来在验前证明它。

第三十六节　鉴赏判断演绎的问题

这个问题可以这样提出：用一个判断，只从我们自己对于一个对象的愉快感，而不依靠任何概念，我们便在验前判定这个愉快是附属于每一个其他主体里边关于同一个对象的意识的；而且作出这种判断时并无须等待任何这种的意见之一致。这样的一个判断是如何有其可能的？

判断力批判的这个问题是属于超验哲学的总问题的。这个总问题就是:验前的综合判断是如何有其可能的?

第三十七节　在一个鉴赏判断中,关于一个对象应该在验前肯定的是什么

一切鉴赏判断都是单称的,因为这些判断不把它们令人愉快这述语和一个概念联系,而只和某所与的经验上的表象联系的。

所以被知觉到为心理上和只是一个对象的判断结合起来的东西,不是愉快感,而是这个愉快感的普遍有效性。在一个鉴赏判断里,在验前肯定对每一个人都是一条普遍规则的,就是这个普遍有效性。

第三十八节　鉴赏判断的演绎

大家承认,在一个纯粹鉴赏判断里,对于对象的满意,只和关于它的形式的判断相联系,这种满意只是它适应于主体的判断,认为我们在心理上是和关于对象的意识相结合的。可是,判断的能力在其形式的规则上,既没有感觉或概念的内容,那么,这能力所针对的,只是判断力一般运用的主观条件,这些条件既不对感官的某一特殊方式生效,也不对于知性的某一特殊概念生效。所以它是根据于一些主观的条件,而这些条件是我们有权在一切人中预先假定作为知识成为可能的必需的条件的。所以我们能够认定一个表象和判断的这些条件的一致是在验前对每一个人都有效的。换句话来说,我们有正当理由来把愉快感,即表象的适应于关于一般感性对象的判断中知识各种能力之间的关系,归之于每一个人。

注　解

这个演绎是这么容易得出,因为它无须为一个概念的客观有效性提出正当的理由;因为美不是关于对象的一个概念,鉴赏判断也不是关于知识的判断。它只断言,我们有正当理由来预先假定,同样的判断的主观条件是在别人里面正如在我们自己里面一样,而且我们把所与的对象包摄在那些条件之下是正确的。无疑这种包摄有不可避免的种种困难是不属于逻辑的判断的;因为在后者里面我们是用概念来工作,而在审美判断

里，我们所与之打交道的，是只能感觉到的想像力与知性之间的关系。但是尽管在我们进行包摄之中，我们很易发生错误，然而这并不毁灭这种判断的正当要求来指望有普遍的一致同意，这要求只断言把依据于主观根据的东西，判定为对每一个人都是有效的。这个在原则上是正确的。

第二部分 审美判断的辩证论

第五十六节 鉴赏力的二律背驰

下面的二律背驰是和鉴赏力原理连带发生的:

(1)论题:鉴赏判断不是根据概念的;因为如果是的话,它就引起纠纷而不能有证明。

(2)反论题:鉴赏判断是以概念为依据的;因为不然的话,纵然有它的分歧,仍不会有纠纷,像是当我们要求别人必须一定在我们的判断上和我们同意时那样。

第五十七节 鉴赏力的二律背驰的解决

在每一个鉴赏判断基础上原理之间的冲突——那些原理不过是在分析论中所解释的鉴赏判断的两种特性——其能使之结束的唯一可能途径,就是说明对象所联系的概念在这一类判断中是在不同的意义上理解的。这种双重意义,或者说双重观点,对于我们判断的超验能力来说是必然的,可是不可避免地从两者的混淆而发生的自然幻象也是必然的。

鉴赏判断必须联系到某种概念,因为不然的话,它就完全不能要求对每一个人都是有必然的有效性的。但是这不因之就说,它能从一个概念而得到证明;因为一个概念可能是可确定的,又可能本身同时是可确定而又不可确定的。属于前一类的是知性的种种概念,它们是靠与之相应的感性知觉的各种述语成为可确定的;但是理性的超验概念,超感性的理念,在一切感性知觉的基础上的,是属于后一类的,而不能有进一步的理论上的确定。

可是,鉴赏判断是使用于感官对象的,但目的不是在于为知性而确定对象的概念;因为鉴赏判断不是关于知识的判断。所以既是在直观上和愉快感有关系的一个个别的表象,它只是一个个人的判断。在这限度上,它的权限只限于作判断的个人;对我来说,那对象是给人满意的一个对象,不管对他人它是什么:各人爱好是不同的。

然而不可否认，在鉴赏判断里面含有对象的表象更广泛的关系，正如主体的表象一样，而这一类判断之必然扩张到每一个人，是根据这个关系的。这样的判断必然预先假定有某种的一个概念，但这是不能用直观来确定的一个概念。因之不能通过它而知道什么对象，也不能根据它而证明什么鉴赏的判断。这样的一个概念是在感官的现象的对象和作判断的主体的基础上的纯粹超感性的理念。

这样，一切矛盾都从这说法消逝了，这说法就是，鉴赏判断是根据于一个概念——自然对于我们的判断能力主观适应的一般根据的概念——从它不能知道什么东西，或关于对象证明什么东西，因为它本身是不可确定而且对知识是无用的。与此同时，这判断对每一个人都是有效的，纵然只作为一个直接伴随着直观的单称判断；因为它的能确定的根据，尽可能在于人们作为人类本性的超感性基质的概念里面。

这个二律背驰的解决在于看到，虽然在那两个矛盾的判断里，判断的普遍有效性所根据的概念是在同一意义上理解的，但是有两个相反的述语对它使用。论题正确的意思是说，鉴赏判断不是根据明确的概念的，而反论题是说，鉴赏判断是根据一个不定的概念，即现象的超感性基质这个概念。所以两者之间没有实在的矛盾。

这样一来，看来像是矛盾的两条原理便一致了；两者可以同时并真，而我们所需要的并无其他。但与此相反，如果我们采取这个看法说，既然它预先假定一个个别的表象，鉴赏判断就必须根据于愉快感，或者我们主张说，既然这判断要求普遍有效性，它就是根据完善的原理，因之我们就按照这样来作出我们的定义，于是，就发生绝对不能解决的一个二律背驰。因为那样一来，两个命题都是假的，不只是矛盾的，而且是对立的，因之它们所根据的概念便是自相矛盾的了……所以在这里，正如在实践理性批判里面一样，诸二律背驰迫使我们和自己的意志相违，在感性以外而在超感性的东西里面，寻找我们一切验前的能力的结合点。事实上，没有其他方法能使理性和它自身相一致。

下卷　目的论判断力的批判

导　言[①]

认为自然在其种种特殊规律上有主观目的性这个假定的充分理由固无须在知识可能性的批判解释以外来寻找。这种目的性是有关于可理解性的——有关于人的判断力的作为判断力——而且是有关于把特殊的种种经验结合为自然的一种联系的系统这种可能性的。那么在这个系统中，我们就可进一步来在自然的许多产物中预测可能有某些产物，其形式是特别适合于人的判断力，好像是完全要照顾到我们的判断力才安放在那里似的。这一类的形式乃是那些形式，通过它们把统一性和异质性结合起来就适合于好像是加强那参加进去判断力的运用而起其作用的种种心理力量而且支持着它们的，于是美的形式这个名称就以之称谓这一类的形式。

但是自然这个概括性的观念，作为感官对象的集合体意思的，并不给我们什么理由来假定自然的事物是互为手段与目的的，或者说它们的可能性是只由这一种的因果性才成为完全可理解的。因为既然谈到上述的美的形式时，事物的表象是在我们里面的某东西，那么就很容易甚至在验前想到这个表象是很适合而且便利于使我们的种种识知能力倾向于一种内部的有目的的调和的。但是在目的不是我们自己的目的，乃至不属于自然的这种地方（我们本不把自然作为是有理性的），那就绝无理由去在验前假定这些目的可以，或者还是应该构成一特种的因果关系，或者至少构成自然的一种完全特别的秩序。而且这些目的的实在存在是不能由经验证明的——除非假定先就有了一种心理欺骗的过程，把目的的概念曲解为事物所原有的，而且不是从这些事物和经验对它们所知道的东西得出这种概念来而利用这种概念，其意图是要与我们的种种表象借以得到内部联系的主观根据作类比而使自然成为我们可以理解的，而不是要从

① 这里原文的标题不是“导言”而是“第六十一节，关于自然的客观目的性”。但是，自然的目的性不过是《判断力批判》第二部分的总题，因而这个标题是等于“导言”这个标题的。——英译者注

客观的根据来认识自然的。

而且客观目的性作为自然事物所据以成为可能的原理，远远不是把必然性隶属于自然这个概念的，而正是为此，人们才引用这点来说明自然与其形式的不必然性。所以在谈到鸟的构造时，例如举出鸟骨的形成中空，鸟翼的位置的利于飞翔，鸟尾的便于转向，是要告诉我们，如果我们单单看自然中的有效关系(nexus effectivus)而不求助于一特种的因果关系，即目的关系(nexus finalis)，上述的一切都是高度不必然的。意思就是，自然作为单纯的机械作用来看，是能在千百种其他不同的方式上出现而不会恰恰碰见基于像这种原理的统一，而且因之我们是要只在自然的概念以外而不在它的里面，才可以指望在验前发现那种统一的小小一点根据的影子。

可是我们把目的性的估计，至少是不断然地，应用于自然的探讨，是正确的；但是只是为着要把这种探讨从服于观察与研究的原理，其方法是和以目的为归依的因果作用作比拟而并不妄想用这种方法来说明它，所以这是一种反思判断力的估计而不是确定判断力的估计。然而在自然的纯粹机械的因果作用不能使我们足够前进到远处这种情况下，为目的所确定的自然中的结合与形式这个概念，至少是又一条原理把自然的现象归结为规则的。因为我们的这样做是提出一个目的性的根据，我们从而赋予对象的概念——好像那个概念是在自然里面而不是在我们自己里面发现似的——以关于这个对象的因果作用，或者应该说，我们从而和这种的因果作用作类比——就是和像我们在我们自己里面所经验的因果作用作类比——来描写这个对象的可能性，而这样就把自然看为是具有它自己在技巧上活动的一种能力；反过来，如果我们不把这样的一种活动的方式归于自然的话，就得要把它的因果作用看为是盲目的机械作用了。但是这不就等于相信自然是具有有目的地来活动的原因，而且是可以看为在遵照其特殊规律上服从这些原因的。如果是像后一种说法那样，那么目的论所依据的就不只是一条以现象的判定为方向的制约性原理，而竟以一条足以从其原因而得出自然产物的组织性原理为依据了：其结果便是，自然目的这个概念，就不再为反思的判断力而存在，而是为确定的判断力而存在了。但是这样一来，这个目的的概念就不真正地特别和判断力联系着，像美这个概念作为一种形式上主观的目的性那样。恰恰相反，这个目的概念就会是理性的概念而把一种新的因果作用引入科学中去——而关于这个因果作用，我们一直是只从我们自己假借过来而以之归于其他的存在者，虽然我们的意思并非认为这些存在者和我们是在素质上相类似的。

第一部分　目的论判断力的分析论

第1(62)节[①]　纯粹形式的客观目的性不同于质料上的客观目的性

一切几何形都是按照一条原理作出而显出许多方面的客观目的性，每每为人所赞赏的。这个目的性也就是几何形的便于按照一单条原理而解决许多问题，而且还能够在无限的各种方式上解决这些每一个问题。这里的目的性显然是客观的，而且是智性的，不单纯是主观的、审美的。因为它表明这种几何形是适合于许多所要产生的图形，而这又是通过理性而认识到的。然而这种目的性并不是使关于对象的想法本身成为可能的，那就是说，我们的看这个对象为可能的，不单纯因为它是可以这样使用的。

在一个像圆这样的简单几何形里面就有了解决一大堆问题的线索，而这些问题的每一个都是分别需要许多种材料，而这种解决，我们可以说，却直接地推断出来作为那几何形无限多的极好属性之一。例如，设有三角形的底边与顶角，而要作出这个三角形来。这个问题是不确定的，就是说：它是可能在无限多的方式上得到解答的。但是圆是把它们都包括在一个方式里作为一切满足这个条件的三角形的几何轨迹。又如两线要相交使得一条线的两段所成的正方形等于其他一线两段所成的正方形。这个问题的解答看来是充满着困难的。但是一个圆的周线通过其两端的而在圆内相交的一切直线都是直接按这个比例划分的。其他的曲线同样地提示给我们其他有用的解答，绝非在它们按照着来构成的规则里面所想到的。所有锥线，分别来看或者相互比较，不管它们的定义是怎样简单，都充满着解决许许多多可能问题的原理。——看到过去的几何学家，热诚地研究这样的线的这些属性，而不为浅见的人所提出关于这种知识是否有用这个问题所困惑，是实在的快乐。例如他们研究抛物线的种种

① 括弧内的数字是原文所用的数字。——译注

属性而毫不知道地球引力的定律，这条规律是会替他们说明它对于重抛射体所划的轨道的应用的（因为这些重物体在运动中引力的方向是可以看作和抛物线的曲线平行的）。还有他们研究椭圆形的属性，也是这样。他们丝毫没有想到在天体中也能发现一种引力，并且不知道在从引力点距离有所改变时，还有支配着引力的定律的，而且不知道那是使天体在自由运动中作出这种曲线来的。在一切这些努力中，虽然他们并不知道是为着后人而工作，但是他们是为着一种目的性而喜乐的。虽然这个目的性是属于事物的本性的，而他们却能够把它完全在验前提出来作为是必然的。柏拉图自己就是这门科学的大师。他因为想到各物的原始性质，不必有任何经验就能发现的，想到心的一种能力使之从各物的超感性原理而得出实在各物的谐调（而他是把心灵在音乐中自由运用的数的属性列为实在的东西的），他就觉得激动起来。他有着这种灵感，就超出经验的一切想法而上升到理念上去，这些理念，只有在假定智力和一切实在东西的原始来源有其共通时，才对他是可理解的。难怪他把不懂几何学的人从他的学校驱逐出去，由于他认为从处在人类灵魂深处的纯粹直观，他就能取得阿那克萨哥拉（Anaxagoras）从经验的对象与其有意图的结合所推论出来的一切。因为那看起来像是属于事物本质而对于我们的利益毫无关系的原始属性，还是有目的的，而且好像有意为我们的用处计划而形成似的，这才是我们对于自然的很大赞赏的来源——这个来源与其说是外在于我们的，毋宁说是处在我们的理性里面的。如果这种赞赏由于误解而使之倾向于逐渐上升到高度的狂热，我们当然是可以原谅它的。

这种智性的目的性不过是形式的，而不是实在的。换句话说，这是一种目的性，它并不包含有一种在其基础上的目的这个意思的，因之它并不需要目的论。作为这样看，而且虽然它是客观的，而不像审美的目的性那样是主观的，它的可能性是容易理解的，虽然只在抽象上是可理解的。圆的形是一个直观，知性按照原理所确定的。这种原理，为我们任意地假定而作为一个基本的概念，就用于空间，而空间是直观的形式，也同样只是作为一个表象发现在我们里面，而且是在验前发现的。说明许多从那个概念的构成而产生的规则的统一性的，乃是这个原理的统一性。这些规则从许多可能的观点表现出目的来，但是我们必不可以一个目的为这种目的性的根据，或者在这以外另求解释。这是不同于在外部包围在一定的界限的东西的集合体发现其秩序与规则性的，例如发现树的、花坛的、花园中花径的秩序与规则性，这种秩序与规则性是我不能指望按照我们自己随意选定的规则把空间加以限定而在验前从而推论出来的。因为这种东西都是有其实在存在的东西——要识知它们，就必须在经验上有它们被给予出来的——而不是在验前按照一条原理加以定义在我自己里面的一个单纯的表象。所以后一种（经验的）目的性是实在的，而既然是实在的，它就是依靠一个目的这个想法的。

但是我们也很容易能看到这个赞赏的理由，而且事实上认为它是有正当理由的，即令所赞赏的目的性是在事物的本质里看出来的，因为这些事物，其想法都是我们能够构成的。其统一性是从原理得出而激起这种赞赏的各种规则全都是综合性的，并不从对象的任何概念推论出来，例如从圆这个概念推论出来，而是需要有这个对象在直观中被给予出来的。这就给这个统一性以这个假相，好似它的规则的来源是外在的，不同于我们的表象能力的，正像它是经验性似的。因此，对象满足知性对规则的特别需要，其方式像在本质上是不一定的，因而只是由于一个特别针对它的产生这种目的才是成为可能的。可是既然这种协调，虽然是有了那提及过的目的性，还不是在经验上而是在验前识知到的，这正是使我们确实相信这个事实的东西，就是由于它的限定（即通过想象力按照一个概念的活动而限定）对象才成为可能的那个空间，并不是我以外事物的性质而只是存在于我自己里面的表象方式。所以在我按照一个概念作出一个圆形时，或者换句话说，当我形成在外边给予我的东西的我自己的表象时，不管这个东西自己原来的性质是什么，其实在发生的事情就是我把目的性引入那图形或表象中去。关于这个目的性，我从外面给予我的东西并不得出什么经验性的指示，所以这个图形不是我因着它就需要有任何在我的外边而处于对象里面的特别目的的，但是这种反思是预先假定有理性的批判使用的，因而它就不能是当时就已经包含在对象与其种种属性的估计里面的。因此，这种估计直接对我提示的无非是一些不同质的规则在一条原理里面的合一（乃至在其原本的分歧上统一起来），而这个原理的真谛是我能在验前识知到。无待于某种处在我的概念以外的特别解释，或者用更一般的话语来说，无需在我自己验前表象以外的特别解释。然而惊奇(Verwunderung)乃是人心从一个表象得到的一种震扰而通过它所给予的规则是和心里面原有的基本原理不相容的，而因之那就使人怀疑自己是否看得清楚，判断是否正确；但是赞赏(Bewunderung)乃是一种纵然没有了这种怀疑而仍然不断翻来覆去的惊奇。因之赞赏乃是在事物(作为现象)的本质里观察到上述的目的性所产生的十分自然的后果，而照这样来说，实在没有什么是对它有所非议的。因为感性直观的上述形式，即称为空间的和概念的能力，即知性的一致，不只是并没有说明何以是这特种的一致形式而不是另外一种，而且并产生心的一种扩张，在其里面，可以说感觉到像是有某东西存在于这种感性表象的范围以外，其中可能有，虽然是我们不知道的，那种一致的最后来源能被发现的。诚然，在我们只关心于我们验前表象的形式目的性的地方，我们也是不必要知道这种来源的；但是我们不得不在那个方向进行展望这个单纯事实，就激起我们对于使我们不得不这样做的对象有着一种伴随而来的赞赏。

美这个名称在习惯上是给予上面所提到的一些属性的——几何形的属性和数的属性——这是由于它们所具有的某一定的目的性，能在种种方式上用于知识的领域以内的，而这些东西构造的简单性是不会叫我们指望有这种目的性的。例如人们谈到圆的这种或那种美的属性，在这种或那种方式上呈现出来。但是我们认为这样的属性是有目的的，并不是通过任何审美的鉴别。没有一个使我们注意到在我们的各种识知能力里自由活动的纯然主观的目的性，就无鉴定之可言。可是清楚地认识到一种客观目的性的，那就是说清楚认识到对于种种目的的适合性的，也就是对于无限多的目的的，乃是一种按照概念所作出的智性鉴定。这种属性与其称为数学图形的美，毋宁称为相对的完善(relative Vollkommenheit)。我们甚至不能正当地容许用智性的美这种说法：因为如果我们这样说，美这个词就必然丧失它的一切明确意义，而智力的愉快也就失去它对于感官愉快的优越性了。美的这个名词更好是用于所说的属性的证明；因为在这里知性作为概念的能力和想象力作为在验前把种种概念呈现出来的能力得到一种加强的感觉(加上理性所引入的精确，就为证明的优美)：因为在这种情况下，其愉快虽然是以概念为基础，但是至少也是主观的,而完善是含有客观的愉快的。

第2(63)节　自然的相对目的性不同于自然的内在目的性

只有一种情况是经验引导我们的判断力达到一种客观而又是质料的目的性的,那就是说,达到自然的一个目的这种概念的。这就是在鉴定某原因对于其结果的关系的时候①,而在这种时候,只有在结果这个观念引入因果的原理里面去而使之成为因果作用的来源和结果有其可能的基本条件这种情况下,我们才能够看出在这种关系里面的一律性。然而这是能在两种方式上发生的,我们可以简直把结果看为一种艺术作品,又可把它看为其他可能的自然对象用来作它们的艺术材料的。换句话说,我们可以把结果作为目的看,或者作为其他原因达到其目的的手段看。后一种目的性,如果是有关人类的,就称为有用性,如果是有关任何其他的被造物的,就称为适应性。这都是纯然相对的目的性。前一种目的性则与之相反,它是一种内在的目的性,属于作为自然对象的事物本身的。

例如河流在其进程中带有各种有益于植物生长的土,而有时把这土淤积在内地,有时淤积在河口。在有些海岸旁,涨潮就把这种冲积泥带到内地,或者把它淤积在海边。这样就增加了肥沃的土壤,特别是在有人工防止退潮再把碎层涌去的地方,而植物界就在从前鱼虾滋生的处所取得其繁殖之地。这样,自然本身就实现了地面的多半增大,而这种过程还在继续着,虽然是渐渐地,其结果是对人极其有利的。问题就于是产生:是否要把这看为是在自然方面的一种目的呢?我说"对人",因为不能考虑到对于植物界的利益。由于对于陆地的收获,还有对于海洋的同样多的损失,须予以抵消的。

或者我们可以举一个例子是自然事物适应作为其他的生命形式的手段的——一开始就假定这些生命形式是目的。例如没有比沙土更为对松

---

① 纯粹数学绝不能处理事物的存在而只能处理事物的可能性,那就是说符合于事物的概念的直观的可能性。因此,纯粹数学不能触到因果这个问题,其结果就是,所观察到的目的性都得要总是看为只是形式的目的,而绝不能看为自然的目的。——原注

树是有滋养的土壤。在原始的海洋从陆地退缩以前，它在我们北部各地区留下来许多大片的沙地，其结果就是，在这种一般说来不利于任何耕耘的土壤上面，就能生长出广辽的松林——而这些松林就是我们常常怪我们的祖宗任意毁坏了的。现在我们可以问，这种原始的沙的淤积成为许多大片沙地，是否就是自然的目的、计划到可能在这些沙土上生长的松林的利益的。至少这点是清楚的：如果假定松林是一种自然的目的，那么也得要承认沙是一个目的——虽然只是一个相对的目的——而对这个目的来说，原始海洋的沙滩与其退缩也就是手段了；因为在一个有目的的联系的一系列的相互从属的各项中，必须把每一个中间项作为目的看，虽然不是作为最后的目的看，而对于它来说，其最近的原因就是手段。如此类推，如果世上是要有牲口，有羊，有马等等，那么地上就得要有草，如果骆驼要繁殖，沙漠上就得要长有含碱的植物。再则，如果狼、虎与狮是要生存，上述的动物以及其他吃草动物也得要有很多。所以，以适应性为基础的客观目的性不是事物的内在客观目的性；恰像沙，作为单纯沙来说，不能看为是它的原因，即海的结果，除非我们使这个原因展望到一个目的，而把其结果，即沙，作为一种艺术产品来看待。它乃是纯然相对的目的性，而对于它以之归之于物本身来说，它只是不必然的；而且虽然在所举的各例子之中，各种的草木，在其原来的状态上来考虑，是要鉴定为自然的有机产物，因而就鉴定为艺术的东西，然而在其对于以它们为饲料的动物的关系来说，是要把它们作为单纯的原料看的。

而且人的因果作用的自由是能使他把物理的东西适应于他心目中的意图的。往往这些意图是无聊的——例如当他用鸟类的华美颜色羽毛来装饰他的衣服，用有色土或植物的有色汁液来涂在自己的身上的时候。有时这些意图是合理的，例如当他用马来骑、用牛或者甚至像在米诺卡(Minorca)[①]那样用驴或猪来耕田的时候。但是我们在这里不能假定有甚至自然的一种相对的目的——就是对于这种用途说是相对的。因为人的理性告诉他怎样使事物适应于他自己一时任意的兴致——自然并没有预先注定他要有这种一时的兴致的。我们所能说的只是，**如果**我们假定

① 米诺卡是地中海的一个岛名。——译注

人是原要生活在地球上,那么至少他作为动物,而且乃至作为有理性的动物,不管是在怎么低的理性水平上,其生存所不可缺少的那些资料也是必不可没有的。但是在这种情况下,那些对于这种存在不可缺少的自然东西也同样要看为是自然的目的。

从上面所说的,我们就能容易地看到,外在的目的性,那就是一事物对其他事物的适应性,所能因之而被看作外在的物理目的的唯一条件,就是这事物或远或近以其自身来与之适应的另一事物,其存在本身,在其原来的状态来说,乃是自然的一个目的。但是,这是一种事情,绝不能靠任何单纯的自然研究来决定的。因此就可推断出,相对的目的性,虽然在某种假定上是指向着自然的目的性,然而它并不保证能有任何绝对的目的论的判断。

在寒冷的地方,雪保护种子不受冻害。有雪车的使用,雪还促进人与人的往来。拉普兰德(Lapland)①的人在那里发现有动物,即驯鹿,来做这种交通工作。驯鹿只要从雪的底下为自己挖出干苔来,就有足够的饲料靠以为生,可是它们仍然甘于为人所驯服而并不惜于丧失其很可以自食其力的自由。对于这些极冰封冻着的地区的居民来说,海洋有丰富的动物供应,使他们有烧暖其小屋的燃料;此外,还有这些动物所供给的衣食以及海洋像是为他们冲进来的木料作为他们住处的原料。那么在这里,我们就有了真正叫人难于相信的自然对于目的的许多关系的汇集——这里的目的就是格陵兰岛的人,芬兰北部地区的人,撒摩耶人,摘阔滴人等。但是我们不明白何以要在这些地方生活。所以如果说水汽从大气降下来形成雪,海洋有其潮流把生长在较暖地区的木料冲到这些地带来,以及含有大量脂油的银鲨鱼是在那里的,这些事实是由于有对于某些可怜的被造物的某种利益这个观念构成这个原因的基础,使一切这些自然产物聚集在一起,那就会是一种很冒险而任意的说法。因为如果在自然方面是没有这一切的功用,那么我们也不会因为自然的原因不能适合于这种生存的秩序而感到不便。反之,如果在我们方面要求自然有这种能力或者有这种目的,那就像是过于大胆而轻率的,因为只有人类极端

---

① 拉普兰德位于芬兰北部地区。——译注

缺乏社会的团结才能使一些人分散到这种荒凉的地区去的。

第3(64)节　事物作为自然目的的特殊性格

必须是一个事物所由之而起源的因果作用不能在自然的机械作用中来寻找，而是要在这种原因来寻找，而这种原因的活动能力是概念所确定的，然后这个事物才可能是一个目的。为要我们可以看出一个事物只有在这种方式上才有其可能，我们所需要的东西就是这个事物的形式按纯然自然的规律是不可能的——那就是说，通过没有其他帮助的知性应用于感官对象，我们所能认识到的自然规律——恰恰相反，甚至要关于它的原因与结果来在经验上知道它，都得要预先假定有理性的概念。在这里，就自然的任何经验性的规律来说，我们就有了这事物的形式对于理性的关系的一种不必然性(Zufälligkeit)。然而理性在任何情况下都坚持要认识到一个自然产物形式的必然性，乃至在它只想要看出包含在这个自然产物的产生的一些条件的地方。因此，上述的不必然性本身就是一种理由使我们把这个事物的起源看作好像正是由于那个不必然性，它只能通过理性才成为可能的。但是这样解释的因果作用就变为按照目的而活动的能力——那就是说，变为一个意志了；而描述为只从这样一个意志而取得它的可能性的对象，就要表述为只是一个目的才是可能的了。

假如一个人是在一个照他看来是毫无人烟的地方里，而看见一个几何形，譬如说，一个六角形，划在沙土上。在他进行反思想要得到这个几何形的概念时，他的理性就会使他意识到，虽然大概是模糊地意识到，在这种概念的产生过程中是有原理的统一性的。在那时他的理性就不容许他把这沙，这邻近的海，把风，或者乃至把动物的足迹，这些他所熟悉的原因，或者任何其他不合理的原因，作为这样一个几何形可能性的根据。因为这个不必然性和像这样的一个概念的暗合，而这个概念只是在理性里面才是可能的，而且依他看来这个不必然性又是这么无限的大，那么在这个情况下，就很可以说完全没有自然的规律了。因此就好像是这样一个结果的产生，其原因不可能是包含在自然的单纯机械作用里面的，而与此相反，这样一个对象的概念，作为只有理性才能作出而和这对象相比较的一个概念，也必须是唯一含有那个因果作用的东西，根据这些理由就这个人看来，尽可无条件地看这种结果为一个目的，虽然不是作为一个自然的目的。换句话说，他会看它为艺术的产品——如拉丁语所说 Vestigium hominis video(我看见人的痕迹)。

但是，在我们认为一个事物是一个自然的产物的地方，如果虽然它是这样的一个产物，而我们还要鉴定它为一个目的，因而鉴定它为一个自然的目的，那么我们还需要有更多的东西，除非我们的鉴定或者确是包含有矛盾的。作为一种假定的说法，我就说，如果一个事物同时是原因而又是它自己的结果(即令是在双重的意义上)，它就是作为一种自然目的的。因为这是包含着一种因果作用的，而这种因果作用是我们不能和一种单纯自然的概念结合在一起的，除非我们使这个自然依据一种在其基础上的目的，然后它虽然是不可思议，但还能够被思维到而没有矛盾的。在分析这种自然目的这个观念的组成因素之先，让我们首先用一个例子来说明它的意义。

首先，一棵树是按照人所熟知的自然规律产生另一棵树的。但是这树所产生的树是属于同一个类的，所以在其类说来，树是产生树的。就类来说，时而树是结果，时而又是原因，不断地从自己生出来，而又不断地生出自己，于是树以类来说就保持着自己。

其次，甚至作为一个个体来说，一棵树也是产生自己的。诚然我们只称这种结果为成长，但是在这里，得要在一种意义上来理解成长，使之完全不同于任何按照机械的规律的增大而叫它虽然在另一名称下等于生殖。植物首先备办它所消化的质料而给它以一种特别不同的性质，是自然的机械作用在植物以外不能供给的，而植物的发展是利用一种质料，这种质料在其合成的性格上说来乃是这植物自己的产物。因为，虽然以它从外面自然所取得的组成部分来说，这种质料必须看为只是提取物，然而在这种原料的分开与再结合的过程中，我们在这种自然物方面发现一种选择和构成的原始能力是无限远远超过艺术的一切努力的，所说的努力是当艺术试图用它通过分析而获得的种种要素来重新构成植物界的那些产物的时候，或者是用自然所提供出来为着自然的那些产物的营养的质料来重新构成植物界的那些产物的时候。

再次，树的一部分也是这样来生出其自己，使得一部分的保持是交互依赖着其他各部分的保持的。从一棵树小枝的嫩芽插在另一棵树的枝上，就在异干上长出它本种的东西来，而一个嫩枝接在不同的一棵树的树身上，也是一样的。因此，乃至在同一棵树的情况下，每一个枝或每一片叶，都可以看为是移植或接枝在它里面去的，因而是可以看作有它自己的分开的存在的一棵树的，而只是贴在另一棵树上作为寄生在这树上生活而已。与此同时，叶无疑是树的产物，但是反过来，叶也维持树；因为反复落叶是会使树枯死，而且树的成长是依靠叶对于树干的作用的。在生命的这些形式上，自然在受到损害的情况下，像一部分缺乏其邻近各部分所需要的东西时，是能由其余部分来弥补以帮助自己的；畸形或歪形的生长是由于某种偶然的缺点或障碍，某些部分就采取一种完全新的形成方式以保持其原有的成长，因而也就长出一种不规则的形态：这些只是我顺便想要提到的事情，虽然它们是在有机生命种种形式最令人惊奇的属性之列的。

第 4(65)节　认为是自然目的的东西就是有机体

在一个东西是自然的产物，然而作为这样看时又只作为一个自然目的才被认为是可能的这种地方，从它像在上节所陈述的性格来看，它对于自己一定是处在交相为因果的关系上的。可是这是有些不准确、不确定的一种说法，将要从一个明确的概念推究其起源的。

就因果的联系只通过知性来想这点说来，它乃是构成一个系列，即一个总是前进的原因结果的系列的联系。作为结果而预先假定有其他东西作为其原因的东西，其本身不能反过来又是这些东西的原因。这种因果联系称为有效因的因果联系(nexus effectivus)。然而在另一方面，我们也能够想到一种按照一个理性的概念的因果联系，即目的的因果联系，这种联系，如果作为一个系列来看，除包含有一个前进的从属之外，还包含有一个后溯的从属的。这就会是一个联系，在其里面，现在称为结果的东西，还是配称为在上面说成为结果的东西的原因的，如果我们是把系列在后溯上来看的话。在实践的事情的领域内，即在艺术的领域内，我们很容易找到这类联系的例子，例如房屋的确是作为房租而收入的银钱的原因，但是反过来说，这种可能收入的表象又是房屋建造的原因。这种的因果性联系就称为有目的的联系(nexus finalis),或者前者可以更适当地称为实在原因的联系,而后者则称为理想原因的联系,因为有了名词的这种用法,就会马上理解到不能有多于这两种的因果作用。

然而作为一个自然目的来考虑的一个事物,其首先需要的乃是它的各部分,关于它们的存在与形式,都只能由于它们对于其全体的关系才成为可能的。因为这个事物本身乃是一个目的,因而就是包含在一个概念或观念之下的,而这个概念或观念必然是在验前就确定一切要包含在这个事物里面的东西的。但是就一个事物只是这样被思维到的可能性来说,它只是艺术的作品。换句话说,它是一个有理智的原因的产物,不同于这事物的质料,或者说它的各部分的,而且是一个原因的产物,而这个原因在其把各部分弄在一起而结合起来的过程中,是为其全体的观念所确定,而这个全体又是那个观念所使之成为可能的,所以就不是外部的自然所确定的。

但是,如果一个事物是自然的目的而在这种性格上依然是在其本身而且在其内部的可能性里含有对于目的的关系,也就是说,其成为可能的只是作为自然的目的而并不依靠外部有理性的动因的,那么就包含有这个第二种需要的条件,就是,这个事物的各部分相互为其形式的因果而自行结合成为一个全体的统一。因为只有在这种方式上,全体的观念才可能反过来,或者说交互地,又是一切各部分的形式与结合,可是不作为一个原因而这样做——因为那就会使它成为一种艺术的作品了——而是作为认识的基础,而包含在所与的质料的一切杂多的形式与结合的系统统一性,其为鉴定者所能认识到的基础就是在于此的。

所以,如果一个物体,在其自身以及在其内部的可能性上,是要被鉴定为一个自然的目的,我们所需要的就是:其各部分一起交互着彼此产生,不只在于形式上来说而且还在于结合上来说,这样也就由于它们自己的因果作用而产生一个全体出来,并且反过来,这个全体的概念,在一个具有按照概念而且适合于这样一个产物的因果作用的存在者里面,又能按照一个原理成为这个全体的原因,其结果就是,有效原因的联系也同样可以鉴定为目的原因所发生的作用了。

在像这种的一个自然产物里,我们是把每一部分都认为是由于一切其余的部分的作用而有其存在的，而且又是为了其他各部分以及为了其全部而存在的，也就是作为一个工具，或者说作为一种机件而存在的。但是这还是不够的——因为它可能是一个艺术的工具，而这样它的可能性不过是一般地与一个目的有关而已，与此相反，这个部分必须是产生其他部分的一个机官——所以每一部分都是交互产生其他部分的。没有艺术的工具是符合于这种说明的，而只有那个自然的工具是符合的，从这自然的资力我们能得到每一个工具的质料——乃至得到艺术工具的质料。只有在这些条件下而且按照这些规定，一个产物才能是一个有组织的并且是自组织的物，而作为这样的物，才称为一个自然目的。

在一个表里面，一个部分是其他部分的运动因而发生的工具，但是一个轮并不是产生其他机件的有效因。一部分诚然是为了另一部分而存在，但是它并不由于那其他部分的作用而有其存在。也是为着这种理由，表和它的形式的产生因不是包含在这种质料的本性里的，而是处在这表以外而在一个能按照全体的观念而行动的存在者里面的，并且这个全体乃是这个存在者的因果作用使之有其可能的。因之这表里的一个轮并不利用或组织别的材料来产生其他一个轮，一个表更不这样来产生其他的表；所以一个表并不自行弥补它所损失的部分，如果有些部分是原来构造所没有的，它也不由其他部分的补助来补足这个缺欠；而且可以说它并不修理它自己偶然碰见的失调。但是这些都是我们有正当理由期待于有机自然的东西。所以一个有机体不是一个单纯的机器。因为一个机器只是有动力，而一个有机体是具有其本来的形成力量的，而且是能以之给予没有这种力的质料的——以之给予它所组织的质料。所以这是一种自传播的形成力量，不能只以运动的能力来说明，就是说不能以机械作用来说明的。

当我们把这种能力说成是艺术的类似物时，我们关于自然与其在有机产物中的能力所应说的还没说到一半，因为这里在我们心的面前的乃是一个艺术家——一个有理性的存在者——从外面来进行工作的。但是和这完全相反的是自然，它组织自己，而且是在它的每一种类的有机产物里这样做——虽然一般地说，它诚然是照着一单个模型的，但是在特殊形况下，还是有适当的偏倚，计划着来保证自卫的。如果我们称这种不可思议的性质为生命的类似物，可能是更接近于正确的描述。但是这样一来，我们要就是以和物质的本质相矛盾的性质给予物质作为单纯的物质(那就是物活论——Hylozoismus)；要就是把物质和一种异类的原理联合起来而与之有共通的关系的(那就是一个灵魂了)。但是，如果这样一个产物要作为一个自然的产物，那么我们就必须采取两种办法之一而把灵魂带进来。要就是我们必须预先假定有机物质是这样的一个灵魂的工具，而这并不使有机物质丝毫更易理解；要就是我们使灵魂成为这种结构的设计者，而这样一来，我们就必须使这种产物退出有形自然的范围，所以严格说来，自然的有机体和我们所知道的任何因果作用是毫无类似之处的①。自然的美可以正当地称为艺术的类似物，因为以它归之于对象，乃是关于对这些对象的外部直观之反思的，因而只是由于它们的表面形式的，但是只能是自然目的的事物才具有的固有自然完善，因而就称为有机体的，无论和任何我们所知的物理的或者说自然的能力相类比而仍然是不可想象、不可理解的，乃至任何和人类艺术的完全适合的类比这种提议也不是例外，因为在最广泛的意义上，我们自己也是自然的一部分。

所以作为原来就是一个自然目的的事物这个概念不是知性的一个组织性概念，也不是理性的一个组织性概念，但是它仍然是可以为反思的判断力所使用，作为一个制约性概念来指导我们拿我们自己按照一般的目的这种因果作用作一种很间接的类比，来进行这一类对象的研究，而且作为对它们最高来源的反思根据。但是关于这后一点，我们不能用它来增进我们关于自然或者关于那些对象的这种原始来源的知识，而与此相反，必须只限于恰恰理性的同样实践能力，是我们在它的类比上考虑所说的目的性的原因的。

所以有机体乃是自然中唯一的东西，在其各自的存在上，和其他东西

---

① 另一方面，我们可以利用上述的直接自然目的的一种类比来使人更明白某一种结合，可是这种结合往往是在观念上而不是在事实上碰见的。例如近来曾企图作出一个伟大民族的改变为一个国家。在这种情况下，有机体这词是常常而且很适当地用来指其法定权力，乃至指其整个国家的。因为在这种的全体里面，当然没有一个成员应该是一种单纯的手段，而应该同时又是一个目的的，而既然他对于那整体有其贡献，所以他的地位和职务都又应该为那全体的观念予以确定的。——原注

的任何关系分开时,除非作为自然的目的,否则是不能想象为可能的。那么就是这些有机体首先替那是自然的目的,而不是一个实践的目的的这个目的的概念提供客观的实在性,像这样,有机体就替自然科学提供一种目的论的基础,换句话说,提供按照着来鉴定自然科学的种种对象的方式之一种特别原理,而这种原理在其他方面是绝对没有正当理由以之导入自然科学中去的,因为我们是完全不能够在验前看出这样一种因果作用的可能性的。

第5(66)节　按照着来鉴定有机体中固有的目的性的原理

一说出来就可以用来明确所谓有机体是什么意思的这种原理是这样的:一个有机的自然产物乃是一个产物,其中所有一切部分都是交互为目的与手段的。在这样一个产物里面,没有东西是无用的,是没有目的的,或者说是要归之于自然的盲目机械作用的。

诚然采取这种原理的根据必须是从经验得来的——就是从按照方法安排好而称为观察的这种经验得出来。但是由于那原理以之陈述这种目的性的普遍性和必然性,那原理就不能只是依靠经验的根据,而必须有其验前就在其基础上的某原理,可是,这种原理可能只是制约性的原理,而且可能其所说的目的只是处在作出鉴定的人的观念里,而不是处在任何有效因的里面的。因此,上面所说的原理可以称为对于有机体固有目的性鉴定的准则(Maxime)。

大家都知道,科学家解剖动植物,想要研究它们的构造并且要明白其理由,何以它们身体上有如此这般的部分,何以各部分有如此这般的位置以及彼此的联系,何以其内部形式恰恰就是这个样子,于是他们就采用上述的准则作为绝对必然的。于是他们就说,在生命这种形式里面,没有什么东西是无用的,而且他们把这条准则与一切自然科学的基本原理在有效性上并列起来。自然科学的基本原理是说,没有什么东西是偶然发生的。事实上,他们不能摆脱这种目的论的原理,正如他们不能摆脱一般自然科学的原理一样。因为正如放弃了一般自然科学的原理就会使他们不能有任何经验那样,放弃了这种目的论的原理,也是会使他们毫无线索来帮助他们观察一种类型的自然事物，只要这种事物是在自然目的的概念之下被思维到的。

这个概念实在是把理性导至事物的一个体系，完全不同于自然的单纯机械作用这个体系的，而这种单纯的机械作用在这个领域里表示为不再是够用的了。在自然产物的可能性的基础上须要有一个观念，但是这种观念乃是表象的绝对统一性，而物质的东西是事物的多数性，这个多数性靠它自己是不能提供组成的一定的统一性的。因之，如果观念的统一性实在是要用作这种形式的组合物因果作用的自然规律的验前确定性根据，就必须使自然的目的扩充到包含在其产物里面的一切东西。因为，如果我们一经把这样的结果从自然的盲目机械作用的范畴提出来，而又把它作为一个全体和确定之超感性根据发生关系，那么我们就必须彻底地按照这种原理来鉴定它，我们毫无理由来假定这样一个东西的形式依然是部分依靠着盲目的机械作用，因为有了这样的不同性质的原理混淆在一起，所有鉴定事物的可靠规则就都会变为没有了。

事情无疑是例如在一个动物的身体中，许多部分是可以解释为按简单的机械规律的自然增大（如皮、骨、毛那样）。然而积累适合的材料，变化它和形成它，而又把它安排在其适当的位置，必须是要以目的论来鉴定的。因之身体上的任何东西都必须看为是有机的，而任何东西在其对于这整个东西的关系上本身又是一个工具。

第6(67)节　一般自然据以目的论地鉴定为目的的系统的原理

我们在上面曾说过，自然事物的外部目的性并不提供什么充分的正当理由，使我们把它们作为自然的目的来说明它们存在的理由，或者把它们不必然的目的性结果，认为是它们存在，按最后原因的原理，在观念上是其所根据的。例如我们不能因为河流促进离海较远的各国的国际交通，就即时有权来认为它们是自然的目的，或者因为高山包含有河流的水源而且保有积雪为着维持旱季河流的流畅，也就认为它们是自然的目的。同样地，对于引水下流而使陆地干燥的斜坡，也是这样的，因为，虽然地面的这种形状对于动植物界的起源与维持来说是必要的，然而在本质上，它并不含有什么东西，其可能性是应该使我们感觉到不得不假定有按照目的的因果作用的。对于人所利用的植物，或者对于像骆驼、牛、马、狗等动物来说，也是如此；这些动物的使用是有各种不同的方式的，有时是作为人的仆役，有时是人所赖以为生的食物，而多半是觉得完全不可缺少的。我们没有理由来在其原来应该那样看作目的的那种事物外部关系，只能作为假设而鉴定为有目的的。

因为一个事物的固有形式而鉴定它为一个自然目的，和认为这个事物的实在存在是自然的目的，这两者之间是有一个本质上的区别的。为要维持后一种见解，我们所需要的不只是一种可能目的这个概念，而且还需要关于自然的最后目的(scopus)的知识。这就需要自然和某种超感性的东西有关，而这个关系是远远超出我们关于自然所有的任何目的论的知识的，因为要发现自然本身实在存在的目的，我们就必须求诸自然以外。简单一根草的本源，对我们人的评定能力说来，只按目的的规则才成为可能的这一点，由它的内部形式就足以证明的。但是让我们把这种考虑放在一边不去管它，而只看其他自然的东西是如何利用这个东西的，这也就等于说，我们放弃其内部组织的研究而只看其对于目的的外部适应。那么，我们所看到的就是草乃是牲畜所需要赖以生存的手段，而牲畜同样是人需要赖以生存的手段，但是我们并不明白人在事实上要生存，究竟何以是必需的(如果我们心目中的人类实例比方是新荷兰人或者是拉丁美洲岛上的土人[Feuerländer]，这个问题就不大容易答复的了)，在那时，我们这样就得不到任何绝对的目的。恰恰相反，这一切的适应都是要依据一种条件，而这条件离我们越来越远而一直到可望而不可即的天边。这种条件乃是无条件的条件——作为一个最后目的的这个东西的存在——作为这样的一个条件来说，它完全是处在物理目的论世界研究范围以外的。但是，既然是这样，那么这样的一个东西也就不是一个自然目的，因为它(或者说它的整个类)是不得作为自然的产物看的。

所以只就物质是有机的来说，它才必然导致它作为自然目的这个概念的，因为这样它才具有同时是特别的而又是自然产物这种形式的。但是，到了这里，这个概念也就把我们导至整个自然作为按照目的的规则的一个系统这个观念，而按照理性的原理，自然的整个机械作用又得要从属于这个观念——至少是为着以这个观念来考查自然的现象这个缘故。理性的原理乃是理性能够只作为主观的原理来使用的,也就是作为准则来使用的:作为准则的就是,世界上任何东西都是对某东西有用的;世界没有什么东西是无用的;当我们把事物作为整体来看时,自然在其有机的产物中所对我们提供的例子,使我们有权利,其实并鼓动我们,从自然和它的规律只是指望看见有目的的东西。

显然这是一条原理,不是为确定性的判断力所应用,而是为反思的判断力所应用的。它是制约性的而不是组织性的。我们从它所得到的乃是一条线索,在自然事物的研究中来指导我们的。这条原理引导我们考虑事物是在其对于已经给予出来的确定之根据的关系上,而且是在一种新的一律性的光亮下的,并且它帮助我们按照另外一条原理,即最后原因的原理,来推进自然科学,然而并不妨碍物理的因果作用的机械作用原理,而且这条原理对于任何按照着它而被鉴定的东西是否自然故意的一种目的这一点,是毫无表示的:那就是说,草是否为着牛,为着羊而存在,这些以及其他的自然东西是否为着人而存在,这条原理是毫无表示的。乃至对我们是讨厌的东西,而且在特殊的关系上是反乎目的的东西,我们最好也是从这个观点来考虑。例如我们可以说,在人们的衣服头发和床铺里折磨人的害虫也可能是自然的一种聪明办法,对于清洁的激励,这本身也就是保持健康的一种重要手段。又如使美洲未开化的地方对于那些野蛮人成为这么不可忍受的那些蚊和其他刺人的昆虫,可能是一些刺激物驱使这些不发达的人来把湿地的水排去,使阳光进入塞住空气的密林里,而使他们这样做并使他们耕地,就叫他们的住处变为更合卫生。乃至人看来在他的内部机构里面反乎自然的东西,在这些路线上来对待,也提供对于事物目的性的安排一种饶有兴趣的并且有时是乃至有益的展望,这是从一种物理的观点而离开这种原理的单纯硬干的研究所不会叫我们得到的,有些人说,有绦虫的人或兽,得着绦虫是作为一种弥补来补偿他们生命器官的某种缺欠的,现在我就同样要问,人孰无梦,虽然我们很少是记得我们所梦的是什么,那么,梦是否也是自然适应目的的一种部署呢?因为在身体的一切膂力都是松弛的时候,就可利用梦来通过想象力和它所发挥的巨大活动,作为在内部刺激生命器官——想象力所发挥的活动在这种状态中一般是上升到心理的激动的，看来这就是何以在那些晚上吃饱一肚子的东西才去就寝的人，入寐以后，当刺激是最需要时，通常想象力是比较更活跃。所以我认为，如果没有这种内部的刺激力和使我们埋怨做梦的那种令人疲倦的不安，而事实上梦却是大概有医疗力的，那么甚至在健康的一种良好的状态里，梦就会等于生命的完全熄灭的。

一经为有机体里面实际上对我们呈现出来的自然目的所支持的对自然的目的论鉴定，使我们能够形成关于自然目的的一个巨大的系统这个观念，那时我们甚至就可以从这种观点来看自然的美了，这种美乃是自然和我们从事于抓住并且鉴定自然所出现的东西的认识能力的自由活跃的一致。因为那时，我们就可以把自然的美看为自然在其整体作为一个系统(人也就是这个系统的一部分)的一种客观目的性了。我们可以把它看为自然给予我们的一种好意①，因为除了给予我们以有用的东西之外，它还这样大量地分送美和魅人的力量，而为着这，我们就可以热爱自然，正如我们由于它的广大无边而以尊重的态度来看它那样，而且我们在这样的静观中不禁觉得自己也崇高起来——正如自然恰恰心中有这种意思才建成它的华丽舞台并加以装饰的。

我们在本节里所要说的不过是这样：一经我们发现在自然里面有一种产生这样产物的能力而这些产物是我们只能按照最后的原因这个概念才能思维的，那时我们就前进一步。甚至(或者关于它们自己，或者关于它们所处的关系，无论是怎样有目的的)，但不一定要我们超出盲目有效原因的机械作用而寻求它们靠以成为可能的某其他原理的产物还是可以合理地被鉴定为形成目的系统的一部分的。因为我们从而出发的观念，在我们考虑它的基础时，已经就导至感官世界以外的，而在那时，这个超感性原理的统一性，就必须作为不只对于自然物的某些品种有效，而是同样对于整个自然作为一个系统有效的。

---

① 在审美这部分里曾有过这个说法：我们是以好意来看自然的，因为我们对于它完全是自由的(没有考虑利害关系的)形式是感觉愉快的。因为在这种单纯鉴赏的判断里，并没有考虑到任何目的是这些自然美所为着它而存在的：它们的存在是为着在我们里面引起快感，抑或是不管我们作为目的的。但是在目的论的判断里，我们是注意到这种关系的；因而我们就能看它为自然的好意，它才倾向于显示出这么多的美好形式来促进我们的文化。——原注

第7(68)节　目的论原理作为自然科学的一条固有原理来考虑

一门科学的原理可以是这门科学所固有的，那么就称为内属的原理(principia domestica)，它们又可依据只能在那门科学以外有其保证的概念的，而就是**外来**的原理(peregrina)，含有后一种原理的科学是以补助的命题(lemmata 补题)为其学说的依据的，那就是说，它们从另一门科学借来某概念而和这个概念一起就有了一种部署的根据。

每门科学都有其自己应有的系统；我们在这门科学里面按照原理来构造，因而按照技术来进行，这还是不够的，我们还须按照建筑术把它作为一座单独独立的大厦来进行工作。我们必须把它作为一个独自存在的整体来对待，而不是作为另一座大厦的一个边房或一部分——虽然我们后来是可以筑一条走廊从一部分到另一部分互通往来的。

所以，如果我们把上帝这个概念引入自然科学的范围里去，为着使自然的目的性可以理解而补充自然科学，而这样做了以后，如果我们又转过来用这种目的性来证明有一个上帝，那么自然科学与神学都同时丧失一切原有的实质了。这种骗人的从一方到另一方的穿来穿去，就使两方都陷入不明不白的状态，因为这样一来，它们的界线就是重叠的了。

自然的目的这个说法，本身是足以避免这种混乱而防止我们把自然科学或者它所提供为它的对象，有一种目的论的鉴定的机会，来与上帝这种冥想混为一谈的，因而也防止和从神学得出的东西混为一谈。切不可认为这样做是无关大体的，就是把上述的说法和自然的部署中的神的目的混为一谈，或者轻轻混过自然中神的目的这种说法，作为对于一个虔诚的人是更适当、更合宜的，因为以为不管我们是怎样说，归根结蒂我们总得要从一位聪明的宇宙创造者那里得出自然中这些有目的的形式的。与此相反，我们必须小心谨慎地只限于正正表明我们所知而并不加多不减少的那个名词，就是自然目的这个名词，因为在我们达到自然本身的原因这个问题以前，我们在自然里和在它的种种产生过程的进行里，发现自然中按照已知的经验规律所产生的这些有目的的产物的实例。自然科学必须按照这些规律来鉴定它的对象，因而它必须在它自己里面寻找按照目的的规则的这种因果作用。所以自然科学必不得越过它的范围以外，以致把一条其概念是没有经验能与之相称而在自然科学还没有尽其所能之先我们没有权来冒险地提出来的原理，作为一条内属的原理引为己用。

验前可以证明，因而无需任何经验的加入而按照普遍的原理就显示其可能性的自然原有的性质可能含有技术上的目的性的。可是由于它们是绝对必然的，就不能以之归于自然的目的论。自然的目的论构成物理学的一部分，而是一种可以用来解决物理学问题的方法。算术的类比和几何的类比，这些也是普遍的机械规律，不管它们把看来是好像完全不相连属的各种规则在一单条原理上统一起来这点是如何不可思议而值得我们赞美的，但是不能因之就算作物理学中解释的目的论根据。在一般自然事物的目的性这种普遍理论中，它们是值得加以检查的，但是，如果是这样的话，这就是一种要归于另一门科学，即形而上学的理论。它不会构成自然科学的一条固有的原理；然而谈到有机体所呈现出来的自然目的的经验规律的时候，使用目的论的判定作为一条关于特别一类的对象的自然科学的原理，就不只是可容许的而且甚至是不可避免的了。

为了严格保持在它自己的范围内，物理学对于自然目的是有意的或无意的目的这个问题，完全置之不理，因为谈到那个问题就是干涉到与己无关的事情，也就是干涉到形而上学的事情。[事实上确]有一些对象，其唯一的说明是按照自然规律的，而这些自然规律是我们除了采取目的的观念作为原则外，是无法想象的，有一些对象，就其本来具有的形式来说，而且所看到的只是它们的内部关系，只有这样才是可识知的，那就够了。诚然在目的论中，我们谈到自然，好像它的目的性是有意的东西。但是为要避免丝毫想把什么在物理学里面没有地位的东西即超自然的原因和我们的知识来源混同起来这种嫌疑，凡是在我们谈到计划时，我们都同时把这计划归之于自然，也就是说归之于物质。在这里是没有误解的余地的，因为很明显，没有人会把计划在这词的应有意义上归之于无生命的质料的。所以我们实在的意思乃是要指出在这里所用的计划这个词，只是表示反思的判断力的原理，而不是表示能确定的判断力的原理，因而它并不是想要引入因果作用的任何特别的根据，而只是要在按照机械规律进行探讨这种方法之上，加上另一种探讨的方法，使得可以弥补那以自然一切特殊规律为其对象的经验研究的前一种方法所不足之处，这样来帮助理性的使用。所以在我们把目的论应用于物理学时，我们完全正当地谈到自然的智慧、节约、远虑与慈善，但是在这样做时，我们并不把自然变为一种有理智的东西，因为那是悖理的；我们也不敢把另一存在者，即有理智的存在者，放在自然之上作为它的建筑师，因为那是过分的(Vermessen太过大胆的)①。与此相反，我们的唯一意图乃是用这种方法，由我们自己在理性的技术使用上的因果作用作类推而指出一种自然的因果作用，为要不致忘记按照着来探讨某一些自然产物的那条规则。

那么，何以目的论通常又不形成理论的自然科学之一特别部分而归于神学作为一种前序或过渡呢？其所以这样做，是为了使自然机械方面的研究，紧密依附着我们所能使之受到我们的观察或实验的东西，以至我们自己能够像自然那样把它产生出来，或者至少按照与自然相似的规律把它产生出来。因为只对于我们能按照我们的想法作出而完成的东西，我们才是完全看透的。但是作为自然内部目的的有机体，是无限地超出我们通过艺术而作出与有机体相类似的表现之一切能力的，至于被认为是有目的的这种自然的外部调节如风雨等，固然是物理学所研究其机械作用的，但是这些东西对于目的的关系，就这关系是意味着必然附属于一个原因的条件来说，是物理学所完全不能显示出来的。因为连结中的这种必然性，完全和事物的原来所有的性质无关而是关于我们概念的联系的。

---

① 德语 Vermessen 这词是一个很好的词，意思极为丰富。我们作出一个判断时，可能忘记了去清查我们知性能力的限度、结果，这个判断可能有时候听起来是很谦虚的，然而它是十分冒昧的，而且实在是很不客气的。大都我们以计划放在创造和保持的工作底下，从而企图抬高神的智慧的这种判断，其实是为着使我们个人的巧妙智力的聪明得到名誉的，是属于这类型的。——原注

第二部分　目的论判断力的辩证论

第8(69)节　判断力的二律背反是什么

确定性的判断力并不以之作为它自己的独立属性而具有任何原理是对象的概念所以为根据的。它并不是一种自律(Autonomie),因为它只在所与的规律或概念之下作为它的原理而进行包摄。正是为着这个缘故,它并不遭受任何从它固有的二律背反或它的原理的冲突而来的危险。所以包含着在范畴之下进行包摄的条件的先验判断力不是独立有制定规律能力的(nomothetisch),它只详细说明感性直观的条件,而这些条件就是要按照着来给一个作为知性规律的所与概念提供其实在性,也就是使它有其用途的。在履行这种职务时,它绝不至于陷入一种内部不统一的状态,至少是在原理上不致这样。

但是反思的判断力是要包摄在一条还没给予出来的规律之下的。所以事实上它只有一条对于对象反思的原理,而关于这些对象,我们客观上完全没有什么规律,或者说完全没有对象的概念,足以用为一条原理适合于在我们面前的一切特殊事例的。可是由于没有原理就不容许有认识能力的使用,所以反思的判断力就必须在这样的情况之下作为它自己的原理。然而由于这种原理不是客观的而又不能提出任何对于对象认识的根据,为着包摄而是足够的,所以它就必须在我们认识能力的有目的的使用上,也就是在对于特种对象的反思上,用作一条单纯主观的原理,所以反思的判断力就有它适用于这样一些情况的准则——事实上这些准则是需要来得着关于在经验中发现的自然规律的知识的,而且是意在帮助我们来达到这些概念,即令是理性的概念,只要它们是为着在自然的规律中来得到认识自然单纯这个目的所绝对需要的。在反思判断力这些必需的准则之间可能发生冲突,而其结果就是二律背反,这也就提供了辩证的根据。如果这些互相冲突的准则之中,每一条都是在我们认识能力的本性里有其基础的,那么这种辩证便可称为一种自然的辩证,而就形成一种不可避免的幻相,揭露它,解决它,使它不致迷惑我们,就是批判哲学的责任。

第9(70)节　关于这种二律背反的阐述

在处理自然作为外感官对象的集合体时，理性所能依赖的规律，其中有些是知性在验前对自然规定的，而又有些是能通过发生于经验中的经验性确定，有其不定的扩充的。因为关于知性验前规定的那些规律的应用，也就是关于一般物质自然的普遍规律的应用，判断力是不需要反思的任何特别原理的；因为在那里，它是能确定的，其客观原理是知性所替它准备好的。但是关于我们只能通过经验而变为熟悉的特殊规律，其多种多样性有这么大的幅度，以至判断力单纯为了追求一条规律或者为了在自然的现象中找出一条规律来这个缘故，就必须成为自己的原理。因为，如果它甚至希望能得到根据于自然的彻底一律性的前后一致的经验知识，也就是希望有自然在其经验规律中的统一性，它就需要这样一条规律作为指导线。然而从特殊规律的这种不必然而然的统一性看来，事情可能是这样发生的，就是判断力在其反思中是按照两条准则而活动的，其一条是它在验前从单纯的知性得来的，而其他一条是为那些按照一条特殊原理而作出对于有形体的自然与其规律的鉴定，因而是引起理性的活动的经验所激起的。那么结果就是，这两条不同的准则显然是完全不能协调的，而辩证就发生了，使得判断力关于它的反思的原理陷入混乱之中。

这样的反思的第一条准则就是这个正题：物质东西与其形式的所有产生都是必须按单纯的机械规律鉴定才有其可能的。

其第二条准则就是这个反题：有些物质自然的产物是不能按单纯的机械规律鉴定为可能的（那就是为了作出它们的鉴定，需要有完全不同的因果律，也就是需要有最后原因的规律）。

如果这两条研究的制约性原理，变为对象本身可能性的组织性原理的话，它们就会读为：

正题：物质东西的所有产生都是按单纯的机械规律有其可能的。

反题：这样的东西的有些产生按单纯的机械规律是不可能的。

在这种后面的形式上，作为确定性的判断力的客观原理，它们是相互矛盾的，因而两者之一必然会是假的。但是那就一定会是二律背反，虽然不是判断力的二律背反，而反为是理性的立法中的一种冲突。但是理性是不能证明这两条原理的这一条或那一条的：理由就是我们不能按照自然的单纯经验规律而有什么验前能确定的原理。

另一方面，就反思判断力的那些准则开始摆出来那样来看，我们看到它们事实上并不含有什么矛盾的。因为如果我说：我必须按照单纯的机械规律来鉴定一切在物质自然里面的事件的可能性，因而也这样来鉴定一切作为它的产物看的形式，我并不就是肯定它们只在这种方式上才是有其可能，就是说，排斥任何其他种的因果作用的。与此相反，这种说法只是要求指出，我在任何时候都应该按照自然的简单机械作用这条原理来反思这些东西，因而就应该本着这种原理来尽力推进我的研究，因为除非我把这条原理作为钻研的根据，否则就完全没有在其真正意义上的所谓关于自然的知识。可是这并不在应该要使用第二条准则的时候而妨碍其使用——那就是说，在有些自然的形式的情况下（而且有了这些实例，也在整个自然的情况下），我们在反思到它们时，是可以跟着一条原理的线索来进行，而这条原理是根本不同于用自然的机械作用来说明事情的，那就是跟着最后原因的原理的线索来进行。因为在这样做时，并没有废除了按照第一条准则的反思。相反，我们是要尽其可能来紧紧地跟着它的。而且也并没有说，所说的那些形式，按照自然的机械作用，是不可能的。它只是主张，人类理性固执着这条准则而在这些路线上进行，不管它对于自然规律的知识能够增加多少，可是永远不能替构成一个自然目的的特别性格的东西，发现丝毫的基础。这就使得在自然自身的未知的内部基础里，同时存在于同一东西里面的物理机械的联系和有目的的联系，能否在一单条原理里面结合起来这个问题，仍然没有得到解决；只是我们的理性不能够把这两种联系统一在这样的一条原理里面，以致其结果就是我们的判断力依然是反思的，而不是决定性的，那就是说，它是在一种主观的根据上活动，而不是按照一条在事物的固有性质里的事物可能性的客观原理来活动的，因而它就不得不想到另外一条原理，不同于自然的机械作用作为自然中某些形式的可能性的根据的。

第10(71)节　上述二律背反解决的前言

我们是完全不能证明按照自然的简单机械作用是不可能有有机的自然产物的产生的。因为我们关于自然的特殊规律的无限多种多样性，是不能看得到其最初的内部根据的。由于这些规律只是由经验而知道的，所以对于我们来说，它们是可以不必像这样的，因而我们就绝对不能达到一种自然的可能性的内部的彻底充分的原理——这是处在超感性的东西里的原理。但是自然的生产能力对于我们鉴定为按照目的的观念而形成或联系起来的东西，是否也能胜任，正如它对于我们认为在自然方面只需要有机械的作用的东西能胜任一样呢？或者可能是这样的，就是事物在事实上乃是真正的自然目的（像我们必须是这样鉴定它们那样），而就它们是这样的说来，是以完全不同的一种原始的因果作用为其基础的，这种因果作用不能是在物质自然里或者是在它的智性基质里包含着的东西，而是一个知识体系的知性的因果作用？[上面所说的就证明]关于这些问题我们的理性是绝对不能提供任何消息的，因为谈到因果作用的概念，如果这种概念是要在验前详细说明白的话，我们的理性是有很大的限制的。但是，同样是确实而不可置疑的是，对于我们的认识能力来说，自然的单纯机械作用，也不能对于有机体的产生提供任何说明。所以，就反思判断力说来，这条是完全正确的原理：就事物按照最后原因的明白显出的联系来说，我们必须想到一种和机械作用不同的因果作用，那就是按照目的而发生作用的一个世界原因，也就是一个有理智的原因——不管就决定性的判断力来说，这条原理是多么轻率而且不能证实的。第一，这条原理乃是判断力的简单准则。它所含有的因果作用概念乃是一个单纯观念，我们对它是不能让步说它有实在性的，而只是利用它来指导反思，这种反思总是等待着有机械解释的可能而绝不迷失感官世界的道路的。第二，这条原理又是会成为理性所规定的，而判断力得要遵从而以之确定其自己的一条客观原理。但是这样一来，反思就离开感官世界而迷失在超感性的境界里，可能失去其方向的。

所以，严格的物理或机械说明方式的准则和目的论或技艺说明方式的准则，这两者之间的表面上的二律背反是根据这一点的，就是我们把反思判断力的原理和确定性的判断力原理混淆起来。我们把前一条原理的自律错作后一条原理的他律看，而前一条原理只是对我们的理性关于特殊经验规律的使用在主观上有效，其后一条原理是要符合于知性所给予的普遍或特殊的规律的。

第11(72)节　对待自然目的性的各种思想体系

从来没有人对于这条原理的正确性曾发生过疑问的，就是在判定自然中某些东西时，也就是在判定有机体与其可能性时，我们就必须按照最后原因这个概念来进行判定。甚至在我们所需要的不过是一条指导线，用来叫我们通过观察而变为更熟悉这些东西的性格，而并不深入到关于它们的最初来源的研究，[上述的]这样一条原理还是公认为必要的。所以问题只能是，这条原理只是主观上有效，就是说，是判断力的单纯准则，或者是自然的客观原理。依后一种说法，就会还有另一类型的因果作用属于自然而在其机械作用和简单的力学规律以外的，也就是最后原因的因果作用，是自然原因(力学的各种力)所要从属只作为中间的原因的。

我们对于这个思辨的问题或者说课题，尽可不必有什么答案或解决。因为如果我们满足于在自然的单纯知识的范围以内的思辨，就人类的力量所能达到的限度来说，为着自然的研究以及探查其最深邃的奥秘，上述的准则是很够用的。所以事情必须就是，理性叫我们有点觉得到，或者是可以这样说，自然给了我们一种暗示，因而就引起我们认为，借助于最后原因这个概念，我们可否前进一步而超出自然以外，把自然和原因系列的最高点联系起来? 何以不放弃自然的研究(虽然我们所研究的还没有进行到那么很远的程度)，或者至少暂时把它搁置在一边，而首先试试看，自然科学中这个外来者，即自然目的的概念，把我们引导往哪里去?

正在这一点上，上述的无可争辩的那条准则，就和敞开争论的广大场所的问题结合在一起了。因为有人就可以硬要说，自然目的性的联系证明了为自然有一特种因果作用的存在。也可能有人要激烈地争论说，就其真正的性质来说，而且按客观的原理来说，这种联系反为和自然的机械作用是同一的，或者是依靠同一个根据的，虽然在许多自然的产物的情况下，这个根据每每是埋藏得很深，使我们的研究不能发现的。因此，就像所争论的那样说，我们就求助于一种主观的原理，即艺术，或者说按照观念的因果作用，以便按照一种类比，把它引用为自然的根据——这是一种权宜的办法，在许多情况下是行之有效的，在有些情况下像是失败的，但是在任何情况下，都不能使我们有权来把一种不同于按照自然机械规律的因果作用的操作方式引入自然科学中去。现在，在我们由于在自然的产物中发现目的的这种暗示，就拿技术（Technik）这个称号给予这种程序，或者说自然的因果性操作这个时候，我们提议把这种技术分为是故意的（technica intentionalis）和不是故意的（technica naturalis 即自然的）。其前者是要表达这种意思的，就是要认为自然用最后原因来产生的这个能力，是一特种的因果作用；其后者的意思就是，这种能力归根到底是和自然的机械作用同一的，而和我们人为的概念与其规则的凑巧一致，乃是我们鉴定这种能力的一种单纯主观的条件，而这样就误解为自然生产的特别方式。

现在谈到那些企图在最后原因这点上来说明自然的思想体系时，我们就不会不看到，它们全都是毫无例外地以独立的方式来相互辩驳的。换句话说，它们所争论的乃是关于事物可能性的客观原理，而不问这种可能性是由于故意地或只是无意地活动着的原因的，而且并不辩驳那只凭这所说的有目的性的产物的原因来进行判定的主观准则。在后一种情况下，不同种类的原理是还可以调和的，而在前一种情况下，矛盾对立的原理是互相取消而且是相互不一致的。

关于自然的技术，就是关于自然按照目的的规则而生产的力量，是属于两类的：自然目的的观念论（Idealismus）和自然目的的实在论（Realismus）。前者主张自然方面的一切目的性都是无意的；后者主张有些目的性，即有机体的目的性，是故意的。从后者可以推论出这个根据假设的后果，就是说，自然的技术，在其关于它一切其他产物对于整个自然说来这点上，也是故意的，也就是说是一个目的。

1. 目的性的观念论（我在这里一直是指客观的目的性说的），要就是偶然性（Kasualität）的体系，要就是自然在其产物的最后形式的确定这种宿命论（Fatalität）。前一种原理是谈到物质对它的形式的物理基础的关系的，就是谈到力学规律的；后一种原理是谈到物质对于物质的超物理基础以及整个自然的关系的。以之归于伊壁鸠鲁和德谟克利特的偶然性体系，按其字义的解释，显然是这么悖理，我们就无须去讨论它了。宿命论的体系就不同。它的倡导人一般认为是斯宾诺莎。虽然表面上看来是时代更早的，而其所依据的是超感性的某东西，因而我们是不能深入去认识它的。反驳它不是这么容易的：其理由就是，它关于那原始存在者的概念是完全不可理解的。但是这么多是清楚的，就是依这个体系说来，世界中有目的的联系必须看为是无意的。因为，虽然它是从一个原始的存在者得出来，但是它不是从这个存在者的理智得出来的，因而就不是从它的方面的任何计划得出来的，而是从这个存在者的本质的必然性，而且是从那个本质流露出来的世界统一性，得出来的。因之也就很清楚，目的性的宿命论也就是目的性的观念论。

2. 自然目的性的实在论也是：要就是物理的，要就是超物理的。前者把自然目的基于一种有意活动的能力之类似物上，就是基于物质的生命——这种生命或是物质所固有的，或是为一种内部有生气的原理，或者说是世界灵魂，所赋予它的。这就称为物活论（Hylozoismus）。后者是从宇宙的原始来源取得其这样的目的的。这种来源是将它看作一种有计划生产的有理智的存在者——或者说在本质上而且基本上是有生命的。这就是有神论（Theismus）①。

第12(73)节　上述各体系没有是做到它声言要做的

上述一切体系的目的与对象是什么呢？就是要说明我们关于自然的目的论判断，而因之就采取两条路线之一。一方是否定这些判断的真实性，因而就评述它们为（作为艺术表现出来的）自然的观念论。其他一方则承认这些判断的真实性，而且说是要按照最后原因的观念来证明一种

① 从而可见，像在纯粹理性的大半思辨的事情上，哲学的学派，在独断的主张上，通常对于摆在它们面前的问题是千方百计来得到解答的。例如在自然目的性这种情况下，时而是试图用一种无生的物质，时而是用一个无生的神，时而是用一种有生的物质，时而又是用一个有生的神。我们唯有在必要时，放弃这一切客观的主张，而在其对于我们的认识能力的单纯关系上，推敲我们的判断。像这样做，我们就可替它们的原理得到一种有效性，即使不是独断的，还不失其为准则的有效性，而对于我们理性的可靠使用是足够的。——原注

自然的可能性。

1. 坚持自然中最后原因的观念论的一些体系可分为两类。其一类确是承认这些原因的原理是有其按照力学规律的因果作用的（自然的东西是因这种因果作用才有其目的性的存在的）。但是它否定这原理是有其有意性（Intentionalität）的——那就是说，它否定这种因果作用是有计划地决定为是为着它的这种有目的的生产的，换句话说，目的就是其原因。这就是伊壁鸠鲁所采用的解释。它完全否定而且废除了自然的技术与自然的单纯机械作用这两者之间的区别。它承认盲目的机会作为解释，不但是关于所产生的产物和我们的概念相一致，因而是关于自然的技术，乃至关于这种发展的种种原因按照力学规律的确定，因而也关于这种发展的机械作用。于是没有东西得到解释，乃至我们目的论的判断中的幻相也得不到解释，因之其中的所谓观念论也完全没有得到充分的证实。

斯宾诺莎作为其他一类的代表，企图用完全不容许这样的目的被看为是产物这种方法，来使我们免致追求自然目的可能性的根据而剥夺了这种观念的一切实在性。毋宁说自然目的乃是一个原始存在者里面固有的偶性。斯氏说，这个原始存在者乃是自然东西的基质，而关于自然的东西，因之他就不以因果作用归之于它，而只以其潜在归之于它。由于有这个存在者和作为它的固有偶性的一切自然东西这两者的无条件必然性，斯氏才保证自然形式有其一切目的性所需要的根据的统一性，但是在他这样做时，他也就剥夺了那些形式的不必然性，而没有这种不必然性，到达目的的统一性是不可想象的。在取消了这种统一性时，他也就取消了计划的一切痕迹而使自然东西的原始根据失去一切的理智。

但是斯宾诺莎的学说并没有做到它所要做的。它原来是要提供自然东西有目的的联系以其解释（这种联系是它所不否认的），而叫我们只去注意那些自然东西所属的主体的统一性。但是即令我们同意它的世界上诸事物都是具有存在的这种方式的，而这样的本体论的统一性也不就是目的的统一性，并且丝毫不使它成为可理解的。其实目的的统一性乃是完全特别一种的统一性。它并不从事物在一个主体里面的联系，或者从世界诸事物在一个原始存在者里面的联系，而就能推论出来的。恰恰相反，它强烈地意味着对于一个具有理智的原因的关系。即使一切事物都全在一个简单的主体里统一起来，然而这样的统一性永远不会显出一种有目的的关系，除非是把这些事物理解为，第一，是这个实体作为原因的结果，而，第二，是它由于它的理智而作为原因的结果。没有这些形式上的条件，那么一切统一性都是自然的单纯必然性，而且在它还被归之于我们表现为互相外在的事物的时候，一切统一性也都是盲目的必然性了。但是，如果经院哲学家所称为事物的先验完善性（这是对于事物原来应有的本质说的完善性，而按照这种完善性，一切事物都在其里面原来就有了成为它们应该是那样的，而不成为另外一种样子的东西所需要的一切条件）要称为自然目的性的话，那么我们只是拿名词作儿戏而不是用概念了。因为如果一切的一切都必须认为是目的，那么作为事物和作为目的，就是同一个事情，所以归根到底，就没有什么东西是特别值得表象为目的的了。

这就叫我们看得很清楚，斯宾诺莎把我们自然目的性这种概念，归结为我们自己依存于一个无所不包的，虽然同时也是简单的存在者里面这种意识，而在那个存在者的统一性里面来寻找目的性的形式，其意向所在，必然是要主张目的性的观念论，而不是主张目的性的实在论的。但是乃至这点也是他不能够成功的，因为这个基体的统一性的单纯表象，是绝不能产生这个观念的，纵然这种产生说是非故意的。

2. 那些不但主张自然目的的实在论而且还想要甚至加以说明的人们，认为他们能够发见一种特别类型的因果作用，就是有意发生作用的原因的因果作用，至少是他们认为他们能够看见这种因果作用的可能性——因为除非是这样见到了，否则他们是不能着手来作出其说明的尝试的。因为甚至最大胆的假设时，也必须依靠其所假定的基础的可能性，而这种基础的概念，又必须是为它的客观实在性所能够保证的。

但是一个有生命的物质这个可能性是完全不可想象的。它的概念本身就含有自相矛盾的，因为无生命和惯性是构成物质的本质特征的。那么，在支持大宇宙中自然的有目的性这个假设时，如果是要求助于一种赋有生命的物质的可能性和作为一种动物来看的整个自然的可能性，这种可能性也只能在小宇宙的自然机构中经验所明白显示的限度内，极度谨慎地来使用。这种可能性是绝不能在验前看出的。所以，如果有机体的自然有目的性，得要从物质的生命得来，而这种生命又只能在有机体中被认识到，因而没有这种经验，也就不能形成其可能性的概念，那么在这种说明中必然是有一个恶性循环的了。因此，物活论是没有履行其诺言的。

有神论毕竟也同样不能独断地奠定自然目的的可能性的基础，作为目的论的解决方法。可是它解释自然目的的根据，却胜过其他的解释根据一筹，就是它以理智归之于原始的存在者，就采用了把自然的目的性从观念论拯救出来的最好方法，而且引用了一种有意的因果作用，来说明这种目的性的产生。

因为有神论首先得要好好地证明物质中目的的统一性是自然单纯机械作用不可能的结果，而使确定性的判断力得到满足。不然的话，它就没有权利断然地把它的根据放在自然之外而在自然之上。但是最多我们也不过达到这点而已，既然这种机械作用本身的最先的内部根据是我们所看不到的，而我们的认识能力又都是这样的有其原有的性质与限度的，我们就不能在任何方式上想在物质里面来发现确定的目的关系的原理。反之，我们没有其他的方式来鉴定自然的产物作为自然目的，唯有这个方式，就是依靠一个最高的智慧作为世界的原因。但是这却不是确定性的判断力的根据，而只是反思判断力的根据，而且它是绝对不能授权给我们来作出任何客观的断言的。

第13(74)节　不能独断地来处理自然的技巧这个概念，原是由于不能说明自然的目的

即令是把一个概念从属于一个经验的条件的，可是如果我们是把它看作包含在所说的对象的另一个概念之内的，我们仍然是独断地来处理它的，由于这个概念是构成理性的一个原理的，而且是按照着这个原理来确定它的。但是，如果我们只在于它对于我们的认识能力的关系上，因而也就是在它对于我们思维它的种种主观的条件的关系上来看待它，而并不企图关于它的对象作出任何决定，那么我们就只是在批判上来处理这个概念。所以概念的独断处理就是对确定性判断力的有权威的处理，而批判的处理只是对于反思判断力才是有权威的一种处理。

那么，一个事物作为自然目的这个概念乃是一个概念，它把自然包摄

在一种因果作用之下，而这只能借助于理性才能着想的，因而这种包摄是为着使我们按照这条原理来判定在经验中关于这个对象所给予出来的是什么。但是为了对于确定性的判断力独断地来使用这种概念，我们首先就得要能确信它的客观实在性，因为不然的话，我们就不能把任何自然的东西包摄于其下。可是，一个东西作为一个自然目的这个概念，一定是在经验上受着条件限制的一个概念，那就是说，只有在经验中给予出来的某些条件之下才成为可能的一种概念。然而它又不是从这些条件抽象出来的，而与此相反，乃是在估计这个对象之中只是按照理性的原理才有其可能的，既然是这样的一条原理，我们就不能洞悉它的客观实在性，那就是说，我们不能看到与之适应的对象是可能的。我们不能独断地奠定它；而且我们并不知道它是否一个纯然逻辑牵强附会的东西，一个客观上空洞的想法，或者是一个合理的概念，对知识提供其基础而为理性所证实的。因此，不能为了确定性的判断力来独断地处理它。换句话说，不但是不可能来决定作为自然目的看的自然东西，为它们的产生，是否需要完全特别一种的因果作用，也就是一种有意的因果作用，而且这个问题本身也就是完全不应该提出来的。因为一个自然目的这个概念，以其客观实在性来说，是理性完全不能证明的，意思是说，它并不是确定性的判断力的组织性的东西，而只是对反思判断力的制约性的东西。

从下面的考虑就可以明白它确是不能证明的。它既然是一个自然产物的概念，它就是含有必然性的。可是它在作为一个目的看的同一个东西里面，又含有在这个对象的形式里面的关于自然的纯然规律的伴随着而来的一种不必然性。因此，它如果想要逃避自相矛盾，就要除了包含着这东西在自然中的可能性的基础之外，还包含着这个自然本身的可能性的基础，以及它涉及的某一个不是在经验上能识知的自然的东西之可能性的基础，也就是要涉及某超感性的东西，所以就涉及我们完全不能识知的东西了。不然的话，在判定它的可能性时，我们就无须在一种不同于自然机械作用的因果作用的那种因果作用的亮光下来估计它了。因之一个作为自然目的的东西，其概念如果是从理性来看，对于确定性的判断力说来，是超经验的（原德文 überschwenglich，一般作“过度”讲），虽然对于反思判断力来说，它关于经验的对象可能是内在的（immanent）。因此，不能为着确定性的判断力而替它取得客观实在性。所以我们就能理解，何以一向计划着来对自然目的或者对自然整体的概念进行独断处理的一切体系，其前后一贯性与统一性是通过最后目的而得到的，都不能用它们的客观肯定或客观否定来决定什么。因为如果事物是包摄于一个只是还成问题的概念之下的，那么隶属于这种概念的综合述项——例如在所考虑的这个情况下，我们所认为是为着那个东西的产生的这个自然目的乃是有意的抑或是无意的——必然关于对象产生同样是成问题的判断，不管所产生的判断是肯定的或者是否定的，由于我们并不知道我们所判定的东西是有抑或是无。通过目的的因果作用的概念，也就是艺术的目的的概念确是有其客观实在性的，正如按照自然机械作用的因果作用的概念有其客观实在性一样。但是一种遵循目的的规则的自然因果作用这个概念，尤其是截然不能在经验中对我们给予出来的这样一个存在者的概念——即被看作自然的原始来源的这个存在者的概念——固然毫无疑问是可以为人所思想而没有自相矛盾的，可是用来作出独断的确定性的论断，是没有好处的。因为既然它是不能从经验抽取出来，而且又是对于经验的可能性不必要的，那么就无从给它的客观实在性以任何保证了。但是，即令能够保证这点，我又怎能把那确定为神的作为的产物，列入自然东西之数？因为使我们需要诉之于不同于自然的一种原因的，正是由于自然的不能按照其原有的规律产生这样的东西出来。

第14(75)节　自然的一种客观目的性乃是为反思判断力所使用的一条理性的批判原理

但是说自然某些东西，乃至整个自然的产生，只是通过某一种原因的作用才有其可能的，这种原因在确定其自身来动作时是有意的，这是一回事。如果说，**由于我的认识诸能力的特殊性质**，我的能够判定那些东西与其产生的可能性，只是用设想有一个有意动作的原因这个方法，因而所设想的存在者，其生产作用是类于一种知性的因果作用的，这就是完全另一回事了。在前一种情况下，我所要作的乃是关于对象确定某东西，而我就不得不证明我所假定的概念的客观实在性；在后一种情况下，理性按照我的认识诸能力的特别性格和它们的幅度与限度所加上的不可少的条件，确定我的这些能力的用途，如是而已，而无其他。所以其第一条原理乃是为确定性的判断力来使用的一条客观原理；其第二条原理乃是一条主观原理，只是为反思判断力使用的，因而是理性所规定的反思判断力的一条准则。

其实，如果我们想要用继续不断的观察进行对自然的研究，即令只是对自然的有机产物的研究，我们也无法摈弃一种意图作为其基础这个概念的必然采用。因之在这个概念里面，我们就有了一条准则，是我们理性在经验上的使用所绝对必需的。但是一经自然的研究的这样一个指导为我们所采取而其适用又已证实，那就很明显，我们至少也得要在自然作为整体看上试用判断力的这条准则，因为自然的许多规律可能在这条准则的亮光下被发现的，而不是这样的话，由于我们深入去了解自然的机械作用受着种种的限制，这些规律就会一直不为我们所发现的。但是，关于这后一种的使用，虽然判断力的这条准则是有用的，然而却不是不可少的。因为自然作为整体看，不是作为有机的给予我们的——所谓有机这词在这里是在其上面所指定的最严格意义上使用的。另一方面，关于那些照它们实在那样，只能鉴定为有意形成的自然产物，而不能用别的方法来鉴定的，上述的那条反思判断力的准则，是在本质上必需的，不说是为着其他的缘故，而只是为要得到关于它们原有性格的一种经验上的知识。因为除非我们把有意产生这个观念和它们联系着，否则认为它们是有机的东西这个观念本身就是不可能的。

可是，如果一个东西的实际存在或者其形式这种可能性，乃是作为受到目的这个条件所制约的而表现出来，那么和这个东西的概念不可分解地联系在一起，就有它按照自然规律的不必然性这个概念。因为这个缘故，我们看为只有作为目的才成为可能的那些自然东西，就构成宇宙的不必然性最重要的证明了。对于一般人的理解和对于哲学家来说，这些自然东西同样也是唯一的有效论证，说明宇宙对于一位世界以外的存在者的依赖而且是从之而来的，而且说明宇宙所从出的存在者，依上述的有目的的形式所说明，是有理性的。这样一来，这些自然东西就指出目的论必须仰赖神学来得到它的探讨的圆满答案。

但是，假定目的论达到完善的最高限度，它到底会证明什么呢？譬如说，它是证明所说的那样的一个有理智的存在者在实际上存在着的吗？并不是；它所证明的不过是这样而无其他，就是由于我们的诸认识能力的性质，因而在把经验和理性的最高原理相接触时，我们绝对不能关于这样一个世界的可能性形成任何一个概念，除非我们是想象到一个有意操作的最高原因。所以我们不能在客观上证实这个命题，说一个有理智的原始存在者是有的。与此相反，我们只能在判断力反思到自然中的种种目的时，为着我们判断力的使用而主观上这样做，因为这些自然中的目的，除了按照一个最高原因的有意因果作用这条原理之外，是不能按照任何其他原理来思维的。

倘若我们想要从目的论的种种根据来独断地建立其大前提，我们就会变为纠缠在一些不能解决的困难中去了。因为那时，这些推论又得要用这个论题来予以支持：所说的有机存在物除了由于一个有意操作的原因以外，都是无法在世界中成为可能的。但我们是否要说，因为我们只有遵循目的这个观念，才能把我们的研究推进到这些东西的因果联系而认识到它们的符合于这种因果联系所揭示的规律，因之我们也有权来假定对每一个思维的和知觉的存在者来说，上面所说的都是作为一种必需的条件而同样有效，因而这个必需的条件是作为附属于对象而不是只附属于主体，即附属于我们自己的呢？因为这就是我们得要准备来采取的不可避免的立场。但是我们是不能始终维持这样的一个论点的。因为，严格地说来，我们不能观察到自然中的目的是有意的。我们只是把这种概念来强解事实，作为判断力在它反思自然产物时的一个指导而已。可见这些目的并不是对象所对我们给予的。如果我们认为这种概念是具有客观实在性的，我们乃至不可能在验前保证它的适当性。所以，我们从上面的论题只能得出一个纯以主观条件为依据的一个命题，也就是使反思判断力适合于我们认识能力的条件，除此以外绝对不能得出什么。如果把这个命题用客观的名词而且作为独断上有效的来表达出来，它就会是这样的：有一个上帝，但是，在我们人说来，可容许有的只是这个受限制的公式：我们不能设想到，或者说使我们能够理解，我们必须引用乃至作为我们关于许多自然东西的内部可能性的知识的基础的那个目的性，除非是把它，而且一般说来，把世界作为一个有理智的原因的产物，简言之，作为一位上帝的产物。

这个命题是建立在我们判断力的不可缺少的、必需的准则之上的，那么，假定它从任何人类的观点来看，而且从我们不管怎样使用我们的思辨或实践的理性这点来看，都是完全令人满意的，我还要知道，就算是我们对更高级的存在者来说，也不能证明它的有效性，我们是受到什么损失——那就是说，我们按纯粹的客观根据也不能证实它(不幸的是，这样来证实它是我们完全做不到的)，那么我们是受到什么损失呢？我的意思就是，十分确定，我们只靠自然的机械作用原理是永远不能关于有机物与其内部的可能性得到足够的知识的，更不必说得到它们的解释了。其实事情是这么确实的，因之我们可以大胆地断言，对人来说，乃至怀着这样做的思想或者这样作指望，都是荒谬的，就是以为会有一天另一位牛顿出来能叫我们了解甚至一根草不是由于有意的安排而从自然规律的作用而发生长成的。我们必须绝对否认人类能有这样的洞见的。但是，我们是否因之就认为无须依靠目的这个观念而完全足以说明有机体的起源的可能性之来源，在我们能够深入到其根据以详细规定人所熟悉的普遍规律的原理这种情况下，我们还永远不能把它隐藏在乃至自然的秘密中发现出来呢？如果这样着想，在我们方面，又会是一种冒昧的判断了。因为我们关于这点，我们是指望如何来得到任何的知识呢？在这样的一种情况下，问题是以纯粹理性的判断为转移的，可能的事情就完全没有了。所以在我们正当称为自然目的之背后，是否有任何有意行动的一个存在者作为世界的原因，因而也就作为世界的创造者，关于这个问题，我们就不能推出任何客观的判断来，不管判断是肯定的或者是否定的了。可是只有这点是确实的，就是，虽然如此，如果我们是应该根据我们自己固有的本性所容许的来形成我们的判断，也就是从属于我们理性的种种条件和限制来形成我们的判断，我们就完全不能够把这样的自然目的之可能性归之于任何其他的来源，而只能以之归之于一位有理智的存在者。只有这才是和我们反思判断力的准则一致，因而是和一种主观的、可是根深蒂固地安置在人类里面的根据相一致的。

第15(76)节 注解

下面提供的通盘考虑,在先验哲学里是很值得来详细弄个清楚的,但是在这里,只能引入作为一种插入在正文中的解释,而不是作为主要论证中的一步。

理性乃是关于原理的能力,其最后目的所在,乃是不受条件限制的东西。从另一方面来讲,知性是由理性来指挥的,但是总得要在必须给予出来的某条件之下的。然而没有知性的概念(知性概念必须是有其客观实在性被给予出来的),理性就不能作出任何客观的(综合)判断。作为理论的理性来说,它是绝对没有它自己的组织性原理的。与此相反,它的原理都只是制约性的。我们容易看到,理性一经越出知性所能追得上的地方,它就变为超经验的(überschwenglich)了。它就以理念而出现(作为制约性的原理,理念固然是有其基础的),但是它是不以客观有效的概念而出现的。可是知性虽然不能和理性齐步前进,却是理性所必需才能关于对象得到其有效性的,因之就把理性的种种理念的有效性局限于判断的主体,纵然是局限于广义的主体,涵盖一切属于人类范围的主体,那就是说,它是在这个条件上限制着那些理念的有效性的:从我们人类的知识能力的性质来说,或者一般地说来,乃至按照我们能够为我们自己所能形成的关于一般有限的具有理智的存在者之能力的任何概念来说,必须是要这样来设想而不能有其他设想的方式的。这个条件并不含有这种肯定,说这种判断的基础是在于对象里面的。我们现在举出某些实例来。这些实例虽然确是具有很大的重要性而且也是有很大的困难的,所以不能立刻作为已经证明的命题强求读者接受的,但是也能提供读者以某些反思的资料,并且是能说明我们在这里所特别从事研讨的问题的。

人类的知性是不能避免必须在事物的可能性与其现实性之间区别开来的。其理由就是在于我们自由和我们认识能力的性质。因为如果为着这些认识能力的运用不是需要两种完全不同质的因素,即适用于概念的知性和适用于与对象适应的感性直观,那么就不会有可能的东西和现实的东西这两者之间的这种区别。意思是说,如果我们的知性是直观性的,它就除了现实的对象之外不会有其他的对象了。那么,只以对象的可能性为其方向的概念以及给我们以某东西然而并不由之而让我们把它作为一个对象来认识的感性直观都会不再存在了。要知我们在只是可能的东西和现实的东西这两者之间所作出的区别完全是依据这种事实的，那就是可能性所指的乃是事物的表象对于我们概念所处的地位，而一般说来，是指事物的表象对于我们思维能力所处的地位，而现实性所指的乃是对事物的离开这种概念而在其直接的自在上的断定。所以可能的东西的不同于现实的东西这种分别只是对于人类的知性在主观上才有效的。它是从这个事实发生的，就是说，即令某东西并不存在，我们还总是在我们的思想中给它一种地位，或者说，如果有什么东西，我们对它是毫无概念的，然而我们仍旧可能想象到它是被给予出来的，所以说事物可能是可能的而不是现实的，因之就说，从单纯的可能性并不能得出关于现实性的任何结论，这就是说出一些对人类理性有效的命题，而这种有效性并不证明可能性与现实性的区别是在事物的本身里面的。从所说出的命题不能得出这种论断来，因而这些命题虽然乃至对于对象是一定有效的，但是就我们的诸认识能力在其受到感性条件的限制上也是从事于感官的对象的这点来说，这些命题对于一般的对象不是有效的。这一点，如果我们看看理性的种种要求，是很明显的。理性总是不断地要求我们采取某一种以无条件的必然性而存在的东西(一种原始的根据)，在这东西里面再不有什么可能性与现实性的区别的，而我们的知性绝对没有什么概念来适合这种理念，那就是说，知性绝无方法来表现任何这样的东西或者形成关于它的存在方式的任何观念。因为如果知性去思想它——不管它是怎样去思想它——那么这个东西只是作为可能的而得到表现。如果知性是意识到这个东西作为在直观中被给予出来的，那么它就是现实的了，而在这种情况中，是不掺杂有任何可能性这种思想的。所以一个绝对必然存在者这个概念，虽然无疑是理性的不可少的一个理念，但是对于人类知性来说，乃是一个不能达到的成问题的概念。可是按照我们认识能力的特别构造来说，它对于这些能力的使用是有效的；因而对于对象，意思也就是说，对于认识的存在者普遍来说，不是有效的。因为我不能认为思维与直观当然是每一个存在者运用其认识能力时所必须服从的两种不同的条件，因而事物就当然都是有可能性和现实性的。如果这种区别不参加到其认识方式里面去的一种知性，那么这种知性就会这样来表达它自己的：凡我知道的对象都是有的，也就是说，存在的；而某些不存在的东西之可能性，也就是如果它们是存在的话，它们的不必然性，因而用来与这种不必然性相对比的必然性，都永远不会进入这样一个存在者的想象中去的了。可是，使我们带有种种概念的知性难以和理性并驾齐驱的不过是这点，就是理性看为是构成对象而采用为原理的东西正是对知性在其人类知性这种形式上是超经验的，就是说，在其知识的受到的主观条件下是不可能的。在事情的这种情况下，这条准则就总是有效的了，那就是，一经关于对象的知识超出知性的能力，我们就必须总是按照必然在其运用其种种能力时附属于我们人类本性的主观条件来设想那些对象。如果——谈到超经验的概念时不得不是这样的——这样作出的判断不能是确定对象的性格的组织性原理，那就只得是制约性的原理，其功用是内在的、可靠的，并且它也是适合于人类的观点的。

我们曾看到，在自然的理论研究中，理性必须假定自然原始根据的无条件必然性这个理念。同样地，在实践的范围中，它又必须预先假定它自己的因果作用作为关于自然是不受条件限制的，换句话说，它必须预先假定它的自由，由于它是意识到它自己的道德命令的。可是在这里，作为职责的行动，其客观必然性是被看为与它作为一个事件而会有的客观必然性相对立的，如果事件的根源是在自然里面而不是在自由或者说理性的因果作用里面的。这样一来，这种行动带有它的道德秩序的绝对必然性就被看为在物理上是完全不必然的，那就是说，我们认识到应该必然发生的东西每每是不发生的。因之道德规律的必须表现为命令，符合于这些规律的行动的必须表现为职责，而且理性把这种必然性不是以一个“是”或者“发生”（即存在或事实）来表达而是以“应该是的”（即义务）来表达，很明显都是出自我们实践能力的主观性格的。如果理性以及它的因果作用是被看作不依靠感性的，就是说，作为不受到其应用于自然对象时所从属的主观条件，因而又作为完全与道德律相和谐的有理智的世界之中一种原因看的，那么就会不是这样的了。因为在这样的一个世界里，不会有义务与行为的分别，不会有关于通过我们的作用而是可能的东西的实践规律和关于我们使之成为现实的东西的理论规律这两种规律之间的分别的。可是,虽然在其里面任何东西只是由于这个事实,就是好的都是可能的这个事实,所以一切都是现实的。这种有理智的世界对于我们来说是一个超经验的概念,正像自由本身作为那世界的形式条件那样,然而这个世界还是有其应有的功用的。因为虽然作为超经验的东西,为要成为一条确定对象与其客观实在性的组织性原理,是无用的,但是它还可用为一条普遍的制约性原理。这就是由于我们部分是感性的性质和部分是感性的能力这种性质,就使这条原理对我们来说成为有效的,而且就我们所能从我们的理性的性质来想象,对于一切总得要和这种感官世界结合在一起的有理智的存在者都是有效的。但是这条原理并不在客观上决定自由作为因果作用的一种形式的性质:它把行动的规则按照那个理念改变为对每一个人的命令,而这样改变,其有效性并不减于它如果确定那自由的性质所会有的有效性。

同样地,关于我们当前的问题,我们可以承认,如果不是由于我们知性的性质,我们就不应有自然的机械作用与自然的技巧,即自然的目的联系,两者之间的区别的。我们的知性必须是从普遍到特殊的。因之,除非判断力拥有一条可以以特殊包摄在其下面的普遍规律,它关于特殊的东西就不能认识到什么目的性,因而就不能作出任何确定性的判断来。但是特殊的东西按其本性来说,以普遍的东西而论,是含有不必然的某东西的。然而理性要求在自然特别规律的综合中还须有其统一性,因而有对于规律的符合——而验前从普遍的规律得出的特殊东西,在它们的不必然的内容上,用任何对对象的概念加以下定义的方法都是不可能的。上述的对于规律的符合,在不必然的东西来说,就称为目的性。因之,自然在其产物中的目的性这个概念,虽然它并不涉及对象的确定,然而关于自然,对人类的判断力来说,乃是一种必需的概念,所以它为着判断力的使用,乃是理性的一条主观原理,这条原理,如果当作是制约性的而不是当作组织性的,乃是对于我们人类的判断力必然有效的,正如它如果是一条客观原理那样有效。

第16(77)节　使自然目的性这个概念对我们成为可能的人类知性的特性

在上面的注解中我们曾看到属于我们认识能力——乃至属于我们认识的高级能力——的种种特性，我们是容易误把这些特性当作客观的述项转移到事物本身去的。但是这些特性是和观念有关系，在经验中不能有与之相应的对象被给予出来的，因而这些特性只能在经验的进行中用为制约性的原理的。自然目的这个概念无疑是和这样一个述项的可能性的来源处在同样的地位的——这种来源只能是在观念中的。但是可以归之于这种来源的结果，也就是产物本身，却在自然中被给予出来的，而自然的因果作用这个概念，即被看为是按照目的而起作用的自然因果作用这个概念，似乎是把自然目的这个观念改变为一条组织性的目的论原理了。在这里就有着这个观念和一切其他观念的差别之点。

但是这种差别是在于这个事实的，即所说的观念乃是理性的一条原理，不是为知性用的，而是为判断力用的，因而是一条原理单独是为抽象的知性对于经验的可能对象来应用的。而且这种应用所影响的范围只是在所作出的判断不能是确定性的而单纯是反思性的地方。结果就是，虽然有关的对象确是可以在经验中被给予出来的，但是不能乃至按照那个观念确定地被判定，更不必说完全适当地被判定，而只能成为反思的对象。

所以这种差别的关键是在于我们(人类的)知性在其反思自然的事物中对于我们判断力的关系。但是，如果是这样，那么在这里我们就必须还有在其基础上的另一个不同于人类知性的可能的知性这个观念了(而在《纯粹理性批判》一书中也有同样的含意，那就是，如果我们的直观是得要看作一种特别的直观，就是说，对它来说，对象只得列为出现的东西的，我们就不得不在思想中有直观的另一种可能的形式)。如果不是这样，那就不能说，若是我们得要设想到某些自然产物的产生的可能性，我们由于我们知性的特殊性质就不能不把它们认为是有意产生出来而且是作为目的产生出来的，然而这样地说，又并不含有任何要求说，事实上应该有一种特殊的原因，在其里面一个目的的表象是作为起决定作用的根据而起作用的，或者说，因而并不含有任何断定是关于一个不同于人类知性的知性之能力的。这就是说，上面关于自然产物所说的并不否认一种超人类的知性能够在乃至自然的机械作用中，也就是在因果联系的机械作用中，并没有肯定地假定着一种知性作为原因的这种因果联系中，发现所说的那样的自然产物可能性的来源。

因之我们这里所涉及的就是我们的知性对于判断力的关系这件事。事实上，我们必须检查这种关系，为的是要在我们知性的性质中去发现某一定的不必然性，以便把它作为我们自己知性的特性与其他各种可能的知性分别开来。

这种不必然性很自然是发现于判断力要以之从属于知性所提供的种种普遍之下的那种特殊的东西，因为特殊并不是为我们(人类)的知性的普遍所确定的。虽然不同的东西可能在一种共同的特质上是一致的，但是这些东西能出现于我们知觉中的各种各样的形式是不必一定是这样或那样的。我们的知性乃是关于概念的能力。这就意味着它是一种推论的知性，对于它来说，要在对它在自然中被给予出来而能从属于它的概念的特殊，其中能有的性格与多样性一定必然是不必然的。可是，直观也是在知识中的一种因素，而直观的完全自发能力就会是不同于感性而且完全是不依靠感性的一种认识能力。因此，它就应该是在其最广义上的一种知性。这样，我们也就能够想象到一种直观性的知性——所谓想象，是指消极的思维说的，或者是指单纯不是推理的思维说的——这种直观性的知性不像我们用某概念的知性，是不从普遍到特殊的，从特殊到个别的。这种知性就不会经验到在自然产物中自然与知性的按照特殊的规律相一致协调有什么不必然性。但是，使得我们的知性感到这么困难来把自然的杂多成为知识的统一的，也正是这种不必然性。我们的知性的能做到这个工作，只是通过自然的特征和我们的概念能力的协调——这是一种极其不必然的协调。可是一种直观性的知性就无须做这样的工作。

所以我们的知性对于判断力所处的情况是特别的。因为在通过知性的认识里，其特殊不是为普遍所确定的，因之特殊就不能光从普遍得出来。然而在自然的杂多中，并且通过概念和规律的中介，特殊不得不与普遍相符合以求其能被包摄在普遍之下。但是在所说的情况下，这种符合必然是很不必然的，而且必须是在没有任何确定的原理来指导我们的判断力这种情况下的。

然而我们能够至少设想到自然事物和判断力的协调之可能性——我们表象这种协调为不必然的，因而只是通过一种指向这种协调的生出的那种目的才是可能的。但是，要这样做，我们就必须同时想象到一种不同于我们的知性的知性，而关于这种知性——而且不但如此，我们还不去把一种目的归之于它——我们可以把上述的自然律与我们判断力的协调表象为必然的，对于我们的知性来说，这种协调只是当目的被引入作为完成这个联系的中介时才是可以想象的。

其实这是我们知性的一种特性，那就是在它的认识中，例如一个产物的原因的认识中，知性是从分析性的普遍（Analytisch Allgemeinen），即从概念，到特殊的，换句话来说，是从概念到所与的经验直观的。所以，在这个过程中，它关于那特殊的杂多是不确定什么的。与此相反，知性必须等待经验直观的包摄在概念之下（假定对象是一个自然产物）来提供判断力以这种确定。可是我们现在就能形成一种知性的想法，这种知性既然不是推论的，像我们的知性那样，而是直观的，那就是从综合性的普遍（Synthetisch Allgemeinen），或者说从整体作为整体的直观到特殊，那就是说，从整体到部分。为了使这个整体的明确形式成为可能的，并不在这样的一种知性里或者在其整体的表象里含蕴着各部分的综合之一种不必然性。但是那正是我们的知性所需要的。它必须从作为普遍想到的原理的各部分前进到要包摄在这些原理之下作为其后果的种种不同的可能形式。按我们知性的性质，我们只能把自然的实在整体看为是各部分的并流运动力的结果。那么我们如何可以避免把整体的可能性作为在符合于我们推论的知性之一种方式上依靠着其各部分来表现它呢？我们可否按照直观性的，即原型的（urbildlichen）知性的标准所规定的而把各部分在其形式上以及在其综合上表现为依靠其整体的呢？我们所说的知性的特性不能让我们这样做，叫整体包含着各部分的联系之可能性的根源。在推论类型的知识中这会是自相矛盾的。但是一个整体的表象可以包含着那整体的形式以及那个形式所包含的各部分的联系的形式之可能性的根源。这就是我们唯一的途径。但是，这样一来，整体便是一种结果（产物），其表象就被看为它的可能性的原因了。可是，其决定性的根据只是其结果的表象的这种原因的产物就称为一个目的。因之我们就得出结论说，只是从我们知性的特殊性格出来的结果，我们才想象到自然产物是按照一种不同于物质的自然规律的因果作用的因果作用才是可能的，那就是说，只按照目的以及最后的原因才是可能的。我们以同样的方法来解释这个事实，就是这条原理并不涉及这种东西本身，乃至作为现象（Phänomene）看，在其这样的产生方式上，是怎样成为可能的这个问题，而只涉及对我们知性来说，关于它们有其可能的那种评价。从而我们同时也看到何以在初级的自然科学中我们远远不以自然产物通过按照目的的因果作用这种解释为满足的。因为在这种的解释中我们所追求的只是适合于我们的判定能力，或者说我们的反思判断力的关于自然的生产，而不是为着确定性的判断力而适合于事物本身的。在这里也完全没有必要来证明像这样的一种原型的理智（intellectus archetypus）是有其可能的。只要说明以我们的推论知性（那是需要意象的，即需要模仿的理智（intellectus ectypus）的）和原型的理智相对比，而且注意到这种形式的能力之不必然性的性格，我们就被引到一个原型理智这个观念，而又注意到这个观念并不含有什么自相矛盾的东西，那就足够了。

可是，当我们考虑一种物质的整体而在其形式上看它为一种产物，由于其各部分以及这些部分的自行结合的力量与能力（包括着原有部分的配合作用所引入的任何外来物质作为其整体的部分的在内）而来的，我们这样想象到的就是那个整体的机械产生。但是这样看事物的整体产生，我们就不能从而得出一个整体作为目的的这个概念——不能得出一个整体，其原有的可能性是绝对要预先假定一个其部分的性质与作用是依靠整体的这种整体的观念的。然而这正是我们关于一个有机体所必须形成的表象。但是，如上面所说明，我们不能从这就断定一个有机体的机械产生是不可能的。因为那就会等于说：在杂多的连结中形成这样的统一的表象而不同时以这个统一的观念作为它的产生原因，那就是不以这个产生表象为有意的，对于任何知性来说都是不可能的，或者说，都是自相矛盾的。同时，如果我们有理由来把物质的存在者作为自在之物本身来看，我们事实上就应该得出这个结论来。因为这样一来，构成自然塑造可能性的基础的统一性就会只是空间的统一性。但是空间并不是事物产生的实在根据。它不过是事物的形式上的条件——虽然从空间中任何部分除非在其对于整体的关系上都不能确定的这个事实来说(因之整体的表象是在部分的可能性的基础上的),空间的统一性是有点和我们所追求的实在根据相似的。但是既然这样,至少还有可能把物质世界看为是一种单纯的出现的东西,而把不是出现的某东西,即自在之物,思想为它的基质。而这可能是有与之相应的智性的直观(虽然不是同于我们的直观的)为其基础的。像这样,就能替自然而且替我们自己作为其一部分的自然,找到一种超感性的实在根据,虽然在我们来说,这个根据是不可知的。所以,凡是在这个自然里面是必然的东西作为感官的对象的,我们都应该按照机械的规律进行判定。可是种种特殊规律以及从而产生的附属形式的相互一致与统一性(这些规律与形式对于机械的规律说来,我们必须认为是不必然),都是在自然中作为理性的对象的,整体自然作为一个系统来看也是这样的,这一切我们也应该按照目的论的规律来考虑。所以我们是应该根据两种的原理来判定自然的。机械式的解释并不为目的论的解释所排斥,好像两者是互相矛盾似的。

而且这又使我们洞见我们从其他方面无疑可以容易猜测得到的,但是我们会有困难来确实断定或证明的东西。这说明纵然从机械地可以得出带有目的性的自然产物来这条原理是和目的论的原理相并立的,但是它并不使我们能够不需要这目的论的原理的。对于我们得要作为自然目的的东西,也就是作为有机物的,我们可以应用已知的或尚待发现的一切机械产生的规律,我们甚至可以指望在这种研究上能有很好的进展,但是关于这一类的产物的可能性,即关于通过目的的因果作用的可能性,我们却永远不能摆脱对一种完全不同的产生根据的呼吁的。对于任何在性质上相类似于我们的理性的一种有限理性来说,不管它在程度上是怎样高出于我们的,想要从单纯机械的原因来了解乃至一根草的产生,都是就人的理性说来绝对不可能的。因为,如果就一个像这样的对象的可能性来说,尽管只是为着在经验指导下的对它进行研究起见,判断力还是觉得不能完全缺少原因与结果的目的论的联系,并且如果一种含有对目的的关系而和作为出现东西的外界对象相称的根据是我们简直不能碰见的,因之我们就不得不在自然的超感性的基质里来找寻这种根据(虽然它是处在自然里面的),然而我们是和洞悉这种超感性的自然基质的可能性断绝关系的:那么,我们就绝对不可能从自然本身得到说明显示目的性的综合的任何解释。所以按照我们人类知识能力的性质就必须在作为世界原因的一个原始知性里来找寻这种目的性的最高根源了。

第17(78)节　关于物质的普遍机械作用原理与自然技巧中的目的论原理的结合

对于理性来说,无限重要的就是不得忘记自然在其种种的产生中所用的机械作用,而且在理性说明这些产生时,适当地估计到这种机械作用,因为离开那条原理就不能获得对自然事物的了解。即使姑且承认有一位最高的建筑师直接创造出自然在其一向存在着的那样的形形色色,或者说前定了演进过程中所遵照的模型,这也并不丝毫增进我们对于自然的认识。理由就是,[即令是这样,]我们还是完全不知道这个最高存在者动作的方式以及我们认为包含着自然物可能性的原理的那位最高存在者的种种理念,因而我们就不能够从这位最高存在者由上而下地,即验前地来说明自然。另一方面,如果我们依靠着我们相信在经验对象的形式中所发现的目的性,就从这些形式开始,从下至上,那就是按验后的方式,诉诸于按照目的而起其作用的一种原因,指望这样来解释所说的那种目的性,我们的解释就会是同语反复而已。这样一来,我们就是以言词来欺骗理性,更不必说在我们利用这种的解释时,我们势必迷失在超经验的东西的五里云雾中,以致离开了自然科学的途径,理性也就被引到于诗意的狂热,而避免这种狂热正是它的最重要的职责。

另一方面,理性的同样必要的准则就是在自然的产物中不得把目的这条原理视若无睹。因为虽然这条原理并不叫自然产物发生的方式令我们更易明白,然而对于自然特殊规律的探讨来说,它却是一条启发性的原理。即令大家同意,由于我们所谈的只严格地限于自然目的这一词,那么在自然的这种产物明白地显示出一种有意的目的统一性的地方,我们也不打算利用这条原理来说明自然本身——那就是说,我们在谈到自然目的时,并不越出自然的范围来追求那些产物可能性的根源。上面所说的那条原理作为一条启发性的原理，仍然是一样真的。可是，由于这种可能性的问题迟早是必须碰见的，正好就必须对它设想到一特种的因果作用——是在自然中发现的因果作用——作为自然原因的机械作用所有的特种因果作用。因为除了物质由于这种机械作用所能产生的那些形式之外，能接受其他更多而又不同的形式的力量，还得要以某种原因的自发性来予以补充，而这种原因不能就是物质，因为没有这种原因的自发性那种形式就不能有任何理性。当然，在理性采取这种步骤以先，它必须相当小心，不要去企图把自然的任何一种技巧都解释为是目的论的——所谓自然的技巧，意思是说，自然的形成能力，对我们单纯的理解来说，是像在有规则地构成物体的情况下那样，显出结构的有目的性的。与此相反，它必须继续把这样的技巧看作按纯然机械的原理便是可能的。但是，在这点上，竟然乃至排斥目的论的原理而想要总是墨守单纯的机械作用，甚至当理性在其探讨自然的形式为它们的原因使之成为可能时的方式，发现一种目的性，其性格无疑是和另外一种不同的因果作用有关系的，依然是想墨守着单纯的机械作用，那也就同样是不科学的。这就必然使理性流浪在自然的种种能力之中，而这些自然能力无非是一些幻想，完全不可思议的，正如完全不顾自然的机械作用而全凭目的论的解释方式使理性变为空想那样。

这两条原理不能结合在一起用于自然的同一个事物，来以一个事物说明另一事物，或者从一个事物得出另一个事物来。换句话说，这两条原理不能像独断的、组织性的原理那样联合起来而替确定性的判断力提供对自然的了解的。例如，如果我认为得要把蛆看为是物质单纯的机械作用的产物，那就是说，是由于一种实体不依靠外来的帮助而由它自己的力量当它的要素作为分解的结果而得到游离时所引起的一种新的形成过程而来的，那么我就不能反过来而把这同样的产物从同样的实体作为从目的而起作用的一种因果作用得出来。反之，如果我认为这种产物是一种自然目的，我就因之不能依靠它的机械的产生，或者采用这样的产生，作为判定这个产物关于它的可能性的一条组织性原理，而这样把这两条原理结合起来。因为每一种解释的方式是排斥其他一种的——即令我们认为在客观上这样的一种产物可能性的两种根据同是凭着一单个基础的，如果这个基础不是我们所想的。使上面所说的两条原理作为判定自然所遵照的原理有其可能成为相容的,这条原理必须是处在这两条原理之外(因而是处在可能的自然表象之外),然而是处在含有这自然表象的根据的东西之内,那就是说,必须是处在超感性的东西之内,而这两种解释的方式必须同是和这个超感性的东西有关系的。可是,我们能够对于这超感性的东西有其概念的,只得是一种根据的不确定的概念,那是使对于自然按照经验规律的判定成为可能的。过此我们就不能前进了:我们再不能用什么述项来确定这个概念了。因之结论就是,这两条原理的结合不能凭着解释(Explikation)的一单个基础,为着满足确定性的判断力明白地表示一种产物按所与的规律是怎样成为可能的,而只能凭着阐明(Exposition)的一单个基础,为了反思的判断力而说明这种可能性。因为所谓解释的意思,就是从一条原理引申出来,因而这原理必须是我们能够清楚地认识到详细陈述的。可是自然的机械作用原理和自然按照目的的因果作用原理,当其应用于同一个自然产物时,必须是在一条更高的原理之内联系着而从它作为它们的共同根源流露出来,因为不然的话,它们就不能并立地处在同一的自然的考虑之中。但是,如果这条是那两条原理在客观上所共同的,因而是使它的自然研究附属诸准则有理由来联合在一起的原理是这样一种的,就是我们能够把它指出来,但绝不能在特种情况发生时,确定把认识到它而为着使用它而详加说明的,那么从这样一条原理就不能引申出任何解释来,那就是说,明白地确定地引申出一种自然产物可能性作为是按那两条异质的原理有其可能的。这样一来,一方面是机械的引申而另一方面是目的论的引申,两者所共同的原理乃是超感性的,这是我们引用为处在作为现象的自然的基础上的。但是关于这超感性的原理,我们从理论的观点是不能形成丝毫积极的确定性概念的。所以,按照这个作为原理的超感性的东西,自然在其特殊的规律说来,如何给我们构成一个系统而按照从物理原因产生的原理和目的原因的原理同是能够认识到的,这是不容许有任何解释的事情。我们只能这样说,如果是有自然的对象呈现出来,其可能性按机械作用的原理是我们不能想象的(按机械作用的原理来想象自然对象是永远对一个自然存在者的要求的),除非我们依靠目的论的原理[才能想象它们],那么我们就得要假定我们可以有信心地遵照两条原理的路线来研究自然的规律——只要看当前的自然产物是从这条或那条原理对于我们的知性是可认识到的——而不为我们对于这产物而形成的判定所依据的两条原理之间表面上所发生的冲突使之惴惴不安。因为我们至少是有把握,两者的可能性是能甚至在客观上在一单条原理里面得到协调的,由于它们同是处理出现的东西的,而这些东西是预先假定有一个超感性的根据的。

我们已经看到,自然的机械作用和自然的目的论的,或者说有意的技巧这两条原理,关于同一个产物与其可能性,同是可以按照特殊的规律从属于共同的自然更高的原理的。然而由于这条[更高的]原理是超经验的,按照我们知性的狭窄性,上述的那种从属关系不能使我们把这两条原理结合在同一的自然产生的解释里面,即令像在有机的种种实体的情况下,产物的内部可能性是只有通过按照目的的因果作用才是可以理解的。所以我们必须保持上述的目的论原理,因之我们就说,由于我们人类知性的性质,除了有意活动的那些原因以外,不能采取任何其他原因作为自然中有机物可能性的根据,而自然的单纯机械作用是完全不足以解释自然的这些产物的;并且我们补充说,这并不意味着我们想要用那条原理来关于这样的东西本身的可能性作出任何决定。

我们的意思是要说,这条原理只是反思判断力的准则而不是确定性判断力的准则。因之它只是主观上对我们来说是有效的而不是客观上用来解释这类的事物的可能性的——在这类事物的本身里面,两种产生的方式尽可以是从同一个根据一并发生的。不但如此,除非用目的论来设想的产生方式为与之同时提出的自然机械作用所补充,就绝不能判定这种产生为自然的产物。可见上述的准则是直接在事物作为自然目的的判定中包含有那两条原理的必然结合,但是不得以这种结合来完全或部分地用其中的一条原理来代替其他的一条原理。因为在至少为我们所看作只是由于有意才是可能的东西之地位上,不能又假定有机械作用,而在我们认为是按照机械作用必然有的东西之地位上,又不能假定有需要一个目的作为它的决定性根据的这种不必然性。与此相反,我们只能以其中之一个放在其他一个的更低级的位置,就是以机械作用放在有意的技巧的更低级的位置。而按照自然有目的性这条先验原理,完全是需要这样做的。

因为在我们认为目的是某一定事物可能性的根源时，也必须假定有其方法。可是一种方法的有效因果作用的规律，在其自身来说，是不需要什么预先假定一个目的的东西的，因而就可以同时既是有意的结果的机械原因，然而又是其更低级的原因。因之在我们看到只是自然的有机产物时，并且如果我们为这种产物的无限杂多所激动而采取有意的这种原理（至少是按一种可容许的假设），在遵照着特殊规律的自然原因的联系中作为反思判断力关于整个自然（即关于世界）的一条普遍原理，我们在自然的生产过程中就可想象到机械规律和目的性的规律的一种庞大的乃至普遍的相互联系。在这里，我们并不把判定这种种过程所依据的原理互相混淆，或者互相调换。因为在一种目的论的判定中，纵然其质料所采用的形式只能作为是有意来判定才是可能的，但是其质料本身，就其性质来考虑，也可以按照机械规律作为方法而隶属于所表象的目的的。而与此同时，由于这种相容性的基础既不在于这又不在于那（既非机械作用，又非目的性的联系），而是我们一无所知的自然超感性的基质，所以就我们人类的理性来说，表现这种对象的可能性的两种方式是不得混合为一的。反之，我们判定这些对象的可能性，别无他法，只能把它作为按照目的性的原因的联系而奠基于一种最高的知性。像这样，就不致对目的论的解释方式存有偏见。

但是，自然的机械作用作为方法对自然的每一个目的意图有多少的贡献，这是一个未解决的问题，而在我们的理性说来必须永远是一个未解决的问题，并且，注意到上述关于一般自然可能性的可理解的原理，我们甚至可以假定自然在一切方面都是按两种的规律成为可能的，即按物理的规律以及按目的性原因的规律，作为普遍相互调和的规律，虽然我们是不能够明白这是怎样的。因之我们不知道那对于我们是可能的机械解释方式能进到什么程度。这么多是确实的，就是不管我们用它能够得到多少成绩，而对于我们已经认定是自然目的的事物来说，这种机械的解释方式永远必须还是不足够的。所以由于我们知性的性质我们必须把这种机械的根据全都放在一条目的论的原理的更低级的位置上去。

那么这就是一种权利的根源而由于按照机械作用原理的路线进行自

然研究的重要性，这对于我们理性的理论使用来说，也是一种职责的根源。我们可以，而且应该，就我们力之所及，按照机械的路线来解释自然的一切产物和事件，乃至解释其最有目的性的——而对我们来说，在进行只是这种的探讨时，是不可能对我们的力量加以限制的。但是在这样做时，我们永远不能忽略这个事实，就是在这种产物之中有哪些是我们除了在理性的一个目的这个概念之下，是不能乃至以之作为研究的。如果我们顾到我们理性本质上的性质，纵然是有了那些机械的原因，我们也不得不最后以这些所说的产物隶属于按照目的的因果作用。

附录:目的论判断力的方法的理论[①]

第18(79)节 是否必须把目的论作为自然科学的一部分来处理

在科学的完整专科大全里,每门科学都必须有其明确的地位的。如果它是一种哲学的科学,就必须把它的地位归之于理论部门,或者归之于实践部门。其次,如果它的地位是在理论部门里,那么派定它的地位就必须是在自然科学里面——当它所考虑的是能作为经验的对象的那种东西时,这就是它应有的地位——因而就是在物理学里,或者在心理学里,或者在宇宙论里,不然的话,就在神学里——神学是关于世界作为经验的所有一切对象的集合体的原始根源的科学。

那么问题就发生了:目的论合理的地位是什么呢? 它是严格说来的自然科学之一支,抑或是神学的一支呢? 它必须是这门科学的一支或者是那门科学的一支;因为没有科学能属于从一门科学到另一门科学的过渡阶段的,因为过渡阶段所指的只是体系的关节或组织而不是在这个体系中的地位。

从事情的本身就看得很明显,目的论并不形成神学的一部分,虽然它们能有的用途是极其重要的。因为它的对象乃是自然的产生方式与其原因;而且虽然它是指向着这个处在自然以外而又在自然之上的根据,也就是指向着一位神圣的创造者,但是它这样做时,并不是为了确定性的判断力,而只是为了从事于考察自然的反思判断力作为一条制约性的而适合于我们人类知性的原理,以便通过这样一种根据这个理念来指导我们对于世界上种种事物的判定。

看来,目的论也同样地不会形成自然科学的一部分。因为自然科学关于自然结果所需要来指定其客观根据的乃是确定性的原理而不是单纯

① 在第二版中是没有这大段"附录"这个标题的。

反思的原理。事实上,把现象来在各目的的相互关系中进行考虑,对于自然的理论,或者对于以有效的原因来机械地解释自然的现象,也是丝毫没有帮助的,关于自然在其种种产物中所追求的目的来进行阐述,就这种目的按照目的论的概念形成一种体系来说,严格说来,只是属于按照某特殊导线关于自然的叙述。在这种叙述中,理性固然有其很好的作用,而且这种作用从多种观点看来,都是充满着实践上的目的意义的,但是谈到这些形式,理性就并不提供任何消息是关于这些形式的起源与其内在的可能性的,然而这正是与自然的理论科学特别有关的。

所以,目的论作为一种科学来说,并不属于什么学说,而只属于批判,而且是属于特殊一种认识能力,即判断力的批判。可是目的论确是包含有验前的原理,所以它就可以,而且事实上必须详细陈述得要按照目的原因的原理来进行判定自然的这种方法。这样,它的方法论对于理论的自然科学的进程,至少是发生一种消极的影响,而同样地它也影响着理论的自然科学对于神学的形而上学关系,那就是在理论的自然科学对于神学的形而上学关系是作为神学的入门的时候。

第19(80)节　机械作用原理在关于一个作为是自然目的的事物之解释中对于目的论原理必须处在比较低级的地位

我们按着单纯机械的路线来解释一切自然产物这种权利,在其本身来说,是完全不受限制的。但是我们知性的性质既是这样的,在知性从事于作为自然目的的事物时,仅仅依靠机械的解释而无其他的外援,我们的力量不但是很受到限制,而且显然是有其拘束的。因为只按照一条采取上述的步骤的判断力原理来解释自然目的,是不能达到任何目标的。因此,我们对于这种产物的判定,任何时候都得要服从一条同时是目的论的原理。

因之我们是有理由,而且事实上是值得去追求自然的机械作用来解释自然产物,只要这是可以或者得到成功的,而且并不是因为在这个途径上本来就不能碰见自然的目的性,而只是因为对我们作为人来说这是不可能的,我们才放弃这个企图,其理由就是,为着在这种路线上要研究得到成功，我们就需要一种不同于我们感性直观的直观而且需要对于自然的智性基质有一种确定的知识，而这种基质是我们从而能够说明出现的东西，按其特殊的规律，是可以有它的机械作用的。

所以，遇有自然目的这个概念毫无疑问是证明适用于一些事物（例如有机体）时，如果自然的研究者不是要白费气力，他就必须总是在判定这些事物时，以某种原始的组织为基础，他必须认为这种组织是利用正是上述的机械作用来产生其他的有机形式，或者从那些原有的结构来演变出新的结构（然而这些新的结构总是从所说的目的出来而且是与之符合的）。

使用比较解剖学，把有机物的庞大世界研究到底，为了去看在它里面能否发现一个体系的某点痕迹，发现一种遵照生产原理的体系的某点痕迹，这是值得颂扬的。因为不然的话，我们就必须满足于单纯判定的原理（这原理不能提供我们任何东西是叫我们洞见这种有机物的产生），并必须沮丧地把在这个领域中洞见自然的一切要求完全放弃。当我们考虑到这么多的动物种类在某种共同的模型上是一致的时候，这个共同的模型显然不只是它们骨骼的、结构的基础，而且也是它们结构的其余部分的安排的基础，而且当我们发现这里的原始计划的令人惊奇不已的简单性，只由一个肢体的缩短和另一个肢体的加长，由这部分的减缩和那部分的发展，于是就能产生出这么多种多样的种时，那就在心里面像有一线纵然是微弱的希望，那条离开它就完全不能有自然科学的自然机械作用原理，或者还可以使我们能够达到有机生命的某种解释，各形式的这种相类似，纵然是有其种种的不同，但是看起来像是按照一个共同的式样产生出来的，那就加强了这个猜测，认为它们是有一种由于从一个共同的祖宗而产生出来的实在亲属关系。我们可以在一个物种逐渐接近另一个物种这种现象找到上述的一点之踪迹，从这也就像是最能证实其中目的的原理，即从人类追踪到水螅，从水螅追踪到乃至苔藓，到地衣，而最后就到自然最低级为我们可察觉得到的种类，在这里我们就达到了粗糙的物质；从这物质以及它按照机械的规律（有似它在晶体形成中所从而起其作用的规律）就像是发展了自然的整个技巧，这种技巧在有机体的情况下是我们这么不能理解的，于是我们就觉得不得不想象出一条不同的原理来解释它。

在这里，自然的考古学家就可自由追溯到自然最早变革所留下来的痕迹而根据一切他关于自然的机械作用所知道或所能猜测得到的来追踪生物的那个庞大系族的起源(因为如果上述的一致相互联系的亲属关系有任何的基础，那么它就必须描写为一个系族)。自然的考古学家可以把大地的内部，在其刚发生时，看作一个巨大的动物，从它的混沌状态生出种种的活物来，其形状并不显出那么多的类似性的，而这些活物又生出其他的活物来，是更适应于它们的生长环境与其相互的关系的，于是就把那生育母亲的生产局限于确定的、再不能有变动的种类，而形状的多样性就固定下来，由于那多产的形成力量已经停顿了——可是，虽然如此，自然的考古学家毕竟不能不把一种适合于一切这些生命形状的组织，归之于这个普遍共同的母亲，因为，不然的话，动植物界种种产品的有目的的形式的可能性就成为完全不可想象的了①。但是在他把这一切归之于自然的时候，他只是把解释的根据向后更推进一步，而离开目的原因这个条件，并不能硬说他就已经把那两界的产生弄清楚了。

乃至谈到有机类的某些个体所经过的不知其所以然的变化，我们发现这样变化的性格是遗传的，吸收进生产力量里面去的，在这些地方，我们不能对它形成其他适合的判定，而只能说它是原来存在于物种里面，为了种族的保存的、一种有目的的天禀的一凑巧性发展。因为在一个有机物的完全内部的目的性中，同类产生是和这个条件密切联系着的，那就是，凡在这样的一个目的的体系中不属于它的未发展的原始天禀之一的就不应该吸收进生产的力量中去。一经我们离开这条原理，我们就不能

① 这种假设，在理性说来，可以称为一种大胆的冒险行为；可能乃至在最尖锐的科学家之中，很少人的心中未曾有时想到它的。不能说这是像异质产生(generatio aequivoca)那样是不合理的，所谓异质产生的意思，是说有机物乃是从粗糙的无机物质产生出来的。从名词的最广泛承认的意义上说来，上述的产生依然还是同质的产生(generatio univoca)，因为它所指的意思还是某有机物从另一个有机物产生出来，虽然同是在有机物这一类之内，只是在细节上不同而已。正好像是说，我们认为某些水生动物逐渐变为沼泽动物，而经过某些世代之后，这些沼泽动物又变为陆地动物，这样说法，在单纯的理性的判断中，并无验前自相矛盾之处，只是经验没有提供什么实例出来罢了。反之，就经验的范围来说，我们所知的一切产生都是同类的产生(generatio homonyma)。它不但是同质的(univoca)，有别于从一种非有机的实体的产生，而且从它生出来的产物，在其结构上是和产生它的物品同一类型的，而在我们经验的范围内，并没有碰见过什么异类的产生 (generatio heteronyina)。——原注

确实知道现在在一个物种中所发现的形式的许多成分是否同样属于不必然而没有目的的根源的了,而目的论这条原理,就是说,任何保存在物种的繁殖里的东西都不应该断定为毫无目的的性的,就会变成不可靠的,而只对于原始的祖先才是有效的,然而对于这个原始的祖先,我们的知识是不能追溯得到的。

有人觉得不能不对于一切这种自然目的采取评定的原理就是一种知识体系论的知性。休谟的答复就是提出这种反驳的意见说,我们可以有同样的权利来问,这样的一种知性又怎样有其可能呢?他的意思就是说,我们同样可以问,在一种同时具有理智能力与执行能力的知性这个概念中所预先假定有各种各样的能力与属性的存在者里面这种目的论的巧合是怎样有其可能的。但是这种抗议只是空谈而已,因为包围着关于一个含有目的的而且唯有通过目的才可为人所了解的东西的产生这个问题的整个困难,乃是基于对于这种产物里面许许多多外在地存在着的要素的综合其根源的统一性。因为,如果是把这个根源放在作为一种单纯的实体看的产生原因的知性里面,那么上述的问题作为一个目的论的问题来看,就充分地得到解答了,可是,如果只是在作为许多外在地存在着的实体之集合体这个物质中来追求那个原因,那就完全没有它的复杂结构的内在有目的的形式所需要的统一性原理。我们的知性所只能想象为目的的种种产生中的物质的独裁权(Autokratie)就成为毫无意义的名词了。

这就说明何以有些人,一方面想要找到物质客观有目的的种种形式的可能性的最高根源,而另一方面又不承认这个根源有其知性,然而把世界整体或者是变为一个无所不包的实体(泛神论)或者是变为不过只是上面的实体的一种较为明确的形式,即依存于一个单一的单纯实体的许许多多确定性的复杂体(斯宾诺莎主义)。这些人的目标就是要从这种实体得出一切有目的性所作为先决条件的东西,那就是根源的统一性。事实上,由于他们关于单纯实体的纯然本体论的概念,他们实在也做了某事情来满足问题的一种条件——那就是,谈到一个目的时所意味着的统一性,但是关于另一条件,他们就没有说到什么,那另一条件就是这个实体对于它的作为目的看的后果的关系,而这个关系也正是问题所要求的给他们的本体论的根源以其更确切的确定的东西。结果就是他们无法解答整个问题。至于谈到我们的知性,这个问题,除了按下列的条件外,是绝对不能解答的。首先事物的原始根源必须描写为一种单纯的实体。再则作为单纯的实体来说,它的属性,就其对于它就是它们的根源的自然形式的特定性格的关系说来——那就是有目的的统一性这个性格——必须描写为一个有理性的实体的属性。最后,由于我们在我们只能作为目的看才能想象为有其可能的每一个东西里所发现的不必然性,就必须把这个有理性的实体对于自然形式的关系描写为因果作用的关系。

第20(81)节　我们应用于解释作为自然产物的自然目的的机械作用与目的论原理的联合

从上一节我们曾看到,自然的机械作用不足以使我们能够设想一个有机物的可能性,而在其原始的起源说来,必须是从属于一个有意活动的原因的——也就是说,至少是我们的认识能力其性质是这样,使得我们把它设想为是这样从属的。可是存在物单纯目的论的根源也一样地不能叫我们能够把它同时设想为,而且判定为,一个目的而又为一种自然产物。我们必须再把自然的机械作用和那目的论的根源联合起来,作为一种有意活动的原因的一种工具,而且想到一个目的是自然乃至在其机械性的规律上所从属的。这两种完全不相同的因果作用,即自然在其普遍符合于规律上的因果作用和把自然限定于自然作为自然来说绝不是它的根源的那一种特殊形式的观念的因果作用,这两种完全不相同的因果作用这种结合的可能性,是我们的理性所不能理解的。因为它是处在自然的超感性基质里面,关于这基质,我们不能作出任何明确的断定来,而只能说它是一种自在的(an sich)物,而我们只知道其出现的东西而已。然而,虽然如此,这条原理仍然有其不致减少的力量的,那就是,凡是我们认为形成现象界自然的一部分而且是自然产物的东西必须是按照机械性的规律和自然联系在一起的。因为离开这一种的因果作用,有机物纵然是自然目的,但不会也就是自然的产物的。

现在,假定我们采取了有机物产生的目的论原理(事实上我们是不能不这样做的),我们或者以那原因的时机论(Okkasionalismus)或者以那原因的先定论(Prästabilismus)为这些有机物的内部目的形式的基础。

依时机论的说法，在每次两性交合的时机，世界的最高原因就会直接提供有机的组织，把他的观念的烙印盖在生产过程中结合的两种实体上面去。依先定的体系说法，那最高的原因只以那固有的天禀赋予他的智慧的原始产物，而借着这种天禀，一种有机物就按它自己原有的种类生出另一个有机物来，而这物种就保持它的继续存在，通过那同时致力于毁灭这种的个体的自然作用，也一直得到恢复其损失。如果是假定有机物产生的时机论，就完全失去在其过程中的自然一切合作，而在判定这种产物的可能性过程中，也没有为理性的运用留有任何余地了。所以我们可以认为当然没有爱好哲学的人是采用这种体系的。

先定论也可能有其两种形式之一。这就是说，先定论把每个从与之同类的有机物产生出来的有机物，看为是那先行有机物的析出物(Edukt)或生出物(Produkt)，把产生作为析出物看的体系称为个体先成论(der individuellen Präformation)体系，有时也称为进化论；把产生作为生出物看的体系称为新生论(Epigenesis)。后一体系也可称为种属先成(der generischen Präformation)体系，由于它把那个关于是其原始种族的一部分的内部有目的倾向看作双亲的生产能力，因而就把那特定的形态看作事实上已经完成了的。按这种说法，那与之对立的个体先成论也更适当地可以称为进化论，或者称为套入论(die Theorie der Einschachtelung)。

进化论的提倡者为要把一切个体都直接从创造主的手中得出来，就把它们都从自然的形成力中排除出来。他们不敢照时机论这个假设的路线来描写事情的发生，把两性的交合变成一种无聊的形式，在这种形式上，一个最高有理智的世界原因决定了亲自形成一个胎儿而只把养育的工作交给母亲去做。他们宁可承认先成论，认为把这种形成的超自然的起源放在开始时，或者放在世界进程之中，是无关轻重的事情。他们没有能够看到，在事实上当时机发生时，创造的动作是会省免了一大堆的超自然的筹划的。如果一个在世界的起头时就形成的胚胎，得要避免自然的各种破坏力而予以保存下来，一直在长久的年代中保持平安无恙到达它发育的时候，而且有不可以数计的许多这样先成的物得要创造出来，比将要长成的多得多，而这些多出来的物，都会这样成为多余的、白费工夫的了。他们想要在这里让自然有点工作可做，而不致使其过程陷入于简直是超自然的,成为按自然的解释,都是不必要的。当然,他们依然还是坚持他们的超自然的立场的;乃至在流产中还发现一种令人惊奇的有目的性(流产是不可能认为是自然的目的的),即令流产的用意所在,不过是一种无意义的目的性,为要使一个解剖学家偶然碰见时,不知所措,意志沮丧地觉到赞叹无已。可是他们绝对不能把混血儿适合于先成的体系,必不得不承认雄性物的种子,在其他情况下只能是养育胚胎的初期资料的功用这种机械性质的,还有一种具有目的的形成力量。但是在他们关于同一物类两个物所产生的产物时,又不承认那两物中任何一个是有一种力量的。

反之,即令我们看不见在新生论的提倡者方面,在谈到支持他的理论的种种经验上的证明所有的巨大优点,但是理性是已经大大地左袒于新生论的解释的。因为谈到一些东西,其起源的可能性只能是按照一种目的的因果作用才能想象的,新生论至少是关于繁殖这点上,把自然看为本身有生产力的,而不但是只发展某东西的。这样,新生论用了最少的超自然的东西而就让自然去解释最初开始以后的一切步骤。但是它关于这最初的开始并不决定什么,而这最初的开始是使物理学无法解释的,不管它是采取什么一连串的原因。

谈到新生论,没有人比勃卢门伯先生(Herr Hofr. Blumenbach)的贡献更有价值的,他对于建立新生论的正确应用原理(部分是在于使它的大胆使用有其适当的限度)是这样,而对于新生论所提出的证明也是这样。他是以有机实体为那些形成形式的物理解释的出发点的。因为他正确地声明,认为粗糙的物质、遵照机械的规律、原来就是它自己的形成了自己,认为生命能够从绝无生命的自然发生出来,认为物质是自发地采取了自行维持的有目的性这种形式,都是违反理性的。但是与此同时,他又让自然的机械作用,在从属于一种原始的组织,这对我们说来是不可思议的原理之下,有其一种不可确定但是又不会弄错的功能。在一个有机体的情况下,在这里所需要的物质能力,他称为形成的冲动(Bildungstrieb),以别于普遍处在物质里面的单纯形成力,这种形成的冲动,可以说是在上述原理的更高级的指导和指示之下的。

第21(82)节　目的论的体系在有机物的外在关系中

我的所谓外在的目的性是指这种的目的性说的，即在自然中一个东西帮助另一个东西作为达到一个目的的手段的。那么，甚至并不具有任何内在目的性的东西，而且它们的可能性并不意味着任何内在目的性的，例如土，风，水等，还是可以外在地，也就是在其对于其他存在物的关系上，很适合于目的的。但是这样一来，那些其他存在物必须总是有机的，也就是必须总是自然的目的，因为除非它们是目的、前者就不能作为手段。所以水，空气，与土不能看为达到大山长成的手段。因就其内部来说，在大山里没有什么东西是需要有山的可能性按照目的的根源的。因之谈到山的原因时，就不能有这种根源而以有助于这个根源的手段这种述项来表象那个原因。

外在的目的性是一个概念，完全不同于内在目的性的概念的。内在目的性是和对象的可能性联系在一起的，不管那对象的现实性本身是否一个目的。关于一个有机物，我们还可以这样问：它是为了什么目的而存在的？但是关于在其里面我们所认识的是自然机械作用的单纯结果的东西，我们就不好这样问了。原因就是，关于有机物，我们已经是想象到一个按照目的的因果作用——一种有创作性的知性——来说明其内在目的性，而且已经是使这种主动的能力和它的决定性根据，即意图，发生了关系的。只有一个外在的目的性是唯一的例外，而这是和组织的内在目的性紧密地结合在一起的。它并不对这个问题加以解决，就是这样组织着的自然物，其存在是必须为了什么目的的，然而它又是在于一种手段对于一种目的的外在关系的。这就是两性在其相互关系上为着它们种族繁殖的这个组织。因为在这里我们正像在一个个体的情况下那样，可以总是问：何以这样的一对是必须存在呢？答复就是：在这一对里，我们有了最初形成组织整体的东西，虽然不是在一个物体里的组成整体。

当问到一个东西的存在是为了什么目的时，其答复可以采取两种形式之一。可以说它的存在与产生对于一个有意活动的原因毫无关系的。那么就总是把它的起源理解为从自然的机械作用而得来的。或者又可以说，它的存在（作为一种不必然的自然物看）是有其含有计划的某种根源的,而这就是一种思想,是我们难得使之和有组织的东西这个概念分开的。因为由于我们不得不把有目的的原因这种因果作用以及在这种因果作用的基础上的一个观念作为那东西的内在可能性的依据,于是我们只得认为这种产物的实在存在也是一个目的。因为凡是一个结果的表象同时也就是决定一个有理性的有效原因来生产的根据,在这种情况下所表象的结果就称为一个目的。所以在这里我们或者是说,这一类的自然物实在存在的目的乃是内在的,那就是说,它不但是一个目的,而且又是一个最后的目的(Endzweck);或者我们是说,其最后的目的是处在它的外边的,是在其他自然物里面的,那就是说,适合于目的的它的实在存在本身并不是一个最后的目的,而由于它同时也是一种手段所使然的。

但是如果我们彻底检查整个自然,我们在它作为自然来看,并不发现任何东西是能要求有作为创造的最后目的这种优越地位的。其实可以甚至在验前证明或者可以作为自然的最终目的(letzter zweck)的东西,尽管尽量赋之以任何可想象得到的性质或属性,毕竟就它作为一种自然的东西来说,它永远还不是一个最后的目的(Endzweck)。

在我们观察植物界时,我们开始可能由于它借以蔓延到几乎每一种土壤上的那种不可估计的丰产力而引起这个思想,认为应该把它看为自然在矿物界中它的各种形成所显出的那种机械作用的单纯产物,但是对于它的不可言喻的聪明组织有了更详细的认识,就使我们不能有这种的看法而引起这个问题:生命的这些形式的存在是为着什么缘故的? 假如我们这样回答:是为了动物界的,使得它有其生存的资料,以至它能有多种多样的品类散布在地面上。那么问题又发生了:这些吃草的动物又是为着什么缘故而存在的呢? 其答复大概是像这样的:是为了食肉的动物,它们只能是靠本身是有动物生命的东西来生活的。最后就有了这个问题:这一切上面的自然各界又是为了什么目的和什么缘故的呢? 我们说,是为着人类的,而且是为着人类的理智告诉人如何在许多的用途上来利用这一切的种种生命的形式的。人就是现世上创造的最终目的,因为人乃是世上唯一无二的存在者能够形成目的的概念,能够从一大堆有目的而形成的东西,借助于他的理性,而构成目的的一个体系的。

我们也可以赞成骑士林奈而采取像是相反的道路说:吃草动物的存

在是为着制止植物界的繁茂生长,这种繁茂生长会干死掉植物界的许多品种的;食肉兽是为着使吃草动物的贪食有其节制的;最后,人的存在是要使之追捕食肉兽而减少其数量,来成立自然的生产力与其破坏力之间的一定平衡的。所以,依这种看法,不管在一定的关系上是如何可以把人看为目的,而在不同的关系上,人又是只能列为一种手段。

如果我们采取客观目的性的原理,这客观目的性是在地上的生命特定的各种形式的多样性中而且又是在它们作为带有一种适合于目的的构造的物之相互外在关系中的,那么只有继续下去而设想在这种外在关系中还有某一定的组织以及整个自然界遵照最后原因的体系,那才是符合理性的。可是在这里,经验就像是和理性的准则相矛盾的,尤其是关于自然的最终目的这一点上——然而这种最后目的乃是这样的一个体系之可能性所必需,而我们只能把它放在人的里面的。因为自然远远不是把作为许多物种之一来看的人当作一个最终目的,而且并没有使他免于破坏性的力量更多于免受生产性的力量,也并没有在一切服从毫无目的的机械力量上有什么丝毫的例外。

就一个为着地上自然物之有目的的整体而布置的体系来说,其第一件得要故意安排好的东西就是这些自然物的栖息地——即它们要在那里繁茂的地土或活动范围。可是对于一切有机产物这种基本条件的性质之更深入的认识所指出的,并没有任何其他原因的痕迹,其所指出的那些原因都是毫无意图的,其实都是倾向于破坏而不是倾向于为了促进产生形态、秩序与目的的。陆地与海洋不但含有它们和在它们上面或在它们里面滋生的生物所遭遇的古代猛烈灾害的纪念物,而且它们整个结构——陆地的地层和海洋的海岸线——还带有自然在混乱状态中活动着的狂暴而压倒一切的那些威力的结果模样。陆地的地形,高处与斜坡,现在看来不管是怎样适合于接受从空气而来的水,适合于宜于各种产物的在地的各层之间涌起的泉源的地下水道的,而又适合于江河的河床的,然而对它们仔细的研究就指出它们乃是这样而来的结果,部分是由于火山的爆发,部分是由于洪水的泛滥,而部分乃至由于海洋的侵入。不但关于这种地形的产生是如此,尤其关于以后的变化连同其原始有机的产生物的消灭也是如此[1]。如果生命一切这些形式的住处——陆地的上面和海洋的深处——所指向的都不是别的东西，而完全是没有计划的机械产生，那么我们怎样能够，或者说我们有什么权利，来要求有这些后面所说的产物的一种不同的起源而且断言它们是有这种的起源呢？即令人类不是包括在这样的变革里面，像根据康帕(Camper)的判断那样，是自然的那些劫后余迹经过最详细的考查好像证明的，然而人是这样依赖着地上生命的其他形式的，那么如果我们承认了自然的机械作用，其力量是征服这些其他的东西的，我们也必须把人看为是包括在自然的机械作用的范围之内，虽然他的理智大部分是能从自然的摧毁工作中把他拯救出来的。

但是这种论证像是超出它原来所要证明的限度的。因为它像是要说明不但人不能是自然的最终目的，或者由于同样的缘故，地上自然有机东西的集合体不能是目的的一种体系，而且它还要证明从前认为是自然目的的那些自然产物，都是不能有其他的起源而只能有自然的机械作用为其起源的。

可是我们必须记得上面对于有机自然物机械产生的原理和目的论产生的原理之冲突所作出的解答的结果。像我们所看到的那样，这些原理不过是关于形成的自然与其特殊的规律的反思判断力的原理，其系统的相互关系的锁匙并不是在我们的掌握中的。就其内在的性质说来，关于起源的问题，这些原理并没有告诉我们什么明确的东西的。它们所断言的只是按我们的知性和理性的性质，我们不能对于这类的东西设想到其起源而只有按照最后的原因来设想它。在我们根据机械的路线来说明这些东西的努力中，我们是容许有其最大可能的坚毅性，乃至有其冒险性。不但是这样，我们乃至为理性号召去这样做，虽然我们知道这样来解释，

---

① 如果自然史这个名词，既然是已经采用，是要继续用来作为自然的描述，那么我们就可用自然的考古学这个名词以别于艺术的考古学，来称呼“自然考古”按其字面所表示的东西，即地球过去或古代情况的记载——这是一种事情，虽然我们不敢指望能得到确实的知识的，但是我们是有很好的根据来进行猜测的。化石的残余就是自然考古学的对象，正如粗糙雕刻的石头之类可以作为艺术考古学的对象一样。因为在这个部门里，实际上是做了一些工作，那是用地球学的名义的，正如我们所能期望的；不断地、渐渐地这个名称就不会用来称呼一种纯是想象中的自然研究，而用来称呼一种研究是自然本身邀请我们去参加而且是号召我们去参加的。——原注

我们是永远得不到成功的,不是因为在机械产生和按照目的而有其起源这两者之间有着什么内在的矛盾,而是因为在我们知性的特殊类型与种种限制之中含有的种种主观的缘故。最后,我们曾看到,描绘自然可能性两种方式的一致,可能很容易是在自然的超感性原理里面,这是在我们里面也是在我们的外面的。因为以最后原因为基础的表象方式只是我们的理性运用中的一种主观条件,那是当它不是想要知道对只作为出现的东西而得到安排的对象是应如何形成其判定时,而是当它企图把这些出现的东西,连同它们的原理,和它们的超感性基质发生关系时,为的是要找到它们统一性某些规律的可能性,这些规律,除了通过目的以外,是不能想象的,而理性又是掌握有目的的超感性的例子的。

第22(83)节　自然最终目的作为一个目的论的体系

我们在上一节曾指出,按照理性的种种原理,有充分的根据——就反思判断力来说,而当然不是就确定性的判断力来说——使我们把人判定为不只是一种自然目的像一切有机物那样,而是把他判定为地面上的这种存在者,就是自然的最终目的,对于他的关系说来,一切其他的自然东西是构成一个目的的体系的。那么这个在人里面的目的,这个作为目的来说终之是通过人和自然的结合而得到促进的目的,究竟是什么呢? 如果这个目的是必须在人里面才能找到的东西,那么它就须或者是这样一种的目的,通过自然与其对人的慈善,人就可以得到满足的,或者是能力的倾向和熟练的技巧对一切目的均可适用,而这些目的都是人可以因而使用在他以内或他以外的自然的。前一种的自然目的就应该是人的幸福,而后一种就应该是人的文化。

幸福这个概念不是人或许从他的各种本能抽象出来的,因而是从他的兽性得出来的。恰恰和这相反,它是一种光景的理念,是人想要把他现实的光景在当下的纯然经验的条件下与之相称的——这是无法做到的工作。他自行想出这个理念,而由于他的知性与其和感性与想象力纠缠在一起,就把这理念在种种不同的型式想出来,而且甚至常常改变其概念,乃至自然竟是完全服从他自行抉择的意志的,自然也完全不能够采取什么明确的、普遍的而又固定的规律来适应这种游移不定的概念而与每个个人任意设定的目的相一致。但是即令我们设法把这个概念降低到我们的种类完全而根本与之一致的真正自然需要的水平上,或者从另一方面来说,我们在完成这个想象的目的的努力中,设法提高人的熟练技巧到最高的水平,然而人的所谓幸福与其事实上构成他的特有的最终自然目的(而不是自由的目的)的东西,也是永远不会为他所达到的。因为他原来的本性乃是这样性质的,是能拥有什么或享受了什么时,就停止下来而觉得满足的。外界的自然远不是把人变为它的一种特殊的宠儿,或者是厚待他过于一切其他的动物的。因为我们眼见在自然的毁灭性的作用中——如瘟疫、饥荒、洪水、冷冻、大小动物的攻击,等等——自然却没有使人不遭受到、正如没有使任何其他动物不遭受一样。而且除这一切以外,内部自然倾向的不谐和还使人陷入他的自作之孽,而且使他自己的同类通过统治的压迫,战争的残酷,等等,受到这样的苦难,而人自己反尽其所能来对同类施行毁灭,结果就是,即令外界的自然有着最大的善意,而它的目的,就算它是以我们人的种类之幸福为其目标的,也永远不会在地上的一个系统中达到的,因为我们原来的本性是不能领受这种幸福的,所以人从来就只是自然目的链条的一环。诚然,关于许多自然像是为他而先定了的目的,他是它们的基本原理,由于他是把自己成为这种原理的,可是对于其余的人类里的机械作用中那目的性的保持来说,他又是一种手段。作为世上唯一拥有知性因而具有把他自己有意抉择的目的摆在自己面前的能力的存在者,他确是有资格做自然的主人的,而假使我们把自然看为一个目的论所说的体系,他就生成是它的最终目的的了。但是这总得具备这种条件,就是他具有理智而且决意要使自然和他自己有这种目的的关系,即能不依赖自然而自足,因而能成为一个最后的目的,可是必不可在自然里面去追求这样的一个目的。

但是无论如何,我们是在人的哪里安置自然的这种**最终的目的**呢?想要找出这个地方,我们就必须找到自然所提供的是什么来准备他自己必须去做的东西使得他成为一个最后的目的,而且我们又必须把他从那一切其可能性是依据人只能期待于自然的条件的目的分离开来,而世上的幸福就是属于后一种的目的的。所谓世上的幸福,就是一切通过在人之内或者在人之内的自然而达到的可能的[人类的]目的的集合体,换句话说，它就是他一切世上目的的质料，如果他把这变为他的整个目的，那就使他不能为他自己的存在设定一个最后的目的而与之完全一致。因之在他的自然中的一切目的之中，只剩下一个，那就是一种形式上的、主观的条件，也就是这种能力的倾向：一般说来能设定目的，而且在他确定目的上，不依靠自然，能一般按照他的自由目的的各准则使用自然作为一种手段。只有留下这个是自然关于处在它以外的最后目的所能完成的，因而是可以看作它的最终目的的。在一个有理性的存在者里面，产生一种达到任何自行抉择的目的的能力，从而也就是产生一种使一个存在者自由地抉择其目的之能力的就是**文化**。因之我们关于人类有理由来以之归于自然的最终的目的只能是文化。人在世上的个人幸福，乃至人是在无理性的外界自然中建立秩序与和谐的主要工具这个单纯事实，都不能算是最终的目的。

但是不是每一种文化都是具有自然的这个最终目的的条件的。熟练技巧是一种文化、确定促进各种目的所需的资格之最重要的主观条件，然而它是不足以帮助**意志**来确定和选择它的目的的。但是如果要达到目的应有的资格有其充分的意义的话，这就是一种必需的因素。这后一种可以称为经由锻炼而成的文化是资格的消极的条件。它只是在于使我们的意志从一些欲望的专制解放出来，因为由于种种欲望，我们就依恋于某一定的自然事物，而使我们不能进行自由选择。这种情况的发生是当我们为一些冲动所束缚，而自然为我们准备了这些冲动，无非使它们作为一些引线，使我们不致忽略了，乃至损害了在我们本性中的兽性，其实我们很是自由来按照我们理性的目的而给它们收敛或放松，延长或缩短的。

只有通过人们当中的不平均性才能在人类中发展熟练技巧的。大多数人用机械的方式并无需任何特种技术，就为别人供给日常舒适与便利的必需品，而后一种的人是致力于科学与艺术这些不急需的文化部门的。这些人就使广大的群众一直生活在被压迫的情况之下，终日劳碌，甚少享受，虽然上层社会的文化逐渐也有散布到群众中去的。随着文化的进展——其高峰是在于致力于多余的东西开始变为有害于致力于必需的东西时那就称为奢侈——双方都同样地越来越多烦恼了。就下层阶级来说，烦恼是从外来的暴行而来的，而就上层阶级来说，烦恼是来自内部的贪求无厌的。然而这种有目共睹的烦恼是和人类中自然体质的发展相联系的，而自然所追求的目的，虽然不是我们的目的，也就从而达到了。自然因之而达到它这种真正目的的唯一的形式上的条件，就是人与人彼此之间有一种状态的存在，规定个人的互相反抗而滥用自由是为集中在称为公民社会(bürgerliche gesellschaft)的整体里的合法权力所反对的。因为只有在这种状态中，自然的体质才能有其最大的发展的。除此以外，我们还应该需要一个世界公民整体(weltbürgerliches Ganze)，如果人们只能有其天才来发明这样的一种组织而且有其智慧自愿地服从其约束的话。这就是一切有危险会互相侵害的国家的系统，没有这种系统，而又有野心，权力欲，贪婪，尤其是当权派，设法阻止乃至这种计划的成为可能，那么战争是不可避免的。有时其结果就是国家的分裂，变成更小的国家，而有时其结果就是一个国家并吞小的国家而企图建成一个较大的整体。但是在人的一方面，战争是无意识的举动，为放纵的激情所惹起的，可是在那最高的智慧方面，它是一种深深潜藏着的，可能也是深谋远虑的企图，即令不是想建立合法的体系来控制国家的自由，至少是为它准备道路的，而这样来在奠基于道德的系统上完成各个国家的统一。虽然战争使人类受到种种的极其可怕的艰难困苦，而且在和平时期中不断备战，而使人类或者受苦更甚，然而由于持久民族幸福曙光的景色越去越远，它就更成为一种动机，叫我们把举凡有利于文化的才能发展到最高的程度。

我们现在谈谈意向的锻炼。关于意向，我们人的自然性质是旨在适合于我们作为一个兽类的主要机能的，但是对于我们人性的发展来说，这些意向就是一种巨大的障碍。然而关于文化这个第二种的要求，我在这里又看到自然是在有目的的路线上努力于给我们教育，这种教育所提供的目的是高于自然本身所能提供的。欣赏精致化到了成为理想化这种极端和沉迷，在科学中作为虚荣心的粮食，在我们当中散布那些科学所产生的一大堆不可满足的嗜好为其结果，这种坏处的占着上风，是不可置辩的。但是，虽然如此，我们也不能不认识到自然的目的——这目的是越来越压倒那些更是属于我们里面的兽性部分的倾向而对于使我们适合于我们更高的使命的教育是极其有害的倾向(即对于享乐的那些倾向)，而且是越来越让步于我们人性的发展的。如果美术和科学不是确能使人在道德上有进步，但是由于它们带来一种愉快是可以普遍传达的，又由于它们把文雅与教化输入社会中来，它们是能使人变为文明的。它们这样就对于克服情欲偏向的专横大有贡献而因之也就准备了人取得一种统一权，在其中唯有理性才是支配一切的。在这时候，时而自然带来一些灾害，时而灾害是来自人的无情的利己心的，而这些种种灾害就唤起灵魂的力量，使之奋发有为，坚忍不拔，不向灾害低头，而同时使我们感觉到隐藏在我们里面有一种向着更高目的的这种资格①。

第23(84)节　一个世界存在的最后目的，那就是创造本身

一个最后的目的就是这样的一个目的，它的成为可能是不需要任何其他目的作为条件的。

如果承认了自然的单纯机械作用为自然的目的性的解释，我们就再不能问：世界上的事物是为了什么目的而存在的？就这样的一种理想主义的体系来说，我们只得要去考虑事物的物理可能性（而把这种事物想象为目的徒然是空洞的，牵强附会而已）。不管我们是以偶然或者以盲目的必然性来说明事物的这种形式，这种问题在两种情况下，同是没有意义的。但是，如果我们假定世界上的有目的的联系是实在的，而且又假定它是有一特种的因果作用的，也就是说有一种按目的而活动的这种原因的作用，那么我们就不能停顿在这个问题的上面了。世界上的东西，即有机物，具有这种或那种形式是为了什么目的的？这些东西是自然使之和其他东西发生这种或那种关系又是为了什么目的的？可是一经我们设想到一种知性必须是要看作实际上在事物中所发现的这种形式之成为可能的

---

① 单纯以我们所享受的东西来衡量，我们生命的价值（那就是以我们的一切爱好的总和这个自然目的来衡量的，也就是以幸福来衡量的）是容易决定的，那是少于一无所有的。因为一切情况不改变，谁愿再次回到生命中来？谁愿再次回到生命中来，乃至按照一种新的而且是自订的（可是还得要依照自然的过程的）计划的，如果生命还是旨在享受的呢？在上面已经说明，当生命是按照自然对我们抱有的目的的，生命是得到什么价值的，那个自然的目的是在乎我们做的是什么，不单纯是在于我们所享受的东西，然而在那种情况下，我们无非总是要作为达到尚没有确定的最后目的的一种手段的。那么剩下来的，只有我们自己分派到我们生命的价值，而这不是只是我们所做的，而是我们有目的去做的，这个目的是不依靠自然的，因之自然的存在只能是从属于所加在它上面的条件才成其为目的的。——原注

原因时,我们就必须再在这种知性中寻找一种客观的根据,是能决定这种能生产的知性去生出这种的结果来的。那么,那根据就是这种东西存在的最后目的了。

我在上面曾说过,这个最后目的不是自然所能够实现或者按照它的理念所能够产生的一种目的,因为这个最后目的是没有条件的。因为在作为感官的东西这个自然里面,没有什么东西其能在自然本身所发现的决定性根据不又总是受着条件所限制的。这不但只是对于外部的或者说物质的自然是如此,对于内部的或者说思维的自然,也是如此——当然要懂得,我所考虑的是在我们里面只是自然那个东西。但是一个东西由于它的客观性质是要必然作为一个有理性的原因的最后目的的,它就必须是这样的,就是在目的的秩序中,除单纯它的理念外,它是不依靠任何另外一个别的条件的。

我们现在在世界上只有一类的存在者,其因果作用是目的论的,那就是说向着目的的,而同时它们是这种性格的,就是它们按照着来为它们自己确定其目的的规律是它们想象为无条件的并且不依靠自然的任何东西的,而是在其本身就是必然的。这类的存在者就是人,可是是作为本体(Noumenon)看的人。人乃是唯一的自然物,其特别的客观性质可以是这样的,就是叫我们在他里面认识到一种超感性的能力(即自由)而且在他里面又看到因果作用的规律和自由能够以之为其最高目的的东西,即世界的最高的善。

那么在人作为道德的即世上有理性的存在者的情况下,像是在任何世上的有理性的存在者的情况下那样,我们就不能再去提出这个问题:他是为着什么的目的(quem in finem 最终是什么)而存在的? 他的存在,在其自身,就是含有最高目的的,而这个最高目的,在他能做到的范围内,是他把整个自然使之从属的,至少是在违反这个最高目的时,他是必不可认为他是从属于自然的任何势力的。那么,在我们假定世界的东西,在其真正的存在看来都是有所依靠的,而作为这样的东西,它们就需要一个按照目的而行动的最高目的,这个时候,人就是创造的最后目的。因为没有人,一连串的一个从属一个的目的就没有其完全的根据,而只有在人里面,只有在作为道德律所适用的个体存在者这个人里面,我们才碰见关于目的的无条件立法，所以唯有这种无条件的立法行为是使人有资格来做整个自然在目的论上所从属的最后目的①。

第24(85)节 自然神学

自然神学乃是理性的一种尝试，企图从自然的目的推论出自然的最高原因与其种种的属性，而自然的目的只能是在经验上是可知的。一种道德神学(即伦理学神学)，或者是这种尝试，想要从有理性存在者在自然中的道德目的(验前可知的目的)推论出那个原因与其种种的属性。

上面所说的前一种神学自然是先于后一种神学的。因为如果我们想要用目的论的论证从世上的事物推论出一个世界原因来，我们首先就得要有自然的目的被给予出来。在这以后，我们才替所与的这些目的寻找一个最后目的，而这个最后目的就使我们不得不去追求所说的最高原因的因果作用之原理。

可能是，而且事实上必须是按照目的论的原理进行了许多的自然研究，而我们还没有问到我们在各种的自然产物中所碰见的有目的的活动之可能性的根源的。但是如果我们还想对于这种根源有一种概念的话，那么我们就绝对不能得到深入过于我们反思判断力的单纯准则的这种洞

---

① 以有理性的存在者在世上的幸福作为自然的目的是没有可能的，如果是的话，它也就是自然的最终的目的了。至少是验前不明显，何以自然不是这样安排好的，因为就我们所理会到的来说，幸福乃是一种结果，是自然通过它的机械作用，就完全有其可能来产生出来的。但是道德，或从属于道德的按照目的因果作用，是绝对不是自然原因有可能产生的结果。因为决定这种因果作用去活动的原理，乃是超感性的。所以在目的的秩序中，这原理就是唯一可能的关于自然而是绝对无条件的原理，而且唯有这原理是使这样的因果作用的主体有资格成为创造的最后目的，而且成为整个自然所从属的。反之，幸福，正如在上节根据经验的见证所指出的那样，远不是创造的最后目的，而且谈到自然把人作为优于其他创造物这点上，幸福乃至不成为一个自然的目的。可能个人总是要把幸福作为他们最终的主观目的的。但是如果我在追求创造的最后目的时，提出这个问题：人是为了什么而必须存在的呢？那时我的问题是谈到最高理性对于人的创造所要求得到的这种客观的最高目的。那么，如果我们的答复是：为了有物存在使得那最高原因可显其善意，这样一来，我们就和这种条件相矛盾，这种条件是人的理性要甚至他的内心深处对幸福的想望所服从的，那就是得要和他自己的道德立法相一致。这就证明幸福只能是一个有条件的目的，因而人只能作为一个道德的存在者才是创造的最后目的；而谈到他的情况，幸福只是这情况的一附带的后果，按照他和那个目的作为他的存在的目的的一致的程度而定的。——原注

见。设使只有自然的一单个有机产物是给予出来的,那么,按照这条准则,而我们认识能力的性质又是这样的,我们所能设想到这个产物所有的唯一根源只能是自然自身的一种原因(不管是整个自然或者甚至只是自然这一特殊部分),而且这个自然的原因是通过知性而得出这样一个产物所需要的因果作用的。这是一条批评所用的原理,我们通过它确乎是不能得到任何关于自然事物与其根源的解释的。然而这条原理给我们展示一个超出自然界限的远景,并且令我们能够关于一个原始的存在者或者有更细密的一个概念,这概念从别的方面说来是毫无结果的。

可是我说,不管是把自然目的论推进到多么远,它关于创造的最后目的是永远不能向我们显示什么的,因为它所达到的绝不会是这个问题。所以自然目的论就确乎能够以这样一种概念为正当的,那就是一个有理性的世界原因这个概念作为在主观上即只就我们认识能力的性质来说这点上,关于事物的可能性的解释是适合的而且能使我们按照目的来理解这些事物的可能性的。但是这个概念从理论的观点或从实践的观点,都不能给这个概念再有任何的确定,而它想要奠定一种神学这个企图是没有达到其目的的。对于神学来说,它一直只能是一个自然目的论而已,因为在它里面的目的关系总是要,而且必须总是要,只看为受到自然条件所限制的,因之它就永远不能提出关于自然本身是为了什么目的而存在这个问题,由于这是一个目的,其根源必须求之于自然以外的。可是这样一个最高的有理性的世界原因的确定概念所以之为转移,结果也就是一种神学的可能性以之为转移的,正是这个目的的确定观念。

世上的东西互相有什么用处?一个东西的杂多对于这个东西有什么用处?我们有什么根据来假定世界上没有任何东西是徒然的?只要我们承认某些东西作为目的看是应该存在的,那么任何东西都是为了自然中的某种意图的,这一些问题是意味着,对于我们的判断力来说,理性关于它必然要用目的论来判定的那个对象的可能性所能使用的原理,只有是把自然的机械作用从属于一个有理性的创世主的全部计划安排(Architektonik)这条原理,而以之来考虑这些一切问题的对于世界的观察,就显得极其宏大而使人无限赞叹了。但是由于用来确定一个看为是最高艺术家的这样一个有理性的世界原因的材料,因而以及那些原理只是属于经验的，所以它们让我们从而推论出属于这个世界原因的属性，只限于经验在其作用中所对我们显示出来的而无其他。可是因为经验不能把自然一起作为一个系统来把握住，它每每就必须替它的论证寻找支援，这些论证按其表面的样子是和那个概念相冲突而且自身又是相互冲突的。然而经验永远不能把我们提高到自然之上来看到自然实在存在的目的，就是说，把我们提高到这样一个更高的理智这个明确的概念，即令我们在经验上是能够把这整个自然系统在其纯是自然方面加以检阅，也是不能这样的。

如果我们把自然神学所要解答的问题从小处着想，那么问题的解答好像就是容易的了，譬如我们可以想到一个有理性的存在者，具有一些很伟大的属性，可是没有那些需要来建立一个和那最大可能的目的相一致的自然的一切属性的这种存在者，而且对于一切符合这种说法的存在，这种存在者可能只是一个或不只一个，我们都尽可放肆地使用神这个概念。或者，我们认为是无关重要的事，对于其证明根据不充足的那种理论的证明武断地加上什么东西作为补充；因而如果在我们只有理由来假定许多完善的地方（试问对我们来说什么是许多呢），我们就以为我们有权来认为一切可能的完善是当然的：这样一来，自然目的论就有了有力的要求，自许它有了奠定神学的基础这种荣誉的。但是有什么东西叫我们，还要使我们有权来这样把所说的事实加以补充呢？如果我们是要指出这是什么东西，我们在理性的理论使用的原理当中，是找不着任何辩护的根据的。因为这种使用彻底要求我们，为了说明经验的一个对象，我们以之归于它的属性是不能多于我们在经验的材料中对于这对象的可能性所发现的那些属性的。在审慎的检查中，我们将要看到，其实原来的最高存在者这个观念是依据理性的完全不同的一种使用，即理性的实践使用的，而使我们不得不补充自然目的论所提供的在自然中种种目的的原始根据这个有缺点的表象，而把它补成为一个神的概念的，正是这个观念，而这个观念是验前就存在在我们里面的。在我们看到了这点时，我们不应错误地想象，认为我们，通过理性在对于世界的物理的认识中理性的理论使用，就引申出这个观念，更不必说证明其实在性了。

我们深责古代的人，因为他们认为所有的神，除了神们的元首以外，都是像人那样总是原来就受到限制的，由于古代的神当中是有种种大的不同的,部分是在于他们的能力方面的不同,而部分又在于他们的意义和意向之不同。因为古代的人,在他们观察自然中事物的秩序与其进行时,当然就觉得有充分的理由来假定某东西是超过单纯的机械作用而作为自然的原因的,而且还猜测到某一定的更高原因方面的某些意向的存在,是古代人只能想象为超人类的而且是在这个世界的机器背后的。但是由于他们在自然当中碰见好的东西而又碰见坏的东西,碰见有目的的东西而又碰见反乎目的的东西,散布在许多的地方,至少照我们俗眼所看见的是如此,而他们又不能为了一个尽善尽美的创世主这个武断的观念起见,擅自认为还是有一些隐藏在基础上的聪明慈善的目的,其证据是他们所看不见的,于是他们对于那最高的世界原因的判断很难是不同于当时那样的,那就是说,只要他们始终一贯地遵循理性的纯然理论的使用的准则,他们的判断总不出此途的。其他是物理学家而同时想要做神学家的人,认为为自然东西的原理得到绝对的统一性,那就是理性所要求的,而就会能使理性完全满意了,其方法就是借助于一个存在者的观念,在这个作为唯一的实体的存在者里面,那些自然东西是一起被包含着作为只是其联带附有的型式的。虽然这种实体不因它的理智而为世界的原因,然而它也是一个主体,在其里面是存有世界上一切存在物方面的所有理智的。结果就是,虽然这个实体不是一个按照目的而产生什么东西的存在者,然而是一个存在者,在其里面,所有一切东西,由于它们是其单纯的型式的那个主体的统一性,虽然它们本身是没有目的与意图的,可是必然按照目的而相互联系着的。这样一来,由于这些东西把许多按目的相联系着的实体十分困难得到的统一性,从一种因果性的依靠一个实体的关系变为依存于一个实体的关系,而就因之引入了有目的的原因这种观念主义。从依存的存在者方面看,这种体系就变为泛神论(Pantheismus),而从作为原始的存在者的这个唯一存续的主体方面看,这种体系后来就发展为斯宾诺莎主义(Spinozismus),这样一来,到了最后,并不是解决了自然目的性的最初根源这个问题,而是把整个问题作为无聊的来说明,因为这种有目的性这个概念被夺去了一切实在性之后,就变成一个一般的东西的普遍本体论的概念这种曲解了。

这样我们就看到,能够满足我们对于自然的判定所要求的这样的关于神的概念，是永远不能按理性使用所遵照的单纯理论原理来引申出来的，而这些原理乃是自然神学所依赖的唯一原理。因为，假使我们声明一切目的论都是判断力方面在其判定事物的因果联系之中的一种幻想，而逃避于自然单纯机械作用这条唯一的原理，那么，由于包含着自然不过作为它的型式的杂多这个实体的统一性，自然对我们来说，只是好像含有目的的普遍关系而已。或者我们假定不采取目的性原因这种观念主义而忠诚地依靠着这个特种的因果作用的实在主义的原理，那么，不管我们是以许多有理性的原始存在者，或者只以一单个有理性的原始存在者为自然目的的根据，一旦我们发觉没有什么别的东西来作为基础去建立实在主义这个概念，而只有从世界上目的的实在联系所得出的一些经验性原理，那么，一方面，我们就不得不承认和目的统一性不一致的这个事实，这是自然表现出了许多实例的，而另一方面，只要我们固守着单纯经验使我们有权来抽出的东西，我们关于一单个有理性的原因就永远不能得到一个足够明确的概念来满足任何一种在理论上或在实践上有好处的神学。

诚然自然目的论是催促我们去追求一种神学的。但是它不能产生出一种神学来，不管我们是把自然的研究进行到多么远，或者是用理性的种种观念来帮助在自然中所发现的种种目的的联系(理性的观念对于物理的问题来说，必须是理论的)。我们可以提出这个合理的问题：如果自然从来不，而且又不能，关于那意图中的目的，对我们说什么，那么我们以一个伟大的而对我们来说是不可测度的理智作为这些一切的安排的根据，而且认为它是按照一定的意图来安排这个世界的，这样做有什么好处呢？因为离开一个目的性的意图，我们就不能把一切这些自然目的联系到一个共同点，或者作出一条充分的目的论原理，无论是为把一个已知的系统中的一切目的联系起来，或者是为想出关于最高理智的这样一个概念作为像这样的自然的原因而且是能用作我们判断力在其对自然的目的论反思中的标准的。我固然在那种情况之下，对于多方面的种种目的有一种**艺术式的理智**而对于一个最后的目的就没有任何**智慧**，虽然严格说来，这种智慧是必须包含着这种理智所从而得到确定的根据的。我需要一个最后目的，而只有纯粹理性才能验前提出这种最后目的来，因为世界上一切目的都是在经验上受到条件限制的而不能包含有任何绝对是好的东西的,凡是它所包含的东西都是对于这种或那种作为不必然看的意图的。只有一个最后目的才会指示我如何去设想自然的最高原因,我要把什么属性归之于它,并且到什么程度,以及我要如何设想它对于自然的关系,如果我是要把自然判定为一个目的论的系统的话。那么,如果没有一个最后目的,我有什么权利或特权来随意把我根据我自己不足道的世界知识所形成的关于那原始理智的这种很有限的概念,或者我关于这种原始存在者实现它的思想的力量的概念,或者关于它要这样做的意志的概念加以扩充而把它扩大成为一个全智而无限的存在者的观念呢?如果我是在理论上能够这样做的话,那就是预先假定在我里面有了全知来使我能够深入看到自然的种种目的在其整个联系在一起的上面,而且还要能够设想到一切其他可能的计划,比较起来,现在的计划,按合理的理由,得要判为是最好的。因为没有这种对于结果的圆满知识,我的论证是不能达到关于最高的原因的任何明确的概念的,而这种概念只有是在任何方面都是无限的这种理智的概念中,只有在神的概念中,才能找到的,也就是成立了神学的基础了。

因此,即令有自然目的论的一切可能的扩大,我们还是可以保持上面所陈述的原理而说我们认识能力的性质和原理既是这样的,我们关于我们熟悉的而显示目的性那些自然的调节方式,只能是把自然认为是自然所从属的一个理智的产物而已。但是这种理智可否也是在自然的产生中以及在自然的整个结构中有其有目的的意图,因而这种意图就不是在作为感官世界的那个自然里面的,这就是自然的理论研究所永远不能揭露的一个事情了。正与此相反,不管我们关于自然的知识是多么大,那个最高的原因是否自然的原始根源,一直就始终按着一个最后目的而起其作用,或者只是一种根源。由于它的本性的单纯必然性,是决定要产生出某一些型式来的(像我们称为下等动物的艺术本能那样的),那就总是一个未决的问题了。这种说法也并不意味着我们要把智慧归之于这样的一种理智,更不必说要把一种最高的、和保证其产物的完善性所需要的其他一切性质联系起来的那种智慧来归之于这样的一种理智了。

可见自然神学乃是为人曲解的自然目的论。除非是作为一种准备(作为一种序论),否则自然神学对于神学本身来说,是没有用处的,而且作为神学的准备阶段来说，只有当它有了它所能依靠的另一条原理给它补充时，它才是适用的。但是，乃至作为一种序论，顾名思义，在其本身来说，还是不足够的。

第25(86)节　伦理学神学

有一个判断，乃至最通常的理智在其反思到世界上事物的存在以及世界本身的实在存在时，也不能摆脱的。那就是这个判断：生命的形形色色，不管它们的安排是怎样巧妙，不管它们的联系在一起是怎样多种多样的、符合于目的的甚至它们许多确称为各界的系统的整体，如果人类或者某种的有理性的存在者不存在于其中，就会没理由地存在着的。换句话来说，如果没有人类，整个世界就会成为一个单纯的荒野，徒然的，没有最后目的的了。然而唯一的东西，要世界上其他的东西与之发生关系才能得到其存在的意义的，却不是人的认识能力，不是理论的理性，好像人在世上的意义，就是要有人在世界上来把世界作为他的沉思对象似的。因为如果人对于世界的沉思所发现的没有别的东西，而只是无最后目的的事物，那么世界的存在也不能从它被知道这个事实而获得其价值。必须预先假定有世界的最后目的，然后与之发生关系，对于世界的沉思才可以有其价值。与之发生关系，我们才认为世界有其最后目的的，也不是什么愉快感或者一切愉快感的总和，也就是说，不是安宁，不是享乐（不管是身体的享乐或者是精神上的享乐），总而言之，不是幸福，这一切都不是我们评价为绝对有价值的。当人是存在时，他把幸福作为他自己的最后目的这个事实并不给我们任何概念，叫我们知道何以他要存在，他自身具有什么价值是使他的实在存在对他是适意的。因之就必须预先假定了人就是世界的最后目的，然后我们才有一种合理的根据，来说明自然作为按照目的的原理的一个绝对整体看时，必须是和人的幸福之种种条件相一致的。据此，所需要与之有关系的东西只能是热望的能力，然而却不是那使人（通过感官的冲动）依靠自然的能力，也就是说，不是那种能力，就它说来，人的生存的价值是依靠着他的所得和他的所享受的，反之，所说的乃是唯有人自己才能给予其自身的价值，而这种价值是在乎他所做的事情，在乎他不是作为自然锁链的一环，而是在他的热望能力的自由上，怎样行动，所凭着来行动的是什么原理。换句话说，善的意志是人的生存所能唯一借以有其绝对的价值，而且与之有着关系，世界的存在才能有一个最后目的的。

甚至健康的人类理性的通常的判断，只要它反思到这种问题，因而考虑到它时，都总是和这断定相一致的，认为只有作为一个道德的存在者来说，人才能是世界的最后目的的。人们将要说，如果这个人有这么多的才能，乃至在使用他的才能时又是这么活跃，因而对社会与公共的生活发生一种有用的影响，所以，从他自己的幸福情况关系上来说，以及从他对他人的好处的关系上来说，他都是具有很大的价值，可是他没有一种善的意志，那有什么益处呢？从这个人的内心来看，他是一个可鄙的对象；如果世界不是完全没有最后目的的，那么这个人，作为人来说，是属于这个世界的，却必然是作为一个处在一个服从道德律的世界里的坏人，按照那些道德律丧失其主观的目的（即幸福），而幸福也就是他能有最后目的的生存所必具的唯一条件。

如果我们现在在世界上发现一些适合于目的的安排的实例，并且如果我们照着理性必然要求的那样，把那些只是受条件限制的目的从属于一个无条件的、最高的目的，也就是从属于一个最后目的，那么我们就容易看到，自此之后，我们所与之打交道的就不是自然的目的（包括着在作为存在着的自然里面的）而是包括着一切有秩序的安排的自然的存在的目的。因之我们就看到问题就是世界的最终的目的，而更确切地说来，就是唯有在它的底下才能有一个最后目的的那个最高的条件，也就是决定一个最高理智来产生出世界上的存在物的那个根据。

这样一来，只有作为道德的存在者的人才是我们承认为世界的目的的。因此，我们首先就有一个理由，至少也是最主要的条件，来把世界看为一个按照目的而相互联系着的整体，看为种种最后原因的体系。可是我们理性的性质原是这样，我们必然是把自然的目的归于一个有理性的世界原因的。那么，最重要的就是我们有了一条可用于这种关系的原理，使我们能够想到这个作为目的王国最高根据的第一原因的本性和它的种种属性，从而对它形成一个明确的概念。这是自然目的所不能做到的，自然目的论只能引起这样根据的一些不明确的概念，而这些概念是这种不明确性使之在实践的用途上，正如在理论的用途那样，成为无用的。

有了这样一条关于原始存在者的因果作用的明确原理，我们就无须把这原始存在者只看为是理智而且作为替自然立法的，并且是作为在一个目的王国里立法的元首了。关于至善(summum bonum)，那只是在这个元首的统治权下才能有的善，也就是有理性的存在者在道德律下的存在，我们将要把这个原始存在者设想为无所不知的，因而乃至我们心术的最深处(这里就是世上有理性的存在者行为的特别道德价值之所在)都不能对他有所隐藏的。我们将要把他设想为无所不能的，这样他就能把整个自然适应于这个最高的目的；又把他设想为既是全善的而又公正的，因为结合而成智慧的这两种属性是构成那些条件，在其下面，世界的最高原因就能成为道德律之下的最大的善的根源。同样地，其他还剩下来的超越属性如无始无终性，无所不在性，等等(因为良善与公正是道德属性)，一切关于这样一个最后目的所预先假定的属性，都得要看作属于这位原始存在者的。像这样，道德的目的论就补充了自然目的论的不足而第一次建立了一种神学，因为自然目的论，如果它不从道德的目的论偷偷地有所假借，而只前后一致地前进，由它自身只能建立一种鬼神学(Dämonologie)，而鬼神学是不能奠定任何明确的概念的。

但是这条原理，由于世界上某些存在者的道德的目的意义，是把世界和作为神的一个最高原因发生关系的，却并不单纯由于完成自然目的论的论证而建立这种关系的，因而不是由于必然采取自然目的论的论证作为它的基础的。与此相反，它是能够依靠它自己的而叫人注意到自然的目的而且去追求隐藏在自然的种种型式后面的不可思议的伟大艺术，像这样来给纯粹实践理性所产生的理念以一种在自然目的中附带的证实。因为世界上从属于道德律的存在者这个概念，乃是一条验前的原理，是人必然要按照着来判定他自己的。不但是这样，并且如果真有一个世界原因，有计划地而朝向着一个目的活动着的，那么上述的道德关系就必然是像自然律所决定的关系一样为一个世界的可能性的条件(那就是说，当那个有理性的原因也是有一个最后目的的时候)。这是一条原理，理性乃至在验前就看为它对事物存在作出其目的论的判定时所必需的。那么，整个问题就成为这个样的了：我们有什么理由能满足(思辨的或实践的)理性而使我们有正当的理由来把一个最后目的归之于按照目的而活动的最高原因呢？因为是这样的，按照我们理性的主观性质，乃至按照我们所能想象到其他存在者的理性，这样的最后目的不能是别的，而只能是从属于道德律的人，这是可以验前认为一定有效的，而我们是完全不能在验前认识到在物理的秩序中什么是自然的目的，特别是不可能看到一种自然没有这样的目的时就不能存在的。

解 说

设想一个人正值他对于道德感有着适合的心情的时候。如果在美丽的自然环境之中，他正在安闲地、欢畅地欣赏他的生存的时候，他内心感觉到一种需要，需要为着他的生存而感谢某人。或者在另一个时候，有着同样的心情，他觉得自己是在职责的紧张中，而只能通过自愿的牺牲才能完成而且去完成这些职责；那时，他心中就感觉到一种需要，需要在完成其职责时是遵行了某种命令而且服从了一位上主。或者这个人轻率地逸出了职责的正轨，虽然是不至于要对人负责的；可是严厉自责的话语却要落到他的内部听官上来，而他就要好像听见他所对之辩解的一位审判者的声音。总而言之，他所需要的乃是一种道德的理智；因为他是为着一个目的而生存的，而这个目的是要求有一位存在者，是本着这个目的而形成了他这个人和这个世界的。在这些感觉的后边想要矫揉造作地探求动机出来，是徒劳无功的；因为这些动机都是直接和最纯净的道德感联系在一起的：感恩，服从和惭愧（那就是在应得的惩罚面前屈服）都是对职责的心情之特别的型式。这不过是心灵在这里趋向于让它的道德感得到扩大而自行想象到不在世上的一个对象，以便有可能时，也在这样的一个对象的面前证明他忠于职责的态度。所以这样做至少是可能的，而且这样做是在我们的思想的道德习惯中有其基础的，那就是形成一种表象，描写着对于一位存在者的存在的一种纯粹的道德需要，借以让我们的道德性得到加强，或者甚至（至少在我们的表象方面）得到范围的扩张，就是对它的行使得到一个新的对象，也就是说，承认世界以外有一个道德的立法者是可能的，而且这样做时是没有顾虑到理论的证明，更没有顾虑到私利，而只根据纯然道德的理由，这种理由当然只是主观的，可是不受外来的影响的，只是按照纯由自身立法的纯粹实践理性的单纯推荐的。这样的一种心情可能是少见的或者也不是持久的，而是昙花一现没有持续的效果的，或者它是可能消逝而心灵并没有加以反思到在这样一种映现出来的对象上面去，而又没有费力去把它带到明了的概念底下去。可是这种心情的根源是明白的。那就是我们本性的原有道德性格，作为一条主观原理在我们观察世界当中，没有通过自然原因而得来的目的性，就不让我们得到满足的，而是引导我们把一个基础上的、按照道德律而管理自然的最高原因输入世界里面去的。除上述的之外，还有这个事实，就是我们觉得道德律促使我们为着一个一般性的最高目的而努力，然而我们觉得我们自己以及一切自然是不能达到它的。再则，只要我们是追求这个目的，我们才能判定我们是和一个有理性的世界原因的最后目的相符合的（如果是有这样一个世界原因的话）。这样，如果没有更好的理由来承认这个原因（因为我们可以承认它而并不自相矛盾），我们还有从实践理性得来的一种纯粹道德的根据，使得我们不致认为把这种努力看作在它的效果上是十分无聊的因而让它松弛下去这种危险。

让我们重述这里说了这么多的所想要传达的意思。虽然惧怕无疑是可以能够产生许多神（即鬼神）出来的，但是能够产生真神（Gott）这个概念的，只有理性通过它的道德原理（而虽然关于自然的目的论一般是很无知的，或者由于难以用充分证实的原理来调解自然所呈现的相互冲突的现象而引起的很大怀疑，理性还是能够这样产生出真神的概念来的）。还有这一点，人的生存所要达到的道德目的就弥补了自然知识的不足，由于它指示我们把那个具有种种属性，因而有能力，来把整个自然从属于那单一的目标而且把自然成为只是那个目标的工具的最高原因这个思想和一切事物的存在的最后目的这个思想接合起来，而这个目的的原理就是唯一能使理性从一个伦理的观点得到满意的，换句话说，它是指示我们把这个最高原因作为神来想的。

第26(87)节　上帝存在的道德证明

我们有一种自然目的论，它所提供的证据是足够为我们的理论反思判断力来使我们能够承认一个有理性的世界原因的存在的。但是在我们自己里面，尤其是在一个具有其因果作用的自由的有理性的存在者里面，我们发现一种道德的目的论，但是，因为我们对于一个目的的关系，连同支配那关系的规律，是可以在验前确定下来的，因而就是为人认识到是必然的，那么道德目的论就毋待于我们自身以外的任何有理智的原因来解释这种内在的与规律之符合，正如我们在几何形的几何属性（对于一切可能的艺术来说都有其适应性）之中，不必求之于外面的一个以这种适应性授予它们的最高理性一样。但是这种道德目的论在这点上和我们的关系，是就我们作为世界上的存在者来说的，因而是就我们在世界上和别的东西联系起来来说的；而同是这些道德律责令我们要顾虑到世界上一些别的东西或者作为目的或者就它们来说我们是最后的目的。那么，这种道德目的论是有关于我们自己的因果作用对于目的的关系，乃至对于我们必须在世界上意欲提出的最后目的关系，同时也是有关于世界与那道德目的的相互关系以及和在外部条件下实现那道德目的的关系（关于这点，没有什么自然目的论是能给我们任何指导的）——这种道德目的论就提出一个必然的问题了。因为我们必然要问：这种道德目的论是否一定要我们的理性的批评判断越出世界的范围而追求一种有理智的最高原理，那原理是关于自然与我们里面的道德的东西的，像这样我们就可以形成自然的一种表象，显出自然也在其对于我们的内在道德立法权与其可能的行使上是合乎目的的呢？因此，道德目的论确实是有的。它一方面是必然与自由的法理（Nomothetik）相联系而另一方面又必然与自然的法理相联系的，正如有了公民的立法权，就联系着在那里去找其行政权这个问题那样。其实这里的联系也正是这一种的联系，就是理性在任何东西里面发现有联系时，总是给它以只按照理念才有可能的事物某一定合乎规律的现实性这条原理的。——我们开始就将说明理性是怎样从上述的道德目的论与其对于自然目的论的关系而前进到神学去。然后我们就将要关于这种推断型式的可能性与有效性作一些观察。

如果我们假定某些事物的存在（甚至只是事物的某些形式）是不必然的，因而只是通过某另一东西作为它们的原因才成为可能的，那么我们就可以去追求这种因果作用的最高的根源，因而去追求受条件限制的东西的无条件的根据，或者是在物理的秩序里，或者是在目的论的秩序里，那就是按照有效的联系（nexus effectivus）或者是按照目的的联系（nexus finalis）。换句话说，我们可以问：哪个是最高有效原因，或者什么是这种原因的最高的（因而也就是无条件的）目的，就是说，一般说来，它产生出这些或它的一切产物是为了什么的最后目的的？在后一个问题里，显然是认为这种原因当然是能形成目的的一种表象的，因而也就是一个有理性的存在者，或者说，至少我们必须把它设想为是按照这样一个存在者的规律而活动的。

现在，设使我们跟着目的论的秩序去，那就是一条基本原理，乃是甚至最寻常的人类理智所不得不马上就同意的。这原理就是：如果理性必须在验前指定有一个最后目的，那么这个最后目的只能是服从道德律①的人（或者任何一个世上有有理性的存在者）。因为（这是每一个人的判断）如果世界只是无生命的物所构成，或者甚至是部分有生之物然而是无理性的物所构成的，那么这种世界的存在就会毫无价值的了，因为在它里面不会存在着任何的存在者对于价值是什么有丝毫的概念的。另一方面，如果甚至是有有理性的存在者，然而如果他们的理性只能把事物存在的价值寄托于自然对他们的关系，就是寄托于他们的福祉，而不是从原始的根源来为自己得到这种价值，即在自由中得到这种价值，那么诚然在世上是有相对的目的，可是没有绝对的目的，因为这种有理性的存在者的存在仍然总是一直没有目的的。然而道德律的一种特色就是这些道德律替

---

① 我故意说：服从道德律。世界的最后目的并不是按照道德律的人，就是说，并不是按照这种规律而生活的人。因为用后一种的说法就会是断言多于我们所知道的，就是断言世界的创造主有权来保证人总是会遵照道德律的。但是这就预先假定了关于自由和关于自然的一个概念（而我们只能关于自然才想到一个外在的创造主的），这个概念是意味着洞见自然的超感性基质以及这基质和通过自由的因果作用所使之在世上有其可能的东西的同一性的。这种洞见是远远超过我们理性的识别力的，只有关于服从道德律的人，我们才能够肯定他的存在形成世界的最后目的，而不越出我们识别力的界限。这种说法也完全和人类理性在其从道德观点来反思到世界的进程中所判定的结果相一致的。我们相信，乃至在恶人的情况下，如果我们看到无法无天的匪徒，在死以前也受到其罪行的应得惩罚，我们也就看见事物中一种明智的目的关系的痕迹了。按照我们自由因果作用这个概念，善恶行为都是以我们自己为转移的。但是我们认为治理世界最高的智慧就是在于这个事实，即善行的机会以及从善恶行为而生的后果都是按照道德律注定的。正当地说，善恶行为的后果也就是上帝的荣耀，所以神学家很适当地称之为世界的最终目的。——我们还要补充一句，当我们使用造化（Schöpfung）这词时，我们的意思只是这里我谈到的，就是世界存在的原因，或世界上种种东西，即实体存在的原因。这也就是这个词严格的意义——实体的现实性就是造化（actuatio substantiae est creatio）。可见这词并不意味着假定有一个自由活动的因而就是有理智的原因。这样一个有理智的原因的存在也就是我们首先要证明的。——原注

理性所规定的东西其目的的形式是没有任何条件的，因而正是一个最后目的的概念所需要的形式。所以只有像这样的理性的实在存在，也就是能在目的的秩序中作为自己的最高目的的理性的实在存在，换句话说，服从道德律的有理性的存在者的实在存在，才能看为是世界存在的最后目的。但是，如果不是这样的话，那么要就是在处在世界的存在的基础上的原因中没有任何目的，要就是只有没有最后目的的一些目的。

道德律乃是我们使用自由的形式上的理性条件，而作为是这样的东西，单独由它自己就使我们负有责任，而不依靠任何目的作为它的物质上的条件。但是它又替我们决定了一个最后目的，而且是在验前这样做的，并且叫我们负责来努力于这个最后目的的达成。这个目的就是世上通过自由而成为可能的最高的善。

人而且，按照我们一切的概念来说，每一个有理性的有限的存在者，能够在上述的规律之下树立一个最后目的所必须具有的主观条件，就是幸福。结果就是，世上最高可能的物理的善，而又是就处在我们里面作为最后目的来推进物理的善，就是幸福——幸福也就是在个人和道德的规律相一致这种客观条件之下，作为配得幸福的性质。

可是，靠我们理性的任何能力，我们都不能把道德律对我们提出的最后目的所需要的这两种东西，在心里，想象为是通过单纯的自然原因而结合在一起而且又是符合于所想到的最后目的这个理念的。所以，如果我们不把自然以外的任何其他方法的因果作用和我们的自由结合起来，这样一个目的通过我们各种力量的应用的实践必然性这个概念，和这目的的实现的物理可能性这个理论上的概念是不相一致的。

结果就是，如果我们是要树立一个与道德律的需要相符合的最后目的，我们就必须假定有一个道德的世界原因，那就是一位创世主。而就树立这样一个目的是必需的这点来说，那么，照样也必须，就是说，在同样的程度上以及根据同样的理由，必须假定有一位创世主，换句话说，假定有一位上帝①。

---

① 这种道德的验证不是旨在提供上帝存在的一种客观有效的证明。这个论证的意思不是要对怀疑者证明有一位上帝，而是要证明如果这种怀疑者想要在与道德相一致的方式上进行思维，他就必须采取这个命题的假定作为他的实践理性的一条准则。——其次，这个论证也不是旨在肯定为了道德的缘故是必须假定世界上所有有理性的存在者的幸福是和他们的道德成比例的。与此相反，乃是因道德而需要有这个假定的。因此，它是一种主观上而且为着道德的存在者足够的论证。——原注

* * *

这种证明是我们很容易给以逻辑精确性的形式的，但是它并不意味着必须要假定上帝的存在，如同必须承认道德的有效性那样，因之一个不能以上帝的存在来说服自己的人，可以认为他自己无须担负道德律的有效性使之担负的责任。不，并不是这样！在那种情况下所必须要放弃的乃是世界上的最后目的是由遵守道德律而实现的这种预想，那就是有理性的存在者的幸福和谐地和道德的遵守相联系着作为世界上的至善这种预想。每一个有理性的存在者都得要继续承认他自己是为道德的教训所严格约束的，因为道德的规律都是以形式出现的而且是无条件地发出命令的，并不理会到目的的(作为志愿的内容的)。但是最后目的的唯一要求作为实践理性对世上的存在者所规定的，就是一种为他们作为有限的存在者的本性所栽在他们里面的难以抵抗的目的。理性绝不承认这种目的，除非是作为不可违犯的条件而从属于道德律，而且只按照这种条件才把它变为普遍的。这样，它就把幸福地促进之与道德的一致作为最后目的。关于幸福只按我们力之所逮来促进这个所说的目的，就是道德律所命令的，而并不管这种努力的后果是怎样。职责的完成是在于真实意志的形式，而不是在于有助于成功的中间发生的原因。

那么设使有一个人，部分为那些众人所称颂的一切思辨的论证所有的弱点所影响，而部分又为他在自然中以及在道德领域中所发现的许多不正常的现象所影响，而相信没有上帝这个命题；然而，如果他为着那个缘故，他决定把职责的种种规律看为是单纯空想的、无效的，而且是不必遵守的，于是就大胆决心去违反它们，但是在他自己的眼中，他却是一个不足道的东西。我们又设使这样一个人后来能确信他当初怀疑的真理；如果他依然坚持上述的想法，他就还是不足道的。如果他甚至在实际的行动上，如所要求的那样严格地尽责，但是他这样做，如果是由于惧怕或者希望得到报酬，而内心对于职责并没有尊敬的心情，那么情况还是那样的。反之，如果他作为一个信徒，诚意地、无私地按照他的良心遵守责任，但是遇见他想要考验自己时，他把这种情况摆出来，他也许确信没有上帝，那他就立刻相信他毫无道德的责任了，那么他内心的道德心情只能是坏的。

那么我们可以拿一个诚实的人为例，比方是斯宾诺莎这样的一个人，认为自己是坚决相信没有上帝的（既然关于道德的对象有同样的后果），于是也没有来生。那么他是怎样判定他的从道德律而来的内在目的性而这道德律却是他在实践中所尊敬的呢？他是不需要道德律的遵守来给他任何个人在今生或来生的利益的。与此相反，他的意志是不求个人的利益，而只要建立那神圣的规律把他的一切力量指向到的那种善。但是他的努力是受到限制的。诚然，他在自然中可以指望有时候，却不是总是，有一种按着一定的规则，和他的准则那样而且主观上必须是那样的与那个是他觉得不得不去实现并且被催促着去实现的目的相一致的。欺骗、暴行与妒忌总是流行在他的周围，虽然他自己是正直、和平和慈善的；而他在世上所遇见的其他虔敬的人，不管他们是怎样配得幸福，可是为那毫不顾及这种美德的自然，使之受到贫乏、疾病、夭折这一切的不幸，正如世上其他的动物一样。而这也就长此以往，直至一个辽阔的坟墓把他们（正直的也好，不正直的也好，因为在坟墓中，是没有分别的）一起都吞噬掉，而那些能自信为世界最后目的的人们，也为自然掷归于他们所从自来的无目的的混沌物质的深渊。这样一来，这个虔敬人在遵行道德律的过程中所持有而又是应该持有的目的，就一定要被他看为不可能的而放弃掉了。但是他或者决意始终忠于他内心道德命令的号召而不愿让那是道德律直接感动他去服从所带来的尊敬心情，因着适合于道德律的高尚要求的唯一理想的最后目的空虚，而被削弱下去，这种事情是不能不损及道德心情的。如果是这样的话，他就必须假定世界道德的创造主，即上帝的存在。既然这种假定至少是不含有在其自身中的自相矛盾的，那么他就尽可从实践的观点来作出这种假定，也就是说，至少是为了形成一个在道德上给他规定的最后目的的可能性的概念这种起见而作出这种假定。

第27(88)节　道德证明的有效性的限制

纯粹理性看作一种实践的能力，也就是看作一种通过理念（即纯粹理性概念）来确定我们因果作用的无束缚的使用的能力，不但是在其道德律里具有我们行动的一种限制性的原理，而且同时由于那条道德律并提供另一条从主观的观点看来是组织性的原理，这条原理乃是包含在只有理性才能想到的一个对象的概念之内的，而且是要在世界上通过我们按照那道德律的行动来实现的。所以在按照道德律来使用自由之中一个最后目的这个理念是有其主观实践的实在性的。我们是验前被理性确定了要尽力之所及来促进这个至善的。这种至善乃是在世界上有理性的存在者的最大福祉与他们的善良的最高条件的结合上，即在大众幸福与最严格的道德的结合上而形成的。可是这种最后目的的一个组成部分的可能性，即幸福的可能性，是经验所限制的。它是以自然的本性为转移的，是要看自然是否和这个目的相符合的。因之它从理论的观点来看是成问题的；而其另一组成部分，即道德，关于这部分我们是不为自然与我们合作与否所限制的，所以我们在验前就有了它的可能性的保证，而可武断其为一定的。因之，验前就有一个最后目的摆在我们面前这个事实，并不满足世界上有理性的存在者一个最后目的这个概念的客观的与理论的实在性之一切要求的。还得要创造，即世界本身，在其实在存在方面确有一个最后目的才行。如果我们能够在验前证明它确有这样一个目的的话，那就会有了客观的实在性来补足这个最后目的的主观实在性了。因为如果创造是有一个最后目的，我们就只得想到它必然是和我们的道德能力相符合，而只有这种能力才能使目的这个概念成为可能的。但是现在我在世界上发现确实是目的的东西。其实自然目的论展示出这么多的目的，如果我们让理性来指导我们的判断，我们是有根据来作为研究自然的原理假定在自然中简直没有什么东西是没有目的的。可是在自然自身里，我们寻找它的目的是徒劳无功的。因此，和这种最后目的的理念只处于理性里面那样，我们也只能，而且必须在有理性的存在者里面来寻找这样的目的作为一种客观可能的东西。但是这些存在者的实践理性不只是指出这个最后目的，而且还关于我们能想到创造的最后目的必须具备的一些条件确定了这个概念。

现在就有这个问题：是否有可能为着满足纯粹理性的种种理论的要求而证实最后目的这个概念的客观实在性？为着确定性的判断力，这是诚然不能显然确实地做到的。然而为着理论上反思的判断力可否充分地做到？这是对于思辨哲学最低的要求，因为思辨哲学是负责来把道德的目的通过一单个目的这个理念和自然目的结合起来的。可是甚至这一点点还是远远多过思辨哲学所能完成的。

我们从理论反思判断力原理的立场来谈谈罢。为了说明自然的有目的的产物，我们是否有理由来假定自然有一个最高的原因，其关于自然现实性的因果作用，或者说它的创造的活动，必须要看为是特别不同于自然的机械作用所需要的，就是说，看为是一种理性的因果作用的？如果是的话，那么，按上述的原理，我们就应该说，我们有充分的理由来以之归之于这个原始的存在者不只是在自然到处都有的目的，而且还有一个最后目的。这并不足以证明这样一个存在者的实在存在，可是，至少像在自然目的论的情况下那样，它能充分地说服我们，为了使这样一个世界的可能性成为我们所理解的，我们必须不只注意到目的，而且还必须把这种可能性的实在存在归之于一个在其基础上的最后目的。

但是一个最后目的单纯是我们实践理性的一个概念而不能从经验的任何材料推论出来去作出自然的理论上的判定的，也不能用来认识自然的。这个概念的唯一可能的用途乃是为着实践理性按着道德律的；而且创造的最后目的就是世界的这样一种性质，它是和我们只能按照规律所确定的东西相符合的，也就是和我们纯粹实践理性在其只在应该是实践的限度内的最后目的相符合的。——那么由于以这种最后目的强使我们接受的那道德律，我们就有理由从实践观点来假定，为着把我们的力量都用于那个目的的实现，它是有其可能的，即有实行的可能性的。因之，我们也就有理由来假定事物的性质是和这样的可能性相符合的——因为这种可能性所受的条件限制不是在于我们的权力的，所以除非自然是和我们协力，否则这个最后目的的实现是没有可能的。因此，我们就有道德上的理由来假定既有世界，我们也就有创造的最后目的。

然而这并不是从道德目的论到一种神学的推论，就是说，不是从道德目的论推论到世界的道德创造主的存在，而只是推论到在上面那样确定下来的创造的一个最后目的。然而为了说明这个创造，就是说明符合最后目的的事物的实在存在，我们是否就必须首先承认有一个有理智的存在者，而其次又必须承认有一个不单纯是有理智的存在者——像是为了说明自然中我们不得不判定为目的的这样东西的可能性所得要承认的那样——而且必须承认有一个又是道德的，作为世界创造主的，因而是主帝的存在者呢？承认这点也就包含着另一个推断，其性质是这样的，因之我们看出它是单纯为着实践理性的概念性判断力的，而既然是这样，所以是适合于反思的判断力，而不适合于确定性的判断力的。诚然对我们来说，道德的实践理性在原理说来本质上是不同于技术的实践理性的。但是，虽然是这样，我们不能擅自认为谈到最高的世界原因时，同样必须有这种分别的，如果假定那个最高的世界原因是一种理智的话，而且认为这种理智方面对于最后目的来说，也需要一特种的因果作用，不同于单纯自然目的所需要的因果作用的，或者认为我们因之在我们的最后目的里不只是有一种道德的理由来承认创造的最后目的作为一种结果，而且又有一个道德的存在者作为创造的原始的根源。但是我们很可以说，按照我们的理性能力的性质，如果没有一个世界的创造主和管理者，同时又是一个道德的立法者，我们就完全不能把和道德律与其对象有关系的合目的性的可能性变为我们所能理解的了。

所以一个最高的道德上的立法创作者的真实性，其充分的证明只是为着我们理性的实践使用，而关于它的存在，在理论上是没有确定什么的。因为理性有一个目的，只是为它自己的特种立法权所规定的。为要使这个目的成为可能的，它需要一个理念足以把一些障碍，就反思的判断力来说是足够地清除掉，而这些障碍的产生是由于我们在单纯有一个关于世界的自然概念的时候不能把这种立法权见之于实行而来的。像这样，这个理念就获得实践的实在性，虽然就思辨的知识说来，它没有任何方法使它从理论的观点为它得到什么实在性来说明自然，或者确定其最高原因的。就理论的反思判断力来说，自然目的论从自然的目的就已经充分证明了一个有理智的世界原因。就实践的反思判断力来说，道德目的论通过一个最后目的这个概念也成就了这点，因为从实践的观点看来，道德目的论是不得不把一个最后目的归之于创造的。上帝作为一个道德的创造主来看，其概念的客观实在性诚然是不能只通过自然目的来予以证实的。可是，在关于那些目的的知识和关于道德的知识联合起来的时候，那指示我们尽我们力之所逮来追求原理的统一的准则，就使那些目的得到相当大的重要性，为的是要用上面所说的已经从理论的观点具有的实在性的理念来为判断力加强那个理念的实践实在性。

为了防止一种很容易发生的误解起见，十分有必要来附带指出两点，第一，最高存在者的这一些属性是我们只能按类比来设想的。因为，既然经验不能指出任何与之相类似的东西，我们怎样去研究它的性质呢？第二，这样一些属性也只能使我们能够设想到一位最高存在者，不是去认识他或者可以去在理论上把这些属性来称谓他。因为这只是为了我们理性在其思辨方面的确定性判断力起见，才是必要的，而且也是为着要看出最高世界原因在其本身是怎样的。但是在这里与我们有关的唯一问题就是，按照我们认识能力的结构，我们关于这位存在者得要形成什么概念，而且我们是否得要因为一个目的而假定他的存在，而这个目的是纯粹实践理性，并不联系到任何这样的假定，强要我们尽我们力之所逮来予以实现，而为着这个目的，我们同样也得要设法使之获得单纯的实践实在性，那就是说，单纯要能够把所期待的结果看为是可能的。很有可能，上述的那个概念对思辨理性来说是超出经验的范围的。而且我们用这个概念来以这些属性归之于所说的存在者，在这些属性的客观使用上，可能隐藏着有一种神人同形说的。然而我们在使用这些属性时，其目的之所在不是想要这样就确定我们所不能达到的那位存在者的性质，而是想要用它们来确定我们自己和我们的意志。我们可以按我们对于它的结果所有的概念来称一个原因，虽然只关于这原因对于这结果的关系的，而我们可以这样做，但不因之就想要靠我们对于那类的原因所只知道的性质来在内部说明那个原因的原有性格，因为那些性质必须是经验给予我们的。例如我们除其他的性质以外，还把运动力(vis locomotiva)归之于灵魂，因为实际上物体的一切运动都是有其源由的，其原因是处在运动的表象里面的。但是我们这样做时，并不因之就想要把我们所知道的唯一一种动力，如吸力、压力、冲力所发生的力，因而是通过连续推动的力，归之于灵魂，因为这些力总是预先假定在空间有广袤的物的。然而我们正同样地得要假定某东西，是包含着一个必然的道德的最后目的的可能性和实践实在性，即可实施性的根据的。但是，按照从这根据期望所得的结果之性质，我们是可以把这个某东西设想为一位按照道德律来管理世界的存在者，而按照我们认识能力的性质，我们就不得不把它设想为不同于自然的东西之一种原因，为的只是要表达出来这位超出我们一切认识能力以上的存在者对于我们实践理性的对象的关系。可是在这样做时，我们并不因之想要在理论上以这类为我们熟悉的唯一因果作用，即一种知性和一种意志，归之于这位存在者。不但如此，甚至谈到我们认为是存在于这位存在者里面的因果作用的关于就我们来说是最后目的的东西，我们在客观上也不是想要把它作为存在于这位存在者里面的，从关于自然与其一切有目的的型式区分开来。与此相反，我们只是假定我们能够承认这种区别作为是我们认识能力的性质所主观上必需的，而且是对于反思的判断力有效，而不是对于客观确定性的判断力有效的。但是一涉及实践问题时，这种的限制性原理（明智或智慧所遵从的），原是要指导我们按照某东西作为一个目的来行动的，而这个目的的可能性，按照我们认识能力的性质，只能为我们在某一定的方式上设想得到的，也就变为组织性的了。换句话说，这个原理乃是在实践上能确定的，而同是这个原理，作为按照着来判定事物的客观可能性时，就并不是在理论上能确定的，或者换句话说，它并不是说，我们的思维能力所承认的唯一类型的可能性也可以是属于我们思维的对象的。与此相反，这条原理是一条单纯限制性的原理，为反思判断力用的。

解　说

这种道德的证明绝不是一种新发明的论证，而最多也不过是一种旧论证的新形式而已。因为在人的理性开始活动起来的时候，这种道德证明的萌芽就已是在人的心里面了，而只是随着人的理性不断的栽培，就越来越发展罢了。到了人类开始反思到是非的时候，在人们看自然的有目的性像是无关重要的时候，在人们利用这种有目的性而并不想到自然的惯常过程以外还有其他的时候，他们也就不得不发现这种不可避免的判断。不管一个人是行为诚实或行为虚伪，行为合理或行为残酷，然而到了他临终时，至少是人所能看到的，他的善行没有善报，而他的罪行却没受到惩罚，而结果总不能一直是没有分别的。好像人们内心听见一种声音说，必定是有所不同的。因之也必定有一种模糊的观念，有某东西是人们觉得不得不追求的，某东西是所说的结果完全不会与之一致的，如果他们把自然世界的进行看为是事物的唯一秩序的话，那么他们就不能满足他们心里的那种有目的的命运(Zweckbestimmung)的。不管人们现在对于矫正这种不合规则的东西所想出的方法所有的许许多多的观念是如何粗糙(而这种方法，和有些人想要使之成为他们对于判定自然的基本原理的那种盲目的命运，必然对于人的心灵要更大大地使之反抗)，那么只有一条原理是人们能按照着它而甚至只想到自然有可能来与他们内心的道德律相一致的。那就是按道德律治理世界的一个最高原因这个原理。因为摆在人们面前作为职责的，处在人们里面的一种最后目的，和外面而没有任何最后目的的自然，而又是在它里面要实现那前面的目的的自然，这两者是处于矛盾的地位的。关于那个世界原因的内部性质，人们固然是能够想出许多无稽的东西来。但是对于世界治理中的道德关系，就那最未受到培植的理性来说，依然总是普遍可理解的，只就那理性把自己作为实践的来对待，虽然思辨理性是远远不能与之齐步前进的。而且首先引起对美和自然目的注意的，大概也就是这种对于道德的兴趣。这是卓越地能加强上面所讲的理念的，虽然它不能给它提供它的基础。它更不能没有这种对于道德的兴趣；因为只有在对于最后目的的关系上，关于自然目的的研究才获得那直接的兴趣，而这种兴趣是在对于自然的惊叹里大大地表示出来，而是没有考虑到从而得到的任何好处。

第28(89)节　道德论证的用途

谈到我们关于超感性的东西的一切理念，理性是局限于它的实践使用的种种条件，这个事实，涉及上帝这个理念时是有显然的用处的。它防止神学沉迷于见神论(Theosophie)的五里云雾中，就是说陷入使理性模糊的超经验的概念中，而又防止神学降落到鬼神论(Dämonologie)底下去，那就是以神人同形论来表象最高存在者的方式。它又使宗教不致陷入巫术(Theurgie)，巫术就是一种狂热的幻想，认为一种情感能够从别的超感性的存在者传达到我们，而我们又能对它们发生影响，也就是陷入偶像崇拜(Idololatrie)，这是一种迷信的幻想，认为一个人能用别的方法来使最高的存在者喜悦他，而不是用通过道德律的方法①。

因为如果我们让那些要论证到处在感官世界以外的东西的人的虚妄和傲慢去确定理论上乃至最小的一点，因而去扩大我们的知识；如果许可人来妄称对于神的本性的存在与性质，对于它的知性与意志，对于这两者的规律和从而出来的种种属性以及对于世界的影响，都有其洞见；那么我就要知道，在哪里并且正正在什么地方来划定理性的僭妄的界线。因为不管这种洞见是从何而来，它还是指望要扩大的，因为如所想的那样，我们只需尽力去反思就行了。然而这种僭妄，其界限只能是按照某原理来予以设定，只是根据这个事实，就是我们发现截至现在为止，所有这种企图都失败了，这是不够的；因为那并不反证没有更好结果的可能的。但是在这情况下，唯一可能的原理，或者是承认关于超感性的东西，绝对是不能在理论上确定什么的（除非只是消极地确定），或者是假定在我们的理性里面有一种谁也不知道多么广大而为我们和我们的后代保留着的还未开发的扩展知识的矿藏。但是结果就是，谈到宗教，也就是道德，在其对于上帝作为立法者的关系上，就是如果关于上帝的理论知识必须是在前的话，那就不得不符合于神学了。这样一来，就不但是要把一位最高存在者方面的一种外在的而任意的立法输入来代替了理性的一种内在的必然的立法，而且在这种立法之中，我们对于神性的洞见所有的种种缺点都必然是伸张到道德规范而这样宗教也就与道德脱节而变质了。

那么关于来生的期望又怎样呢？我们固然可以求教于那个最后目的，那是我们按照道德律的指示所必须要完成的，而采用它作为理性对我们的命运所作出的判断之一条引线，因之这种判断只是我们从实践的观点才看为是必须，或者说值得采纳的。可是，如果不是这样做，我们去求教于我们理论知识的能力，那么关于这点心理学的际遇也就和上述情况下神学的际遇一样了。关于我们的思维的存在者不过是一种消极的概念

① 偶像崇拜（Abgötterei），在实践理性说来，总是这一种的宗教，它认为最高存在者具有一些属性，根据这些属性，人可以不用道德而用任何别的方法作为适宜的条件去符合最高存在者的意志。因为不管那种概念的形式从理论观点来看是如何纯净而不杂有感性的意象，然而从实践观点来看，有了这样的一些属性，它是被描写为一个偶像的——那就是说，最高存在者的意志的性质乃是按照神人同形论来描写的。——原注

而已。内部感官的操作和出现的东西没有一样是能以物质来说明的；因之不管怎样运用我们理论知识的能力，也不可能在思辨的根据上，关于思维的东西的特殊性质和它死后的人格存续或中止，作出扩展的、确定性的判断。这样一来，刻下来的无非是从实践范围里所必需的观点看的关于我们存在的目的论判定和我们继续存在这种假定，作为由理性绝对交与我们的最后目的所需要的一种条件。所以在我们这种消极的结果里，就也显出一种收益，而这种收益初看起来无疑又像是一种损失似的。因为正如神学永远不能变为扩大我们知识的见神论这种所谓科学那样，理性的心理学也永远不能变为神灵学(Pneumatologie)这种扩大我们知识的所谓科学，然而在另一方面，心理学也没有危险会退化为一种唯物论。与此相反，我们看到心理学始终毋宁是内部感官的一种单纯人类学，也就是在理论认识的形式上始终是单纯经验性的。但是谈到我们永远存在这个问题时，理性心理学就并不是什么理论的科学了。它必须是根据道德目的论的一单个推理，正如它的整个使用是必然由道德目的论所引起作为我们的实践命运那样。

第29(90)节　在上帝存在的目的论证明中的保证类型

无论一种证明是得自所要证明的东西的在经验上直接呈现出来，例如在通过观察对象或者通过实验所得到的证明那样，或者证明是验前通过理性从原理引申出来，所最需要的就是证明不是被动的说服而是主动的确信，或者至少是发生确信的作用。换句话说，论证，或者说推理不应该单纯是同意的主观或者说感性的根据(那是单纯的假相)，而应该是客观有效的并且是知识的逻辑根源。不然的话，知性就是诱骗而不是确证了。这一类的假相证明是在自然神学里提出来的——可能用意是极其好的，但是有意掩盖着它的弱点的。关于自然事物的起源按照目的的原理的一大堆的证据都排列在我们面前，却纯然利用人类理性的主观根据，人类理性的偏向、凡是它能这样做而没有矛盾的地方，都是思量到一单条原理而不是思量到几条原理的，而且在这条原理只能对说明一个概念所需要的一个名词或者也许较多的名词的时候，理性就加上其他的名词来予以补充，这样来用一种任意的补足方法去使事物的概念成为完整。因为很自然地，在我们发现这许多自然的产物都是叫我们看到一个有理智的原因的时候，我们何以宁可想到许多这样的原因而不去只想到一个这样的原因呢？那么，又何以在这个原因中只想到一个大的理智、能力等，而不去想到它是全智全能的，总而言之，是拥有对一切可能的事物都是有其足够的属性的呢？何以又不继续下去，不只以自然的规律与产物所需要的理智归之于这个单个的全能的原始存在者，而且把属于一个有道德的世界原因的最高道德的和实践的理性归之于它呢？因为这样来完成了这个概念，我们就有了一条原理能同样满足对自然的洞见和道德的智慧所联合需要的条件——而且不能有稍为有根据的反对意见提出来反对这种理念的可能性，如果现在在这种论证的过程中，一触动那发动心灵的道德弹簧，而以雄辩的力量来补充它的活泼兴趣（这是它完全值得有的），那就从而发生出来这个证明的客观充足性的说服力，而且在使用这种证明的大半情况下，并引起一种健全的幻觉，完全不屑去看它的什么逻辑精确性。其实是反对逻辑的批评的，把它作为好像是出于亵渎神圣的忧虑似的东西而憎恶的。——可是，如果我们只是考虑到大众的便利，实在是没有什么东西可说来反对这一切的。但是这不能而且也不应该，妨碍我们去把这个证明分析为这种论证所包含着的两种不同质的要素，一种是属于自然目的论的，而另一种是属于道德目的论的。因为把这两种要素混为一谈就使我们不能认识到这个证明的特别关键之所在，认识到这个证明得要在哪一部分并且怎样加工，使得它的有效性可以在最尖锐的考验下能够稳立不动（虽然在部分上我们是不得不承认我们的理性所洞见的是稀薄的）。因此，哲学家觉得他的职责就是要揭露这种混淆所能产生的幻相，纵然这种幻相是健全的，那就是说，如果他乃至全不考虑到诚实对他的要求的话。他必须把单纯属于被动说服的东西从导致主动确信的东西分别开来（这两者不只在程度上而且在种别上是不同的），使得心灵在这种证明中所采取的态度能够在其最大的纯洁性上清楚地呈现出来而使之坦白地受到最严酷的考验。

可是，旨在引起确信的证明可能是属于两类之一的。它可能是为着决定对象在其自身来说是什么的，也可能是为着决定对我们来说，对象是什么的，那就是说，对一般人来说，按照对象根据着来为我们人所必然加以判定的理性原理、对象是什么。换句话说,它可以是按实在来说的证明或者是就人来说的证明,后面的一词是在一般人这种广泛的意义上来理解的。在前一种情况下,它是依据确定性的判断力的充足原理的,而在后一种情况下,它是依据单纯反思判断力的充足原理的,在后一种情况下,证明单纯依据理论的原理;其结果永远不能是确信。但是如果证明是依据理性的实践原理,因而是依据一条普遍而必然的原理的,它就尽可要求一种从实践观点看的充足确信;也就是要求一种道德上的确信。但是如果一种证明只叫我们踏上确信的道路上,它纵然没有产生确信,其结果是要导致确信的。这种情况就是当证明只含有确信的客观根据时,这种根据虽然不足以产生确定性,然而它是属于这一类的,就是不是判断的单纯主观根据只能用来说服人的。

可见一切足以成立一种理论的证明的论证,要就是:(1)通过逻辑上严格的三段论式的推理而得到证明的;要就是:(2)如果不是这样,就是按类推的推理而得到结论的;如果类推的推理都没有,可是还有(3)盖然性的意见,或者最后就是那最微不足道的(4)作为假设的单纯是解释的可能根据这种假定。——现在我断言,一切倾向于产生理论上的确信的论证,毫无例外都是无力来产生这一类从其最高程度到其最低程度的确信的,那就是在所要证明的命题是关于一个原始的存在者的存在的时候,就是在原始存在者作为上帝来看的时候,而上帝的意思是适合于这个概念的全部涵义,也就是说作为世界有道德的创造主,因而意思就是,通过他就同时得到创造的最后目的了。

1.这部批判充分地说明了关于证明在其严格的逻辑形式上,即从普遍到特殊这种形式上,是怎样的。任何一个相应于必须要在自然以外去寻找的存在者的直观,对我们来说,都是不可能的。所以,只要那个概念是有待于用综合的述项来在理论上确定的,它对于我们来说,一直总是一个有问题的概念。因此,关于上面所说的一个存在者,绝对没有任何的认识是丝毫会扩大我们理论知识的范围的,一个超感性的存在者的特别概念没有可能在任何方式上统摄在事物的本性的普遍原理之下,而使它能够从那些原理的推论而得到被确定,因为那些原理仅只是对于自然作为感官的对象才有效的。

2. 关于两个不一样的东西，我们固然可以按其一个和其他一个的类比[①]而形成它的某种概念，而且甚至在它们不相同的这点上来这样做；但是从它们是不相同这一点，我们不能按类比来从一个推论到其他一个，就是说，不能把这种特别不同的标志转移到其他一个，例如按照物体相互吸引与排斥的作用与反作用相等这条规律的类比，我就能想象到一个按照法律规定的国家中公民的社会关系；但是我不能把前者的特殊样子，即物理上的吸引和排斥，转移到这些社会关系上来而以之归之于那些公民，这样来构成称为国家的体系。——同样地，原始存在者的因果作用，就是它对于世界事物的关系，即对于这些事物作为自然目的看的关系，尽可按类比被设想为一种理智，看作是我们称为技巧的作品的某一定产物的形式的来源。因为这样做只是为了我们认识能力，在处理世界上事物时，在理论上和实践上利用这个概念，谈到世界上的诸存在者，如果一种结果是认为人为的，就必须把理智归于它的原因。但是从这种事实，我们完全不能

---

① 类比，在其质的意义上，就是理由与后果，即原因与结果之间的关系的同一，只要这些东西，或者那些属性，就其自身来说，即离开这种关系来说，虽然是有特殊的不同，但是作为不同后果的根源的真关系的同一仍然存在的。例如在我们把下等动物的技巧动作和人的技巧动作来互相比较时，我们把下等动物技巧动作的未知根源和人的技巧动作的已知根源，即理性来比较，就认为这未知根源是理性的一种类似物。我们在这里的意思是说，虽然下等动物的技巧能力的根源，称为本能的，事实上是特别和理性不相同的，然而比方在拿海狸的建筑和人的建筑来互相比较时，其对于结果来说，是有相同的关系的。——但是这并不使我们有理由来推理说，因为人是运用理性来建筑的，因之海狸也必具有理性，而且称这为类比的推理。但是从下等动物方面的类似操作方式，其根源是我们不能直接看到的，和我们直接意识到人的操作方式的根源来比较，我们就可以完全正确地推论说，按照类比法，下等动物，和人一样，是按着表象而动作的，并不是机器，像笛卡尔所说的那样，而且虽然下等动物和人是有其特殊不同之点，但是下等动物也是生物，而作为生物来说是同类的。使我们有权来得出这种结论的原理就是在于这个事实，我们把下等动物在这一方面和人放在同一个类里面，其理由正是像我们在谈到人时，只就人的动作来比较而从这外表上看，就把人都算在同一个类里面那样，这里是有着同样的理由的(par ratio)。同样地，我们可以把最高的世界原因的因果作用按知性的类比来设想，如果我们是把它在世界中的有目的的产物和人的技巧动作来比较的话，但是我们不能按类比来在世界原因里面来推论出人的这种属性。因为在这里并没有使这种推理成为可能的那条原理；即把最高存在者与人，在其各自的因果作用的关系上，包括在同一个类里面的理由这一部分(paritas rationis)。世界上诸物的因果作用，像通过知性的因果作用一样，总是在感性上受到条件的限制的，是不能转移到一个与人除作为一般存在者外没有任何在种类的概念上相同的存在者的。——原注

按类比来推论说，关于自然，我们在人中看到的同样因果作用也属于那完全不同于自然的存在者。其理由就是，这正正是一个就它的结果来说乃是受感性条件限制的原因和一个超感性的原始存在者这两者之间的不相同之点。在这样一个超感性的存在者的概念里是含有这种不同之点的，因而其特别不同之点是不能转移到这超感性的存在者上来的。——我是必须只按知性的类比来设想神的因果作用的，而除人以外，我们不知道有任何其他存在者是有这种知性的能力的，但是人是受感官的种种条件限制的。这是事实，而由于这个事实，就禁止我们不得以应有意义上的知性来归之于上帝①。

3. 在验前的判断里，意见是没有地位的。可是这种验前的判断要就是使我们能够认识某东西作为完全确实的，要就是叫我们完全不知道什么。但是乃至当我们从而出发的所与的前提是经验的，像这里所谈的自然目的那样，它们还是不能帮助我们去形成超出感官世界范围以外的任何意见，而对于这种草率的判断，我们是不能给以丝毫要求有盖然性的权利的。因为盖然性乃是可能的确实性分配到一系列的根据的那一部分，而在这个系列里的可能性的根据和确实性的充足根据比较，就是像部分和整体比较一样。这里的不充足的根据必须是能够增进到充足的程度的。但是这些根据，既然是同一个判断的确实性的决定性根据，就必须是同属于一类的。因为不然的话，在它们一起的时候，就不会形成一个有轻重的量(Grösse)，像确实性那样。所以不能有一个组成部分处在可能经验范围以内，而另一部分却处在一切可能经验的范围以外，结果就是，既然纯然经验性的前提不能导致任何超感性的东西，那就没有任何东西能补足这样一个经验性的系列之不足的。所以，从这样的前提出发，企图要达到那超感性的东西，或者达到关于它的知识，是没有任何丝毫的接近的；因之在一个关于超感性的东西的判断里，如果它是依据从经验得来的一些论证的话，是没有盖然性的。

4. 如果任何东西是用来作一种假设来说明某一所与的出现的东西之

① 这样来说，我们在这位存在者对于世界的关系的观念上，就这个概念的理论或实践的后果来说，是没有丝毫的损失的。想要研究这位存在者的在其自身是什么，乃是一种徒然无益的好奇心。——原注

可能性,那么至少那东西的可能性必须是完全确实的。当我们在一个假设的情况下,放弃关于实在性的知识(这种知识在作为盖然的而提出的意见里是肯定的),那就让步够了,我所牺牲的是不能过于此的,我们作为一种说明的根据的东西,至少它的可能性必须是不能置疑的,否则种种空洞的幻想就无止境了。但是,如果我们是假定按照某一定的概念所决定的超感性的存在者之可能性,而没有任何东西作为根据,那就会是一种完全无根据的预先假定,因为按照依据直观的要素来说,认识所需要的条件,没有一种是被给予的。因此,剩下来作为这种可能性的标准的只有矛盾的原理,而这条原理只能证明思想的可能性而不能证明所想的对象本身。

从而得出的结果就是:关于看作一位神的这个原始存在者的存在,或者关于看作不死的精灵灵魂的存在,对于人类理性来说,是绝对不可能从理论的观点得到任何证明以产生最低限度的保证的。而这是有其完全可理解的理由的,由于我们为要确定超感性的东西这个观念,我们没有任何可利用的材料,因为我们得要从感官世界中的事物来取得这种材料,而这种材料的性质是使它绝对不适合于超感性的东西的。所以,既然完全没有任何确定的东西,我们就只有某包含着感官世界的最后根据的非感性的东西这个概念了,这并不构成关于它的内在性质的认识而能扩大这概念的。

第30(91)节 实践信念所产生的保证的类型

如果我们单纯看某东西能成为我们知识的对象(res cognoscibilis),就是说,只看到我们表象能力的主观性质,我们在那种情况下并不是拿我们的概念和对象来比较而单纯是拿我们的概念和我们的认识能力以及这些能力能够从理论或实践的观点来利用所与的表象的方法来比较。所以某东西是否一个可认识得到的物这个问题,不是涉及事物本身的可能性的,而是涉及我们对它们的知识的可能性的。

可认识得到的东西有三种:意见的事情(opinabile 对之可有意见的),事实(scibile 可觉知的),和信念的东西(mere credibile 值得相信的)。

1. 单纯理性理念的对象,对理论的知识来说,是在任何可能的经验中完全不能被表现出来的，所以就这点来说，也就是完全不可知的东西，因而我们关于它们甚至不能有任何意见的；因为如何在验前有什么意见，在其事情的本身来说，就已经是不合理的；而简直就是到纯粹幻想的道路。所以，要就是我们验前的命题是确实的，要就是它并不含有保证的成分的。因之意见的事情总是一种至少在其自身有可能的经验知识的对象，即感官世界的对象，可是这种对象，按照单纯我们所具有的经验知识的程度来说，是我们不可能对之有什么经验的知识的。例如我们现代物理的以太(Äther)，即一种渗透一切其他实体而和它们密切地混合起来的有弹性的液体，这单纯是意见的事情，但是它在一切方面是这样一类的东西，就是如果我们的外感官尖锐到最高的程度的话，它是能够被感觉得到的，然而它总是不能在观察或实验中被表现出来的。假定其他行星有有理性的居住者是一种意见的事情；因为如果我们能够接近这些行星的话(这种事情在其自身说来，是有可能的)，经验就会决定是否有这种居住者；但是，由于我们总不能接近这些行星，事情就一直属于意见的了。但是有着这种意见，认为在物质的宇宙中存在着纯粹的没有身体的能思维的精神，那就是讲虚无故事(就是说，如果我们尽量把某些作为是实在的现象除开掉的话)，这种想法就不是什么意见的事情而单纯是一种观念而已。它就是在我们从一个思维的存在者把一切物质的东西都拿走了而只让它还保持着思维的时候，所剩下来的东西。但是，在我们把一切其他的东西都拿掉了的时候，那只在人里面，即和身体结合在一起，才为我们所知道的思维，是否还是可以剩下来，这是我们不能决定的事情，像这样的东西乃是一种牵强附会的物(ens rationis ratiocinantis①)，而不是一种合理的物(ens rationis ratiocinatae②)，关于后者，固然是有可能来证实它的概念的客观实在性的，至少是满足理性的实践使用的，因为这种使用有其特殊的而又在验前无疑是确实的种种原理的，因之事实上是要求有(即设定)那个概念的。

2. 如果概念的客观实在性是能证明的，则和这种概念相应的对象就

① 即凭推理而得到的属于理论的东西。——译注

② 即合乎推理的属于理论的东西。——译注

是事实[1](res facti 事实的东西),这样的证明可以由纯粹理性或由经验提供出来的,而在前一种情况下,可能是从理性的理论的或实践的材料而来的,但是在任何情况下,必须是借助于和所说的概念相应的直观的。事实的东西的实例就是几何学中大小量的数学属性,因为这些属性是能对于理性的理论使用有其验前的表象的,还有能够为经验所证实的事物或事物的性质,无论所说的经验是一个人自己的经验或者是别人的经验而有证据支持的,都同是事实的东西。可是值得注意的一点就是,说来是奇怪的,在事实的东西之中有理性的一个理念(这个理念在其自身说来是不能有任何在直观中的表象的,因而也就不能有其可能性的理论证明的),这就是自由这个理念。自由的实在性乃是一特种的因果作用的实在性(这种因果作用的概念在理论上来考虑会是超经验的),而作为那种的因果作用说来,它是能够通过纯粹理性的实践规律而且在按照这些规律而发生的实际行动中,因而也就是在经验中得到证实的。纯粹理性的一切理念当中,这是唯一一个,其对象是事实的东西而必须是要列入可觉知的东西(scibilia)之内的。

3. 就纯粹实践理性的守本分的使用来说,不管是作为后果或者作为根据,必须在验前想到的对象,但是就理性的理论使用来说,却是超经验的对象,它们纯是信念的事情。通过自由在现世所实现的最高的善就是这样的;这个概念的客观实在性,对我们来说,是不能在任何可能的经验里证明的,因而是不能满足理性的理论使用的要求的,可是同时是责令我们在最可能的方法上,通过纯粹实践理性,为着实现那目的,而利用它的,因此,它的可能性是必须假定的。所责令要得到的这种结果连同我们可能想象得到的为它的可能性的唯一条件,即上帝的存在和灵魂的不死,都是信念的事情(res fidei),而且是一切对象之中唯一能这样称谓的[2]。因

---

① 我在这里把事实这个概念扩充到这个名词的通常意义以外,而我认为是正确的。把这个说法局限于实际上的经验是不必要的,其实也是不可实行的,因为在实际上的经验里,我们所谈到的是事物对于我们认识能力的关系,而为了谈到单纯作为一种一定的知识的对象的事物,一种单纯可能的经验就已是足够了。——原注

② 信念的事情并不就是信仰的条款,如果所谓信仰的条款是指这样的信念的事情说的,即人们能被责令来在内心或在外行上予以承认的;因之是不包含在自然神学的里面的。因为作为信念的事情来说,它们就不能像事实的事情那样依靠理论的证明的,因之它的保证乃是一种自由的保证,而只有这样,它才和主体的道德是一致的。——原注

为，虽然我们得要相信我们只能从其他人的经验而来的证据所知道的东西，但是那并不使这样相信的东西本身就成为信念的事情，因为就提供那些证据的人来说，就是个人的经验而且是事实的事情，或者是要认为原本是这样的。除此以外，必定有可能通过这个途径(即历史信念的途径)来得到知识的；历史与地理的对象，像我们认识能力的性质所能使之成为至少是一切知识的一般可能题材的那样，都必须列入事实的事情之内，而不是列入信念的事情之内。只有纯粹理性的对象才能是信念的事情，而且乃至它们也不能看为是单纯纯粹思辨理性的对象；因为这并不使它们能够以任何可靠性列入对我们是可能的知识的事情或对象之内。它们原是理念，即概念，其客观实在性是人们不能在理论上予以保证的。另一方面，我们所要实现的最高的最后目的，那就是所能使我们自己配作创造的最后目的的东西的，乃是一个理念，这个理念，对我们来说，在实践的关系上，是有其客观实在性的，而且又是一种事情。但是，既然我们不能为这个概念从理论的观念使之获得客观的实在性，所以它就是纯粹理性方面的单纯信念的事情，正像上帝和灵魂不死那样，这两者乃是唯一的条件，而由于我们人的理性的性质，我们是在这些条件之下才能设想到我们自由地按照规律的使用所能得到的结果的可能性的。但是在信念的事情中的保证乃是从单纯实践观点看的一种保证。它是一种道德上的信念，对纯粹理性知识作为理论的理性知识来说，是不证明什么的，而只是对它作为实践的理性知识而且是旨在它的责任的完成的，这种信念才有所证明。它并不扩大思辨或按自爱原理的明达规则。如果一切道德律的最高原理是一条设定，那么这设定是含有它的最高对象的可能性的，因而也就含有我们能够想到这种可能性所要履行的条件的，因为这也是设定的。这并不使那对于后者的认识成为什么知识或者成为对于这些条件的存在或性质的什么意见而作为理论知识的一种类型，而只是一种单纯的假定，限于实践事情的范围，而且这些实践的事情是为着我们理性的道德用途而责令我们为着实践打算去做的。

如果我们即令在表面上，把自然目的论这么丰富地摆在我们面前的自然目的变成一个有理智的世界原因的一种确定性的概念的基础的话，甚至在那时，这种存在者的实在存在也不会是一种信念的事情。因为由于它的假定不会是为着我们职责的履行，而只是为了说明自然起见的，所以它就单纯是最适合于我们理性的意见和假设而已。可是所说的目的论并不导致上帝的一种确定性的概念，与此相反，这种概念只能在世界的有道德的创造主的概念中才能碰见的，因为只有这个创造主才能指定那最后目的，是我们只有在我们按照道德律替我们所规定作为最后目的，因而作为一种天职加在我们头上的东西去生活时，才能把我们自己算为是与之连属的，因此，只有通过和我们的职责的对象的关系，作为使那职责的最后目的得到完成的可能性的条件，上帝这个概念才在我们的确信中获得作为信念的事情这种特别权利。另一方面，同样这个概念不能把它的对象变为作一种事实的东西而有效的，因为对于实践理性来说，虽然职责的必然性是很清楚的，可是它的最后目的之达到，就这并不是完全在我们的权力以内的来说，只是为了理性的实践使用起见而予以假定的，因而就不像职责本身那样是实践上所必需的①。

信念作为一种习惯(habitus)而不是作为一种行为(actus)来看，乃是理性在其确信处在理论知识所能达到的范围以外的真理的那种道德思考方式。所以它是人心坚持不变的基本原理，而按照这条原理，那必然得要

① 我们为道德责成去追求的最后目的不是职责的基础。因为职责是处在道德律里面的，而这个道德律既然是一条形式的实践原理，它的指示是无条件的，不管欲望能力的对象(意志的内容)是什么，因而是不管任何目的的。我们行动的形式性质(即我们行动的从属于普遍有效性的原理)，而只有这种性质才构成我们行动的原有的道德价值的，那性质是完全为我们自己所掌握的；而且我们是能够很容易地把我们不得不按照那道德律去促进的种种目的的可能性或不可完成性都抽掉(因为这都是只构成我们行动的外在价值的)。我们这样就不去考虑它们，作为完全不是我们能掌握的东西，以便集中注意在我们能做得到的东西上面。但是我们心目中的对象，即促进一切有理性的存在者的最后目的，也就是只要和职责一致的幸福，却也是为职责的规律所加在我们身上的。可是思辨的理性并不看到那个对象的可完成性(不管我们是从我们自己的物理能力方面或从自然和我们合作方面来看它)。反之，就我们能够关于这点作出一种合乎理性的判断来说，思辨的理性不假定上帝的存在与灵魂的不死，就认为指望单纯的自然(我们里面或外面的自然)能从这种原因得到我们善行的这种结果，是一种无根据的、无聊的，纵然是善意的期望，而且若果它关于这种判断能有完全的确信的话，它就会把道德律本身看为我们理性关于实践事情的一种单纯的幻想了。但是思辨理性是完全确信这种幻想是绝不会有的，而其对象是属于自然范围以外的那些理念是可以为人所思想而没有矛盾的。因此，为着它自己的实践规律以及这规律所强使人接受的任务，因而为着道德的顾虑，它就必须承认那些理念是实在的，使得不致陷入自相矛盾。——原注

作为最高的最后目的之为有其可能的条件的东西的真实性，就要由于我们不得不去追求那个目的[1]这个事实而假定为真的了；虽然我们看不到它的可能性，但是同样又是看不到它的不可能性的。信念，在这词的简单明了的意义来说，就是相信能达到一种意图，其促进乃是一种职责，但是其成功却是我们还不能看到它的可能性的东西(因之也就不能看到我们设想为它的成功所必定需要的那些条件之可能性)，这样一来，和特别的对象有关的信念完全就是道德的事情，只要这种对象，不是可能知识或意见的对象，因为在后一种的情况下，尤其是在历史的事情上，信念就得要称为轻信而不称为信念了。它乃是一种自由的确信，不是对于任何替理论的确定性的判断力能找得到独断的证明的事情说的，也不是对于我们认为是义务的事情说的，而是对于我们为了我们按照自由的规律摆在我们面前的意图说的。但是这并不等于说我们采取它是像我们在不充分的根据上形成一种意见那样的。与此相反，信念乃是在理性里有其基础的某东西(虽然是只在理性对于它的实践使用的关系上的)，而且这个基础是满足理性的意图的。因为如果没有这个的话，当道德的思考方式和理论的理性冲突而不能满足理论的理性对于道德对象可能性的证明这种要求，它就失去它的一切稳定性而摇摆在实践的命令与理论的怀疑之间了。所谓不轻信就是固执一般不信任证据这条准则；但是一个人否认上述理性的理念是有效的，因为它们的实在性没有理论的基础，这个人就是无信念的。因此，这种人是独断地进行判断的。但是一种独断的无信念是不能和控制思考方式的道德准则并列的，因为理性不能命令一个人去追求

① 这是对于道德律的应许的一种信任，但是这种应许不是看为道德律本身所包含着的，而是我们放进道德律里面去的，而且是在道德上有充分的根据才这样放进去的。因为一个最后目的是不能为任何理性的规律所命令的，除非理性虽然不十分确定地也应许这最后目的是能达到的，而且与此同时又使我们有权来确信我们的理性能够想象得到这种可到达性的唯一的各种条件的可靠，信念(fides)这词就表明这点；而且这必须像是令人怀疑的，就是这种说法和这个特殊的观念是怎样输入道德哲学中来的，由于它是最初和基督教一起介绍进来的，而它的被接纳可能或许是不过摹仿基督教的言语来谄媚基督教。但是这不是独一的事例，是这个奇妙的宗教在它的陈述的极为平易性这点上用一些比道德本身所能在从前提供出来的远为确切远为纯洁的道德概念来丰富化哲学。但是一经有了这些概念的时候，理念就自动地赞同它们而采用它们作为它自己本来就很能得到而且可以并应该输入的概念。——原注

一个认为是不过一种幻想的目的。但是带有怀疑的信念(zweifelglaube)就不同。因为就这种的信念来说,缺乏说服力是由于思辨理性的理由,这只是一种阻碍,这种阻碍是批判地看到思辨理性的限度之后就能袪除其一切对行为的影响而且能以占优势的实践保证来补偿它的。

* * *

如果我们想要引入另一种原理来替代哲学中某些错误的尝试而且为它得到势力,那么看到这种尝试是如何并且何以注定要失败,是令人非常满意的。

上帝、自由,以及灵魂的不死乃是一些问题,是形而上学的一切辛苦的准备旨在解决它们作为这些准备的最后而独特的标的的。可是人们认为自由这个学说只作为实践哲学的一种消极条件才是需要的,而上帝以及灵魂的性质这种学说,因为是理论哲学的一部分,就得要单独地而且分开地来证明。然后那两个概念的每一个后来又和道德律所命令的东西结合起来(而道德律只是在自由的条件下才成为可能的),而这样就产生了宗教。但是我们立刻就看到这种尝试是注定要失败的。因为从一般事物或者一个必然存在者的存在的单纯本体论的概念,我们绝对不能形成关于一个原始存在者的任何概念,而确定那原始存在者的述项只能是在经验中才被给予出来,因而是供认识之用的。但是如果这个概念是奠基于关于自然的物理合目的性的经验,那么它又不能提供任何证明,对于道德,因而对于认识一个上帝来说,是充分的。同样地,关于从经验得来的灵魂的知识(这种经验的知识只能是在今生取得的),它也不能提供一个关于灵魂的精神上与不死的性质的概念,因而是能满足道德的一个概念。神学与心灵学(pneumatologie),作为是思辨理性所研究的科学而形成的问题来看,其概念对于我们的知识能力来说,就是超经验的,因而是不能通过任何经验的材料与述项来得到成立的。——关于上帝和灵魂(就其不死性来说)这两种概念的确定只能是通过这种述项的,也就是这些述项,虽然它们本是完全从一种超感性的来源得到它们的可能性的,可是也必须在经验中证明它们的实在性,因为只有这个方法才能使关于完全超感性的存在者的认识成为可能的。——可是在人类理性中可以找到的唯

——一个这种概念而这样也就确定我们外面的超感性东西的理念，使得能够构成知识，然而这知识只是从实践的观点才有其可能的。这是必然使单纯的思辨哲学感到灰心的，单纯的思辨哲学，乃至关于自由，也只能提供一个纯是消极的概念。因此，自由这个概念，作为一切无条件实践规律的根本概念，能把理性推广到自然这个(理论的)概念为其限制而无法超越的范围以外。

关于目的论的一般解说

我们要问：道德的论证只证明上帝的存在作为实践的纯粹理性的一种信念的事情，但是何以把它列入哲学中的其他论证之内，使得哲学的其他论证一切都很容易地变为模糊，而其结果就别无其他办法，唯有在一个公平的评判者面前，哲学的理论能力自动地放弃它的一切要求了。

哲学必须把它所有认为确实的东西首先奠基在事实上，否则这样认为确实的东西就是完全没有根据的。因之在证明中只能有这个唯一的分别就是，从事实推论出来的结果，其认为确实的东西是作为理论认识的知识或者作为实践认识的信念而能奠基在那事实之上的，一切事实的事情或者是属于自然概念一类的，自然概念是在一切自然概念之先而在所与的感官对象里或者是在可能给予的感官对象里证明其实在性的；事实的事情或者是属于自由概念一类的，自由概念充分证实它的实在性是通过理性的因果作用的，而这个就是服从道德律而且同时又服从自由通过这些规律而规定的最后目的的人的自由这个概念。这些规律和这个最后目的就使我们能够把那些包含着两者的可能性的必需条件的属性归之于自然的创造者和人，而道德规律是归之于自然的创造者，最后目的是归之于人的。所以从这个理念就能推论到上帝和灵魂的实在存在与其性质——上帝和灵魂，从别的方面来说，是我们全不知道的。

可见想要靠单纯理论的途径来得到上帝和灵魂不死的证明这种企图失败的根源是在于这个事实，就是如果循着自然概念的途径，关于超感性的东西的知识是没有可能的。另一方面，何以在循着道德的途径，也就是循着自由这个概念的途径的时候，证明就成功了，其理由就是：这里在道德的基础上的那超感性的东西（自由），通过从它出来的因果作用的确定性的规律，不只提供关于其他超感性的东西（即它的可完成性的道德最后目的与其各种条件）的知识所需要的材料，而且并证实它自己在行动中的实在性，作为事实的事情。然而也就是为着那个缘故，它只能从实践的观点提供任何有效的论证，而这也就是宗教所需要的唯一论证。

照目前的整个情况看来，很值得注意的就是：纯粹理性的三个理念，上帝，自由，和灵魂不死，其中自由是唯一的一个关于超感性的东西的概念，由于在它里面所想到的因果作用，是通过它在自然中的可能结果而证明它在自然中的客观实在性的，而且通过这一点，它乃至使其他两个理念和自然的联系以及三者一起联系着来形成宗教之成为可能。并且这样一来，我们也在我们自己里面有了一条原理，是能够确定我们里面的超感性东西的理念，因果作用是关于通过这因果作用而成为可能的某些在感官世界里的结果的，这个因果作用是理性确定无疑地在道德律里面予以设定的，可是只属于理论认识的自然概念要就是形而上的，完全验前的；要就是物理的，即验后的，只有通过确定的经验，其必然性才是可想象的。因之并不预先假定任何确定经验的自然形而上学概念是本体论的。

可是从一个原始存在者这个概念而得出的关于上帝存在的本体论证明，可以循着两种思想路线之一的。它可以从本体论的述项出发，而只有这种述项才能使那个存在者在思维中完全得到说明的，然后再进行推论出它的绝对必然的存在。或者它是从某一东西存在的绝对必然性出发，不管这是什么东西，而从这就推论出原始存在者的述项。为要使原始存在者的概念不是派生的，所以属于这个概念就有这存在者的存在之无条件的必然性，而为要使这种必然性为人可表象的，所以它的确定性就始终是通过这个概念的，然而人们是认为这两种要求一个最高实在的存在者的本体论理念这个概念中所有的；所以就发生两种形而上学的论证。

以自然的纯然形而上学的概念为基础的证明（严格上称为本体论证明的）原是从最高实在的存在者这个概念出发，然后从而推论出它的绝对必然存在的，因为论证是说，除非这存在者是存在的，它就缺少一种实在性，即实在的存在。——其他一种证明，又称形而上学宇宙论证明，原是从某东西的实在存在的必然性出发的（我不得不承认那点的，因为在我自己的自我意识中是有一种存在对我给予出来的），然后从而推论出它的彻底确定性作为最高实在的存在者。因为，如所论证的那样，只要凡是有实在存在的东西都是在一切方面被确定的，那么绝对必然的东西（即我们得要作为这样而认识的东西，因而是在验前认识的东西）就必须完全为它的概念所确定；但是这样彻底的确定性只有在一个最高实在的东西的概念里才碰见的。在这里无须去揭露这两种推论中的诡辩，由于在别处已经这样做过了。现在我得要说的只是，让他们用尽一切诡辩的巧妙来为这种证明辩护，可是它们永远不会从学派下来而进入到日常生活中去，或者对单纯健康的理智能够发生任何最微小的影响。

这个以一个自然概念为基础，而这概念只能是经验性的，可是要超出自然的范围以外作为包含着感官的一些对象的，所以这种证明只能是从自然的目的得来的。虽然这些目的的概念无疑是不能在验前被给予出来而只能通过经验的。但是这个证明叫我们期待的乃是这种关于自然的原始根据的概念，在我们能想到的一切概念当中，只有它才适合于超感性的东西的，那就是关于作为世界原因的最高理智的概念。事实上，按照反思判断力的原理，也就是按照我们人的认识能力的性质，它是完全能做得到的——但是，现在来说，这个证明是否能够为我们提出来关于最高的，即独立而有理智的存在者的概念，而又理解为上帝的，即世界的服从道德律的创造者的概念，因而是足够说明世界存在的最后目的这个理念的呢？这就是一切都要达到的问题，无论我们是想为着我们关于整个自然的知识得到关于这位原始存在者在理论上的一个充分概念，或者是要得到为宗教着想的一个实践概念。

这个从自然目的论得来的论证是值得尊重的。它对于一般常识和对于最精细的思想家是有同样的说服力的；像来马尔斯(Reimarus)这样一个人，用他特有的彻底性和明确性，在他一直还没有为人超过的著作中，来详尽地缕述思想的这条路线，因而博得不朽的荣誉。——但是这种证明对于人心发生的有力影响，尤其是影响着从理性的冷静判断所引起的宁静而完全自愿的同意，其来源是什么，对于自然的奇异所产生的心中那种感触与提高，可以算是从说服力而来的又是什么呢？是否一切都暗示着世界原因里一个不可思议的理智的那些自然目的呢？不是的，因为这些目的是否足以成为一种根源的，由于它们不能满足理性在其探询中的需要，因为理性是问：表示种种技巧型式的自然事物，其存在是为着什么目的的？人自己又是为着什么目的而存在的呢？因为谈到人的时候，既然据我们所能设想得到的，人就是自然最终目的，那么我们就要停下来了。何以这整个自然要存在？它的一切伟大而多彩的技巧的最后目的又是什么？如果说，那是为着享受或者为着静观，为着观察和赞赏的，如果如是而已，那不过是特别一种的享受，像是享受就是世界和人的创造的终究最后目的似的，这是不能使理性得到满足的。因为理性是以只有人才能给予其自己的个人价值为其预先假定，作为人与其生存能成为一种最后目的的唯一条件的。如果没有这种个人的价值（只有这才能是一个明确的概念），自然目的是不解决问题的。特别是这些自然目的不能提出任何明确的概念来说明最高的存在者作为一个满足一切的（因而是唯一的，而且实在可称为最高的）存在者，而且说明它的理智按照着成为世界的原因的那些规律。

所以自然目的论的证明，正如它又像是一个理论的证明一样，其所以能说服人，不是由于它利用自然的目的这个理念作为一个最高理智的这么多的经验上的证据。反之，它所依据的乃是道德的证据，这里处在每一个人的心中而大大地感动他，因而慢慢地就进入他的理性里面去的。人们并不能止于用这样不可思议的技巧在自然的目的中显现其自己的那个存在者，而且要把一个最后目的，因而又把智慧归之于它，虽然看见这样的自然目的是不能使人们有权利来这样做的，上述的论证是这样在它的原有缺点方面得到任意的补足的。所以唯一能发生说服力的实在是道德的证明，而且甚至这道德的证明也是从道德的考虑才能这样做的，而道德的考虑是每一个人内心感觉到与之同意的。自然目的论的证明的唯一功劳就是它引导人心在考虑世界时采取目的的途径，而这样指引它到世界的一个有理智的创造者。在这点上，对于目的关系以及世界的像这样的一个立法者和创造者这个理念，在神学的概念形式上，虽然事实上纯是一种额外附加的，就像是很自然从自然目的论的证据发展出来了。

在这里我们很可以让这个问题随着一般惯常的说法了。因为，如果大众健康的理解把两条不同的原理混同起来，而事实上只从其中之一条得出其正确的结论来，但是在这两条原理的分开需要深深反思的时候，那就很难把它们分别开来作为不同质的原理了。但是，不但是这样，上帝存在的道德论证，严格地说来，不但只是好像补充自然目的论的证明而使之成为一个完整的证明的。反之，它乃是一个不同的证明用来补偿自然目的论的证明的缺乏说服力的。因为事实上，自然目的论的论证所能做到的不过是在理性判定自然的根源以及自然的不必然的，可是值得令人惊奇的，而对我们来说，只有通过经验才能知道的那种秩序，这个时候，使理性变转其思想方向而注意到一种按照目的来发生作用的原因，而作为这种原因时也就是自然的根源（这种原因是我们按照我们认识能力的物质所必作为有理智来设想的），而且这样就使理性更易感受到道德的证明的影响。因为道德证明所需要的在本质上是不同于在自然概念中所能发现的或为自然概念所能指示我们的，因之它是需要一特种的前提与证明，完全独立于上面所讲的东西的，如果原始存在者这个概念是要对神学充分地详细说明而推论出这个存在者的存在的话。——道德的证明（它当然在我们估计到理性的实践的方面，虽然也是不可少的方面，才证明上帝的存在的），所以就总是一直保持它的全部力量，如果我们为自然目的论在世界上碰不到任何材料，或者只碰见意义暧昧的材料，我们能想象得到有理性的存在者，是在这种的自然之中的。这种自然完全不显出任何组织的痕迹，而所显出的只是单纯粗糙物质的机械作用的结果，因之看到这些结果以及一些纯然不必然的合目的的型式与关系的变化性，那就像毫无理由来推论出一个有理智的创造者。那么，在这种的自然当中就会没有发生自然目的论的机会。可是虽然在这里，理性从自然概念得不到任何指导，但是在自由的概念和以这为基础的道德观念里，是会找到根据（就实践来说是充分的），来设定一个适合于那些观念的原始存在者作为神的这种概念，而且设定自然（乃至包括我们自己的生活在内）作为符合于自由与其规律的一个最后目的，并且是在考虑到实践理性的不可或缺的命令，才这样设定的。——可是在现实的世界中有自然目的论的丰富材料来使这个世界的有理性的存在者得到令人满意这个事实（虽然是事前不需要的事实）是可以用为道德论证所期望的证实的，这是就自然的能提供什么类似理性的理念（即道德的理念）的范围来说的。因为具有理智的最高原因这个概念（这个概念对神学来说是远远不够的）通过这就获得了对反思判断力是充足的实在性，但是这个概念却不是需要来作为道德证明的基础的；而道德证明也不能用来使前一证明成为完整的。前一证明，就其自身来说，并不指出任何道德性的，而继续按照一单条基本原理推论下去，就使之成为一个完整的证明的。两条这样不同性质的原理，如自然与自由，只能产生两种不同的证明型式，而想要从自然得出道德的证明来这种企图，是会被发现为不足以证明它所要证明的。

如果自然目的论的论证果能达到所追求的证明，其结果是对于思辨的理性非常满意，因为那就会使神学的产生有了希望——神学这个名称是我们要给予一种理论的知识关于神的性质与其存在的而且是足以说明世界的性质和道德律的特别范围的。同样地，如果心理学是足以使我们达到一种关于灵魂不死的知识，它就使心灵学有其可能，而那也同样是理性所欢迎的。但是，无论无聊的自负的好奇心如何觉得愉快，然而这两种所谓知识，在理论方面，都没有满足理性的愿望，因为那是要根据一种关于事物本性的知识的。但是自然目的论的作为神学，和心理学的作为人类学，当两者都以道德的原理为根据，即以自由为根据，因而是适合于理性的实践使用的这个时候，它们是否更好地满足它们最后的客观意图，这乃是另一问题，我们在这里是无须再行研讨的。

但是何以自然目的论的论证没有达到神学所要求的，其理由就是它关于原始的存在者没有而且不能提出任何概念，对于那种意图来说是足够明确的。这种明确的概念必须完全从另一方面去求得，至少也得要从另一方面通过是任意加上的东西来弥补这个概念的缺欠。你从自然种种型式与其种种的关系的伟大合目的性，推论一个有理智的世界原因出来。但是这个理智是到了什么程度？无疑你不能认为它是最高可能的理智；因为要这样做时，你就得要看透了，比你在世界上看见有其证据的理智更为伟大的一种理智是不可思议的了；那就是等于把全知归之于你自己了，同样地，你从世界的伟大推论出创世主的伟大力量。但是你将要承认，这只是对于你的理解力才有其比较上的意义的，而既然你不知道一切可能的东西而把那一切可能的来按你所知的与世界的大小进行比较，那么你就不能从这么小的一个标准来推断世界的创造者的全能等等。可见这并不使你得到适合于神学的关于原始存在者的任何明确的概念。因为那种概念只能在与一个理智相协调的种种完全性之整体里才被发现的，而在这点上，单纯经验的材料对你是不能有任何帮助的。但是没有这样的一个确定的概念，你就不能推论出来一个单一的有理智的原始存在者；无论你的意图是什么，你只能假定这样一个存在者。诚然，人们很愿意让你有自由来任意加上什么(既然理性不提出什么有效的反对意见)而且让你说,凡是遇有这么多完善的地方,也就很可以认为一切的完善都是在一个独特的世界原因里面结合起来;因为理性在理论上和在实践上都是能把这样一条明确的原理更好地利用的,但是那时,你不能张大其词,把原始存在者这个概念宣传为你曾加以证明的,由于你只是为着理性更好使用的打算,假定了这个概念的。所以为着以你的一连串论证的决定性为可疑的这种号称的大罪而发出悲叹或者表示毫无效果的震怒,都不过是无聊的夸张而已,这种夸张是愿意我们相信,对于你的论证有效性自由表示疑惑,就是怀疑神圣的真理,而这样在掩护之下,你的论证的弱点也就可以没有被人注意到便溜走了。

道德目的论就不同。道德目的论的基础是不弱于自然目的论的基础的,而且是我们在事实上应该看为更占优势的,因为它是在验前以不能和我们的理性分割的原理为依据的。所以道德目的论导致神学所需要的可能性,也就是导致一个作为世界按照道德律的原因的最高原因这个明确的概念,因而也就导致满足我们道德的最后目的的一个原因这个概念。可是那就是一个原因,其所需要的不少于全知,全能,遍在,等等,作为属于它的自然属性。我们必须把这些属性想为是和那个无限的道德最后目的结合在一起的,因而对于那个目的是相称的,所以单独道德目的论就能提供适合于神学的世界的一个唯一的创造主这个概念。

像这样,神学也就直接导致宗教,也就是认识到我们的职责是神的命令。因为只有认识到我们的职责与其内容,即理性所责成于我们的最后目的,才是能够产生上帝的一个明确概念的,所以这个概念从其根源来说就是和我们对于那个存在者的义务不可分割地联系在一起的。另一方面,如果不是这样,而假定我们循着理论的途径,即令达到关于原始存在者,作为自然的单纯原因的一个明确的概念,我们后来还是有相当大的困难,或者完全不可能,找到有效的证明来把一种按照道德律的因果作用归之于这个存在者而不倚靠任意插入的东西。可是,如果没有这样的因果作用的概念,那个所谓神学的概念就不能形成宗教的根基。纵然能够在这些理论的途径上,建立起一种宗教来,然而关于心术上(这是宗教的最重要的要素),它实在是一种宗教,不同于其上帝的概念以及关于上帝存在的实践信念是从道德的根本观念起源的这种宗教的。因为如果全能、全知等这些创世主的属性是从别处给予我们的概念，而且，如果照这样来看，我们只是为了把我们职责的种种概念用于我们对于这样的创造者的关系而必须假定关于这创造者的属性的那些概念，那么那些概念就不免带有强迫与强令服从的很重色彩了。但是如果不是这样，又是怎么样的呢？如果我们命运的最后目的是很自由地，而且由于我们自己的理性的告诫是以对于道德律的尊重而对我们显示出来的，那又怎样呢？那么，我们只有在我们的道德远景中接纳一种和那个目的与其达成相一致的原因，而且是以最真诚的尊敬来接纳它的，而这种尊敬是完全不同于任何不健全的惧怕的，我们并且是自愿向它屈服的①。

但是有一种神学，对我们来说，何以是有兴趣的呢？很明显，我们是不需要它来扩大或更正我们关于自然的知识的，其实关于任何的理论的。我们只是为着宗教，也就是为着我们理性的实践的，即道德的使用，才需要神学的，而且是作为一种主观的需要才需要它的。那么，如果事情是这样，导致神学对象的一个明确概念的唯一论证本来也就是道德的论证，这并不是奇怪的，而且不但是这样，我们还不觉得从这种论证所产生的信念是有什么不足于它所要达到的目的的，只要我们承认这种论证只是在满足我们理性的道德方面，也就是从实践的观点来看才证明上帝的存在的。在这里，思辨并不显出它的力量，也不扩大其领域的范围。而且对于我们在这里肯定一种神学的为可能而觉得稀奇，认为那种肯定是和思辨理性批判关于范畴所说的相矛盾，一经仔细检查，都会消失的。那部批判所说的是，只用于感性的对象时，范畴才能产生知识，而用于超感性的东西的时候，范畴是无法产生知识的。但是，应该注意，虽然范畴在这里是为着关于上帝的知识而被运用的，但是它们只是为了实践的起见，而不是为了理论的起见被运用的，就是说，它们不是以上帝的原本性质，而是以上帝

① 对于美的赞叹和自然的各式各样的目的所激起的感触，这种赞叹与感触是反思的心在有有理智的创世主的任何清楚的表象之先就能感觉得到的，这些感情在它们里面是有某东西和宗教的感觉相似的。因此，它们就像是首先通过类似道德的批评判断型式影响到感恩以及对于未知的原因的尊敬这种道德感，因而也通过激起道德观念而影响到心。在那时，它们就引起那种赞叹的心情，这种心情所产生的兴趣是远过于单纯理论的观察所能产生的。——原注

的对我们来说不可思议的性质为目的的。——让我利用这个机会来结束对于上述的批判中那种学说的误解，那种学说是很必需的，但是它把理性归回到它应有的范围，对于盲目的独断论者是困恼的。为了这个目的起见，我在这里附加下面的解释。

我以动力归之于一个物体，因而就通过因果作用这个范畴来想到它，然后我也就通过同样的范畴来认识它；那就是说，我是通过它作为一个感官对象，在它自己来说是应有的东西（作为所说的关系的可能性的条件），来确定这物体作为一般对象的概念。例如，设定我以之归于这物体的动力乃是抗力，那么即令我还没有把另一物体放在它的旁边是它对之发生这种力量的，然而我仍可以用空间的一个地位来陈述它，而又以容积即这物体本身所占有的空间来陈述它，而且此外又以通过它的各部分的种种抗力来充满这个空间的这种性能来陈述它，最后还以规定充满空间的规律来陈述它。——我所说的规律是指这种规律说的，即各部分中的抗力的减少是按着这物体的容积的增加的同一比例的，而且也按着这个物体以同样的部分，通过这种力量而加大的同一比例的。——反之，如果我对于一个超感性的存在者作为原始动力形成一个想法，而这样就使用关于世界上同样作用型式所用的因果作用这个范畴（即物质运动所用的因果作用范畴），这时我必不能设想着这个超感性的存在者是在空间的任何地位上的，或者是有广袤的，乃至不能设想它是存在于时间之内的，或者是和其他的存在者并存的。所以我没有任何思想的型式能使我了解从这个存在者作为其根源所得到的运动之可能性的条件的。结果就是，从作为原始动力的原因之述项，我是丝毫得不到关于这原因的具体知识的：我所有的表象只是关于包含有世界上的种种运动的根源的某东西而已；而这个某东西作为原因对于这些运动的关系既然并不进一步给我什么是属于作为原因的东西的性质的，所以这个原因的概念就一直是完全空洞的。其理由就是，有了只在感官世界里找到其对象的一些述项，我无疑是可以前进到必须包含着这些述项的根源的某东西之存在，但是我不能前进到关于这某东西作为一个超感性的存在者的概念的确定，这个概念是排除一切那些述项的。所以，如果我是通过一个原始动力这个概念而使因果作用这个范畴成为确定的，它并丝毫不帮助我来认识上帝是什么。但是如果我从世界的秩序开始而前进,不只把这个超感性的存在者的因果作用设想为一个最高理智的因果作用,而且又通过所说的概念的这种确定性来认识它,也许我将得到更大的成功;因为那时空间与广袤这些麻烦的名词就略去了。——毫无疑问,世界上那伟大的合目的性是迫使我们要设想这个合目的性是有其最高的原因的,而且设想这原因的因果作用是通过理智的。但是这并不使我们有权来把这种理智归之于那个原因(例如我们不得不把上帝的长存设想为永远在时间中存在的,因为我们关于单纯的存在,除了作为一个量,就是作为持续以外,不能有任何其他的概念的。同样地,我们必须把上帝的遍在设想为存在于一切地方,使得我们能了解互相外在的东西的直接出现。我们这样做时,并不敢擅自把这些确定性归之于上帝作为是在他里面所认识的东西)。如果我关于某些产品,是只能通过有意的合目的性,因而通过我把这合目的性设想为人的理智,才能了解的,那么我就确定了人的因果作用,但是我不必停止在这里,而是还能够把这个述项归之于人作为人的一种熟悉的属性,并且通过这种属性而认识一个人。因为我知道直观是给予人的感官的,而通过知性,直观是被带到概念之下,从而就被带到规则之下的;我又知道这种概念只包含着共同的标志,其特殊的东西是略去的,因而概念是推论的;我并知道把表象带到意识的一般形式之下的规则都是在直观之先为知性所给予的,等等。因此,我就把这种属性归之于人作为我用来识别人的一种属性,但是,假使我现在想要想到一个超感性的存在者(上帝)作为是理智,虽然如果我是要运用我的理性的某些功能,这不但是许可的而且是不可避免的,但是我毫无权利自以为我能够把理智归之于那个存在者,从而就由它的属性之一来认识它。因为这样一来,我就必须略去一切上述我从而知道一个理智的种种条件,结果就是,只能用来确定人的述项,对于超感性的对象是完全不适用的。因此,我们完全不能通过任何这种确定的因果作用来认识上帝是什么,谈到一切范畴,亦复如是。除非范畴是用于可能经验的对象,否则它们对于知识,在理论上是毫无意义的。——但是我按照知性的类比,我是能够甚至关于一个超感性的存在者有一种想法的——其实在我考虑其他的事情的时候,我必须这样做的——然而不能从而就想去在理论上认识它。我所说的就是这个超感性的存在者的因果作用这一种型式，它是和世界上的结果有关，而这种结果是包含着道德上必需的，而对于感官的物是不能达到的一种目的的。因为在这种情况之下，关于上帝与其存在的知识，也就是神学，是通过按照类比而只设想是在他里面的这种因果作用的种种属性与确定性才成为可能的，而这种知识在一种实践的关系上是具有所需要的一切实在性的，可是也只是关于这种关系，即对于道德的关系。——所以一种道德的神学是完全有其可能的。因为虽然没有神学，道德有了它自己的规则诚然也可以维持下去，但是它不能有了这种规则所强使接受的最后意图而维持下去，除非是把关于这种意图的理性看为等闲。但是一种神学的伦理学（即纯粹理性的神学的伦理学）是没有可能的，因为原来不是理性本身所作出的规律，以及遵守这些规律不是理性所作为一种实践的能力的，都不能是道德的。同样地，一种神学的物理会是一种不可能的东西，因为它所提出的不会是什么自然的规律而是一个最高意志的规定，然而一种物理的神学，应该说自然目的论的神学，至少能用为神学本身的一种预备知识，由于通过自然目的的研究，其材料是丰富的，它引起我们对于最后目的的观念，这种最后目的不是自然能显示的，因之它能使我们感觉到一种神学的需要，这种神学应该确定上帝这个概念，对于理性的最高实践使用是足够的，虽然它不能产生一种神学以及足以支持这种神学的证据。

译 后 记

《判断力批判》是康德著名的三部批判的最后一部，人们在读这部批判时，需要和他的前两部批判，即《纯粹理性批判》和《实践理性批判》联系起来，才能看出康德哲学体系的全貌；人们在读本书下卷时，也需要参考本书上卷，尤其是导论，才能弄清康德的美学哲学思想。本书导论与第一部分由宗白华同志译出。第二部分由我译出。宗白华同志是根据 Grossherzog Wilhelm Ernst Ausgabe, Druck von Breitkopf und Härtel in Leipzig 版译出的。由于借书不易，我是根据 Karl Vorländer 1922 年 Leipzig 版译出的，该书两部分的中译所根据的德文版本既不相同，而在翻译的过程中，我又未能与宗白华同志好好地当面商榷以求得译文的前后一致，这是要请读者原谅的。

我翻译时，还参照 James Creed Meredith 1952 年 Oxford 版的英译本。译文不当之处，敬请读者指正！

韦卓民

1963 年 4 月 15 日于武昌华中师范学院

康德《判断力批判》解义

[德]卡斯拉　著
韦卓民　译

目　　录

序　　言

我写这本书的目的是在于阐明康德的《判断力批判》,而我认为,如果我只限于简单的阐明而不加以褒贬,我就能最好地达到这个目的。这部《批判》难于理解,因之需要加以阐明,这是任何人都不会提出异议的。对于我自己来讲,我发现在开始时,甚至很难理解康德的论证的主要思想路线,而了解其细目就更加困难了。在写出这本解义的过程中,我是一直设法按照康德自己所声明为他的基本问题而解释其一切的细目的。我们发现他在本书的序言中,在这部批判里边,所要讨论的问题乃是:判断力作为介于知性与理性之间的一种能力,是否像其他两种能力那样有其自己的验前原理,这种原理是组织性的或者只是限制性的,而且判断力是否替愉快感和痛苦感提供一种验前的原理,因而就把这种感情和认识能力与欲望能力结连起来;他这样把这些问题提出,看来可能是令人觉得诧异的。如果是这样讲,说在这部《批判》中所讨论的各种题目看来像是和上述的问题毫无联系,而且这个问题本身乃是极其矫揉造作的一种问题,那是可以反对的。我自己对于这书的研究使我深信这种异议是肤浅的、毫无根据的,使我深信康德关于他的问题的提法是完全正确的,而且他的问题乃是一个实在的问题。固然在这部《批判》中,有某些段落不是直接和它的主要问题联系着的,而我并不去管这些段落,虽然其中有些从历史以及从其他方面来看是有相当大的兴趣的。我所不去理会的就是下列的各段:第一种导言第八段后面标题为"意见"的一段,第一种导言的第十二段,本《批判》的第十三至第十七段,标题为"关于审美反思判断阐述的一般意见"的一段,第四十至第四十二,第五十一至第五十四,第五十八至第六十,第六十七,第六十八,第七十二,第七十三各段和方法论的全文。在每一情况下都来详细说明我省略一段的种种理由,那就会令人生厌了,但是我必须说明何以我没有处理第四十二段("美中的理智利害关系"),第五十九段("关于作为道德的象征"),和方法论。关于第四十二段和第五十九段,我得要坦白承认,我之所以省略了它们,是因为我并不很了解它们。在这两段中，康德提出道德和美的欣赏之间有着一种必然的联系这种见解。我既不能在这里理解康德的论证，又不能决定这样的一种学说是否和本《批判》的一般原理相一致。至于谈到方法论，康德自己把它标题为“附录”，这一事实就可认为有足够好的理由不去理会它了；可是有人可能认为方法论是充满了一些饶有兴趣的意见的，这就胜过前一理由而使它成为值得理会的了。然而纵然是有它叫人感兴趣的地方，可是我还有两种理由来把它忽略过去的：(a)和这部《批判》的其余部分比较起来，方法论是很容易了解的，(b)它叫人感兴趣的地方主要是历史上的。由于我写这书所处的情况，我从起头就得要限制其范围而避开关于康德的问题从历史上的研究。其实我得要完全局限于阐明康德的论证，正好像这问题毫无历史可言似的。关于这样的做法，我是完全感觉到其性质是可能发生疑问的，但是我认为康德的论证的大部分，是不必深入到历史性的问题而可以理解的。

企图要去阐述这第三部《批判》的任何一个人所必须面对的一种极大的困难，就是他得要依赖他的读者对于其他两部《批判》先就有了相当的知识。为了应付这种困难，我就在导言中设法作出关于第一、第二部《批判》主要学说的一种概括的叙述，特别是关于这第三部《批判》所至关重要的那些学说。我知道对于这种导言所能提出的最严厉的反对意见，而且我又体会到，这种导言可能对于很少数的读者是有用处的。在写我的导言的时候，我心目中是有这种读者，他虽然对于康德的第一、第二两部《批判》一无所知，然而在开始研究这第三部《批判》之先，也许愿意替他来回忆一下关于头两部《批判》的主要学说的。至于对康德哲学具有比较高水平的研究者，我只能劝告他不要去理会我的导言就是了。

关于本书的性格，我只说这么多。现在我就要谈一谈这本书是在什么非常的情况中写出的。当我在一九三四年作为一个难民从德国来到苏格兰时，我很幸运地为格勒斯哥大学邀约来格勒斯哥市作两年的居留以便我能继续进行我的研究。与此同时，该大学并非常慷慨地让我有机会在逻辑与道德哲学系教学。从一起头就是约定我在格勒斯哥的居留在两年后就要结束的。可是我所写的这本书，还须再有两年才能写完，而大学又一次表示其宽大，让我继续下去来写完这本书。

我深知，如果我没有不断地得到当时在格勒斯哥大学主持逻辑与修辞学讲座的 H. J. Paton(裴顿)教授的帮助，我就完全没有可能来写成这本书的。裴顿教授和我相见不久就提出我应该写一本关于康德的书。向一个还没有特别研究过康德的人，而且在那时候几乎是不懂英语的人，提出这种建议是叫我吓得一跳的。如果由于我从那时起一直就给了他一些麻烦，因而他有时后悔他曾提出这种建议，那也会是很近乎人情的。裴顿教授《康德的经验的形而上学》这本近著，已替他博得了作为康德哲学最杰出的权威这种地位，我对于他的著作这么普遍地得到欢迎，是不能锦上添花的了。可是我不得不这样说一句，就是他关于康德哲学知识的渊博只有他乐于助人的热诚才能比得上。我对于他一直这样慷慨地给我的帮助，是很难足够表达我的谢意的。在我写作这本书的每一个阶段上，他都帮助了我，一方面以他关切的态度来鼓励我，而另一方面多方提出意见来诱导我，有时是叫我更透彻地了解康德的学说，而有时是使我更清楚地表达我自己的意思。对于他替我所作的一切，我谨此公开表示我的谢意。

我曾说过，何以我觉得裴顿教授的提议是使人吓得一惊，其一种理由就是用英语在适当的时间内写成一本书来，对于我来说像是完全超出我的能力以外的一件事。在这一点上，我当时确是没有想错，而且在我的工作进展的过程中，我觉得困难越来越是不可克服。我碰见道德哲学系的克尔(Sheila A. Kerr)女士。她对于我在语言上的努力推敲备至，而这件事也不使我工作的进行更为容易。从这书写作的最初阶段起，她便从事于教我怎样用英语来写作，而她以极大耐心，改正我文字上的错误，兼之她谆谆善诱，指示我如何避免错误，以至到了最后，就使我能够写出即令她也承认算是英语的东西来。我很乐意地说明这书的写成，是有赖于克尔女士的帮助，而向她道谢。

逻辑系的谷善(D. R. Cousin)先生曾校对过我的全部打字原稿，而且在我的论证中某些论点上，使我的表达更为明晰，都是我为之感谢的。如果我到现在还不能掌握英语标点的技术，这就是因为我经常有一位专家替我把我在标点上遗漏的东西加上去。谷善先生并替我校对过本书的校样，我谨此鸣谢。

我在哲学两系的同事，为我商洽大学的校务委员会，帮助我延长我原来参加大学工作的任期,因而叫我有其可能来继续我的研究。我对于他们是衷心感激的;正如我感激他们对于我的工作经常关怀一样,我一并致以谢意。

格勒斯哥市的犹太人团体曾助我以慷慨的资金支持,而且他们是在我资金最缺乏时给我帮助的。这是我终身不能忘记的一件事,我谨此致谢。

H. W. 卡斯拉

格勒斯哥市

一九三八年三月

附注:书中引用《纯粹理性批判》的第一版和第二版时,是用 A 和 B 的符号,而页数是按照原版的页数的。在我引用《实践理性批判》时,其第一个数字是柏林版的页数,而第二个数字是 Abbott 的英译本的页数。在我引用《判断力批判》的"第一种导言"时,其第一个数字是 Buek 版(Kant's Werke, ed. Ernst Cassirer, vol. V)的页数,而第二个数字是 Lehmann 版(Philosophische Bibliothek, 39b)的页数。引用《判断力批判》的其余部分时是用柏林版的页数的。

书中从《纯粹理性批判》所引的引文是根据那曼·康·斯密教授的英译本的;从《道德的形而上学基础》和《实践理性批判》两书所引的引文是根据 Abbott 的英译本的,从《判断力批判》所引的引文是我自己翻译的。

H. W. 卡斯拉

导　言

Ⅰ 纯粹理性批判

出现的东西与自在之物

康德在《纯粹理性批判》一书里企图要做的工作乃是把人类知识分析为它的要素，因之这部《批判》的第一部分称为先验原理论。先验原理论分为先验感性论和先验逻辑。先验感性论是处理直观的，而先验逻辑是处理知性的。在《纯粹理性批判》的导言里有下面的一段话："作为导言或预先的表白，我们只需说到，人类知识有两个主干，那就是感性与知性，这两者可能是同根生的，可是这根是我们不知道的。通过感性，对象就向我们被给予出来；通过知性，对象就为人所思维到。然而就感性的发现为含有构成对象被给予我们所必具的条件那些验前的表象这一点来说，它是属于先验哲学的。并且由于人类知识对象所必须具备的种种条件必须是先于这些对象被思维所必须具备的条件，所以感性的先验论就构成原理论的第一部分。"①

可见乃至在其提出他的论证之先，康德就已经把这一件事认为是当然的，那就是人类知识是依靠某种对它给予出来的东西的。这一点是从这个事实推论出来的，就是人类知识需要有两种不同的来源，即直观与知性。就我们一切的知识都依靠直观这点来说，它是依靠某东西，而这个东西并不属于知识而必须是从外边给予它的。人类知识永远不是完全产生其对象的。这是一种事实，依康德看来，乃是毫无疑义而并不需要任何证明的。

先验感性论是以下面的话开始的："不管识知是在什么方式上用什么手段和对象发生关系，直观总是它所从而直接和对象有关系的，而且是一切思维所从而获得其质料的，但是只有对象是向我们给予出来时，直观才发生的。并且这之成为可能，只是在心灵在一定的方式上受到刺激的时

① B29,30。

候,至少对人来说是这样的。通过我们为对象所刺激的这种方式而接受表象的能力(接受力)称为感性。对象是借助于感性而被给予我们,而只有感性才替我们产生直观;通过知性,对象就被思维,而从知性发生概念。但是一切思想必须直接或间接凭着某些特点终究是和直观发生关系,因之就我们来说是终究和感性发生关系的,因为一个对象不能在别的方式上被给予我们。"[1]这是康德在其哲学中自始至终保持着的一种信念;而且得要注意,除非我们知道其所根据的假定,特别先验感性论是不能好好地了解的。人类知识不能产生一个对象,而是依靠给予它的某东西的。

康德在感性论中所要做的工作就是指出直观有其验前的形式;而且他相信,只有能够证明如果对象是要对我们出现,就必须按照直观的某种形式,这种工作才能完成。所证明的就是空间与时间是这种验前的形式,因为除非是使对象从属于空间与时间,否则它们就不能对我们被给予出来。与此同时,我们并能证明(a)空间与时间是纯粹的形式,而且(b)空间与时间所给我们呈现出来的,乃是纯然出现东西的世界,有别于自在之物的世界的。空间与时间是出现的东西的形式上的和主观的条件,不依靠这些形式,就没有对象能够向我们出现。空间与时间是验前的形式,因为凡是经验的对象必须遵循它们:它们是先于现实的对象的。与此同时,我们必须记住,一切经验的这些必需的和验前的条件所显示给我们的乃是纯然出现东西的世界。我们还要预先假定有自在之物世界的存在,而这个世界在特征上根本是不同于我们的世界的,因为它是不依靠我们经验的那些主观条件的。

自在之物与纯出现的东西,这两者之间的区别,对于康德的论证是绝对必需的。从这事实就可看到这点,那就是他相信,除非我们是知道我们的世界是纯出现的东西的世界,不同于自在之物的,否则就没有可能来证明空间与时间验前的有效性。如果我们的对象是自在之物,那就是说,是独立于认识它们的那个心的,按康德的看法,就绝对不可能关于这种对象有任何验前的知识,使之没有可能来把验前的有效性归之于空间与时间的,就是空间与时间的主观性。空间与时间乃是人类的心加在对象上的;

---

① B33。

而且因为情形是这样，就能在这种限制的意义上说，那就是，作为应用于纯是出现的东西来说，空间与时间是必需的而且是验前的形式。“如果直观是这样一种性质的，能把事物作为它们在其自身那样来表现，那么直观就会不能在验前发生而必须总是经验性的。因为我只能在对象是存在而被给予我时，我才能知道在它里面包含着的是什么。固然甚至在那时也不能理解，关于当前事物的直观是怎样使我知道这事物像它在其自身那样，因为它的种种属性不能移动到我的表象能力中来，但是乃至姑且承认这是可能的，那种的直观也不会在验前发生，那就是说，在那对象对我被呈现出来之前发生，因为没有这后一种事情，不能想象任何在我的表象与这对象之间的关系的根据，那么它就必须依靠直接的灌注(Eingebung)。因之要我的直观能预测到对象的现实性而成为验前的知识，也只能在一种方式上有其可能：如果它(直观)所包含的，无非是在我里面先行于我为对象刺激所通过的一切现实的印象的那种感性的形式。因为我在验前能知道，感官对象只能依照感性直观的这种形式才被直观到。因而可见：只是关于感性直观的这种形式的命题才是可能的，而且对于感官对象有效的；正如反过来说也是一样，验前有其可能的直观所有关的，绝不能是别的东西而只是我们感官的对象。”①

由此可见，康德在先验感性论和《未来形而上学的导言》一书的相应各段里好像是说明下面的学说的。我们的世界乃是一个纯出现的东西的世界。我们能够证明直观的某些形式是先于实际的经验的，因为我们能够说明这些形式是我们出现的东西的这个世界的必需条件。在这个世界之外还有一个自在之物的世界。关于我们的世界，我们所有的验前知识只限于这种知识，就是这个世界是必须符合于某些形式的。包含在这个世界里的质料是属于自在之物的世界的，并且是不能为我们在验前知道的：它纯然是给予我们的。自在之物的世界是在空间与时间的形式上对我们出现的，而空间与时间的形式是主观的，属于把它们加在所予的质料之上的人类心灵的。“在出现的东西里面与感觉相应的，我称之为出现的

① 《未来形而上学的导言》，第9节。整理者注：此处和下一段及以后提到的《未来形而上学的导言》一书为《纯粹理性批判》的简写本，有中译，即庞景仁译《任何一种能够作为科学出现的未来形而上学导论》，商务印书馆1978年版。

东西的质料，但是确定出现的东西的杂多使之能安排在一定的关系里的，我称之为出现的东西的形式。一种东西，只有在它里面感觉才能被安置并且被安排在一定的形式里，那么这东西不能本身是感觉。所以，一切出现的东西的质料对我们只能验后被给予出来，而其形式必须验前存在于人的心中等待着感觉，所以我们就能离开一切感觉而单独去考虑形式。"①

可是，仔细地把康德的论证检查一下，我们曾对它作出的论述，看来虽然不全是错误的，然而是不够完整的，所以等于是对康德原本学说的一种误解。我们曾看到康德在出现东西的世界和自在之物的世界之间所作出的区别，就算他只是相信，如果不把对象像它们对我们出现那样和它们在其本身那样，就是说，像它们独立于我们的心灵而存在那样形成对照，我们就没有可能来理解我们知识的性质与其对象，我们也得要严密地来考虑这种区别。可是，如果我们认为他是把自在之物作为一种对认识事物的心灵起着某种不可言喻的作用的超感性的物质实体来看待，我们就完全误解了康德。这样来解释康德的学说会忽视了这一事实，就是虽然他是深信在我们的出现的东西的世界之外还必须存在着自在之物，但是他又相信，关于它的性质，我们是绝对不能形成任何概念的。自在之物乃是独立于空间与时间的对象，而由于我们的知识是完全依靠它自己的主观条件的，就可推论出我们关于所说的自在之物是不能获得任何观念的。所以就可断言(a)我们的世界乃是纯然出现的东西的世界，而我们是得要假定自在之物的存在的，而且(b)关于自在之物的性质，我们毫无概念的作用，乃至最不完备的概念那种作用都没有。对于康德哲学的解释得要注意到这两种断言，不可偏废，如果我们或者认为他并不实在相信自在之物的存在，或者认为他相信关于它们人类的心灵能有任何知识，那同样是会误解他的论证的。

直观与知性

只要我们所关心的只是先验感性论，那么使理解康德的学说显得这么困难的就是这个事实，就是康德在那里并没有对于他的学说作出一种详尽的叙述。必须注意，康德自己是说，在先验感性论里，他是把感性孤

① B34。

立地来看，而在《批判》的那一部分里，他并没有考虑到知性的作为知识中的一种要素，那也就是何以从感性论的观点来看是不可能理解自在之物这种学说的。因为按康德的学说来讲，像我们在后文所将要看到的那样，我们之所以完全与一切关于自在之物的知识绝缘的主要理由，就是我们不具有一种智性的直观或一种直观性的知性。很明显，只要我们所关心的只是直观而关于人类知识的第二种要素，即知性，毫无所知，我们是不能指望了解这是什么意思的。可是注意到这点是有趣的，那就是智性的直观或直观性的知性这种学说在感性论将要结束时就已经提到了的。我们在那里认识到一种智性的直观是绝对不同于我们的直观的，因为在智性的直观的范围内，对于具有这种直观的心灵来说，直观和思维就会是完全同一的活动。很容易看到，为了理解这种奇怪的学说，我们得要参考先验分析论，就是《纯粹理性批判》研讨知性的那一部分。可是初看起来，可能像是分析论倾向于把我们的问题变得更复杂而不是帮助我们来解决它。因为在那里我们发现一些说法，它们不但是互相矛盾的，而且像是和在感性论里所提出的学说不相容的。

先验逻辑得要关心的第一个问题是：直观与知性之间的基本分别是什么？康德的答复就是，我们的知性具有一种自发性的能力，这是直观乃至在其空间与时间这些纯粹的形式内所缺乏的。直观的作为直观来说，只是感性的并且是被动的，认识的心作为纯然直观的一种能力来看，是照着对象给予它那样来接受对象而并不动用它自身的任何活动的。为要使一个对象为我们所知道，我们就必须具有一种结合我们的种种表象的能力，而这就是知性的工作。可见我们的知识依靠两种条件：(a)种种表象要能对我们被给予出来，而这是直观使之成为可能的，和(b)这些表象要能结合起来，而这就是知性的工作。

从这就可推论出直观与知性原是在一起的。没有知性则直观一无所成，而没有直观则知性也是一无所成。我们的知性不能产生表象，知性只能把表象结合起来。如果知性的概念不能涉及所与的直观的话，它们就是空洞的，毫无意义的；如果我们不能把直观结合起来的话，它们就是盲目的。这两种心的能力都不能畸重畸轻的，因为没有直观，就没有什么会对我们给予出来，而没有知性，我们就不能思维。可是，虽然它们是完全互相依赖的,但是它们不能互换作用。知性不能直观,而直观也不能思维。“到此为止,只消极地说明知性乃是一种非感性的知识能力,然而由于没有感性我们就不能有任何直观,所以知性不能是一种直观的能力。但是除直观之外,没有其他知识的方式,除非是借助于概念,所以知性所产生的知识,或者说至少是人类知性所产生的知识,就必须是通过概念的,因而不是直观性的,而是论证性的。一切直观作为感性的来说,是依赖刺激的,而概念是依赖机能的。所谓机能,我是指把各种的表象统属于一个共同表象的那种合一的作用来说的。概念以思维的自发性为基础,而感性的直观是以印象的感受性为基础的。”①

到此为止,我们绝无理由来相信,知性概念是我们关于对象的经验的必需的验前条件。所说明的乃是我们的知性是一种论证性的能力,那就是说,它是纯然思维的能力,而且对象是不依靠知性而对我们给予出来的。那么何以我们相信知性概念是我们关于这些对象的知识的必需条件呢? 我们已能说明直观的纯粹形式是经验的必需的而且验前的条件,但是这只是因为我们能够说明,除非对象是由这些形式所形成,否则对象就不能对我们被给予,那就是说,它们不能成为现实经验的内容。但是这又如何对于知性的概念还是有效的呢? 这是因为并不涉及这些概念,对象还是可以对我们被给予的。“所以对象可能对我们出现而并不必要和知性的一些机官发生关系,因而知性必须含有对象的验前条件。这样一来,我们在感性的领域内不遇见的困难在这里就呈现出来了,那就是,思维的主观条件怎能有其客观有效性。那就是,怎能提供关于对象一切知识的可能性的条件。”②“感性直观的对象必须符合于验前处在人心里的感性的形式条件,这是明显的,因为不然的话,它们就不会成为我们的对象。但是它们又须符合于知性为着思维的综合统一所要求的条件,这是一个结论,其根据并非那么明显。”③“但是既然直观并不需要任何思维的机能,所以出现的东西就仍然把对象呈现于我们的直观。”④

① B92,93。
② B122,123。
③ B122,123。
④ B123。

这样一来，就好像不可能形成知性概念的客观有效性了。要做到这点，只有我们能够说明思维和直观一样对于出现的东西的世界之建成是必需的。在下述的方式上就可说明实际的情况确是这样的。思维所不同于直观的就是思维所具有的把表象结合起来这种能力。而且我们能够说，如果这样的一种表象的结合是发生的话，则这种结合不能以之归于对象，而必须看成是由于人类心灵的某种活动的。在一个对象里面任何东西会被结合——这是我们不能依靠直观而感知到的，也不是我们能从对象本身得出来的。我们不能以对象里面的任何结合呈现于我们自己，除非是我们自己把它完成的。“但是一种杂多的一般结合(conjunctio)绝不能通过感官到我们这里来，因而不能是已经包含在感性直观的纯粹形式里面的。因为这乃是表象能力自发性的一种活动；而且既然这种能力，使之从感性区别开来，必须称为知性，那么一切结合——不管我们意识到它与否，不管它是经验的或非经验的直观杂多的结合，或者是各种概念的结合——总是知性的一种活动。我们可以把‘综合’这个一般的名称归之于这种活动，来表示我们不能想象到任何在对象里面结合的东西而不是我们自己就已是事先结合起来的，而且表示一切表象之中，结合乃是不能通过对象而被给予出来的唯一表象。由于它是主体的自身活动的一种活动，所以除了它为主体自身所完成以外，它是不能被完成的。”①

如果我们能够把不同的表象结合起来，我们是必须具有使我们借以知道它们的不同和它们的统一的一种能力的。康德称这种一切综合的基本原理为“统觉”。感性与直观只把表象的杂多呈现给我们。如果这些表象是要统属于识知到它们是其自己的表象的一个主体，我们就必须有一条原理是不同于纯然感性的。因为如果我们不能知道这些表象是从同一个心灵发出来的，我们就不能正当地称它们为我们的表象了。

并不需要我们总是意识到事情确是如此这个事实，我们所得要预先假定的，只是心灵具有一种能力把它的表象统归因于它自身。“因为，如果在直观中被给予出来的杂多表象，不都全属于一个自我意识的话，它们就不会全都是我的表象。作为我的表象(甚至我并不意识到它们是这样

① B129，130。

的)，它们必须符合于它们能在一个普遍的自我意识里面站在一起所不得不具有的那种条件，因为不然的话，它们就不会毫无例外地一切都属于我的。"①

我们看到，如果心灵所具有的没有别的能力而只有直观的话，它就会为一大堆支离破碎的表象所充满着。为要称这些表象为它自己的表象，心灵必须能够把它们归因于一个同一的自我意识。不然的话，我们自己也会是像我们的表象那样成为千差万别的了。

可是必须注意到，一切综合的基本原理(统觉)并不等同于综合活动本身。这个原理只是综合活动存在的一种必需条件，如果我们不具有一种把综合的不同活动统一在一个自我意识里面的能力，我们就绝对不能综合我们的表象。而这种能力是不能得自经验的对象的。它是先于我们关于对象的一切知识，而必须看作一切这种知识的验前必需的条件的。

我们现在就能理解，何以必须把直观从知性孤立开来的先验感性论不能替我们揭示人类知识的真正性格。只要我们只是关心于直观，我们就不能不认为经验的对象是借助于纯然直观而对我们呈现出来的，然而现在我们就能作出对象是什么的更确切的一个定义了。"一个对象就是那个东西，在其概念里面，一个所与的直观的杂多是统一起来的。"②为了构成感性对象的世界，知性和知性所产生的综合规则是同直观一样，十分必要的。直观给我们提供表象的杂多，而知性则使我们能够把这些杂多表象结合起来；而只有借助于这两种能力，我们才能有经验的实在对象呈现在我们面前。可是一切综合的规则都是以自我意识的基本能力，即统觉为其基础的。没有这种基本能力，就没有对象能对我们出现；而这样，我们现在就看到，经验的一个对象的表象之依靠知性是和它依靠直观一样的。"所以意识的综合统一乃是一切知识的一种客观条件。它不但是我在知道一个对象时，我自己所需要的一种条件，而且是每一个直观为了变成我的一个对象所必须服从的一种条件。"③

我们现在已经证明了直观与知性乃是人类知识的必需要素。可是，

---

① B132。

② B137。

③ B138。

这种说法必不可使我们忽视了它们两者之间的基本分别。我们必须记住这个事实,就是正如直观所能做的只是替我们提供表象的杂多,而完全不能把它们结合起来那样,在知性方面,知性所能做的也只是把给予它的表象结合起来,而毫无能力来产生所要结合的表象。这就是那个理由,何以这两种能力是完全相互依赖的。离开了对直观的关系,知性的概念是毫无意义的。我们只需记得,我们之所以能把客观验前有效性归之于那些概念,只是因为我们能说明,为了把不相连贯的表象变为一个实在对象的概念,这些知性概念是必需的。离开它们对直观的关系,知性的概念并不具有什么意义,除非是一种纯然逻辑上的意义。知性概念不是别的东西,而只是思维的形式。人类知识依靠两种不同质的能力,即直观与知性,而这两种能力分别开来是不能给我们知识的。

先验演绎

我们现在的任务,是再一次提出这种学说是否和感性论的论证相矛盾的这个问题。我们曾看到,只要我们只关心于感性论,我们就得要理解康德所主张的是直观的纯粹形式,完全不依靠知性与其规则,就足以对我们呈现出对象的世界。可是我们对于分析论的考查就把它弄清楚了,这并不是康德的意见,而他是深信,离开知性,对象是不能成为我们的对象的,知性是把综合的某些规则加在所与的直观的杂多上面的。我们是怎样把表面上相互矛盾的这种说法予以协调的呢?

首先,我们可注意到,不能把这种矛盾看成是由于康德在分析论中再不主张他写出感性论时所曾主张的一种学说。因为,像我们所曾看到的那样,康德在分析论的本身里面,一开始就论证说,确立知性概念和知性的功用的客观有效性是困难的,因为没有涉及知性与其功用,对象也是能够对我们出现的。他的论证是像下面那样的。要证明直观纯粹形式的必要性相比起来是容易的,因为可以说明,没有这些形式,对象是乃至不能对我们出现的。要说明知性范畴的必要性就困难得多了,由于对象不对于知性发生关系,也是能对我们被给予的。这种说法清楚地是完全和感性论的论证一致的,因而就更加令人诧异。康德竟接着告诉我们,只要我们没有借助于知性所产生的某些功用把我们的种种直观综合起来,我们是完全不能有经验的一个对象呈现在我们面前的。在另一段文字里，他甚至说，直观的纯粹形式本身是依靠着某一定的综合，而他称这种综合为领会的综合。“在空间与时间的表象里，我们有内外感性直观的验前形式，而出现的杂多的领会综合必须总是和这些形式相符合的，因为综合绝不能在其他的方式上发生的。但是空间与时间的在验前被表现，不只是作为感性直观的形式，而且是作为本身就含有［它们自己的］杂多的直观的，因而是带着这种杂多的统一这种确定被表现出来的［参看先验感性论］。可见在我们以外的或在我们里面的杂多综合的统一，因之凡是作为在空间与时间中确定而被表现的东西所必须与之符合的一种结合，乃是作为一切领会的综合的条件在验前被给予出来——固然不是在这些直观里面被给予出来，而是和这些直观一起被给予出来的。这种综合只能是在一种原始意识里面的一般所与的直观的杂多结合的统一，这种结合的统一，在其应用到我们感性直观的范围内，是按照范畴而进行的。”①

现在看来，我们像是面临着一种极端模糊不清的论证。一开头是告诉我们，只需直观的形式便足以给我们关于对象的觉知了。而现在康德又告诉我们这些形式本身，不依靠一种综合的原理是不存在的，而且空间与时间是不可分开地和知性联系着的。

为了解决我们的困难，我们将要参考《纯粹理性批判》其他各个段落。首先我们将要处理属于先验演绎的一段(第一版)，这段是标题为“直观中的领会的综合”的。可以把康德的论证这样来说出：我们一切的表象都属于它们在其里面必须得到安排的一个时间，可是每一个直观都含有一种杂多，如果我们不能辨别它的成分的话，我们就不能想象到这种杂多。如果我们想要想象到一种纯粹直观，我们就必须使它受到一种综合。离开这样的一种综合，心中每一个个别印象都会是绝对的统一体而包含在时间的一瞬息间的。因而当然得出的结论就是，为了达到空间或时间的任何表象，我们必须能够把几个特殊的表象结合成为一个表象，我们必须具有领会的一种纯粹综合。“这种领会的综合又必须是验前运用的，那就是说，必须是关于不是经验性的表象的。因为没有这个，我们就永远不会在

① B160。

验前有空间的或时间的表象。这种表象的产生只能通过感性在其原始的感受性中所呈出的杂多的综合。这样，我们就有领会的一种纯粹综合了。"①

在紧接着的一节里所提出的论证像是和感性论的论证更不一致，因为在这个论证里，康德开始去证明我们关于对象的经验是依靠另外一种条件的，那就是我们复生表象的能力。康德是这样论证的：如果我们要能够心中想象到从一个正午到下一个正午的时间，我们必须具有一种再生的能力。这种再生的过程是想象力所引起的。我们得要假定有一种先验的想象力，没有这种能力的话，我们对于任何事物都绝不会有一个完整的表象，因为在我们现在所有的表象之前的一切表象都会从思想中退去，乃至空间或时间的最纯粹最初步的表象都不能发生。"所以领会的综合是不可分地和再生的综合结合在一起的。而且既然领会的综合构成任何知识一切方式的可能性的先验根据——纯粹验前的知识方式是如此，经验性的知识方式也同样是如此——所以想象力的再生综合得要列为心的先验活动之一。所以我们称这种能力为想象力的先验能力。"②

我们现在已知道每一个直观，不管是经验的或验前的直观，都是和两种综合，即领会的综合与再生的综合，结合在一起的。在跟着在后面的那节里，康德说明还有另外一种的综合，而他称这种综合为认识的综合。他的论证是这样的：如果我们不能意识到这个事实，即我们现时所思维的也正是我们前一顷间所思维的，那么表象的再生也会是无用的。为了这，我们就需要概念来替我们准备规则。再生单靠它自己，结果对于知识是变为不足够的。它依靠知性所完成的第三种综合，这种综合首先替我们再生的能力准备了它所要完成的工作之种种规则。一切这些规则都是以先验统觉为其根据的，而先验统觉是描述为纯粹的、原始的、不变动的意识。康德并补充说，先验统觉是配得它的名称的，因为乃至最纯粹的客观统一，也就是验前概念(空间与时间)的统一的为可能，只是通过那些直观对于这样的一种意识统一的关系。

① A99，100。

② A102。

企图要深入讨论先验演绎所提出的许许多多困难的问题，对我们来说自然是很不可能的。可是我们应该了解康德的论证所以之为基础的一般原理，这是必需的。

我们是不能了解这个原理的，除非我们体会到他一方面认为直观与知性是完全互不相同的，而另一方面又认为就人类知识说来，它们又是这么紧密地互相关联着，因之在人类知识里面乃至不能说它们是分开存在着的。作为在人类知识里的成分来看，直观与知性必须是相互依赖的。分开来看，我们是不能了解它们的。人类知识永远不面临着纯然的直观，它总是同时想要用范畴来使这些直观成为可理解的。为了了解知性和范畴对于知识所作出的贡献，我们就得要体会到，它们的功用是要确定直观的。除非作为综合规则的范畴是应用于直观，否则人类的心灵是完全不会觉知到对象的。

很容易了解，何以康德在先验感性论里不能把这点弄清楚，因为在先验感性论里他所关心的只是直观，而且很容易了解何以在先验感性论里有这么多的说法给读者以这样的印象，以为康德相信直观靠其自己就能给我们以关于对象的知识。但是了解了分析论的学说的人，不会陷入这种错误的。一见而知在感性论里所提出的论证只是临时的。它孤立了直观而并不考虑到知性，而知性，如康德在后面所说明的，乃是在知识里面一种必要的而且不可分开的要素。人们可能要问，何以康德采用这样一种方法，何以他分开来处理直观与知性，因而他的阐述引起一些不可避免的误会呢？我认为答复是简单的。康德认为直观与知性是完全不同的心力，只在人类知识里才使之发生关系的。我们只需考虑到他相信下等动物没有思维的能力而实际上却具有直观的能力，乃至具有想象力，而且我们将要看到，他的学说乃是，在下等动物里面，感性的各种能力实是单独存在着的。此外，他还相信，至少不能否定，可能存在着在超人类的以及纯然理性的存在者里面，完全不依靠感性的一种知识能力。我们在后面还将要处理这种学说。但是我们已能看到直观的在先验感性论里分开来处理是让康德有机会来把他的认识论的基本学说弄得很清楚，那就是，一切人类知识都依靠从外边给予它的某东西，因而它必须总是依然依赖它所接受的印象的那种部分被动的能力。这一点是为分析论所证实的，在那里康德说明我们的知性是依靠给予它的东西,而且说明我们能在验前以客观有效性归之于知性的概念,只是因为我们能够说明这些概念,对于所与的杂多的综合是必需的。先验统觉作为综合的基本原理,是要看为一切思想的来源,因而是要看为绝对不同于只是被动的直观的。在另一方面,先验统觉乃是纯然功用,它是让我们能够结合观念却不能产生观念的一个原理。它乃是自我的纯然观念,而关于它对于它的对象的关系,它所包含的不过是一切对象所共同的东西,一种纯然的 x。不错,如果没有这个基本的统一原理,我们就完全没有任何对象对我们呈现出来。另一方面,必须记得,我们只靠思维是不能确定一个对象的,而统觉只以一个一般对象这个纯然的观念替我们预备好,而必须把其他一切留待直观。"这种先验对象的纯粹概念(其实这自始至终在我们的一切知识里总是同是一个样的)乃是唯一能以对于一个对象的关系,即客观实在性授予我们一切的一般经验的概念的。这种概念不能含有任何确定的直观,因而只涉及那种统一,也就是我们必须在任何与一个对象有关系的知识之杂多里面所碰见的统一。这种关系不过就是意识的必然统一,因而又是杂多综合的必然统一,而这种统一是通过把它在一个表象里结合起来的心灵之一种共同功用的。"①

我们现在就可继续考查康德的论证,而从考虑下面所引的一段开始:"其实统觉的必然统一这条原理本身就是一个同一命题,因而也就是一个分析命题;然而它显示出来在直观中所与的杂多之一种综合的必然性,没有这种综合,自我意识的一贯同一性是不能想象的。因为通过'我'作为单纯的表象,没有杂多的东西被给予出来;杂多只能在不同于'我'的直观中才能被给予出来;而且只通过在一个意识里的结合,它才能被思维。一个在其里面一切杂多通过自我意识就自然而然地被给予出来的知性就会是直观性的;我们的知性只能思维,而要有直观,就必须依赖感官。"②

在这一段里,我们就弄清楚,康德认为我们的知性和一种直观性的知性这两者之间的本质上的差别是什么。一种直观性的知性是一种知性,

① A109。

② B135。

它含有不只是结合在直观里所给予的杂多的单纯原理。事实上，对于一种具有这样的知识能力的心灵来说，直观与知性的差别是不会存在的。一个配备有这种能力的存在者能纯是通过思维就产生其对象的。它的知性不只是完成我们的知性所完成的任务，即表象的综合。它同时也能够把杂多对自己呈现出来，而关于这杂多，我们的知性是完全依赖直观的。

但是，我们可以问，假定这样一种绝对不同于我们的知性的一种知性的存在，有什么好处呢？答复就是，这种对比可以帮助我们理解我们自己的知性的限度。一种直观性的知性这个理念并不是多余的，其实它是一个必需的理念，但不得把它作为是意味着这样的一种知性是实在存在的。我们是不去管它存在与否这个问题的。

我们的任务乃是说明我们自己的知性的本性，而这种任务是已经完成了。我们已经看到，为了有任何一个对象呈现在我们面前，我们需要有意识的综合统一，这种统一是我们知性的基本原理。它是我们各表象之同属于同一个自我的条件。可以说这不过是一个分析命题，因为我们先行假定这个命题并不超出纯然思想的范围。我们所说的无非是我们的一切观念都属于思维到它们的那同一个主体，而并没有确定我们思想的内容。“可是，不得把这个原理作为是适用于每一种可能的知性的，而它只是适用于那种知性，通过它的纯粹统觉，在‘我是’这个表象里，没有杂多的东西是给予的。通过它的自我意识就能对其自己提供直观的杂多的一种知性——那就是说，通过它的表象，其表象的对象也就同时存在的一种知性——为着意识的统一，就不需要有其杂多的综合这一种特别的活动。可是对于人类只思维而不直观的知性来说，那种活动是必要的。事实上它是人类知性的第一原理，而对于它是这么不可或缺的，于是我们就完全不能设想有任何其他知性的可能，不能设想其本身就是直观性的这种知性，或者任何可能具有一种在种类上不同于在空间与时间的方式的感性直观的基础方式。”①

① B138，139。

在我们考虑到这个事实时，就是人对于一种直观性的知性或者一种智性的直观所会具有那种知识，不能构思出任何明晰的理念来，那时，说到人类知识在本质上是含有两个要素，即直观与知性，也就变为十分明显的了。然而这并不意味着所说的这种知识的理念是武断地思想出来的。恰恰相反，我们从这个事实，即不假定这种理念，我们就不能理解我们自己的知识的特性，就可以推断到那个理念是怎样必需的了。一种直观性的知性这种想法，是和认为在纯然出现的东西的世界后面存在着一个自在之物的世界这种假定，同样必需的。一种直观性的知性必是在根本上不同于我们人的知性的，因为它既然是不依靠事物的对它被给予，它就会由它自己的活动而照着事物在其自身那样来知道事物。

我们现在就能更清楚地看到，自在之物这个概念是什么意思了。自在之物应该是这种存在者的对象，对这种存在者的知识来说，在所要确定的东西与其确定的能力两者之间，是没有差别的，这是一种存在者，只由它的认识能力的分析，对象就会对它给予出来。自在之物这个理念和一种直观性的知性这个理念，这两种想法是全然平行的。为了理解我们自己的对象作为纯然出现的东西的特种性格，我们就不得不假定自在之物的存在，但是我们不能乃至问到这些自在之物具有什么属性。同样地，为了理解我们自己的知识的性质，我们就不得不在心中想到一种绝对不同于我们自己的知识的知识这个理念，但是我们不能乃至问到这样的知识是否存在或者问到它是怎能发生的。

常常有人问到，自在之物这个学说是否要当真地来考虑，而有许多康德的解释者是曾想把它作为无关重要而取消的。可是丝毫没有任何证据来说康德在任何时候放弃了这种学说的。在所有他的著作里，他始终维持他的基本立场，就是我们的对象是单纯出现的东西而在其后面还必须有自在之物的世界存在着。但是这不能使我们忘记——而这是同等重要的一点——康德又坚决深信我们关于自在之物的性质丝毫不能有所知，而且关于它们与我们的出现东西的世界两者之间的关系是并不知道的。我们乃至不能说它们是出现的东西的原因，因为在这样说时，我们就会把康德认为只适用于出现的东西的一种范畴应用于自在之物了。关于他的这种信念，康德是完全肯定的，就是他认为人类的心所能形成任何概念的对象无非是可能经验的对象,而所能形成的知识无非是像我们的知识,是含有直观与知性作为它的要素的。

康德认为,如果我们只是为了避免这种错误,即把康德对于人类知识的分析误认为一种心理学的分析,那么要人类的心灵关于不以直观和知性而构成的知识来形成任何明晰的概念,是完全不可能的,而我们认清这种事实,是极其重要的。由于是把一种知识和另一种知识对立起来,因而康德是使之好像他相信我们的知识依靠直观与知性这个事实也就是由于人类的心灵的特种构造而发生的心理学事实。许许多多的说法是提示关于康德的学说的这种解释的,例如他说直观只在一个对象对我们被给予出来这个范围内才发生的,而且还说,这之所以成为可能,至少对人来说,只是心在一定的方式上受到刺激的范围内的[①]。后来他又说,唯有从人类的观点来说,我们才能说到空间,而时间只是我们人类直观的主观条件[②]。再则他说,感性乃是我们人所特有的一种识知,不一定是为每一个存在者所分享,虽然是一定为每一个人所分享的[③]。这些只是许多可能举出的几个实例;而我们得要考查一下这个问题,就是这些说法是否意味着康德相信他的人类知识的分析是一种心理学的分析。如果我们认为事情果是这样,我们就将要相信康德在《纯粹理性批判》一书里所进行的乃是要发现人类心灵的特种属性了。他在这《批判》中所找到的乃是人类的心灵碰巧是依靠识知的两个来源,即直观与知性,而且它是具有一种特别的直观和一种特别的知性的。看来这就意味着,康德的意见乃是我们人具有某特种的知识,而很有可能还有别的存在者,其知识也无非是那能认识的存在者碰巧具有的特种心灵的产物而已。

很容易说明对于康德的论证这样的一种解释是完全错误的。首先,我们可以注意到,在我们所引用的那段里,康德谈到人的心灵,并不是和别的有限制的存在者的心灵相对立,而是和能够照事物在其自身那样知道事物的一种心灵相对立,那就是说,和禀有一种智性的直观或一种直观性的知性这种超人类的存在者的心灵相对立的。我们已经看到,何以康

① B33。

② B51。

③ B59。

德相信必须想到一种完全不同于我们的知识的知识这种观念，而且我们又曾看到，何以他相信我们关于这种知识是绝对一无所知的。一种有限制的而不同于我们的知识的知识这个理念，在我们想要了解我们自己的知识的性质这个企图之中，对我们是没有帮助的。对我们来说是实在的唯一一种知识就是我们自己所具有的那种，也就是依靠直观与知性的知识。直观与知性包含着一切知识的验前客观条件。直观的形式以及知性的规则都不只是人类心灵的主观属性，而且是客观经验的验前条件。通过它们，我们就有服从客观的而且必要的规则的一个世界呈现给我们，而心灵的心理学属性绝不能具有任何验前的有效性的。先验哲学的方法是根本不同于心理学的方法的，因为先验哲学是设法要发现经验的必然验前条件，而心理学是完全依靠经验事实的观察的，所以我们不能以任何必然的、普遍的有效性归之于心理学所发现的规律。

如果我们是要了解康德以之归于心灵的心理学属性的这种主观性和他以之归于直观的纯粹形式与范畴的这种主观性这两种主观性之间的基本区别，我们就必须把握住他关于客观性的概念之特种意义。经验的验前诸条件——直观的纯粹形式，即空间与时间，以及知性的种种规则，即诸范畴与种种原理——是主观的，乃是因为它们并不使我们能够知道事物像它们在其自身里面那样的。另一方面，它们是客观有效的，因为没有它们，关于对象的经验就没有其可能的。这就是说，我们得要否定它们的绝对客观有效性，而断言它们在其对于每一个对象的关系上的客观必要性。这样说出来就够了，由于我们关于一个独立于直观的形式和诸范畴的对象，是不能形成任何观念的。但是心理学的规律是属于不同的情况的，即令我们借助于心理学的探讨，曾发现我们所曾研究过的人类心灵都具有某一种属性，我们能有权来叙说的也只是一条一般的规则而不是一条普遍必然的规则，因为我们不能确信我们不会碰见一种是这条规则所不适用的实例。可是我们完全确信我们知识的能力是必须包含直观与知性的。

想象力——综合

直观与知性是彼此不同的，这个事实就提出一个新的问题了，因为我们不禁要问到，这样基本上不同的两种能力如何能使之合作呢？康德的答复是：想象力使之成为可能。完成在直观中给予我们的种种表象之综合的不是知性而是想象力。首先，我们必须问，何以康德认为知性本身不可能完成这个综合，而且要认为必须在直观与知性之外还得要假定心的一种第三个能力的存在呢？答复就是，康德相信知性是单纯思维能力。它只能产生综合的规则，而这些规则不过是一些功用。为了指出它们作为单纯功用的性质，康德如我们所曾看到的，称那为它们结合起来的东西为先验对象——一个单纯的 x。同样地，先验统觉也可说是一个单纯的 x。而这的意思就是，正如对象只要它是只被看为知性的对象，并不包含任何杂多，同样地心之作为思维的能力，就是说，心的就其不过是知性来说，乃是空洞的，乃是单纯一个 x，而关于它的思想内容就完全依靠在直观里所给予它的东西的。统觉单以它自身来说，乃是用综合的某些规则来确定杂多的一种能力，而要被综合的东西是不能属于那能确定的能力的。直观就不同，它是完全被动的，完全不能确定的。想象力就必须填补这个空隙；而它又是有资格来这样做的，因为依康德的见解，它既是能确定而又是能被确定的，就其能使我们从一个表象过渡到另一个表象来说，它是心的一种能确定的能力，因而它是完成在直观所与的表象的综合的；然而它依然是在单纯可确定性的范围内，也就是说，在直观的范围内，想象力本身并不产生任何综合规则。它所完成的综合是毫无确定的，而那就是何以康德称它为灵魂的一种盲目作用。“一般的综合，如我们将在后面所看到的，乃是想象力单纯的结果，是灵魂的一种盲目的可是不可或缺的作用，没有它，我们就没有任何知识，但是对于它，我们是几乎意识不到的。把这种综合带到概念那里去乃是属于知性的一种作用，而我们第一次获得真正可称为知识的乃是通过知性的这种作用的。”①

康德把两种综合分辨开来，(a)智性的综合(synthesis intellectualis)和(b)形象的综合(synthesis speciosa)。范畴单独来考虑，含有智性综合的原理，那就是说，一种没有直接涉及直观或杂多的综合，其综合的各种不同活动乃是思维的单纯作用。如果我们的思维要得到内容，我们就必

---

① B103。

须使知性的规则和直观与其所给与的东西有关系。这之所以成为可能乃是由于和直观直接联系的那种心的能力，即想象力。想象力是和直观联系的，由于它是有关于感性表象的；而它又是和知性联系的，由于它使我们能够联系表象，因而就具有一条自发性的原理。但是，因为它缺少综合的明确规则，它就不能产生任何知识，而是完全依靠要给它准备规则的知性。“但是形象的综合，如果把它只在其对于统觉的原始综合的统一的关系上来看，那就是，在其对于在范畴中所思维的先验统一的关系上来看，而为了和只是智性的结合区分开来，就必须称为想象力的先验综合。想象力乃是在直观中表现一个本身不在当前的对象的这种能力。然而由于我们一切的直观都是感性的，所以想象力，由于只有在它之下才能给知性的概念以其相应的直观的这种主观条件，就是属于感性的。但是就其综合是自发性的一种表现来说，而自发性是能确定的而不像感官那样是只可确定的，因而是能关于其形式在验前按照统觉的统一性确定感官的，想象力在那种限度内就是验前确定感性的一种能力；而它的直观综合，纵然是依照范畴的，也必须是想象力的先验综合。这种综合乃是知性对感性的一种作用(Wirkung)；而且是它对于我们可能的直观的对象的第一种应用——因而也是它的一切其他应用的根据。作为形象的综合来说，它是从智性的综合区别开来的，智性的综合只是由知性单独进行的，并无须想象力的帮助的。”①

看来很奇怪，康德在这里把想象力下定义为在直观中表现一个本身不在当前的对象的能力。其实很容易看出何以他这样做，因为把表现一个本身不在当前的对象的这种能力归之于想象力，他就清楚地指出想象力是介于直观与知性之间的，而且是和两者都有其共同之处的。直观是完全被动的：它只接受互不相干的一些表象。想象力说是使我们能够想到一个不在当前的对象的一种能力。如果它是要能做到这点，它所能做的必须是多于只是接受一些表象。我们必须还有一种把不同的表象联系起来的能力，而这就意味着想象力提供我们以综合的某一定的原理。但是不得把这种原始的综合和知性的规则所已经带到概念那里去而确定了

① B151，152。

的综合混淆起来。想象力的综合(synthesis speciosa)依然还在感性的范围内,而在我们说想象力使我们能够把一个本身不在当前的对象在心中想象出来,我们的意思不是说这种对象是严格意义上的一个对象。想象力所能做的无非是使我们能够把感性的表象叫转来而把它们结合起来,而那就是康德何以说它是在直观中表现一个本身不在当前的对象的能力。

必须记得,康德认为表象的综合和给它以统一性的原理是属于心的两种不同的能力的。综合是由想象力完成的,而综合的统一是知性与统觉所达到的。“表象的综合以想象力为基础,而判断所需要的而为它们所具有的综合统一性是以统觉的统一性为基础的。”①依康德的见解,这两个事实是不容置疑的:(a)综合实际上是想象力所完成的,和(b)想象力的综合必须由概念来确定。只要这点还没有做到,而综合没有为范畴与统觉所确定,就不能有关于对象的实在经验。如果我们是要有一个对象呈现出来,我们就必须能够使我们的表象和一个自我意识有关;而那是知性的工作而不是想象力的工作,因为想象力只是感性的能力。迫使我们以综合的活动归之于想象力的也就是想象力的这种感性的性格,因为想象力的直接和直观与感性联系是由于它具有这种性格。这也是一种理由何以我们不能把统一的原理归之于想象力,因为我们除了借助于思维就不能发生观念的实在统一,因而我们关于这样的统一的观念不能得自一种感性的能力。“必须要加在纯粹想象力之上而使得它的作用成为智性的,就是这种统觉。因为既然想象力的综合只像杂多在直观中出现那样把它联系起来,例如在一个三角形的形象里,所以虽然它是在验前运用的,但是它以其本身来讲,总是感性的。而属于知性的概念是通过杂多和统觉的统一的关系而使之活跃起来的,但是只有借助于想象力,它们才和感性直观发生关系。”②

何以能使直观与知性合作这个问题现在已经解决了,康德的解答乃是这种合作是想象力使之有其可能的。想象力乃是直观与知性之间的中间环节,而因它,人类心灵就能把关于心的绝对不同的两种作用联系起

① B194。
② A124。

来。看来可能是，如果康德不相信直观、想象力和知性是作为心的独立部分而存在的，他就不会提出这个问题。可是，如我们已经指出的，事实并不是这样的，康德是深信人类知识的各种要素是相互不同的，但是他并不把在人类心中独立的存在归之于它们的——其实他是进行说明它们是相互依赖的。为了发生知识，直观、想象力与知性是要结合的。事实上，它们总是结合起来的。除非直观以一种所与的杂多呈现给我们，知性把这所与的杂多从属于综合的规则，而想象力又使知性和直观互相发生关系，否则知识就不会存在。这一切都是同时发生的。所给与先验哲学家的乃是人类知识的整体，而直观、想象力与知性是这个整体的各部分。

判断与图型法

跟在先验演绎后面的分析论之那部分（先验分析论的卷二）康德标题为原理分析论。后来他增补了这个标题，而称之为判断的先验论（或称原理分析论）。

为要了解何以康德这样修改，我们就得要参考两段的导言，在那里康德是解释他用的“判断力”（Urteilskraft）的词所指的是什么意思。

他告诉我们说，判断力乃是那种心的能力，它使我们能够决定某一特殊事例是否是一条普遍规则的一个实例。不能把这种力量归之于知性：因为知性只能产生概念，不管是经验的概念或验前的概念，而一切概念都是普遍规则①。

知性是和特殊东西的范围毫无关系的，而要决定一个特殊事例是否是一条普遍规则的实例，我们就需要一种特别的能力，那就是判断力。

使我们能够把特殊东西统摄在概念之下的乃是判断力。康德用实例来说明这点。一个医生可能掌握了许多极好的病理规则，然而在检查一个特殊病症时，还不能决定这个病症是否是他所知道的一条普遍规则的一种实例。一个政治家可能背熟了许多规则，然而可能还对于决定哪些特殊事例从属于它们是无所措手足的。

① “一个概念，以其形式来说，总是普遍的某东西，作为规则用的。”（《纯粹理性批判》，A106。）

这两个人是缺乏判断力的。他们是“抽象地理解普遍，而不能在具体上辨别一个事例是否从属于这个普遍的”①。

到此为止，我们是有关于一般的判断力的（Urteilskraft überhaupt）。一般的判断力可描述为把特殊统摄在概念之下的那种能力，决定特殊事例是不是普遍规则的实例的能力。谈到经验的概念，是不难看到统摄是怎样完成的。只有特殊和概念有其共同之处，我们才能把一个特殊统摄于一个概念之下。一定要在特殊与普遍之间有某种同质。在一个经验的概念的情况下，很容易了解在一个个别对象和一个普遍概念之间这样的一种同质是怎样能存在的。我们形成我们经验的概念乃是借助于从个别对象的抽象的。我们拿不同的个别对象，按它们共同的特征，进行比较而这样就达到一个经验性概念；并不奇怪，我们在个别对象中，认识到某东西是它们和它们是其实例的那个概念所共同的，例如我们在我们所看见的一只个别的狗里面发现一些特征，使我们能够把我们的这个表象统摄在狗这个普遍性概念之下。

但是对于先验哲学有关的一些概念，也就是验前的概念，或者说范畴，上面所说的怎能仍然是有效的呢？我们如何能说个别的对象是范畴的实例，而且我们如何能够把所与的直观统摄在范畴之下的能力归之于先验判断力这个心的能力呢？范畴的根源是在心里而不是得自个别对象的抽象的，那么怎能在个别对象中有其与范畴相应的任何东西呢？我们曾知道，为了有一个对象呈现出来，人类的心灵必须有通过它而一种杂多可以对它被给予出来的直观力量和借助于它这个杂多可以作为一个对象而被确定的思维能力。这样，问题就发生了：知性的验前概念，关于对象的知识的必需条件，怎能应用于直观呢？假定有某东西在直观中被给予而和一个纯粹范畴相应的，这岂不是悖理的吗？我们怎能对于一个特殊的事例说它是一个验前概念的实例使得它能统摄在这种概念之下呢？说到一个范畴，认为它能通过感觉被直观到，或者说它是包含在出现的东西里面，是悖理的，而其结果就好像没有可能来相信范畴是能应用于出现的东西的。

① 《纯粹理性批判》，B173。

康德对于这个问题的解答是在关于知性纯粹概念的图型法这一章里作出的。他的论证可以如下来述说。为了使出现的东西有可能统摄在范畴之下,就必须有第三种东西,它在有些方面是和范畴同质,而在其他方面是和出现的东西同质的。这种中间的表象(vermittelnde Vorstellung)必须在一方面是智性的,像一切范畴那样,而在另一方面是感性的,因而是有某东西和所与的出现东西共同的。介乎出现的东西与范畴之间的这种表象,康德称为“先验图型”,他把它描述为“时间的先验确定”。

“知性的概念含有一般杂多的纯粹综合的统一。时间作为内感官的杂多之形式条件,因而作为一切表象的联系之形式条件,是含有纯粹直观中的一种验前杂多的。然而时间的先验确定,以其是普遍的而以一条验前规则为基础的,所以在这个限度内它是和构成它的统一的范畴同质的。但是,在另一方面,由于时间是包含在杂多的每一个经验的表象里面,所以在这个限度内它又是和出现的东西同质的。所以范畴的应用于出现的东西,是由于时间的先验确定而变为可能的,这种时间的先验确定,作为知性概念的图型,就成为出现的东西之统摄在范畴之下的中介。”①

为要了解这点,我们首先得要说明康德用“时间的先验确定”这个短语是指什么意思的。得要注意,他所指的不是时间以其自身来说所有的一种属性,而是我们所有一切表象,就其是被知道在一个时间里面被结合起来而具有的一种特征。我们从先验演绎中是已知道,我们的表象在时间中的结合乃是由于想象力的先验综合而成为可能的,使我们能够把我们诸表象的杂多在一个时间中结合起来的乃是想象力。但是又曾说明,如果人类的心灵要成为觉知到对象的,诸表象的这种结合必须为明确的规则所确定。关于图型法这一章的基本问题可以这样来提出:我们如何在感性的对象中发现使感性对象符合于纯粹范畴的那些特征?可以把康德的答复这样来概述:如果想象力在实行我们表象的结合时,是按照范畴而确定它自己,那么就要产生某东西,在一方面是和我们的感性表象同质的,或者更简单地说,是和感性对象同质的,而另一方面是和范畴同质的。这种某东西就是先验图型:它乃是想象力加在纯粹杂多上面的一种特征。

① 《纯粹理性批判》,B177,B178。

康德明显地说，图型在其自身说来，总是想象力的产物[1]。不同的图型所共同的东西就是它们全都是和纯粹范畴有相互关系的感性东西，而且它们都是想象力所产生的。可以用一个例子来说明。根据和后果在其本身来说乃是思维的一种单纯形式，它和时间是没有关系的；而只从这个范畴的分析，我们是不能看出它是否适用于时间中的对象的。可是我们能引入对时间的关系，这是想象力使之成为可能的，因为想象力产生"时间中必然相继"这个图型。这个图型就把这个范畴限于时间中的对象，根据和后果这个纯粹范畴就得到了一种更确切的意义。它变成了图型化的范畴，变成了总是在时间中先行于其后果的根据这个概念，即因果的范畴。除非想象力产生出来必然相继这个图型，否则那纯粹的范畴是不能变为这个图型化的范畴的，因为这个图型提供出来纯粹范畴的感性相关物而使这个纯粹范畴对于出现东西的应用有其可能。必然相继这个图型指出一个事件 A 总是为 B 这个事件所继续；如果我们在出现的东西中发现这样的一种关系，我们就可把它看为是包含在这个纯粹范畴里面的那条规则的一个实例，而且能把它统摄在因果这个图型化的范畴之下了。

不管是怎样困难来在细节上了解康德的论证(这在这里并不是我们的事情)，而把握住他的主要思想是可能的。

按他的哲学来说，范畴乃是纯粹思维的产物。它们是得自判断的各种形式，而就其本身说来，是和感性的出现的东西没有关系的。用他自己的话语来说，范畴乃是智性的而出现的东西是感性的。这样一来，这个问题是必须发生的：我们怎能说出现的东西是对范畴有关系的呢？纯是智性的范围与纯是感性的范围如何能结合在一起呢？他的解答就是先验的图型使之成为可能，因为先验的图型是先验想象力的产物而含有感性成分又含有智性成分的。先验的图型和范畴与出现的东西都是同质的，而这样就使范畴对于出现东西的应用，或者说出现东西的统摄在范畴之下，有其可能。

只要我们是以为康德相信心灵不同的能力的存在而且它们相继地完成某些操作的，那么关于图型法这一章就像先验演绎一样，是一直完全不

---

① B179。

可理解的。康德在《纯粹理性批判》一书里所从事的乃是分析包含在人类知识里面的东西。他绝不相信，我们获得关于对象的知识首先是由直观领会到在一个时间里的种种表象，然后借助于先验想象把它们在这个时间中结合起来，然后又把它这些像这样结合起来的诸表象和范畴发生关系而使得能够把统一性给与加在杂多上的结合。

康德给我们的，不是关于我们知道一个对象时，在实际上发生的东西的一种心理学的分析。他是分析思维而说明在它里面包含着的是什么；而在关于图型法这一章里，他所关心的乃是这个问题，即我们怎能把感性对象看为是表示范畴出来的，或者用专门的术语来说，我们如何能统摄出现的东西在范畴之下。

我们可以反对康德提出他的问题的方法。我们可以不同意他对问题的解决，而且可以因他阐述的模糊不清而埋怨。但是我们不得忽视这个事实，就是他和一个实在的问题在挣扎着，这个问题是在一切的时代里占住了哲学，是关于普遍与特殊的关系这个问题，是关于思维与实在性两者之间的关系的问题。

理性——辩证论

不去管分析论的其余部分，我现在就转到辩证论来了。我将设法把它的一般原理提出来而特别关心对于理解第三部《批判》不可缺少的那些论点。先验辩证论所讨论的心灵能力乃是理性。按照康德的定义，理性乃是原理(Prinzipien)的能力，以别于规则能力的知性。康德是以下面的方式来描述他所谓从原理而来的知识是如何理解的。“从原理而来的知识单独是指……那种知识，在其里面，我是通过概念而在普遍中认知(erkenne)其特殊的。”[①]我们曾看到，依康德说来，知性乃是使(在直观中所与的)特殊从属于某些普遍规则的那种能力，这是为想象力的综合使之成为可能的。理性所遵循的是一条完全不同的原理，因为知性以普遍规则而确定直观，并不去管特殊与普遍这两者之间的联系，而理性则要求特殊在它们的存在方面和它们的秩序方面完全为普遍概念所确定。理性是

① B357。

先行假定有从单纯概念而来的综合知识之存在的。这样的概念才是本来意义上的原理,而知性的普遍概念和原理(Grundsätze)只是比较意义上的原理。“那么,知性绝不能提供任何从概念得来的综合认知;而这样的认知才正当地、毫无条件地称为‘原理’。可是一切普遍性的命题都可在一种比较的意义上说为‘原理’。”①

理性把知性的概念从直观孤立开来,而就它们是概念来说,才和它们有关的,它是不管它们作为经验的条件的,那就是说,不管它们作为必须应用于直观的综合的普遍规则这种性格的。理性预先假定知性的规则作为这种规则来说是应该从属于某些更高的原理的。

发现康德相信理性只和知性的概念有关,可能好像是奇怪的,可是并不很难明白何以他得要假定这点。我们刚才看到他认为理性是原理的能力而且认为原理的有别于任何一个概念就是因为它使我们能够从它得出特殊来。我们称某东西为原理,意思是说我们有可能从一个普遍概念了解在它底下的特殊的完全性质。如果只要在特殊与普遍概念之间的这样的联系是有可能的,那么这些特殊与普遍就一定是属于一个范围的了。直观所给予我们的无非是单纯特殊。这些特殊是从外边给予我们的,而心关于它们的内部性质是不能确定什么的。知性的概念只是安排好所与的特殊直观,而并不把它们作为这样的直观加以确定。因此之故,我们必须认为自然要绝对为一个普遍概念或者说一条原理所确定的特殊不能属于直观的范围,直观的作为直观来说,是不可确定的。可以为一个普遍概念所确定,而且从这样的一个概念而单纯得出并被知道的东西必须是知性概念的本身。既然是知性概念的范畴和是理性概念的原理都属于一个范围,那么认为有可能范畴是完全依赖原理,这不像是不合理的。理性实际上所要求的就是知性所获得的一切知识到了最后都要依靠某一些最高的原理,因为只有这样,理性的基本理念,即知识的完全体系这个理念,才能看为是能实现的。“如果我们在其全部范围里考虑知性替我们获得的知识,我们就发现在其对于知识这个全体的态度上是理性所特别与别不

① B357,B358。

同的东西,乃是理性规定出来而且设法去完成它的系统化,也就是说表示出它的各部分按照一单条原理的联系。理性的这种统一性总是预先假定着一个理念,那就是知识全体的形式这个理念——这是先于各部分的确定知识的全体,含有在验前给每一部分确定其地位以及对其他部分的关系的条件的。据此,这个理念就在知性所获得的知识中作为先决条件而要求有一个完整的统一,由于这个统一,知性所获得的知识就必须不是单纯的一种偶然的一大堆,而是按照必然规律的一个体系。"①

如果我们关于理性所知道只是它要求有系统的统一,我们也就能够只从这点推论出理性不能是有关于经验的世界的,因为这个世界所能有的唯一一种的统一乃是知性所加在它上面的统一。固然知性所产生的规则在其自身里面是含有统一的,因为知性乃是给想象力的综合以其统一的那种心的能力,但是这种统一不是系统的统一。知性不能产生一种直观的体系,也不能想到这样一种体系的理念。知性不能问,何以它必须完成直观的综合。它完成这个综合是依照它本来的性质的。试举一个例子来说:知性预先假定每一个所与的事件都必须依靠决定它的某东西,它是从一个事件进行到另一个事件,而且总是假定某另一东西作为这所与事件的条件。因为这样,它就不能想到那些条件的体系这个理念,它并没想到要使它们依靠一个最初的条件。但是条件的一个体系的存在是依靠一个最初条件的存在的,依靠无条件的某东西的,我们的理性所作出的假定乃是说一定有这样的一个最初的条件的。在它的一种体系这个理念的指导下,它就推断自身受着条件限制的东西不能是其他条件的始因。在其里面每一个对象都是依靠着某另一东西的感官世界之外,必然是存在有某东西不依靠任何感性的条件的。知性一直是无限制地追求条件,而从来不问所有条件的总和能否为人所知道。在另一方面,理性就不容许这样的一种无限的回溯。它推论说,除非所有的条件的全部都被给予出来,否则从来就没有什么对象是实在为我们知道的,并且事实上就没有对象能存在。所作出的推论是这样的:所有条件的总和不能被给予出来,除非是有不属于这个系列的第一个项。因此,无条件的东西就必须存在。"所

① B673。

以理性的先验概念无非是任何所与的受条件限制的东西的条件总和这个概念。可是，既然使所有条件的总和有其可能的，唯有那不受条件限制的东西，而且颠倒过来说，所有条件的总和，其本身总是不受条件限制的，那么理性的纯粹概念一般就能以无条件的东西这个概念来说明，这个无条件的东西是想象为含有受条件限制的综合的根据的。"①

有不同的三类理性的概念，或者说先验理念，都是基于推理的同样一条原理的。在每一种情况下，理性都是推论说，既然受条件限制的是被给予出来的，其所有的条件的总和，因而那不受条件限制的东西，也必须是被给予出来的。这样一来，就发生了三个理念：(a)认识的主体的一种绝对的条件这个理念，即灵魂作为思维的一切活动的绝对条件这个理念；(b)对象（世界）的绝对条件这个理念，即宇宙论的诸理念；和(c)一切一般东西的绝对条件这个理念，即上帝理念。这样，我们就有三种不同的科学：理性的心理学、理性的宇宙论和理性的神学。先验哲学家尽力想要做的工作就是要发现理性在其所有的要求上是否有其正当的理由，而且全都是依靠理性的概念的有效性的理性的心理学、理性的宇宙论和理性的神学是否根据于正确的原理的。

理性的心理学——谬误的推理

我们可以从康德对于理性的心理学的批评开始，他说，自称为科学的理性的心理学，实际上是基于"我思"这一单个命题的②。思维，如果是要成为思维的话，必须是出自一个原来的主体的。一切思维的活动必须属于思维的一个原来的主体。思维的主体必须是实体，那就是说，对于它的关系来说，一切思维的活动只是从它而发生而为它所产生的偶然的东西，一切思维的活动都是受条件限制的，而且是依靠思维的自我以存在，而这个自我作为它们的原本根源乃是不受条件限制的。一切思维必须涉及的自我这个理念是可能的，而且事实上是必要的，这个事实证明，所思维的那个杂多一定是来自本身是单纯的灵魂。这样，灵魂作为思维

① B379。
② B400。

的主体乃是(a)实体,(b)单纯的,(c)在数目上,关于它在不同的时候而存在,是同一的,而且(d)在其对于空间中可能各对象的关系在数目上也是同一的①。

先验哲学家对于这样的一种论证,有什么可说的呢?他并不否认,除非所思维的是能以一个原始的、同一的自我为准标,否则"我思维着某东西"这个命题是完全无意义的。可是,他知道,一切思维的活动都必以一个同一的自我意识为准标这种必要性所证明的,不过是一切概念都必须根据于先验统觉而已。然而先验统觉以及从它得出来的知性概念,如在分析论所说明的,乃是纯然作用;而这些作用,如已又是说明了的那样,是不能靠其自身确定什么对象的。

所以在其肯定说,除非我们能够把我们的诸表象在单一的一个自我意识里统一起来,否则就没有对象能为我们所知道,先验心理学是正确的。然而这并不意味着我们借助于单纯的思维就能确定一个对象。要明白这点,我们只需记得,我们的能够证明知性概念的有效性和它们作为统一的基本原理而依靠的统觉的有效性,是靠说明它们乃是一个出现的东西的世界的构成,也就是所与的直观和把它们联系起来的综合功用所对我们呈现出来的这样一个世界的构成,所必需的作用。范畴是有效的,因为它们是我们之能在一个自我意识里统一我们的各种直观所需要的条件,而且因为没有这样一种能力,我们就不能有经验的对象的。理性的心理学犯了一种基本的错误,乃是在于它认为可能把思维从直观分开。它从思维的活动中拿走了它们的唯一目的,即综合直观这个目的。它正确地推断说,一切思维活动必须以一个同一的自我意识为准标,可是把思维的活动从直观孤立开来,它就错误地推断把思维的原本根源作为一个独立的对象确定下来是可能的。它妄想在这种方式上获得关于灵魂作为一个对象的知识,但是在这点上,它是完全错误的。"我的知道一个对象,并非只是由于我有所思维,而只是在于我关于一切思维所在于的那个意识的统一,确定一个所与的直观。"②先验心理学所用的论证完全失败,因为

---

① B402。

② B406。

它没有估计到这个事实,就是为要知道一个对象,不管是外部经验的对象(如一个物理的对象)或者是内部经验的对象(人类灵魂,即先验心理学所想要确定的对象),我们必须使用两种不同的心灵能力:给与我们来确定的杂多的直观,和给我们以确定这个杂多的规则的知性。在分析论里已经说明,人类心灵不能知道自在之物,其理由就是我们不能借助于单纯思维而知道对象。我们现在能够看到,为着同样的理由我们不能如我们实在是那样而知道我们自己,只能如我们出现那样而知道我们自己。“思维一个对象和知道一个对象并不是同一回事”①,这是曾经作为一条一般的真理说明过的;而现在我们弄清楚了,这是适用于经验的每一个对象的,适用于灵魂正如适用于其他对象一样。在康德关于谬误推理的批评所用的论证②和他在演绎中的论证,两者之间的一致在原属于演绎的下面一段里是能看到的:“可是为了知道我们自己,除了思维的活动之外,都是把每一个可能的直观的杂多带到统觉的统一去的,还须有直观的一种确定方式,即这种杂多从而被给予出来的方式,所以就自然地推断出来,虽然我的存在,事实上不是出现的东西(更不是单纯的幻相),但是我的存在的确定只能按照我所结合的杂多在内部直观被给予的特别方式,符合于内感官的形式才能发生的,因之我对于我自己所有的知识,不是如我是什么那样,而只是像我对我自己出现那样的。这样一来,虽然是有了一切[用来]通过杂多在一个统觉里的结合而构成一个一般对象的思想的范畴,关于自我的意识仍然远远不是关于自我的知识。正如要有关于不同于我的一个对象的知识,我除了关于我的意识之外,还需要我用来确定那个一般概念的直观,同样地,要有关于我自己的知识,我除了关于我自己的意识之外,还需要在我里面关于这个杂多的直观,是我用来确定这种思想的。我的存在,是作为一个只意识到其能结合的这种力量的智力;但是关于它得要结合的杂多,我是为一种限制的条件所制约的(这条件是称为内感官的),那就是说,这种结合是能按照时间的关系被弄成为可直观到的,而这些时间的关系是完全处在严格看来的知性概念以外的。所以,这样的一

① B146。

② A341～405,而在B406～432则更简短地重述。

种智力，关于一个不是智性的而不能为知性自身所给予出来的直观，就只能如它对自己出现那样知道自己，不是如它若果它的直观是智性的那样知道自己。”①

在这段里需要加以解释的唯一论点就是康德对时间的强调。这种强调的理由就是所讨论的对象乃是自我，而自我不是外感官的对象，乃是内感官的对象。然而按照先验感性论的学说，时间乃是一切出现的东西的形式上验前条件，而空间只是外面出现的东西的形式上验前条件②。何以一切出现的东西必须符合于时间，其理由就是我们对于一个出现的东西的觉知是在时间中发生的。此外，我们必须记得在《纯粹理性批判》里处理范畴的图型法的一段中，康德说明范畴的作为范畴来说，乃是单纯逻辑函项，而它们是从它们的应用于作为内直观的形式的时间中获得它们作为经验的条件这种意义的。这就是何以范畴必须图型化，而图型，依康德的定义，不过是时间的一种先验确定而已。

我们可以引用两段文字来结束我们关于纯粹理性的谬误推理的阐述，这两段文字是清楚地说明康德用来驳斥先验心理学所提出的各种论证的。“那么，关于我自己在一般思维中的意识的分析，其所产生的丝毫无助于关于我自己作为一个对象的知识，一般思维的逻辑阐述被误认为对象的形而上学确定。”③“在范畴基础上的意识的统一在这里被误作主体作为一个对象的直观，而实体这个范畴就因之应用于它了。但是这种统一只是思维的统一，只靠它，没有对象被给予出来，因而那总是预先假定有所与的直观的实体范畴就是不能适用的。结果就是这个主体不能为人所知。范畴的主体不能由于思维这些范畴而获得关于它自己作为这些范畴的对象的一个概念。”④

理性的宇宙论——二律背驰

我们现在就可转到康德关于宇宙论的理念的学说了。康德称之为

① B157～159。

② B50～51。

③ B409。

④ B421，B422。

“二律背驰”，因为毕竟理性总不会想出一个宇宙论的理念而同时不想到另一个理念是肯定某东西正面和第一个理念所肯定的相反对的。宇宙论的理念，其目的是要把客观的综合从属于绝对统一的原理。客观的综合是有关于一个所与的出现的东西的客观条件的综合，它追求使所与的出现的东西成为可能的一切条件，康德称这为回溯的综合。他描写理性用来论证这一类型的综合的方法和它所得到的结论。一个受条件限制的出现东西，那就是说一个依靠着使它发生的那些条件的出现东西，除非它的一切条件都是先于它而存在，否则是不可能存在的。其次，条件系列不能是无限的，因为一个无限的系列，也就是说，一个含有无限数的项，而每一项都依赖某另一东西作为它的条件的，不能在有定限的时间内得到完成。结果就是，我们就得要预先假定系列有一个第一项的存在，这第一项是不依靠任何另一东西的，因而就能称为不受条件限制的。像这样，理性就想出这个理念，以为世界在时间中必有一个绝对的开头。而关于空间又必须是有限制的[①]。因为除非是有空间与时间中一种绝对界限的存在，在这种界限以外，回溯的综合是不必进行的，否则就没有空间或时间的有限部分能够存在。回溯的综合之可能是依靠有达到其始点之可能的。回溯的综合不能永远继续进行。关于时间，是比较容易了解这点的，因为容易看到“任何所与的受条件限制的东西，其条件系列的绝对总和这个先验理念只有关于一切过去的时间；而依照理性的理念，作为所与的东西的条件的过去时间必然是被思维作在其整体上被给与的。”[②]我们在这里看到，对理性来说，是自然要推论说，既然每一所与的片刻都是依靠过去了的时间，那么全部过去的时间必然是被给予的，而时间的系列就必然是有限的了。

要明白何以理性会相信上述的同样适用于空间，那就困难得多了，因为空间各部分是并存的，因而并不属于一个系列而是构成并存各部分的一个单纯集合而已。可是，看来虽然空间各部分是同时并存的，但是领会到它们的综合是相继的；那就是说，它是在时间中发生的。如果空间的不

① 第一个冲突的正题，从 B454 起。

② B438～439。

同部分的这种综合是要在任何时候得到完成，我们就必须加以限制。这就是何以理性预先假定空间的每一部分都为一切其他部分所限制，而且假定有回溯的综合能在其上面截止的空间的第一部分的存在。“所以关于限制方面，空间里的进展也是一种回溯，而在条件系列里的综合的绝对总和这个先验理念同样是适用于空间的。我对关于出现的东西在空间里的绝对总和能同样合理地进行探讨，正如探讨过去时间中的绝对总和一样。”①

理性在这样证明了空间与时间必须是有限制的之先，又能以同等的说服力来证明这不能是真的，这是一件值得注意的事实。理性想出直接和那第一个理念相反的一个第二个理念，而且尽力去证明它的有效性，那就是说，证明世界在时间中不能有任何绝对的起头而空间又不能有其界限。其论证是如下面那样的。不能有时间中任何绝对的起头，因为如果我们是假定这样的一个起头的话，我们就得要承认一个空洞时间的存在，而这样的一个空洞时间就是绝对未确定的，那就是说，有与无的分别对它是不能说的。可是，如果这样的一个空洞时间是存在的话，那就任何东西都绝不会发生；因为所谓“发生”的意思就是指在所与的片刻存在的东西，在以前一片刻是不存在的；但是一个空洞的时间不会有什么性格是我们能借以把它辨别为前于某其他一个片刻的。一个空洞的空间这个理念是同等悖理的，因为如果我们是假定世界为空洞的空间所限制的话，那么世界对于那个空洞的空间的关系就会是它对于没有对象的关系了。“但是这样的一种关系是虚无，而其结果，世界为空洞的空间的限制也成为虚无了。因此，世界在空间里不能是有限制的，也就是在其广袤方面，世界是无限的。”②

我们不必去逐一考查所有的二律背驰，因为在每一个二律背驰里，康德所从事研究的都是同样的事实，就是这个事实，即我们的理性发现不可能容许回溯的综合是有限制或无限制的。理性证明空间与时间是有限制的，每一个物体都是单纯的部分所组成的，按照自然律的因果作用不是唯

① B440。

② B457。

——种存在的因果作用，而另有别一种因果作用，即自由的因果作用，而且存在着一个绝对必然的存在者。而在已经证明了这些命题之后，理性又进而证明其反面：即空间与时间是无限制的，物体是无限可分割的，按照自然律的因果作用是存在的唯一一种因果作用，而且没有绝对必然的存在者在世界中存在。

如果我们要解决纯粹理性的二律背驰，我们就必须估计到两个不可争论的事实：(a)在二律背驰中所显示的宇宙论理念都是基于错误的假定的，因为不然的话，它们不能互相矛盾的；和(b)宇宙论理念都是有某种意义的，因为它们是理性的必然产物，像范畴是知性的必然产物一样，而作为理性的必然产物是能合理地使用的①。

在我们检查所有宇宙论的理念的时候，我们发现它们所共同之处就是它们认为回溯的综合像是本身被给予似的。从这个综合的总体是所要求的这个事实就推断它的对象即世界，必须是有限的或无限的。可是我们在这里只需记得，按照先验哲学的原理，不能把世界看作自在之物的世界，就是说不能看作一个独立于知道它的心而存在的一个世界。世界是纯然出现的东西，而当我们研究这样一个出现东西的条件时，我们不是研究独立于那回溯的综合而存在的对象。那些条件不能和研究它们的心分开。如果对象的世界是独立于我们的心而存在的话，我们就推断说受条件限制的对象只有由于一个不受条件限制的东西的存在而才能存在，这是正确的。但是对于出现的东西来说，这就无效了。

在正题与反题中所犯的错误是同样的。在正题中，理性以为有可能来确定世界为有限的大小量的一个对象，因为综合的原理像是使这样的一种假定成为必需的，而在反题中，理性以为有其可能来确定世界为无限大小量的一个对象，因为综合的原理从不同的方面考虑又像是使那种假定成为必需的。二律背驰的发生是因为没有估计到这个事实，即"条件系列只是在回溯系列本身里才能碰见，而不在出现东西[的领域]里碰见，看

① 理念的一种主观演绎必定是可能的(B383)。按照理性的原本规律，理念乃是理性的必然产物(B396)。它们不是虚构的并且不是偶然发生的，而且是从我们理性的本性得其根源的(B397)。

作先于一切回溯而作为在其自身并且靠其自身给予出来的一个东西”①。

我们现在就看到，世界是具有有限的或无限的大小量这个问题，是完全无意义的。世界只在追求其条件的那个经验的回溯中才对我们给予；而且既然这种回溯永远不在其绝对的完整性上被给予出来作为是有限的或无限的，所以关于世界的作为这样一个世界是有限的或无限的这个问题是不能提出的。

理念的制约性使用

我们曾说过，康德认为它完全不可能，理性是偶然想出它的理念而这些理念对于人类知识来说是毫无好处的。所以我们下面的任务就是要确定理念的意义。

像所曾说明的那样，在理性的一切理念的基础上的原理乃是总体性这条原理。宇宙论的理念把这条原理应用于我们对于所与的一个出现东西的条件的追求。在设想一个宇宙论的理念的活动中，我们假定一个所与的出现东西的一切条件，其本身一定是被给予出来的。我们已经看到，这是一种错误的假定。理性错用了总体性这条原理。这条原理的给予人类理性，不是要使它想象它的对象的一切条件都是给予出来的，而是为要刺激它去寻找它的对象的所有条件。我们所当然要做的乃是尽力寻找一切条件的总体，但是这并不是说这些条件是对我们给予出来的，乃至不是说我们在什么时候将要能够完成理性的要求的。总体这个理性乃是一个理想的极点，在感性的世界里是永远不能达到的。它是为我们布置的(aufgegeben)任务，而不是给予(gegeben)我们的东西。“既然感性世界的条件系列没有看作自在之物的最高项是通过宇宙论的总体原理被给予出来，而只能作为一种任务被布置而需要在条件系列中进行追溯的，所以纯粹理性的这条原理，得要照这些情况加以修正；然后它才保持其有效性，固然不是作为我们实际上在对象中思维的总体的公理，而是作为知性的，因而也就是作为主体的一个问题，使之按照这个理念所规定的完整性

① B533。

进行而且继续其任何所与的受条件限制的东西的条件系列之回溯。”①

只要我们把理性的理念作为一条组织性的原理，那就是说作为能够使我们确定一个对象的原理来看，我们就是误解了它的。我们所能确定的唯一一种对象乃是属于感官世界的对象，因而是受条件限制的。所有理念所涉及的对象都是不受条件限制的，作为这样的对象来说，它是永远不能为我们确定的。理性的理念必须只看为制约性的原理或者说思想的规则。固然要设想这样的理念，我们就得要超出感官的世界，但是我们不得想象这就给与我们关于超感性对象的知识。理性的理念乃是一些规则，推动我们来从一个条件进到另一个条件，而绝不承认这一系列的条件之任何一个是一种绝对的条件。超感性的理念在我们探讨感性世界与其条件的过程中证明其功效，因为它使我们体会到我们所必然一定想到的不受条件限制的东西是永远不能在经验的世界中发现的。“所以理性的理念所能作的不过是对条件系列的回溯综合规定一条规则。而依照这条规则，这种综合就必须从受条件限制的东西，通过一切从属的条件，一直进到不受条件限制的东西那里去。然而它是永远不能达到这种目标的，因为绝对不受条件限制的东西在经验中是不能碰见的。”②

康德的理念学说很明显是和先验感性论与先验分析论的学说紧密地联系在一起的。我们对于这些段落的检查曾把它弄清楚，他的论证的本质就是一切人类知识都含有两个要素，即直观与知性；而且因为这样，所以我们就不能有关于自在之物的知识。我们又曾看到，康德在先验感性论和先验分析论里说明，这样一个自在之物的世界之存在这种假定是必需的，在辩证论里，这点就变为乃至更是明显了。辩证论所钻研的心灵能力是理性，而理性按其本性是必须超乎单纯出现东西的世界之上的，它设想到一个纯然理性世界这个理念。我们关于这样一个世界不可能有任何知识，这是自然从感性论和分析论的论证推论出来的；而在辩证论中，康德只能证实这种推断，但是关于理性的理念这种消极的批评并不叫他免除他的责任而不去确定理念的实在意义。截至此为止，我们主要是谈到

① B536。

② B538。

宇宙论的理念，因而如果我们现在检查一下康德在其里面作出关于他的理念学说的一般概述而且说明一切理念都要看为制约性的原理的那段文字将是有好处的。他在标题为“纯粹理性的理念的制约性使用”的一段中详细地说明了这点，而这段文字是包含在先验辩证论的附录中的①。

康德的论证可以转述如下。理性绝不和一个对象直接有关系，它是对知性有直接关系的。这就是何以它的概念，即先验理念，总不容有任何组织性的使用。可是它们有一种重要的而且事实上是必需而不可缺少的、制约性的使用，就是把知性指向某一定的目标，那是它的一切规则所划定的路线集中于它们交叉的一点，这一点乃是单纯的一个理念，是知性的种种概念实际上不从而出发的一个想象的焦点（focus imaginarius）。但是它仍然可用来给这些概念以其最大的而结合着最广泛的统一②。在这里，康德把关于理念的幻相，那就是说，我们认为它们使我们能知道在可能经验知识的领域以外的实在对象的这种信念，比之于这种幻相，就是在我们相信在镜子中反映的对象实际上是在镜后的时候所发生的那种幻相。在两种情况下，幻相都是必然的，在一种情况下，就是如果我们把知性指向到任何可能的所与经验以外，从而想得到它的最大扩充，而在其他一种情况下，就是如果我们除了摆在我们眼前的对象之外，还看见远在我们后面的那些对象③。

康德接着说，理性使用理念只是作为假设的。理念不是组织性的原理而只是制约性的原理，理性是以知性所拥有的知识的系统统一为目的的，但是不得看这个统一为给予的而只能看为一种设计的统一④。在另一段文字里，康德声称必须只把感性世界的事物认为像是从一个最高的理智得到它们的存在似的，所以这个理念只是一种启发性的概念而不是一个实授性的概念⑤。理念不是从对象的素质得来的主观原理，而是从理性对于对象的知识某一种可能的完整所具有的关心得出来的主观原

① B670～696。
② B671～672。
③ B673。
④ B675。
⑤ B698～699。

理。必须把它们作为单纯准则来看待[①],对于我们是否有正当的理由来假定一个神圣的存在者的存在这个问题,其答复是以我们所指的是什么意思为转移。因为一方面我们毫无权利来绝对地假定它(suppositio absoluta),但是另一方面,我们有充分的根据来在一种相对的意义上去假定它(suppositio relativa)。相对地对于我们的理性以及对于理性在其经验的使用上所追求的统一原理来说,上帝这个理念是必要的[②]。

无需解释,乃至列举,康德作为他的主要学说的例证所提出的各种不同的论证。因为很清楚,他在每一个情况下所想要证明的都是一样的,那就是在理念作为组织性的原理,就是作为能给我们以关于自在之物本身的知识的原理来看,和理念作为只是制约性的原理,就是作为对于能认识的主体的心灵的关系上所必需的原理来看,这两者之间是有一种基本的区别的。我们刚才曾看到,康德把绝对的假定(suppositio absoluta)与相对的假定(suppositio relativa)分别开来。关于这种区别,他这样说:"我们在这里碰见一种区别,对于思维在处理同一个假定的进行上是有其关系的,这有点微妙,可是在先验哲学中是有巨大的重要性的。"[③]这是一种饶有兴趣的说法,因为它说明(a)康德是非常重视理念的组织性使用和制约性使用的区别的,而且(b)他完全认识到这个事实,就是承认这种区别是要依靠承认基本的先验原理的。

我们不能把康德的理念学说和这个学说所依据的组织性原理与制约性原理这两者之间的区别从它的前后文孤立开来。这是一种哲学的一部分,这种哲学是把人类知识看为局限于经验的对象,但是同时也相信经验的世界不能是所存在的唯一世界而且相信必须假定有另一个世界的存在的。这是先验哲学所特有的一种学说,每一种其他的哲学体系要就相信理念给我们以关于实在对象的知识,要就相信理念是毫无意义的。经验主义主张后一种见解,而独断主义则主张前一种。只有我们是假定我们先验的原理才能否定这两种见解,而主张,虽然理性的理念不给我们以关于自在之物的知识,但是仍然使我们能够服从属于一个超自然的世界的

① B694。
② B703～704。
③ B704。

对象这些理念而探究自然的对象。

依肤浅的见解看来，康德的理念学说是充满着种种矛盾的，而且只要把孤立的说法进行对比而不考虑到整个来说，这个学说，总是会有这种前后不一致的假相的。例如我们可以这样问：依康德说来，先验理念是主观的原理吗？关于这一点，我们是听见说，理念不过是主观的原理①，而且它们与对象无涉，所以它们的客观演绎是没有可能的②。然而在另一段里，康德主张理念是具有未确定的客观有效性的③；而我们又发现其他的段落，在其里面，他是像把客观有效性归之于它们的。例如在B679里面，他论证说，我们按照着来寻找统一性的一种原理的这条规律是必要的，因为没有这条规律，我们就完全不能有理性，没有理性，就不可能有知性的首尾一贯的使用，而结果就是我们不会有经验性真理的标准。

可是，当我们把这个论证整个来考虑时，我们所提到的各种不同的说法之间的前后不一致的假相就消逝了。康德的论点乃是必须以一特种的有效性归之于理念以及理念所根据的系统统一的原理。如果所谓客观概念只是指一个概念，它是使心灵能够确定一个明确的对象的，那就是说，如果我们以客观有效性只归之于知性的组织性原理，那么就必须称理念为只是主观的原理。但是，如果我们把客观原理这个名称也给与制约性原理，即这种原理，它们是理性所必然产生，而没有它们，则我们(那包含着理性为一种必需的要素)的知识就会是不完整的，那么理念就是客观的。

从下面一段文字就可看出康德认为他在范畴(知性概念)和理念(理性概念)之间的区别是何等重要的："作为在类别上、起源上和使用上完全不同的识知的理念即理性的纯粹概念与范畴即知性的纯粹概念，这两者之间的区别，对于要包含着这些验前识知的体系的科学的成立，是这么不可缺少的，因之如果没有把它们这样来分别开来，那么形而上学就是一种绝对不可能的事情或者至多也不过是一种无目的的、笨拙的妄图，想要造成一座厚纸制的房屋而不知道所使用的材料是什么，

① B644。

② B393。

③ B691～693。

或者不知道这种材料对于这种或那种用途是否适合。即使《纯粹理性批判》所作的没有别的，而只是把这个区别弄清楚，那么它在形而上学的领域内对于我们[形而上学的]概念的澄清(Aufklärung unseres Begriffes)以及对于自然科学的指导，所作出的贡献要比那一切想要解决纯粹理性的种种先验问题的徒劳无功的努力，即在一切时代中从来没有一点知道它们是在根本上不同于知性的领域的一个领域里工作，因而就把知性的概念和理性的概念相提并论，正像它们是同一个类似的那些人们的努力所作的贡献更多。"①

我们过去在讨论先验辩证论的附录时，曾没有理解的一段是我们现在必须处理的，由于在那里所讨论的问题是将要在《判断力批判》里所再提出来的。我们在后面将要看到，康德在第三部《批判》里对于这个问题的解决是不同于他在这里所提供的解决的；而我们应该熟悉他原来的解决，这是重要的。康德的问题可以这样来叙说：自然科学能否利用自然的系统统一这个理念，如果能够利用的话，是怎样利用的？他的论证是这样进行的，理性乃是从普遍推论出特殊的能力。可是在这里有两种可能：要就是普遍的概念是已知的，而在这种情况下，我们所需要作的只是把特殊统摄于普遍的概念之下；要就是普遍不是给与的而只是假定的，那就是说，特殊是确实的，而普遍还是一个问题，只是一个单纯理念，那么我们的任务就是要考查好几个特殊的事例，为的是要把它们统属于一条普遍的规则。我们在这里是有关于理性的假设性使用，因为所包含的理念只是还有问题的概念。

康德接着就说明"理性的系统统一"只是一条逻辑的原理，它的唯一功用就是在知性单靠自己不能成立规则的那些情况下，借助于理念来帮助知性。假定对象的素质具有系统的统一，我们就把一条逻辑原理变为一条先验的原理；那就是说，我们就相信这条原理不但是主观有效或者说在对于人类理性的关系上有效，而理性必然是寻求概念的系统统一的，而且又是客观上有效作为对象的原理了。

可是重新一想，理性像是不能假定系统统一这种逻辑原理而不同时

① 导言第328～329页，第41节。

假定一条先验原理的。理性只有在这种条件下才能使用它的逻辑原理的，那就是它要预先假定自然对象本身是属于一个系统，或者说大自然本身是遵循一条系统统一原理的。而这显然就是不能从关于自然对象的经验知识得出来的一条验前先验原理。“我们也不能说理性在按照其自己的原理而进行时，通过对自然的偶然构造的观察就达到关于这种统一的知识。”①

这条先验原理，在事实上，一直总是为自然的哲学家和自然科学家所使用，虽然有时是不为他们所意识到的。从这个事实就可看到这点，就是一直总是假定着自然是按照三条基本的规律而起作用的，而这些规律的每一条都意味着自然的系统统一这条先验的规律的。(a)第一条规律是在这个假定里表达出来，就是说自然中的各种各样的种必须只看为少数的类的不同确定。自然对象表面上的无限多样性并不妨碍我们认为在这种多样性的后面有着基本性质的统一。在一切各种各样的种的后面只有少数的类，而这些类终究是能归结为一个最高类的。这就是同质性的原理。这条原理所规定的规则就是：事物的多样性不得增加(Entium varietates non esse multiplicandas)。(b)这条类的逻辑原理为另一条原理所平衡，而这另一条原理是要求事物中有其多样性与驳杂性，即令它们在同一个类之下是有相同之处的。按照这条原理，我们就会想到有东西的无限异样性，认为在我们从类开始而递降到包含在这类之下的杂多时，我们是要发现无数的种与亚种，而且我们必不可把任何种看为是最低的。这就是细分的原理，而是能这样简洁来陈述的：物品的多样性不得随便减少(Entium varietates non temere esse minuendas)。(c)我们的理性所假定的第三条逻辑原理就是连续的原理，这条原理是说原本的诸类并不是互相孤立的。可以把它这样来简洁地陈述：种类之间是没有空处的(Non datur vacuum formarum)。许许多多的类不过是一单个最高的普遍的类的各种划分。类之下的不同的种都是互相衔接的，不容有从一个种由跳跃而过渡到另一个种的，其过渡都是通过差异较小的一连续系列的等级的。我们可以清楚地看到这条连续性原理，又称亲和性原理，是介乎类原

① B679。

理与细分或说多样性原理之间的。

这三条原理，按其本身来说，只是逻辑原理：那就是说，它们是为着逻辑的划分起见而被应用的。然而它们是以三条不同的先验原理或者说验前的原理为其根据的。“所以，如果类的逻辑原理要应用于自然——它就预先假定一条先验的原理。而按照这条先验的原理，就必然预先假定在可能的经验的杂多中有其同质性……因为如果没有同质性，则经验的概念，因而经验本身都没有可能。”①“细分的规律不能从经验得出，因为经验绝不能对我们的视线敞开这样广阔的展望。如果不为先行的细分先验规律所指导，经验的细分很快就停止在杂多的区别上面，而细分的先验规律作为理性的一条原理是引导我们一直总是寻找更多的差别而且乃至在感官不能揭示这些差别时，还是有点觉得它们的存在的。”②“可是种的连续(continuum specierum)即逻辑的种类的(formarum logicarum)连续这条逻辑规律预先假定一条先验规律(lex continui in natura，即自然中连续规律)，如果没有这条规律，则前一条规律只会把知性引入歧途，使之遵循一条可能完全和它自己的本性所规定的相反的途径。因之这条规律必须依据纯粹先验的根据，而不依据经验的根据。因为如果它依据经验的根据，它就会迟于所有系统，而现实的事实上，是它自己使我们关于自然的知识中一切有系统的东西发生的。”③

由此可见，康德并不怀疑那些预先假定自然的系统统一的理性原理是真正先验的原理，并不怀疑它们是先于经验而为经验的条件的。然而必不可忘记，他也相信，它们作为理性的原理，不能是别的而只是制约性的原理。

一般的理念——目的论

康德在标题为“一般的理念”的这一段中叙述了柏拉图的理念学说④，他是以说明他理解柏拉图所谓理念是什么为开始的。“对于柏拉

① B682。

② B685。

③ B688。

④ B368起。

图来说，理念乃是事物本身的模型而不是像范畴那样只是可能知识的锁匙。”①他论证说，柏拉图深知道我们的知识能力所觉得需要的是远过于只是按照一种综合统一把出现的东西拼出字来，以便能把它们作为经验而读出(Erscheinungen nach synthetischer Einheit zu buchstabieren, um sie als Erfahrung lesen zu können)。他体会到我们的理性按其本性是必须超出经验的界限的②，而且理念的确不是大脑的单纯幻想(Hirngespinste)。

然后康德说明柏拉图是在实践的领域里发现其理念的主要实例，而处理了柏拉图的道德理念并表示了他和柏拉图关于这些理念的说法。同意之后，他就接着如下说下去：“但是不只是在人类理性显出有其真正的因果作用和理念是(行动与其对象的)作因的地方，即在道德范围里面，而且又关于自然本身，柏拉图都正确地看出从理念而来的一种起源的明白证明。一草一木，一禽一兽，宇宙的安排有条不紊——因之可以说整个自然世界——都清楚地说明它们都是按照理念而有其可能的，而且说明虽然没有一单个被造物在其个别存在的条件上，是和其品类中最完善的东西这个理念相一致——然而在那个最高的知性中这些理念是完全把每一个被造物作为一个个体，而且把每一个被造物作为不可改变的确定下来，而这些理念就是事物的始因。”③如果我们从这些话推论说，康德在他自己的理念学说中显出对于一个按照理念而创造自然对象的最高知性这个概念有同样的欣赏，那么我们就错了。事实上，他几乎绝不提到这个概念，而唯一的迹象，表示他是赞成这种概念，或者至少表示他并不认为它是不合理的，就是他批评以从设计来论证作为基础的关于上帝存在的那种自然神学证明，比诸他批评其他证明是远不如那么厉害。虽然他是深信，即令自然神学的论证都不能看为一个最高存在者的存在的充分证明，但是他是完全准备来承认，从我们现世界的多样性，从它的秩序，从它的有意图性和美丽，我们是自然要推论到这个世界的最高原因的存在的④。

---

① B370。

② B370～371。

③ B374。

④ B650～651。

他说："这个证明总应值得以尊重的态度来提出的。它是为时最久远，最易理解，而最适合于寻常的人类理性的。它使自然的研究活跃起来，正如它本身也从自然研究那个来源取得其存在和与日俱新的活力那样。它提示目的与意图时，是我们单靠对自然的观察所没有侦察出来的，而借助于其原理是在自然以外的一种特别统一性这个有指导性的概念，就扩大了我们关于自然的知识。这种知识又对于它的原因起反作用，就是说，对把这种知识引导出来的理念起着反作用，而这样就加强对于[自然的]一个最高创造者的信念，其结果就是这个信念取得了一种不可抵抗的说服力。"①康德继续说，企图用任何方法来贬损这种论证的权威是极端无用的，我们不能说出什么来反对在这种论证里所包含着的合理性或效用，然而我们不能承认它的要求是确实到了不容置疑的程度的。"如果那自以为了不起的诡辩家，其独断的口气变为温和一点，而达到足以缓和我们的疑惑，虽不足以达到令人无条件屈服的那种信仰的适度而谦和的要求，也不致损害这种良好的事情。"②

对于熟悉康德理念学说的主导原理的人来说，康德的这样不承认自然神学证明连同一般的目的论原理的自认为不可置疑的种种抱负，是不足为奇的。他承认目的论原理是扩大了我们关于自然的知识，由于它提供我们以一种特别的统一性这个指导性概念，其原理是在自然以外的。然而这条原理是完全不同于知性的原理的，它只是依据一个单纯理念的。意图这个概念不是知性的概念而是理性的概念，而作为这样的一个概念来说，它不过是一条制约性原理，那就是说，不使我们能够确定一个对象的原理。理念的给予我们，不是叫我们从一个超自然的来源得出我们的世界来，而是叫我们利用这些理念作为我们探究自然世界的原理。

我们必须注意，在《纯粹理性批判》一书中，康德并未适当地把目的论的原理与理性的其他理念分辨开来。这就是何以他应用在它上面的批评是和他应用于其他理念的批评一样的。他用他的批评想要避开的危险就是这个危险，怕我们认为我们能够使用这条目的论的原理作为一条能给

① B651～652。

② B652～653。

我们以关于超感性对象的知识的组织性原理。避免这样的错误是很重要的，因为不然的话，我们就总想去放弃我们深入自然的探究而去依赖我们毫无所知的超感性原因。“这些有害的种种后果，在我们关于一个最高智力这个理念的独断处理上和在错以它为基础的自然神学系统(即自然神学)上，就越发看得更明白了。因为在这种探究的领域里，如果不去在物质的机械作用的普遍规律中寻找原因，而直接求助于最高智慧的不可捉摸的天意，那么那些在自然中表示出来的目的连同只是我们以之归之于自然的许多目的，就使我们对于原因的钻研变为很容易的工作，而这样就使我们在事实上不过是不用理性时，反认为理性的努力已经完毕了，而理性的使用所需要的指导是完全依靠自然的秩序和一系列的变更，这些变更都是按照它们发现为显示出来的普遍规律的。”①康德是在许多其他段落里表达这种看法的。我们可以以一段为例——即他在其里面反对独断论而为经验论辩护的这一段②。他在这段里说到，经验论的不为人所欢迎，以及一般的了解宁可要独断论，这都是由于这种事实，就是独断论让我们离开经验的世界而翱翔到远远跑到我们的洞见与理性能力前面的概念上面去。“如果它[即一般的了解]关于这些事情的了解很少或者全无，那么就没有人能以了解更多为夸口的；而且即令关于这些概念，一般的了解不能像那些有特别训练的人那么在学院式的正确方式上来表达它的意思，然而它所能提出的表面上讲得通的种种论证是滔滔不绝的，其实只是在单纯理念之中漂荡着，而关于这些理念没有人知道什么，因而关于它们是可以随意乱说一通的；其实问题是包含着自然的钻研时，一般的了解是要保持缄默而承认它是一无所知的，所以怠惰与虚荣相结合就顽强支持这些原理。”③

在另一段里，康德说，自然中的秩序与意图性必须根据自然原因来解释，而且最狂妄的假设，只要它是物理的假设，比一种超物理的假设，像诉诸于神圣的创造者的那种假设，还较可容忍些。这后一种超物理的假设乃是一种理性怠惰的(ignava ratio)原理，因为我们是不顾一切其客观的

① B718，B719。

② B496～501。

③ B501。

有效性是能在经验的过程中可以确定的原因以便休止在一个单纯理念上的①。康德称理念的一切组织性使用为理性怠惰的原理，即不愿做其应有的工作的这种理性的原理②。在另一段里，他谈到滥用的理性(perversa ratio)。他说明曾指出一切理性的理念所以为依据的系统统一这条原理应该只作为制约性的原理来使用。唯有在我们能够在经验中证实它时，我们才应相信我们在它的使用上是接近了完整性的——这完整性是我们永远不能达到的。他接着说："不用这种方法，就采用相反的进程。有意图的统一原理的实在性不只是预先假定了而且是实体化了的；而且既然一个最高智力这个概念，按其本身来说，是完全在我们的理解力量以外的，我们就以拟人论的方式来确定它，而这样就强迫地、专断地把目的加在自然身上，而不是由物理的探讨途径来继续探求这种目的的更合理性的进程。并且这样一来，原是要只帮助我们按照普遍规律以完成自然的统一的目的论，就不但趋向于取消这样的统一，而且又妨碍理性完成它固有的意图。这个意图原是要依照这些规律从自然来证明最高可理解的原因的存在的。"③从这一段和其他许多段都可以见到，在《纯粹理性批判》一书中，并没有在自然的有意图性这个理念和其他的理念这两者之间划分什么界线的。

我们现在可以结束我们对于先验辩证论的检查的。我们从它弄清楚了康德对于理性和它的种种概念的研究证实了这个事实，就是人类心灵是和一切关于超感性对象的知识无缘的。我们的领域乃是经验的世界，另一个世界的存在这个理念对于我们原有世界的知识是必需的，但是作为有限的存在者来说，我们乃至不能企图获得关于我们原有的范围以外的知识。

康德对于这个事实所采取的态度是他的特色，依他的意见说来，我们的不能知道任何关于我们自己的世界以外的东西是不应该使我们沮丧或受到挫折的。与此相反，我们应该对发现了我们能在其里面工作的范围而感到高兴。我们一切理论知识的局限性是事实，但不是我们要埋怨的

① B800～801。

② 例如B717和B801。

③ B720～721。

一个事实。“如果那自以为了不起的诡辩家，其独断的口气变为温和一点，而达到足以缓和我们的疑惑的那种信仰的适度而谦和的要求，也不致损害这种良好的事情的。”① 在《视灵者之梦》一文里，那是第一次揭示先验哲学的问题的一文，我们发现下面的一段话：“随着好奇心的每一个冲动而只让我们的无能来限制我们的知识——这是一种野心，对于一个学者来说，并不是不体面的。但是从无数的摆在面前的问题中，选出那些，其解决是为人类打算的，这是智慧的特点。在科学到了尽头，它就自然达到一个适度谦虚的阶段而对于处境不满地说：我不懂得的东西是这么多呢！可是经验成熟了的理性变成智慧时，就以苏格拉底的身份出现，很镇定地在市场的百货当中说：我不需要的东西是这么多的！”②“但是，既然我们在来世的命运大抵是多半看我们是怎样在今生尽到我们的职责的，那么我就可以用伏尔泰使他的忠诚的康蒂德(Candide)在许多无用的学术辩论之后所说的话来结束：让我们照料我们的福利，到花园里去做我们的工作吧。”③

① B652～653。

② 《视灵者之梦》，368～369 页。

③ 《视灵者之梦》，373 页。

Ⅱ 实践理性批判

《纯粹理性批判》曾把人类理性就它关于理论的知识这方面的限度断然地决定下来了。我们曾说明了理论的理性是局限于纯是出现的那个世界的。《实践理性批判》就得要探讨,同样的限度对于实践理性是否也是有效,或者作为具有实践理性的人是否能超出感官的世界的。

在第一种《批判》中所谈的自由

在讨论第二种《批判》本身之先,我将要把第一种《批判》中某些段落首先进行检查一下,因为在那些段落里康德所讨论的一些问题实际上是在《实践理性批判》里面才得到其解答的。这里我所想到的乃是康德关于自然因果作用和自由这个问题的讨论,以及他关于自然因果作用和自由这两者的相容性这个问题的讨论。从前我们在研讨康德关于二律背驰这种学说的时候,我们并没有考虑到那第三种二律背驰,就是因果作用与自由之间的二律背驰。现在我们就要把康德在其里面讨论这种二律背驰的各段落来检查一下①。

康德划分宇宙论的理念为两类:(a)数学的理念和(b)力学的理念。

数学的理念所涉及的无非是世界的大小和世界所包含的一切对象。在上文里面("理性的宇宙论")我们曾看到,凡是宇宙论的理念都和一个所与对象的条件有关。在第一种和第二种的二律背驰的情况下,那不受条件限制的和它作为其条件的那个东西同是属于感官世界而且是同质的;而这个系列就称为数学的系列。可是上面曾说明过,那些条件的系列并不独立于回溯的综合而存在的②,那么,所提出的各种证明全属无效,也就不足为奇了。我们既不能证明世界在时间里有一个起头,又不能证明世界在时间里没有一个起头,既不能证明空间有其第一个部分,又不能

① 《纯粹理性批判》,B556~586。
② 参看上文"理念的制约性使用"。

证明它没有，既不能证明自然对象是单一部分所构成的，又不能证明它们不是这样的。所有这些主张都包含着名词的自相矛盾，因为所假定的是在我们的世界里应该有某不受任何条件限制的东西的存在，而这明明是不可能的。可是力学的理念（我们在这里只谈到自由和因果作用这两种理念）至少就其所提出的论点来说，是更为合理的，因为力学的理念是把不受任何条件限制的东西放在同质的感性条件的系列以外的。这些力学的理念所谓不受任何条件限制的东西乃是在种类上不同于受条件限制的东西的某东西，乃是和受条件限制的东西毫无共同之处的一种超感性的力。这样一来，理性和知性的要求就同时得到满足了：因为理性是要求有一种不受任何条件限制的东西，而知性则要求感官世界没有什么东西是不受条件限制的，可是一个力学的理念在断言不受任何条件限制的东西是属于和知性无关的范围的，那就不和它的原理相冲突了。"所以在各出现的系列的数学联系里边，除了感性的条件以外，其他的条件都是不容许的，那也就是说，凡本身不是该系列的一部分的，都是不容许的。力学的系列就不同。在感性条件的力学的系列里边，本身并不是系列的一部分的一种异质的条件，而是纯然智性的条件，而作为这样的一种条件来说，是在这系列之外的，这种条件就能够在被容许之列的了。像这样，理性就能获得满足，而那不容任何条件限制的东西就被安放在一切出现的之先，然而出现的总是受着条件限制的那种性格依然没有变为含糊，而这些条件的系列，也并没有因违反知性所规定的种种原理而被打断。"①

康德区分出两种的对立：(a)分析性的对立和(b)辩证的对立②。两个分析性对立的命题之中，一个必定是真的而其他一个必定是假的。对于辩证的对立来说，这就不是那样。两个命题可能彼此对立，然而两个可能同时是真或者同时是假。世界在其大小的量上是有限的，和世界在其大小的量上是无限的，这两个命题是相互矛盾的，但是它们乃是辩证的对立而不是分析的对立。因为那两个命题都是假的：世界既非有限，亦非无限，因为世界不是其大小量为我们所能确定的一种知识的可能对象。

---

① 《纯粹理性批判》B558～559。

② 《纯粹理性批判》B530 起。

力学的理念具有这种特性，就是它们所涉及的不是作为一种大小量的对象，而只是涉及对象的存在。这些理念抽掉了大小量，而涉及的只是条件对于受这条件限制的东西的力学的关系①。如我们所曾看到的，一个力学的理念，乃是一个并不属于感性条件的系列的不受任何条件限制的东西的这种理念。如果一切出现都是事物本身，那就是说，如果出现在其里面存在的空间与时间是事物本身存在的形式的话，那么感官世界以外就没有不受条件限制的东西可言。假使是那样，力学的理念就都是根据一条错误的原理的，而既然像我们所曾看到的那样，数学的理念又是包含有自相矛盾，即一种不受任何条件限制的而属于感官世界的东西，那么就完全没有理性的理念是可能的了。但是按照先验哲学的原理，世界并不是自在之物。直观的形式和范畴(例如原因与结果这个范畴)只适用于纯是出现的这个世界的，因之独立于我们感性世界的一切条件的某东西这种想法至少也不是不可能的。所以(a)必须有一种通过自由的因果作用的存在和(b)自由是没有的，这两个命题可能同是真的，虽然它们的真是在不同的关系上的(即第三种二律背驰的正题与反题)。其第一个命题可能在对于超出我们感官世界的一个世界的这种关系上是真的，而第二个命题可能在对于我们的世界，也就是对于自然的世界这种关系上是真的。

康德并不是认为他这样就证明了实践自由的存在，这点是显而易见的。其实在《纯粹理性批判》一书中所关心的并不是这个问题。那书所能做到的，不过说明通过自由的因果作用这个理念，以其本身来说，并不和自然因果作用的原理发生冲突。那书的能说明这点，其根据就是它已经证明了我们的世界是一个纯然出现的世界，而且已经证明了认定自在之物的世界的存在不但是有其可能而且甚至是必需的。

因果律对于经验的所有一切对象，不管是自然事件或者是人的动作，都是有效的。在这个世界里面，不能有任何事物不是完全依赖着一种先行的有确定作用的根据的。关于人的行动是可以这样说的，正如关于自然的事件可以这样说一样。如果人的行动在其里面发生的时间是自在之物的话，如果时间果能绝对地确定人的行动的话，那么自由的行动就一定

① 《纯粹理性批判》B563～564。

是不可能的，因为假使是那样，一切行动就都是为它前面的所有行动所决定了的。如果空间与时间是自在之物的属性而不是纯然出现的形式的话，那么我们乃至不能承认自由的可能，因为如果空间与时间确定了一切可能的对象，那么行动的一切可能的条件都得要属于空间与时间的这种世界，而且自然因果作用这条规律就成为一条绝对的规律，没有什么对象能不受它的限制的了。这样一来，所有可能条件都受因果律所限制，那就是说，都是在时间上为先行于这条件的其他种种条件所限制；而一种绝对的起头，一种独立于自然律的起头，就会含有一种自相矛盾的了。但是既然先验哲学能够说明知性的种种范畴和原理不是绝对有效而只对于出现的东西才是有效的，而且又能说明因果律乃是知性的这些原理之一，那么当然就可推定，因果律并不排斥自由的可能性的。如果把绝对的实在性归之于出现的世界，我们就不能主张有自由。只有在我们承认可能有独立于我们的感官世界和决定那世界的一切规律的时候，我们才能合理地假定自由这条超感性的原理的存在。"出现具有绝对的实在性这种通常是谬误的预先假定在这里就显出它的有害影响，使得理性极其狼狈。因为如果出现的是自在之物，就不能主张有自由，那么自然就是一切事件的完全而足够的决定性原因。事件的条件就将是这样的，只能在出现的系列中才能发现它：它和它的结果都将是按照自然的规律成为必然的了。如果不是这样，我们只把种种出现如它们实际那样来理解它们；如果我们不把它们看为自在之物，而只作为按照经验的规律联结起来的一些表象，它们就必须还有其不是出现的那种根据，这样的一个智性的原因所产生的结果是出现的，因而也就能通过其他的出现而被确定的，可是它的因果作用不是这样被确定的……所以其结果，就其对于智性的原因来说，是可以看为自由的，而与此同时，就出现的方面来说，是按照自然的必然性，作为从那些出现而来的后果的。在以这种很一般而抽象的方式说出来的时候，这种分别，看来一定是极其微妙而含糊的，但是在它的应用过程中，它将要逐渐变为清楚的。我的意图一直只是要指出，在自然的脉络中，一切出现的彻底联结既然是一条固定不变的规律，如果始终坚持着一切出现的实在性，其结果就必须是要毁灭一切自由，那些这样遵从这通常理解的人们一直是不能得到自然与自由的调协的。"①

我们在这里有许多段落之一，在其里边康德像是说了一些和他自己的哲学的基本原理不能相容的东西的。首先，"智性的原因"这个名词本身看来是含有一种自相矛盾的。康德还论证说，既然出现的不是自在之物，它们所依赖的根据必然不是本身也是出现的。可是这种论证岂不是简直就和他所认为因果作用是一种范畴，因而只有对于纯然出现的以外毫无意义这种学说相矛盾的吗？依康德的见解，因果范畴乃是一条规则，其唯一的用途是在于直观在时间中被给与出来时确定其形式的。那么，所谓智性的原因应作何解？那就是说，独立于我们出现世界而仍然对这世界起着某种不可思议作用的一种原因应作何解？当康德说，这样的一种智性的原因，其种种结果是出现的而且是能通过其他的种种出现被确定的，可是又说这个智性的原因和它的因果作用一起是在系列之外，因而其结果可以在其关于智性的原因这方面看为是自由的，他说这话究竟是什么意思呢？读者如果感觉到为这样的一种奇怪而显然前后不一致的论证所困惑，他从这个事实可以得到某些安慰，就是康德自己也说这两种因果作用之间的区别必然像是极端微妙而暧昧的，只要它是用一种一般的而且抽象的方式叙说出来，但是在其应用的过程中将要逐渐变为清晰的。

在紧接着我们刚才所引用的几句话的后面，有一段文字是康德说明他的一般思想的。可惜的是，他的所谓说明比他的更一般的叙述还要更加难懂，在他的说明里许多是我们不懂而没有理由去相信的。例如，他告诉我们说，我们的理性，作为一种纯是智性的能力，是不受时间形式所控制，因而也就不受时间中前后相继这种条件所控制的②，而且又说关于经验性的性格为其图型的那个智性的性格，是没有所谓在它之前，也没有所谓在它之后的③。可是与此同时，他又告诉我们说，如果我们对于人们动作的一切经验的条件具有充分的知识的话，那就没有任何一种动作是我们不能确实地预料而从它的先行条件作为必然地出来而认识到的。其实这整段文字都是由一些不可理解的话语组成的。然而我认为找到这种情

---

① 《纯粹理性批判》B564～565。

② 《纯粹理性批判》B579。

③ 《纯粹理性批判》B581。

况的理由并不是困难的。据我看来，这一切的问题原本不能在《纯粹理性批判》这书里所能充分地讨论的，而康德在这里加以研讨，无非是因为他实在热衷于道德哲学的种种问题。究竟有没有自由，如果是有自由的话，自由是怎样成为可能的——这些都是《实践理性批判》所得要讨论的问题。康德在《纯粹理性批判》里关于实践的自由所说的话，其所以不能理解，理由就是这些话的性质乃不过是临时的。

在第二种《批判》里的自由

我们现在就要转到《实践理性批判》这书来了。依康德的见解，《实践理性批判》的任务并不是去提出实践的自由究竟存在与否这个问题。这书所得要做的第一件事，乃是说出来一件事实而不是去解答一个问题，所要说出来的事实就是，道德律是存在的。依康德看来，否认这个事实是不可能的。道德律是摆在我们面前的，在任何一个人的理性里边，都是有道德律的存在的。必先假定有道德律，然后才有道德行为和关于道德的判断，否则这种行为和判断都会没有根据的。所以《实践理性批判》的问题不是道德律的是否存在(因为道德律是所与的)，而是道德律怎样影响人们的行动。“道德律乃是作为纯粹理性的一种事实，给与我们而为我们验前意识到的而且是不容置疑的确实的。”①②“我们可以称这条基本规律的意识为理性的事实。”③“刚才所说的事实是不容否认的。”④“但是如果有人要问，什么才是真正纯粹的道德性，使我们必须依以(如试金石一样)考验每一种行为的道德含义，那么我就必须承认，只有哲学家才使这个问题的解决发生疑问，因为在普通人的理解方面它早已被解决了，正好像左右手的分别一样；不过这却不是借抽象的概括公式，而是借习惯上的运用解决了的。”⑤

---

① 《实践理性批判》136；47。

② 在引用《实践理性批判》时，脚注中的第一个数字是指 Abbott 的 Kant's Theory of Ethics 的页数，其第二个数字是指《实践理性批判》关文运中译本的页数，后仿此。——译者注

③ 《实践理性批判》，120；31。

④ 《实践理性批判》，120；32。

⑤ 《实践理性批判》，253；157。

从道德律是被给与出来的这个事实看，而又从确定有理性者的意志这个能力乃是属于这种规律的本性的这个事实来看，我们就可以知道承认道德律的意志乃是自由的。“关于这种自由，那本身不需要任何辩解理由的道德法则[律]，不但证明了它的可能性，而且还证明了它现实存在于那些承认这法则对自己有束缚力量的存在者方面。”①但是，虽然道德律和跟着它一起的道德自由的确是给与我们的，那么这两者之中哪一个是首先给与出来的，这是还得要解决的问题；而这个问题一经予以考查，就立刻说明，我们只有通过意识到道德律，才能意识到有自由的。因之就可知道，首先给与我们的是关于道德律的意识；这种规律是存在的，而且我们应该按照着它而行动，这事实就使我们意识到我们是能够按照着它而行动的，也就是说，我们是自由的。就理论的理性来说，那完全是空洞而没有意义的自由的这个理念，现在就得到实在的意义了。我们乃至可以这样说，理论的理性，就其本身来说，绝不会想象到自由这个理念的，而只是因为我们是道德的存在者，我们才想到要假定自由的存在；因为自由这个理论上的理念，对于理论的理性在其所要做的工作上来说，是毫无价值的，因为理论的理念，其任务是自然的研究，而自由既然不能是属于自然的，所以自由这个理念是不能使用来解释在自然中的事件的。“[我们可以说]，这就是我们种种概念的真正主从关系，只有道德才给我们初次发现出自由概念来，因而也只有实践理性才用这个概念初次向思辨理性提出了最难解决的问题，而使它处于极大窘境。这个说法从下面的情形就可以看出：就是，在现象界中，任何事情都不能用自由[这个]概念加以说明，而在这里总得以自然的机械作用作为导线；此外还有，当纯粹理性一试图在原因系列中上升到‘无制制者’时，它就陷入二律背反之中，而在左右两面都纠缠在不可思议的境地；至于后者(机械作用)则至少在说明现象方面是有用的——既然如此，所以假如不是道德法则[道德律]和实践理性(伴着道德法则)前来，把这个自由概念强加于我们之上，那么原就不会有人鲁莽灭裂把自由采用到这门学问之中。”②“因为只要我们对于道

① 《实践理性批判》，137；48。

② 《实践理性批判》118；29～30。

德和自由还没有构成任何明确的概念，那么我们就不能猜测，一方面人们拿什么作为本体，作为所谓现象的基础，而另一方面人们也不能决定，我们是否毕竟可以对它形成任何概念，因为我们先前已经把纯粹知性在理论应用方面所有全部概念都完全归在现象方面了。”①

鉴于这样的一种学说，我们就可能认为康德起初曾把他的问题过分简单化了，然后又不必要地把它变得复杂起来。他首先告诉了我们说，道德律和自由是给与我们的，因而我们就无须去问它们是否存在，而他又提出一个看来是不必要的问题，问到这两者之中哪一个是首先存在的，更确切地说，我们对于这两者首先是意识到哪一个的。因之我们得要问问我们自己[康德的态度]这一种改变是否有其正当理由的，而在解答这个问题时，我们发现有一个重要的论点是我们所一直没有考虑到的，那就是，康德断言关于实践自由的理论知识是完全不可能的，换句话说，自由乃是一种超感性的对象，而作为这种对象来说，是人的心在理论方面不能认识的。康德认为自由的作为一条实践的原理是确实的，可是同样的这种自由，在理论上是不可思议的。毕竟这是什么意思，是难于理解的，这究竟和我们所提出的问题有没有什么关系。康德在《实践理性批判》一书中许多段落里是说明他认为是理论理性和实践理性之间的区别，认为是通过理论理性的知识和通过实践理性的知识这两者之间的区别。我们只选出这些段落之一，使得我们有所依据而进行研究，但是我们得要记住，这一段不过是许多段之一，而其他各段也同样能叫我们达到这个目的的。

我们所要研究的一段是标题为“纯粹实践理性基本原理演证”的②。我们首先试把这段里所提出的论证作出一种简明的概述。在《纯粹理性批判》一书里曾经证明，我们关于对象的理论知识是限于经验的对象的，可是同时也证明了超出经验界而关于一个对象的理念是有其可能的，而且形成这样的一种理念，对我们来说，乃是必需的。但是实践理性在其把道德律作为一种不能否认的事实呈现在我们的面前时，就把我们引入到

① 《实践理性批判》91;4～5。

② 《实践理性批判》131 起;42 起。

一个纯然理性的境界(Verstandeswelt)里边去了。纯粹理性能够而且实际上必须想象到一种原始的自然(natura archetypa)这个理念和我们的感官世界形成对照,把感官世界看为只是它的一种影象,或者作为以它为模型的对象(natura ectypa):理论理性留下了一处空白,因为理论的认知是不能在感性经验的世界以外确定一个对象的。可是实践理性,由于它能够想到一种确定的超感性的规律,因而就能把剩下来的空白填满。可是得要注意,实践理性想象到一个认为对于感性世界起作用的超感性的即智性的世界,无非是要使得有理性的存在者的种种行为能在感性世界中为其所确定,而不是为着理论知识起见的。事实上,实践理性对于这种知识是毫无兴趣的,而且它直率地承认它不能知道一种超感性的原理是如何能够影响感性世界里边的行动的。关于超感性世界和感性世界这两者之间的因果关系我们是毫无理论的知识的。"因为思辨理性如果想这样扩充原因性概念,那它就必须指明,根据和结论的逻辑关系如何能够综合[地]应用到异于感性直观的另外一种直观上,那就是说,[它必须指明]本体界的原因(causa noumenon)是如何可能的。"①

在康德的论证的基础上的一般原理是清楚的。他再次告诉我们说,他在《纯粹理性批判》一书里曾经证明由纯然思维而知道的一个智性世界这种理念是没有任何矛盾的。然而我们关于这样的一个世界不能有理论的知识是因为我们不能够只靠思维,那就是说,只靠知性而确定一个对象。我们也不能确定智性世界与我们的感官世界这两者之间的因果关系,可是在实践理性的范围里边,智性的因果作用这个理念是可能的而且甚至是必需的,由于道德律既是给与我们的,所以我们不得不假定我们作为道德的存在者是为属于一个智性世界的原理所确定的。我们现在就能明白,那个当我们初始想要在《纯粹理性批判》一书里弄清楚的智性因果作用,看起来像是悖理而且是和先验哲学所根据的一些原理相矛盾的,康德所持的概念,在《实践理性批判》这书里是获得和我们所能指望得到的完全不同的一种意义。如果康德是相信我们关于智性的因果作用这个理念能有任何理论的知识,乃至如果他是相信理论的理性跟它是有什么关系,那么这种理念确是会和他的哲学的基本原理相冲突的。可是这恰恰

① 《实践理性批判》139;50。

就是他所否认的，因为一方面他固然是深信在实践方面，智性的因果作用是实在的，那就是说，我们是能自由地按照道德律而确定我们的行动，另一方面他却坚持我们关于这样的一种关系毫无理论的知识，坚持我们人类的心灵是不能洞察智性的因果作用这个概念的。我们对它能有任何知识的唯一一种的因果作用乃是自然的因果作用，自然的因果作用就是对自然事件加以确定的知性规则。我们不能了解怎能还有另外完全不同类的一种因果作用；我们也无须去了解这种因果作用，因为它对于我们作为道德的行动者来说，是毫不相干的，由于我们关于超感性的道德律是不能而且不必要去知道的。

我们是很容易过低估计康德关于人作为同时既是属于经验的而又属于智性界的这种性格，关于原始自然与模型的自然，以及关于现象(phenomena)与本体(noumena)所说等等的话之重要性。我们之所以不能足够认真来体会康德所说那些话的重要性，是由于他所用的专门名词。这些名词无疑是属于他写作的那个时代的，但是我们不应该因为这样就无视这种事实，就是这些名词所表现的是一种带有特别是他自己的风格的道德理论。康德的道德理论乃是先验哲学的一部分，而作为这样的一种道德理论就必然和任何不承认其基本先验原理的道德理论有所不同。由于康德的道德理论是以这些原理为基础的，所以他的道德哲学，一方面固然主张道德律不可否认是实在的，而且对于一切有理性的存在者[不限于人类]都是有其束缚力的一种绝对的规律，而与此同时，又宣称必然从道德律推断出来的意志自由，对我们来说，一直是不可解答的一个问题。康德坚持说，如果关于一个人的一切动机，我们是尽量知道的话，那么我们就应该能够预测其行为，而预测的准确会是像我们能预测日月之蚀那样，因为人的每一种行为都是自然原因所确定而且是完全依赖这种原因的。可是康德还是深信人的意志是自由的。这种主张看来像是不合理的，然而其实不是这样的，因为它是发生于一种的哲学体系，其基础是这样的一种坚信，认为所有一切自然对象毫无例外，都从属于必然而不能变动的规律，而与此同时又主张这些规律只是在其对于出现的事物这种关系上才有效，而不适用于自在之物的。那就是何以康德能够相信道德律把我们从我们的经验世界引到超感性世界里边去。我们能够按照不属于我们自己世界的一种规律而行动,因为这规律使我们担当这种责任,那就是使我们自己不依赖我们的世界,也就是自然界为所确定的种种原因。可是我们不能知道,这样的一条规律是如何能存在的,我们所知道的只是道德上的自由不是不可能的:它如何是可能的,那就超出我们的理解的了。在《实践理性批判》和《道德的形而上学基础》这两书里许多段落中,康德曾提出过他对于意志自由的见解,我将把这某一些段落选择出来作为引文,而依我看来是饶有兴趣的。"如果不是这样给纯粹实践理性的最高原理作出演绎,也就是不去说明这样的一种验前知识的可能性,那么我们所能做的顶多只是指出:倘使我们看到了一个发生因[指意志说]的自由的可能性,我们也就会不仅看到作为我们以意志因果作用的那种自由归于他们的那些有理性的存在者的最高实践规律的这种道德律的可能性,而且还会见到乃至这种道德律的必然性了;因为这两个概念原来是那样不可分地结合在一起,那我们就尽可给实践的自由下定义说,实践的自由就是意志除了道德律以外并不依赖任何其他东西。不过我们并不能知晓一个发生因的自由的可能性,尤其在感官世界中是如此;我们倘使能有充分的保证,它的不可能性是无法证明的,而现在我们又被设定这种自由的道德律所迫使来假定这种自由,因而也就有权利来假定它,那我们就万幸了!"[①]"因为一条规律怎样靠其自身能直接成为意志的决定性原理(道德的本质正在于此)这个问题,乃是人类理性所不能解决的问题,正与自由意志是怎样有其可能的问题是同一样的。"[②]"但是,如果理性企图去说明纯粹理性怎样能够成为实践的,那么理性就会越出它的界限了,因为这个问题恰恰就是与说明自由怎样是可能的为同样的问题。因为我们能够说明的东西无非是我们能够使之和规律一致的东西,而且这些规律的对象是能在某种可能的经验中被给与出来的。但是自由是一个纯然理念,其客观实在性是绝不能按照自然的规律指出来的,因而就绝不能在任何可能的经验中指出来的;而且为着这种缘故,我们永远不能理解或了解

① 《实践理性批判》187;95～96。中译引文是依关译(整理者注:指关文运中译本,后同),本译者按英译加以适当的修改。

② 《实践理性批判》165;73～74。

它，因为我们不能用任何一种的实例或类似的东西来证实它。”①“而这样，即令我们并不理解道德的命令宣示之在实践上的无条件必要性，可是我们还是理解它的不可理解性的，而我们对于一种努力把它的一切原理开展到人类理性的最大限度的哲学所能适当要求的，也不过是这样而已。”②

道德律的普遍性

只要我们把康德对他的道德学说而提出的各种不同形式所根据的一条在这些形式基础上的原理加以考虑，这些不同的形式都会变为完全可以理解而前后一致的。通常对于康德的道德学说所提出的反对意见，是说他把道德只是依赖于一些形式上的普遍性的规则。我们就可以把这种反对意见作为一个例子来看看，可是在讨论这点以前，我得要求读者记住，我只是要把康德的学说加以阐明，而不涉及他的哲学的基本原理是否能维持得住这个问题。可是我认为我能够这样说的：所说的道德规则只是形式的、普遍性的这种学说是必然从康德的哲学之一般原理推论出来的，而且是凡是准备承认他的一般立场是可维持的人所不能抗议的。很容易明白，康德既然相信道德律是毫不依靠自然界的一种绝对而普遍的规律，他也就必须保持道德规则是不依靠自然的原理的这种态度。因果的规律是适用于自然的事件的。结果就是，涉及道德律的规则当然是和那些因果的规律没有关系。那么设使我们假定关于道德的规则是以欲望的自然对象为转移的，这样一来，我们就能立刻看到经验的对象就是我们行动的根据，而且行为与其对象的关系是一种普通的因果关系：这样一来，我们的行动就会从属于自然的因果律而就不能是自由的，也就是不能和道德律相一致的，因为道德律的本性是规定我们应该使我们自己独立于那些只在对于感官世界的关系上才是必然的规律，而且又规定我们应该按照一种超感性的规律而行动的。在这些事实面前，康德的问题便是：有什么东西同时能属于超感性的世界而又属于发生于感性世界中的行动的呢？他的解答就是有这样的东西，那就是动作者意志的决定，能够这样

① 《道德的形而上学基础》79；中文新译。

② 《道德的形而上学基础》84；中文新译。

属于两个世界的不是行动所产生的结果(即它的内容)而是意志的决定(即它的形式),因为这是属于感性世界(由于行动是发生于这世界的)而同时又属于智性世界的(由于产生行动的意志是认为它本身是不依靠自然界与其一切规律的)。道德的动作者决定其意志时,确是和他的行动可能在自然界所产生的结果无关的。由此就可推断这行动者是必须把决定他的意志的那个东西想象为一种普遍规则的,因为这意志是和经验的对象无关的;而依康德说来,经验的对象纯是直观给与我们的特殊东西,而就其是这样的东西来说,它们绝不是完全为知性的规则所决定,而总是不过统摄在这些规则之下而已。某一个特殊的对象是否为某一特殊的人所想望是以所说的人的特殊性质为转移的,而从对某一特殊对象的欲望而行动的人,对于他人想望的是不同的对象这种事实是漠不在乎的。可是,如果行动者决定其意志是按照道德律,那他就不得不认为他的决定其意志是和他自己个人的性质无关,也就是说,他必须是认为他的意志是为一条普遍有效的规则所决定,而这规则是每一个其他的人所一致承认为有效的。现在我们就能了解,如何一条绝对的而且普遍的规律能为一个属于感官世界的存在者所想到这个问题,是《实践理性批判》一书的基本问题了。

普遍的东西和特殊的东西

为要比我们到此为止所了解的更好地来了解康德对于上述问题的解答,我们试看看两段很重要的文字。其第一段就是标题为"关于纯粹实践理性对象的概念"这一章①,在这里康德说明实践理性所有的对象不过是善与恶这两个概念而已。这两个对象和我们可能欲望的自然对象,两者之间的基本分别就是产生前两个对象的乃是规律。道德学的哲学家们一直所犯的基本错误就是他们首先就去寻找意志的一个对象,例如幸福,是他们能够使之成为规律的内容与原理的;其实他们应该首先去寻求在验前决定意志的规律,而只在那以后才去寻找意志的对象的。在道德对象的情况下,产生对象的乃是规律;认为意志的对象得要首先存在而道德律能够从这些对象推论出来,这种看法是完全错误的。

---

① 《实践理性批判》184～193;58～73。

但是我们可以这样问:规律怎能产生它自己的对象呢? 其理由是在于知性的规则、范畴或原理(Grundsatz)与实践规律的分别。知性的种种范畴,以其本身来说,都是纯然的作用,其所能做的只是把直观中所与的杂多联系起来,因而要有其对象的存在是依靠在其自己范围以外的某东西,那就是说,是依靠感性的。实践的规律则与此不同,它是完全不依靠经验性的对象的;这是由于和它有关的不是它的对象在自然中的存在,而是意志的纯然形式的决定。意志是能只按照一种形式上的规律而决定其自身的。为着它所要知道的对象之存在,理论理性是有赖于感性的特殊的。可是以实践理性来说,原是有了验前普遍规律被给与出来,因而它就无须在其自身之外别有所求。它用属于理性本身的验前普遍规律就能直接决定意志,而这样就产生其对象。"这些自由范畴(我们要这样称谓它们,以别于作为自然范畴的那些理论概念)比起后者(即按自然范畴)来,有一种显著的优点,那就是后者只是借普遍概念在不确定方式下给每一种对我们可能的直观标记出一般对象来的一些思想形式,反之,前者则有关于一个自由意志的决定(对于这种决定,诚然不能给与任何与之完全相照应的直观,但是这种决定却先天[验前]就有一个纯粹实践法则为其基础,至于我们的认识官能在其理论的应用中所使用的各个概念便不是这种情形)。这些自由范畴因为是实践的基本概念,所以就不以直观的形式(即空间和时间)——它们并不存在于理性自身以内,而是必须由别处——即感性——取来的为其基础,而以理性中(因而在思维官能自身中)所含有的一个纯粹意志形式为其基础。因此,就发生了下面一种情形:就是,在纯粹实践理性的全部规矩中,重要之点只在于意志如何决定,而不在于实践能力完成它的意图时所有的自然条件。既然如此,所以在最高自由原理方面所有的先天[验前]实践概念一下子就成了知识,而无需等待直观就可以得到意义。[这种情形所以可能]还是由于下面这个明显理由,就是,它们自己就产生了它们所涉及的那种东西(意向)的实在性,至于理论概念,则完全不是这种情形。"①

这一段文字再一次表明康德在《实践理性批判》一书里的论证是如何

① 《实践理性批判》157;66～67。

紧密地和他的哲学一般问题相联系的。诚然,如果把康德的道德哲学作为一部孤立的关于道德的著述来对待,如果不考虑到它在整个先验哲学中的地位,那么这一段文字和许多其他各段会一直完全不可理解。为了了解刚才所引的一段文字而看到康德的问题是什么,我们只需回想到《纯粹理性批判》基本学说的一种就是这种学说,就是,所有一切人类知识都依靠直观中所与的特殊和其作用是联系这些特殊的一些普遍规则。我们从我们对于《纯粹理性批判》的考查并知道康德认为理性按照它的本性必须要求种种特殊能够完全为普遍概念所确定,乃至认为特殊要靠普遍概念才有它们的存在的。我们曾看到这种主张的结果就是康德不得不假定理论理性不过是和知性有关的。

我们曾看到,在理论的范围里,理性不能达成其意图,因为知性的概念并不具有独立的存在而必须停顿直观的。一切范畴作为范畴来说,都是纯然作用,只有受到图型化,也就是和直观发生关系,才能有其实在的意义的。可是必须注意,图型化的范畴再不是在纯粹思想范围以内的范畴了。这样的范畴不是纯然普遍的规则,它所具有的普遍性只是在于它是直观的普遍规则。既然理性的概念所具有的普遍性和我们必须以之归于图型化的范畴那种普遍性不是属于同类的东西,那么理性就不能达成它的目的。它不能把图型化的知性概念看为完全为它的理念所确定的,因为图型化的知性概念,现在是属于理性与之毫无关系的范畴的,也就是属于感性的范围的。

说到实践理性,情况就完全不同了。因为所首先被给与出来的乃是道德的普遍性规律,这规律所命令的乃是我们的行动得要只为它所决定。这样,在道德律里似乎就有了如纯粹理性所要求的,即特殊完全为普遍所决定。但是,既然我们所有的行动都是发生在感官世界里面,因而就是要受这个世界的条件所限制的,于是问题就发生了:在人类行动里是否有任何东西不一定属于自然的范围而可以完全独立于自然界的。意志的决定似乎是可以具有所需要的属性的,因为虽然所想望的结果之为我们的行动所引起是完全靠着自然的条件,但是意志的决定,也就是意志的不问后果是什么而对于道德律的屈服,这只是为那普遍性的道德律所决定的。这种的自我决定就是在实践的领域里唯一重要的事情,因为道德律所命令的并不是某一定的行动应该在感官世界里发生，而是行动应该是按照道德律的命令而决定其自己的那种意志所作的。能够当作独立于自然条件的只是意志的决定，因为只有在决定意志时，理性才无需超出纯是理性的范围的。这样被决定的乃是行动的形式而已，而这种形式是实在的，因为在实践的领域里，我们并不要知道一种行动是怎样成为可能而是它怎样能被决定。

如果实践理性是关心于在理论上知道行动的话，那它就要离开它自己纯然思想的范围而投靠感性的直观了；因为每一种行动作为自然中纯然的事件来看，那它就像每一个其他的理论对象一样，是属于感官世界的了。除了把它看为是一种自然事件以外，我们别无他法能获得关于一种行动的理论知识的；而作为这样看时，行动是要受到时间的条件所限制的。可是在时间发生的每一个行动，必须看为是依赖作为在这行动本身那瞬息的之前的那个先行时间的内容的那些发生的事件。既然是这样，那么不能控制其过去所曾做过的事情的这个行动者就不能看为是自由的了。每一个行动，就其作为一种纯然的发生事件来说，是为时间所决定了的，因为它无非是自然中的一种事件。在《纯粹理性批判》一书里曾经证明过，每一个自然对象都是依靠作为直观的一种形式的时间的，但是，《实践理性批判》又曾指出，时间不是自在之物的条件而只是出现的东西的条件，那就是说，只是理论理性所能知道的对象的条件。因此我们就能承认，实践理性在它不对理论知识发生兴趣时，是可以全不依靠自然条件的系列而确定行动的。理论理性不能否认行动不依靠在它前面的条件而被确定的这种可能性，那就是不能否认自由行动的可能性。实践理性则给我们保证自由行动的实在存在，因为它使我们意识到道德律，而道德律是独立于感性世界的规律。《实践理性批判》使我们能够从两个不同的观点来考虑同一个行动和同一个行动者，我们可以把行动看为完全依靠其自然条件的，而把行动者看为完全依靠他自己过去的行动，依靠他的经验性的性格，这性格的确定他现在的行动是正像它曾确定他以前的行动一样的。行动像这样来看，就是自然中纯然一种事件，而行动者就纯然是一种现象了。至于那第二种观点，我们可以用康德的话语来描述如后：“不过这个主体在另一方面也意识到他是一个自在之物，并且看他的存在在这个范围内也是不受时间条件所支配的，而他自己只是自己通过理性给自己所立的法则决定的。在他的这一种存在中，任何东西都不是在他的意志决定以前发生，而且他的一切行为，还有一般说来的存在的一切变状(即依照他的内部变化的那些变状)，甚至他(作为一个感性存在者)的存在的整个系列，在他的超感性的存在意识中，都只能看作他(作为本体)的原因作用的结果，而绝不得看为他的原因作用的决定原理。”①

为了了解这一点，我们必须记得康德的学说，乃是只有纯然的特殊才是在时间中给与我们的。这些特殊固然是可以统摄在知性的普遍概念之下，但这并不取消它们作为特殊的性格，因为知性不能绝对确定它们。可是那正是道德律所得要做的；而在我们问到一条绝对的道德律所能决定的是什么时，不用说，它必然本身就是一种普遍而且独立于直观而尤其是独立于时间的某东西，决定意志的规则就是这样的一种普遍，因为它是独立于时间而这样也就独立于直观的全部范围的。实践的普遍规则是独立于感官世界的，它不同于理论的规则，是和时间中的杂多综合毫不相干的。这样，实践理性就能做到理论理性所想做而没有成功的。它借助于一条普遍规则或者理性的纯然作用，就能确定一个对象。因为如我们所曾看到的，实践理性叫我们意识到道德律，而这样，意志就有了一条普遍性的规则，并且能够产生实践理性的对象。

将要看得很清楚，我对于康德讨论实践理性对象这个问题的这一段文字的解释远远不够圆满，而且一种真正令人满意的说明是得要有待于许许多多问题的讨论，而这许多问题我甚至还没有提出来。因此我就应该指出，我们企图要做的不过是再次指出普遍与特殊两者之间的关系这个问题乃是康德在《实践理性批判》一书里的基本问题之一。我觉得有必要来强调这一点，因为它是为康德的许多解释者所没有注意到的。

感性的东西和超感性的东西

我们现在就可以检查一下上面所提到的两段文字的第二段了。这一

① 《实践理性批判》191；100，依英译将关译略加修正。可参看张铭鼎中译本，关于所修正的一句，即 P. 130。

段是标题为"纯粹实践判断力的范型"的①。一开头我就想要说明我认为这一段文字对于了解这第二部批判是极其重要的;而且我又认为它是很难了解而我毫不自信我是能够把它成功地说清楚的。

当前康德的问题可以这样来提出:所有的人类行动都是在感性世界里发生的,那么我们怎能这样来断定一种行动而使得我们能够认为它是和实践规则相符合的,而实践规则,作为一条全然普遍的规则来说,是纯然抽象的,和行动所发生的感性世界毫不相干的呢?如果我们是要能够把那包含在抽象的规则里的东西应用于从属于它之下的一个具体的实例,我们就必须具有实践判断力。如我们在《纯粹理性批判》一书里所曾看到的,康德认为判断力是使我们能够叫特殊和普遍发生关系的那种心灵的能力,因之在《实践理性批判》一书里发现他主张介乎抽象规则与具体实例之间的乃是判断力,这是并不奇怪的。关于理论的判断力,我们如何能使特殊和知性的普遍规则发生关系这个问题,已经在第一种《批判》里讨论过了,主要是在关于图型法那段里讨论的。

《实践理性批判》像是要面临更困难的一个问题。因为如康德所说,指望我们会在自然律所决定的感官世界里发现一种实例,是我们能够应用善这个超感性的范畴,那是好像悖理的。《纯粹理性批判》一书已经把面临理论判断力的种种困难取消了,因为关于理论知识的考查已弄清楚了(a)为了有一个理论经验的对象呈现出来,我们是必须使概念和直观发生关系的,并且(b)我们的能这样做是用知性概念图型化的方法,那就是说,不把知性概念当作纯然抽象的概念而是当作使特殊直观从属于普遍规则的普遍规则。要了解一个知性概念如何能在直观中呈现出来,这似乎不是一种不可克服的困难。但是要了解一个道德的概念,即一个按其本性是属于超感性世界的概念,如何能在感官世界里表现出来,那就像是完全不可能的了。

然而其实这不是像它表面上看来那样困难的。我们只需记得,在我们得要把一种行动统摄在一条纯粹实践规律之下时,我们与之有关的不是作为感官世界里一种事件来考虑的那个行动的可能性。诚然,为着判

① 《实践理性批判》159~163;68~73。

明一种行动的物理可能性，我们必须应用知性的范畴作为一切自然对象所必须与之符合的普遍规则，例如我们得要使用（属于物理概念的）物理因果作用的原理。但是康德认为知性的纯粹概念能够而且事实上必须图型化，但是物理概念就不是如此的。“不过我们在这里与之有关的不是一个按照规律发生的事情的图型，而是一条规律自身的图型（如果这种词可以用在这里的话），因为意志（不是说和它的结果有关的行动）并没有任何其他原则来决定它，而单只为[实践]规律所决定的这件事，是把因果作用这个观念和完全与构成物理联系的那些条件不相同的条件联系起来的。”①这的确是难以了解的。首先，我认为必须提出，何以康德认为“图型”这词，在道德行动统摄在道德律之下这种情况下，或许是不可用的。我以为其答复就是，在道德的行动里使我们有兴趣的不是使这行动成为某一个人所做的某一行动的东西，而是在那行动中使它成为普遍的那个东西。我们对于特殊的行动有兴趣，只是就行动者的意志是为规律所决定这一点来说的。就意志按照看来决定其自身的这条规律所有关的是在自然中发生的行动这点来说，它就可看作自然的规律，但是它和自然的理论规律完全不同，因为理论规律，只要它只是形式的，是毫无实在意义的。每一条要产生关于对象的知识的理论规律必须和直观的杂多发生关系，而这是要为形式的普遍的规则所决定的。实践规律则相反。实践规律无关于对象在直观中的出现，因而就不能图型化。所以就实践规律来说，“图型”这个名词是不适当的，因为在其应有的意义上，一个图型乃是概念借助于想象在直观中的表现。善这个概念，固然被表现出来，但是我们必须注意，我们所统摄在它底下的不是在直观给与出来的特殊行动而是行动者的意志以之得到决定的形式规律。我们现在就能看到，判断力在实践理性的领域内发现某东西是它可以看为提供一个超感性的概念以其充分的表象的。这就是意志按照作为自然的普遍规律看的形式规律而作出的决定，而这个规律一方面和道德律有其共同的东西，而同时在另一方面又和认为这规律所要决定的行动有其共同的东西。“物理规律，由于它是感性直观对象，作为这种对象所服从的，是必须有一个图型与之相应……

① 《实践理性批判》160；70，引文按英译对关译有所修改。

但是自由规律(即一种完全不受感性制约的原因性的规律),因而还有无条件的善这个概念,不能有任何直观,因而也不能有任何图型,以便把自己应用到具体事物上去。因此,道德律除了知性以外,没有别的能力(一定不是想象力)来帮助它应用于物理对象。为了促进判断力起见,知性并不能给予理性的观念以一个感性的图型,而只能以一条规律来给予它,虽然所给予的只是就形式来说是规律,可是这是能够具体地在各感官的对象里呈现出来的这样一条规律,因而也就是一条自然规律。"①

如果我们想要了解这段文字,我们就必须首先自己问问何以康德相信唯有知性才能涉及理性与其关于善这个概念的。要能答复这个问题,我们必须记得,按康德的说法,理性的概念是要绝对地确定从属于它的是什么。可是能够完全为一个普遍观念所确定而且能被看为一个普遍概念的充分表象的,其本身就一定是某种概念。理性的普遍概念和统摄在其下的东西,这两者必须属于一个同质的范围,不然的话,想要被统摄的就不能适当地表现理性的这普遍概念。由此可以推定,它是不能为心的任何其他能力所产生而只能为知性所产生,因为除了理性之外,只有知性是能产生普遍概念的一种能力。此外,我们还知道,康德在这里所谈的问题不是关于行动可能性的问题(因为这个问题和实践理性是毫无关系的),而是这个问题,就是怎样可以这样来判定一个发生于感性世界中的一种行动,以至使它像是为一条超感性的实践规律所确定的。康德指出知性是这种判断所需要的,因为知性能够从行动拿掉了一切属于直观的东西,抽掉它的感性条件,而这样就能想象到行动的一种普遍确定这个概念,而这无非是意志的纯然形式,能统摄在理性的概念之下的。

可是必须注意——而这是很重要的一点——康德并不相信行动者的意志是为自然的形式规律所决定的,他肯定地说,行动者的意志是为道德律所决定而不为任何其他东西所决定的。他的问题乃是:属于自然世界的一个有限的存在者,怎能这样判定他的种种行动,以至认为它们是一条超感性的规律所确定的?他的答复就是:他能这样判定,乃是由于他认为他的意志的准则都是符合于自然的普遍规律的。"因而他这样拿自己的

① 《实践理性批判》160,161;70,所引关译是按英译加以修正的。

行为准则与一个普遍自然法则来互相比较，那还不是他的意志的动机[决定原理]所在。"①

康德称那表现道德律的自然普遍规律为道德律的"范型"，而称这种一般程序为"范型法"。如果用"符号"这个名词，会是更适当地表达他的意思，"符号"这个名词乃是他在我们所讨论的这段文字里有一次实际上使用过的。他所企图要指出的就是有限的道德存在者，是能用自然普遍规律这个概念来作为符号以表示超感性的规律的。可是我们必须记得，他又认为有限的存在者并不这样就获得关于超感性对象的任何理论知识，我们不能用一种使我们在理论上知道智性世界的方法来表现智性世界，但是实践理性和理论知识无关，而我们去表现超感性这个理念，不过是为着使我们能够在实践上使用它而已。"因此，我就可以把感性界的自然秩序(die Natur der Sinnenwelt)用为理性界的自然秩序(einer intelligiblen Natur)的范型，只要我不把直观和依赖于直观的事情转移到理性界[按：应译"超感性界的自然秩序"]，而只把一般合法则性的形式[按：应译"规律的一般形式"](这个概念也出现于理性[最]寻常的运用中，但是除了供理性的纯粹实践运用外，它在别的方式下，并不能先天[验前]地、确定地被人认识到)应用到它之上。"②

康德接下去还说明一种不把属于概念的"范型法"的东西错看为概念本身的"判断力范型法"，那就是说，一种把自然普遍规律看为道德的善的纯然符号的方法能防止经验主义而同时又能防止"神秘主义"。因为经验主义是把善看作经验的纯然产物，而"神秘主义"则在其把只作为符号用的东西变为一种图型时，就打算给道德的概念提供现实的直观，"可是这些直观(不是无形天国的)感性直观，而这样就钻到超越界里去了"③。"只有判断力方面的理性主义才适合于道德概念的应用，这个主义从感性界所取来的东西，也就只是纯粹理性自己所能够思想的东西(即是合法则性)，同时它所带到超感性界的东西也是可以经由行为(依照普遍自然法

① 《实践理性批判》161;71。

② 《实践理性批判》162;71。整理者据英文本作了改动。

③ 《实践理性批判》162,163;72。关译略加修正。

则的形式规则)返回来现实呈现于感性世界中的。”①

我希望我对于范型法一章的阐述至少是完全弄清楚了一点,那就是,在这章里所讨论的问题是和先验哲学的一般原理结合在一起的。我曾一再说过,依我看来,超感性的世界和感性的世界这两者之间的关系这个问题,乃是康德哲学的基本问题。

《纯粹理性批判》一书指出,人类理性必须要产生出意味着超感性对象的存在的普遍概念(即超越的理念)来的。它并且更指出关于这些对象的理论知识是完全不可能的,因为我们所有的一切知识都依靠直观,而超感性的对象是不能在直观中显示的,因为由于它们作为纯粹理性产物的本性,它们是被思维作和感官世界以及感性直观完全无关的。

但是我们的作为道德动作者的立场是不同于我们目的在得到理论知识那时所处的立场的,因道德的存在者对于一条绝对的规律是有着一种绝对的意识的。《实践理性批判》并不否认这点,它甚至于承认有可能在感官世界里表现超感性的东西,但是它仍然必须固持批判哲学的基本原理,也就是借助于理念,我们的理性是不能有理论知识的。一个有理性的存在者能够这样来表现一种超感性对象这个理念,以至他能够以按照着它来决定他自己的意志这种方法去在实践上使用它。但是这就是我们所能做的而无其他了,我们必不可把一种符号错看为一个图型,并且必不可想象我们能够发现相当于我们道德概念的直观,否则我们就会和批判哲学的基本原理相矛盾的,因为[这样一来],我们就会否认了一切人类知识的有限制的性格。

有限的意志和规律的尊重

在《实践理性批判》的分析论第三章②的起头,康德指出,如果把道德律看作决定一个按其自己的本性就会遵照它的存在者的意志的规律的话,那么道德律就是一条神圣的规律了。可是有限的有理性的存在者的意志按其本性是不遵照道德律的。与此相反,道德律就是说,自由的规

① 《实践理性批判》163;72。按英译引文漏 exhibited 后的 by actions 两字。

② 《纯粹理性批判》164 起;73 起。

律,是命令有限的存在者反乎他的本性来行动的,而这就引起什么东西诱发一个有限的存在者来按照这道德律而行动,也就是说什么主观原理使他服从道德律的要求这个问题。

康德的答复乃是引起这种主观动机(Triebfeder)的是对于道德律的敬重的感情。这种敬重的感情对我们指出有限的存在者作为一种受造物来说所具有的那种特别的性质,他是属于两个不同的世界的,即自然的有限世界和自由的无限世界。因为对于一种无条件的规律之敬重只是这一种存在者所感觉到的,就是一方面他绝对服从道德律,而同时另一方面,他还觉知到他的有限性质,意识到这种事实就是,作为属于感性世界而为自然条件所限制的一个存在者,它永远不能完全和道德律相一致,那就是何以对道德律的敬重,同时是提高有这种感情的人而又使他感到惭愧的。

我们现在必须提出敬重的感情是否产生道德感(moralische Gesinnung)这个问题,康德的答复乃是它不能这样做的,因为首先对我们给予的乃是对于道德律的意识,而敬重的感情只是那种意识的后果。严格地说来,敬重并不是一种感情。它乃是理性的产物,而它的发生是因为有限的存在者把他自己受条件限制的本性和无条件规律的绝对要求来互相比较。这不过是一个感性存在者在发现自己为客观规律所决定时的心理主观状态。"由此可见,对于法则的敬重并不是道德的动机,而就是在主观上视作动机的道德自身。"①

我们必须注意,对于道德律的敬重这种感情并不是人类心灵的特性,不能把它和经验心理学有关的那些心的属性作为可以与之比较的,因为那些心的属性是只能通过经验的观察而发现的。康德说它是一种能在验前知道的感情,而它的验前必然性是我们能够了解的,并且这就证明他并不把它看作人类心灵的特别性质,而是看它为每一个为一条超感性的规律所决定的有限存在者必定具有的一种感情。在他说敬重的感情是愉快与痛苦构成的时候,我们不得理解这是心理学的观察。他一再地说明一个神圣的意志是不同于人类意志的,这种意志不会感到对道德律的敬重,对这种意志来说,职责这个概念不会存在的,而且这种意志不会用命令式

① 《实践理性批判》168;77。

来决定自己的。但是把这一切属性归之于人时，他并不认为它们就是人类本性的特征。他所要指出的乃是人类意志作为一个有限存在者的意志来说，在本质上是必然有别于道德律是其本性的规律的一种意志。康德并不相信敬重这种感情、职责这个概念和道德律的命令作为必须遵守的这种意识是由于人的心灵的特别组织而来，这是他明白表示的，因为他说一切这些东西都是每一个有限的有理性的存在者的意志的必然特征。“对于人类和一切被造的理性存在者说来，道德的必要性就是一种强制，一种义务，而以此为基础的一切行为都当被视作一种职责，而不当被视作自然使人中意或可能中人之意的行事方式。”[①]“因为道德法则对于至善至美的神明意志说来，就是一个圣洁法则，但是对于一切有限的理性存在者的意志说来，乃是一个职责法则，这个法则具有道德的强制力，而且它使一个存在者的行为可以被其对这个法则的敬重和对自己职责的敬畏所决定。”[②]

正如当康德说知性范畴必须对每一个有限的有理性的存在者有效时，而他的意思绝非是说这些范畴是心理的特性而总是认为它们是思维的客观必然形式那样[③]，同样地，虽然有许多地方，他所说的好像是这样暗示着，然而他从没有认为对于道德律的敬重、对职责的感觉和对命令必须遵守的觉知是人心的偶然性质，而是深信这一些都必然而且是验前的属性，其为每一个有理性的存在者所具有是能在客观上证明的。“为着达到这个目的起见[就是要证明一种无条件命令的存在，即证明绝对发出命令而遵守这命令就是职责的一种实践规律的存在]，极其重要的是记住我们切不可想要从人性的某些特殊属性把这条原理的实在性推论出来。因为职责必须是行动的实践的、无条件的必然性，所以它必须对一切有理性的存在者来说都是有效的（对一种命令能使用的存在者来说都是有效的），而只为了这种缘故，它又必须是对一切人类意志的规律。反之，凡是从人性的特殊自然特征推论出来的东西，凡是从某一定的感情和倾向推论出来的东西，乃至如有可能的话，从人类理性所固有的任何特殊趋向推

① 《实践理性批判》174；83。

② 《实践理性批判》175；84。

③ 见上文。

论出来的东西，都不一定是对每一个有理性的存在者的意志有效的。这种东西固然可以给我们提供一种准则，而不能提供一条规律；可以提供一种主观的原则，为我们可以有一种倾向和欲求来行动的根据，而不能提供一种客观的原理，即令我们一切的倾向、欲求，以及一切自然的意向都是反对的而还是命令我们去行动的。事实上，主观的冲动越是不赞成它而越是反对它，然而并不能丝毫削弱规律的义务或者贬低它的有效性，职责中命令的崇高与其本有的尊严就越发随之而更明显。”①

实践理性的辩证——至善

我现在打算试把《实践理性批判》的辩证里康德的论证中主要各点提出来。这不是一种轻而易举的工作，因为康德在这里所用的术语是这样不同于我们所习惯的术语，以致我们可能常常觉得好像他的论证完全是依赖它所属的时代那种术语而毫无独立的哲学价值的。下面就是他的论证的概述。

和理论理性一样，实践理性想到不受条件限制的东西这一种理念，即至善(summum bonum)。至善作为意志的对象来说，是同时包含着德性与幸福的。但是这并不意味着德性是依靠幸福的，反之，实践理性必须看幸福是完全依靠德性的。

乍看起来，可能好像不容易了解，何以康德认为至善必须包含德性而又必须包含幸福。实践理性的分析论已经说明白了，对于幸福的想望绝不能看为是意志的决定性原理，因为这种原理会破坏我们动作的道德价值的。道德律所下的命令是无条件的，如果我们使行动依赖幸福作为它的对象的话，那我们就使它依赖一种条件了。这样一来，行动就不是为了服从道德律，而是为了和道德的原理毫不相干的某东西(即幸福)。

然而又不可能把道德的价值看为至善，因作为属于自然界的一个存在者的人，是必然想要使其自身成为是幸福的，这种欲望乃是每一个有限的有理性的存在者的意志之一种属性。实践理性必须预先假定，在他追求德性而以这种追求来使他自己成为配得幸福的(这是每一个有限的存

① 《道德形而上学基础》43；中文新译。

在者自然的目标),并不被剥夺了享受幸福的权利。实践理性固然不容许有限的存在者为着幸福而追求德性,但是这并不致使它不假定有限的、有理性的存在者的尽善尽美的状态是一种状态,在其中这有限的、有理性的存在者是有道德而又有幸福的。"因为人如果需要幸福,也配享受幸福,而却无福可享,那么,这种情形是不符合于一位既有理性而同时又具全能的存在者的圆满意欲的,如果我们是能为了试验的缘故设想那样一个存在者。"①

我们明白康德假定德性单独不能就是至善,其理由乃是没有一个有限的存在者,如果它有能力来引起它自己的幸福,是会抑制自己不这样做的。但是我们也看到,康德相信这样一个存在者在设想它自己存在的完善状态这种理念时,必然是要使它的幸福依靠它的德性的。德性与幸福相结合使得幸福恰恰与德性成比例这个理念乃是理性的一种必然理念。幸福为德性所产生时,就是达到了理想的状态,这样一种状态就是至善,就是实践理性的完全对象。"一个人既然在把德性和幸福结合起来以后,才算达到至善,而幸福也必须精确比照道德(道德就是人的价值和其配享幸福的属性)分配出去,才构成一个可能世界的至善。所以在这个范围内而论,这个至善就意味着一个全体,意味着圆满的善,而在这个善里面,作为一个条件看的德性总是无上的善(oberste Gut),因为在它以上再没有别的制约者。而且幸福对于享福之人来说虽然总是愉快的,可是单就它本身而论并非面面都是绝对善的,而总要以道德的、合法的行为,作为先决条件,才成为善的。"②

其实并不难懂,何以康德认为至善这个理念,也就是一个对象,在其里面,道德的生命和自然的生命是一致的这种最高圆满的理念,必须为实践理性所设想的。我们只要记得,对康德说来,是有两个世界的,即自然世界与自由的智性世界,人是同时属于这两个世界的,可是毫不知道这两个世界之间的联系。我们又必须记得,依康德的说法,理性在其进行工作时,总是想到一个绝对不受任何条件限制的对象这个理念的。就实践理

① 《实践理性批判》206;113。

② 《实践理性批判》206,207;113,114。

性来说，这个就是意味着理性不能设想智性世界对自然世界毫无影响。它把智性世界作为所有一般事物的绝对条件；它把智性世界看为万有之源，所以决定智性世界的表示原因的原理，也就是通过自由的因果作用就被认为是不只决定智性世界而且又是决定自然世界的原理了。这样，理性在追求一种绝对原理的过程中就取消了两种因果作用即通过自由的因果作用和自然的因果作用这两者之间的基本分别，而使自然的因果作用成为依靠通过自由的因果作用了。

凡是在我们的理性设想一个理念的时候，它都假定受条件限制的东西是完全为那不受任何条件限制的东西所决定的。就实践理性说来，受条件限制的就是自然界，有限的有理性的存在者是要求在自然界中享福的。另一方面，这个存在者的理性，却一定设想到一个绝对不受条件限制的智性世界，其原理是他遵照来决定其自己的行动的这种理念。因此，他只得相信，就是为了这个缘故（就是在决定其行动时，他并不考虑到他作为一个有限的存在者所有的需要）他就将要得到他幸福的份儿，而且所得的幸福，其多少是以他按照智性的规律决定其行动的程度为转移的。换句话说，有限的有理性的存在者把自然的世界看为完全从服于自由的世界的，把他在自然世界中的状况（他的幸福）看为依靠他的道德性（他的德性）的。“它作为纯粹实践理性也[像理论理性]一样为那在实践方面受制约者（这是依靠于好恶和自然需要上的）寻求无制约者，而且这个无制约者还不是作为意志的动机，而是在这个原理已经被发现之后（在道德法则中），它还在寻求纯粹实践理性的无制约的对象全体，那就是所谓至善。”①

实践理性的二律背驰

然而好像至善这个理念把实践理性卷入一种二律背驰里去，正如理论理念把理论理性卷入种种的二律背驰里去一样。纯粹实践理性批判的任务是要提出实践理性的二律背驰，而且倘使可能，就要解决它的。

康德关于实践理性的二律背驰的讨论一开头是指出斯多噶和伊壁鸠

① 《实践理性批判》203；111。

鲁两派关于至善的理论都是基于错误的假定的。两派都一样相信德性与幸福是能由分析而互相取得的，其理论的唯一的差别，不过是斯多噶派认为对于一个人的德性的意识就是幸福，而伊壁鸠鲁派则认为，意识到人的准则能导致幸福就是德性。可是这两种主张同是不对的，必须把德性与幸福看为至善的两种互不相同的要素，它们形成一种综合的统一，那就是说，其一个不暗含在其他一个的概念里面的。由于它们是完全互不相同的，理性在设想到要包含着它们两者的这个至善的理念时，就变为陷入了一种二律背驰，因为至善这个理念既然是必要的，而既然它又把幸福与德性结合在一起，我们于是就面临着这种两者不可兼得的情况：要就是对幸福的想望产生德性，要就是德性产生幸福。

很明显，这前一种情况是不可能的，因为在分析论里已经指出一种使行动依靠幸福的意志乃是完全不为道德律所决定的。而后一种情况又是不可能的，"因为尘世上一切实践方面的因果联系，作为意志被决定以后的结果看，并不遵循意志的道德意向，而是遵循对于自然法则的认识，并依靠于利用这种知识求达自己幸福的物理能力上，因此，我们纵然极其严格地遵行道德法则，也不能因此就期望幸福与德性能够在尘世上必然地结合起来，合乎我们所谓至善"①。

既然至善的两种要素——德性与幸福——两者之间没有任何必然的联系，那就可以推断至善是完全不能实现的，因而就像是"谕令我们增进至善的道德法则，也就必然流于狂想，施于空虚幻想目的，其本身也就是虚妄不实的了"②。

康德是以下面的方法解决实践理性的二律背驰的。第一个命题，即幸福能产生德性，是绝对错误的。第二个命题，即德性可能增进幸福也被驳倒了，理由就是，道德律不可能对于自然世界有任何影响，因为自然世界是完全为自然的因果律所决定的，所以就认为有德的行为，也就是按照一种智性的因果作用而被决定的行为，是完全不可能在任何方式上决定行动者的自然状态的，因为这是完全依靠自然的种种规律的。可是，这实

① 《实践理性批判》209，210；116，117。

② 《实践理性批判》209，210；116，117。

在不是一种正确的论证，因为只有我们把自然的因果规律当作一种绝对的规律，我们才得要相信自然的世界不能为任何其他种的因果作用所决定。可是，自然对象的世界，既然是纯然出现的东西，那就很有可能，另一种因果的原理，即通过自由的因果原理，不但决定智性世界而且也决定自然的世界，亦即出现的东西的世界。

认为两者之间有一种联系至少不是什么不合理的假定。理论理性对这是没有反对的，因为不管它是怎样大力坚持在自然世界里，每一种变动都是依靠自然的因果律，而它同时也觉知到自然纯是出现的东西这个事实，而且觉知到存在着另外一种因果作用的可能性。从理论理性不能提出任何抗议，以及实践理性使我们意识到一种超感性的规律，而这种意识又使我们设想到我们在感官世界上的状态为这个超感性的规律所决定这个理念，也就是从这种事实，我们就推断出实践理性所想到的理念，在理论上不是不可能，而在实践上是实在的。

拿康德对于实践理性二律背驰的解决和他对于理论理性的二律背驰的解决来互相比较是饶有兴趣的。这样的比较指出虽然在两种情况下所用的解决方法是相同的——方法就是指出二律背驰之发生只是因为我们把出现的东西当作了自在之物——然而在这两种情况之间是有相当大的分别的。在《纯粹理性批判》一书里，康德所能作的，不过是指出超感性世界这个理念并不是自相矛盾的而已。实践理性就与此不同，它能在实际上证明这样一个世界的实在性，因为在实践的范围里，那超感性的规律是给予的，而作为这事的后果，实践理性就必然设想一种理念，即自然世界与自由世界的统一。一个遵照一条绝对的规律来决定他的行动的存在者觉得不可能相信他所属的两个世界是彼此毫不相干的，他的理性必然是想到结合着自然世界与自由世界的至善这个理念的。

实践理性的设定

在继续阐述实践理性的辩证论时，我将要考查标题为“灵魂不死作为纯粹实践理性的设定”这一章。下面就是康德的论证要点。能为道德律所决定的意志，其必然的对象就是至善的实现。可是至善的最高条件乃是行动者的完全对道德律的顺从，然而这是没有有限的理性存在者此生所能做到的事情,所提出的要求乃是属于感性世界的存在者要成为绝对完善的,要具有一种神圣的意志的。既然这是一个有限的存在者绝不能完全实现的事,那就只有在无止境的进行中才能发现。“但是它虽然作为实践上必要条件而被要求着,可是它只能在趋向那个圆满契合的无止境的进步中发现出来,而且依照纯粹实践理性原理来讲,还必须假设那样一种实践上的进步,以为我们意志的真正对象。”①

可是,这样的一种无止境的进步是不能假定的,除非我们假定那有限的、有理性的存在者的生存的无限延续,那就是他的灵魂的不死。而如我们所看到的,既然假定前者是实践理性的一个必要的理念,那么就必须也假定后者了。可见灵魂不死乃是纯粹实践理性的一种设定,这种设定乃是“一个在理论上还不能证明,但是不可分地依靠在一个先天而无制约的有效的实践法则上的命题”②。

康德的论证帮助我们更清楚地了解他使隶属于这些理性的理念的特别意义,尤其是他以之归之于它们的客观性的性质。我们在这里所看见的论证又是一种先验的论证,那就是说一种论证,其所以为基础的原理是完全不同于独断论哲学或怀疑论哲学所提出的原理的。怀疑论的原理完全否定灵魂的不死,而独断论的原理则把它看为是理论上能证实的。先验哲学采取一种完全与之不同的观点。既然圆满的德性是不能达到的,既然我们只能接近它而永远不能完全实现它,那么,如我们所曾看到的,就必须假定灵魂的不死,但是这种假定并非一种理论上的教条。灵魂的不死不是我们能知道的一种超感性的对象,它是我们能按照着来行动的一种理念。我们是毫不去问它的理论知识而想到这种理念的,我们被命令去实现它,但是我们永远不能完全实现它;我们只能努力于逐渐接近于完善。再则,圆满的德性是斯多噶派相信能在尘世上实现的,康德否定这点,[他认为]圆满的德性乃是一种理念,而这就意味着我们永远不能达到它。一个理念乃是有关于一个超感性的对象的,而它的功用是使有限的存在者能够按照着它来决定自己,也就是说,使他在这有限的世界上为着

① 《实践理性批判》219;125。

② 《实践理性批判》219;125。

它的实现而奋斗，虽然他知道他是永远不能完全实现它的。在实行这种功用时，理念是实在的，不管它是一种理论的理念或者是一种实践的理念。理念的给予我们，不是为要使我们可以想象我们能超出在感性世界之上，而是为要使我们能在感性世界里按照着它们来确定我们自己。圆满德性和灵魂不死这两个理念的给予我们，乃是为着使我们能尽其所能成为有德性的。我们只有在无止境的进步中才能达到圆满的善行与神圣的品质，如果看漏了这种事实，"则人们不是把道德法则看得可以随心所欲，迎合人的方便，因而损蹩了它的神圣性，便是强己所难，夸大任务，期望达到那个可望而不可即的使命，妄冀求得意志的彻底神圣性，因而陷在完全无自知之明的通神家的热狂幻梦中。这两种偏差都只有妨害人的不断努力进步，使人不能准确彻底遵行一个严格而不徇情、现实而不幻想的理性命令罢了。对于一个有理性而却有限的存在者说来，只有由低级道德圆满至高级道德圆满的无限进步，才是可能的"①。

人的不能在任何时候达到道德的圆满这个结论，如果我们不能从别处得出来，是能从这个事实得出来的，那就是，人的行动都是在时间中发生的。我们必须记住在《纯粹理性批判》一书里已经指出的，理性在形成它的概念或理念时，是不考虑到时间的。我们永远不能对于超感性的对象有理论上的知识，其原因乃是一切这种对象都是完全与时间无关的，而由于我们的知识是依靠直观与知性的，所以它总是前后相随的。我们对于和我们前后相随的领会无关的对象，即和时间无关的对象，是毫无所知的。只有一个或者具有智性的直观，或者具有直观的知性的存在者，才能获得关于超感性对象的知识的②。在实践理性的种种理念的形成中，同样是忽视了时间的。在形成神圣性这个理念时，我们并没有估计到这个事实，即人的行动是在时间里发生的，或者有限的存在者向着圆满的进步，乃是在时间中的进步，一系列的人类行动，即令是从比较坏的到道德上比较好的一种不断的进步，也是完全不同于神圣性这个概念的。这个概念只有一个无限的存在者，即独立于时间

① 《实践理性批判》219；125，126。

② 见上文。

的存在者，才能了解的。对这样的一个存在者说来，累进的系列就会是一种不可分割的全体，是这种存在者所能在一单个智性的直观中掌握得住的。“那不受时间条件所制约的无限者，在我们所见为无止境的这个系列之中，可以对[意向和]道德法则的契合全部一目了然；至于神圣性是不徇情地为‘他’的命令所要求，以便一秉大公给各人分配至善的——这种神圣性[的大小等级]也是可以被他对诸有理性的存在者之存在所有的唯一的理智直观一览无余的。”①

我们在这里就看到，这第一个设定，即灵魂不死的设定，直接就导致那第二个设定，即一个超感性的存在者，也就是上帝的设定了。康德的论证是从至善含有两个要素，即道德与幸福，这个事实开始的。可是，在道德律本身并没有任何东西能给我们什么根据来相信这两者之间的必然联系。可是，由于我们必须预先假定这样一种的联系，我们就唯有假定包含着这种联系的原理的一个最高原因的存在。我们不得不假定有一个不同于自然而使我们实际的状态按照我们道德性格而决定的这种最高存在者的存在。“因此，只有在我们假设一个无上的自原因具有与道德意向相契应的原因性的范围以内，然后世界上才会有至善存在。”②

实践理念的客观性

我们无须去管康德论证的细节，因为我们在这里所感兴趣的只是一般的原理，然而有一点是我们必须考虑的。康德关于实践理念的学说像是含有许许多多矛盾的说法的。例如，他告诉我们，假定上帝存在的必要只是主观的③，而又说，我们觉得不可能假定在道德世界与自然世界之间有一种必然的联系而不假定一个最高存在者的存在，只是由于我们理性的主观条件④。他在别处又告诉我们说，实践理念或设定，使我们能够确定地设想超感性的东西⑤，而又说，努力追求至善是客观上必要的；而用康德的话

① 《实践理性批判》219；126。

② 《实践理性批判》221，222；128。

③ 《实践理性批判》222；128。

④ 《实践理性批判》243；147。

⑤ 《实践理性批判》239；144。

来说,这种努力追求乃是"一种绝对必然的要求(德文为 Bedürfnis in schlechterdings notwendiger Absicht,绝对必然看法的要求)"①。

我们在这里可以记得,在我们必须细心考虑康德关于理论的理念的时候,也是有过同样的困难的。当时我们觉得依康德的见解很难决定,理论的理念是主观的抑或是客观的原理。有一些说法好像是暗示着康德看理念为只是主观的原理,而又有别的说法是暗示着他认为它们是客观的原理的。我们又须记得我们终于证明他的理念学说,实在不是前后不一致的。我们曾看到康德以一特种的客观性归之于理论的理念,现在我们又将看到,关于他的实践理念学说,也是一样。

这一论点是康德在实践理性辩证论第二章标题为"怎样才可能思维,不用扩展思辨认识,同时就可以在实践观点下扩充纯粹理性"那第七段里所讨论的。问题是:实践理性的一个理念,一个实践的设定怎样能在一种实践的意义上扩充理性的知识,而又同时增加它的理论知识? 从一个理论对象的本质,就可以知道,利用实践的理念以增加理论知识是不可能的。理论知识的对象不能由纯然思维而确定,如果我们要在理论上知道一个对象,这个对象就必须在直观中给予我们。反之,实践理性在设想到实践理念时所能做的不过是证明有我们意志所必须指向的对象的存在。我们不能认为一般对象的这种概念是足以给我们理论知识的,由此可见,实践理性并不提供理论理性以关于超感性对象的理论知识。但是,虽然我们关于对象的理论知识没有用那方法而得到增加,然而理论理性自己有了实践理性的帮助,在其关于一般超感性的东西的知识方面是有所收获的。因为理论理性靠它自己原来是不能关于超感性的东西说什么的,而只能说,不能否认超感性的对象是可能存在的。可是现在理论理性实际上知道实有这样的对象,形势就完全不同了。既然是因实践的理由而又为了实践的用途"那些对象才是给予理性的,那么理论理性就必不得想象它是能够认识这些对象的;但是可以说,在实践的范围内,这些对象不但是超越的而又是制约的,并且是内在的、组织性的原理"。"这里,这些

① 《实践理性批判》241;145,146。

理念就成了内在的(immanent)、组成的(constitutive),因为它们是纯粹实践理性的必然对象(至善),所以是可能实现的根据;同时,它们若离了这个对象就成了超越经验的,只成了思辨理性的单纯调整[制约]的原理,这些原理并不强使它假设超出经验以外的一个新对象而只是使它在经验中的运用更近于圆满罢了。"①实践理性的理念在什么意义上,能被说成是组成的并且是内在的原理,这是容易明白的。

就康德来说,实践理性是完全与超感性对象的理论知识无关的,它的唯一兴趣所在就是感性存在者应该按照超感性的理念来决定他的行动,而且应有超感性对象来在感性世界中指导其行动。正是为了这个缘故,在实践的范围里,只是想到超感性对象便是理性所可能需要的了。在理论的范围里则不同,一个理念绝不能给我们以关于超感性对象的知识这个事实得要看为是一种不利,因为理论理性所感兴趣的是在于理论上确定其对象。实践理性所感兴趣的无非是行动,而我们的行动是能通过单纯思想而被决定的,它只需想到理念而就按照着理念而行动。实践概念不同于理论概念,实践概念不是思想的单纯形式。实践理性的对象,即至善,是如何能对我们被给予的,这不是实践理性所要提出的问题。有了这样一个对象,那就够了。单纯对象的一个概念,一般说来是满足了实践理性的,因为理论知识并非它的兴趣之所在。反之,理论理性是不能利用它的理念的。这些理念不能给它所指望的客观知识,因为像在第一种《批判》里所曾指出的,理论概念全是思想的单纯形式,不能给我们以关于对象的知识的。

如果我们想要了解理论理念和实践理念,就其客观的有效性而言,两者之间的基本区别,我们只需把康德"制约性原理"这个名词完全照字面上来了解就可以了,这个名词是指对我们提供规则的原理的意思。这就说得很清楚,理论理念和实践理念都只是制约性原理,因为它们都不能为我们提供关于超感性对象的知识,都不是知性范畴意义上的组织性原理。这两种理念之间的根本不同就是实践理性在提出一条规则时,恰恰就是

① 《实践理性批判》233;138。

提出它的意图所要求的，而理论理性就不以单纯一条规则的产生为满足，而它只能做到这么多就必然看为是一种不利。一个实践理念可称为一条组织性的或内在的原理，因为实践理性所要求的就是它能据以决定其自身和它所得要实现的对象。实践理性全不顾及它的对象所谓客观的存在的，它并不去理睬灵魂是否不死或上帝是否存在的。它假定这两者，而在这样假定时就作出一条行动的原则了。它所需要的只是一条制约性原理来使有限的存在者为超感性对象的实现而努力，来鼓励他遵照道德律而行动，而这样来在他的行动中实现那至善。可见在实践的领域里，观念性的规则真正是内在的或者说客观的原理，可是由于理论理性只能提供一条规则而不能知道超感性对象或者产生像知性的原理那种组织性原理，就必然认为这是一种不利之处。

道德与超感性的东西

在我阐述《实践理性批判》行将结束时，我想要再一次指出，我所企图要说明的就是，在第一第二两种《批判》之间有一种必然的联系，这种联系是它们都奠基于这个先验的预先假定，那就是感官世界不是自在之物的世界。《纯粹理性批判》已经说明理论理性不能认识超感性对象，它所想到的超感性对象这种理念只是制约性原理，其所能做到的，也只是提供一些原理，为着使我们的经验知识系统化的。《实践理性批判》已经说明，在实践的领域里，我们能超出感官世界，而且能实现超感性的对象。但是这部《批判》也证实了第一部《批判》的见解，说关于超感性对象的知识是没有可能的。

还有一点是我认为十分重要的，我们曾看到，在《纯粹理性批判》里，康德不只否定关于自在之物的理论知识的可能性，而且还肯定这不应看为是一种不利，因为这种知识，依他的意见，是不需要的而同时又是有危害性的。他认为，如果人类理性是能给我们以这种知识的话，它就很有可能被诱来放弃钻研感性世界的性质这种原属于它的工作。这样一来，在错误意义上的形而上学，那就是想要从超感性理念得出感官世界来而不去在感官世界里体会超感性对象的那种形而上学，是会败坏科学的。在

《实践理性批判》里，我们学到，关于超感性对象的理论知识，如果有其可能的话，不只会毁灭我们科学的知识而且还会毁灭我们的道德的。康德在纯粹实践理性的辩证论，标题为“论人类认识能力与其实践本分的巧妙配合”那结束一段里，论证所说的第二点，即从理论知识到超感性的东西的扩充所带来的道德毁灭，我要引用几乎这全段如下：“现在假定，大自然在这一点上对我们称心如意，而以我们求之不得（或有人幻想自己确实具有）的那种洞见能力或圆满正觉赋予我们，那么多半会有什么结果呢？只要我们的天性不在同时全部改观，则偏好总是首先发言的，这些好恶初来还只是要求满足，而在合理反省支援之下，它们就要在幸福这个招牌之下要求最大而经久的满足的；至于道德法则，则是后来才发命令，要把这些好恶纳入适当范围，甚或使它们全体都服从于那个毫不徇情的较高目的。因此，现在道德意向与种种好恶是必须进行斗争的，而且在这场斗争中，在几经挫折之后，也总会逐渐养成心灵的道德力量，但是［照我们现在这个假设说来，则这种斗争就要停止］，而令人敬畏的神和永生就毫不间断地出现在我们眼前了（因为我们所能完全证明的事情就与我们亲眼所见的东西一样确实可靠）。要是这样，则犯法之行当然可以避免，受命之事当然可以实行，不过发动行为的意向原不能以命令注入人心，而在这里促动行为的鞭策既然近在手边，在我以外，因而理性就无需力求亲切体认法则的尊严，借以发扬蹈厉，平压好恶了；因而合法行为的发生，就大都来自恐惧，很少出于希望，绝无本乎义务的了；因此，那在大智眼中维系人格价值甚或世界价值的道德行为价值就会完全不存在了。只要人性还维持现在的样子，那么他的行为就会变为单纯机械动作，就如傀儡戏一样，虽然装模作样，惟妙惟肖，可是人物形相，全无生命。但是人类的情形既然完全两样，而且人类虽然极其努力奋发，也只能有一个很为模糊可疑的来世展望，而且世界‘元宰’对于‘他’的存在和‘他’的威严，也是只允许我们加以猜测，不允许我们亲眼观察或明白证明；而在另一方面，则我们内心的道德法则，虽不确实预许我们什么，或以什么恫吓我们，却向我们要求一种不计利害的敬重。而且只有当这种敬重心积极得势之后，它才能够允许我们展望一个超感性的世界，而就在这里，我们的视线也很为微弱；既是这样，那直接奉献于法则的真正道德心向就有存在余地，而一个有理性的被造物，就可以有资格依照他的人格的价值，而不止是依照他的行动，来分享至善了。由此可见，关于自然和人类的研究在别处所谆谆教导我们的道理也很可以应用到这里：就是，我们所借以存在的那个不可测度的'大智'，不但因为它赐与人的东西而可以赞美，而且在它所不曾给予人的那些东西方面，也一样可以赞美的。"①

① 《实践理性批判》245，246；149，150。

判断力批判

判断力批判　I

第一种导言

康德写了《判断力批判》的两种导言，其第二种是《判断力批判》每一版都曾刊上的，而其第一种就曾有过一段奇怪的历史。康德的朋友贝克(Jacob Siegismund Beck)，也是他的一个学生，那时正在从事于写康德的哲学的注释，幸得康德把他这第一种导言寄给他，否则这导言就会被丧失的。其时，贝克并没把这导言的全文刊出，但是1777年，他将这导言的一篇摘要在他的注释的第二卷中刊出。这种由于摘录而残缺的导言就为Rosenkranz于1838年重刊出来，为Hartenstein于1838年及1886年两次重刊出来，为von Kirchmann于1870年重刊出来，又于1880年为Erdmann重刊出来。最后，贝克于1914年在其《判断力批判》的新版中(Otto Buek编的《判断力批判》179～231页)才把导言的全文刊出。据贝克所知，康德以第二种导言来替代其第一种导言，只有一种理由，就是因为它太冗长了。其实，康德的丢弃了这第一种导言，据他自己所说，也只是为着这个理由而已。Lehmann于1927年在《哲学图书提要》(Philosophische Bibliothek)中刊出这第一种导言时说："康德丢弃这第一种导言，不只是由于它的冗长，而且是因为总的说来，它所代表的乃是他的思想发展中的一个过渡的阶段。"

可是，从我研究其全文来看，我深信贝克是正确的，康德丢弃这第一种导言的唯一理由就是他自己所提出的理由。我在这两种导言之间并没有发现在学说上有任何重大的分别。我认为这两种导言是在不同的方式上提出同样的问题，第一种导言说得更详尽、更精确，所以就有其详尽精确的利弊，而第二种导言是较简洁的，因之也有简洁的利弊，这是自然的。Humayun Kabir在"康德论一般哲学"(Immanuel Kant on Philosophy in General)的标题下于1935年把这第一种导言的英译本和四篇介绍性的文章刊印出来[1]。在其第四篇文章里,Kabir 先生讨论这两种导言的关系以及每种导言的价值(见该书 cviii-cxxxv 页)。这不是我所要谈的问题,可是我必须决定哪一种导言是我解释的更好题材。我选择了第一种,原因就是这第一种导言比第二种导言的材料更多,而且在读过两种之后,我发觉不必参看第二种就有可能来了解第一种,而在读第二种时,我是要一再回到第一种那里去的,特别是因为这第一种内容丰富,旁征博引,能给我许多帮助。如果康德是由于他的学说的改变而丢弃了其第一种导言的话,那么就得要把那替代的导言看为《判断力批判》的真正导言了。但是,既然我认为实情不是这样的,我就认为我有权来不去管康德关于原来这个导言过于冗长这种顾虑了。我固然可以把两种导言都来作注,但是那就会重复太多,令人生厌了。所以我只在本部分的第 6 段里处理第二种导言,那就是在康德谈到一个在第一种导言里没有充分讨论的一个问题的地方,这个问题是关于愉快感与自然的意图性的关联的。

我已经提到过最近在"一般哲学"这标题下出版的第一种导言的翻译,如果我们考虑一下这个标题的历史,我们就看得清楚,当这个第一种导言得到它应有的地位而作为《判断力批判》的导言时,那么我们就毫无理由来保留这个标题了。

那是在第一种导言,或者更确切地说在贝克从它摘录下来的一段,在 F. Ch. Starke 所编的康德短文里于 1833 年刊出时才第一次得到"一般哲学"这个标题的。编者不得不替它编出一个标题来,因为由于贝克的许多删略,它也就再不能称为《判断力批判》的一种导言了。贝克原来所给它的标题全文乃是"关于一般哲学,特别是关于判断力批判",而在索引中,这就简称为"一般哲学"。以后所有各版也就用这个简称来称它了。我们是可以承认这个标题不是完全不合适的,因为我们在这第一种导言里面是有了关于康德的哲学的一般原理很详尽的述说,比康德在别的地方所述说的更为详尽的。可是用这个标题来刊出那第一种导言的原文就像是没有理由的。康德为我们写出的一篇著作清楚地说明了他的哲学的一般

[1] 不幸的是这位译者对于德文的知识不大高深,结果就是他的译文是满纸错误,使得他的翻译实际上是毫无用处的,可是这并不降低书中几篇介绍文章的价值。——作者原注

原理，帮助我们能够来把他的哲学整体去理解，这件事对我们来说不管是怎么重要，但是我们还不可忘记他写出这篇著作的用意原是使我们为《判断力批判》作准备的，我认为这是应该在标题里表达出来的。这篇著作单纯就是以超验哲学的一般原理为基础的《判断力批判》的导言。

在我的解释里面，我将要努力说明这个导言必须联系到康德思想的一般原理来理解，而且必须看为全部批判哲学的一部分。我认为，明智的做法不是把康德的问题与其解答作一种纯粹一般的通盘的考虑，而是一步一步地循着他的论证去处理他所阐明的细节。我这样做的主要理由就是甚至我已经把康德的一般思想弄个清楚之后，要去详细地明白他的论证，依然还是有相当大的困难的；而在我写我的解义时，我是记住着对于细节有同样困难的读者，而我就一直认为他是愿意有一本解义能处理这些困难的。而且我对于一本哲学著作的解义的想法就是它应该设法帮助读者来了解他所感到难懂的某一定的段落，而我在这本解义中所作的正是这个。我的解释是否正确，那是另一问题。关于这点，我只能说，我远远不是认为我的解释在每一点上都是正确的。我决定来把这第一种导言详加阐述，其另一种理由就是我想要反驳这一种非难，就是说这第一种导言无非又是一点“知识体系”(architectonic——一般译为“建筑术”)的玩意，而只有详细地阐述它才能反驳那种非难的。如果只是把这个论证一般地加以考查，是不能说服人的，而且给人们这种印象，以为这本著作划分之后又来一种划分(哲学的划分，心灵的划分，而又有认识能力的划分)。与其说是一种实在问题的提出与讨论，毋宁说它是康德的体系之一般整理而已，那就乃至证实上面所说的非难了。

第一段

在导言中标题为“哲学作为一种体系”的第一段里，康德所讨论的问题就是什么是属于理论的哲学，什么是属于实践的哲学的。他说，关于什么应该看为实践的这个问题是有严重的误解的。看来好像我们有资格来把实践这个名称去称一个命题，只是因为它所表达的是举动的一处型式而不是单纯的知识的。例如，如果所说的命题是给我们种种的教训怎样来把理论的知识见之于实行，我们就像是应该称它为实践的。可是，不是这样的,因为这种命题所包含的并没有什么不是已经包含在理论的知识里面的。一个几何的命题可能是规定我们必须做什么才能产生某一种的结果的,例如二等分一线段,这类的命题不能看作一个真正的实践命题的。因为它是不包含任何它自己的原理的,就是说,不包含任何能使它独立于理论知识的原理的。如果一个命题要成为真正的实践的命题,它必须是特定的原理所确定的,就是说,必须为实践的原理,即自由的规律所确定的,而不是为理论的原理,即自然的规律所确定的。所以,不是每一个和某种举动有关的命题都是属于实践的哲学的,只有那些含有实践自由的特定原理,因而是根本上不同于理论的命题的命题才是构成实践哲学的一部分的。一切其他所谓实践命题都是为自然因果作用的规律所确定的,而只在形式上而不是在它们的内容上是和理论的知识有分别的。

诚然,每一个有关于某种行动的命题——乃至为自然的原理所确定的命题——都是为一个不同于单纯理论的公式的公式所确定的。按照我们关于自然原因的知识而做某事,不是和在理论上知道一件事情是同一回事,但是这种分别只是单纯形式上的,而不是原理上的分别。甚至当我们的行动是为促进我们自己的幸福的教训所确定的这个时候,包含着这些教训的命题也不因为那个缘故就得要看作实践的命题的。因为我们关于幸福的观念和这个观念所产生的种种结果,这两者之间的因果关系是属于自然的领域的:它是两个自然对象的关系。当我们按照这样的一个观念而行动时,我们的行动无非是我们关于对象对于我们自己的性质的关系这种理论知识的直接后果而已。幸福这个概念为我们的知性所设想,而同是这个知性在理论上确定了能导致我们幸福的那些行动。按照这种知识的行动在原则上来说不是不同于理论的知识的,它乃是这种知识的直接后果,并不需要有任何可称为实践原理的独立原理的。

从实践命题的这种解释,我们就看得清楚,所谓实用的科学的一些原理,例如应用几何学的原理,不能看作真正的实践原理的;而且这些科学因之就不属于实践哲学的。用我们关于它们能够有理论知识的自然对象,如幸福,来确定其自身的意志,其原理也不能是我们看作实践的;而且表示我们对于这种对象的想望的命题也不是实践命题。只要意志所服从的只是自然因果作用的规律,其知识是关于我们的知性的(例如只要我们的知性先就叫我们设想到幸福作为想望的对象这个观念，然后就确定幸福与我们自己的性质之间的关系），那就不会有任何实践的规则或者说命题产生出来的。这样产生出来的命题是属于理论的哲学的，因为这些命题并不包含着任何特定的实践原理而只是确定所想望的物理对象与我们自己的性质这两者之间的因果关系。只有一个自由的意志，也就是使其自身独立于自然对象的意志，才能产生属于实践哲学的实践命题的。“诚然实践命题的不同于理论命题是在其表现事物的方法的（Vorstellungsart），可是这并不使它们致于在内容上不同于理论命题的。理论命题是包含着事物的可能性与它们的确定性的，只有那些按照规律来考虑自由的实践命题才是在内容上不同的，一切其他的实践命题都是理论。关于什么是属于事物的性质的，而只有一种分别，就是它们是用于那些事物按照一条原理能被产生出来的方法的，也就是那些事物通过一种任意的行动在这些命题中表现出来的可能性，而这种行动也同样是属于自然原因的范围的。”①“总而言之，一切从任意的意志作为原因而得出可以包含在自然的东西的那些实践命题都是毫无例外属于理论哲学作为关于自然的知识的。只有替自由订出规律（das Gesetz）来的那些实践命题才是在内容上特别不同于前一种命题的［指理论命题说的］。”②

“可是事物按照自然规律的可能性在本质上是在其原理上不同于事物按照自由规律的可能性的，而这种分别不是在于这个事实，就是后者［即通过自由的可能性］的原因是处于意志里面，而前者的原因是在意志以外，而在事物本身的。因为假使我们认定意志所遵循的只是那些原理，联系到它们，知性就了解为事物按照它们作为单纯自然的规律才有其可能的，在那种情况之下，表示对象通过任意的意志的因果作用的可能性这种命题就可以称为一个实践命题了。可是谈到它的原理时，它并没有什么不同于只和事物性质有关的理论命题，或者更确切地说，它必须从它［即事物的性质］来假借它的原理，以便在实在性中显示对象的表象。”③

初看起来，这一切可能像是很不可思议的，然而就一般的原理来说，

① 《判断力批判》，Buek 版，180 页；Lehmann 版，4 页。

② 《判断力批判》，Buek 版，180 页；Lehmann 版，5 页。

③ 《判断力批判》，Buek 版，181 页；Lehmann 版，5 页，6 页。

这个学说乃是凡熟悉康德的道德哲学的人都知道的,因为这也就是康德把无条件命令与有条件命令区分开来所依据的基础。我们可以回想到,依康德来说,有条件的命令的不同于无条件的命令就是在于有条件的命令是必须依靠某些条件的,而无条件的命令所命令的是无条件的。有条件的命令绝不无条件地确定什么行动的,而是在这种条件下确定行动的,就是以某另一东西为意志的对象作为其条件的:我们的行动是以这个对象为转移的,而这个对象可能是我们所想望的,也可能不是我们所想望的。所以我们的行动就是任意的,有条件的命令并不单纯地命令要做某些事情,而是命令如果是想望某一定的对象,那就要做某些事情,因为那些行动是使我们得到这个对象的。

在《道德形而上学的基础》一书里,康德把两类的有条件命令分别开来,(a)技巧的命令与(b)明智的命令。前者的对象是完全任意的,就是说,这种对象是我们可以想望,也是我们可以拒绝的。试以一个医生为例,医生的意志是以他的病人的健康为对象的,如果他是想实现这个对象而又具有达到这种愿望的方法所需要的理论知识,他就按照着来行动。可是他的行动并没有什么独立的实践原理的,这种行动不过是他的理论知识的一种直接后果而已;因为说决定要达到一种目的的人,也就决定去采取达到这个目的的手段,这是一个分析的命题。我们在这里所考虑的目的不是一个实践的对象;因为这个医生单纯用思想来想出他的对象的观念来,就是他的病人的健康,他所做的事情不是一条实践原理所指导的,而是完全以所想望的对象和实现那对象的手段为转移的。可是目的与手段同是在理论上已知的,因而所说的行动不是为实践的原理所确定的。

所谓应用的种种科学,如应用几何学,其原理也是可以同样地来说的。很明显,如果我想要平分一条线段,而且我又是知道为了这样做,我就必须从线段的两端作两个相交的弧,那么我就这样做了。这又是很明显的,我的动作并不具有它自己的什么原理,而是完全依赖我的理论知识,而我的动作就是这种知识的直接后果。这里的知识与动作两者之间的联系是分析性的,不是综合性的:就是说,确定我的动作的原理乃是含蕴在我理论上所知道的东西里面的。明智的命令,就是说命令我们去引起我们自己的幸福的那些命令,其不同于技巧的命令是在于其对象,即幸福，乃是必然为每一个有理性者所想望的。可是我们不能以任何属于它们自己的实践原理来归之于为这种命令所确定的行动。幸福乃是一个对象，其观念是我们用思维来设想的，从这个观念我们就用分析的方法推定我们是会使用能使之发生的手段的。认为导致我们幸福的那种行动是含蕴在我们关于幸福的观念里面这种想法，看来可能像是悖理的，因为要知道应该做什么才使我们快乐，这显然是很困难，乃至不可能的。但是须知其困难乃是在知道怎样才得到幸福，这是重要的，如果我们确是完全知道幸福的性质和得到幸福的手段，我们就马上会有严格按照我们的知识的行动，这是不难理解的。依这种假定来说，明智的命令就会是单纯分析性的命题，就是说，它们原是含蕴在我们关于幸福的理论概念里面的命题。它们并不是不同于技巧的命令的。“如果作出幸福的一个明确的概念来，只是同样的容易的话，明智的命令就会完全和技巧的命令一致而且也同样会是分析性的了。因为在明智命令的情况下，正如在技巧命令的情况下一样，同样可以说，凡是决定要达到目的的人也都要决定（必然按照理性的命令）去在其力之所逮的情况下达到那目的的不可少的手段。”①“可是，如果我们假定达到幸福的手段是能明确地指定的，那么明智的命令就会是一条分析命题了。因为它的不同于技巧的命令只在于这一点，就是在明智的命令的情况下，其目的只是可能的，而在技巧的命令的情况下，其目的是摆在面前的。然而由于两种命令同是规定达到是我们决定要作为目的的手段的，因之当然那规定凡决定要达到那目的的人也要应该有达到目的的手段之决定，这种命令在两种情况下就同是分析性的了。”②

我们现在弄清楚了何以康德把这种科学如应用几何学、实用心理学和力学所用的所谓实践命题和他在《判断力批判》里称为“促进一个人自己的幸福的教训”③的教训以及他在《道德形而上学基础》里称为明智命令的同样对待了，又何以他以技术的命题这个名称给与这一切了。这一

① 引自《道德形而上学基础》，Abbott 的英译本 35 页，原德文版 417 页，418 页；参看唐钺中译本 32 页。

② 引自《道德形而上学基础》，Abbott 的英译本 36 页，原德文版 419 页；参看唐钺中译本 33 页。

③ 见《判断力批判》，Buek 版，180 页；Lehmann 版，4 页。

切所共同的就是它们所与之有关的只是把已经含蕴在我们理论知识里面的东西见之于实践,因而并不包含有任何影响行动本身的原理。因此,它们都是属于理论哲学的,它们并不确定意志本身,而是使它依靠自然对象的。这里的意志不是一个自由意志为一条独立的实践原理所确定的,而是一个任意的意志,其行动是以另一某东西,即它的对象在理论上所设想的概念为转移的。"因为它们是属于使我们所想望为应有的东西出现的那种技术的,而那种技术在完善的理论的情况下,总是单纯的后果而不是任何一种的教训的独立部分的。"①只有道德的命题才可以看为是真正的实践命题,因为它们所遵循的原理是独立于自然对象的世界的。它们不是为自然的规律所确定而是为自由的规律所确定的。康德在这里关于它们所说的是它们是通过它的形式(按照一般规律)的确定而确定行动的,并没有考虑到像这样产生的对象。它们在自由这个理念里有其特定的原理,而且虽然那些原理构成意志的一个对象的概念,即构成至善(summum bonum)这个概念,但是这个对象只是间接地属于实践的教训的。我得要请读者参看我对于《实践理性批判》的一般原理的阐述来解释这一点。

康德接着说,实践命题的可能性不能以关于自然的理论知识来理解。这是很重要的一点,因为它说明康德在这里是保持第一第二两部《批判》的基本学说的。《判断力批判》的第一种导言的第一段看来是关于术语的问题的,但是这必不可使我们忽视了这个事实,就是康德的讨论是完全依赖着在他头两部《批判》里所提出的他的哲学的基本原理的。康德深信有两个完全不同的世界,即自然世界和自由世界。理论哲学是有关于自然世界的知识的,提供这种知识所需要的种种规则的乃是知性。实践哲学是有关于自由世界的,其规律是实践理性所设想的。诚然这些规律实际上是确定我们的意志的,但是关于自由世界,它们并不替我们提供任何理论的知识。我们在理论上是完全不能理解实践原理的。

技术命题与实践命题之间的分别,对于《判断力批判》的意义,康德在第一种导言的第一段里并没有说明。但是从他关于这区别的说明中,我们能看到,《判断力批判》将坚持批判哲学的基本原理。

① 见《判断力批判》,Buek 版,183 页,即 Lehmann 版 8 页。

康德在第一种导言的第一段结束时，告诉我们他打算还在另一种意义上使用“技术”和“技术的”这两个词，那就是在我们判定自然对象好像它们的可能性是依靠一种技术似的这种情况之下。这种判断既不是理论的判断，也不是实践的判断，因为它们并不确定它们的对象，而只在它们对于我们的认识能力的关系上来判定它们。我们必不可把“技术的”这词用在它们上面，只能用于其规律是它们所依据的判断力。在现阶段上，我们没有可能来了解康德关于“技术的”这词的第二种意义的阐述，因而我们就可进而去谈谈第二段了。

第二段

关于在第一段结束时我们剩下来没有说清楚的那一点，第二段的开始像是没有什么希望的，因为在这里，康德所关心的像是划分的单纯问题。他告诉我们构成一个体系的有知识的三种高级的能力，即(a)知性，这是认识普遍规则的能力；(b)判断力，这是把特殊统摄在普遍之下的能力；和(c)理性，这是以普遍来确定特殊的能力，也就是从原理得出特殊的能力。这一切是什么意思呢？

我们关于头两部《批判》的主要原理的考查曾说明特殊与普遍之间的关系这个问题乃是先验哲学的中心问题。我们曾看到，依康德的看法，每一个严格说来的普遍概念都是心的产物。它是一种验前的概念，就是说，它不属于对象的作为对象，也不属于自在之物，而是心在现实的经验之先所设想的。康德在《纯粹理性批判》一书里曾证明我们的知性产生某些验前的概念，即范畴，是我们关于对象的经验所需要的条件；另一方面，他又曾说明这些普遍的规则并不确定特殊作为特殊的范围的。除非它们是和所与的直观发生关系，否则知性的普遍规则是毫无意义的。特殊的直观本身是我们不知道的。我们的理论知识是不能用普遍的规则来确定特殊的，要特殊完全为普遍的概念确定下来乃是我们理性这个能力按其本性所必然提出的一种要求。因为理性不是关于规则的一种能力像知性那样的，而是关于原理的一种能力；而从原理得来的知识，根据康德的定义，就是“唯有那种知识，我是在其里面通过概念而在普遍里认识到

(erkenne)特殊的"①。第一部《批判》曾说明这样的知识是不能在理论的领域里得到的,第二部《批判》就说明在实践的领域里,我们是能够通过普遍的概念而确定特殊的。首先给予我们的就是理性的普遍规律,而用这条普遍规律,我们就能够确定我们特殊的行动。可是又有心灵的第三种能力,即判断力,没有它,我们就不能使特殊和普遍发生关系。这第三种能力并不产生任何普遍的概念,它所要做的只是把特殊统摄在所与的普遍概念之下。它必须决定某一所与的特殊事例是否从属于一某一所与的普遍概念,而这种概念不是判断力所产生的,而是知性或理性所产生的。有自然的普遍规律,即知性的规律;又有自由的普遍规律,即理性的规律。理论的判断力把特殊的直观统摄在知性的普遍规律之下,而实践的判断力则把特殊的行动统摄在理性的普遍规律之下。

我们现在得要把《判断力批判》的问题说出来。我们可能认为,既然《纯粹理性批判》已经把自然的验前原理都提出来了,而《实践理性批判》又已经把自由的验前原理都提出来了,我们就已经讨论过在哲学中可能有的一切验前原理了。实在是这样吗?或者还有属于判断力的验前原理呢?从一开头就很清楚,既然判断力不是认识的一种独立的能力,而只是介乎其他两种认识能力,即知性与理性之间的,那么它可能具有的任何验前的原理将是完全不同于知性和理性的验前原理的,知性和理性是用概念来构成自然和自由这两个客观世界的。既然判断力并不产生任何客观概念,既不产生范畴(即知性的概念),又不产生理念(即理性的概念),那么它就完全不可能以其他两种能力所用的同样方式来看特殊与普遍之间的关系。可是认为判断力应该有一条主观的原理这不是不可能的。情况会是这样的,如果判断力既不像知性与理性那样使用它自己所产生的普遍概念,又不单纯把特殊统摄在从别处给与出来的普遍规则(判断力的那种作用是在头两部《批判》里已经讨论过的),而提供我们以一条原理,叫我们在特殊的范围以内去寻找还没有给予出来的普遍概念,看得很清楚,如果有这样一条原理(就是说,一条使我这样假定的原理:(a)特殊本身的范围是服从某种规则性的,而(b)这种规则性的规则不是给予我们的而是

① 《纯粹理性批判》,B357。

我们必须去寻找的),它就是完全不同于知性与理性的原理的。

康德关于这条原理的描述是很模糊的,他说如果有一个概念或一条规则是在判断力里面发生的,它必须是这样性质的一个概念,就是要符合于我们的判断力的,也就是符合于我们把所与的特殊规律统摄还没有给予出来的更普遍的规律的这个能力。他接着就说明这样的一个概念这种概念,就是使自然适合于我们认识它这个意图,因为为了使我们能够有关于自然的知识,我们就必须能够判定(beurteilen)特殊作为是包括在普遍之下而把它统摄在自然的概念之下的。

在下一个段落里,这种说法部分得到了说明,因为在那里我们弄清楚了所说的概念乃是经验作为按照经验的规律所形成的一个体系这个概念。然而我们得要记得康德在头两部《批判》里把两个完全不相同的范围区分开来,就是(a)单纯特殊东西的范围和(b)知性和理性所产生的普遍概念的范围。特殊作为特殊看,应该属于一个体系,这个理念乃是不能为知性或理性所想象的一个理念。《纯粹理性批判》没有足够注意到这个事实,就是我们不只是预先假定一切自然对象都是为普遍规律所确定的,而且又必须假定我们是能够把特殊规律都安排在一个体系里面的。这是我们一切对自然的科学探讨所依据的一种预先假定。

我们必须假定我们所发现的自然特殊性规律都是相互有关系的。在这样假定时,我们是设想着自然符合于我们主观的要求这个理念的。我们指望特殊性规律不是这么相互不同以致我们的判断力没有可能来发现一条都是它们所共同的普遍原理;而稀奇的事情就是,我们相信这是如此,完全是没有任何客观的理由的。心只有两种能力,即知性与理性,是产生客观原理的。经验作为按照特殊性规律或者说经验的规律的一个体系这个理念既不属于知性又不属于理性的。不能把它看作知性的产物,因为我们的知性只是和严格普遍的规律有关的;更不能把它看作理性的产物,因为按其本性来说,理性是超出经验的,和经验世界与其规律无关。

我们现在就能更好地理解康德的问题是什么,并且他为什么把特殊规律的系统统一性这个概念看作判断力的一个概念。《判断力批判》发现了一个新的事实,就是为要得到经验,我们所需要的不但是知性的普遍规律,其客观有效性在《纯粹理性批判》里已经证实的,而且还有这个假定,就是由于单纯主观的理由,我们认为我们所发现的经验性规律是相互联系着的,因之我们就能使它们相互联系起来而把它们统摄在知性的普遍规律之下。如果没有这样一种假定的话,科学的经验就会成为不可能的了。例如物理所与之有关的,与其说是因果作用这条普遍规律,毋宁说是特殊的因果律,而且物理必然是要求那些因果律必须是相互有关系的,不但是关于它们的普遍性是如此,也就是说,就它们是因果律来说是如此,而且关于它们的特殊性质也是如此。

很清楚,康德在这里所关心的是一个完全新的问题。在他写《纯粹理性批判》和《一切未来形而上学的序言》这两本书时,他是完全不知道这个问题的存在的。我们只需记得在《序言》中所提出的问题之一就是:"纯粹自然科学怎样成为可能的?"而康德替自然科学的对象所下的定义,即对自然所下的定义,就是:"自然事物是就其按照普遍规律而被确定下来的存在。"①

在第一部《批判》和在《序言》里,康德的看法都是我关于自然既没有特殊规律的验前知识,也没有任何验前的原理的,在《判断力批判》里,他的看法就不同。他现在体会到把自然看作按照着构成经验的普遍性条件的先验规律的一个体系,那是不够的,此外我们还必须预先假定自然是按照着它所包含的特殊性规律的一个体系。"一种自始至终按照不变的(beständigen)规律而联系着的特殊经验(die besondere Erfahrung)还需要有经验性规律的这种有系统的联系,以便我们的判断力有其可能来把特殊统摄在那普遍的虽然还是经验性的[规律]之下,而像这样前进一直到它达到和它们相应的自然最高经验性的规律以及自然的型式;换句话说,我们的判断力必须能够把特殊经验的集合体看为一个体系(System derselben)。因为没有这种预先假定,就不能有[特殊经验]按照一条规律的(gesetzmässiger)前后一贯的联系,那就是说,那些经验就会没有经验的统一。"②

---

① 《一切未来形而上学的序言》,原德文版294页。

② 《判断力批判》,Buek版,186页;Lehmann版,10页,11页。

如果我们要完全体会到在康德的学说中所发生的这个变化，我们只需记得在《纯粹理性批判》里，有系统的统一这个理念乃是一个纯粹理性概念，而且在那里康德认为理性在设想这个理念时，是必须超出自然世界的。可是现在康德就认为可能有一条验前的原理使我们能够乃至关于自然的单纯经验的规律而把自然作为一个体系对待，却不离开经验的范围。有系统的统一这条原理乃是经验性的科学所应用的一条原理，这条原理是含蕴在每一门科学研究里面的。然而由于它不是知性的原理，所以很明显，谈到它的客观有效性时，它就必然在本质上不同于知性的范畴与知性的原理的。我们曾看到，判断力单纯是为着主观的理由才要求自然的这种有系统的统一的，它是指望自然能满足它的要求的。判断力预先假定它能完成自然特殊性规律的相互联系以至能够把它们安排在一个体系里面，可见判断力并没有权利来假定这种规律或这样一个体系的客观存在，它所能做的只是应用它的原理作为探讨自然的一条原理。既然没有规律是给予判断力的，判断力所能做的只是在经验中去寻找这样的规律。在它在那里发现这些规律的时候，那就必然像是自然把它自己适合于判断力与其主观的原理了。可见判断力的原理在种类上是完全不同于知性的客观原理的，知性的客观原理乃是经验本身的必要条件。判断力的原理乃是一种在主观上必需的原理，乃是科学研究的必需准则。诚然，一切科学研究都是依赖这样一条原理的假定，但是这必不可使我们以至把这种原理看为好像它是同值于知性的原理似的，知性的原理的客观有效性与必然性是能证明的。

既然判断力的原理是一条单纯的准则、单纯启发性的原理，也就是说，是我们研究的一条指导性原理，那么我们就必须以一特种的客观有效性隶属于它。其实，我们称它为一条客观的原理或者称它为一条主观的原理，要看我们对于这些名词所下的定义是怎样的。就我们在自然的钻研中必须是使用它而且只能假定自然是使其自身适应于我们的判断力的这点来说，判断力的原理是可以称为客观原理的。但是我们又可称它为主观的，因为它是完全不同于知性的客观原理的，而且在现实的经验之先，我们是完全不能知道自然是到什么程度会依照我们想要完成经验性的规律的系统统一这个要求的。我们如果是有了一般经验的一个验前的而且是客观的概念对我们给予出来从而能够得出它的特殊规律，我们就能知道上面所说的了。可是事实上，我们关于自然的特殊性规律毫无任何验前的知识，而我们所能做的，只是把我们对于这些规律的钻研，奠基于一条能够使我们找出这些规律是什么以及它们相互的关系是什么的这样的原理。

康德在186页上面一条脚注中①说明了知性的原理与判断力的原理这两者之间的分别。他的文字是高度专门性的，去了解他是不容易的。他一开始就是说，经验是以综合判断为依据的，关于对象的经验能从知觉的一种单纯的比较得出来，就是说，经验是依靠知性的范畴与原理使之有其可能的一种综合，单纯分析知觉是永远不会给我们关于对象的知识的。

这是每一个第一部《批判》的读者所熟悉的一种学说，而且去了解康德的意思是什么也是容易的。

但是当他紧跟着在这之后说，经验的一些认识，按照必然是它们所共同的东西，就是按照自然的先验规律，只构成一切经验的分析性的统一，而把经验乃至在它们的相异的方面，看为是属于一个体系的这种统一乃是经验的一种综合性的统一，在这个时候就更是很难于理解他了。有一点是清楚的，就是“分析性的”和“综合性的”这两个词在这里使用的意义是不同于惯常的意义的。我们必须自问：康德怎样能说，依他说来原是综合作用的自然先验规律构成只是一种分析性的统一呢？为了理解这点，我们必须记得，自然的先验规律都是知性的产物。诚然，它们乃是一般经验的条件，没有先就用这些普遍的规则把所与的种种直观综合起来，我们对于一个对象就完全不能有任何经验。可是必须注意到，知性本身和特殊的范围，即和直观的范围，完全无涉，它并不关心于它的普遍规律在经验中会得到的应用。知性乃是关于普遍规则，比方因果作用这条普遍规律的一种能力，它对于我们在经验中所发现的特殊因果规律是漠不关心的。关于它们，它所能说的，只是它们之中每一条都是因果的规律，按知性来说，经验性的规律所构成的是单纯分析性的统一。知性是完全不管

① 《判断力批判》Buek版，即Lehmann版11页。

它们一切的差别的。它只是抓住了它们共同的要素，即构成它们分析性的统一那个东西，而不能离开它自己单纯思想的范围。结果就是，它不能把经验性的规律加以综合。

判断力就不同于知性，它不是关于单纯思想的一种能力：它是涉及经验的世界的，就是说，它所涉及的世界不只是包含着普遍规律而又包含着特殊的或者说经验性的规律的。判断力使之服从于它的统一这个理念的乃是后面的一种，它使用综合统一的一条特别的原理。它把经验的特殊规律在它们不同的方面加以相互的比较，而假定它们并不是在全面上相互不同的，而是相互有关系的并且都是属于一个体系的。

康德在上引的脚注结束时指出判断力的“概念”是有别于范畴的。范畴是在客观上[①]确定综合统一的，而虽然如此，但是它却产生出用来作自然的钻研中的线索的主观原理。这一点是已经解释过了的，但是在康德说，判断力为它自己假定有自然的一种形式上的有意图性，发生在判断力里面而为判断力所特有的概念乃是自然作为技术的这个概念，或者说作为自然在其特殊规律这方面的一种技术的这个概念，而且判断力把自然描写为不只是机械的而且又是技术的，这个时候，我们就还是不了解他的意思是什么。为要了解这种种的说法，我们进一步需要有康德自己的说明。关于经验性的以及普遍性的规律这个问题的讨论是在第四段继续的。我们现在就要转到这第四段，而把第三段的讨论留到后面。

第四段[②]

我们可以把康德在这一段里的论证说明如下。我们在《纯粹理性批判》一书里已经看到，自然是按照先验规律构成一个体系的；因为我们是能说明知性所产生的普遍规律是必须用于经验的每一个对象的，由于不用这些规律，我们就不能把我们的观念统一起来，因而也就不能觉知到一个对象。给我们经验的一种有系统的统一这个理念的也就是知性本身。可是在经验的一种先验的统一这个假定里面就含蕴着另一个假定，即经

① 关于这点，参看下文第五段第五个段落。——作者原注

② 第三段移在第五段之后。——译者注

验作为特殊规律的一个体系,这是一种稀奇的事情。《纯粹理性批判》没有估计到的问题就是,虽然甚至关于特殊规律,我们也必然是要求有经验的系统的统一,但是我们却不能建立这种统一。因为就知性以及它关于自然的验前知识来说,我们不能排斥这个可能性,就是现实的经验可能显出这么多种多样而又不同质的经验性规律以致使我们没有可能来让它们相互在一个体系里发生关系。经验性的规律的多样性以及自然对象的多样性可能是无限大的,结果就是自然会给我们显现出一个混乱的集合体而丝毫不显出体系的痕迹来。

我们能十分清楚地看到康德的问题是什么了。知性所给我们呈现出来的世界是为知性的客观规律所确定的,但是,如果我们是要有实在的经验,我们就必须又预先假定自然在其经验性的规律方面对于人类的心灵是可以理解的。如果自然所对我们指出的规律只是完全相互不同的,我们就会不能够理解自然了。经验是依靠着两种验前的预先假定的:(a)自然是普遍规律所确定的,和(b)自然的经验性规律是人类心灵可以理解的。

康德在《纯粹理性批判》里通过说明先验规律的客观有效性就说明我们是有权利来作出这两种预先假定的第一种的。我们可以称其第二种为主观上必需的先验预先假定,因为我们预先假定它,不是由于我们有什么客观的理由去相信它是这样的,而是由于没有它,经验就会成为不可能的。"所以这是一种主观上必要的先验预先假定,就是从别的方面来着想是我们怕会有的那种经验性的规律之无限制的歧异性和自然型式的异质性,实际上在自然里面是没有的。反之,我们必须预先假定自然通过隶属于更一般的规律的特殊规律的亲和性,就为自己准备了一些性质是它要成为作为一个经验性的体系的经验所必需的。"①

使我们预先假定这点的不能是知性,因为知性在设想它的客观先验规律时,并不估计到特殊的经验性规律而只关心到一般经验的条件,在现实经验之先就假定自然是经验性规律的一个体系的这个预先假定是在我们的判断力里面发生的。

① 《判断力批判》,Buek 版,191 页;Lehmann 版,16 页。

判断力不像纯粹理性批判所错误认为的那样,只是一种能力,把特殊统摄在自然的普遍规律之下的,这些规律是应用于经验的一切对象而不管它们的差别的。判断力还有另一种功用,它使我们能够把特殊的、经验性的规律(按自然的普遍规律来说是同一的)在其不同的方面相互比较。换句话说,判断力预先假定经验性的规律不是全面都是相互不同的,它假定这些规律具有特殊的特征使我们能够把它们安排成为一个体系的。判断力所假定的原理固然只是一条主观的原理,是它为着它自己的用途而使用的,为的是要它能够把经验看作一个体系,可是没有任何客观的概念使这样的一个进行方式有其正当的理由的。这个事实必不可使我们也就认为它是一条经验性的原理,就是说一条从经验对象的观察而得出的原理。它乃是一条真正验前的原理。它不能是归之于经验的,而是人心的一种产物在一切现实经验之先就被假定的。"这样的一条原理绝不能以之归于经验,因为只有预先假定了它,我们才能在一种系统的方式上探讨经验的。"①

康德继续像这样来说明那个公式:自然是采取最短的途径的,自然绝不偶然做什么的,自然在其多种型式之间不采取跳跃的活动的,自然的种是丰富的,可是同时在类来说是节省的。这些公式无非是"判断力的同样的先验表达形式,为它自己的特别用途建立一条原理,用这条原理它就可以把经验看作一个体系"。这是很有趣的,因为我们首先得要注意到在《纯粹理性批判》里,康德把这条原理以及这些公式都归之于理性,而现在我们看到他已经放弃了他的学说的这一部分②。但是所说的又是含糊的,因为康德没有弄清楚,到此为止,他只是谈到一特种的经验体系,就是逻辑的体系。在下一段,这就变为清楚的了,但是在这里这样说出来是重要的,就是到此为止,康德只有关于我们经验性的概念的逻辑体系。他所想到的就是一个经验性科学的科学家,例如一个植物学家,预先假定他将要能够把他的对象,即植物,分到某些种与属之下,他的概念与定义都是相互联系的,换句话说,他将能够达到概念的一个逻辑体系而不致碰见一

① 《判断力批判》,Buek 版,192 页;Lehmann 版,18 页。

② 参看上文,《纯粹理性批判》部分,"理念的制约性使用"的最后六个段落。

大堆分离着的东西。我们从第四段学到的只是在我们预先假定自然乃是一个逻辑体系的时候,我们所应用的原理是一条原理,它既不属于知性,又不属于理性,而是判断力所产生的。

第五段

在第五段里开始用了一个新名词,即反思判断力。反思判断力得要和确定性的判断力区分开来。确定性的判断力的功用已经在《纯粹理性批判》一书里,特别是在图型法这章里,说明过了。我们在那第一部《批判》里曾看到,对康德说来,判断力乃是单纯一种能力把特殊统摄在所与的普遍规则或者说概念之下的。在谈到能确定的判断力时,总是维持这种见解。能确定的判断力的唯一功用就是把知性所作出的普遍性规则或者说概念用于直观所给与出来的特殊。反思判断力所有的功用就完全不同,它是感兴趣于经验性的规律与经验性的概念的关系的,但是并没有任何普遍性的客观概念对反思判断力被给予出来。因为判断力本身并不产生任何概念或者说规则,而知性只产生严格说来的普遍规则,就是一般经验的条件。纵然是这样缺乏着确定的普遍概念,但是判断力认为它能为经验的一切对象发现确定的经验性概念。

这里就是一种困难了,因为看来好像所假定的原理不是一条先验的验前原理似的,就是说不是一条真的验前原理,而是一条属于形式逻辑的原理。而形式逻辑并不涉及对象而只涉及我们关于对象的概念与其划分的,逻辑才教我们去把一个所与的表象(Vorstellung)和别的表象相互比较,抽出它们共同的东西来,而这样来做成一个概念。显然这样的一种程序和自然对象是毫不相干的,而只有关于我们的概念与其彼此的关系的。

可是仔细查看一下这个问题时,像是这样的,如果自然所包含的只是无限多的完全不同的对象的话,那么我们就会不能得到现实对象的经验性的概念,把它们安排在一个逻辑体系里,而且把它们划分为类了。换句话来说,在我们是能够应用我们逻辑分类的原理的这个预先假定中就已意味着自然本身,虽然是有它表面上无限的杂多,仍然是显出有按系统的类与种的划分的。因为只有假定这,判断力在涉及自然对象时,才觉得它有可能来按照它们的共同特征去把它们相互比较而这样去达到经验性的概念的一个体系。

我们现在就看到，假定有自然的经验性体系的这条判断力的原理，虽然所假定的只是我们关于经验性对象的概念之一个体系，其所依据的是一条先验的验前原理，那就是说，不单纯有关于我们自然对象的概念的，而且又有关于对象本身的原理。我们是预先假定，自然对象是这一类的。它们是使我们的判断力有其可能(a)来达到经验性的概念的(如果自然对象都全是相互完全不同的话，这是不可能的)，和(b)来把这些概念进行比较而在一个体系里安排好它们。

可是在判断力的先验原理与知性的先验原理之间作出一种明显的区分是很重要的。我们还得要记得知性是以明确的规则提供给我们的，而判断力所能做的不过是给我们提供一条指导性的原理，一条使我们能够去寻找经验性的概念的原理。可是那些概念我们只能在现实经验中去发现，关于它们，我们是毫无验前的知识的。很不错，如果我们不能发现自然的特殊性规律的话，我们就永远不能获得关于世界的实在经验；因之使我们能够去寻找这些特殊性规律的那条原理就必须看作一条真正的验前原理了。但是我们必不可忘记反思判断力并不替我们提供客观的概念的。在现实的经验之先，我们不知道自然的特殊性规律是什么和它们彼此间的各种关系是什么，判断力预先假定我们在自然中将要发现一定的规则性，自然对象是这样的，能使我们有可能去关于它们形成种种概念而且发现经验性的规律的。自然是一直是注意一定的节约的，完全不同的规律，其数目不是没有限制的，而相互关联的规律是有限定的数目的，这是一条我们只为着我们知识的利益而应用的主观原理。它不是一条为着确定的客观原理，而是反思的主观原理，它只是为着判断力的逻辑使用的一条原理。从这个事实就可推断这不得看作任何别的东西了。我们的判断力预先假定它能把自然对象看为是适合于排在一种逻辑的体系里面的，但是我们可以问：何以判断力必定要假定这点呢？其答复就是：因为不然的话，人类的心就不能知道自然了，需要自然一种逻辑体系的不是自然本身而是人的心灵。“这样判断力本身就在验前把自然的技巧变成判断力反思的原理，然而并不能够再进一步来说明或确定这种技巧，为着这，它在自然的普遍概念里面又不具有一种客观能确定的原理

(Bestimmungsgrund)。它只按着它自己的需要,而且依然按照一般自然的规律采取这条原理,只是为了要能按照自然的规律进行反思。"①

我们现在懂得判断力所采用的这条原理乃是单纯主观的原理,独立于知性的一切原理的,它是不能从这些知性原理得出来的,而仍然和它们是一致的,但是我们依然不懂得康德所谓"自然的技巧"这个名词是什么意思。

在紧接我们刚才引用的一段的前面一段里,康德指出,反思判断力是用技巧或者说人工的(künstlich)方式,而不是用机械的或者说图型的方式来处理所与的出现的东西的。其所使用的原理是自然在一个体系中一种有意图的倾向的还不确定的原理,据说情形仿佛是为着我们判断力的利益的,因为必须预先假定自然的规律是有系统的安排的乃是判断力,由于如果没有这样一种预先假定,我们就不能指望在许许多多可能的特殊性规律之中找到我们的途径。所说的一切都是很难懂的,因为康德没有弄清楚,所谓自然的技巧这个观念单纯是主观的抑或至少在某程度上必须要使之归于自然本身的。我们也许倾向于相信后一种看法,因为康德谈到自然的一种有意图的倾向把特殊性规律安排在一个体系之中使得我们有可能来对于它们有经验,否则我们就不能有这种经验的。从另一方面看,把任何这种意图归之于自然好像又是悖理的。我们怎能有权利来相信自然这样安排它的规律,只是为要令我们喜欢呢?毋宁说我们只是根据主观的理由而这样假定罢了。可是好像康德实是相信前一种说法的,因为他说:"所以判断力的特别原理是这样的:自然是为着判断力的缘故,按照一种逻辑体系这个形式来把它的普遍规律详细订明为经验性的规律的。"②

第二种导言有一段③将能帮助我们去了解康德。在那里,康德指出,自然的普遍规律是在我们的知性中有其根据的,乃是知性把这些普遍规律给自然规定的;而反思判断力却需要有一条它自己的原理,因为它是有关于特殊性规律的,而关于这些特殊性规律,我们的知性是没有确定什么

① 《判断力批判》,Buek 版,195 页;Lehmann 版,21 页。

② 《判断力批判》,Buek 版,196 页;Lehmann 版,23 页。

③ 见《判断力批判》,180 页。

的。反思判断力得要假定特殊性规律的统一性，而它能这样做，只有靠自己想象到另一个知性是不同于人类知性的，而这个知性为着我们认识能力的利益曾把一切特殊的经验性的规律安排好使得按照特殊自然规律的经验系统有其可能。康德这样继续说下去："这并不是要理解为意味着必须在现实上假定有这样的一个知性的，因为思想中含有这种理念的只是反思判断力(这个理念是作为反思的原理而不是为着确定什么的)，但是这种能力只是对它自己而不是对自然这样作出一条规律。"①

我们现在就能懂得何以康德相信判断力，甚至在它所涉及的只是自然的逻辑体系时，也必须设想到自然的技巧这个观念。判断力必须预先假定自然的一切特殊规律都是相互有关系的，预先假定它们是一个体系而不是一个单纯集合体。可是我们知性所知道的唯一一种统一性就是普遍规律的统一性，而这是它有资格来假定的，因为硬要有这些规律的也就是知性自己。这些规律都是相互结合、相互有关系的，因为它们都是从一个知性得出来的。另一方面，判断力追求另一种的统一性，即特殊性规律的统一性，而知性是和这没有关系而关于它又不能确定什么的。如果要认为这种统一性是有其可能，我们的知性就必须假定有另一个知性存在着，它是包含着特殊性规律的统一性的原理的。我们设想一个超人类的知性这个理念，这个超人类的知性曾把一切特殊性规律在技巧上安排好，就是使得它们都全相互有关系而共同属于一个统一体。这些规律不是自然的单纯部分，而是依靠着整体这个理念的，为它们从而得到它们的存在的一个超人类的存在者的心灵所设想的。

但是这里就有了困难了。利用一个超人类的知性这个理念和自然的技巧的这条原理是一条主观的原理还是一条客观的原理，抑或它也许在某种意义上是同时两种的呢？显然不能把它看成一条单纯客观的原理的，因为以自然的技巧这个理念本身来说，它是理性的一种单纯的理念。我们在《纯粹理性批判》里已经知道，理性是心的超出经验的世界的唯一能力，而由于它是原理(Prinzipien)的能力，它是预先假定特殊是绝对为

① 《判断力批判》，180页。

普遍概念所确定的[1]。在《纯粹理性批判》一书中，康德又曾说明理性是不能做到这点的，说明我们关于超越的世界是不能有所知的。由此可以推断说，判断力是没有权利来假定一种超人类的知性的客观存在的，而且它是不能把自然的技巧这个理念用作一条客观原理的。因为要这样做，它就要超出经验的范围，它就得要有关于超感性世界的知识。

我们必须注意到应用技巧这条原理的超人类的知性这个理念是反思判断力所预先假定的，而不是能确定的判断力所预先假定的。判断力假定了它是为着它自身的打算以便能够有一条反思的原理的，它并不假定自然本身是由于使用技巧这条原理的知性而有它的存在的，而是为着研究自然的缘故才设想到这样一个理念的。判断力对自己立法，而不是对自然立法，它必须以特殊性规律的一个体系这个理念作为它研究的基础，因为如果它不是这样的话，它就不能乃至开始研究自然，或者把自然的特殊性规律安排成为一个逻辑体系。另一方面，它所感兴趣的无非是它自己的原理。为着反思的缘故而假定的理念就是这样的："自然为着判断力而且按照一个逻辑体系的形式，把它的普遍性规律详细订明为经验性的规律。"[2]

我们现在就看到判断力的原理同时既是主观的而又是客观的。它是主观的，因为它乃是反思的一条单纯的原理，并不使我们能够把自然确定为自然原来那样的，即作为独立于人的心的一个对象的。就人心必然是要假定它这点来说，也就是，就它是一条验前先验的原理来说，它是客观的。但是这里又有另外困难的一点。我们得要记住我们并不懂得康德的所谓"自然在一个体系中的有意图的倾向"是什么意思[3]。在我们继续下去的时候，我们将要看到，自然的有意图性这个问题乃是《判断力批判》的中心问题，因而我们就得要自问康德在这里所谓"有意图性的"是作何解，而且何以他认为判断力所设想的一个逻辑体系这个理念是含蕴着自然的有意图性这个理念的。

我将从一个引文开始我的解释。在替判断力的原理已经下了定义之

---

① 参看上文《纯粹理性批判》，"理性——辩证法"，第一、二两个段落。

② 《判断力批判》，Buek 版，196 页；Lehmann 版，23 页。

③ 《判断力批判》，Buek 版，194 页；Lehmann 版，21 页。

后，康德是这样继续地说的："现在在这里发生了自然的有意图性这个概念，但是这个是唯有属于反思判断力的一个概念。它并不属于理性，因为意图不是安置在对象里面而单纯是安置在主体里面而且还是在主体的单纯反思的能力里面的。因为我们称那个东西为有意图的，其存在像是预先假定同一个东西的表象的。可是，这样构成而相互有关系的那些自然的规律好像判断力曾按照它自己的需要而计划了它们似的，是有些类似于这样东西的可能性的，就是这样的可能性是预先假定同样东西的表象作为它们的根据的。"①

这里最难明的就是康德对于"意图"所下的很抽象的定义。可是可以用一个简单的例子作为例证，设使我们假定，我们判定一个自然物体，比方一个有机体，是能为一个意图用的。我们这样说是什么意思呢？我们认为这个有机体是一个存在者所造的，而对于这个存在者的心灵来说，这个有机体要成为什么这个概念是在它创造这个有机体以前就有了的。我们假定这，因为我们认为没有可能，这个有机体的各部分和这整个有机体是这样相互有其关系而又相互协调，那么如果部分与部分之间以及部分与整体之间的这样一种关系和这样的一种协调不是一个有理智的存在者所早就预计好的，我们则认为相互关联并和谐统一在一起的有机体的部分和整体就都是不能存在的。我们假定这个存在者首先在心中想象到这个有机体应该是怎样的，这个东西的存在是依靠一个有理智的存在者心中是否已经想象到有它。我们判定，如果不是这样的话，它就完全不能存在，因而我们就称它是"有意图的"。我们现在就能了解康德的定义了："因为我们称那个东西是有意图的，其存在像是预先假定同一个东西的表象的。"但是在这类的有意图性和那是反思判断力的原理的单纯逻辑的有意图性这两者之间的类比是什么呢？可以解释如下文。判断力预先假定一切经验性的规律都是属于一个体系的，这是意味着经验性的规律都是相互有关系的，而且它们又是和自然的普遍性规律有关系的。我们假定自然的详细订出它的普遍性规律来乃是按照一个体系这个理念的，结果就是每一条特殊性规律都和每别一条特殊性规律有关系。而且一切特殊

① 《判断力批判》，Buek 版，196 页；Lehmann 版，23 页。

性规律都和它们只是其实例的普遍性规律又有关系,然而我们不能将这种关系看作是单纯偶然的。我们必须假定我们所想象为一个有理智的存在者的这个自然原是想使它的规律都属于一个体系的,就是说处在这种联系之中,其每一部分都是和每别一部分有关系而又和整体有关系的。我们以特种的有意图性,即逻辑的有意图性,归之于自然。我们曾看到,当我们判定一个对象为有意图的时,我们是假定这个对象如果不为一个有理智的存在者所表象,就不能存在的。所以,既然经验性的自然规律一个体系的假定是意味着有意图性这个理念的,我们就必须又假定它是为一个有理智的存在者所引起的,为一个必须要看为它的可能性的根源的一个超人类的知性所引起的。这是在第二种导言里的一段里所说的:"所以判断力在它认为自然对象是在其形式上为经验性的规律所确定时所应用的一般原理就是自然在其杂多中的有意图性这条原理。换句话说,自然是被这个概念表象为仿佛有一个知性包含有在自然的经验性的规律的多数性之中的统一性的根据。"①

很重要的是再一次注意到康德在导言第四段里只是涉及逻辑的有意图性的。他自己说,在假定有意图性这条原理时,判断力并没有假定自然对象本身是有意图的。判断力所感兴趣的只是在问自然对象是否相互有关系,虽然它们是多种多样的,但是它们是否适合于安排在概念的一个逻辑体系里②。我们从这就看出康德的问题乃是一个特别先验的问题,而且他的提问与他的答案同是完全依靠着先验哲学的一般问题的。我们只需自问:何以有有意图性这个问题的发生呢? 答复就是,它之所以发生,就是因为在第一部《批判》里曾说明人类的心所具有的唯一自然的概念乃是知性的普遍性原理。康德在《判断力批判》一书中发现乃至在我们只是涉及逻辑的问题即我们关于自然对象的概念的逻辑划分这个问题时,我们只得把有意图性归之于自然,因为我们必须假定自然不会使我们没有可能来把我们关于那些对象的经验性概念安排在一个体系里。这样发现的有意图性这个概念是完全不同于这个名词一般的意义的。显然,既然

① 《判断力批判》,180页,181页。

② 《判断力批判》,Buek版,197页起;Lehmann版,23页。

这个概念只是需要来用于逻辑上的，就不能把它看为一个客观的能确定的概念。因为我们以之归于自然的这个意图乃是全然依靠能知的心的，它不是安置在对象里，“而只是安置在主体里的”。

康德在《判断力批判》里发现一条新的验前原理，即反思的原理，而康德自己是很觉得这个事实，就是他的问题乃是先验哲学的一个特有的问题，像我们在下面所引的一段所能看到的：“如果自然所对我们指出的没有其他而只是这个逻辑的有意图性的话，我们就已经有理由来赞叹它了，因为就知性的普遍性规律来说，我们是不能说明这有意图性的。但是除了一个先验哲学家以外，很难有人是能这样赞叹的；而且乃至一个先验哲学家也不能指出任何一个明确的事例是可以在具体上用来证明这种有意图性的，而得要把它只在抽象上来着想。”①

第三段

在我们现在将要处理的第三段里，初看起来好像康德是有关于划分的种种单纯问题。我们必须弄清楚是否实是如此，或者他在这一段里是否在讨论一个真正哲学的问题。这段的标题是：“心的一切各种能力的体系。”康德一开头就说有三种这样的能力，而不能有更多的，那就是(a)知识的能力，(b)愉快与痛苦感，(c)欲望的能力。他往下说明曾有过一些哲学家企图要把这些能力之间的分别作为只是表面上的巧辩过去，并且企图把其他两种能力都从知识的能力得出来，可是这样的企图是注定要失败的。“因为这两者之间总是一直有着相当大的分别的，一方面有(a)[表象的关系，其中的]诸表象只是和对象有关的而它们自己的统一是在意识里面的，而这些表象是属于知识的；另一方面有(b)表象的客观关系，在其中，诸表象是同时看作那对象的实在性的原因的，因而就是归因于欲望的能力的。我们更须要从那两种分辨出来诸表象只对于主体的这种关系，而在这种情况之下，诸表象靠其自身是一些根据，只是为着维持其自身的存在，因而是在其对于愉快感的关系上被注意的。因为这样的一个关系既不是知识又不在任何意义上产生知识，虽然它可能预先假定有某种知

① 《判断力批判》，Buek 版，197 页；Lehmann 版，34 页。

识作为它的能确定的根据的。”①

这一切都是很难懂的。首先我们必须问康德这里所谓欲望的能力是作何解。这个名词多多少少是使人误解的,因我们是倾向于认为知识的能力和欲望的能力同是有关于同一个对象,即自然对象的。如果是这样的话,知道一个对象和想望一个对象就会是一种分别单纯在于我们对于同一个对象的态度里面,那就不可能来理解何以康德认为欲望能力的关于对象的我们的诸表象同时也就是对象存在的原因。可是,我们必须记得康德在《实践理性批判》中曾说明道德行动的原理根本上是不同于我们理论的知识所以为基础的原理的。这种分别的理由就是道德的行动并不依靠一个外部的自然对象的,我们道德行动所与之有关的对象不是一个自然对象而是善本身。而且还说明过,道德的行动并不依靠这个对象,道德行动是产生它的,实践规律的唯一对象乃是道德行动所产生的。可是在康德的道德哲学里,“欲望的能力”这个名词所指的和我们也许视为当然的是完全不同的。通常我们认为欲望是以一个自然对象,以拥有所欲望的为其对象的。可是康德主张另外还有一种完全不同类的欲望,即要去实现善的这种欲望,说我们能够以一条独立的验前原理归之于欲望的能力是由于这个事实而来的,就是欲望能力的对象乃是在根本上不同于理论知识与之有关的对象。那就是何以这两种内心的能力在本质上是彼此不相同的,何以在实践的行动的情况下,主体与对象之间的关系完全改变过来,因为实践的行动是使它自己的对象产生出来的。这是完全不同类的“客观关系”,在实践的领域里,对象的理念同时也就是对象可能性的根源。

我们现在就懂得何以康德认为在认识能力与欲望能力之间是有一种本质上的分别的。我们还不能了解上面所引用一段的最后一部分,就是康德在那里谈到和主体有关系的种种表象这一部分,而且他在那里还谈到这些表象是只能在它们对于愉快感的关系上才可考虑的。我们不能了解这部分的主要理由就是康德说一种感情也许不产生知识,然而可能是依赖某种知识作为决定它的根据的,而这话到此为止是模糊不清的。康德在

① 《判断力批判》,Buek版,188页;Lehmann版,13页。

这里没有举出他说这话的任何理由，因而我们必须等待他进一步的解释。

我们继续检查第三段时，发现康德所主张的乃是在经验中很容易认识到我们关于对象的知识，我们感觉到对象的存在叫我们是愉快或痛苦，和欲望能力想要使这对象发生出来这种决定这两者之间的联系。可是，由于这种联系不是依据一条验前的原理的，所以心的各种能力所构成的单纯是一种集合物而不是一个体系。而且他又进一步指出，主观的愉快感乃是包含在意志的客观决定里面的，而这种愉快感又觉得它自己是为理性的自由这个概念所决定的，这个事实并不把这三种能力相互联系起来。理由就是，康德所谓愉快是指对于道德律的尊重，而这种愉快并不先行于意志的决定而是在它之后的；不然的话，这种愉快也许只是意志通过理性自身的可能被决定的这种感觉（Empfindung）①，因而不是需要在心的各种能力的体系中作为特别分段的一种特殊的感情或感受性。

康德继续往下论证如下。心的各种能力在经验上的分析说明有一种愉快感是独立于其他两种能力的，即独立于知识的能力与欲望的能力的。愉快可以是我们欲望的能确定的根源，这是一种事实，从这个事实就推断出愉快感是独立于欲望的能力的。注意到这点是重要的，就是康德在这里所想到的欲望能力，是就它只为经验性的原理所决定来说的，也就是他是在其通常的意义上理解欲望的，就是想要拥有一个自然对象这种欲望，是有别于为一条验前实践原理所决定的道德想望的。关于后一种想望，显然按康德的原理，在对象中所觉得的愉快，即在善中所觉得的愉快，绝不能先于我们想要实现它这种想望的。康德在这里所要说的只是，经验上的观察说明人可能只是因为他乐于有一个对象而就想望这个对象的。

另外要注意的一点，虽然康德没有明白说出来，就是愉快是又可以完全独立于知识的能力的。

然后康德的论证继续下去如下。如果我们要能把心的三种能力在一个体系中联系起来，愉快感就必须是应该像心的其他两种能力那样以验前原理为依据的。可是知识的能力是从知性得出其验前原理的，而欲望

① 康德在《实践理性批判》一书中，确是提出这种见解，参看上文《实践理性批判》，“有限的意志和规律的尊重”一段。——作者原注

的能力是从理性得出其验前原理的。但是实有三种知识能力,即知性、判断力与理性。如果认为判断力这个中间性的知识能力是包含着苦乐感——心的这个中间性能力所需要的验前原理,还有什么比这更能是自然的呢?

如果一个读者是准备当康德是认真的,这一切对他来说就是很苦恼的了,因为看来好像康德在这里只是谈到他的哲学的概念的任意划分,而并没有涉及一个严肃的问题。换句话说,康德在这里好像又产生了一点单纯的知识体系论(architectonic)。我不认为能够否认康德对于问题的提法是极端矫揉造作的,如果他是有急切的理由来主张判断力和苦乐感是在一起的,他确是没有在这里提到它们。我们现在必须设法找出他是否有什么好的理由来相信这样的联系是存在的。

第三段给我们的帮助是微乎其微的。我们也许从这个事实得到一点安慰,就是康德自己告诉我们他关于这样的联系的可能性还不作出任何决定。他举出一个理由何以这可能是这样的,就判断力单只对于主体有关系而并不产生任何像知性与理性的概念那种客观概念,而且苦乐感只是一种主观的感情。

可是甚至这也不是很能说服人的,而且实在并不解决我们的困难的。但是在第二种导言里,我们发现一段,康德在那里说明在愉快感与自然的有意图性这个概念之间是有一种必然的联系的[①]。而我们可以指望他关于这个问题的讨论将要给我们一点帮助的。我们可以这样作指望,因为我们从我们对于第一种导言第四第五两段的解释知道了康德是相信判断力所使用的基本理念就是自然的有意图性这个理念,而我们又知道何以他是这样相信的。

第二种导言的第六段的论证可以释义如下。认为自然关于它的特殊规律是应该和我们想要发现这些规律的一条普遍原理这个需要是一致的(康德是想到我们想要完成一切经验性规律的一个体系这种需要的),我们必须认为就我们的洞见来说,这是不必然的,但是对于我们知性的种种要求来说,这是不可缺少的。既然关于这样的一种统一性知性并不提供

① 见第六段。

给判断力以任何原理，那么判断力就必须以一条关于有意图性的原理归之于自然。然而这是一特种的有意图性，因为我们把自然看作是有意图的，只是在它对于我们关于它的知识这个关系上说而已。

理解这种论证不是困难的，因为我们已经知道按照康德的学说，人的心灵必然一定要以完成经验性的规律之一个体系为其目的的。我们又曾看到，自然的系统统一这个理念是不能从知性的原理得出来的，关心于自然的普遍规律的这个知性是不能保证特殊性规律的这种统一的[①]。特殊性规律系统统一这个理念乃是判断力的产物。判断力按主观的理由把有意图性这条原理归之于自然，它假定自然曾估计到人类心灵的特别需要。

在本段里，康德往下说明，自然的普遍规律，在它们的起源方面，并不预先假定自然曾考虑到我们的认识能力。“因为只有通过那些规律，我们才开始对于自然对象的知识是什么形成一种概念。所以那些规律必然是适用于自然作为我们一般的知识的对象（Objekt unserer Erkenntnis überhaupt）。”[②]

这又是易于理解的。康德的论证是，既然知性的普遍规律是我们关于自然的经验所必需的条件，那么自然应该符合于这些规律，这一点也不令人觉得稀奇。既然这些规律是经验的普遍的验前的条件，自然作为经验的对象就必须符合于它们。

但是，看来并不是必要的，自然在它的特殊性规律方面，这些特殊性规律有可能是极其多种多样而又各不同类的，也会符合于我们的理解能力。如果它是符合于我们的理解能力，看来又是令人觉得奇怪的。我们知性的任务是要把统一性引入自然中去的，可是关于特殊的自然规律，知性并不能给我们以任何关于这些规律的统一性的必然客观规律，而我们是很应该可以问我们怎能指望有自然这样的统一性。人类心灵所面对的情况就是一方面它必不得已要假定它能终于完成特殊性规律的体系，而另一方面它又毫无客观的根据来相信它是能够成功的。判断力按其必然

① 参看上文第二段。

② 《判断力批判》，186 页，187 页。

的验前原理是必须以完成特殊性规律的体系为其目的的，但是它绝不能在现实经验之前就知道它究竟能不能这样做。康德论证说，这就是何以凡在我们发现两条或更多的不同类的经验性规律有一条共通的原理时，我们就觉到愉快。“一个目的的达到总是和愉快感结合在一起的。那么凡是这样的一个目的是依据一个验前的表象作为它的条件的地方，像这里的目的是依靠反思判断力的一条一般性的原理那样，愉快感也就是为一个验前根据所决定的，因而是对每一个人都有效的。”①

现在就容易懂得康德的论证了。他认为我们的判断力是一定要以使自然的特殊性规律相互发生关系，而且把它们从属于共通的原理为其目的的。为了做这种工作，它并不拥有任何客观的规则。人类心灵只是按主观的根据来使用反思判断力的原理去设法完成特殊性规律的体系的，反思判断力的原理是必然与愉快结合的。在发觉自然是按照自然的普遍规律时，能知的心并不感觉到什么愉快，因为知性是知道这是客观必然的。我们的知性在验前就已经知道这个事实，就是经验的每一个对象必须是为知性自己所产生的自然的普遍规律所决定的。这样的一种必然性不是为判断力的原理而存在的，而那就是何以在我们凡是成功地利用这条原理时就必然感觉到愉快。判断力的原理和愉快感都同是验前必然而普遍有效的，而且两者之间又是有必然的联系的。“在我们发现两条或更多的不同类的经验性的自然规律能为一条涵盖着它们的原理所统一时，这就引起一种清楚觉得到的愉快，甚至每每引起一种赞叹，而所引起的赞叹乃至在我们很习惯于我们赞叹的对象的时候，也不致磨灭的。”②

“为要在判定自然时，注意到对我们知性的自然之有意图性，我们必须研究不同类的自然规律，而在有可能时，设法把它们从属于更高级的虽然还是经验性的规律，以至能够在我们有成功的时候，我们就可以在自然这样符合于我们知识能力的当中感觉到愉快，这种两者相符合的情况是我们看为只是不必然的。”③

我想我们从刚才所检查的论证就已经知道康德是有很好的理由来相

① 《判断力批判》，187 页。

② 《判断力批判》，187 页。

③ 《判断力批判》，187 页，188 页。

信判断力和愉快是有关系的，而且知道他提出这样一种见解的理由不单纯是他想要整理他的体系的。他的论证是完全和他的哲学的基本原理相一致的，并且是必然从这些原理推论出来的。他在这里所关心的是什么问题呢？按照在第一部《批判》里所说明的先验哲学的学说，人类心灵所产生的概念与原理只是知性的概念与原理，已经说明这些概念与原理乃是经验的客观必然的条件。但是《纯粹理性批判》忽视了这个事实，就是从经验性的知识来说，我们又必须还有一条原理是能使我们去研究自然的特殊性规律的，没有这样一条原理的话，经验是没有其可能的。在《判断力批判》中，康德就发现这条原理，即反思判断力的原理。这条原理使我们假定，不但是自然普遍性的规律而且自然特殊性的规律都是属于一个体系的。在这样假定的时候，我们就把有意图性归之于自然。稀奇的是，我们指望自然适合一个完全是我们自己的意图，而且这个意图本是与自然本身毫不相干的。要求有特殊性规律的体系的乃是人类心灵的一种能力，即判断力。关于普遍性的规律，我们是能在现实经验之先就知道自然必然是符合于它们的。我们这样指望是有客观的理由的，因为原是我们自己的心把它们引进自然里去的。但是我们关于自然的技巧，或者说自然把它的特殊性的东西在一个体系里安排好这个理念，我们是毫无客观知识的。我们只是想要自然会是这样的：我们预期而且希望自然将要是这样，因为不然的话，我们就会得不到关于自然的经验。假定自然的有意图性在主观上是必然的，而在客观上是不必然的，使我们在得到成功的时候感觉到愉快的乃是我们自己的成功的不确定性，一种单纯主观的原理在一种主观的感情里表示出来。两者之间的联系乃是验前必然的。

我们可以注意到在处理导言的第六段时，我将要从一种更广泛的观点来讨论像这里所讨论的同样的一些问题，尤其是关于知识体系(architectonic)的问题。

第六段

在“关于自然的种种型式作为许多的特殊体系的有意图性”这一段的开始时，康德说明一种逻辑的有意图性这个理念，即自然“符合于判断力关于一个经验的总体里种种经验性概念的可能联系的主观条件”这个理念①,并不使我们有权来把实在的有意图性归之于自然,就是说,我们必不可将按照一个体系的一条特别的原理而产生特殊的型式这种能力归之于自然。

完全有可能来假定自然是这样产生东西使我们有其可能来把我们关于这些东西的概念在一个逻辑的体系里安排着而不同时相信自然的那些产物在其自身里面包含有一条系统统一的原理的。逻辑性的有意图性是有关于事物的相互关系,或者更确切地说,是有关于我们关于事物的概念中的种种关系的。在预先假定逻辑性的有意图性时,我们并不涉及特殊事物本身,而只涉及它们的逻辑关系。例如,我们相信某些自然对象如石头或矿物是能按照它们的特性分别为类的,虽然我们并不把任何内在的统一性归之于它们,而且其实我们是把它们作为单纯的集合物来考虑的。康德在这里引入一个新名词,即“绝对的有意图性”。他替这个名词下定义如下:“我所谓自然各型式的绝对的有意图性,乃是指那种有意图性说的,[它是表现于]那些型式里,其外形或内部的结构使我们的判断力必然以这些型式的一个理念作为[探讨]它们的可能性的基础的,因为有意图性就是不必然的东西本身对于规律的符合。”②

康德提出了这条很抽象而模糊不清的定义之后,就说,自然关于它的某些产物是机械地进行的,这种产物是单纯的集合物。关于其他的产物,例如结晶体、动植物,它就还要技巧地进行。关于这些产物,自然就不单纯作为自然而是作为一个技术者进行的。可是我们必须注意到,机械作用与技术之间的区别是单独为反思判断力所作出的。能确定的判断力,就是说,确定自然作为一个对象的这种判断力,并不容许有这样的区别。另一方面,反思判断力能够而且也许必须容许有这种可能性,就是同一个出现的东西按照客观的原理可以机械地被说明,而同时按照反思的主观原理又可以技巧地被判定(Beurteilt)。

这种论证的解释以及绝对有意图性的定义并不像乍看起来那样难明

① 《判断力批判》,Buek 版,197 页;Lehmann 版,24 页。

② 《判断力批判》,Buek 版,198 页;Lehmann 版,24 页。

的。我们已经知道康德用"技巧"与"有意图性"这两个名词是指什么说的,虽然我们必不可忘记我们截至此为止只是有关于自然的特种的技巧,即逻辑性的或者说形式上的技巧,以及特种的有意图性,即逻辑性的或者说形式上的有意图性。我们可以回想到,康德曾说明过,我们的判断力是如何必须预先假定自然是一种逻辑性的体系。既然没有任何客观理由来这样假定,所以我们就必须预先假定自然曾把它的特殊性规律这样来安排使得它们可以相互有关系而且从一条涵盖它们一切的原理得出来。如我们所曾看到的那样,一种逻辑性的体系本身这个理念乃是单纯主观的,但是为着能有一条反思的原理这个缘故,我们必须认为这种逻辑性的体系是由自然而来的。我们又曾看到,在利用这条原理时,我们把自然不是作为单纯的自然来看的:我们是假定有一个有理智的自然存在着,具有一种不同于我们自己的知性的知性的。我们也许要问,何以这样的一种知性得要在根本上不同于我们所具有的知性,答复就是,我们的知性只认识一条原理,即机械性的原理。

可是,在我们应用机械性的原理时,我们是把我们所谈到的任何一个整体的各部分看为互不相联系而且和它们所属的整体也没有关系的。它们是并排着存在,而不是为了彼此或通过彼此而存在的:它们对于它们是其部分的那个整体的理念是独立的。自然的逻辑性体系这个理念就不同于此,它是意味着我们不知是怎样,自然的每一部分都是为整体这个理念所决定的,而且每一部分都是和每别一部分有关系的。在设想到自然的逻辑性体系这个理念时,我们把自然仿佛它是一个技术者来看待,仿佛它安排好了它的特殊性规律以至它们都是相互有关系而都是得自同一条为一个有理智的存在者的心所设想的普遍性原理的。不但是这样,康德还告诉过我们,自然的这样一种体系这个理念乃是单纯反思的一条主观原理。我们并没有任何客观的根据来相信在现实上自然确是这样的一个体系,我们假定自然的逻辑性的有意图性,因为我们需要它。如果我们仍然犹豫不决,不知这是一条主观的抑或是客观的原理,我们只需记得我们所具有的客观原理只是知性的原理,而我们的知性总是把自然看为只是为机械性的规律所决定的。依照知性的原理来说,自然乃是机械地联系着的各部分的一个集合体。体系这个理念,也就是一个整体其各部分是为一个普遍性概念所决定的这个理念是不合于知性的原理的。

如康德在《纯粹理性批判》一书里所曾说明的那样，只有心的一种能力，即理性，是把特殊性的东西看为一个普遍性的理念所决定的，或者说，把部分看为整体这个理念所决定的。体系这个理念得要看作纯粹理性的产物。可是他在第一部《批判》里又曾说明，理性的概念不是客观上有效的，我们不能用它们来在客观上确定自然的。在《判断力批判》里，我们到此为止所涉及的乃是一特种的理念，即自然作为一个逻辑性体系这个理念，而且我们曾发现那能而事实上必须利用这样一个理念的判断力利用这个理念只是为要有一条反思的原理，判断力并不企图在客观上来确定自然。它并不断言自然作为自然来说是这类的一个体系，它所做的乃是提供给心灵以一条研究的原理。逻辑性体系这个理念是含蕴在它的原理里面的，但是只为着反思的缘故才用上的。判断力并不把逻辑性体系这个理念看作一个客观上有效的概念，因为如果它是这样做的话，它就是能确定的判断力而不是反思的判断力了，而像在第一部《批判》里所曾说明过的那样，能确定的判断力并不产生它自己的任何概念，而只把一个所与的特殊事例统摄在一个所与的普遍性概念之下。

可是在我们与之有关的事例里面，能确定的判断力的这种活动是没有可能的，由于所说的概念乃是纯粹理性的一个概念，其客观有效性是不能证实的。

现在我们必须说明康德对于绝对有意图性所下的定义。绝对有意图性乃是一特种的意图性，在使用它时，我们判定某些自然产物，如动植物，是在其自身里面含有系统的统一的。首先，我们得要问，在这两种有意图性之间类似的是什么。我们立刻看到那就是两者共通的一个体系的理念，因为我们判定一个对象是一种自然的意图，由于我们发现包含有它里面的各部分是相互有关系而同时也和它们为其部分的整体有关系的。我们判定它们不是在一种单纯机械的方式上联合起来的，而是依靠着整体的理念的。我们发现一些自然的型式，其部分是相互有关系而又和整体有关系，其方式是这样就使我们没有可能来对自己说清楚它们而不把它们从一个理念得出来。我们又一次把自然想作一个技术者：我们认为技巧的原理是由自然来的。

也许有人会问，何以我们谈到自然的有意图性，答复就是，我们觉得没有可能按照单纯知性的原理来说明我们的对象。关于自然的特殊性规律的自然逻辑性体系这个预先假定使我们设想到自然的有意图性这个理念，我们称这为“有意图性”，其理由就是我们毫无客观的理由来相信自然乃是这样的一个体系，而这样一个体系的存在是不能从知性的原理得到理解的。类似于这样的某东西也适用于绝对有意图性的原理，我们不能从知性的原理理解自然的特殊型式会成为各种体系的，而且它们的各部分是会依靠整体的理念的。反之，如果这样的型式是存在的话，知性是得会把它们看作单纯偶然的事情的。可是我们发现自然某些产物是我们不能不判定为依靠一条系统统一的原理的，其原理乃是知性一无所知的，而我们假定它又毫无客观的根据可言的。就我们关于自然的客观知识说来，原是体系的东西之存在只是不必然而然的，而那就是何以在我们发现这种东西的时候就谈到自然的一种有意图性。“因为意图性也就是不必然而然的东西本身对于规律的符合性。”①没有可能来把自然的绝对有意图性这条原理看作知性的产物，如果不能从别的东西推论出来，是可从这事实推论出来的，就是我们只把它应用于那些对象，是知性的原理不能使之为我们可理解的。这是反思判断力的真正产物，一条单纯主观的原理。

我们得要分辨开一个对象按照客观原理的解释(Erklärung)和同样对象按照主观原理的判定(Beurteilung)：这两条原理不是相互矛盾的。

我们曾看到，康德主张逻辑性的有意图性原理与绝对有意图性的原理是紧密地互相结合的。他乃至相信后者是完全依靠前者的，这从下面一段引文就可看出：“虽然关于自然在其普遍性规律的特殊化里的有意图性没有足够达到这种程度，使我们有权来从而推论出来自然在其本身(an sich)的有意图的种种型式的产生，由于自然按照经验性的规律的体系，只有这种规律是判断力有理由来予以设定的，是无须这样的型式，还是有其可能的，而这种型式必须单独在经验里才能被给与出来的。然而，由于我们有正当理由来把一条有意图性原理归之于自然在其特殊性的规律里面，那么就总是一直有可能而且是容许的，在经验对我们指出在它的产物

① 《判断力批判》，Buek 版，198 页；Lehmann 版，25 页。

当中的有意图的型式时，就[更前进一步]而把它们的有意图性归之于正正和那也许是第一种有意图性所依据的根据同样的根据。”①

这像是一种最令人觉得离奇的说法，康德真的相信我们先就体会到我们需要一条使我们能够把自然的特殊性规律在一个体系里安排好的原理，然后才发现这样的一条原理，即自然的逻辑性有意图性的原理，而只是在那时才把这有意图性的原理用于特殊性的自然型式而才开始相信有机体，例如动植物，不是单纯的机器，而是为着一种意图计划出来的吗？看来很明显，康德没有可能主张这样一种荒谬的见解的。我们只需记得他曾怎样说明为着自然的逻辑性的有意图性而赞叹自然，乃是除了一个先验哲学家之外，很难有一个人是能做得到的事情。他这样相信，其理由就不过是，只有先验哲学家才觉知得到这个事实，就是知性的规律是不能说明这种有意图性的。在我们刚才所引用的那段里，康德所想到的是一特种类型的心，即先验哲学家的心，或者更确切地说，康德自己的心。

在《纯粹理性批判》一书中，康德原已发现，我们所具有的验前概念只是知性的概念，即自然的普遍性规律。在他写作第一部《批判》时，他相信只有这些才是经验的必然的验前的条件。可是在《判断力批判》里，他就体会到情况并不是这样的，体会到经验还依靠另一个条件，依靠我们能够按照一个体系的理念来安排自然的特殊性规律。他发现我们具有一种反思的能力，发现我们必须以有意图性归于自然，而且发现这种假定是以一条必然的验前的原理为基础的，这条原理的必然性是先验哲学能够证实而且事实上必须证实的。所以诚然在先验哲学中，逻辑性的有意图性这条原理是先出现的，而**绝对**有意图性的原理只是附属的。康德在《纯粹理性批判》一书里是不接受研究的目的论方法的。他原是相信自然现象的唯一真正的解释乃是机械性的解释，而靠意图这个概念的解释，即靠目的论原理所依据的概念那种解释，乃是一种单纯的理念而已。在《判断力批判》里，他撤回这种见解，但是他完全觉知到这个事实，就是如果不是有了逻辑性的有意图性的发现，他是永远不会这样做的。在第七段开始时，又这样说了一次。

① 《判断力批判》，Buek 版，198 页，199 页；Lehmann 版，25 页。

第七段

“如上面所曾说明过的那样，判断力第一次使之有其可能，其实使之必须这样，除自然的机械必然性之外，还设想到它的有意图性这个理念，由于如果没有这样一种有意图性，在特殊性的型式按照经验性的规律的彻底的(durchgängigen)分类之中，其系统的统一是不可能的。”①在这里我们又一次知道了，如果我们只用逻辑性的有意图性这条原理，我们所涉及的就只是我们关于对象的概念与其相互的关系而已。这条原理是为用于自然的划分与详细说明的一条单纯主观的原理，就是说，它是一条单纯逻辑性的原理，绝不涉及特殊性的自然对象本身的。我们并不预先假定任何特殊性的自然对象是为自然按照它的意图的理念所产生的，预先这样假定就会是设想到另一种有意图性这个理念了。我们所假定的乃是自然的特种因果作用可以称为技巧的。

康德接着就说，机械的因果作用是完全不同于技巧的，因为因果作用的机械性原理不用一个能说明一个所与的杂多的统一的概念的，我认为这就是康德的意思。在应用机械性的因果作用这条原理来说明物质性的部分所形成的杂多时，我们单纯说出这些部分的结合是由于机械性的原因的，而我们并不假定在各部分之间或者在部分与整体之间有任何内部的关系的，它们的同时并存只是由于机械性的原因，而在它们之间是没有内在的关系的。另一方面，当我们判定一个对象是自然的意图时，我们是假定我们的对象的各部分是相互而且对于整体是处在一种必然的内在关系中的。

我们从一个意图得出所给与我们的杂多。我们假定自然产生所与的对象，为的是使它适合一定的意图，就是说，我们把自然看作一个有理智的存在者，在它的心里头这个东西的理念是存在于这东西实在被产生出来之前的。我们从一个概念得出我们的对象，因为我们假定这个对象各部分的结合在一定的方式上是由于自然原来是打算它们这样做的。它们的意图这个概念把它们结合起来；这个概念乃是它们存在的条件，乃是它

---

① 《判断力批判》，Buek 版，199 页；Lehmann 版，26 页。

们相互关系以及它们对于所属的整体的关系的条件。

何以要把这看作一特种的因果作用呢？可以用一个实例来说明对这个问题的答案。我们知道人是能为着某一定的意图而产生东西的，例如一个钟表工先是想出表所能完成的意图这个理念，然后再按照这个理念去施工。同样地，在我们判定一个对象是自然的一种意图时，我们是预先假定自然先就设想到它的产物是要成为什么这个理念，然后才按照这个理念把物质的各部分结合起来。自然是按照一条特别的因果原理活动的，因为结合这些物质部分的不是单纯它们机械性的联系，而是它们所属的整体这个理念，其产物，例如一棵植物，不是它的各部分的单纯杂多或集合体，而是一个体系，其中每一部分都是整体的理念所决定的。

我们是否有权把这样的一种有意图性归之于自然这个问题是充分在《判断力批判》本身里讨论过的。到此为止，我们知道的就是，有意图性的原理永远不是一条客观的原理，而总是单纯反思的一条主观原理。

这是在下一段又说的。在那段里康德提出这个问题：我们在自然产物里如何看出自然的技巧呢？这个问题的解答如下。既然有意图性不是一个客观概念，就是说，不是我们用来能够确定一个对象的概念，而单纯是反思的主观原理，所以严格地说来，是技巧性的并不是自然，而是判断力本身。自然的被描述为技巧的，只是就它和判断力的程序相应，而且使这个程序成为必需的这点来说的，这是容易懂得的。我们曾弄清楚只是在我们发现某一种统一性在自然里面是我们的知性不能替我们说明的这个时候，自然的技巧这个理念，或者说自然的有意图性这个理念才能在我们心里发生的，使我们觉知到这种统一性的实是反思判断力。从这就很清楚，我们是不能把它归之于自然本身的，因为我们之所以称自然为有意图的，不是就自然在客观上为我们所知道这点来说的，而只是就自然和我们自己反思的主观原理相一致这点来说的。

康德接着就分辨出来两类的反思判断力，即审美的反思判断力和目的论的反思判断力。他的论证是这样进行的。属于每一个经验性的概念的，有心的三种不同的活动，即(a)对于在直观里面所与的杂多的领会，(b)给我们以关于对象的概念的这个意识，或者说统觉的综合统一这里面的杂多的理解，和(c)在直观里面相应的对象的显示。其第一种活动是想象力所完成的，第二种是知性所完成的，而第三种是判断力所完成的。康德这里的说明是恰恰和他在《纯粹理性批判》一书中关于图型法这一章里所说的相应的，所以我可以请读者参看我关于那章所已经作出过的阐明①。在这里只需说，在图型法里所包含着的乃是能确定的判断，其唯一的功用就是把所与的直观统摄在所与的普遍性概念之下。

反思的一个审美判断是完全不同于一个能确定的判断的，因为在前一种判断里对判断力没有给予任何确定性的概念是可以图型化的。康德告诉我们说，当一个对象在直观里被给予出来时，其形式是使其杂多和一个概念的显示相应的(虽然这个概念本身依然是一直没有确定的)，那时知性和想象力就是互相一致的。这种一致乃是在单纯反思中的一致：我们把对象看为单纯是主观上有意图的，就是说，只在其对于我们判断力的关系上是有意图的。这个能力，既不需要也不产生关于对象的任何确定性的概念。这个判断不是一种认识的判断，而是反思的一种审美判断。这是一种很奇怪而模糊不清的论证，为要了解它，我们得要考虑到康德在《判断力批判》一书里所提出的关于美的理论。

首先我们得要问：何以康德相信在审美判断和我们用来达到经验性的客观概念的那些逻辑判断这两者之间有联系呢？其联系就是，在两种情况之下，判断力把所与的杂多不是看作一种单纯的杂多而是看作有秩序的杂多。但是两者之间是有本质的分别的：在逻辑的判断的情况下，判断力是能引用说明所与的杂多之有秩序性那些确定性的概念的；在作出一个审美判断时就不同，这时，判断力不能依赖确定性的概念或者说规则。然而在判定一个对象为美时，我们预先假定着对我们给予出来的杂多不是一种紊乱的杂多，而是为某种支配性的原理所决定了的杂多。

康德认为在作出一个审美的判断时，我们是觉知到想象力与知性之间的一致的。何以想象力是包含在那里面，这是清楚的，因为依康德的学说来说，使我们能够领会杂多的正是想象力。但是何以康德认为知性又是包含在那里呢？理由就是，我们所判定的杂多，对于我们好像不是完全没有规则性的而是为某种规则所决定的。我们并不知道这条规则是什

① 参看上文《纯粹理性批判》“判断力与图型法”一段。

么,但是在想到一个所与的杂多的规则性时,我们必然是要涉及知性的,因为知性乃是一般规则的能力。可是,必不可忘记,在谈到知性时我们不是意味着审美判断是包含有任何关于对象的明确概念的。这个判断是单纯审美的判断,就是包含着单纯主观上觉知到领会能力(想象力)和理解能力(知性)之间的一致的这种判断。

康德对于目的论的判断的初步阐明几乎是像他对于审美判断的阐明一样那么难懂的。他说,为要使我们能够把一个对象判定为自然的一种意图,首先必须有经验性的概念与规律按照自然的机械作用对我们给予出来,而只是在这之后我们的判断力才把知性的这样一个概念和理性的一个体系这种原理进行比较。从这点来看就几乎好像康德在这里是关心于逻辑性有意图性的原理的,可是这样的一种解释是不可能的,因为目的论的判断是判定自然的特种对象为自然的意图的,而不是单纯关心于我们概念的逻辑关系的。我认为康德实在的意思乃是,如果我们是能够以目的论的方式来判定一个对象,或者把它看作自然的一种意图,那么这个对象就必须首先在经验中被给予出来。可是按照康德的学说来说,确定一个对象只有两种方法。为要成为一个对象,每一个经验对象必须首先为知性的验前规律所确定,然后才能为经验性的规律与概念所确定,而后一种活动也是由于知性而来的。谈到目的论的判断起源这个问题,显然我们首先是必须按照知性的概念与规律来确定一个对象,因为我们有物质的对象呈现出来是这样的,而只有在这样做了之后,我们才能提出我们的对象是否多于一个单纯的物质体,它在事实上是否自然的一个意图这个问题。

如果我们是要了解何以康德相信反思的判断力为了要设想自然的意图这个概念,就必须涉及理性与其关于体系的原理,我们只需自问:按照康德的原理,能确定的判断力所用的意图这个概念究竟是什么?我想康德会说,意图这个概念只能为心的一种能力即理性所形成,它是不能为能确定的判断力所形成的,因为能确定的判断力并不形成任何概念的,它的唯一功用就是把一个所与的特殊统摄在一个所与的概念之下。可是,为要设想一个意图的理念,理性就得要超出单纯自然的范围,它得要想象到一个有理智的存在者这个理念,这个存在者是曾把包含在一个自然对象里面的每一个特殊的东西按照称为它的意图的普遍性理念安排好的。能确定的判断力单纯把这个所与的自然对象统摄在那普遍性的概念之下，这就会是一个能确定的目的论的判断。显然我们并没有正当的理由来作出这样的一个判断，只是因为理性并不产生任何客观的概念是我们能借助着来超出经验的范围的。可见我们只是为着反思起见才能利用理性的意图这个概念的。只是我们的反思的判断力要有一条反思的原理，这个判断力才利用理性的意图这个概念，即一个所与的对象不是一个单纯的集合物而是一个体系这个理念，也就是说，这样的一种统一体，其每一部分都是为整体的理念所决定，其每一个特殊的东西都是为一个有理智的存在者的心所设想的一个普遍性的概念所决定的。反思的判断力并不感兴趣于所与的对象本身是否一个体系这个问题，它也并不断言有这样的一个有理智的存在者。它所感兴趣的无他，不过是经验性的对象而已。并且如果它发现一个对象，其内部的形式是这样的，如果它想要了解它，这个形式就像是使判断力必须把它的各部分归因于其整体的，在这时，判断力才利用理性的意图这个理念。它以这个理念为它探讨这个对象的性质的基础，可是并不断言这个对象本身是依赖着这个理念的。换句话说，在作出一个目的论的判断时，我们并不主张对我们给予出来的对象确定自然的一种体系或一种意图，我们只说，为了自己得到了解，即为了单纯主观的理由，我们必须把它看作一个体系，就是说，我们必须使用理性的自然的意图这个概念。

我们现在已经弄清楚了我们一切的目的论的判断都是单纯主观的。但是这又引起另一种困难，康德在第七段里分辨开来我们在作出审美判断时所判定到的主观有意图性和我们作出目的论的判断时所判定到的客观有意图性。他这样说是什么意思？这两种判断之间的分别又是什么？我想他的意思就是在作出一个审美判断时，我们并不是对于对象作出判断，我们单纯是涉及我们自己主观的感情。一个目的论的判断就不同，它至少在某方式上是涉及那对象的，它是一种关于认识的判断：它是以获得关于对象的知识为其目的的。在那种意义上，而且只有在那种意义上，这个判断才是客观的，就是说，它是涉及一个对象和我们关于这个对象的知识的。在作出一个目的论的判断时，我们以客观的有意图性归于一个对象,而在作出一个审美判断时,我们所判定的是关于主观的有意图性,这种有意图性表现于我们觉知到我们的想象力和知性这两种能力的一致。然而在两种情况之下,我们都是应用一条单纯主观的原理,即反思的原理。必不可忘记,自然的有意图性这个理念并不属于自然本身而是属于我们的判断力的,而自然的被判定为有意图的,只是在其对于我们判定它这种能力的关系上的。换句话来说,我们的审美判断和我们的目的论判断同是反思判断力的产物,而不是能确定的判断力的产物。

第八段

康德以作出一种简单的解释为这段的开始,这个解释是无须讨论的,是关于他在《判断力批判》一书里是在什么意义上使用"审美"这词的。在解释之后,他就往下初步来阐明审美的判断。

他把审美判断和逻辑判断分别开来,而且指出每一个能确定的判断都是一个逻辑判断,因为它的述项是一个所与的客观概念,而一个关于一个所与的特殊性对象的反思判断可能是审美的。判断力没有把所与的对象和任何其他对象作比较,又没有任何概念准备着(即它能用来确定所与的直观的一个概念),就单纯和想象力与知性之间的关系有关的,而且是看出它们之间的这样一个关系是构成判断力客观使用所需要的主观条件的,即看出它们之间的一致的。

为了了解这点,我们就必须问:一个客观的或者说逻辑的判断的条件是什么?依先验原理来说,逻辑的判断所需要的是知识的三种能力,即想象力、知性与判断力。为了作出一个客观的判断,我们必须能够领会直观里所与的杂多,而这就是想象力的工作。其次,我们必须使用概念,而这些概念乃是知性所产生的①。最后,我们必须有一种通过概念来确定直观的能力,而这就是判断力。

另一方面,反思的判断力可以在一种本质上不同的方式上处理所与的直观的,它可以不是想要通过一个客观的概念来在客观上确定这些直

① 判断要就是验前的判断,要就是经验性的判断。在第一种情况下,所用的概念是知性所产生的,而在第二种情况下,它们是知性从所与的一些直观抽取出来的。——作者原注

观,而所感兴趣的无他,只是判断力客观使用的主观条件而已。这些条件是什么呢?它们是想象力与知性,因为这些就是能知的主体如果要能够使用判断力时所必须使用的能力。

那么康德所主张的就是,反思判断力并没有利用任何客观的概念,乃至并不感兴趣于它的对象本身,或者说想要知道它是什么,还可以觉知到是一切知识的主观条件的那两种心的能力,即想象力与知性,这两者之间的一致。在想象到某些对象时,我们觉得想象力与知性之间的一种一致性而并不知道它的理由。

这里想象力与知性之间的关系是完全不同于那在逻辑判断里的关系的,因为在我们关于一个对象作出一个逻辑判断时,我们知道何以想象力和知性是相互有关系的。事实上使它们发生关系的正是判断力本身,而判断力能这样做,是因为有概念对它给予出来而是它能应用于直观的。反思的判断力则反是。反思判断力在作出一个审美判断时,并不知道何以在想象力与知性之间会有一种关系,因为对它没有给出任何明确的概念是它能够用来确定杂多而且是会说明何以这两种能力是应该相互有关系的。在利用他的审美反思力量时,主体只是觉得在他的知识能力之间有某种关系。在判定他的对象而称这对象为美时,主体觉得给与他的杂多不是一种单纯的杂多。依他看来,在直观的杂多里面有某种有秩序性这个原理,没有什么明确的规则能说明这种有秩序性的。如果判断力有明确的概念为它准备好,这些概念就会替我们说明存在于杂多里面的规则性。可是照事实来说,我们只是觉得在一方面我们有想象力,而在另一方面我们有关于规则的能力(即知性),这两者之间却有一种协调。想象力与知性原来不是有任何明确的关系的。我们所觉知到的乃是一种不定的关系,想象力与知性的一种协调的活动。

在审美判断与逻辑判断之间划清界线是很重要的:审美判断是有关于我们诸认识能力的所说的那种不确定的关系的,而逻辑判断是依据这些能力的确定关系的,而且这种确定关系是确定性的概念,不管是经验性的确定性概念或者是先验的确定性概念,所使之有其可能的。“所以一个审美的判断,一般说来,可以解释为那种判断,其述项绝非一种认识,就是说,绝非一个对象的概念(虽然它可能包含着一般认识所需要的主观条件)。"①

审美判断乃是纯然主观的判断,因为它们不是关于一个对象本身的判断而是关于我们关于一个对象的感情的,除了用感觉到它的方法之外,我们不能在任何其他的方式上来觉知到诸认识能力之间的协调。它是在单纯的感觉里面表示出来的,但是我们所觉得的这种感觉是很特别的。不能把它和一种客观的感觉,如颜色或音调的感觉混为一谈,在我们判定一个对象是蓝的或暖的时候,我们是判定客观性质的,我们以某些感觉的性质归之于对象。只有一种感觉是纯然主观的,就是我们自己的愉快或痛苦的感觉。

可是必须注意,还有其他的判断也是只关于主观的苦乐的,即我们关于适意的东西的判断。在这种判断中我们也是单纯判定某些对象是给我们愉快或痛苦的,而不是涉及关于对象本身的知识的。然而这两种判断是不同的。因为关于适意的东西的判断是直接涉及其对象的,没有什么反思的活动包含在其里面的,所以我们必须把感官的审美判断和反思的审美判断分别开来。前一种是和我们的认识能力毫不相干的,后一种所判定的愉快或痛苦是发生于我们意识到我们认识的诸能力的协调或不协调的②。

可能有人问,何以康德以为审美的反思必然是和愉快感或痛苦联系而不能在任何其他的方式上表示出来呢? 答复是不难的。他曾告诉我们凡是有反思的判断在起作用的地方,凡是我们觉知到有意图性的地方,这种感情必须在一种愉快感中表示出来的。这种愉快的理由就是我们的反思判断力觉知到一条规则,虽然它不能够确定这条规则。我们不知道任何理由何以我们的对象要符合于判断力的原理,因为我们的知性并不给我们任何能说明这的客观概念,那就是何以我们必然感到愉快。我们很想我们的对象是能够使我们得以利用反思的原理的,但是我们永远不能明确地知道它将是这样的:其结果就是,那些在事实上确是符合于我们反

① 《判断力批判》,Buek 版,204 页;Lehmann 版,32 页。

② 在《判断力批判》本文中把这点弄得更清楚,参看我关于第三段的阐述。——作者原注

思的原理的对象就必然给我们以愉快。

还有另一个重要的点。必须注意，愉快感的作为我们审美判断的本质特性，乃至甚于作为我们其他反思判断的本质特性。诚然反思的判断力，乃至当它在反思对象的时候，也是不能用它自己的原理来确定那些对象的。但是在这样的判断和一个审美判断之间是有分别的，因为在审美判断里，我们与之有关的不是我们的对象，而只是我们自己的感情。从这点就看得清楚，反思的审美判断比其他各种的反思判断更紧密地和愉快感联系在一起。

可能有人问：我们是在什么意义上把有意图性归于以美的对象向我们呈现出来的那个自然？现在就很清楚，当我们由于自然以美的对象对我们呈现出来这个事实而把有意图性归于自然的时候，这种有意图性不能在任何意义上是归于自然本身的。我们把有意图性归于自然，只是因为自然以这样的对象向我们呈现出来，这种对象是使我们感觉到一种伴随着我们对于我们诸认识能力的协调这种觉知的特种愉快的。认识能力的这种协调只是主体所提出的要求而是完全不同于客观性质的，这里的自然有意图性乃是单纯主观的，它除在主体所感觉到的特种愉快里之外，是不能在任何其他方式上表现出来的。

我们还必须注意到两种主观有意图性的另一个重要的区别。一种是作为在我们关于美的东西的审美判断(即反思的审美判断)的基础上的原理的主观有意图性，而另一种是当我们关于适意的东西作出判断时(即作出感官的审美判断时)，我们判断所涉及的主观有意图性。在两种情况下我们所注意到的意图显然是一样的，它乃是单纯的主观意图，我们所判定的是主体感觉到的愉快，我们的判断是决定这个意图是否曾得到完成。但是所用来达到这种决定的原理不是在两种情况下是一样的。康德指出其分别如下，在反思的审美判断的情况下，是先想到这个主观有意图性然后再感觉到它的；在感官的审美判断的情况下，愉快乃是直接感觉到的，而这个判断与判断力以及它的反思原理是毫不相干的。

康德还补充说，这两种类型的判断之间，其本质的分别就是反思的审美判断不像感官的判断，它们是要求普遍的有效性与必然性的，而且在这样要求时，这样判断还有另一种要求，就是它们不只是在愉快或痛苦的感情里，而且又在知识的高级能力的规则里，主要是在判断力里要有它们的能确定的原理。这是难于理解的。康德自己也知道这个事实，就是本段的读者不能完全了解他的论证，所以他告诉我们他还不能处理这个问题，而只在《判断力批判》的正文里才去处理它。在本段里，他只为审美判断作出一种单纯准备性的阐述，而这就是何以他的论证是这样难于了解的。

这段，即反思的审美判断是单纯主观的这段，其主要论点又一次在最后一个段落里加以强调。康德在这里指出，何以判断对于它自己的原理毫无意识到——或者说毫无规则，如康德所说——并且何以它必须使它的反思要和苦乐感发生关系，其理由就是它的原理，或说规则的本身，是单纯主观的。然而这些判断是不同于感官的判断的，因为它们是涉及判断力的一条原理作为知识的高级能力的，而感官的审美判断“只涉及表象对于内部感官就其是感情来说的关系”。我们的判断可以按知识的高级能力（即知性、判断力与理性）划分为理论的、审美的与实践的判断。

第九段

在这段里，康德说明目的论的判断的一般原理，他一开始就把自然的形式上的技巧和自然实在的技巧之间的区别划分开来。前者是在自然以我们判定为美的对象对我们呈现出来的时候，我们以之归于自然的，这些对象的形式是在其对于我们的判断力的关系上成为有意图的。在我们心里想象到这些对象时，表象的各种能力“为着概念的可能性”而相互一致。

这一切看来像是很难懂的。为要了解它，我们必须首先记住康德相信使我们觉知到审美的有意图性的，原是判断力。原来就是这个能力，在想象到对象时，发现一个客观概念的形成所必需的心内两种能力之间的一致。另一方面，如他不只一次所曾指出的，当我们判定一个东西为美时，我们所关心的不是想象力与知性之间的一种确定性的关系。我们从一个单纯主观的观点来考虑它们之间的关系，我们甚至不以一个客观概念为目的。然而我们的判断力在作出一个审美判断时，涉及“一个概念可能性的各种主观条件”，如我们所曾看到的，判断力在那情况下发现那些条件是协调的，正像有一个客观概念在那里能说明它们协调的关系似的。可是并没有使用这样的一个客观的确定性的概念。我们只是觉得想象力和知性是一致的，而且好像这是自发地、必然地发生似的。在一个逻辑性的判断的情况下，使它们的一致成为必然的乃是客观的概念。在一个审美判断的情况下，我们觉得它们是自行一致的，正像这种一致是知性的一个客观概念使之成为必然似的，而这个知性的客观概念是我们能确定的判断力能用于所领会的直观的杂多的。

现在我们得要解答的问题就是：我们怎能以实在的技巧归于自然？为要这样做，我们就必须利用一个概念，我们判定为有意图的不是对象的单纯形式而是对象本身，我们假定这个对象本身原是自然为着一个意图所产生的。康德在这里说，自然的实在技巧表示事物作为自然的意图的这个概念，或者说表示事物其内部的可能性是依靠着一个意图的这个概念，那就是说，所说的事物是依靠着一个概念，作为这些事物的条件是处在它们产生的因果作用的基础上的。这一点是十分模糊不清的，在下一个段落里康德给意图定义为表象，这些表象本身是被看作它们的对象作为结果的因果作用的条件的，这也对我们的帮助不大。康德接着说，如果判断可能来判定某些对象为自然的意图，那就必须有可能来这样看待它们，好像它们是一种原因的产物似的，而这个原因的因果作用只是通过这些对象的表象才能被确定的。这一切不是很难懂的，而要完全了解它，我们就要等待康德在“目的论的判断力的批判”中的讨论。可是甚至在论证的现阶段上，也有可能来掌握他的主要思想的，而且我们并可回想到我们是已经得要处理他所谓一个客观意图所下的很一般而抽象的定义之一的①。

从我们关于这条定义的讨论，我们曾看到，康德所主张的就是，为要把一个对象看为自然的意图，我们必须设想着一种能产生的，按照因果作用的一条特别的原理而活动的自然这个理念。我们假定自然在产生这个对象之前就原设想到这个对象要成为什么并且它所要适合的是什么意图的，因为我们是把这种自然看作一个有理智的存在者的。这就是特别一

① 参看上文第五段倒数第三个段落。

种的因果作用。对象的原因也就是它自身的表象,对象的存在是依靠它的意图这个理念或者说概念的。暂时说了这么多也够了,现在我们往下去讨论第九段。

首先说了把有意图性归于自然的判断乃是目的论的判断之后,康德提出一个新的问题,这个问题可以这样来表述:如何有其可能来把有意图性归于自然? 或者,目的论的验前判断是怎样成为可能的?

理解这样的判断的可能性比理解审美的验前判断的可能性难得多,因为虽然我们不能在关于对象有实际的经验之前作出一个审美判断来,但是这样一个判断的验前原理却存在于经验作为一个体系这个必然的理念里面的,而在这种经验里面是含有自然的形式上的有意图性这个概念的。"自然不只是在它的先验规律里必然和知性相一致,而且在其经验性的规律里和判断力以及和它在关于它的[即自然的]形式通过想象的媒介的经验性的理解(Auffassung)里显现出这种规律的能力必然相一致。它这样做,只是为着经验的缘故,而恰巧可能证明为必然的[自然本身的]形式上的有意图性这样的东西,在自然与判断力的[审美反思原理]上的相一致显示出来的。"①

这段论证是需要解释的,上面曾说明过,我们的判断力是必须利用反思的原理的,我们必须预先假定关于它的经验性规律,自然是要符合于我们判断力的要求的。在这样做时,我们把一种单纯形式上的有意图性归于自然。上面又曾说明过,反思的原理乃是单纯主观的原理,我们在实际经验之前不能知道自然是否会符合于我们要完成我们所需要的经验性规律的逻辑体系这种期望。我们所能做的只是利用逻辑有意图性这个理念,而这样来试验它。这条逻辑反思的原理是主观上必需的,在假定它的时候,我们关于自然并不作出任何客观的判断,我们是为着自己的利益而假定它的,因为没有它,我们在探讨自然的经验性规律的过程中就毫无指导性的原理了。

可是,逻辑反思的原理一经作为一条验前的原理得到成立之后,了解验前审美判断的可能性就比较容易了,因为要能够以一条形式上技巧的

---

① 《判断力批判》,Buek版,213页;Lehmann版,41页,42页。

原理归于自然，就是说，要能够假定自然会将美的对象对我们呈现出来，我们就只需引用反思的基本原理，即逻辑反思的原理。我们又一次把一种单纯主观的有意图性归于自然，我们无须利用任何明确的概念，又无须作出任何客观的断言，就能这样做。在我们假定逻辑性的有意图性这条原理时，我们这样做，乃是相信自然会在一种逻辑体系的型式上表现的，而我们现在把审美的有意图性归于自然的时候，我们是假定自然将要以种种型式向我们指出，而这些型式是我们在主观上觉得是有意图的。其理由就是，在我们想象到这些型式时，我们也就觉知到我们认识的诸能力，即想象力与知性是协调的。我们假定自然将要符合于我们审美反思的原理，其理由是正像我们得要假定它会符合于我们逻辑反思的原理一样的。我们关于审美反思有一条验前主观上必然的原理，而在经验的世界里就企图去应用它。我们寻找那些能给我们指出我们觉得是有意图的一种型式的对象，而这样去寻找时，我们无须超出经验的世界。

关于目的论的判断，其困难就是，如果我们要能够在目的论上判定自然对象是自然的意图，或者说，如果我们要能够以一条实在技巧的原理归于自然，我们就必须超出经验的世界。我们必须使用的概念是自然的实在意图这个概念，而这个概念，如屡次曾说明过的那样，乃是纯粹理性的概念。康德说，为了说明事物作为自然的意图，判断力必须把知性放在它对于理性的关系上，而这是经验完全不必要的。我们能容易理解何以是需要理性，因为我们常常听到一个实在的意图这个理念就是纯粹理性的理念，但是并不这么容易明白何以康德要相信有第二种心的能力是需要的，而且即使是需要的，何以这第二种能力应该是知性。

为了在这里理解康德，我们就得要记得，依他说来，判断力不管是能确定的或是反思的，总不是心的一种独立的能力，而且它所能做的只限于把心的两种其他的能力使之相互发生关系。其中之一种是要把那将要被判定的杂多向判断力呈现出来，而其他一种是要提供那按照着而叫这杂多得到判定的概念或者说规则。

然而在目的论的判断里得到判定的杂多显然就是物质世界。如果我们是要能够按目的论来判定事物，我们就必须先有事物在经验中替我们被给予出来，而像在第一部《批判》里所曾说明过的那样，关于物体的这种经验是依靠一种所与的杂多是否已经为知性的概念所确定。只有在已经按照机械性的规律,即知性的规律,确定了杂多之后,我们才能在目的论上判定它的,或者说,才能问给予我们的物体是否除了为机械作用的原理所确定之外,又为另一条原理所确定的——它是否能够,也许必须,被判定为自然的一种意图的。可是绝不可忘记,我们的目的论的判断决不能是有别于单纯反思的判断的。意图这个概念,虽然本身是理性的概念,在它为判断力所使用时,并不是作为一个客观上能确定的概念,确定自然本身而且把自然自身的意图与意向归之于自然的,而只是作为单纯反思的概念的。判断力何以利用理性的意图概念,其唯一理由就是要使它能够使用它自己的反思原理。

康德自己告诉我们,在这段里最重要的一点就是证明把自然对象从机械的规律分开而在目的论上去判定它们的自然中最后原因这个概念乃是一个概念,不属于理性,又不属于知性,而是属于判断力的。我们必不可把它当作一个客观的概念,就是说,当作一个概念是我们能用来确定自然本身的,因为这样做,我们所说的就多于我们是为了要弄清楚我们对象的性质,才得要假定意图这个概念的。[如果我们这样做,]我们就会把客观的有意图性这条原理归于自然自身了,这是完全没有正当的理由可说的。反思判断力可以用意图这个理念,但是只为了反思的缘故,可以把实在有意图性的原理归于自然,但是只能是在对于判断力与其原理的关系上来说,只要我们按自然自己的意图来谈到自然,我们就超出经验的范围了,那样我们就是把自然看作有理性的一个理智的存在者了。但是我们怎能辩明这样的一种假定呢?关于人类技术的产品,我们从经验知道,人类理性是能有意地产生物品的,我们知道人是能先想象到他们工作的理念,然后就按照这个理念去完成其工作的,所以我们就正确地可以称这样的成果为有意图的或者称之为意图。"但是在技巧上想象自然等于理性(gleich einer Vernunft)而这样来把有意图性或者乃至意图归之于自然,这是一特种的概念,是在经验中碰不到的。"①

我们可以把自然的有意图性的两种表象分别开来。我们可以把它作

① 《判断力批判》,Buek 版,214 页,215 页;Lehmann 版,44 页。

为自然的来想象，又可以把它作为有意的来想象，经验使我们有资格只能作这第一种的表象，这就是反思判断力所假定的概念。如果要有资格来假定自然有意的有意图性，我们就得要具有理性的概念。理性的概念会引导我们超出经验而到超感性的境界，而这些理性的概念乃是能确定的判断力能为着经验性对象的确定而使用的。可是由于没有这样的概念是给予我们的，那就只有反思判断力才能利用自然的有意图性这个观念，而它这样做，并不是为要获得关于超经验世界的知识，而单纯是要按照一条特别的原理来研究经验性的对象。

康德在这段里没有告诉我们，我们必须在目的论上来判定的自然对象是什么。他给我们的只是关于机械性的方法和目的论的方法的一种很一般的描述。既然这里所说的太过简短，使人不能理解，而在《判断力批判》的第二部分里(在“目的论判断批判”里)说得很清楚，在这里去解释它是白费时间的。可是，记住这点是有益的，就是我们从这一段知道了使我们运用客观有意图性这个概念的目的论原理绝不能看作任何其他东西，而只能看作一条单纯反思的原理，这是已经决定了的，以后不再提了。想要决定自然的有意图性是有意的还是自然的，这是完全不可能的。甚至可以说，原来就没有这个问题；因为既然目的论的判断乃是只有关于经验性对象的反思判断，它们对于一个超自然的原因的产生自然对象是有意的或无意的这个问题是毫不相干的。“现在就弄清楚了，在这种情况下[就是说，在我们应用目的论的原理之情况下]，自然的客观有意图性这个概念的用途单纯是为着对于对象的反思，而不是为着用一个意图的概念来确定对象，而且关于一种自然产物的内在可能性的目的论判断乃是一个单纯反思的判断，而不是一个能确定的判断。”①“所以自然的意图这个概念乃是单纯反思判断力的一个概念，是反思判断力为着它自己的缘故用来在经验的对象中追踪其因果关系的(Kausalverbindung)。用来说明某些自然型式的内在可能性的目的论原理并不去确定自然的有意图性是有意的或无意的，这样或那样断言的一个判断就再不是一个单纯反思的判断了。它应是一个能确定的判断，而自然的意图这个概念也应不再是

① 《判断力批判》，Buek 版，216 页；Lehmann 版，45 页。

为着内在的或者说经验性的用途而使用的单纯判断力的概念,而是一个超自然的、有计划进行活动的原因这个理性概念了。不管我们是承认或肯认这一点,这样一个概念的用途总是超经验的。"①

第十段

在前段已说明,审美判断和目的论判断同是单纯反思的判断,或者说,就其不能确定其对象本身而只在它们对于人的心灵的关系上确定它们这点来说,它们只是在主观上有效的。康德在第十段所要做的工作就是要确定属于这些判断的这个特种的主观性②。他所要说明的就是,如果我们理解一个主观的判断为一个判断,是我们绝不能以任何必然性归之于它的。单纯一个任意的判断,是没有它自己的任何原理的,那么反思判断力所作出的判断就无论如何不得称为主观的。如果反思判断力的原理是要在先验哲学中找到地位,这些原理就必不可完全是主观的,它们必须以必然的主观原理为基础。康德从审美判断开始,而指出它们必不可用心理学来解释。

---

① 《判断力批判》,Buek 版,216 页,217 页;Lehmann 版,46 页。

② 康德在几种不同的意义上使用"主观的"与"客观的"这两个词,在作出"主观的"和"客观的"两者之间的区别时,我们可能是想到判断的内容的。在那种情况下我们就理解一个主观的判断为一个关于内心的判断,理解一个客观的判断为一个关于自然对象的判断。在这里,"主体"与"客体"是在普通的意义上使用的,"主观的"是谈到能知的主体的,而"客观的"是谈到自然对象的。这两个名词的第二种意思可以这样来叙说,如果不能以普遍性或必然性归于它的,这个判断就是主观的,因为它的有效性是完全依靠一个个别的主体的内心状态的;如果某种这样的普遍性或有效性是能使之附属于它的,那么这个判断就是客观的,只有是以某种的验前原理为基础的判断才是这样的。普遍性与必然性都有不同的程度,这就使事情乃至更为复杂了。因为"主观的"与"客观的"还可在第三种意义上来理解,如果一个判断是以一个明确的验前概念为基础的,它就可以说是一个客观的判断;如果它是依据一条没有确定的验前原理的,它就可说是主观的。例如"自然中每一个事件都有其原因"这种判断在所说的三种意义上说来都是客观的:因为(a)它是关于对象的一个判断,(b)它是一个验前的判断,而作为这样一个判断,它就是普遍有效而且普遍必然的,(c)它是以一个原因这种明确的概念为基础的。"这幅画是美的"这样一个审美判断在第一种意义上是主观的,因为它是关于主体的一个判断;在第二种意义上它是客观的,因为它是依据一条验前原理的,因而必须以必然性与普遍性归之于它的;在第三种意义上,它是主观的,因为附属于它的必然性与普遍性不是依据什么确定性的概念的。它具有主观的验前普遍性与必然性,这点在《判断力批判》的正文中将详加说明。——作者原注

我们对于头两部《批判》的考查已经说明，依康德说来，心理学乃是一门经验性的科学，它所应用的原理是完全不同于先验哲学所感兴趣的原理的，因为先验哲学与之有关的原理乃是验前的原理而不是经验性的原理[①]。康德在本段中又一次说明心理学方法的性质，我们将要注意到他谈到这种方法时是抱着如何瞧不起的态度的。他指出，据他所知的说来，心理学所用的解释原理完全是经验性的。他关于实际上的心理学方法作了简短的陈述，并且说它不但是像经验性的物理那样，以纯然经验性的原理为基础，而且和物理的解释比较起来，心理学的解释是极端粗劣，不断是假设性的。在三种心理学的解释之上，很容易就能想出同样是表面讲得通的第四种。康德接着并表示他对于一大堆所谓心理学家的藐视态度，说这些心理学家既不能对于自然最平常的事作出一种科学的解释，反而自许能够详细说明人的心中每一种感情或情绪的原因。他叙述心理学的实在任务如下："进行心理学的观察(像布克(Burke)在他关于美的东西与崇高的东西那书上所作的那样)，就是说，搜集材料，作出经验性的规则，日后把这些规则系统地联系起来，而并不企图去了解它们，大概这就是经验性心理学的唯一真正的职责。而经验性的心理学在任何时候都简直不能要求列为一种哲学的科学的。"[②]一个要求是普遍有效而又主张在它里面所说的都是必然的这种判断，不管它所主张的这种必然性是主观的或是客观的，总是不能以心理学来解释的[③]。"如果我们让这样的一个判断有这种主张[即对必然性的主张]，而以心理学来解释这个判断的起源这种方法去为那种主张作辩护就是荒谬的。这样做会摧毁我们自己的目的，因为如果我们在所企图的解释上完全是成功的，这只是证明这个判断绝对不能认为它是必然的，理由就是我们能够证实它的经验性起

① 参看上文"纯粹理性批判"的"先验演绎"最后三个段落。

② 《判断力批判》，Buek 版，218 页；Lehmann 版，48 页。

③ 康德在这里把两种必然性区分开来，一种必然性是以对象的验前概念为依据的，而另一种必然性乃是审美判断所要求的。这后一种必然性是依据概念的主观条件的，这些主观条件是验前处在判断的基础上的。关于客观的或说逻辑的以验前客观概念为基础的判断，和以主观的验前的概念条件为基础的审美判断，这两者之间的区别，参看下文《审美判断批判》第九段，从第五个段落起。——作者原注

源。"①

康德在这里没有说明何以他认为审美判断是要求有必然性的，这些判断是否这样要求，如果是的话，如何成为可能的，这些问题得要留待审美判断批判来解决。康德在这里所说的只是，如果这些判断果真要求有必然性，而且如果它们所必须肯定的是不只每一个人怎样进行判定（在这种情况下经验性的心理学就得要关心它们），而且每一个人应该怎样进行判定，那么它们就必须具有它们自己的一条验前的原理。如果对于这样一条原理的关系不是包含在这一类的判断里面，不是包含在这样一个判断所对于必然性的要求里面，那么我们就会必须预先假定有可能来关于一个判断来这样主张，就是它是应该普遍适用的，因为，如观察所证明，实际上它是普遍在被应用的。可是，显然没有可能从每一个人都是在某一定的方式上进行判定这个事实就推论说，每一个人都应该这样进行判定。

我们看到以之归于审类判断的主观性乃是十分特别的一种主观性，解释这种审美判断的困难就是它们不是以概念为基础，又不能得自一个明确的概念（如果是得自一个明确的概念的话，它们就会是逻辑判断而不是审美判断了）；然而虽是这样，它们仍然要求有普遍的有效性与必然性。审美判断的批判就将要去找出在我们审美判断的基础上的那条主观的而又是未确定的验前原理。

康德在第十段的第二部分说明目的论的判断也是以一条验前原理为基础的。显然人们不是这么容易把目的论的判断当作单纯主观的判断的，即当作没有任何验前原理的判断的。另一方面，我们关于目的论判断一般原理的考查已经弄清楚，一切这样的判断都是单纯反思的判断，并不确定它们的对象本身的。诚然，目的论判断是利用一个确定性的概念，即意图这个概念的，但是这些判断并不断言自然在对我们呈现出来客观有意图的对象时，实际上是有意这样进行的。它们乃是主观的判断，因为在作出这种判断时，我们只是断言，为要弄清楚这样的对象之可能性，我们就必须判定这些对象为自然的意图。

这里就有了困难了，因为可以主张我们只由经验而发现自然中某些

---

① 《判断力批判》，Buek 版，218 页；Lehmann 版，48 页。

对象不是单纯的自然的机构而是自然的意图,结果就是,我们关于这些对象的判断只是经验性的判断,没有它们自己的任何验前原理的。

康德否认这点,他说,一个目的论判断把自然的一种产物关于它实是怎样这个概念和它应该是怎样进行比较,而他用一个实例来说明这点。

我们用眼能看见,这是我们直接经验到的,而且我们能够按照机械性的规律说明眼的内部与外部的构造。可是,在我们以目的论来判定眼时,我们不但断言我们能用眼来看,而且还断言眼是预定要来看的。我们把机械性的原因看作单纯是偶然的,我们假定有完全不同的一种因果作用。给予我们的眼是能看的,因为能看就是它的意图,我们判定,除非眼原来就是打算要这样的,否则它就不能是它一直那样。另一方面,经验只指出事物是如它们那样的,如果我们是要能够把一个东西是怎样,和它应该是怎样进行比较,而且使我们关于它的判断依靠它实际上是否它应该那样,我们就必须应用一条特别的验前原理。我们不能从经验得出这种原理来,因为经验只告诉我们事物实际上是怎样,而不能告诉我们事物应该是怎样。"要想到自然的一种产物它应该成为某东西,而使我们的判断依靠这自然产物在实际上是否如此——这是意味着预先假定了一条不能得自经验的原理,因为经验所告诉我们的只是事物实是什么。"①

我们现在能够理解审美判断与目的论判断两者之间的类似了。两者同是单纯反思的判断,而作为这样的判断来说,就可称为主观的。虽然如此,但是它们是以验前的原理为基础的,因而是要和一切那些遵照单纯经验性原理的判断区别开来的。目的论判断不能从物理的(经验性的)规律得出来,正如审美判断不能从心理学的规律得出来一样,它们都是判断力的产物。《判断力批判》将要对这两种类型的判断的性质作出一种精确的说明,这部《批判》将有两个部分:审美判断批判和目的论判断批判。

第十一段

也许在康德的全部批判哲学中,肯定是在《判断力批判》一书中,没有另一段,表面上看来是这么像一套"知识体系"(architectonic 通常译为建

① 《判断力批判》,Buek 版,220 页;Lehmann 版,50 页。

筑术)的。在这里面康德所关心的像是没有别的,而只是概念的人为划分。他提出许许多多的表:心的能力表,其中有三种能力;认识能力的表,其中也说是有三种。其次,在这两种表和另外两种的表之间又认为有一种必然的联系。那其他的两种表就是验前原理表和这些原理的产物表,每一个表又有三项。很难相信康德是在讨论一个严肃的哲学问题,可是我所要说明的,正是康德要在那里讨论一个严肃的哲学问题。而且不只这样,我将要设法证明在这段里所提出的论证远远不是一个醉心于知识体系的思想产物,而事实上乃是康德哲学的一般原理用概括式来叙述,人为的是它的形式而不是它的内容。

说了这一些开场白之后,现在我就可以开始我的解释了。

这一段的标题是:“判断力的通论式导言引到纯粹理性批判的体系中去。”康德一开始便把两种的导言区分开来,第一种是绪论式的导言,第二种是通论式的导言。绪论式的导言其性格单纯是预备性的,它的用意乃是替读者提供从已有的某其他学说或科学所得来的知识,以便把它介绍到将要提出的学说,这是提供给他以了解将要提出的学说所需要的材料的。通论式的导言属于完全另外的一类,它是以一个体系这个理念为依据的。它不单纯列举整体中在经验性的研究过程里所发现的不同部分,它制出一个完整的目录,列出整体的各部分,说明它们相互之间以及对于所属的整体的关系。因为它乃是一种有系统的导言,而按照康德哲学的原理,一个体系乃是一个整体,其各部分是必然为这些部分所自出的整体之理念所确定的,结果就是有可能来关于它们的数目与它们的性质进行确定的。

在我们所谈的情况下来说,那个整体是什么呢?答复是简单的,判断力要成为其一部分的那个整体就是为验前原理所确定的这个范围内的人类知识。如果判断力是要属于最广义的纯粹理性体系(所谓最广义的纯粹理性也就是一般验前知识的能力),那么它就必须具有其自己的验前原理,如果是这样的话,那就有可能不只把它看作整体的一部分,而且确定这部分对于其他各部分以及对于那整体的关系。《纯粹理性批判》已经说明了知性的验前原理,而《实践理性批判》又已经说明了理性的验前原理,知性的原理与理性的原理都是客观原理,它们是使我们能够确定不同的两类的对象的,即理论的对象和实践的对象。

先验哲学,作为一种客观的学说看,只能包含两个部分,即理论部分与实践部分。判断力不能属于纯粹理性客观科学的体系,因为那些科学都是以客观的验前原理为基础的,而为要成为这样一个体系的一部分,判断力就得要产生客观的[①]验前原理。然而判断力是根本不同于知性与理性的,由于它并不给我们以任何客观的概念或原理,所以它就不能属于哲学的体系。作为学说看的哲学是只和客观知识有关的,只有两种这样的对象,即自然与道德,而只有两种心力是能给我们关于这些对象的验前客观知识的,即知性与理性。如果一个哲学体系包含着知性的原理和理性的原理,它就是完整的了。

可是判断力能够成为心的验前可确定的能力的体系之一肢,就它是被看为心的能力的一种批判来说,它是属于哲学的体系的。因为判断力产生特别的验前原理,而且它是根本不同于心理学与之有关的那些心的经验性能力的。而且又可以正确地假定,正是它的原理的主观性确定了判断力在认识能力的体系里的地位并且使我们能够确定它对于其他两种能力(即知性与理性)的关系。正是这种特性将要使我们看到它们一切作为知识纯粹能力的体系的各肢彼此间的必然联系。

我们已经知道判断力所假定的验前原理是什么,那就是反思的原理。上面已说明,我们依单纯主观的根据,就是说,因为我们想要知道自然,才必须预先假定自然按照体系这个理念把它的普遍性规律(即一般自然的可能性的原理)细分为特殊性的规律。我们必须假定自然的特殊性规律是在一个体系里安排好的,我们已经看到我们必须应用反思的这条单纯主观的原理,因为关于自然的普遍性规律的知识是不足以给我们关于自然对象的实在知识的。但是我们也看到这样一种预先假定主观上固然是必要的,是不能从客观的原理得出来的,它乃是反思判断力所作的一种假定,我们不能用那些使我们作出这样一个假定的原理来确定自然本身。因为特殊性的经验性规律必须在经验中被给予出来,而在我们对于它们

① 关于康德的"主观的"和"客观的"这两个词的不同意义,参看第十段第一条脚注。——作者原注

有实际的经验之前，我们是不能知道它们是否属于一个体系的。这条原理乃是一条验前的原理，但是既然我们不能证明它的客观必然性，我们所能做的就不过是拿给予我们的经验性规律，设法把它们安排在一个体系里面，任何时候都不能事先知道我们是否会成功。

康德又曾说明过，由于我们反思的判断力所应用的规则是独立于确定性的概念的，而这就证明自然必然是以一个逻辑性的体系向我们出现的，所以我们就想出自然的有意图性这个理念来。我们指望自然会适合我们自己的意图的，康德在导言的前一段里告诉我们，而在这里又重复着说，逻辑反思的原理乃是判断力的原始原理，而判断力的其他原理（审美原理与目的论原理）都是依靠它的。最初使我们设想到这个理念认为在自然里面应该有原本是不必然的对于规律的符合性，就是说，这种符合性是不能以知性的客观概念为基础的，然而因为由于我们认识能力的构造，我们必须以之归于自然的，其起源乃是反思的逻辑性原理。

其次，康德在本段里又一次告诉我们，我们之所以有权来主张审美判断是以一条验前原理为基础的，其理由就是我们已完成了证明逻辑反思的原理（就是自然按照一个逻辑性的体系这个理念把它的普遍性规律细分为特殊性的规律）是一条特别的验前原理，所以提供这些判断的原理的判断力就有资格在知识高级能力的体系里占一个地位。任何一个人在这导言的前几段里从头到尾了解了康德，就很容易懂得这一切所说的。本段后面的两个段落是更难理解的。

康德开始要证明反思判断所作出的两种判断（即审美判断与目的论判断）其中只有前一种是在判断力里有其起源的而使判断力的批判成为必要的，而后一种的可能性是可以说明而无须把它们从判断力特有的原理得出来的。康德说明只在它的鉴赏判断中判断力才显示其自身为有着一条特别的验前原理的能力，只有这些判断才使判断力有资格在知识高级能力的批判里面有其地位；而且只在它的审美能力已经被发现之后，它的目的论能力才能得到处理的。为了完成判断力的批判起见，我们就必须从事于目的论判断的研究，而且说明这些判断也是包含在同一种能力里面并且是依据同一样的原理的。

康德自己举出他的理由说明他何以相信审美判断比目的论判断更密

切地和判断力相联系着，使这两类判断区别开来的东西就是目的论判断必须利用概念，而审美判断是独立于概念的。可见，如果审美判断能要求有任何有效性，它们就必须有一条是归之于判断力的特别的验前原理的。目的论判断就与此不同，它们是使用意图这个理性概念的，因而就不那么明显在它们基础上的原理是判断力的一条特别原理。就是它们的主观性才使之成为这样明显，就是审美判断必须有一条验前的原理，是它们不能从任何其他能力得出来而只能从判断力得出来的。既然审美判断完全不使用概念，那就很易看出这些判断不是知性所产生，也不是理性所产生，而是判断力所产生的，因为判断力是应用主观原理的，即应用逻辑反思的原理的唯一心的能力。

这一切比较是简单的。但是康德在这里谈到目的论判断时，好像这些判断完全和判断力没有任何联系似的，好像它们所依据的原理是由理性所提供似的，我们又怎样说呢？康德说："所以关于自然的目的论判断的可能性是容易说明的，而无须预先假定判断力的一条特别原理。因为判断力在作出一个目的论判断时，单纯是遵照理性的原理的。"①

这是一种令人觉得奇怪的说法，它显然和这导言前面几段中所说的一切都是矛盾的，而且它是根本和批判哲学的一般原理对立的。因为按照批判的原理，人类心灵是不能超出自然的世界的。可是只要目的论的判断力利用理性的客观概念，它就必须超出自然的世界。因为在使用这样一个概念时，我们是断言自然对象由超自然的原因得到它们的存在的。这几乎就是所有一切独断论哲学家利用目的论原理的方法，他们都是相信有可能来用这条原理去证明有一个超感性的存在者实在存在着，它产生事物是为要使它们适合于某些意图的，上帝存在的自然神学证明就是以这种论证为依据的。可是康德在《纯粹理性批判》一书里已经指明，这是无效的，意图这个概念乃是一个单纯理念，其客观有效性是不能成立的。在《判断力批判》的导言里，康德曾说明，我们能在一种不同的意义上利用这条目的论原理。目的论判断乃是单纯反思的而且主观的判断，在其基础上的原理不是理性的原理而是知性的原理。

① 《判断力批判》，Buek 版，223 页；Lehmann 版，154 页。

要注意的另一点就是在第十段里,即在紧接着我们在这里所谈的这段的前面一段里,我们发现一个段落是康德在其里面说,判断力批判所与之有关的两种反思判断[1]之中,目的论判断是比审美判断更需要批判的。其理由就是,由它们自己去干,目的论判断会引诱理性超出感官世界,而审美判断需要有费力的研讨来使它们不致在它们的原理方面完全限制于经验性的东西,因为这种限制就会摧毁它们对于普遍有效性的要求的。

看来这是显然与第十一段所提出的论证相矛盾的,但是我认为调解这两段文字是比较容易的。康德有一种习惯,从不同的观点讨论同一个问题,结果就是他先是强调问题的一方面,然后又强调另一方面,所产生的后果就是不同的段落就像是互不相容似的。可是几乎每次当我们考虑到整个论证时,这种不相容性的假相就消失了。

在我们这里谈到的实例中,我们可以说,对于从判断力批判来说,审美判断抑或目的论判断更为重要这个问题,康德的答案会是这样的:答案是以我们从而考虑这两种判断的观点为转移的。审美判断是不利用任何概念的,因而显然是不能从任何心的其他能力得出它们的原理来,而只能从判断力得出这种原理的。就这点来说,审美判断是更密切地和判断联系着的。可是我们可以从一个不同的观点来考虑这个问题,我们可以说,既然审美判断并不利用任何概念,那就没有人能想象到人的心灵能用审美判断去超出感官的世界的,所以审美判断是不危及一种批判哲学的基本原理的。可是目的论判断是危及这种原理的,因为它们利用概念,而只要不使它们受到先验的批判,就容易认为它们是以我们借以能得到关于一种超感性的世界的知识的理性的客观概念为其基础的,所以使目的论判断受到批判的考查是远远更重要于说明审美判断的性质的。因为,如果批判哲学不说明审美判断的性质,除了这些判断的性质依然不可理解之外,并无其他害处。可是,只要目的论判断的性质没有得到解释,也就是只要还没有弄清楚它们乃是反思的主观性判断,先验哲学的原理是有

---

① 康德实际上说,这些判断是属于最一般意义上的纯粹理性批判的。从后面一段话就可看到这是什么意思:“纯粹理性的批判,即我们按验前原理进行判定的这种能力的批判,是不完整的,如果对于判断力的批判考查不是分开来予以处理的话,因为判断力乃是一种知识能力,而作为这种能力来说,是要求有其独立的原理的。”(《判断力批判》,168 页)——作者原注

危险的。因为可以这样说来反对这些原理，就是我们能够，而且事实上必须以目的论的方法来判定某些对象，这个事实就证明批判哲学的基本假定——认为人类心灵不能知道一个超经验的世界这种假定——是错误的。

我们现在就可以继续我们对于第十一段的解释了。在我们刚才考查的一个段落里和在紧跟在后面的那个段落里，康德说鉴赏的批判，如果是抱着一个先验的目的来进行的，对于达到心的能力的一个完整的体系是提出了一种极其有希望的展望的，因为它弥补了我们知识能力的体系中之一种缺陷。

心的各种能力体系，就它们不只是关于感官的世界(das Sinnliche)，而且也关于超感性的东西(das Übersinnliche)的这点来说，是按照批判的原理详细拟定的。但是没有除去批判哲学对于我们关于超感性的存在者那种知识所定下来的种种限制。

这所说的是什么意思，康德没有解释而就接着向我们提出许许多多的表，首先有心的能力表，然后又有知识的能力表，跟着又有其他两种表，这一切看来都是极其矫揉造作的。我将要如我在我关于这段解释的开始时所曾说过的那样，设法说明在这些种种划分的背后是隐藏着先验哲学的基本原理的一种所涉很广的考查的，只有极其细心研究才能把这个论证弄个清楚的。

我首先要考查一下这头两个表，即(a)心的能力表(知识能力、苦乐感和欲望能力)，(b)知识能力表(知性、判断力和理性)。

康德认为人类的心对于一个对象可能有三种不同的态度，它可能是感兴趣于获得关于这对象的知识，可能对它感到愉快，又可能想要取得它。为要运用那三种能力，是需要有某种知识的，心必不可一直是纯然被动的，它必须有它自己的某条原理，而只有通过知识能力方面的能动性，这才成为可能的。这里所包含的知识不一定总是确定性概念所引起的客观知识，我们将要看到确定我们对于一个对象感到愉快的能力的那种验前原理(即在我们审美判断的基础上的原理)并不给我们以客观知识的。可是，康德相信心的一切能力归根到底都是对于知识能力有关系的。

除了心的能力以外，还存在着知识的高级能力，即(a)知性，(b)判断力,(c)理性。如果我们排除了直观与想象力,因为它们是感性的能力,而作为感性的能力来说,是人所具有而同样也为没有理性的存在物所具有的,那么剩下来我们就只有这三种知识的"高级"能力了。

可是康德所断言的乃是在心的能力和知识的能力这两者之间是有一种必然的联系的。知性所提供的原理只是为知识能力所用的,判断力所提供的只是为苦乐感所用的,而理性所提供的只是为欲望能力所用的。

我们容易明白何以康德相信替知识能力提供验前原理的乃是知性,他在《纯粹理性批判》一书里曾说明过,我们知识能力所能使用的验前原理只是知性的原理:理性与其概念(理念)并不能给我们任何客观知识;而判断力,就理论的知识来说,乃是单纯统摄的能力,它并不具有任何它自己的验前原理。

我现在就要说明何以康德相信在理性与欲望能力之间有一种必然的联系。我们可能回想到在导言的第一段里面康德区别开来两种不同类的命题,即技术命题与实践命题。他告诉我们说,只有后者是以验前原理为基础而可以称为实践的,前者所以之为基础的原理乃是理论的原理。在这里很重要要注意的就是,康德所相信的乃是并非在知道一条理论的规则和按照着这规则而行动这两者之间没有分别。他的意思乃是,两者之间的分别乃是单纯经验性的分别。当然我们从经验知道一条几何的规则和实行这规则乃是两回不同的事,可是谈到验前原理的时候这种分别是没有的。实际上作图所遵守的原理乃是理论的原理,我们是完全知道作图的规则的,在执行这种规则时,我们所做的乃是,应用这种理论的规则而已。

我们也知道,依康德的见解来说,不管我们所关心的是科学的规则或者是行为的规则,都是没有分别的,只要行为的规则是和自然对象有关的。例如,我们应该取得我们自己的幸福这条规则,并不是遵照一条独立的验前实践原理的,因为幸福不是属于自然界的一个对象。如果我们掌握如何能使幸福发生的方法这种完全的理论知识的话,那么我们就会按照着那种知识而行动,而我们的行动就会完全为这种知识所决定。可是含有一条验前实践原理的一种行动必须完全是另一种类的,不但它必须是独立于我们关于一个对象的理论知识,而且甚至我们是没有可能来得到[关于它的]任何知识的。

具备这种条件的只有道德的行动,因为道德行动的对象(善)乃是一个超感性的对象,我们关于它是毫无理论的知识的。在想要实现善而且在遵从命令我们去实现善的这条道德律时,我们所遵从的原理是根本不同于知性的原理的,这条原理乃是一条独立的属于实践理性的原理。

我们在这里所谈到的问题就是:何以康德相信理性替欲望能力提供原理?为要了解这点,我们首先得要说,康德不是在欲望这词的通常意义上想到欲望,所说的不是对于我们千方百计要取得而享受的自然对象的这种欲望。这种欲望是理性与其验前实践原理所决定的,它是一特种的欲望,即要实现善的这种欲望,这个欲望,如我们刚才所看到的,乃是一个根本不同于一切自然对象的对象。事实上,除非我们的理性把它显示给我们,否则我们对于这个对象是会一无所知的。理性使我们想要得到这个对象,因此就可以说,为一条独立的验前原理所确定的唯一欲望也就是要善发生的这个欲望。而且既然使我们意识到道德律以及道德行动的对象(善)的,乃是理性,而关于这些,知性与其理论的原理不能告诉我们什么,所以可以说,只有理性才给欲望能力提供一条特别的验前原理。

关于在经验上给予出来的第三种心的能力(愉快感),面对我们的问题是类似于我们刚才曾讨论过的那个问题的。在经验中又给予出来有一特种的心的能力,而我们必须找出的东西,就是这个能力是否能够为一条独立的验前原理所确定。显然所谈的能力,即苦乐感这种能力,在经验上是不同于其他两种能力的。心理学的观察指出乐于有一个对象,是不同于知道它或想要有它的,可是先验哲学是不关心于这些能力之间的经验性的分别的,先验哲学乃是对于验前原理的追求。

看来,当一个对象在主体中产生愉快时,两者之间的关系是为寻常因果律所决定的。想要确定其正确的性质,可能总是困难的,但是显然这些关系并不依据验前的原理的。

我们可以假定,如果愉快是为特种的验前原理所决定,就是为本质上不同于知性的原理(即理论的原理)以及理性的原理(即实践原理)的那种原理所确定的,那么这种愉快将是一种很特别的愉快——一种不同于寻常称为愉快的感情,正如实践的欲望不同于寻常称为欲望的东西那样。

现在在导言前面几段中已经说明了实际上是有一特种的愉快，那就是当主体发觉它面临一条规则，其必然性是它不能理解的，因为它并不是从知性的规则而来的，在这时这种所说的愉快就在主体的里面油然而生。我们曾弄清楚，反思的每一次活动都是有这样的一种愉快感伴随着的。我们曾看到，既然我们的知性和我们的理性所与之有关的无非是严格上说来普遍性的规则(因为它们和单纯特殊的东西的范围是没有相干的)，而且既然特殊东西的范围又不为它们的原理所确定，那么能知的主体就得要使用反思的一条主观的原理，而这条原理于是就使它假定这些特殊东西本身原不是一个没有秩序的集合物而是一个体系。主体在应用这条原理而发觉它的假定为事实所证实时，它就必然是要觉得愉快的。

我们还看到，虽然我们一切的反思判断都是和愉快感结合在一起的，而对于我们的审美判断来说，这更加是这样，其理由就是审美判断本是单纯主观的判断，我们在作出审美判断时，我们所判定的不是对象的属性而是我们自己的感情。诚然，目的论判断也是单纯反思的，然而它们所与之有关的乃是关于对象的知识，而反思的原理乃是应用于这些对象的。这些判断乃是特种的认识判断，也就是反思的认识判断。审美判断就不同，审美判断是根本不同于一切认识判断的，不管是确定性的或者是反思的。包含在我们审美判断里面的愉快乃是属于很特别一种的，这是在上面已经指出过的，而在《判断力批判》中还将要弄得更清楚。这种愉快乃是从这个事实而引起的愉快，就是主体在想象到一个对象时，它就意识到它的表象诸能力的一种和谐的关系，包含在这种过程里面的能力乃是想象力与知性，而使它们彼此发生关系的能力就是判断力，审美判断力批判将要把这一切弄个明白。但是甚至在现阶段上，还是有可能来把握住康德的一般思想的。在导言的第三段里，康德曾告诉过我们何以反思判断力在作出一个审美判断时，并不意识到它自己的原理(并不意识到它所应用的规则)，并且何以所作出的判断不能表现于任何其他的方式上而只表现在一种主观的感情里面(就是所感觉到的感情)，其理由就是这规则本身乃是反思的。结果就是，为要决定一种特殊的事例是否符合于这条规则，我们也只得涉及那本来就是单纯主观的东西，即所感觉到的愉快。

我想现在已是清楚了康德相信在愉快感的一边和判断力特别是它的

审美原理的另一边，其中是有一种必然的联系，其这样相信的理由究竟是什么。

在美的东西里所觉得的愉快根本是不同于寻常所称的愉快的（就是在适意的东西里面的愉快），康德在《判断力批判》正文里将要把这点弄得十分清楚的。事前只这样说就够了，就是他相信我们乐于我们觉得适意的对象时，我们所感兴趣的总是多于我们自己的各种感情，我们还感兴趣于当下的对象与其存在。我们设法要去取得它，使得我们能享受种种适意的感情；另一方面，我们在美的东西里所觉得的愉快是属于完全不同的一类的，这种愉快乃是静观的愉快。我们所感兴趣的不是别的，而只是我们自己的心情，而我们对于当下对象的欣赏，是由于这个事实而来的，就是它的表象使我们觉得愉快。

我们现在可以去谈谈康德的第三个表了。这表在心的各种能力和知识的各种能力之上另加属于这些能力的验前原理，据说这些原理乃是(a)对于规律的符合性(Gesetzmässigkeit)，(b)有意图性，(c)同时又是规律的那种有意图性(Zweckmässigkeit，die zugleich Gesetz ist)。

康德在这里下知性的基本原理的定义为符合于规律的原理，这是几乎无须解释的。他在《纯粹理性批判》一书里曾说明我们的知性产生某些验前普遍性的规律，是每一个经验的对象为要成为一个对象时所必须与之相符合的，所以知性的基本原理就正确地可以称为符合于规律的(Gesetzmässigkeit)的原理。比较难懂何以康德称实践理性的原理为“同时又是规律的有意图性”，我试着来解释这点。根据康德的说法，意图这个概念（如上面屡次说过的那样）乃是理性的概念（理念），知性概念与理念之间的基本分别是，前者使特殊的东西从属于某些普遍性的规则，但不确定这些特殊东西的本身，而一般认为后者是确定其特殊的。我们的知性产生感官世界中一切特殊所得要与之符合的普遍性规则，但是知性的目的甚至不去确定特殊东西本身的范围，它把以特殊统摄在普遍之下的工作留给判断力。可是理性所要求的就远过于此，它要求每一个从属于它的概念（理念）的特殊都应该为这些概念或说理念所完全确定，要求特殊应该是从普遍性的概念取得其存在的，我们已经简短地考查过这个学说了①。

我们已经看到康德主张理性所提出的这种要求，就理论的知识来说，是不能说出其正当的理由的，而且我们又曾看到何以康德是这样主张的。理念是并不给我们知识的，我们不能从普遍性的概念得出包含在我们世界里面的特殊。

康德在他的伦理学著述(即《实践理性批判》与《道德的形而上学基础》)里曾说明在行动的范围里又是一回事，我们能够借助于普遍性规律来确定我们自己的行动。一种道德的行动实际上是这样被确定的，只要行动者按照道德律来下定决心，只要他所追求的唯一目的乃是服从道德律而且是实现道德律所给他的对象(善)，那么他的特殊行动(虽然是在感官世界发生的)就完全为理性的理念所决定了。

我们现在必须记得我们目前所谈的问题乃是要找出何以康德称实践理性的原理为有意图性而同时又是规律的原理。我们曾屡次说过，依康德的说法，意图乃是理性的一个理念。当我们说一个东西是一个意图时，我们的意思就是，包含在这个东西里面的每一个特殊都是以这个普遍性的理念为转移的。可是必须把道德的意图和自然的意图(Naturzwecke)区别开来，康德关于道德目的的理论乃是道德的目的不是单靠自身而存在着的，事实上它们是寓于道德行动的，按照道德律决定了自己的道德行动，其所追求的目的就不是另一目的。从下面所引的一段话就可以看到，按康德所说的，自然目的与道德目的之间的本质上分别。"目的论认为自然是一个目的的王国，伦理学看一个可能的目的的王国为自然的王国。在前一种情况下，目的的王国乃是一个所采取的理论理念来说明实际的是什么；在后一种情况下，所说的乃是一个实践理念，采取来使还不存在而我们的行为能使之实现的东西发生出来，就是说，如果我们的行为是符合于这个理念的话。"②

我在这里不能真正令人满意地解释这一段很难懂的话。因为这会使

① 参看上文——《纯粹理性批判》，"理性的心理学——谬误的推理"的最后一个段落。

② 《道德形而上学基础》Abbott英译本，第55页脚注。参看唐钺中译本，第51页脚注，唐钺最后一句是误译的。——本译者附注

我们纠缠在关于康德的道德哲学问题的讨论,这些问题是不能在关于《判断力批判》的书里充分地处理的。我们目前这样说也就够了:人类理性所知道而且能实现的一类意图(目的)只是道德的意图(目的)。只有在实践的范围里,人类理性才能立法而又实现目的,才能用一条是有意图性而同时又是规律的原理。知性的规律都是自然每一个对象所得要与之符合的规律,但是知性所能告诉我们的只是实际上自然是什么。知性甚至不能问自然的对象有什么好处,它们是适合于什么意图(目的)的,可是理性的意图(目的)这个概念乃是不给我们知识的一个超经验的概念。

当康德在写《纯粹理性批判》一书的时候,他是相信就理论的知识说来,人的心完全不能利用意图(目的)这条原理。依他当时的想法,意图乃是一个单纯的理念。在《判断力批判》一书里,他现在就承认我们能用自然的有意图性这条原理来探讨自然,但是只能作为一条反思的原理。就这点来说,他就改变了从前的见解,自然的有意图性这条原理作为反思的原理根本就不同于实践理性的原理,因为我们不能用反思的原理来确定自然的对象。我们不能替自然立法。反思的原理乃是一条有意图性的而这个有意图性不是同时又是规律的这种原理;而且作为这样的原理,它是完全不同于知性的原理的,如上面所曾说过的,知性的原理乃是有关于自然的符合于规律而不有关于自然所能实现的意图的。所以可以正确地说,知性所应用的乃是符合规律性的原理,判断力所应用的乃是有意图性的原理,而理性所应用的乃是有意图性而同时又是规律的原理。

将要注意到,我在这里没有说明何以康德相信判断力所用的验前原理乃是有意图性的原理。我认为这种说明是不必要的,由于康德在全篇导言里一再曾向我们说过这点了,但是关于我们在这里所谈的一段,有一点是我要请大家注意的。

在这段里,康德所关心的是特别一种的主观有意图性,就是在我们审美判断基础上的有意图性,不幸,截至此为止,我们关于它所知道的很少,康德在《判断力批判》一书的正文里将要说明所说的有意图性乃是"一种没有意图的有意图性"。在判定一种艺术品或一个自然对象为美的时候,我们看它的每一部分都是依靠着其整体的,每一特殊都是依靠着整体这个普遍性理念的,而就这样说来,这个对象是可以看为一个有意图的和谐的整体。然而我们这样看它时,并没有利用一个明确的概念,在判定对象是这样一个和谐的整体时,我们没有从任何一个能说明部分与整体的关系的明确意图把这所说的推论出来。我们靠感觉它而变为觉知到部分与整体的和谐关系,而不能明白地理解何以有这种关系。我们关于它其所以是如此的理由一无所知,审美判断所用的原理乃是有意图性而没有意图这条原理①。

在康德所提出的最后一个表中,艺术是作为判断力的产物出现的,同时自然是作为知性的产物出现的,而道德是作为理性的产物出现的,并且还有和这三种能力相应的原理。这是事实,而从这个事实就可看到康德在这里只想到审美的有意图性。康德在这里所用的"产物"这个名词是有点使人易于误解的,看来尤其奇怪的就是康德称自然为知性与其符合规律性原理的产物。但是了解他所说的意思实在不是困难的,作为知性与其规律的产物的不是自然本身而是就其为普遍性规律所确定来说的那个自然。康德是能主张这样的一种见解,而且事实上必须这样主张的,因为按他的哲学来说,自然的普遍性规律原是知性所产生的,这些规律本不属于自然而是为能知的心所引入自然里去的。

现在就容易理解下面所引的一段文字了:"所以自然以知性作为一种认识能力而有的验前原理为它的符合规律性的基础;艺术在其验前的有意图性里面关于苦乐感符合于判断力;最后,道德(作为自由的产物)是受到有意图性适合于成为一条普遍性规律的这种形式的理念所支配的,而普遍性规律乃是理性关于欲望能力的确定性原理(Bestimmungsgrund)。这样从心的基本能力的每一种所特有的验前原理而发生的判断就是理论判断、审美判断与实践判断。"②

康德接着往下说,现在发现了心的能力的体系在其对于自然与自由的关系。自然与自由有其确定的原理,因而是属于哲学的学说体系的,而这个体系是两个部分(理论哲学与实践哲学)所组成的,判断力通过它的特种原理把哲学的两部分联系起来。从理论哲学与之有关的感性基质到

① 参看下文《审美判断力批判》,第二段

② 《判断力批判》,Buek 版,226 页;Lehmann 版,57 页。

实践哲学与之有关的超感性基质的过渡是判断力批判使之有其可能的。因为虽然判断力不能产生任何客观的知识，因而对于哲学的学说不能有任何贡献，但是它提供一特种的判断，即审美判断，其原理乃是单纯主观的。所提供出来的判断是属于这样特别一类的，所以它们能把感性直观和自然的一个理念发生关系，而自然的符合规律性，除非是涉及一种超感性的基质，否则是不能理解的。

这一切都是晦涩难明的，而康德自己说他将要在《判断力批判》正文中予以证明。但是我认为乃至一个到此为止只熟悉《判断力批判》的导言的读者也能明白康德的一般思想而懂得康德何以能认为《判断力批判》是与自然世界有关的《纯粹理性批判》和与自由世界有关的《实践理性批判》两者之间的桥梁。

我们已经弄清楚了判断力所应用的原理乃是反思的原理，而且这条原理必然是使感官世界与超感性世界发生关系的。按先验原理来说，感官世界乃是知性的客观规则所确定的世界，在《纯粹理性批判》一书中已说明感官世界乃是出现的东西的世界，而人类心灵关于超感性的东西是不能有任何知识的。《实践理性批判》一书却证明有一个自由的超感性世界的存在，曾经说明过，在道德行动的领域里，我们借助于普遍性的概念就能确定发生于感官世界里面的特殊行动。但是我们不知道何以，或者怎样，这是有其可能的。自然世界与自由世界乃是两个不同质的范围，其彼此的联系是我们所不理解的①。我们有知性的原理，其必然性是我们能理解的，这些原理以自然世界对我们呈现出来，我们又有实践理性的客观原理使我们意识到实践自由的超感性世界。但是关于这两个世界之间的联系是什么，我们完全是无知的。我们能够为着关于自然世界的理论知识的缘故应用知性的原理，而且能够应用理性的原理来按照道德自由这条超感性原理去确定我们的行动。

《判断力批判》发现反思的原理而且说明在应用这条原理时，人类心灵要设想到自然的一种技巧这个理念。导言已说明我们是必须利用这条原理的。我们必须假定，自然除为知性的普遍性规律所确定之外，并且又

---

① 参看上文，“在第二部批判中的自由”一段。

是按照特殊性规律的一个体系,为要我们自己弄清楚这样一个体系的可能性,我们就得要超出自然世界,我们得要把自然看为一个有理智的存在者,看为一个具有本质上不同于我们的知性的一种知性。这个知性是按照一个体系这个理念形成自然世界的,它把自然世界(作为经验的单纯对象看的自然世界)里面所包含的每一个特殊东西按照这个理念进行安排。不管我们以之归于自然的"有意图性"是什么,或是逻辑的有意图性,或者审美的有意图性,或是目的论的有意图性,总之我们是假定这样一种超感性的因果作用的存在的。

反思判断力看自然为受到一条超感性的原理所支配的,虽然这条原理是单纯主观的,但是它是第一次给我们这个理念,就是自然是依靠从一种超感性的来源而得来的规律的。这个理念是实现于实践哲学的范围里的,因为可以说明在感官世界发生的行动实际上是自由这个超感性的因果作用所决定的,所以可以说,判断力是使那从自然这个概念的领域到自由这个概念的领域的过渡成为可能的。"知性在其规律在验前应用于自然这种可能性里就提供证据说明自然是作为单纯出现的东西为我们知道的,而这样就同时指出自然必须有一种超感性的基体,然而它并没有确定这个基体是什么。自然是通过判断力的验前原理按照可能的特殊性规律而被判定的,判断力通过这条验前原理而又通过理智的能力给(我们里面和我们外边的)自然的超感性基体以其可确定性。另一方面,理性通过它的验前实践规律给这同一个基体以[实际的]确定性。这样,判断力就使从自然这个概念的范围到自由这个概念的范围的过渡有其可能。"①

康德的一般思想是十分清楚的,我们在假定反思判断力的原理时,我们是认为感官世界在某种方式上是依靠超感性的规律的,而这些规律是只和感官世界有关的知性所绝不能理解的。在某些方面,这是和理性的原理相类似的。但是主要的分别就是判断力单纯假定超感性的这种基体对于感官世界有某种影响而不能确定这种影响,而实践理性在意识到超感性的道德律时,是能在客观上断言自然在实际上确是能够这样被确定的。

---

① 《判断力批判》,196 页。

很重要的是要注意到康德在《判断力批判》里并没有修改先验哲学的基本学说,那就是说人类心灵是从知性的原理得出它关于自然世界的一切客观知识,而从理性的原理得出它关于自由世界的客观知识。只有知性的原理和理性的原理才是客观的原理。哲学只有两部分是被看为学说的,即被看为客观知识的来源的,那就是理论的哲学(与自然世界有关的)和实践哲学(与自由世界有关的)。判断力的原理是属于完全不同的一类的,它们不是确定性的原理而是反思的原理,不是客观原理而是主观原理,所以判断力在哲学的体系中不能有其地位,但是它可以而且事实上必须属于"心的一切验前可确定的能力就其在心中构成一个体系的这种批判"①。

我并不觉得能容许把康德在纯粹理性的各科学的体系与心的各种能力的体系这两者之间的区别看为一种单纯技术上和人为的区别,因为这种区别是表示康德的深信,认为在知性和理性的客观原理与判断力的主观原理这两者之间是有一种基本的分别的。

现在我可以结束我关于导言的解释了。我希望我曾成功地说明了在导言中所指出的论证决不是矫揉造作的而是完全和康德的一般原理相一致的。

可是剩下来还有许许多多特别是关于审美判断的难懂的地方,大都是要在审美判断力批判中弄清楚的。现在我就可以进行去谈这部分批判的解释了。

---

① 《判断力批判》,Buek 版,222 页;Lehmann 版,53 页。

判断力批判 Ⅱ

审美判断力批判

第一节

先验方法不同于任何其他哲学探讨的方法，就是在于它主张，如果要了解一个对象的性质，哲学必须探研我们关于这个对象的知识的性质。先验方法绝不把一个对象作为离开人类心灵而存在的事物来对待。它要问的是：我们怎样才能认识一个对象？先验哲学的程序是含蕴在它的名称里面的。

“凡是所从事的不是对象而是我们关于对象的知识方式，只要知识的这种方法是验前有其可能的，这一切的知识我都称为先验的。”①

一切关于对象的知识，实际上的知识也好，假定的知识也好，都是在关于对象的某些判断里表达出来的。所以与我们关于对象的理论验前判断有关的这部《纯粹理性批判》的基本问题不是：理论的对象是如何成为可能的？而是：我们关于这些对象的判断是如何成为可能的？因为我们离开了我们关于对象的判断，我们就不能觉知到这些对象的。所以《纯粹理性批判》的主要问题可以这样来提出：这些判断力的判断（验前综合的判断）是如何成为可能的？

“如果我们能把许多种研究都安置在一单个问题的公式之下，我们的收获就是已经很多了。因为把我们的工作正确地加以明确，我们就不但能减轻我们的工作，而且使要检查我们的结果的别的人也易于判定我们所要作的事情是否得到成功。所以纯粹理性所应有的问题就是包含在这个问题里面：验前综合的判断是怎样成为可能的？”②

---

① 《纯粹理性批判》，B25，参看蓝公武中译本，42 页。

② 《纯粹理性批判》，B19，参看蓝公武中译本，38 页。

康德在审美判断力分析论第一卷(美的分析论)里所要做的工作就是要说明一特种的判断,即我们关于美的判断,其性质是什么。首先使他感兴趣的不是美的对象本身的性质,他所关心的乃是要分析我们在其中称事物为美的这些判断。判断本身是所与的,有一特种的判断是声明对象为美或丑的。这一类判断可以称为鉴赏判断,美的分析论是从事于这些判断的研究的。

可是,得要注意,美的分析论的第一件事不是要问:人有没有资格去作出鉴赏判断?首先得要解答的问题乃是:要称一个对象为美,其所需要的是什么,当我们对于它作出这样一个判断时,我们所断言的是什么。我们是否有资格来作出鉴赏的判断这个问题稍后才予以讨论。

那么我们首先要把鉴赏判断分解为它们的要素,我们必须把它们从其他判断区分开来。我们必须精确地弄明白,把它们从我们所作出的一切其他的判断区别开来的一些特性是什么。“在这里作为[我们研究的]基础的鉴赏的定义乃是这个定义:鉴赏乃是判定美的能力,但是必通过鉴赏判断的分析来发现称一个对象为美所需要的是什么。”①

我们关于鉴赏判断分析所发现的第一个东西就是当我们称一个对象为美或丑时,我们并不涉及这个对象本身,而是涉及我们在想象这个对象时,我们所感觉到的愉快或痛苦。当我们作出关于一个对象的一个逻辑判断时,我们是把某些属性归于这个对象的。“这张桌子是圆的”这样一个判断就是这类判断的一个例子,显然这个判断的述项乃是我们以之归于我们对象的一种属性。另一方面,当我们说“这张桌子是美的”这个时候,我们并不把任何属性归于这张桌子,我们只是说,我们对它感到愉快。我们看到,鉴赏判断在本质上不同于逻辑判断,乃是在于鉴赏判断并不涉及所说的对象与其属性,而单纯涉及我们自己对于对象的感情。鉴赏判断都是主观的,因为在作出这种判断时,我们是把对象的表象归因于主体以及主体的苦乐感的。

看来好像每一个把对象的表象归因于感觉的判断都是纯然主观的判断似的。其实事情并不是这样的,只有一种感觉是纯然主观的而不能是

---

① 《判断力批判》,原德文版 203 页的注。

别的，那就是苦乐感。每一其他种的感觉在某种意义上可能是客观的，试举一个实例来说，对于颜色的感觉，在它不能在客观上被确定这个意义上，它就是主观的。同一个对象，对于一个人可能像是青的，而对于另一个人可能是红的，没有可能在客观上证明这两种性质之中哪一种是这个对象实在所具有的。然而在我们断言一个对象是青的或红的等等时，我们的意思是说，这个对象具有某一定的属性是我们通过感觉而可以觉知到的。只有一种感觉是主观的而不能是其他的，那就是愉快感或痛苦感。因为"在这种感觉里所意味着的不是对象的任何东西；反之，在这种感觉里，主体觉知到它自己，如它为那表象所影响那样"①。

我们现在已经弄清楚了审美判断，即只和主体所感觉到的愉快或痛苦有关的判断是具有一特别的特性的，它们必须和逻辑的或者说认识的判断分别开来。逻辑的(或者说认识的)判断与审美判断之间的基本区别就是前者总是客观的而后者总是纯然主观的。"所以鉴赏的判断不是认识的判断；因而所谓其决定性的根据只能是主观的判断不是逻辑的而是审美的判断。"②

第二节

康德在第一节里已经划清逻辑判断与审美判断的分别。在第二节里，他把两种的审美判断分别开来，即关于美的判断和关于适意的判断。

他的论证是这样进行的。当我们判定一个对象为美时，我们是不管这个对象是应该存在与否这个问题的。我们所感觉到的喜悦(Wohlgefallen)是完全没有个人利害的关系的，所谓对于一个对象的利害关系可以说是这种的喜悦是我们把它和一个对象的实在存在这个表象联系起来的。我们关于美的判断是离开任何这样的利害关系的，我们是否想望一个对象的存在乃是不加入我们关于对象的美的判断的一个问题。

康德用一个简单的实例来说明这点。如果有人问我们，我们觉得在

① 《判断力批判》，204页。

② 《判断力批判》，203页。

我们面前的那座宏大的建筑物美不美，我们也许回答我们不爱那类的东西，那是单纯为着人去盯着看的。我们也许甚至更进一步而责备有钱有势的人那种虚荣心，耗尽人民的血汗来造成这种不必要的东西。这一切都的确是很好，只是答非所问，人家问我们的乃是静观这个对象是否给我们以愉快而不是它应该存在与否。一个关于美的审美判断是完全不管它的对象的存在与否的。"我们所要知道的只是这个对象在我心里的单纯表象是否伴随着有喜悦，不管我是怎样不理会到这个表象的对象的存在。"①

第三节

我们现在又发现了鉴赏判断是离开一切利害关系作为我们这种判断的另一种特性。这是何等重要，可以从这个事实看出来，就是我们关于愉快的东西的判断也是纯然主观的审美判断，而区别这两种审美判断的不是别的而只是这个事实，就是关于愉快的东西的判断，绝不是没有利害关系的，也就是它们不是不管它们对象的存在的。在本节里就要说明这点。

康德一开始就是下愉快东西的定义。这个定义是这样说的："所谓愉快的就是使感官在感觉里有愉快的意思。"②他接着说，这就提供了一种方便的机会来谴责关于"感觉"的意义的一种混乱，而且来使人特别注意到"感觉"这词能有的双重意义。通常认为每一种喜悦在其本身都是感觉，但是实在不是这样的。我们必须把不同类的感觉区分开来，在两种主要的感觉，即客观的感觉和主观的感觉之间，有一种基本的分别。客观的感觉是有关于对象的感性性质的，主观的感觉和对象无关而是有关于主体的感情的。我们关于愉快的东西的判断乃是关于主观感觉的判断，这些判断完全和关于对象的知识无涉，乃至和关于对象的感性性质的知识无涉。它们是单纯主观的，而且在作出这样的判断时，我们所作出的断言不是关于别的，而只关于我们自己的主观感觉，关于我们对于我们对象的喜悦。"草地的绿色作为感官对象的知觉来说，是属于客观的感觉的；另

① 《判断力批判》，205 页。

② 《判断力批判》，205 页。

一方面，草地的可爱是属于主观的感觉的，是不表现任何对象的；那就是说，可爱属于感情，通过这种感情才把这个对象（Gegenstand）看为是喜悦的对象（als Objekt des Wohlgefallens），而这并不包含有对象的知识的。"①

我们关于美的判断和我们关于愉快的东西的判断，其相类似之点就是两者都是关于感情的单纯主观的判断。这两种判断之间的最本质的分别就是我们关于美的判断是没有利害关系的单纯静观的判断，而我们一切关于愉快东西的判断是和对于其对象的存在这个利害关系结合在一起的。我们绝不单纯地判定一个对象是令人愉快的，我们总是同时感兴趣于它的存在的。从这个事实就看出这点来，就是在我们判定一个东西为令人愉快的时候，我们主要感兴趣的不是在于我们的判断。这种判断在我们心里产生一种欲望要去取得那对象以便去享受它；竟然就有这样的人，其主要的意图乃是享受而愿意乃至不去判定那对象而单只感兴趣于要有这个对象，使得他们能够享受就完了。

对于令人愉快东西的喜悦必然是和利害关系结合在一起的。

第四节

在本节里，康德说明对于善的喜悦也是和利害关系结合在一起的，而且在本质上是不同于对于美的喜悦的。他的论证如下。

为要能够认为某东西是善的，我们就总是必须知道这所说的对象应该是哪类的东西，就是说，我们必须有一个关于它的概念。一个东西可能在两种不同的意义上被称为善。它的被称为善，或者是对于某东西是善的（有用处的），或者本身是善的。关于前者，立刻就很清楚，我们不能判定一个东西是有用处的而不利用一个明确的概念：在我们关于有用的东西的判断里所用的概念乃是意图这个概念。因为我们称一个东西为有用处的，是由于我们看它是一种手段，能使另一个东西发生出来，而这种发生是我们对之有兴趣的。

关于本身是善的东西，即道德上的善，显然它也总是和一种利害关系

① 《判断力批判》，206页。

结合在一起的，而有这唯一的分别，就是在间接的善(有用的东西)的情况下，我们所感兴趣的乃是它对之是有用的那个另一东西，而在我们称一种行动在道德是善的或者说本身是善的时候，我们所关心的乃是包含在它里面的善。

我们想有道德的善之存在，这是不言而喻的。因为善乃是每一个有理性的存在者的意志必然有的对象，可见凡是利用本身是善这个概念的判断乃是和一种利害关系结合在一起的。我们赞成善行，对它喜悦，因为它实现我们对它的存在有兴趣的那个对象。“但是在令人愉快的东西与善的东西两者之间，虽然是有这一切的分别，可是在一点上它们是一致的。它们两者总是和在它们的对象里面的一种利害关系结合在一起的；而且不但关于那作为一种手段去达到某种愉快的而令人适意的愉快的东西以及间接是善或者说有用的东西是如此，并且关于绝对而又在任何方面都是善的东西，也就是说，道德的善，即带有最高利害关系的善，亦复如此。因为这种善乃是意志的对象，也就是理性所决定的欲望能力的对象。但是决意要有某东西和乐于有它的存在，即对它感兴趣，乃是同一的。”①②

第五节

在这节里康德拿他称为三种特别不同的喜悦进行比较。这三种喜悦就是(a)对于令人愉快的东西的喜悦，(b)对于美的东西的喜悦，(c)对于善的东西的喜悦。他的一般思想是容易了解的。对于美的东西的喜悦在本质上是不同于其他两种的喜悦的，因为我们关于美的东西的判断乃是

---

① 《判断力批判》，209页。

② 关于何以康德认为(a)善乃是意志的对象，(b)实践理性决定欲望能力这个问题，我在本书的前面已经处理过几次(参看上文“第二部批判中的自由”，导言第三段，导言第十一段中页等处)。将要看到在我本节的解释中我没有顾到康德关于令人愉快的东西和善的东西的分别所说的。我这样做，是因为我认为善的与令人愉快的是否相互有别这个问题和美的分析论所谈的问题是不相干的。从美的分析论的观点来看，只要说明我们关于美的判断是不同于我们关于令人愉快的与善的判断，那就够了；而其他两种判断的关系这个问题是不关重要的。康德在这里讨论这个问题乃是为着指出他并没有放弃他的道德哲学的基本学说，就是善的和令人愉快的是相互不同的，他说明它们两者同是和一种利害关系结合在一起这个事实并不减弱它们本质上的分别。——作者原注

不去注意它们对象的存在的、纯然静观的判断,而我们关于令人愉快的东西和善的东西的判断乃是和一种利害关系结合在一起的。鉴赏判断是静观的,就是说,它们和对象本身的属性无关的,而只是和对象对于愉快感或痛苦感的关系有关。这就是何以那些判断既不是以概念为基础(gegründet)又不是有意指向到(abgezweckt)概念的。鉴赏判断在本质上是不同于利用概念的认识判断的,令人愉快的、美的和善的表示三种对于苦乐感的不同关系,我们关于它们的判断含有三种不同的喜悦。“单纯令我们觉得愉快的(vergnügt)东西我们称之为愉快的;单纯令我们满意的(gefällt)东西我们称之为美的;我们看重而赞成的东西,即我们以客观的价值归之于它的东西,我们称之为善的。”①

这一切都不难懂,也不十分有趣,但是在康德接着说到愉快性不只对人有其意义,而且对无理性的动物也有意义,善只是对人说的(不是就人是纯然有理性说的,而是就人同时是动物而又是有理性的说的),而善对每一个一般说的有理性的存在者来说都是善的,那就很难理解他所说的是什么意思了。有鉴于这个事实,就是康德自己说他所说的在后面将要得到完全的辩解,那么我们不理解他所说的并不算是奇怪的了,可是得要注意,康德总是没有履行他的诺言,作出他说的解释。其实他一直没有再提到这点。

我们会深深地体会到,从《判断力批判》的观点看来,最难理解而最令人感兴趣的就是康德断言美只是对人才有意义,而且对人来说也是就人不单纯是有理性的而同时既是有理性而又没有理性的来说的。我将要说明这是什么意思,但是我怕我的说明是不免冗长的。

我所要设法说明的就是,康德说美只是对人的一种对象这个学说乃是从他的哲学的一般原理得出来的。我们必须记得,依康德的说法,我们一切关于美的判断都是判断力所产生的。康德在《纯粹理性批判》一书里曾说明判断力不是心的一种独立能力,它只是介于其他两种能力,即直观与知性之间的②。在第一部《批判》中又曾说明人类知识是依靠直观与知

① 《判断力批判》,210页。

② 看上文“判断力与图型法”一段。

性的,这个事实也就表示人类知识的有限性格,这就显示人不是纯然有理性的存在者,显示人也是感性的存在者。一个纯然有理性的存在者就会通过单纯的思想去认识对象,因而就不需要有使它能够把它的概念去关联到直观的那一种能力(即判断力)了。这样一个存在者就不需要感性的直观,它用纯粹的概念就能够把对象对其自己呈现出来。

诚然在《实践理性批判》里,康德说明我们实践的判断也是依靠我们的判断力的。然而判断力在实践领域里的功用是完全不同于它在理论领域里的功用的。康德相信不只实践概念是对每一个有理性的存在者有效,而且也对一个绝对的存在者,对上帝自己,是有效的。道德律是一条绝对的规律,而道德概念是绝对的概念。人之所以必须利用判断力来作出一个实践判断,就是只由于人是有限的存在者生活在感官世界里面的。为要能够把发生在感官世界里的一种行动看为是绝对的道德律所决定的,人就必须能够把特殊的行动统摄在理性的绝对的普遍性的规律之下,这是实践判断力使之成为可能的。但是很明显,这种实践判断力只为这样的一个存在者所需要,这种存在者不是纯然有理性的存在者,而是属于感性世界而又属于智性世界的存在者,既是有理性而又没有理性的存在者。可是这并不改变这个事实,就是道德意志的对象,即善,乃是一个纯然合乎理性的对象。善对每一个一般的有理性的存在者来说总是善的。

我们看到,在第一第二两部《批判》里所提出的关于判断力的论证是意味着判断力乃是只能属于有限的心的能力的,而所谓有限的心就是这一种心,它不能通过单纯思想而认识,因而必须具有一种使它能够把概念(思维的产物)应用于直观给予它的东西的能力。在《判断力批判》里康德发现另一种判断力,即反思的判断力。反思的原理乃是一条单纯主观的原理,在应用它时,判断力并不利用确定性的概念。反思判断力所能做的,只是使心的两种能力相互发生关系,而并不能确定它们恰好的关系是什么。因为如果要能这样做,它就得要能够利用确定性的概念,它就会成为理论上或实践上能确定的判断力了。能确定所与之有关的两种判断乃是理论的判断与实践的判断,反思判断力产生一特种的判断,即审美判断。如在《判断力批判》的导言里所曾暗示过的,而将要在《判断力批判》

本论中弄得十分清楚的那样，判断力为要能够作出一个审美判断来所必须使之相互发生关系的两种能力就是想象力与知性。在心的这两种能力之间的关系，在审美判断的情况下，不是为客观概念所确定的。这种关系乃是一种还没有确定的关系。从这就可推论出关于美的判断只能为有限的有理性存在者所作出，而且它们只是对于同时是有理性的而又无理性的存在者才有意义的。作出这种判断的存在者必须是有理性的，因为在这样的判断里是含蕴着对知性的关系的；另一方面，这种存在者又必须是无理性的，因为(a)想象力是一种属于感官的心的能力，是一个纯然有理性的存在者所完全不会需要的，(b)想象力与知性之间的关系不是明确的客观概念所确定的，而按照康德的学说，一个纯然有理性的存在者是能用纯粹概念来确定它与之有关的任何一个对象的①。

本节的其余部分是简单的。康德说，三种喜悦之中只有对于美的喜悦才能称为“自由的喜悦”。如我们曾看到的那样，我们对于令人愉快的东西和对于善的东西的喜悦乃是由于我们对所说对象的存在的利害关系的。在令人愉快的东西的情况下，喜悦不是自由的，因为它是由于我们想要占有那对象的。我们作为感性的存在者来说，是有一种自然的欲望，总想那些使我们愉快的对象变为属于我们的，总想我们能够享受它们的。但是，既然我们同时也是有理性的存在者，所以我们也有一种愿望要实现善。我们对于善的喜悦(对于道德律的尊重这种感情)不是自由的。如在《实践理性批判》里所曾说明过的那样，对于道德律的尊重乃至不能称为应有意义上的一种感情。它不过是我们在主观上觉知到我们为客观的道德律所确定，它不是一种独立的感情而是必然和道德律联系在一起的。一个觉得它自己为道德律所支配的有限存在者一定是对于道德律尊重的，这是我们毫无选择的事，这种存在者是应该觉得要尊重的②。所以对

① 得要注意，当康德说美只对于人才有意思与其意义时，他的意思并不是说我们关于美的观念和我们关于美的判断是由于人的心的某种特别的心理构造的。关于美的判断是主观的判断，但是它们同时也是在主观上必然的验前判断，也就是说，是每一个人一定要作出的判断。因此，必须处理这种判断的不是(完全以经验性的原理为基础的)心理学，而是(与我们判断的验前条件有关的)先验哲学。关于心理学的方法和先验方法两者之间的基本分别，参看上文，“纯粹理性批判”里“先验演绎”的最后部分与“有限的意志和规律的尊重”一段。——作者原注

② 参看上文，“纯粹理性批判”的“有限的意志和规律的尊重”一段。

于善的喜悦不是自由的，它不是一种没有利害关系的喜悦。

我们可以像这样来说明这个问题。我们对于令人愉快的东西的喜悦是和性向有关系的，我们对于美的东西的喜悦是和爱好(Gunst)有关系的，我们对善的喜悦是和尊重有关系的。这三种之中，唯有偏爱才能称为一种自由的喜悦，因为它只注意到鉴赏判断的对象是我们可以选择去好待它或冷待它的。至于令人愉快的东西，我们自然的性向是迫使我们想望它的；而谈到善的东西，那是理性的规律叫我们不得不想望它的。“因为只有偏爱才是自由的喜悦。一个性向的对象或者理性的规律使我们想望的对象使我们没有自由去把什么东西变成我们愉快的对象。一切利害关系都要就是先已假定有一种需要，要就是产生一种需要的；而作为我们赞成的决定性根据，它就不再让我们关于对象的判断作为自由的了。”①

现在就容易理解康德关于美的东西的第一个定义了，“鉴赏乃是通过独立于一切利害关系的喜悦或嫌恶去判定一个对象或表象的一种型式的能力。这样一种喜悦的对象称为美的东西”②。

第六节

在这节里，康德继续他关于审美判断的分析。他的论证可以意译如下，凡是判定一个对象为美的人都是觉知到他是离开对于对象存在的任何利害关系而这样判定的。在称一个对象为美时，他是绝不为对于这个对象的任何个人的偏爱所影响的，所以他就自然想象这个对象是要在同样的方式上为任何其他一个人所判定的。既然在作出这样一个判断时，他觉得自己是完全自由的，所以他就不能对于这个判断以及在判断中所表达的喜悦自行负责。他觉知到他的判断是完全不由于他的个人爱恶的。因为这样，他就谈到美的东西好像美是一种客观性质似的，而且他就以公式来表达他的判断，好像它是一个逻辑的判断，好像它是有关于对象的认识这样一个判断似的。他会这样做，因为这两种判断(即审美判断与逻辑判断)之间有一种类似之点，就是它们同是要求承认为普遍有效的。

① 《判断力批判》，210页。

② 《判断力批判》，211页。

但是显然在这两类判断之间也是有一种本质上的分别的。因为关于美的审美判断所与之有关的只是主体所感觉到的愉快或痛苦，所以这种判断的普遍性必须是属于很特别一种的，因为从客观的概念是没有到主观的愉快感的过渡的。诚然在实践规律的情况下，是有一种到某种愉快，即对这些规律的尊重这种感情的过渡的。我们关于我们实践的判断是可以要求大家一致同意的，因为我们能够先行假定每个人对于道德律都和我们一样感觉同样的尊重，因而就会赞成和道德律一致的行动。另一方面，一切实践规律显然都带有一种利害关系的。我们赞成道德的行动，不只是因为我们全都对于这些行动所符合的规律感觉到尊重，而且又是因为，我们相信那些规律所要求的行动是实现一个对象，其存在是我们所觉得有关系的，那就是善。审美判断则与之不同，审美判断所要求的对大家都是有效的，正是因为这一个理由，就是它们是离开对判断的对象一切利害关系的。它们所要求的普遍性乃是纯然主观的。作出判断的主体先行假定，既然他对于对象的存在毫无利害关系而对于这对象却感到愉快，所以任何其他一个人也会感觉到同样的愉快的。它并不要求每一个人都把同样的属性归于那个对象，由于它和对象的属性是不相干的。它所假定的单纯是每一个人关于那对象都有同样的主观感情。我们看到属于我们审美判断的主观普遍性是完全不同于属于我们逻辑的和实践的判断的客观普遍性的，“可见附属于鉴赏判断的必须是一种对每个人都有效的这个要求，由于在作出鉴赏判断时，我们是意识到它是离开一切利害关系的。但是这种有效性必不能是对于对象有关系的一种普遍性；那就是说，鉴赏判断必须是和对于主观的普遍性的要求结合在一起的”①。

第七节

在这节里，康德说明我们关于美的东西的判断和我们关于令人愉快的东西的判断这两者之间的基本分别乃是在前一种判断里是含蕴着对于普遍有效性的要求的，而后一种判断是完全没有任何这样的要求的。我们关于令人愉快的东西的判断乃是关于我们自己感情的完全私下的个人

① 《判断力批判》，212页。

的判断。试举一例来说：假使我们断言某一对象是令人愉快的，而有人反对说我们应该说这个对象是令我们觉得愉快的，我们并不抗议。这是对于一切普通所谓关于令人愉快的东西的判断都是适用的，不只是对于味觉愉快的判断是如此，即对于所说的视觉愉快，听觉愉快，等等，莫不如此。我们一切关于令人愉快的东西的判断都纯是主观的。一个人可能喜欢一种颜色，另一个人喜欢另一种颜色。一个人可能愿听管乐器的乐音，另一个人可能愿听弦乐器的乐音。对于这种事情是不可能有争执的而说一种判断是正确的而其他一种是错误的。这种判断完全是私人的，各人有各人的嗜好。

美的东西就有完全不同的资格。如果我说一首诗、一座楼对我是美的，那就是可笑的。当我称某东西为美时，我的意思并不是说，它只令我感到愉快，我对它觉得愉快，我是指望别的人对于它也要有同样的感觉，因而我谈到美仿佛美是那个对象的一种属性。我肯定这东西是美的而要求他人会与我同意。如果他们判定有所不同，我就责备他们，我说：他们没有欣赏力。奇怪的是，我之所以指望每一个别的人都同意于我的判断，并不是我曾经过经验而发现哪类的东西是曾为人判定为美的，即令别人不和我同意，乃至从来没有一个人关于一个特殊的对象是和我持有同样的意见的，我仍然要求他们应该和我同意。我不能判定一个对象为美而不意味着我的判断是普遍有效的。谈到美的东西时，就不能说各人有各人的嗜好，因为这就等于说简直没有欣赏力这样的东西了。

很奇怪，我们关于令人愉快的东西的判断和关于美的东西的判断两者之间的分别不能归于这个事实，就是对于前一种判断人们是互相不同意的，而对于后一种判断他们是同意的。实际上是有这样的同意的。完全有可能来找出大多数人觉得令人愉快的是什么东西，而对于一个知道大多数人觉得令人愉快的是什么东西的人，我们可以说他是有欣赏力的。例如，有人是知道怎样招待宾客的。他请宾客吃他知道是他们所喜欢吃的食物，诸如此类。习惯上是说这样一个人是很风雅的[①]。可是，这样一个人和判定事物为美的一个人两者之间还有一种本质上的分别的。因为

① 英语中“风雅”、“欣赏力”、“口味”是用同一个词 taste。——译者注

前一种人如何知道别人感觉到愉快的是什么东西呢?他是从经验上的观察找出来的。他观察别人而发现一般说来某些东西是人所喜欢的,是大多数人感觉到愉快的。至于他们是否应该这样感觉这个问题,并不是他所感兴趣的,他只是观察而这样就得到他所按着来进行选择的一般规则。我们必须把一般(经验性的)规则和普遍性的验前规则区分开来。一切关于美的东西的规则都是这样普遍性的规则,它们所告诉我们的不是什么是在大多数情况下发生的,而是什么在每一种情况下都应该发生的。

我们现在已经发现一切关于美的判断都是要求有普遍性的,可是还得要看到这是哪一种的普遍性。

诚然我们关于善的判断也是要求有普遍的有效性的,但是它们这种要求是为明确概念所支持的。我们看到我们关于令人愉快的东西的判断并不要求有任何普遍的有效性的,而我们关于善的判断是以概念为其对于普遍性的要求的基础的。我们作出关于美的东西的判断是无须这样客观的概念的。我们得要答复这个问题:在我们关于美的判断里面是含蕴着什么特别一类的普遍性呢?

第八节

我们已经知道审美判断所要求的乃是单纯主观的普遍性。在我们作出审美判断时,我们所要求的不是关于所说的对象的属性;每一个人都应该有同样的意见,而是每一个人对于这个对象应该是有同样的感情的,每一个人都应该对它感到同样的愉快。在本节的开始时康德说,在关于鉴赏判断里所碰见的普遍性特种形式是一种值得注意的性质(Merkwürdigkeit),这不是对于逻辑家说的,而是对于先验哲学家说的。发现它的起源是需要努力的,但是作为报答,它却弄清楚我们认识能力的一种属性,否则这种属性会一直为人所不知道的。

不难看到,何以康德相信以之归于审美判断的普遍性的特殊形式,即主观的[①]普遍性,对于先验哲学家来说,是有特别兴趣的。含蕴在审美判

① 关于康德哲学里所用的"主观的"和"客观的"这两个词的意义,参看上文第十段的第一个脚注。——作者原注

断里面的普遍性乃是主观的。在康德发现这点以前,他所持的见解乃是普遍性必然是客观的。他在《纯粹理性批判》一书里曾说明过,知性的概念都是普遍有效的,他曾指出我们的知性产生某些普遍必然而客观的规则。这些规则是必然的,因为它们是客观经验的普遍性条件。他又说明使我们能够把那些普遍性的概念应用于特殊直观的杂多的乃是判断力。

在《实践理性批判》一书里已证明人类的心也使用理性所产生的普遍性的实践概念。知性的普遍性概念和理性的普遍性概念之间的分别就是理性的普遍性概念在实际上产生被判定为普遍性规则的实例的那些特殊东西。如我们在上面所看到的那样,康德认为特殊的道德行动是完全为普遍性的道德概念所决定的。我们还看到,康德相信存在着有一种实践判断力这种力量是使我们能够以普遍性的概念为特殊性的行动之准标的①。

理解理论的判断如何能要求有普遍的有效性,这是比较容易的。因为这些判断是能依靠客观的概念的,而一经确立了这些概念的客观有效性,就能说明那些利用这些概念的判断是普遍有效的。我们只需说明人的心是具有一种把普遍性的概念应用于特殊性的东西的能力,在头两部《批判》中曾经证明过实际上事情是如此的,我们具有理论的判断力以及实践的判断力。

《判断力批判》的新发现就是人的心能在另一种方式上来看特殊与普遍的关系。

在《判断力批判》的导言里,康德已说明过,存在有反思的一种验前必然的主观原理。判断力假定这条原理,虽然是没有客观概念能替它辩解的。一切反思的判断也都是如此,尤其审美判断是如此,审美判断是纯然主观的而且完全独立于概念的。在我们这里与之有关的一段里,康德所提出的问题乃是:一个纯然主观的(审美)判断怎能要求有普遍的有效性?如上面已经说过的那样,我们一切关于美的判断实际上都是要求有这样的普遍有效性的。要说明这些判断如何能有这种要求是特别困难的,由于我们关于令人愉快的东西这种审美判断是不含有这样的要求的。最奇

① 参看上文"实践理性批判"中"感性的东西和超感性的东西"一段。

怪的是，我们从来没有想到把这些判断看为别的东西而总是把它们看为不过是纯然个人的判断，而事实是如此，“显然实际上甚至关于那些判断也要发现相当大的一致”①。我们关于美的判断就恰恰与此相反。

即令所有别的人都和我因之而称一个东西为美的判断不同意，我仍然相信我是正确的，而他们都是错误的。当我判定一个东西为美的时候，我是确信任何别人都应该同样地判定的。如果一个人的意思不是任何别的一个人也都应该称某对象为美的，他就绝不会想到用“美的”这个词来说这个对象。十分明显，凡遇有不同的个人关于美有不同的意见，这些人绝不怀疑到他们的判断的普遍性原理。他们都默认确有每一个人应该判定为美的对象，确有一条原理按照着就能决定一个对象是否是美的。他们所不同意的只是关于当下特殊的事例，关于摆在他们面前的对象是否在实际上具有那普遍的特性，即美。确是有美这样的东西，有些东西确是应该判定为美的而别的东西确定应该判断为丑的，这都是他们不会表示不同意的。

至于我们关于美的东西的判断所要求的普遍性，那绝不是客观的，而在我们作出这种判断时，我们完全和对象的属性不相干的，而单纯要求每一个人都应该感觉到同样的愉快或痛苦，含蕴在这种判断里面的普遍性就可以以一个特别的称号来称它，称之为共同的有效性（Gemeingültigkeit），“表示这种有效性不是由于涉及知识能力的表象，而是由于它涉及对每一个主体而有的愉快感或痛苦感的”②。

找到德语 Gemeingültigkeit 这词的适当翻译是困难的。两种英译本都译为“一般的有效性”（general validity），我认为这是令人易生误解的，因为依康德说来，“一般的有效性”乃是属于我们经验性的判断的有效性。把一个判断说成是一般有效的，就是当它在大多数的情况下或者在截至目前为止所观察到的一切情况下是有效的。我们审美判断所要求的乃是完全另外一种的有效性，含蕴在我们逻辑的判断里面的普遍性和含蕴在我们审美判断里面的普遍性这两者之间的唯一分别就是前者是涉及对象

① 《判断力批判》，214 页。

② 《判断力批判》，214 页。

的,而后者是涉及主体与其感情的。既然我们的审美判断要求每一个主体都应该对于所说的对象觉得同样的愉快,那么这种判断所要求的有效性是完全不同于我们以之归于我们经验性的判断的有效性(一般的有效性)的。

可是依我看来,这整个问题不是很重要的。因为康德接着就把属于我们逻辑判断的客观普遍有效性和属于我们审美判断的主观普遍有效性区别开来。这一点是更为清楚的,因为所用的名词马上就指明两种判断同是要求普遍有效性,而其分别就是,逻辑判断要求每一个人都应该以同样的属性归于所说的对象,而审美判断要求每一个人都应该对于所说的对象感觉到同样的愉快。

康德接着便说明客观普遍的有效性包括主观普遍的有效性,但是主观普遍的有效性不一定包括客观普遍的有效性。他关于这种区别的说明是有点不清楚的,但是我认为比较容易看到他的意思是什么。一个逻辑判断是以其真实性能被证明的客观概念为基础的,而这种判断是对一切能判定的主体都有效的。一切能判定的主体都全是必须作出同样的判断的。一个审美判断是完全与对象无涉的,这样的判断当然不能要求有客观的有效性。它的客观真实性是不能证明的,如康德所说的那样,审美的普遍性不把美这个述项和一个对象的概念在其整个逻辑的范围里接合起来,然而它把这个述项扩充到能判定的主体之整个范围。

审美判断是在一种很有限的意义上感兴趣于它们的对象的,这些判断所与之有关的不是别的而只是能判定的主体与其关于对象的感情。结果就是主观的普遍有效性(对一切判定主体来说的有效性)不包括客观的普遍有效性,而逻辑判断的客观的普遍有效性则包括主观的普遍有效性。

然后康德说明一切鉴赏的判断按其逻辑的量来说,都是单称的判断。一个鉴赏的判断所与之有关的不是别的而只是所判定的“个体”对象。一个逻辑判断把当前的对象和其他对象比较而用概念来确定它们的关系;为了在审美上判定一个对象,我们就必须直接地把它表现于我们的愉快感或痛苦感而不用普遍性的概念。当然是有其可能来从几个审美判断的相互比较而得出一个逻辑判断的。例如我们可以判定玫瑰花是美的,因为每一次我们看见一朵玫瑰花时,我们都觉得它是美的,然而很明显这个判断再不是一个审美判断而是一个逻辑判断，是从我们先前所作出的审美判断得出来的。那种审美判断所具有的普遍性不是逻辑的而是一种"审美的量"，由于每一个审美判断所与之有关的都是一个个体的对象，而它所要求的普遍性乃是对于每一个判定同样的对象的人来说的有效性。一个审美判断不像全称的逻辑判断那样把所说的对象和其他对象进行比较的，它所要求的不是客观的普遍性而是单纯主观的有效性，它要求每一个其他的主体都应该对于这个特殊对象的表象感到同样的愉快。

从鉴赏判断是完全独立于客观概念的这个事实就推论出不能有任何规则按照着它就能强迫任何一个人去承认一个特殊对象为美的。我们不能称一个东西为美，除非我们对它感到愉快，好像我们的判断是依靠感觉似的。没有人能说服我们认为我们不感觉是美的对象乃是美的，然而我们相信，我们每次判定一个对象为美时，我们是作出一个每一个其他的人都应该和我同意的判断。

"由此可见，在鉴赏判断中所设定的唯一东西就是应该存在有这样的一个普遍的声音，其所关心的单纯是喜悦而并不依靠通过概念作为中介。换句话说，所设定的不是别的而只是一个可以认为对每一个人都有效的审美判断的可能性。鉴赏的判断并不由自己设定普遍的同意，因为只有能举出理性来的一个逻辑的全称判断才能这样做的。它只是指望每一个人(sinnt nur jedermann…an——直译为'只无理要求每一个人')与此一致，由于[作出这个判断的人]把这判断看作规则的一个实例，而关于这规则，他不是等待概念来证实而是等待别人的同意来证实的。所以，这个普遍的声音只是一个理念，而我们还不打算来研究它的基础。"①

最后一句话就说明何以到此为止一直是难于了解康德的论证的，但是我认为他的一般思想已是清楚的了。他认为每一个鉴赏的判断都是涉及一条理想的规则的。无论一个特殊的判断在事实上是否符合于这条理想的规则是多么不确定，称一个东西为美的人是以这规则为准标的。不然的话，他就简直不能称一个东西为美的。每一个鉴赏判断必然是要求有主观的普遍有效性的，因为作出这个判断的人是相信他当前有一条规则

① 《判断力批判》，216 页。

的实例，而这规则是每一个在审美上判定的人所承认为对他自己是有效的。

第九节

在本节所讨论的问题就是：在一个鉴赏的判断里，愉快感是在判定对象之后或在其之前？

在详细处理康德的论证之先，我必须说明康德在本节所用的“普遍可传达性”这个名词。康德认为我们鉴赏的判断是依据这个假定的，就是伴随着一个表象的心情是能普遍传达的。有点不幸的是德语Mitteilbarkeit（可传达性）和 Mitteilungsfähigkeit（可传达的能力）是多多少少暗示着一个人应该能够让另一个人恰恰知道他的心情是什么的。在鉴赏判断的情况下，这就有这个意思，就是所感觉到的愉快，或这种愉快为其表达的心情是能准确地描述出来使得一个人能够对另一个人说明他的感情的精确性质以及这些感情所依据的种种条件。他所说的意思就是这两个人的感情是同一性格的。虽然是这样，准确地描述这些感情依然是不可能的。要这样做，是会需要客观概念的；而像我们已经知道，鉴赏的判断是不能为客观概念所确定的。我们不能用客观概念来描述使这些感情发生的那种心情。只有我们能这样做时，我们才能把我们何以对于当下的对象感到愉快的理由通知另一个人，而且把他何以应该同样去做的理由也通知他；正如在逻辑判断的情况下，我们能说出我们何以把某些客观的属性归于当下的对象的理由，而且说出何以每一个人都应同样做的理由。

我现在就要开始阐明康德的论证了。如果我们断言我们对于对象所感觉到的愉快是先于我们对它的判定的，可是如果我们又把普遍可传达性归于我们的判断，那么这样的断言就会是悖理和自相矛盾的。因为如果是那样的话，所说的愉快就会是恰恰相同于我们对于令人愉快的东西所感到的那种愉快的。可是已经说过，对于令人愉快的东西所感觉到的愉快乃是全然个人的、私下的。我们判定为令人愉快的对象和我们自己这两者之间的关系乃是一个特殊对象和一个特殊的人之间的关系。这个特殊的人是否感觉到愉快是全以他的个人性质为转移的。我们对于令人愉快的东西所感觉到的愉快乃是完全被动的，我们要就感觉到它，要就不感觉到；要求另外一个人应该感觉到同样的愉快是荒谬的。愉快性这种感情乃是对象本身在其向一个特殊的人给予出来时所产生的；而我们的判断说某些对象是令人愉快的，这无非是我们所感觉的愉快的结果。这判断乃是完全依靠所感觉的愉快的；要求别人应该和我们同意，这是没有可能的。

由此可见，在鉴赏判断里能够被认为是普遍可传达而且普遍有效的东西不能是所感觉到的愉快而是这愉快单纯是其后果的特别心情。至少这样说不是悖理的：在想象到这种对象时，我就觉知到一种特别的心情，这就给我愉快。每一个其他的人在想象到这个对象时，也将要觉得他自己在同样的心情之中，因之就也感觉到同样的愉快。我所感觉到的愉快之所以是普遍可传达的，理由就是，产生这种愉快的心情乃是普遍可传达的。

但是这里又发生一种困难。心情如果不是和知识有关联的，就决不能认为是普遍可传达的。很清楚，何以一种客观的认识是普遍可传达的，就是说，何以它是能由一个人通知给别人的。人类心灵具有两种的认识来源，就是使心能领会所与直观杂多的那个想象力和使心能用概念来确定这种杂多的那个知性。就我们的逻辑判断来说，我们的认识能力彼此间是处在一种一定的客观关系上的；而且又很清楚，不同的人作出这种判断时所具有的心情乃是一样的，理由就是他们认识的能力所处的关系乃是一种确定的关系。

关于鉴赏判断的困难就是，既然这种判断乃是完全主观的、独立于任何概念的，那么作判断的主体就无从知道，使他判定一个对象为美的那种心情是什么。然而必须是和认识有关的，因为不然的话，就简直不能替这判断要求有什么普遍有效性。“但是没有什么东西是能普遍传达的，除非是知识或者就它是属于知识的表象；因为只在这方面一种表象才是客观的，因而得到大家共同说到的一点，是每一个人的表象能力所不得不与之一致的。可是，如果关于这个表象的这种普遍可传达性的判断，其决定性的根据是要在主观上思想到的，就是说，如果思想到它是要独立于所说的对象的概念的，那么它就不能是别的东西，而只能是那种心情，就是在各人表象力彼此关系中所碰见的那种心情，由于这些表象力都是使当下的表象涉及一般的知识的。"①

我将设法来说明这点。我们屡次看到，康德的学说就是，任何客观的认识都是由于两种主观的根源而来的，都是由于心的两种力量而来的，这两种力量就是(a)想象力，这是领会直观的杂多的，即把这个杂多弄到一起来的，和(b)知性，这是用概念来把这杂多统一起来的。康德认为这是不能适合于我们鉴赏的判断的，其理由就是这个事实，就是这些鉴赏的判断乃是独立于概念的，而只有概念才能使我们有把握来知道我们所领会的当下直观的杂多是从属于统一它们的确定性规则的。然而康德关于我们关于美的判断的论证乃是这样的，当我们判定一个对象为美时，我们判定所依靠的根据就是给予我们的直观，其杂多不是一种毫无秩序的杂多，而是在它里面含蕴着某一有秩序的原理，这是把杂多的各部分结合起来的。我们并不知道何以是这样，我们单纯感觉到在我们的对象里面存在着某种的规律性。在觉知到这一点时，我们就觉得单纯领会的能力，我们借以把一些直观集合起来并没有理会到它们是否在任何方式上相互发生关系这个能力，也就是想象力，是在某种不明确的方式上和知性一致的。

何以我们要使我们的表象涉及知性呢？答复就是，在想象到一个对象时，我们便觉知到我们当前的杂多不是单纯的杂多而是为某种规则所确定的。这种规则是什么，我们不知道，我们也不去管它。能知的主体，为要能够获得客观知识，是依靠两种"主观的条件的"，即想象力与知性。当这个主体作出一个逻辑判断时，这些认识力量是限制于知性的一条特殊规则的。当主体作出一个审美判断时，他只感觉到这些认识力量是处在某种不明确的关系上，却使它们相互一致的。但是既然在想象到这个对象时，我们甚至不是旨在得到关于它的知识，所以我们所能觉知到的不过是在表象它时，我们觉得认识的诸力量是在某种不可确定的相互协调上的。可是，认识的各种能力必须相互协调，这也是客观知识的条件。除非主体使他的想象力和他的知性彼此发生关系，否则他就对于一个对象简直不能有任何知识。客观知识也是依靠知性的一定的规则的；而为要能够判定一个对象为美的，其所需要的不过是"从表象的各种力量涉及一

① 《判断力批判》，217 页。

般知识的自由活动这种关系的所与表象而发生的感情而已。”①

康德的论证就是,既然每一种确定的认识是依据作为它的主观条件的想象力与知性这两种能力的某一定的关系的,那么它就能而且事实上必须被预先假定着,它们的未明确的而单纯是主观的关系(即自由活动)是普遍有效而且可传达的。就是说,不同的主体在想象到同样的对象时,是有恰恰同样心情的,而且他们都一致意识到他们认识的各种力量之间的和谐关系的。

“在一个鉴赏的判断里,表象型式的主观普遍可传达性,由于它是不用预先假定一个确定性的概念便成为可能的,所以不能是别的东西而只能是存在于想象力和知性的自由活动里面的那种心情(这种自由活动只是就一般知识所需要的这两种能力的相互协调的方式来说的)。在这种心情里我们意识到这个事实,就是这种主观的关系,既然是适合于一般知识的,就必须是正像任何确定性的认识那样,对每一个人来说,都是有效因而是普遍可传达的,而任何确定性的认识毕竟总是依据那种关系作为它的主观条件的。”②

一种是单个的表象不是和别的表象比较的,然而是和我们的知性作为它的任务所提供的普遍性这个条件相一致的,这种表象使各认识能力有我们必须看为一切知识所需要的那种适当的一致。这就是何以我们看它为对每一个人都是有效的,只要那些人都是用知性和感官的相结合来进行判断的,也就是说,对于人类中的每一个人都是有效的③。

读者将会体会到我们在这里讨论的这一节是充满着困难的,但是我想康德的一般思想是清楚的。

在这节所提出的主要问题乃是:我们对于美的东西所感觉到愉快是先于我们对它的判定抑或是后于它的,也就是说,我们单纯是因为它给我们愉快我们才判定那个对象为美的吗?康德深信后者是不可能的,理由就是,如果我们的判断是以单纯主观的愉快为基础的话,我们就不能以任何普遍的有效性归于它的。在一个要求它的愉快有普遍有效性的判断

① 《判断力批判》,217 页。

② 《判断力批判》,217 页,218 页。

③ 《判断力批判》,219 页。

里,判断必须是先行于所感觉到的愉快的。这种愉快必须是另一某东西的单纯后果,某种知识的单纯后果。康德说明实际上情况是这样而且说明这就是何以我们能以主观的普遍有效性归之于这个判断。我们有资格来预先假定每一个其他进行判断的主体,在想象到这个对象时,都将要觉知到他的认识能力的协调,而其结果就是他将感觉到和这协调结合在一起的那种特别的愉快。“这种单纯主观的(审美的)对于对象的判断(或者对于通过它这个对象才被给予出来的表象的判断)是先行于我们对于这个对象所感觉的愉快的,而且在事实上它乃是我们对于我们认识诸能力的协调所感觉到的愉快之根据的。我们对于对象所作出的判定,其主观条件的这种普遍性就是那种普遍性,只有在它里面才奠定了喜悦的普遍主观有效性的,就是我们把它和我们称为美的这个对象之表象结合起来的那种喜悦。”①②

第十节

康德在本节的开始就给“意图”和“有意图性”下定义。这和审美判断的问题有什么关系,详在下文。我们首先得要了解康德所下的定义,这定义是这样说的:“只要对象的概念被看为这个对象的原因,就是说,被看为对象的可能性的实在根源,那么意图就是这个概念的对象。一个概念关于它的对象所起的因果作用也就是它的有意图性。”③

康德自己关于这个定义说,它是在先验的话语上作出的,并不涉及任何经验性的东西的,而这就很清楚它何以是在这样抽象的方式上用公式来形成的。

我将设法用一个实例来说明它。试拿这样的一个判断为例:耳的意图乃是听。在我们作出这样一个判断时,意思是什么?我们的意思是说,除了为着耳所完成的任务,这个对象(耳)就不会存在的,这种任务并不是

① 《判断力批判》,218页。

② 我把这节的最后部分忽略过去,在这部分里康德说明想象力与知性之间的主观关系是只能在感觉里表现出来的。我这样略过它,是因为我曾在几处地方处理过这种论证的(看上文“先验演绎”中段与导论第十一段中段)。——作者原注

③ 《判断力批判》,220页。

感官的对象。它是思想的一种内容,是一个概念。我们假定没有这个概念,所说的对象就不会存在。这个概念乃是它的真正根源。一个概念关于它的对象所起的因果作用称为“有意图性”,这又可用一个实例来说明。我们不但假定不从一个概念得出对象来,这个对象不能为我们所知,而且又假定除非是为着它所适合的意图,否则这个对象是不会存在的。我们把因果作用归于这概念(即意图,就是听),这个概念使这个对象发生。这个对象乃是一个单纯的结果,其存在是由它的意图而有的。除了为着必须看作它的真正根源的那个概念,这个对象简直是不会存在的,至少不会有如它实在所有的同样形式。“当不只关于一个对象的知识,而且对象本身在其形式与存在上都是被看作一种结果时,其成为可能只是通过它的概念的(即通过这结果的概念的),那就是意图的思想了(denkt man sich einen Zweck——人们就想到一种意图了)。在这里结果的表象乃是其原因的决定性根源,而且是先于其原因的。”①

这又是难懂的。我认为康德的意思是说,在我们说一个对象是一个意图时,我们是预先假定有一个使对象产生出来的存在者,如果它没有想要产生所要的结果,这存在者就不会开始起其作用,就不会产生这个对象。原因在其作用上是为想要产生的结果之表象所决定的,所假定的因果关系是完全不同于机械因果作用的原理的。因为,如果我们看某东西为一个所与的结果的机械性原因,我们事实上就是预先假定其结果是为其原因所决定的。但是我们并没有假定那原因是依靠其结果的,结果乃是一个或几个机械性原因的单纯产物,但是这些原因乃是完全独立于它们所产生的结果的。

康德在《判断力批判》后面一节话里,即在第六十五节里,是弄清楚了这点的,我将叙述在那节的开始所提出的论证。康德是以说明机械性因果性的性质开始的。兹引用他自己的话:“因果的联系,就其为单纯知性所想的来说,乃是一种联系构成原因与结果的一个总是前进的(welche immer abwärts geht)系列的,而作结果的事物本身是预先假定别的事物作为它们的原因的,就不能掉过来作为那些别的事物的原因。我们称这

① 《判断力批判》,220 页。

种因果联系为有力因的联系(nexus effectivus)。"①

康德接着说明根本不同的一种因果联系(nexus finalis),使我们能够想出这样一个联系的理念的心力不是知性而是理性。在假定这条原理时,我们是预先假定原因与结果是相互依存的。因为我们假定(a)原因产生结果,(b)原因是依靠其结果的,这是就原因不会因之而动作,除非是先就有了使结果发生出来的这个欲望。康德用一个实例来说明这点。他说谈到人所产生的东西,是容易找到目的的联系(nexus finalis)的实例的。例如一个人建造一所房屋是为要收租,在这种情况下,很清楚,房屋是那人收租的原因,然而倒过来说,租金乃是房屋的原因,因为如果这人没有想要从房屋得到租金,他就简直不会营建这所房屋。"例如,这所房屋无疑是作为租金所得的金钱的原因,然而[倒过来说也是真的]这种可能收入的表象原就是那房屋的营造的原因。"②

我们可以回到第十节来了。现在我们了解何以康德认为意图就是一个概念的对象,认为有意图性就是一种因果关系,其中的原因与结果是这样相互依靠着,以至其结果的表象就是它的原因的决定性根源。他的意思不过是说,在我们判定一个对象为一种意图时,乃是意味着产生这个对象的东西,无论是一个人或者是自然本身,在产生它以前就原想出了这个对象要成为什么的这个理念,想出了它原是要适合什么意图这个理念。这个原因是为其结果的表象所决定的。对象的概念的存在是先于这个对象本身的存在的。

必须注意到在本节里康德所涉及的乃是意图与有意图性的定义,而不是其他。至于我们是否有权来把有意图性归之于自然,就是说,我们是否有权来把一种按照意图的因果性归之于自然,这个问题在这里是不发生的,这是目的论判断力批判的事情。

审美判断力批判所感兴趣的乃是另外一种有意图性。康德说明还有另外一个方法来把某东西看为是有意图的。我们的意思可能是要说,称一个对象、一种心情乃至一种行动为"有意图的",虽然它的可能性不一定

① 《判断力批判》,372页。

② 《判断力批判》,372页。

是预先假定有一种意图的表象的，而是因为不假定一种按照意图的因果性这个理念而把我们自己的表象涉及一个我们从而得出这种因果性的意志，那么我们就不能替我们自己说明这个对象等的可能性。

康德在这里所想到的特种有意图性是单纯主观的。他认为在假定它时，我们所感兴趣的无他，而是我们对象的单纯形式与其对于我们表象它的那种能力的关系。在我们判定一个对象在这种意义上为有意图的时候，我们并不假定那对象本身是自然的意图。“这种有意图性可以是没有意图的，由于我们如果不把这种形式(dieser Form)的原因归于一个意志，我们依然是不能用任何其他方法来使我们自己理解它的可能性，唯有把它从一个意志得出来。”①

这是什么意思将在下节弄清楚。

第十一节

可以从这个事实看到我们关于美的东西的判断是完全独立于任何意图的观念的。事实是如已说明的，这种判断乃是独立于对于所判定的对象的存在的任何利害关系的。我们已经看到，这是我们对于使我们断定鉴赏判断的对象所感觉到的特种喜悦；[在这种情况下，]我们甚至并不提出那对象是否应该存在而就对它感到愉快的。给我们愉快的乃是对它的单纯静观，由此可见，我们的判断必须完全是独立于那个对象是适合于什么意图的任何观念的，因为一个依靠所判定的对象的意图的表象的这种判断就不是无利害关系的判断。在我们对于一个对象感到喜悦时，其理由是它实现我们以之归于它的某意图，那么我们在判定这个对象时自然是对于所判定的对象实际上是否实现所说的意图这个问题有利害的关系的。这个对象使我们觉得愉快乃是因为它适合于我们所赞成的一个意图。这对于我们一切关于令人愉快的东西这种判断都是可以这样说的。我们对于我们判定为令人愉快的对象感到愉快，乃是因为它完成我们自己的主观意图，即享乐。鉴赏的判断就与此不同，这种判断并不去估计这样的主观意图的，它们是独立于客观意图的任何表象的。在这点上，它们

① 《判断力批判》，220 页。

也不同于我们关于善的判断。关于善的判断是依靠这样一个客观意图的表象,即善本身的。我们对于善感到愉快乃是因为每一个有理性的存在者的利害是在于善的实现的。我们判定一种行动是善的,其理由就是它实现我们所赞成的这种客观意图。

鉴赏的判断是完全不同于我们关于令人愉快的东西或关于善的判断的。鉴赏判断乃是静观的判断。我们称对象为美的乃是因为这种对象的表象使我们意识到我们各种表象能力的和谐,我们并不能说明何以它们是和谐的,我们只能感觉到它。我们不能以之归于当下的对象。我们之所以不能说所说的对象本身是适合一种意图的,乃是完全因为我们简直没有理会到这个对象,而只理会到我们自己的感情。意图这个理念不能是一个鉴赏判断的决定性根据。那么在什么意义上我们能谈到任何有意图性呢?只在这个范围内,即所说的对象使我们感觉到我们各种表象能力的和谐。对象本身并不适合任何意图的,我们只是对于我们自己心的关系上才能判定它为有意图的。处在我们鉴赏判断的基础上的有意图性这个观念乃是绝不依靠任何明确概念的那种纯然主观的并且形式上的意图性这个观念。“所以只有在一个没有任何(客观或主观)意图的对象的表象里那种主观的意图性——因而也就是一个对象就其在我们意识到它这个范围内借以对我们被给予出来的那个表象里面的意图性的单纯形式——才能构成我们没有概念而判定为普遍可传达的这种喜悦,而这样也就能构成鉴赏判断的决定性根据。”①

康德的一般观念是十分清楚的。审美的有意图性是独立于任何意图的概念的。在表象一个对象而称它为美的时候,我们与之有关的只是我们自己的表象。我们所判定为有意图的东西不是对象,反而是对象借以对我们被给予出来的表象。使我们在我们各种表象能力的和谐里面感觉到愉快的乃是我们对自己表象所说的对象的方式而不是不管它是怎样对我们被给予出来的对象。这就是表象的主观有意图性,和任何意图无关的。

看来像是不易了解何以康德称这种东西为有意图性,何以他在上节

① 《判断力批判》,221页。

里说我们只有把它从一个意志得出来才能使那和意图无关的意图性叫我们可以理解。我认为这是从《判断力批判》的导论所提出的论证推论出来的。

在那里,康德说明我们一切反思的判断都是以“有意图性”这个理念为其基础的,而且在设想到这个理念时,我们是把一条特别的原理,即技巧的原理,归之于自然的。单纯形式上的有意图性有两个理念,即逻辑的有意图性和审美的有意图性,两者同是单纯主观的。在把逻辑的有意图性归于自然时,我们不是判定自然是采取它自己的什么意图的,只是在对于心的关系上,自然才是有意图的。我们不能假定自然是按照特殊规律的一个体系而不同时假定自然是为着我们的利益而产生了这个体系的。在使这样一个体系发生时,自然不是实行它自己的什么意图的,它只是从我们自己的观点看才是“有意图的”。康德在这导言里又曾说明,人类心灵具有一条审美反思的原理,这条原理也是单纯主观的。人类心灵是能使它的各种表象能力有和谐关系的,它也就称其表象使心能意识到这种和谐关系的那些对象为美的。现在自然实际上是把这样的对象呈现在我们面前,而我们不假定自然在产生这种对象时是考虑到我们这条审美反思的主观原理的,我们就不能理解这种对象。

我认为这就说明何以康德相信我们关于美的东西那种判断是依据主观有意图性这个观念的,何以他又主张我们在应用这个理念时是必须涉及一个意志的。可是还剩下一种困难。有两类对象是我们判定为美的,即自然产物与艺术产品。关于艺术的产品,很容易明白何以康德能够相信我们在判定它们而觉得它们是美的时,必须涉及一个使这种有意图性发生的意志。我们所涉及的意志乃是有意产生这艺术作品的那个艺术家的意志。很明显,一个艺术家在创作一种艺术作品时,是为着一个明显的意图才这样做的。他所想望的是产生一种他自己和别人将要觉得是美的作品。困难是在于要了解康德怎样能主张艺术作品能为我们不涉及任何意图而判定它们。想要完全了解这点,我们必须等到我们能够处理康德的艺术生产的理论那个时候。如我们那时将要看到的那样,康德相信(a)艺术家作出一种艺术品不是为着别的意图而只是为要使它成为美的,(b)艺术家所追求的意图基本上是不同于一种客观的意图的,(c)既然艺术家不能利用任何确定性的概念，他就自己不知道他所做的是什么，并且也不能替自己说明他是怎样能最后给他的作品以美的，而这就是他所留意的唯一意图，(d)这种“意图”不表现于别的地方而只表现于创作美的东西的艺术家之灵魂里面和判定这些东西为美的那些人的灵魂里面。

艺术作品是排斥任何其他的意图的，在它里面含着的有意图性乃是单纯主观的。它乃是“一个对象就其在我们意识到它这个范围的借以对我们被给予出来的那个表象里的意图性的单纯形式”①。

第十二节

我们屡次看到(a)我们的鉴赏判断是要求有普遍的而且验前的有效性的，(b)它们是完全依靠作判断的主体所感觉到的愉快的。这就引起一种严重的困难。因为看来好像完全没有可能在验前确定作为结果的愉快感或痛苦感和作为其原因的一个表象这两者之间的联系。一个对象的表象是否给我们愉快，我们只有借助于经验上的观察才能找出来。在感官的愉快的情况下，就是说，我们对于被判定为令人愉快的对象所感觉到的愉快的情况下，这是显然的。很易看出在验前完全没有可能来确定其表象会给我们这种愉快的对象是什么。这种对象必须先在经验里被给予出来，而在那以前，我们关于我们对象的表象和它所产生的愉快这两者之间的关系是一无所知的。

诚然，我们所说的一般原理，即关于一个表象和一种感情之间的因果联系的验前知识是不可能的这条原理，是可以有一个例外的。在《实践理性批判》一书里曾经说明，在我们的道德律意识和一种感情，即对于道德律的尊重这种感情，这两者之间，是有一种必然的验前联系的。但是这在我们当前的困难上并不真正帮助我们，因为在超感性的规律与感官的感情之间成立一种必然的联系的可能性乃是由于这个事实而来的，就是我们能够超出感官世界“而求援于依据主体的一种超感性的属性的因果作用，即自由的因果作用”②。此外，我们原不是在实际上从道德律演绎出

① 《判断力批判》，221页。

② 《判断力批判》，222页。

尊重的感情作为它所产生的结果。只有意志的确定是得自道德律的，而且我们曾说明过对于道德律的尊重这种感情事实上是和意志的确定同一的。它不过是意志本身的确定，就其使人感觉到它来说而已。“但是充满着一种在某方式上被确定的意志的这种心情，在其本身说来也就是愉快感。事实上它是和这种愉快同一的，而不是从它而来作为结果的。只有如果道德作为善这个概念是先行于意志的为道德律所确定，我们才得要假定后者的可能性，因为在那种情况下，和概念结合在一起的愉快就不能从概念得出来，由于这概念就会是一种单纯的认识。”①②

康德接着就指出，他在这里谈到的情况里有类似的某东西发生。主观的或者说形式上的有意图性，表象的各种能力的和谐，等等，并不产生这种愉快，在所说的对象的表象和主观愉快这种感情之间并没有任何因果的联系。形式上的有意图性这种意识和我们对它们感觉到的愉快是同一的。形式上的有意图性这种意识乃是在这种主观的感情里表现的。

清楚地区别这种愉快和任何他种的愉快是重要的。这种愉快决不是实践性的，而且是完全不同于我们对于令人愉快的东西或者善的东西所感觉到的愉快的。我们对于令人愉快的东西所感觉到的愉快是实践性的，因为它是使我们想要得到我们对之感觉到愉快的那个对象的。当然对于道德律的尊重这种感情也是实践性的，因为它是使我们服从道德律的一种冲动(Triebfeder 动机)，它使我们充满着去做道德行动的欲望和去实现善的欲望。我们对于美的东西所感觉到的愉快就与此不同：它是静观性的而且没有利害关系的。在感觉到它的时候，我们所与之有关的不是别的，而只是我们自己的心情。然而就使我们觉得有要保它的一种欲望来说，属于这种愉快的有某一种的因果作用。“然而它包含有[某一种]因果作用，因为它维持着表象状态的本身而且没有任何别的意图而保持知识各种力量的活动。我们延长对于美的东西的静观，因为这种静观是加强其自身并再生其自身的。”③

---

① 《判断力批判》，222 页。

② 关于这种理论，参看上文“有限的意志和规律的尊重”一段。——作者原注

③ 《判断力批判》，222 页。

第十八节①

康德在这节里所讨论的问题乃是：可以以之归于鉴赏判断的是什么一种特别的必然性？可以概述其论证如下。

我们已经看到，我们的鉴赏判断乃是和一个对象的表象与想象到这个对象的主体所感觉到的喜悦这两者之间的联系有关的判断。我们关于令人愉快的东西那种判断也是这样的。我们判定一个对象是令人愉快的，乃是因为它的表象在想象到这个对象的主体里面激起愉快。可是注意到这点是重要的，就是在作出这种判断时，我们并不断言这个表象与这种感情之间的联系是验前必然的。我们甚至不假定有任何这样的必然联系。我们关于令人愉快的东西那种判断乃是单纯经验性的判断，不依靠任何验前的原理的。我们鉴赏的判断是属于完全不同的一类的。在判定一个东西为美的时候，我们是假定在我们对它的表象和我们所感觉的愉快之间有一种必然的联系。从这得出什么推论来呢？我们鉴赏判断所要求的是什么特别一种的必然性呢？如果我们能用验前概念确定表象与那主观的感情之间的联系，那么这就会使我们能够在验前知道何以我们所感觉到的愉快也将为每一个别的人所感觉得到。

那么属于这种判断的必然性就会和属于我们理论的验前判断的必然性同样的了。很容易看到，没有这样的必然性是能归之于鉴赏的判断的，其简单的理由就是，这种判断不是以客观概念为基础的。同样容易说明鉴赏判断所要求的必然性基本上必须是不同于我们实践判断的实践必然性的。在每一个实践的判断里都含蕴着道德律的表象和特别一种的喜悦即对于道德律的尊重这种感情这两者之间的一种必然联系。但是我们已经看到过，这种尊重的感情不过是我们对于道德律的意识的直接后果。一个把道德律对自己表象出来的意志必然是对它感到尊重的，这种感情就是对于这条客观规律的主观觉知。

我们又曾看到为道德律所确定的乃是行动者的意志，而尊重这种感情，事实上是和这个意志的确定同一回事。一个感觉到应该照道德律而

① 原文从“第十二节”直接跳到“第十八节”。——整理者注

行动、感觉到意志应该使自己依靠道德律的人,必然是对于道德律觉得要尊重的。“这种喜悦乃是一条客观规律的必然后果,其意思只是一个人应该按一定的方式行动,绝对这样,绝无其他企图的。”①

含蕴在我们理论的和实践的判断里面的必然性乃是客观的。属于我们审美判断的必然性必然是有一种基本上不同的性格的。因为我们得要记得,我们一切鉴赏的判断都是单称判断,就是说,它们是与一个个体对象有关的。我们理论的和实践的判断是从普遍的客观规则取得其必然有效性的。为要能够作出一个理论的或者实践的判断,我们就必须把一个特殊的事例统摄于一条普遍性的规则之下。这普遍的客观规则是知性所给予出来的,而统摄的工作是我们判断力所完成的。在理论的判断的情况下,把特殊事例统摄在知性概念之下的乃是我们理论的判断力。在实践的判断的情况下,把一个所与的事例统摄在理性的概念之下的乃是我们的实践判断力②。

我们鉴赏的判断不能依赖客观的普遍规则。在判定一个特殊对象为美的时,我们把我们对于这个对象认为是属于一条我们不能确定的普遍规则的。我们判定一个对象为美的,乃是因为我们把它看作这种未确定而且不可确定的规则的一个实例。

可是属于我们审美判断的必然性不能是可以明白证实的(客观的必然性)。可以称之为“示范的必然性”,因为我们称一个东西为美的,其根据就是我们看它为我们认为必然的一条规则的一个实例。我们要求每一个别的人都同意我们关于一个特殊对象的判断,因为依我们的看法,这个对象乃是一条不能以公式来形成的普遍性规则的例证。我们之所以假定我们的判断是必然的,而且是每一个别的人都应该与之同意的,乃是因为它的以为准标的是我们必须要假定的一条规则。

很重要的一点就是要注意到,甚至这种单纯主观的必然性也是不能从经验得来的,就是说不能从大家的判断都是一致的这种观察得来的。

---

① 《判断力批判》,237页。

② 关于这点,看上文“感性的东西与超感性的东西”这一段。——作者原注

因为经验性的判断全都是不能要求有任何普遍性或必然性的。经验性的观察所能指出的总不会多于在大多数的情况下所发生的是什么，经验性的规则是一般的，而不是普遍性的、必然的。

虽然我们得要清楚地区别开来一方面是我们理论的判断与实践判断的特性的可以明白证实的客观必然性与普遍性，而另一方面是我们鉴赏判断的单纯主观的示范的必然性与普遍性，但是我们必不可把审美的判断和经验性的判断混淆起来。

第十九节

在我们称一个东西为美的这个时候，我们的意思是含有每一个别的人都应该和我们同意的，就是说，每一个别的人都应该称它为美的。我们假定每一个别的人都同意于我们的判断，这是主观必然的，如果他们不同意的话，我们就说他们应该同意。可是把含蕴在一个鉴赏判断里面的“应该”和属于我们实践判断的“应该”区别开来是必需的，因为一方面，实践判断能够依靠明确的客观概念，其客观有效性是能被证明的，而我们实践判断力所要做的不过是把特殊的事例统摄于确定性的普遍规则之下，而另一方面，我们鉴赏的判断是不能涉及一条确定性的规则的。在审美判断里面的“应该”是有条件地被断定的。由于我们没有对于我们所涉及的规则的任何客观知识，我们于是永远不能确知当前的事例实际上是否是那未确定的规则的“一个实例”。审美判断所要求的普遍主观必然性是依靠一种条件的，这种条件就是当下的特殊事例实际上是所说的规则的一个事例。这个“应该”是有条件的，这是就这点来说的，就是我们永远不能确定我们是否正确地统摄了一个特殊的事例。另一方面，只要我们确知统摄的正确性，我们是完全确知我们有资格来依赖这种论证的。我们必须认为这规则本身是普遍有效而必然的。

第二十节

如果我们的鉴赏判断是以一条客观验前原理为基础的，它们就能要求有无条件的必然性。如果它们没有任何验前的原理(像我们一切关于令人愉快的东西那种判断那样)，它们就完全不能要求有任何必然性。

现在我们已经看到,我们鉴赏的判断是以一条主观的验前原理为基础的。在作出这种判断时,我们是假定有可能来独立于任何概念而通过单纯的感情进行确定某些对象的表象,必然在每一个判定它们的主体心中引起愉快的。在这样的一个预先假定里面所含蕴的意思就是存在有一种一切进行判定的主体所共同的特别的主观的心情。康德称这种所假定的心情为"共同感觉(commom sense)"。他的所谓共同感觉的意思从下面一段引文就可以看出:"只有我们预先假定共同感觉的存在,我们才能作出鉴赏的判断的,而所谓共同感觉并不是指什么外部感官说的,而是指我们认识诸能力的自由活动的后果说的。我主张,只有我们预先假定了这样的一种共同感觉,我们才能作出一个鉴赏的判断来。"①

第二十一节

康德在本节里的问题乃是:我们有没有理由来预先假定一种共同感觉?他的答复是肯定的。我将要设法说明他的论证。

首先,注意到这点是重要的,就是康德在这里并不打算证明"共同感觉"实际上是存在的。很清楚,按先验的原理来说,共同感觉的存在,其客观的证明是没有可能的。理由就是,如果要证明它的存在,想象力与知性之间的关系就得要是一种确定性的关系,我们是能够证明一种确定性的关系的客观有效性的,比方说这样的一种关系,像知性客观概念所确定而其有效性与必然性是能被证明的。例如我们能够证明某些逻辑判断是客观必然的,因为可以说明为要有关于对象的经验,我们就必须使我们领会所与的直观的想象力和我们的知性发生一种一定的关系。先验哲学能够证明想象力与知性之间的一种确定性的关系乃是客观经验的一种必需条件。但是它不能证明这两种能力之间的一种确定性的关系(即认识能力的协调)在实际上是存在的。它只能问:按先验的原理来说,我们是否有理由来假定它是可以存在的?

我们曾弄清楚了审美判断是以这种假定为基础的,就是关于认识诸能力的协调的意识在一切主体中都是同样的,因而在一个主体觉知到这

---

① 《判断力批判》,238页。

种协调时，就有资格来预先假定每一个别的主体也将要一定意识到它而且对于所说的对象同样感觉到愉快。鉴赏的判断依据一种共同感觉的假定。所要答复的问题就是：这样的一种假定是否和先验哲学的基本原理相一致？如果我们是要能够答复这个问题，我们就必须注意到这个事实，就是我们一切的客观逻辑判断都是依据认识的诸能力之间的一种确定性的关系的。在《纯粹理性批判》一书里已经说明逻辑判断都是普遍有效的，一个进行判定的主体是能以其自己的心情传达给任何其他一个主体的。这是由于这个事实的，就是在认识的诸能力之间存在有一种必然的关系，这在每一个判定所说的对象的主体里面必须是同样的。只有那怀疑的哲学，由于它否认客观的普遍有效的判断的可能性，才认为在表象的诸能力之间绝不能有任何必然的关系。于是依这种见解，任何一个判断只是对作出这个判断的人来说才是有效的，结果就是绝不是普遍有效，或者说必然的。进行判定的主体，为了他的判断，就完全依靠他自己的主观心情。先验哲学并不参加这种见解，依它的原理来说，大凡认识都是可以普遍传达的，每一种客观的认识都是依靠一种特别的主观心情。一个所与的对象通过五官，“就使想象力活动起来，整理当下的杂多；而想象力又使知性活动起来给这种整理以概念的统一性”。可是两种认识能力（想象力与知性）的关系是因对象而异的，或者更确切地说，是按照着对于对象的认识所应用的概念而异的。这种关系是可以普遍传达的，因为不然的话，客观知识就会没有可能的。

康德所论证的乃是，既然按照先验的原理，我们得要预先假定想象力与知性之间的不同确定性的关系的存在（即客观概念使之成为必需的关系的存在），那么就有可能，而且甚至有必要，使我们也要预先假定一种未确定的关系的存在，这种关系既然是独立于任何概念的，所以就只能为感情所确定。很合理地来假定，人在对于某些对象的表象里面，是应该能够觉知到他的认识能力之间的一种协调的。这种未确定的协调在一切主体里面必然是同样的，就是说，必然是可以普遍传达的。可是，既然我们不能觉知到认识能力的协调，除非是在感情的方式上，所以共同感觉这种假定是和先验的原理相一致的，因为所谓共同感觉的意识不过是说，认识能力的未确定关系，我们通过感情所觉知到的单纯协调，在不同的主体里面乃是同一的。

我们的问题原是:我们有没有理由来预先假定有共同的感觉?现在已经答复了这个问题。既然先验哲学不像怀疑的哲学,乃是深信知识的普遍传达性是可能的,它就能够假定,虽然不能证明,从我们认识能力的协调活动这种意识所引起的感情的普遍传达性也是可能的。

必须注意到,先验哲学并不以心理的观察为这种假定的根据。因为这种观察是无益的,由于心理学是一种经验性的科学,不能产生任何验前的原理的①。先验哲学是以它自己的知识可传达性这条原理为它的理论的基础的,而事实上这条原理是每一种不是怀疑论的逻辑所假定的。"既然这种协调(Stimmung)因而从一个所与的表象所引起的关于这种协调的感情同是必须可以普遍传达的,而且又既然一种感情的普遍传达性是预先假定有一种共同感觉的,所以我们就有根据来假定一种共同的感觉。因此,我们无须依赖心理学的观察就能这样假定。我们能假定它作为我们知识普遍传达性的必需条件,而且在每种逻辑里以及在每条不是怀疑论的知识原理里,都必须预先假定这种可传达性的。"②

第二十二节

当我们称一个对象为美的时候,我们是要求每一个别的人都要和我们的判断一致的,虽然我们的判断不是以概念为基础而是完全依靠我们自己的感情的。这意味着我们预先假定我们的感情不是一种个人的感情而应该是一切能判断的主体共有的感情。可见我们关于美的判断不是经验性的判断。我们并不是说这个东西是美的,因为观察曾说明大家都是认为它为美的。经验性的观察所能告诉我们的只是什么实是如此的而绝不会是它应该如何的③,而这样的一个"应该"是含蕴在每一个关于美的判断里面的。我们所断言的不是每一个人都要和我们的判断一致,而是每一个人都应该如此,纵然一向没有人是如此或者永远不会有人是如此。这就如上两节所证明的那样,说明我们是预先假定一种共同感觉的

① 参看上文第十段谈到的心理学部分。——作者原注

② 《判断力批判》,239页。

③ 参考上文第十节。

存在的。

又曾说明我们一切关于美的判断都是单称判断[1]，很不错，在判定一个对象为美的时候，我们必须以共同感觉的这个理念为我们判断的准标，作为每一个进行判断的人认为必须服从的规则。然而由于我们不能把这规则以公式表达出来，而且我们又不能借助于客观的概念来确定它，所以就没有可能把除了单纯示范的必然性以外的任何其他必然性归之于特殊性的判断。在我们判定一个特殊对象为美的这个时候，我们的意思就是在我们面前有了这条普遍性规则的一个实例。这也就说明我们所不能确定的这条规则乃是一个"理想性的标准"。我们有正当的理由来把它作为准标(referring to it)，而且我们把普遍的有效性归之于以它为准标的判断，这是正确的，因为我们所应用的那条原理在主观上是普遍的而又是必然的。凡是作出一个审美判断的人都是以这条理想性的规则为准标的。认为有这样的一条规则的存在，这是一个必然的理念。我们必须预先假定一种共同感觉的存在。只要我们确有把握我们是把当下的特殊事例正确地统摄在理想性的标准之下，我们就有权来替我们的判断要求不只是主观的普遍有效性，而且并要求客观的普遍有效性(就是说，我们应该能够证实我们判断的真实性)。

这一切显然不过就是重述我们在前几节里所提出过了的论证，而只有一点是例外的。把共同感觉描述为一个理想性的标准，这一点对于第二十二节的读者来说是新奇的。不幸的是，康德并不说明他这样说究竟是什么意思。他反而向我们提出了一系列的问题：共同感觉的存在是否作为我们经验的可能性的一条组织性的原理？"或者它也许是理性的一条乃至更高级的原理，而理性却把它变为一条单纯制约性的原理，而为了更高的意图在我们里面产生一种共同的感觉呢？"[2]他还加上别的几个问题，而这些问题都是同样不可理解的。我们无须去管这些问题了，因为他自己告诉我们说，他既不愿意去解答这些问题，也没有条件去解答它们。

① 上文第八节末段。

② 《判断力批判》，240 页。

其实康德在后面是要处理这一切问题的，而我们必须记住，到此为止，我们关于康德的“共同感觉”这个学说，知道的是很少的，那就必须等待他进一步的说明。暂时只要注意到，截至此为止，他不是在实际上关心于“共同感觉”是否存在，或者它的性质是什么这个问题，那也就够了。截至此为止，他所做的只是(a)认为有这样的共同感觉这种预先假定并不是不合理的，并不和先验哲学的原理相矛盾的①；(b)共同感觉这个理念在实际上是为鉴赏判断所预先假定的②。

关于分析论第一部分的一般评语

在这种“一般评语”的开始时，康德说上面分析的结果就是说明了我们必须把鉴赏力看为一种坚定的能力，是我们用来以想象力的自由对于规律的适合性(Gesetzmässigkeit)为准标而进行判定一个对象的。我要设法说明这个定义。

首先我们得要自问，在什么意义上才能说想象力是“自由的”。我们还记得按照康德的说法，想象力这个能力是有两种完全不同的机能的，即(a)再生的想象力的机能，和(b)生产的想象力的机能。这两种机能都不是“自由的”。再生想象力是服从联想的种种规律而且是依靠这些规律的。我们由一个表象联想起其他的表象，乃是因为在经验里我们一向是发现它们结合在一起的，这是一条必然的心理学的规律。拿一个例子来看看，“黄金”这个表象和“重量”这个表象，在从前一切的经验里面都是相互伴随着的，这种经验的结果就是我们把这两种表象联想起来，“黄金”这个表象就使我们想到“重量”。

然而在《纯粹理性批判》一书里已经说明，除非我们在实际的经验之先是假定了我们表象的对象不是完全不合规则的，否则我们就绝不能利用我们再生表象这种能力，这是生产的想象力所假定的原理。我们必须使用它，而把它看作一条验前的原理，因为我们如果承认经验的对象是不断改变其性质的，经验本身就会是没有可能的。我们再生表象这种能力

---

① 见上文第二十一段。

② “共同感觉这个未确定的标准在实际上是我们所预先假定的；这是为这个事实所证明的，就是我们敢于作出鉴赏的判断。”(《判断力批判》，239页)——作者原注

(再生表象原是经验性的想象力的工作)就不会得到机会来运用它的各种力量,“这是单纯经验性的规律,经常一个跟着一个,或者一个伴随着另一个的表象,最后是变成相互联想的,从而这样就固定在一种关系里面,乃至在没有对象在当前的时候,这些表象之一就能按照一条固定的规则,使心过渡到另一个表象那里去。但是这条再生的规律是预先假定出现的东西本身在实际上是服从这样一条规则的,而且是预先假定在这些表象的杂多里,并存或相继是依照某些规则而发生的,不然的话,我们经验性的想象力就永远不会找到机会来进行适合于它的种种力量的运用,而这样一来,就会一直作为一种僵死的而对我们来说是不知道的能力,隐藏在心里面”①。

我从前已经处理过康德关于生产的想象力的学说,而在这里就只需说,依康德来说,再生的想象力和生产的想象力同是依靠某一定的规则或者说规律的,而两者只有这一种分别,就是再生的想象力所依靠的是经验性的(即心理学的)规律,而生产的想象力所依靠的是验前的规律。

生产的想象力的称为能生产的,乃是就它既然是不依靠前面的经验而作为经验的一种验前条件这点来说的。因此,经验就可以说为它的产物。但是决不可忘记,依康德来说,如果想象力不能为知性的种种规律所确定,它是不能运用其力量的。如果没有知性的规律的话,想象力就一事无成。

我认为,虽然康德没有用“审美想象力”这个名词,我们还是可以这样把想象力的三种机能分别开来,即(a)再生的想象力,这不是自由的,因为它是依靠经验性的规律的,(b)生产的想象力,这也不是自由的,因为它是依靠知性的验前规律的,(c)审美的想象力,也就是在我们鉴赏判断基础上的原理,这种想象力是能生产的,不是单纯再生的,而同时又是自由的,因为它是独立于知性的任何确定性的规律的。

但是这里就发生一种困难了。在我们判定一个对象为美的时,我们是限定于所说的对象的一定形式的,因而我们的想象力在那个范围里是没有自由的活动的,如这对象若果是我们自己的幻想的产物时,我们的想

① 《纯粹理性批判》,A100。

象力有其自由的活动那样①。

康德接着如下这样说，实在不难理解当下一个对象是怎样能使我们享受想象力的自由活动的。因为容易理解这个对象应该提供给想象力以一种形式是包含着这样的一种杂多的结合，如想象力是自由的话，是会替它自己按照知性的对规律的适合性来计划的②。

这里最后的几个字是特别重要的。康德确信想象力靠它自己是不能给我们任何美的观念的，在我们对象的表象里必须是有涉及知性的。就其不是以知性的任何确定性的规律为准标这点来说，想象力是自由的；但是它不是完全自由的，对于知性还有着一种未确定的关系，对于知性一般符合于规律的原理还有着这种未确定的关系。使我们能够作出鉴赏判断的不是想象力的作为想象力，就是说不是自由的想象力。依康德来说，想象力作为想象力看，乃是一种属于感官的能力。我们鉴赏的判断是依靠想象力与知性的协调的。“但是想象力既说是自由的，然而又说它是自行依照规律的，那就是说，它是应该具有自律的——这是一种矛盾，单独知

① 康德说它不是像在虚构里那样（wie im Dichten）有其自由。必须注意，Dichten 在这里的意思不是指诗歌说的，像 Meredith 先生所误译的那样，它决不可能是指这说的。因为一个诗人，依康德的美学来说，是像判定他所作的诗的人一样不能享有其想象力的一种完全自由活动的。Dichten 在这里的意思是指不管任何规则而幻想着某东西，虚构某东西。凡是 dichtet（虚构）的人都是让他的想象力驱使着他而并不考虑到真理或美丽的。其实这就是 Dichten 这词在十八世纪时的通常意思。在我们当前一段最后一个段落里，康德就是在这种意义上使用这个词的。康德在那里说，必须把美的对象和不清楚地看到的美景区别开来。关于美景，欣赏力仿佛抓住的，与其说是想象力所把握（auffasst）住的东西，毋宁说是它所受到的一种刺激要放纵于虚构（zu dichten Anlass bekommt）。“当我们看到火焰或起着小小波浪的溪河形状万变时，类似有这样的情况；因为火焰和这种溪河都不是美的东西，然而它们带来一种魔力给想象力，因为它们是使想象力维持着它的自由活动的。”（《判断力批判》，243 页，244 页。）又参看康德的《人类学》（Anthropology）第一卷，第 31 节。这节的标题是：“Von dem sinnlichen Dichtungsvermögen nach seinen verschiedenen Arten.”（关于按其不同的型式的各种感性的虚构能力）。大家都知道的一种心理学的事实就是，某些人虽然没有音乐的修养而并不能欣赏一种音乐作品的美，但是照他们自己的方式来享受这个音乐作品，它在他们里面激起种种的愉快联想。关于这种人，康德就会说，虽然他们的想象力不能抓住这个对象的美，然而他们还是欣赏它，这是由于这个事实的，就是他们的想象力从这个对象受到一种刺激使他们放纵于虚构（zu dichten Anlass bekommt）。——作者原注

② 《判断力批判》，240 页，241 页。

性是立法的。”①

现在已经充分地明白了想象力是不能以知性的任何明确的规律为其准标的，因为如果是那样的话，所说的判断就不会是一个鉴赏的判断。想象力以一般符合于规律这条原理为准标而并不进一步把它确定下来。所做出的判断乃是一个主观的判断而不是一个客观的判断。“可见和鉴赏判断的特性与又曾称为无意图的意图性的知性对规律的自由符合性这两者相容的唯一东西，就是无规律在那里而对于规律的符合性，以及一种想象力与知性的主观一致而并没有一种客观的一致在那里，所谓客观一致的意思就会是表象以对象的一种确定性的概念为其准标。”②

“一般评语”的其余各部分是这么易懂，那么我就不去谈它们了，而直接转向到审美判断力分析论的第二卷，即崇高的分析论。

第二十三节

在这节里我们遇到许许多多的叙述是康德没有充分弄清楚的，可是这并不十分令人苦恼，因为多半是在后面将予以说明的。我将要做的不过是叙说康德的论证，他一开始就是把美的东西和崇高的东西进行比较。

我们关于美的东西的判断和关于崇高的东西的判断都是纯粹审美的判断。这可以用下面的方式来说明，美的东西和崇高的东西都是独力令人愉快的。当我们判定一个东西为崇高时，我们是谈到我们自己的喜悦而不是判定那对象的本身。我们关于崇高的判断乃是反思的判断，也就是说，它们不像我们逻辑性的判断而是不依靠关于所说的对象的一种明确的概念的。但是，虽然它们是主观的判断，我们却必须把它们从我们关于令人愉快的东西的判断区别开来，后一种判断是完全依靠感觉的。我们关于美的东西的判断和我们关于崇高的东西的判断在本质上是不同于我们关于善的东西的判断和我们关于令人愉快的东西的判断的。这一些判断不同于关于善的东西的判断，是因为它们不依靠明确的概念的，而又不同于关于令人愉快的东西的判断，是因为它们声明是要普遍有效的。

① 《判断力批判》，241页。

② 《判断力批判》，241页。

它们声明是要普遍有效的，虽然它们同时是单称的判断而又不以关于所说对象的任何知识为其目标。它们以普遍的有效性只归之于主体的喜悦，所假定的乃是某一定的对象的表象是必然和愉快相结合的。

除非我们以一条对一切主体都是有效的规则为我们的表象的准标，否则我们是不能以任何普遍的有效性归之于一个主观的判断的。由这就可推定我们关于崇高的东西的判断，像我们关于美的东西的判断一样，在其判定特殊性的对象时，是以我们认为对于一切主体都是有效的一条未确定的规则为其准标的。这一切在后面都要得到充分的说明，但是我们已经明白我们关于美的东西的判断和我们关于崇高的东西的判断在许多方面是相互类似的。其所以是这样，就是因为它们同是审美的反思判断。

康德接着说明在这两类审美的判断之间，还有着重要的分别。“自然中的美所与之有关的乃是对象的那种形式，其本质是限制的这种形式。崇高的东西就与此不同，崇高的东西在无形状的一个对象里也是可以发现的，只要它或者是直接包含有无限制性这个观念，或者是引起这种观念的，而这种无限制性的总体这个思想是心所加上去的。所以美仿佛是要看作知性的一种未确定的概念的显示，而崇高就仿佛是要看作理性的同样一个概念的显示。”①

就关于美的东西的判断来说，上述的是容易理解的。我们曾看到，康德认为想象力单独是不能产生任何判断的，因为它乃是一种属于感官的能力。如果想要能够作出一个关于美的东西的判断，我们就得要涉及知性。一个关于美的东西的审美判断并不使用任何明确的概念或规则，这里想象力与知性之间的关系乃是一种未明确的关系，人们把想象力认为和知性有关系，只是就知性原是一般合规律性（Gesetzmässigkeit überhaupt）这条原理的来源这点来说的。我们判定一个对象为美的，其理由乃是想象力在领会所说的对象时感觉到这个对象不是一些不相连续的部分的一种单纯的杂多，在所领会的杂多里面是存在着某种秩序与限制的原理的。在逻辑性判断的情况下，其限制是由知性的确定性规律与规则而来的。这里，我们知道何以那杂多是受到秩序和限制的支配，在我

① 《判断力批判》，244 页。

们关于美的东西的判断之情况下，我们单纯感觉到它，我们觉得我们所想象的对象不是无形状的。这就是何以我们会想到知性与其限制的种种原理，因为把一种想象力所领会的否则就是紊乱无纪的杂多进行限定原是知性一切概念的任务，所以知性是把一条规律给与想象力的。而想象力本身乃是单纯领会的能力，让它单独来干，想象力就单纯把当下的一些直观的杂多堆砌起来，它并不提供给我们以任何规则，使当下的杂多受到秩序的原理的支配，从而使那不断滚滚而来所领会到的直观有其限制。

现在康德这里的问题就是：很容易明白，其本质是在于限制的美的对象会使我们感觉到想象力与知性的一种和谐的。这种对象在我们心里唤起一种感情，觉得在想象力与知性之间有一种未确定的关系。这是我们不能从知性的任何明确的概念得出来的，然而还是容易明白，何以我们关于美的东西，是相信它显示知性的一种未确定的概念的。

但是我们怎样能够把我们判定为崇高的这样一个对象看为是表现着秩序的原理的呢？我们称一个对象为崇高的，正是为着这个理由，就是它的所以没有形状，乃是因为它所包含的各种部分的杂多是大于我们的想象力所能把握得住的。

康德相信，而稍后他将要把这点弄清楚的，由于想象力事实上不能把握得住当前所与的感性对象，于是能知的主体就感觉到他自己提升到感官世界之上。在想象到所说的对象时，我们觉得我们不能把握得住它，这就使我们想到理性与其理念，而理念也就是超感性世界的原理，凡是我们觉得是大于任何其他的对象的这种对象，凡是抗拒我们想要把它局限于一定限度里面的一切企图的对象，都是我们认为是理性的一种未确定的概念的表现。这是由于理性的概念（即理念）都是超感性的东西的无限世界的概念。可是既然我们关于崇高的东西的这种判断是审美的而且是单纯主观的判断，当然就可推断，在作出这种判断时，我们是不能涉及理性的任何明确概念的。我们关于崇高东西的判断是以想象力和理性的一种未确定的而且是不能确定的关系为其基础的。

我们现在就可以继续我们对于第二十三节的说明了。康德的论证可以释义如下，我们曾看到我们关于美的自然对象的一切判断都是含有自然的一种有意图性这个理念的。在我们称一个自然对象为美的这个时候，我们是把它看为在其对于我们的判断力的关系上是有意图的，这个对象像是预定要适合于我们的判断力与其审美反思的原理似的。它的表象使我们觉知到我们的两种认识能力（想象力与知性）的一种和谐，而我们就觉得好像自然曾有意地创造了某一定的对象，为要使我们可以觉知到给我们愉快的这种和谐似的。因此，我们就能很合理地谈到美的自然对象。但是当自然以我们判定为崇高的对象向我们呈现出来时，我们怎能以有意图性归之于自然呢？事实是这样的，关于这些对象的形式，这些对象不但不是预先适合于我们的判断能力，而反之，这些对象的被称为崇高，其理由乃是它们在意图上是违反（zweckwidrig）我们的判断能力的。被判定为崇高的对象，看来像是毫无形式可言似的，“它像是违反想象力的，然而因为那个缘故，它反而更称为崇高”①。

从此可以推断说，老实地说，我们不能称一个自然对象为崇高。“我们所能说的只是这个对象是适合于显出一种在心里面能够碰到的崇高性。”②

在我们里面发生崇高的这种感情，这是因为我们所判定的对象使我们想起我们理性的能力和理性关于超感性世界的这个概念。崇高性决不能看为一个感性对象的一种属性。理性的概念（理念）乃是心灵的产物，不能属于任何自然对象的。我们判定一个对象为崇高的，正是为着这个理由，就是它是不足以表达理性的理念的。从这点就可以看到，我们关于崇高的审美判断甚至是比我们关于美的判断更为主观的。在判定一个对象为崇高时，我们是使关于这对象的表象和某东西有关系，而这个某东西是和所说的感性对象毫不相干的，那就是理性的理念。

“所以怒风翻腾着的大海不能称为崇高。这种光景是令人害怕的，一个人必须是满心怀着许许多多的理念，然后这种景色才能使心灵激起其自身是崇高的一种感情，由于这景色鼓动着心灵使之抛弃感性而以含有更高尚有意图性的理念来充满着它自己。”③

我们曾屡次说过，我们关于自然美的判断是和一条特定的原理，即自

① 《判断力批判》，245页。

② 《判断力批判》，245页。

③ 《判断力批判》，246页。

然的有意图性这条原理，结合在一起的。我们所设想的乃是一种多于单纯机械作用的自然这个理念，我们是以一种艺术作类比来看待自然的。这一切都是康德在《判断力批判》的导言里所说明的。他在那里曾指明，虽然那条使我们把自然看作一个艺术者而把有意图性归之于自然的自然的技巧这原理不是一条客观原理，但是它却是一条必然的而且是原始的验前原理，在本质上是不同于知性的原理的。因为，如他所曾说明白了的那样，我们的假定这条原理，乃是为着要说明我们的知性与其机械性的一切原理所不能说明的那些现象的。判断能力所假定的原理乃是自然对于判断力的使用的有意图性这条原理。

康德在这里把这一切予以复述，只是为着要指明有意图性的原理并不适用于我们关于崇高的东西那种判断的。我们把那些不适合于我们判断能力的自然产物判定为崇高的。康德接着就指明，正是为着这个缘故，自然的崇高性这个概念的重要性是远不如自然的美这个概念的。自然的崇高性并不表示在自然方面有任何的有意图性。为了发现一个美的东西，我们就必须寻找外在于我们自己的根据；为了判定一个东西为崇高，我们就无须去寻找任何外在的根据。把崇高性引入自然中去的，正是我们自己的心灵。

"这是一种很必要的话，把崇高这个理念和自然的有意图性这个理念完全分开。它把崇高的理论变为自然的有意图性的审美鉴定的一种单纯附录，因为崇高并不表现自然中的特殊形式，而只发展了想象力对它自己的表象的一种有意用途。"①

第二十四节

在这节里，康德关于崇高的分析论的分段，说了几句话。他说在这里面，他将要遵循像在美的分析论里的同样的原理。崇高的分析论是要按照(量、质、关系与样式)这些范畴的类别而划分的。

将要说明在崇高里面的"喜悦"像在美里面的喜悦一样是普遍有效的(量)，是独立于利害关系的(质)，含有主观有意图性的(关系)，是必然的

① 《判断力批判》，246页。

(样式)。唯一的分别将是我们是从量开始而不是从质开始，由于我们判定为崇高的对象可以是毫无形状的。

大家将要注意到，我关于"美的分析论"的阐明是不考虑到康德关于鉴赏判断的分析是按照范畴的类别进行的这个事实的。奇怪的事情就是，如果康德没有用他给予这部分析论的主要各段的标题(质的契机，量的契机，关系的契机，样式的契机)来指出它，"美的分析论"的读者可能容易不注意到那阐明是在这种方式上进行的。我不敢确定这种划分是否单纯人为的这个问题，但是我认为如果是的话，它对于康德论证的影响是微乎其微的。我认为谈到"崇高的分析论"，其情况亦复如此。我是很少去考虑康德的划分的。

康德在第二十四节里接着并说"崇高的分析论"还需要另一种划分，即数学上的崇高与力学上的崇高这两者之间的区别。这是什么意思，他在后面是要加以说明的。目前只说出康德认为我们可以按两种根据而判定自然是崇高的，那就够了。这两种根据就是：(a)因为自然向我们呈现一些对象是我们判定为无限的"大"的，因而我们就以绝对的量(数学上的崇高)归之于它们的；和(b)因为在自然的有些产物里面，自然使我们感觉到它对于我们的绝对威力(力学上的崇高)。这种划分是我们认为更加重要的，因为康德在实际上是清楚地区分开这两种崇高性的，而且在他的阐明里是适当地考虑到这点的①。

第二十五节

康德是从崇高的定义开始他的分析的。其定义如下："我们称绝对大的东西为崇高。"②

其次，康德就讨论这个问题：绝对大这个概念是要划归心灵的哪一种能力的？他说明这个概念不属于知性，又不属于感官，又不属于理性，而属于判断能力。我将要试着概述他的论证。

绝对大这个概念不是一个知性的概念。诚然知性产生量这个范畴，

---

① 关于这种术语的说明，可参看上文《实践理性批判》的《在第一部〈批判〉中的自由》谈到康德数学的理念与力学的理念的区别一段。——作者原注

② 《判断力批判》，248页。

而且我们在现实的经验以先就能断言每一个经验性的对象都具有量，无须和其他的东西进行比较。但是要能够确定一个对象是怎样大，我们就需要另一某东西作为比较的尺度与标准。我们看到，这样一来，是永远不能有绝对的量这个概念的。所说的对象，只是在其对于被采用为我们测量的标准的那个单位的关系上才是大的。从这就可推断绝对大这个概念（无比大这个概念）不是一个知性概念而决不可和量这个范畴混淆的。

这个概念也不是一个理性的概念，因为理性与其概念（理念）是与超感性的东西有关，而永远不会使我们判定一个感性对象为绝对大的。其实和理性的理念比较起来，每一个感性对象都是无限小的。

几乎无须提到绝对大这个概念不能是直观或感官的一个概念，由于直观或感官靠其自身是永远不能成为判断的来源的。为要确定某东西为一个量，我们就得要使我们的直观和概念有关系。感官作为感官来说是完全没有确定性的，而进行判定的主体，为要能够判定一个对象，就得要使它的感官性的直观和概念有关系。

绝对大这个概念是属于判断的能力的。使我们称一个感性对象为绝对大的判断并不牵连到认识的任何原理。我们之所以称对象为绝对大，或者称它们为崇高，是因为我们觉得我们不能想象有任何对象是能比之更大的。这个判断不是一个认识的判断而是一个审美的判断。

看来也许好像当我们断言一个对象是绝对大时，我们心目中并没有什么比较性质的东西。现在毫无疑问，如果我们拿一个客观上的确定尺度作为我们的标准，就是说，如果我们用一个固定的单位进行比较来确定我们对象的量，我们是不能称任何对象为绝对大的。单纯是和那单位或者和其大小是我们知道的其他对象相比较，这个对象才是大的。但是一定要有某种标准，因为在我们称一个对象为绝对大时，我们是要求每一个其他的主体都同意的。容易看到，关于崇高的这种判断不是客观的判断，而且在这种判断里所陈述的，只是我们这些进行判断的主体，觉得没有可能来想象一个更大的对象能存在。我们不能够把所说的对象在其总体上抓住。我们这样感觉到的时候，并没有想到去把我们的对象和其他对象进行比较而确定它的客观大小。在把普遍的有效性划归我们的判断时，我们是涉及其他主体的。我们先行假定每一个别的人都将要觉得正如我们所觉得的那样,没有可能来想象一个比之更大的对象的存在,而其结果就是,每一个人都将一致同意我们称这对象为崇高。

我们看到进行判断的诸主体是提供所说的判断所需要的标准的,而这个标准并不是所判定的对象从它的自身来说的,而是这个对象从在其对于进行判断的主体的关系上来说的。这种判断乃是一个反思的审美判断而不是一个客观的逻辑判断。"所以确是处在判断的基础上的一个标准,一个我们先行假定是对每一个人来说都是同样的标准。但是它乃是一个标准,不适合于逻辑上或数学上所确定关于大的鉴定的,而只适合于一种审美的鉴定的,因为它乃是单纯主观的标准,作为对大的反思的判断的基础的。"①

须要注意的另一点就是,虽然我们可能对于一个对象的存在毫无兴趣,但是它的单纯伟大性是能在我们里面引起一种喜悦感的。给我们愉快的乃是对于对象的单纯静观,而我们把普遍可传达性归之于这种愉快,就是说,我们假定,每一个别的人都会感觉到同样的愉快。

在这一切上,我们关于崇高的判断和我们关于美的判断是一致的。可是在这两类判断之间值得注意的分别就是,我们不能称一个对象为美的而不同时以一种有意图的形式归之于所说的对象本身。我们称这个对象本身为美的,是因为在其形式方面,它像是预先适合于我们的判断能力的。反之,我们判定为崇高的对象是我们觉得没有任何形状的,它是不适合于我们的判断能力的。我们判定它为绝对大的,正是为着这个缘故,就是我们不能够把它作为一个整体抓住。

在一个关于美的东西的判断这种情况下,我们的判断能力在想象到这个对象时,觉知到想象力与知性的一种和谐。这就给我们愉快而且使我们假定每一个别的人,在表象这个对象时,将要对于这个对象觉得有同样的愉快,这个愉快是从诸认识能力的使用中那种主观的有意图性发生的。但是好像很难理解,我们判定为绝对大的对象如何能给我们任何种的愉快,我们既是不能抓住它,又怎能给我们这种感情,觉得它在其对于我们认识能力的使用的关系上是有意图的呢？我们懂得(a)我们关于崇

① 《判断力批判》,249 页。

高的判断都是单纯反思的判断，而作为这种判断来说，它们是必须区别于用测量来确定对象大小的判断的，并且(b)处在这些判断的基础上的有意图性这个理念，必须是一种很特别的有意图性的理念。

"当我们无条件地谈到一个对象……说它是大的时，这不是一个数学上确定性的判断，而是一个单纯反思的判断，其与之有关的，乃是这个对象的这种表象，对于我们认识力量在鉴定量上的某一定的使用来说，是主观有意图的。"①

为了理解这点，我们首先就要又一次确定数学上确定性的判断和使我们判定一个对象为绝对大的那种反思判断这两类判断之间的分别。就数学上确定性的判断来说，从来没有任何对象是被判定为绝对大的，因为这些判断的任务乃是要在客观上确定一个对象实际是多么大的。它们这样做是拿别的对象为其测量的标准的，当下的对象可能是十倍，百倍，乃至一百万倍大于任何其他对象的，然而总是不能有绝对大这个理念的发生。因为在自然中，永远不能有什么东西被给予出来，不管它是怎么大，而在某其他的关系上来看，不可能是无限小的，一经我们把一个对象和其他对象比较起来，我们就不能发现它是绝对大的了。例如一座大山和任何别的一座大山比较起来可能是大的，但是当我们在某其他的关系上去看它的时候，它又将被判定为小的了。绝对大这个概念，或者无可比拟大这个概念，乃是一个审美的概念。当我们称一个对象为绝对大或崇高时，我们的意思是说，对于这个对象来说，不容许在它自身以外去寻找一个适当的标准，而单纯是在它自身里面去寻找这种标准。"它乃是一种大小量，单独和其自身相似的。""崇高的东西乃是那种东西，同它比较起来，一切其他都是渺小的。"②

我们曾说过，没有对象和其他对象比较，是能被判定为绝对大的。绝对大这个理念使其对象的表象与之有关系的，不是其他对象而是主体。感觉到它向其自身所表现的对象是大于任何其他东西的，乃是能感觉的主体，"从这就推断出，不是在自然对象中，而只是在我们自己的理念中去

① 《判断力批判》，249 页。

② 《判断力批判》，250 页。

寻找崇高。要说明它是以这二者之中哪一个为基础,这就必须留待演绎了"①。

很清楚,要理解康德所说的是什么意思,是很难的,但是最后一句话告诉我们他在后面是要说明的。在本节里,他所做出的只是他的论证的概要。据说虽然我们的想象力是极力推向前进以至无穷,虽然理性是要求有一个绝对的总体作为一个实在的理念,可是我们鉴定感官世界中事物的能力是不能达到这种理念的,这个事实,就在我们里面唤起我们内心的一种超感性能力的这个感觉。

康德相信我们的想象力有一种自然的倾向,要随着一个所与的杂多的领会而无限定地前进的。

在自然中有某一定的对象是我们不能理解的,我们的想象力感觉受到抑制。它不能达到当下所与的感性对象的总体,想象力不能前进了,这就使主体想起理性的总体这个理念,而理性在设想到总体这个理念时,既然不是和感性世界有关而是和超感性的世界有关的,所以我们之不能理解某一定自然对象的总体,就使我们想起我们心中的一种超感性的能力。

现在就容易看到康德相信一个对象单纯大这个表象是含有"我们认识的诸能力的使用中一种主观的有意图性这个意识的",其理由是什么。被判定为崇高的对象决不是有意图的,因为所说的对象所适合的唯一意图,就是它使我们想到我们想象到理性的理念的这种能力。正是由于我们不能鉴定当下的感性对象,就在我们里面唤起我们心中有一种超感性的力量这种感觉。所说的对象是有意图的,只是就这点来说的,就是它引起判断的能力去借助于唯一和超感性的东西有关的心灵那种能力,即理性。

"绝对大的,并不是感官对象,而是判断能力的一种用途,这就是判断能力很自然地使用的这种用途为着要产生这种感觉的[即我们心中关于超感性的东西的那种感觉];和这比较起来,任何其他用途都是渺小的。换句话说,可以称为崇高的不是当下的对象,而是引起判断能力注意的某

① 《判断力批判》,250页。

一定的表象所使之发生的那种心灵因素(Geistesstimmung)。"[1]

"在其被思维这种可能性也就是一种超过任何感官的标准的心灵能力之存在的证据,这种东西就是崇高的。"[2]

第二十六节

在这一节里所提出的论证可以转述如下。鉴定对象的大小有两种方法:即(a)用数目(或代数的符号)进行鉴定,这就可称为数学的鉴定;(b)用眼来鉴定,这就可称为审美的鉴定。如我们已经说过了的那样,一个大小量的数学鉴定是能无定限地单纯一个单位加上一个单位而前进的。可是必须注意,这种鉴定必须使用一种作为已知的量的基本单位,这种基本单位是不能再予以确定的。这种不能约的基本单位怎能被鉴定,其大小怎能被确定呢? 显然是靠直观的。除了直接(就是说不以数的概念为媒介)在直观里抓住它之外,我们别无他法能够想象我们用来测量的那个最初的而且是基本的单位。可是"一切关于自然对象的大小量的鉴定,到了最后还是审美的[3],也就是说是主观确定的,而不是客观确定的"[4]。

很不错,就大小量的数学鉴定来说,我们永远不能遇到一个最大可能的对象。数学鉴定是单纯前进的,它是从一个数前进到另一个数的,它能无定限地这样推进,因为随意把许多的数一个加到另一个的上面,这是毫无困难的。

在审美的鉴定或用眼来鉴定的情况下,事情就不是这样了,因为审美鉴定得要在一个直观里去抓住当下的对象,作为一个整体去在心里想象它,这就不能不涉及那个基本的审美尺度,而这个尺度是要保持在想象中的。对象越大,我们用来做我们测量的根据的基本尺度也就必须越大。为要在审美上判定一个对象的大小量,我们必须按照这个对象的大小量而增大其尺度。不然的话,我们就不能在直观上把这个对象向我们自己表现出来;可是这是不能无限度地继续下去的,主观上存在着一个绝对的

---

① 《判断力批判》,250 页。

② 《判断力批判》,250 页。

③ "审美的"这词在德语和英语中都又可作为"感性的"解。——译者附注

④ 《判断力批判》,251 页。

尺度，那就是在它之外，并没有更大的尺度是可能的。

何以必须有这样一个绝对大的尺度呢？康德的答复就是，为了在直观上接收一个限量(quantum)以便能够使用它作为测量大小量的基本单位，想象力就得要做到两种操作，(a)领会(德文的 Auffassung，了解，拉丁文的 apprehensio，抓住)和(b)掌握(德文的 Zusammenfassung，抓在一起，拉丁文的 comprehensio aesthetica，感性地掌握在一起)。

我在这里首先得要说明康德所谓 comprehension 是什么意思，困难就是，在英语里，comprehend(动词)与 comprehension(名词)是和 understand(动词)与 understanding(名词)同义的，而德语的 zusammenfassen(动词)与 Zusammenfassung(名词)这两个词是有拉丁语 comprehendere 这词的原本意义的，所以 zusammenfassen 的意思就是把东西放在一起。如果懂得这点，那么领会(德文的 Auffassung)和掌握(德文的 Zusammenfassung)两词的分别就完全清楚了。领会就是对于一个个别的表象的直接觉知，而掌握就是把几个分开的表象放在一起，或者说结合起来。在下文我将在这个意义上使用 comprehend 与 comprehension 这两个词。我对于所说的德语两个词的解释，我希望将使读者提防把英语的词在其通常的意义上去理解①。

康德的论证就是直观的领会这个过程是能无限制地继续下去的。只是所要领会的直观为数越多，掌握就越来越是困难。不久它就达到它的极限，而这种极限就是大小量的鉴定所需要在审美上的最大尺度。“因为在领会已进行到这么远，以至始初领会的感官上的直观，其部分的一些表象开始从想象中消逝，于是在想象力推进到还有其他的表象时，一端所失去的等于他端所获得的，而在这样的掌握中就达到了一个极限，过此则想

---

① zusammenfassen 与 Zusammenfassung 这两个词在现代德语中的更通常的意义乃是扼要地讲(英语的 summarise)与梗概(英语的 summary)。注意到这点是有趣味的，就是法语 comprendre 这词像英语 comprehend 这词一样，意思是了解而失去它的原义。一个德国人是会用 verstehen 或 begreifen 来翻译法语的 comprendre 和英语的 comprehend 的。其次，德语的 begreifen 与 Begriff 已失去它们和 greifen 原来的联系，即紧抓、捉住或握住的意思。其实要一个德国人在使用 Begriff 这词时，记得它和 greifen 的原来联系以及其普通的意义作为了解或者说心理上把握住来用这个派生的性质是会需要相当多的反思的。英语 grasp 这词有字面上和转义的同样意思，这就是不同的情况了。——作者原注

象力不能前进了。"①

可能有人要问，何以康德把领会（apprehension）和掌握（comprehension）同归之于想象力，而且这样做是否和《纯粹理性批判》的学说相一致，其答复是简单的。关于领会，康德在第一部《批判》里曾指出用直观来谈单纯的领会乃是一种抽象。单纯领会会是关于一个个体表象的直接觉知。可是事实上，从来就没有直观是关于一个个体表象的直观。它总是许许多多表象的直观，而这样一来，领会就总是和想象的综合结合在一起的，想象的综合是使我们能够把直观中所要领会的杂多的不同表象结合起来的。为要能够完成领会的这个综合，我们就必须具有想象性再生的一种能力，"所以领会的综合是不可分地和再生的综合结合在一起的"②。

谈到掌握（comprehension），它就显然是要归之于想象力的，因为依康德的说法，想象力乃是使我们能够结合一些表象的这种心的能力。它是完成诸表象的综合的，而且事实上可以说为心灵的唯一主动力量，由于直观本身乃是纯然被动的。直观是单纯接受印象的，而且如我们刚才所曾看到的那样，它乃至不能给我们领会。知性就不同，知性是产生综合的规则的，而这种综合本身乃是想象力所完成的。

在这里就有一种困难，因为对于康德的论证可以提出反对的意见说，他在第一部《批判》里又曾告诉我们说，再生的综合总是和认识的综合或者说一个概念结合在一起的。他曾把它弄得十分清楚，除非再生的综合（领会）能为概念所确定，否则把所领会的各单位放在一起就会成为枉然的。如果它不是这样可以为知性的概念所确定的话，那么这个想象的综合就不会导致什么结果的。在《纯粹理性批判》的很有兴趣的一个段落里③，康德称想象力为灵魂的一种盲目作用，而在同一段落里，我们读到以下的一些话："首先必须被给予出来而以一切对象的验前知识为目的的东西就是纯粹直观的杂多；所包含的第二种因素，就是这种杂多通过想象力的综合。但是乃至这个也还不产生知识出来，给这种纯粹综合以其统

① 《判断力批判》，252页。

② 《纯粹理性批判》，A102。

③ B103。

一性和单独是在于这种必须综合的统一性的一些概念就提供关于一个对象的知识所需要的第三种东西。”①

在这几个段落的前面，康德下综合的定义为“把一些不同的表象放在一起（verschiedene Vorstellungen zu einander hinzuzutun）的活动以及把它们里面杂多的东西在一个知识[的活动]里抓住（ihre Mannigfaltigkeit in einer Erkenntnis zu begreifen）”②。

在读到综合的这种说明时，人们总是想要把综合和康德在本节里称为掌握的（拉丁文的 comprehensio，德文的 Zusammenfassung）同一起来，而且人们自然而然就开始觉得奇怪，康德如何能够主张关于崇高的判断的作出是完全独立于知性的概念的。可是这样的一种批评是忽略了一个很重要的点的。康德在这里所谈的乃是一特种的判断，即审美判断。他没有撤回他认为一切逻辑的判断都是以概念为它们的有效性所依靠的这种见解，以及想象力单靠自己是永远不能给我们任何知识的这种见解。关于崇高的判断就与此不同，这些判断乃至不是以知识为目的的，因而是无须涉及知性与其概念的。想象力完成领会与掌握这两种操作，这里的掌握不得与包含在我们逻辑的判断里面的智力性综合混淆起来。康德给它以一个特别的名称，审美的掌握（拉丁文的 comprehensio aesthetica），以别于逻辑的掌握（拉丁文的 comprehensio logica）。

另一方面，一个想要在客观上确定一个东西的大小量的判断，显然就是一个逻辑的或者说认识的判断，而作为这样一个判断来说，它必须使用知性的概念的。康德在这里指明知性总是有这样的概念准备着的（数的概念）。在这点上毫无困难。想象力在知性的支持下，而知性的概念是想象力所图型化的，想象力就能完成领会以及掌握的两种操作，而没有任何东西为它的障碍。基本的尺度是可以无定限地增大，然而它还是能够为一定的数的概念所确定的。

困难只是关于大小量的审美鉴定，因为当它在审美上判定一个对象时，想象力得要在一个直观里面抓住这个基本尺度，而康德极力主张这是

① B104。

② B103。

有一种绝对的限制的。尺度越是增大，想象力就越难在一个直观里面抓住它，而很快就达到一点是想象力不能超过的了，这就是那绝对的尺度，主观上在这之外就没有可能更大的了。康德的论点就是：当绝对的尺度已经为想象力所达到时，其主体就得到一种崇高感。

为要了解关于崇高的这种判断的特别性质，我们只需把它们和在客观上确定自然对象的大小这种判断进行比较。换句话说，我们只需拿大小量的审美鉴定和大小量的数学鉴定来作对比。康德很清楚地说明这个区别。他宣称，就数学的鉴定来说，想象力能够自行前进以至无穷而不会碰见任何阻碍，因为知性以数的概念来引导它，而想象力就必须替这些概念提供其图型。康德接着如下那样说："在大小量这种数学的鉴定里，无论想象力所选择作为它的单位的是一个一看便能理会的大小量，例如一英尺或者一普茨，或者它是选择一德哩或者甚至地球的直径，知性总是同样得到好的待遇而感到满意。因为关于后面的几个单位，它们的领会固然是可能的，但是想象力对于它们在一个直观里的掌握就不是这样的。那就是说，用一种审美的掌握是没有可能的，虽然用一个数的概念里的逻辑掌握是完全可能的。在这两种的情况下，大小量的逻辑鉴定是毫无障碍地进展到无穷的。"①

现在就容易明白何以康德认为在完成审美的掌握时，想象力是无须涉及知性的概念的。在我们里面唤起崇高感，正是我们对象的不可掌握性。正因为我们的想象力不能掌握当下的对象，所以我们才称这对象为崇高的。

康德一再强调说，像这样达到的判断乃是纯然审美的判断，而作为这样的一个判断来说，它根本上是不同于客观的判断的，也就是说不同于知性或理性所作出的判断："一个纯粹关于崇高的判断，如果它要成为一个审美判断而不和知性或理性的任何判断混淆起来，就必不得有与其对象关联着的任何意图②作为它的决定根据。"③

---

① 《判断力批判》，254 页。

② 如果在判定一个对象为崇高时，我们涉及它的意图，事实上我们就是作出一个理性的判断，因为意图乃是理性的概念。——作者原注

③ 《判断力批判》，253 页。

但是这里我们又发现一种新的困难。常常说过我们的审美判断完全不是关于对象的判断，而是关于主体所感觉到的愉快的判断，谈到关于崇高的判断时，亦复如是。我们也曾看到与审美反思判断有关的愉快必然是属于一特种的。它必然是包含有一种主观有意图性这个理念的。在对于当下的对象感到愉快而判定它为有意图的时候，作判断的主体是把普遍有效性归之于所作出的判断的，就是说，这个主体假定任何其他主体在觉知到这个主观的有意图性时，将要感觉到同样的愉快的。

至于鉴赏判断，上面已经指明这样一个主观有意图性的理念是怎样发生的，对于这种主观有意图性的觉知是怎样给我们愉快，以及何以我们有资格来把普遍有效性归之于这样的愉快的。

但是既然在鉴定大小量当中，我们是被逼到一点，而在那点上“我们的想象能力不具有足够的力量来呈现一个大小量的概念”，那么我们又怎能把主观的有意图性归之于崇高的对象或者说绝对大的对象，我们怎能对它感到愉快而且把普遍有效性归之于这种愉快呢?①

康德对于这个问题的解答是这样的。大小量的数学鉴定是永远不能达到绝对大这个理念的。这种鉴定乃是单纯前进的而从一定数系列的一项前进到另一项，并不去理会到那杂多的掌握。审美的鉴定则不同，它是达到绝对大这个理念的，原因就是它总是想要把所与的一些直观在一个直观里掌握起来。在我们判定一个对象为绝对的或无限的大的时候，我们是相信有一个具有无限的量的对象在直观中对我们被给予出来。可是，在《纯粹理性批判》一书中已经说明，与绝对或无限有关的心灵能力只有一个，就是理性。而且又说明理性是使任何对象都受到总体这个理念的支配的，乃至直观的纯粹形式都使之受到这个理念的支配，而且理性是把空间与时间的无限数目的部分都看为在其总体里被给予的②。康德的论证是如下进行的，在我们大小量的审美鉴定中，我们碰见无限大的对象，即不能与任何其他自然对象相比较的这样的对象。我们觉得有一个绝对大的对象在其总体上对我们被给予出来，而这就叫我们想起理性的

① 上引文见《判断力批判》，253 页。

② 参看上文《纯粹理性批判》部分“理性的宇宙论——二律背驰”一段的中段。

原理，能想到绝对大的东西这个单纯力量就是表示着心灵一种超过感官任何标准的能力。“但是，能够甚至只想到(auch nur denken zu können)这个所与的无限而没有矛盾——这就需要人类心灵中一种本身就是超感性的能力。”①

在数学鉴定的情况下，形势就完全不同了。康德说：“关于大小量的数学鉴定，想象力对于任何对象都是胜任的，而且为着这种鉴定，它总是能够提供一个与之适合的尺度，因为知性的数的概念，通过累进就能使任何尺度适合于任何所与的大小量。”②

由于自然在其那些现象里是在它们的直观中有着它们的无限性这种理念的，所以自然才被判定为崇高或者说绝对大的，可见使我们设想到绝对大的作为崇高看的这个理念必须是大小量的审美鉴定(就是说，一种鉴定，它不只是累进的，而且是想要在直观的一个整体中抓住这个累进的领会的)。

康德指出，在大小量的审美鉴定中，我们感觉到想象力所作出的那种朝向着抓住全部的努力。与此同时，心灵又觉知到想象力(想象力，就领会来说，是能无限定地前进的)没有能力去找到测量的一种基本单位能够适合于其大小量必须予以鉴定的那个对象。康德认为，既然自然应有的不能变更的尺度是它的绝对整体，那就可以推断说，当我们发现一个对象其大小量是这样的，即令想象力对它耗尽它的全部理解的能力还是徒然的，在这时，这种对象，或者更确切地说，它的表象就必然是把我们大过任何感官标准的自然这个概念带到超感性的境界那里去。

现在就容易懂得康德的论证了，可以把它扼要地如下来讲：判断能力判定一个对象为绝对大的，其理由就是它觉知到这个事实，就是想象力在感官的世界里不能找到足够大的一个尺度，可用来作测量这个对象的标准的，这就使那个进行判断的主体想到一个不同的标准，即超感性的这个理念，和这个标准比较起来感官世界的一切东西都是无限小的。在这样做时，它就使想象力和理性有了关系了。

---

① 《判断力批判》，254 页。

② 《判断力批判》，255 页。

可是,由于当下的判断乃是单纯审美的判断,所以就不是使想象力和理性的随便哪一定的概念有关系,而只是使之和一般的理性原理有关系。

这和关于美的东西那种审美判断的类似是清楚的。“所以正如审美判断,在判定美的东西时,使想象力在其自由活动中和知性有关系,以便它[想象力]可以符合于一般的知性概念,却没有确定这些概念,那么在判定一个东西为崇高时,审美判断就使同样的能力[即想象力]和理性有关系,以便它[想象力]在主观上符合于理性的理念,而没有指明哪一个理性是被涉及的。”①

现在就容易理解何以康德认为我们在其里面称对象为崇高的那些判断是以一个特别的有意图性的理念为其依据的。崇高对象之所以是有意图的,只是在其对于进行判定的主体的心灵的关系上的。它的为有意图的,是就它使进行判断的主体叫想象力与理性之间发生一种未明确的关系这点来说的。所归之于对象的意图乃是纯然主观的意图。康德深信人类心灵有一种自然的愿望要有别的东西提醒它这个事实,就是它据有理性这个能力。人都喜欢有什么使他们意识到这个事实,就是他们是有理性的人。他们不是被限制于感官的世界的,而是能提高自己到这个世界之上的。意识到这种能力就使他们充满着愉快,但是这种感觉当然像任何其他愉快一样,是纯然主观的。崇高性乃是一种感觉,而不是任何对象的一种属性。

“我们由于可以见得真正的崇高性只是在进行判断的主体的心中去找,而不是在其鉴定是引起进行判断的主体的那种心情(Stimmung)的自然对象那里面去找,譬如说,胡乱堆积起来毫无一定形状的重山叠岭,顶上积雪,或者是阴沉沉的狂暴海洋,谁会称这样的东西为崇高的呢? 那就是心。当心在静观这样的东西而毫不注意到它们的形状时,它就沉迷于想象力而又沉迷于理性,把想象力或理性和它自己结合起来(虽然是没有任何一定的意图的),在这种时候,心就觉得提高了对于自己的估价——这里的理性是扩大了(erweitert)想象力的;然而,心还是觉得想象力的全

① 《判断力批判》,256 页。

部力量依然够不上理性的理念。”①

第二十七节

我们在前节曾弄清楚了，我们在作出关于数学上的崇高或者说绝对的大的判断时，我们是使我们对象的表象和理性与其绝对总体这个理念有关系的。所以我们关于崇高的判断，在对于我们的对象的一种尊重的感情里显示出来，这是不奇怪的。其实所谓尊重可以形容为“我们无能达到对我们是规律的一个理念这种感觉”②。

在《实践理性批判》一书里曾说明，当我们觉知到我们不得不按照道德律的命令而行动，而同时又觉知到我们作为有限的存在者是永远不能完全与之适合的，那时我们就必然对于这规律感觉到尊重。一个有限的存在者知道他的一切行动都应该为道德的客观规律所决定，而同时又觉知到他在任何时候都不能实现对他的要求，他就感觉到尊重。产生这种感情的乃是对于我们无能的意识，这种感情是不会存在于一个按其本性就会和道德律完全一致的纯理性的存在者的③。

伴随着我们关于崇高的判断的这个感情乃是属于很类似的一类的。在我们觉知到我们不能在直观的一个整体里掌握得住所说的对象时，我们就把那对象说成是崇高的或绝对大的。我们的想象力竭尽全力也不能把给予它的对象在一个直观的全体里掌握得住，这就使我们想到绝对总体这个理性的理念。除了绝对整体外不承认任何其他尺度的乃是理性。我们所感觉到对于对象的尊重，其发生只是因为这个对象的表象使我们涉及理性与其总体的理念。从这个事实就可见得，正当地说来，我们不是对于当下的对象感觉到尊重，而是对于当下的对象的表象使我们所想起的理性的原理感觉到尊重。我们觉得我们应该实现绝对总体这个理念而我们却不能这样做。对于自然里崇高的东西的尊重感，其实是对于我们自己的命运(Bestimmung)的尊重。“我们是以某种偷换的方法把这种尊重归到自然对象去的，因为我们把对于我们自己里面的人性这个理念的

① 《判断力批判》，256 页。

② 《判断力批判》，257 页。

③ 参看上文《实践理性批判》中“有限的意志和规律的尊重”一段。

尊重和对于当下对象的尊重混淆起来。这就好像使我们心中有了(macht anschaulich)我们认识能力的理性命运对于感性的最大力量的优越性。”①

再者,在《实践理性批判》一书里曾说明过,尊重乃是一个很特别的一种感情,在它里面包含着愉快与痛苦这两种不同质的要素。我们对于道德律的尊重,就其使我们意识到我们是为理性的规律所决定的时候,它就把我们提高到感性世界之上这点来说,那种尊重可以看作一种愉快,但是在这种尊重感里面还包含有痛苦的要素。我们还觉得,竭我们一切的努力,我们都永远不能圆满地实现对我们的要求。

和我们关于崇高的判断结合在一起的尊重感其性质是相类似的,它是一种痛苦感,发生于我们的想象力的不能鉴定对象的大小,因而不能符合于绝对总体的理念这种意识的。但是它也是一种愉快感,因为使我们判定每一个感性的对象和绝对总体的理念比较起来都是无限渺小的正是我们自己的理性。

“所以崇高感乃是一种痛苦感,其发生是当我们发现想象力所完成的大小量的审美鉴定与理性所完成的同样鉴定这两者之间缺乏协调的时候。但是与此同时,在我们里面又激起一种愉快感,这种愉快感的激起是因为我们正好同意这个判断,这个判断是表示乃至感性的最大力量和理性的理念比较起来还是不相称的。它之所以发生,是因为我们应该向着这些理念争取,这对我们来说原是一条规律,因为我们应该把自然中(作为感官的对象)对我们来说是大的每一个东西,都思想为与理性的理念比较起来是渺小的。这是我们的理性强加在我们身上的一条规律而属于我们的命运的;而每一个在我们里面激起这种超感性命运的感觉的东西都是与这条规律相和合的。可是在我们的想象力想要替大小量的鉴定显出一个单位的这种最大的努力之中是涉及某绝对大的东西的,结果也就涉及理性这条规律,这条规律是规定着除了绝对大者之外,不得接受任何东西为大小量的最大可能的尺度。这样一来就使我们的内部知觉感到这个事实,就是每一个属于感官的标准,在其与大小量的鉴定比较起来是不足

① 《判断力批判》,257页。

的这个事实，这是和理性的规律相和合的。使我们发觉我们超感性的命运的乃是一种痛苦，而在这点上，它是有意图的，而结果就是发现感性的每一个标准都够不上理性的理念，这是令人愉快的。"①

现在，康德的论证就完全清楚了。人类心灵据有理性的能力，是不能在绝对总体以外承认任何其他尺度的。在审美地鉴定感性的对象时，我们就觉知到这个事实，就是我们完全不能满足对我们的要求。我们发现我们的想象力在想象到某些对象时，不能在感性的对象之中找出测量这对象的一个适当的标准，我们感觉到当下的对象是绝对大的。但是这种感觉的根据是什么呢？不是别的，而是我们觉知到我们想象力的无能，这是一种痛苦感。我们感觉到作为属于感官的存在者来说，我们是不能在想象上鉴定某些感性对象的大小量的，更不必说满足理性的这个要求，就是我们应该除世界的总体外不承认任何其他东西为最高的尺度。

我们觉知到我们的想象力不能鉴定某些感性对象的大小量而这就使我们称它们为崇高的，但是与此同时，我们对于属于感官的能力总是不能符合于理性的理念这个事实又感到愉快。这就使我们感觉到我们超感性的命运，我们觉得被提高到感官世界之上。

我们对于每一个感性的标准都达不到理性的理念这种体会，感觉到愉快。我们判定为崇高的对象，就其表象使我们能与理性以及它的原理有关系这点来说，可以看为有意图的。

我们对于对象觉得愉快，乃是因为它使我们体会到这个事实，就是每一个感官对象，乃至那些对我们的想象力像是绝对大的，都是达不到绝对总体这个理念的。能觉知到想象力的无能是叫一个有理性的存在者感到愉快的，它感觉到自己被提高到感性世界之上。因为虽然被判定的对象，像是对于我们的想象力是讨厌的，因为想象力是不能掌握它的，对于我们的理性，它却像是有吸引力的。

"想象力在领会直观的过程中被驱使到的超经验的东西，对于想象力说来，像是一个它怕失足在其里面的深渊似的。然而在其对于理性的超感性的东西的关系上，它却不是超经验的。与此相反，应该有想象力的这

① 《判断力批判》，257页，258页。

种努力的发生乃是符合于理性的规律的。换句话说,它[即超经验的东西]反为照着它对于单纯感性的讨厌程度是有其吸引力的。”①

我们无论如何必不可把关于崇高的纯然审美判断和逻辑的或者说认识的判断混淆起来,而且我们必须记得,在作出关于崇高的纯然审美判断时,我们对我们关于对象的知识是完全没有兴趣的。这些判断并不使用任何概念,而单纯使我们感觉到我们的各种认识能力之间有一种未确定的协调,然而这种协调是完全不同于处在我们关于美的东西的判断的基础上的那种协调的。在关于崇高的判断里面,所包含的两种能力,即想象力与理性,是由于它们的显著不同而为人感到它们毕竟是和合的;而在关于美的东西的审美判断里,我们就觉知到我们的认识能力彼此间的完全协调。而我们以主观的有意图性归之于当下的对象,是因为在想象它的时候,我们觉得所包含的两种心力是相互一致的。我们关于崇高的判断就不是这样的,在那里,主观的有意图性是发生于我们对于想象力与理性的不调和这种意识的。这种不调和意识给我们愉快,是因为在我们作为有理性的存在者的能量里,我们乐于想象到我们属于感官的能力和属于理性的能力的分歧性。

“因为正如在美的东西的鉴定中,想象力与知性通过它们的协调而产生心的诸力量的一种主观的有意图性,同样地,想象力与理性通过它们之间的不调和而在这里产生同样的结果。想象力与理性在我们里面唤起一种感觉,使我们觉得我们拥有一种纯粹的而且独立的理性,或者说一种鉴定大小量的能力,其长处是不能使之一见而知的(anschaulich gemacht),除非是通过那能力的不足的表现。那能力靠其自身是有无限制的力量来显示感性对象的大小量的。”②

在本节的剩下几部分里,很少对所曾说过的有什么增加,而我只引用两个段落,在其里面康德的主要思想是显得特别清楚的。

“关于崇高的感觉,其质可以形容如下。它是一种痛苦感。我们感到这个痛苦,是由于我们在审美上鉴定一个对象的力量的[不足]。而这种

① 《判断力批判》,258页。

② 《判断力批判》,258页。

痛苦却是被表现为有意图的。这之成为可能，只是因为我们自己的无能帮助我们去意识到我们这同一主体所具有的无限制能力（同样主体的一种无限制的能力 eines unbeschränkten Vermögens desselben Subjects），而且是因为心灵只由于意识到前者才能在审美上鉴定后者的。”①

“现在，当一个大小量在一个直观中几乎达到我们掌握能力的限度时，然而还需要我们的想象力用数的一些大小量（关于这些大小量我们是意识到拥有一种无限制的力量的）去进行到一个更大的统一里面的审美掌握，那么我们就觉得我们的心灵在审美上是局限在限度之内的了。然而我们应该扩大我们想象力的力量，以便使它成为相称于我们理性的能力中无限定的东西，即绝对整体这个理念。换句话说，正是我们的想象力不适合于它的各种意图这个事实，就使我们把它看为在其对于在我们里面唤起它的那些理性的理念的关系上是有意图的。情况就是这样的，审美判断对于作为理念的来源的理性来说，就成为有意图的，那就是说，它在其对于与之比较起来一切审美的掌握都是渺小的那种智力的掌握的关系上，才变成是有意图的；而所说的对象是借助于只有通过一种痛苦的媒介才是可能的那种愉快，然后被接受为崇高的。”②

第二十八节

康德关于在本节里所提出的“力学上的崇高”的理论，比之他关于“数学上的崇高”的理论是这么容易得多，所以我只将讨论他的论证的重点，而不去管其细目。

“数学上的崇高”与“力学上的崇高”这两个词组是容易说明的。数学上崇高的东西乃是一个对象，对于进行判断的主体说来，像是具有无限的量的。力学上崇高的东西乃是一个对象，对于进行判断的主体说来，像是具有无限的力量的。康德的论证是如下进行的，为要能够鉴定自然为在力学上是崇高的，我们就必须把它想象为惧怕的来源。在想象到这种对象时，我们觉得乃至企图对它提出任何抵抗都是完全不可能的。这种对

① 《判断力批判》，259 页。

② 《判断力批判》，259 页，260 页。

象是被思想为无限优越于我们自己的。可是必须注意,如果我们是要判定一个对象为无限有力的或者说在力学上是崇高的,我们必须不是处在一种现实的惧怕的状态上,因为在我们惧怕某东西时,我们是完全不能判定它的。当我们设身处在一个人的地位上,他是想要对所说的对象提出抵抗而觉得任何这样的企图都会是枉然的,这个时候,崇高感才在我们里面发生。我们必不可实际上确是在这样的一种情况上,我们必不可惧怕我们的对象。我们看我们的对象是可怕的,然而我们却不怕它。

可是,看得清楚,单独这种想象上无办法的情况,不能是我们判定对象为力学上崇高的唯一条件。我们曾看到,关于数学上崇高或者说绝对大的那种判断是依据两种条件的。首先,我们得要觉知到我们想象力的无力。想象力,由于不能掌握当下的对象,就觉得它是绝对大的,而进行判断的主体就这样觉知到它作为一个属于感官的存在者的限制。但是我们又曾看到,在觉知到它的想象力的无力时,那个主体就借助于它的理性的能力,而这能力就给它一个标准,和这标准比较起来,任何感性的标准都是无限渺小的。这个主体觉得它作为一个有理性的存在者来说,是无限优越于乃至最大的自然对象的。"自然既是这么广大无边,而我们的能力又无能来提供一个标准,在自然的这个范围里是适合于大小量的审美鉴定的,于是我们就发现我们自己的种种限制。然而与此同时,我们在我们的理性的能力里发现一种非感官性的标准,其中包含着作为它的基本单位的,正是那无限性,与之比较起来,自然中的任何东西都是渺小的。换言之,我们在我们心中发现一种优越于自然在其广大性上的东西。"①

我们关于力学上崇高的判断是以和上述的很类似的原理为其基础的。我们判定为崇高的对象使我们意识到我们自己作为属于感官的存在者的无办法。我们觉得物理上的自然远胜于我们,觉得任何想要向它提出抵抗的企图都会是徒劳无功的,但是我们又觉得在我们里面有一种远远胜于自然的能力,称为崇高的对象向我们显出我们的能力是能想我们为独立于自然的。在物理上我们是毫无办法的,自然可能夺去我们的一

① 《判断力批判》,261页。

切(我们所有的一切财货,我们的健康与生命),但是它对于我们道德的人格是没有威力的。我们在物理上不如自然,这种感觉就激起我们在道德上的优越感。“所以我们在这里称自然为崇高的,只是因为它促使想象力去想象到那一些情况,是心灵能使它自己感觉到它原来命运的崇高性,从而乃至提升它高过自然。”①这样一来,就又一次变为十分清楚,崇高性决不是自然对象的属性而单独属于人类的心灵的。我们称事物为崇高的,其理由就是这些事物使我们感觉到我们自己的心灵的崇高性。

我们将要看出康德关于力学上的崇高的理论在各方面都是和他关于数学上崇高的理论相一致的。他又一次说崇高性这个理念是发生于这个事实的,就是在想象到当下的对象时,我们觉得我们的理性本性,对于自然来说,乃至在自然的广大性方面,还是胜过一筹的,而且他提出这种见解,认为使我们感觉到这点的乃是我们关于我们想象力的无能这种意识。康德没有明说,但是从上下文我们看得很清楚,他还相信我们关于力学上崇高的那种判断是含有愉快与痛苦这两种成分的。之所以感觉到痛苦,是因为我们的想象力把自然的无限优越性对自己呈现出来,而感觉到愉快,是因为这就使我们想到我们作为有理性的存在者而存在着。康德尽可再像前节那样说,“所说的对象是借助于只有通过一种痛苦的媒介才是可能的那种愉快,然后被接受为崇高的”②。

我还想讨论另外一点。在[柏林版的]262页上,康德说,他从而得出关于崇高的判断的那条原理,看来像是太过强词夺理、牵强附会,因而有人会认为它是超出审美判断的范围的。他接着便说,情况实在不是这样,而且又说人们的观察是证明其反面的。这条原理可能是最寻常的判断的基础,虽然我们不总是意识到它的存在。

这是有点易于使人误解的,因为读者可能从而推论出康德是相信他自己是从实际判断的经验性观察得出关于崇高的审美判断的原理的。但是康德的意思实际上不是这样,如从前面几节可以看出,他认为在我们关于崇高的那种审美判断的基础上的原理是一条验前的原理,而且如我们

① 《判断力批判》,262页。

② 《判断力批判》,260页。

所已看到，康德哲学的基本学说之一，就是没有验前的判断是能得自经验性的观察的①。在下一节里他就要处理哪种必然性和验前的有效性能归于关于崇高的审美判断这个问题。他将要说明凡是能接受理性的理念的(empfänglich für Ideen)人必然是要判定某一定的对象为崇高的，而且是有资格来预先假定每一个其他主体都是要和他同意的。而且我们将看到，依康德的意见，只有判断的验前性格，才使先验哲学干涉到这些判断的。如他所说的那样，先验哲学"把这些判断从经验性心理学的范围提出来，否则在那里面它们就会一直埋没在愉快与痛苦的感觉当中，而我们关于它们所能说的只是它们是属于较为更高尚的感情的——那就等于没有说什么"②。我认为康德在第二十八节里说的"人们的观察"必定是理解为人们判断的先验分析，而不是人们经验性的观察。

第二十九节

以下就是在本节里所提出的论证的要点。承认关于崇高的判断应有其普遍的有效性与必然性，像是不可能的。作出这样一个判断的人怎能要求每一个人都同意呢？他怎能要求每一个人都应该称某一定的对象为崇高的呢？这样一个要求像是不能予以承认的。如上面所指明的，崇高感是依赖心灵对于理念的敏感的，而我们怎能预先假定这种敏感是要存在于每个人里面的呢？像是很明显，事实上这种敏感只能存在于高度有文化的人当中。这等人所判定为崇高的对象只会令野蛮人和未开化的人觉得害怕。这种判断是预先假定在进行判断的主体方面有一特种的心情的，即有文化的。那么，怎能替这种判断要求有普遍的有效性与必然性呢？

康德的答复就是，虽然文化对于关于崇高的判断之作出是必需的，但是这个意思并不包含着这种判断是文化的一种原来的产物。对于道德理念的感情不是以一种协定的方式输入社会中来的，它的根源是在人性里面。每一个人都是受着道德律的支配的，而由于这点，我们就可预期每一

① 参看上文《纯粹理性批判》一段中"先验演绎"的最后三个段落，又第一种导言的第十段。

② 《判断力批判》，266页。

个人都会具有对道德理念的感情。在我们发觉一个人对美毫无感觉时，我们就责备他是缺乏欣赏力的；而在我们发觉他对于我们认为是崇高的对象漠不关心的时候，我们就说他没有感情。我们要求每一个人都要有欣赏力又要有感情，而唯一的分别就是，在关于美的东西的一种审美判断的情况下，我们所要求的同意是作为当然的事情的（由于这种判断是使想象力只和知性有关系的），而我们要求别人同意于我们关于崇高的审美判断是根据某一定的主观假定的（由于这些判断是使想象力和理性作为理念的能力有关系的）。我们所假定的乃是道德感情的存在于每一个人，而根据这种假定，我们就以必然性归之于我们的判断。

我想要关于一点附加一句话，虽然这不是康德明说的，然而依我看来是含蕴在他的论证里面的。按照康德的意思，一切审美判断，不管是关于美的东西的判断或者是关于崇高的东西的判断，都是单称判断，就是说，它们只涉及一个对象而且是以一条不能确定的规则为这个对象的表象的准标的。一切审美判断都具有示范的普遍有效性，就是说，我们之所以判定当下的对象为美的或崇高的，乃是因为我们认为它是一条普遍性的模范规则的一个实例。虽然在一个特殊的事例里，我们总是不能证明我们是正确地把当下的对象统摄在那条未确定的规则之下，然而我们是预先假定这条未确定的原理本身是必须为每一个进行判断的主体所承认的。在关于崇高的东西的判断的情况下，这就意味着，只有一个具有想象力和理性这些能力的主体才必然要在意识到这两种能力的协调关系时，感觉到愉快。我们曾看到，关于这种协调的意识（这种协调乃是通过对比的一种协调），其在我们里面发生是当我们想象到一个感性的对象时，觉得我们是有理性的存在者，而作为这样的存在者来说，是无限优越于自然以及包括在自然里面的一切对象的这个时候。关于崇高的东西的审美判断是依据这个预先假定的，这个预先假定就是，这种感情是为每一个有限的有理性的存在者所同有的，就是说，为属于两个世界，即感官世界与能用智力了解的理性世界的每一个存在者所同有的。能感觉到这种愉快的能力不是由于个人的心理特性而来的，这种判断所依据的原理乃是主观上一条必然的验前原理。

“对于判断力批判首要的东西是处于审美判断的这种样式里，即处在这些判断所要求的必然性里，因为表示它们具有一条验前原理的就是这种样式。这种样式把它们从经验性心理学的范围提出来，否则它们就会在那里一直埋没在愉快与痛苦的感觉当中，而我们关于它们所能说的只是它们是属于较为更高尚的感情的——那就等于没有说什么。这样一来，才变为有可能把这些判断而且连带判断的能力和有验前原理的那些判断与能力放在一个类里，像这样，它们就能被引入先验哲学中去。”①

我现在可以结束我关于康德的崇高东西的理论的阐明了，不去管标题为“关于审美反思判断的阐明的一般注释”的那段。

审美判断分析论的其余部分是由两个部分构成的。在其第一部分里，康德处理“审美判断的演绎”，而在第二部分里，他提出他关于艺术与艺术家的理论。

不难看到何以康德在他关于崇高的东西的判断的叙述之后就处理审美判断的演绎以及关于艺术的问题。他之所以这样做的理由像是他要结束了审美判断的分析之后，才从事于它们的演绎和关于艺术与艺术家的讨论。因为如他将要在第三十节所说明的那样，他认为审美判断的演绎只是和关于美的东西的判断有关而不是和关于崇高的东西的判断有关的。也很清楚，艺术和艺术生产的问题与关于崇高的判断无涉，而只与关于美的东西的判断有关的。

我们看到判断力分析论的其余部分只和美的东西有关而与崇高的东西是毫不相干的。这就令我们更加难懂何以康德仍旧把“审美判断力分析论”的这些部分标题为“崇高的分析论”，我不得不承认我对于这点不能找到任何解释。

纯粹审美判断的演绎

第三十节

我们曾屡次说过，我们的鉴赏判断，即关于美的东西的判断，根本是不同于逻辑的判断的。在作出这种判断时，我们所关心的不是我们所判

① 《判断力批判》，266页。

定的对象的属性而是单纯我们自己关于这个对象的主观感情，然而在我们的判断里是存在有对于这个对象的关系的。在我们称一个对象为美的这个时候，我们是预先假定它具有某些性质使想象到它的主体对它感到愉快的。我们诚然并不涉及这些属性，但是我们把一种形式归之于当下的对象，使进行判断的主体意识到它的诸表象能力的一种协调，我们曾称这为主观的有意图性。我们看到，鉴赏判断是在这个意义上和它们的对象有关系的，就是它们以一种必然给每一个主体以愉快的这个形式归之于那对象，我们以之归于这个对象的有意图性乃是单纯主观的，然而我们不能不在某种方式上从这个对象把它得出来。“因为在这种情况下[就是说在我们关于自然中美的东西的判断的情况下]这个有意图性是在这个对象与其形态(Gestalt)里面有其基础的；而这是如此的，既然这个有意图性并不指出这个对象(为了认识性的判断的缘故)按照概念对于其他对象的关系，而单纯涉及那个形式(Form)的领会(Auffassung)，而且这是就这种形式来说明它自己在心灵中是相称于概念的能力而又相称于显示概念的能力的，这一种能力是和领会的能力同一的。”①

容易看到，既然我们鉴赏的判断是这样和它们的对象与其形式有关，那就可以提出这个问题：这种有意图性的原因是什么？或者，何以自然以使我们感觉到我们诸认识能力的协调的对象向我们呈现出来？可见，鉴赏判断的单纯分析是不能认为令人满意的。我们还得要解答这个问题：鉴赏判断是怎样成为可能的，就是说，我们怎能作出一个验前判断是预先假定着自然要以主观上有意图的对象向我们呈现的？既然分析了鉴赏判断为其各种成分之后，我们现在就得要从事于这些判断的演绎，就是说，我们得要问：我们有没有权利来作出鉴赏判断？我们得要说明对于含蕴在它们里面的普遍性与必然性的要求是有正当的理由的。

上面所说的并不适用于我们关于崇高东西的审美判断，因为不像鉴赏判断那样，它们决不涉及它们对象的形式的，它们完全是主观的。如我们所曾见到的，崇高性决不能被看作对象的一种属性，它乃是心灵的一种属性，像我们可以从这个事实推论出来(如果不能从别的东西推论出来的

① 《判断力批判》，279页。

话)。这个事实就是,崇高的东西这个理念发生在我们里面,是在自然以一个我们不能掌握得住的对象向我们呈现的时候,来提出这个问题的,何以自然以我们判定为崇高的对象向我们呈现,这显然是无意义的。想象力与理性之间的一种有意图性的关系这个意识——处在我们关于崇高东西的判断的基础上的那个意识——并不和对象有关系的。那个对象所做的只是给我们一个机会来意识到我们自己心灵的一种能力,使我们想到我们据有理性,因而也就能够设想一个超感性的世界这些理念的不是当下对象本身而是我们自己的心灵。而且很清楚,既然所判定的对象乃是一个感性的对象,它决不能对于在我们意识到我们对于感性世界的优越性的时候所感到的那种愉快而要负责。

关于崇高东西的判断乃是验前并且必然的判断,它们的要求就是每一个使进行判断的主体觉知到它的有理性的性格的对象,都会给这个主体以愉快的。关于崇高东西的判断的“阐明”曾说明人类心灵,作为据有想象力和理性的来说,是能把这些能力互相发生关系,能够觉知到在一个感性对象的呈现出来时它所有的超感性的能力。这样说明这是可能的,我们也就已经成立了这些判断所要求的普遍有效性与必然性。可见它们的“阐明”同时也就是它们的“演绎”,因为阐明已经说明主体,并没有把任何意图归之于自然,就能够使它的各认识能力发生一种有意图性的关系。“当我们谈到自然中崇高的东西时,我们的表达是不妥当的;因为,严格地说,只能以崇高性归之于思考的方式(Denkungsart),或者更确切地说,归之于作为这个方式的基础的人性的要素。对于一个在其他方面来说是无形状的而且不适合于任何意图的(unzweckmässig)对象的领会,只给我们机会来意识到这种方式,而在那限度内,我们是在一种主观上有意图的方式上使用所说的对象。然而这个对象不是靠它自己或者为着它的形式而被判定为主观有意图的……所以我们关于自然中崇高东西的判断的阐明同时也就是它们的演绎。因为在分析判断能力在作出这样判断时所完成的反思动作的过程中,我们发现各认识能力的一种有意图的关系,这种关系是必须使之和意图的能力,即意志,有一种验前的联系的,因而靠其自己是验前有意图的。那么,这就直接包含有那演绎,就是说,包含着这样一个判断所要求的普遍必然有效性是有正当理由的。”①

我们看到需要演绎的只是鉴赏判断。我们的首要任务就是要找出这种演绎将要遵循什么方法。

第三十一节

只有那些对某种必然性有要求的判断才需要演绎，鉴赏的判断就是如此。这些判断是对主观的普遍有效性有其要求的，而在作出这种判断时，我们要求每一个人都应该同意于我们的判断。鉴赏判断不同于逻辑判断，是在于鉴赏判断的述项对于其对象本身没有作出一个断言，而在一个逻辑判断里面，其述项和它的主体是有一种必然的联系的，因为这述项是归于主体作为一种属性的。试举一例。当我们说“这桌是圆的”时候，我们的意思就是说，这个判断的述项(圆的)必然和它的主体联系。可是这个主体就是在这个判断中关于它作出断言的对象而且是某一定属性归之于它的对象。鉴赏判断与此不同，这种判断不把任何属性归之于它们对象本身。然而含蕴在它们里面有对于必然性的要求，因为当我们称一个事物为美的时候，我们的意思就是，所判定的对象必然在每一个判定它的人里面产生愉快，所要求有的愉快是属于特别一种的：它是在主观的有意图性这个意识里面的愉快，其发生是在我们以这个对象向我们自己呈现出来的时候。一个鉴赏判断要求有主观的普遍必然性，而在这样要求时，就得要证明它所作的要求是正当的。我们得要对自己提出这个问题：当我们判定一个事物为美的时候，其理由就是我们对它感到愉快，那么，我们有什么权利来假定每一个别的人都要对它感到同样的愉快，而其结果就是他们都要同意于这个判断呢？

在往下谈以前，我们得要又一次清楚地把主观的审美判断和客观的认识判断区别开来。有两类的认识判断：(a)理论的判断，它们是以知性的概念为基础的(其中有那些是完全以知性的纯粹概念为基础的纯粹验前判断，而知性的纯粹概念乃是我们自然的知识的普遍性条件)；(b)实践

① 《判断力批判》，280 页。

判断,这些判断是以理性的验前概念为基础的①。

不难了解认识判断怎样可以要求有普遍的有效性,因为一经它们所依据的普遍有效性与必然性已得到成立之后,那就容易明白何以利用这些概念的判断是必然的而且是普遍有效的了。但是好像很难理解一个并不使用任何概念的判断怎能对于普遍的有效性与必然性有其要求。一个鉴赏判断总是一个单称判断,作出这种判断的主体不是把判断中的对象和任何其他对象进行比较的,而且这个主体所断言的东西单纯是它想象的对象使它觉知到特别一种心情,是它认为在每一个其他想象同样的对象的主体里必然也是同样的。稀奇的事就是,把普遍有效性归之于一个单称判断,而且是不依靠概念而作出的判断。

还有一个值得注意的东西就是,在我们作出一个鉴赏判断时,我们并没有考虑到过去别人所作出的判断。何以是这样,这里清楚的。因为如果我们使我们的判断依靠别人的意见的话,我们就永远不能以任何必然性归之于它们。用那种方法,我们能找出什么事物一般是为人觉得是美的,但是依靠"搜集投票以及讯问别人他们所经验的是哪种的感觉"②的这种判断明明就是一种经验性的判断,而不是一种验前的判断。

很奇怪,要求有普遍有效性的一个验前判断,其要求是根据"好像一种自律的,这种自律是主体在判定关于它在所与的表象中感觉到的愉快感的时候所运用的;那就是说,根据主体自己的欣赏力的;然而这种普遍的有效性是不得从概念得出来的"③。

我们看到,一个鉴赏判断,就它的逻辑性格来说,是根本不同于任何其他判断的。"因为,第一,属于它的有普遍的验前有效性,然而这种有效性却不是按照概念的逻辑普遍性,而是一个单称判断的普遍性。第二,属于它的有一种必然性(这必然性必须总是依据验前的根据),但是它是不

① 康德在这里没有在实际上这样说,但是注意到这点是重要的,即按照他的学说,一切实践判断都是以自由的验前概念为基础的验前判断。他的没有特别提到这点,是因为在这个段落里,他是只谈到验前的认识判断的,而验前的认识判断就是(a)以自然的验前概念为基础的验前理论判断,和(b)以自由的验前概念为基础的验前实践判断。——作者原注

② 《判断力批判》,281 页上语。

③ 《判断力批判》,281 页。

依靠任何验前的证明(Beweisgründe)的一种必然性,其产生是会使人不得不表示这鉴赏判断以之归于每一个人的同意的。”①

鉴赏判断的演绎将得要处理具有这样特别的逻辑特性的判断是怎样成为可能的这个问题。但是在进而谈到这种演绎以前,我们得要再一次把含蕴在我们鉴赏判断里面的那两种逻辑特性清楚地说出而且用例子来说明。

第三十二节

鉴赏判断的第一种特性如下:“鉴赏判断按照对于当下对象为人感觉到的喜悦把这个对象确定为一个美的事物,而且它要求每一个人的同意,像它是一个客观判断似的。”②我们曾看到,对于普遍有效性的要求是含蕴在每一个鉴赏判断里的,这就何以我们把美说成好像它是对象的一种属性似的。例如我们说“这朵花是美的”,就是说,我们谈它的美,好像美是一种客观的性质似的。在我们把这个判断和我们关于令人愉快的东西那种判断比较时,那就显得很清楚在每一个关于美的东西的判断里是存在着这样一个客观的成分的。其实我们尽可说那同样的花是令人愉快的。但是在我们这样说时,我们不是把令人愉快这种性质看作对象的一种属性的,因为我们没有指望别人会和我们同意的。如果另一个人不同意于我们的判断而要我们以一种不同的方式来形成我们的判断,我们决不会不服的。我们也不会反对,如果有人要我们说“这朵花使我们愉快”,而不是说“这朵花是令人愉快的”。这就对于关于美的判断提出一种困难了,好像必须看美为对象的一种属性似的,“而这种属性并不顺应各个人以及各种感觉的不同,而不同的人在判定它的时候一定要顺应它的”③。

然而十分容易来说明这也是不可能的,因为我们称一个事物为美的,其理由不是别的而是它给我们愉快,绝无可能以美归之于对象本身。我们看到困难是什么:我们形成我们的鉴赏判断,好像它们是逻辑判断似的;而另一方面,我们判断的述项是毫无意义的,除非使它和作出这个判

① 《判断力批判》,281 页。
② 《判断力批判》,281 页。
③ 《判断力批判》,282 页。

断的个别人有关系。

当我们作出一个审美判断时，我们是把它基于我们自己的个别愉快的。那么我们怎能看我们的判断为普遍有效的呢？“此外，对于每一个要证明个别主体的兴致的判断，都要求这个主体是自行判定的，并不要在别人的判断当中以经验来摸索的，或者事前从别人找出消息，他们在所要判定的对象里是感觉到满意或不满意的。”①

当我们称一个事物为美的时，我们不和别人商量，而且也不能和别人商量。因为如果我们是这样做的话，我们就绝不能认为我们的判断是一个必然的验前判断的了。那时我们就会是作出一个单纯经验性的判断，而这种判断所说的就会是在大多数的情况下，也许在每一种情况下，实际上发生的是什么，而不是在每一种情况下应该发生的是什么。很难理解，我们怎能先就形成我们关于美的判断好像它们是客观的判断似的，然后才相信我们这样做是有正当理由的，其困难的原因就是先没有与别人商量，我们就是完全依靠我们自己的主观感觉的。我们不肯让什么劝阻我们不作这样的判断，我们的举动好像是以客观的概念为根据似的，仿佛我们是能证明我们是正确的，而每一个别的人都是错误的。我们觉得当下的对象是美的，而依赖着只是这种纯然主观的感情，就要求每一个别的人都应该像我们那样觉得。

第三十三节

“鉴赏判断决不能以证明来确定的。”②这就是鉴赏判断的第二种特性。这就比任何其东西都更清楚地表明鉴赏判断作为主观的判断的性格。在上面所曾说过的之后，就容易说明，何以审美判断是不能用证明来使之有效的。我们曾看到，当我们判定一个事物为美的这个时候，我们是没有考虑到别人的判断，而是依靠我们自己的感觉的。逻辑判断是属于完全另外一类的。我们能够使别人同意于一个逻辑判断，因为我们是可以替他们证明我们是正确的而他们是错误的。逻辑判断的真实性是不以

① 《判断力批判》，282页。

② 《判断力批判》，284页。

作判断的主体为转移的。这些判断是普遍有效、普遍必然的，而且对于任何一个进行判断的主体来说都是适用的。我们对别人证明我们以之归于前面对象的属性实在是属于这个对象的，这样就能使别人服从我们的判断。如果他们检查我们的证明而发现它在逻辑上是健全的，他们就将和我们同意。

关于审美判断，形势就完全不同，可以用一个实例来说明这点。假使有人判定一首诗不是美的，其理由是这首诗不使他感到愉快。不管多少人是和他不同意，他却不能改变他对于这诗的意见，即使别人举出最著名的评论家所规定的各种规则来反对他的判断，而他还是要坚持那判断的。也许他开始怀疑他是否足够培养了他的欣赏力，但是除非那首诗使他感到愉快，他是不能称它为美的。他人的判断不能使他欣赏他事实上所不欣赏的。“在别人的判断不利于我们的判断时，这也许十分正确地使我们怀疑我们自己的判断，但是这绝不能说服我们认为我们自己的判断是错误的。可见不能有任何经验性的证明是能强迫任何一个人去接受一个鉴赏判断的。”①

也不能有验前的证明。谈到美是没有客观的证明的。“我掩耳不愿听什么理由和论证。我宁可假定评论家的规则是错误的，至少假定当前的不是这些规则所适用的一个实例，而不愿意承认我的判断是验前证明所确定的，因为它是要成为一个鉴赏判断而不是要成为知性的或理性的一个判断。”②

康德说，这就好像是主要理由之一，何以给审美判断“鉴赏”(Geschmack)这个名称。“一个人也许对我列举出一种菜色的一切拌料，而且说每一种都是我素来觉得愉快的东西。此外，他还可以正确地对我称赞这种食品的适合卫生，然而我完全不去听这一切的理由，而必须自己去尝尝这种菜色，而我作出我的判断是按照着我自己的尝而不是按照普遍性的原理。”③

所以我们鉴赏判断好像是单纯主观的判断似的，完全以个别作判断

---

① 《判断力批判》，284 页。

② 《判断力批判》，284 页，285 页。

③ 《判断力批判》，285 页。

的人的个人欣赏为转移的。其实,如前面屡次曾说过的那样,鉴赏判断总是一个单称判断,它是关于一个特别的对象为这个或那个人所作出的判断,它既不考虑到别人也不考虑到其他对象。当然我们是有可能把几个单称的审美判断进行比较从而作成一个全称判断的。例如,我们可以说:一切郁金香花都是美的。因为我们发现我们截至此为止所曾看见的每一朵郁金香花都曾给我们愉快而结果就判定它是美的。但是这样一个判断显然再不是一个审美判断了,而是一个逻辑判断。如一再曾说过的那样,一个鉴赏判断所与之有关的乃是一个特别的对象和这个或那个人的感觉而不是其他。“但是只有那使我觉得当前个别的郁金香花是美的,也就是说,使我断定我在它里面所感到的喜悦是普遍有效的判断才能是一个鉴赏判断。”①关于鉴赏判断多么奇怪的东西就是,虽然它乃是单纯主观的,就是说,以一个个别的人关于一个个别的对象的感觉为转移的,然而它是要求对于每一个人来说都是普遍有效的,它这样做是“没有任何条件的,正好像它是一个依据认识性的根据而且能够以证明来强使他人接受的客观判断似的”②。

第三十五节③

我们曾一再看到逻辑判断与审美判断之间的分别就是审美判断是不用概念的。这种分别是如何重要可以从这个事实看出,就是如在《纯粹理性批判》一书里所曾说明的④,一个逻辑判断是完全依靠知性的普遍性概念的。我们曾证明过知性提供给人类心灵以某些必然的普遍性规则,直观提供给人类心灵以特殊的东西,而判断能力则使我们能够令特殊的东西和普遍性的东西相互发生关系,把一个特殊事例统摄在一条普遍性的规则之下,而这样就达到一个客观上必然的而普遍有效的判断(即逻辑判断)。

我们曾弄清楚,审美判断完全不使用任何概念,因而是不能予以证明的。但是我们又曾看到,这两类判断(审美判断与逻辑判断)在这一点上

① 《判断力批判》,285 页。

② 《判断力批判》,285 页。

③ 原文从“第三十三节”直接跳到“第三十五节”。——整理者注

④ 参看上文,例如“先验演绎”一段的前段。

是一致的，即两者同是对于普遍有效性与必然性有其要求的，但是又有这种分别，就是逻辑判断所要求的普遍性是客观的，而审美判断所要求的普遍性是主观的。

如果有人问：一切判断的主观条件是什么？其答复必然是：就是判断能力本身。判断的能力，如从前曾几次指出过，不是一种心的独立能力，而且所做的总不多于单纯心的其他两种能力相互发生关系。在逻辑判断的情况下，它是使想象力与知性之间发生一种确定性的关系。

在一个单纯主观的或者说审美的判断的情况下，显然判断的能力是不能使想象力与知性之间发生这样一个确定性的关系的。在作出这样一个判断时，那主体没有知道所给与它的特殊和普遍性的规则这两者之间的任何明确关系。我们只感觉到有某种这样的关系在那里，而我们判定一个对象为美的，其根据就是，在想象到这个对象时，我们觉知到我们的表象能力（想象力与知性）的一种协调。在一个逻辑判断的情况下，是为判断能力备有在直观里被给予出来而为想象力所综合的特殊在其一方面，而另一方面又有知性所产生的普遍性概念，判断力所做的只是把所与的特殊统摄在普遍性的概念之下。但是我们曾屡次看到，存在着还有另一种的判断力，是不同于能确定的判断力的（这是我用来作出客观性判断的能确定的判断力），而那另一种的判断力就是反思的判断力。反思的判断力不在一种确定的方式上使想象力与知性发生关系，它并不把想象力所曾综合过的一些直观统摄在所与的普遍性的概念之下。它与之有关的乃是想象力与知性之间的一种不明确的关系，而且在应用它的原理时，并没有假定那所与的杂多是为知性的明确概念所确定的，所假定的不过是对于知性与其统一性的原理有某种关联而已。

“鉴赏判断的区别于逻辑判断是在于逻辑判断把一个表象统摄在一个对象的概念之下，而鉴赏判断并不把一个表象统摄在任何概念之下，因为如果它这样做的话，那么就能用证明来强迫别人的必然的、普遍的同意。然而鉴赏判断在其要求有普遍性与必然性这点上是类似于逻辑判断的，虽然它的要求不是按照对象的概念的。可见它所要求的普遍性是单纯主观的。可是，既然在一个判断里，其概念是构成其内容的（或者说构成属于对象的认识的内容的），而且既然鉴赏判断是不能为概念所确定的，那就可推断出，它必是基于一般判断的主观的、形式上的一些条件的。一切判断的主观条件就是我们用来进行判断的力量本身，也就是判断力[Urteilskraft]。在这种能力用在关于一个对象从而被给与出来的一个表象时，它就需要有表象的两种能力的协调，这两种能力就是想象力（使直观和这个直观的杂多之结合成为可能的）和知性（来产生一个概念作为这种结合的统一之表象的）。然而既然在当前的情况下，判断不是基于对象的一种概念的，情形就只能是这样，在一个对象从而被给与出来的表象的触动之下，想象力本身就被统摄在这种一般的条件之下，这种一般条件是知性所需要来从直观过渡到概念去的。换句话说，既然想象力的自由是在于它没有概念而进行图型化的这个事实，那就可推断出鉴赏判断必须是以单纯的感觉为其依据的。这种感觉使我们觉知到想象力在其自由上和知性连带着它的符合于规律的这种性质就互相使之活跃起来。所以鉴赏判断是依据一种感情的，而这种感情使我们能按着（一个对象从而被给与出来的）表象如何适合于帮助诸认识能力在其自由活动上的这个意图而进行判定当下的对象。所以鉴赏力，作为判断力的一种主观力量来说，是包含着一条统摄的原理的。然而它不是直观在概念之下的统摄，而是直观能力或者说显现能力（即想象力）在概念的能力（即知性）之下的统摄，这是就想象力在其自由上和知性在其符合于规律上说的。"①②

第三十六节

在前几节里我们曾讨论过鉴赏判断的各种逻辑特性。我们必须这样做，因为这些判断的演绎是将要用它们的逻辑形式作为演绎的指导原理的。其实这种演绎将不涉及其他的东西的。"为了用演绎的方法来发现鉴赏判断所提出的要求的合法性，我们用作线索的只有这些判断的形式特性。那就是说，我们所能做的不过是在这些特性里考虑这些判断的单纯逻辑形式。"③

---

① 《判断力批判》，286页，287页。

② 我在前面已经处理过这论证中的几乎每一点，我就可请读者参看我以前的各种讨论。——作者原注

③ 《判断力批判》，287页。

在进行演绎以前，必须把我们面前的任务弄得十分清楚。我们得要说出来鉴赏判断演绎的问题是什么而且我们所谓判断的演绎恰恰是什么意思。

在《纯粹理性批判》里，演绎乃是我们的认识判断以之为基础的概念（范畴）的演绎。我们已说明过，一切关于对象的知识都是依靠心灵的两种能力，即直观与知性的。《纯粹理性批判》已经成功地证实了知性概念的客观有效性与必然性，这是由于说明知性概念是经验的必需条件而完成的。每一个关于对象的判断，不管它是一个经验性的判断或者是一个验前判断，都是依靠知性的验前概念的。这些概念是验前必需的，因为它们是直观的杂多在一个意识里面得到统一的条件①。

"为要得到一个认识判断，我们可以直接把一个对象的概念和一个对象的知觉连接起来。这个知觉包含着所说的对象的经验性各述项，而这样一个属于经验的判断就产生出来了。这种属于经验的判断所依据的乃是与直观的杂多的综合统一有关的验前概念，而通过这种概念才有可能来把这种杂多思维作一个对象的确定。这些概念，即范畴，要有一种演绎，而这种演绎是在纯粹理性批判里作出的，通过这种演绎我们就顺利解答了这个问题：综合的验前认识判断是怎样成为可能的？我们的问题是这样和纯粹知性与其理论的判断的验前原理有关的。"②

从鉴赏判断不是以任何客观概念为基础的这个事实就可明白地看出这种判断的演绎所遵照的原理必须是完全不同的一条原理的，这种判断所与之有关的不是对象本身而只是对象对于主体的关系。鉴赏判断所断言的究竟是什么呢？我们说：这个事物是美的，或是丑的。当我们这样说时，我们的意思是什么？很明显在这样一个判断里所含着的意思就是这个对象的表象在宣告这个判断的主体里面激起了一种乐感或苦感。在这个判断里所断言的就是在一个对象的表象与一种主观的感情之间有一种联系。除鉴赏判断以外，还有其他判断在其里面是表示同样联系的，那就

① 参看上文《纯粹理性批判》中"先验演绎"一段自第六个段落起。

② 《判断力批判》，287 页，288 页。

是我们关于令人愉快的东西的判断。在我们判定一个事物为令人愉快的这个时候，我们是预先假定在当下的对象的表象与一种主观的感情之间有一种联系的。在这两类判断之间的本质上的分别就是当我们所断言的是事物的令人愉快时，我们并不把任何必然性归之于这种联系。我们只是说，在我们里面是有这种联系的。可是我们决不要求另一个人应该对于这个对象感到同样的愉快。

如屡次所曾指出的，对于必然性与普遍有效性的这样的要求是含蕴在我们的鉴赏判断里的。可见，鉴赏判断是要有演绎的。这种演绎的任务就是要说明一个主观判断是怎能对于必然性有要求的。我们怎能预先就假定我们对于一个所与的对象所感到的愉快必然也一定为每一个别的人所感觉到？“我们可以把我们的问题如下提出来，有一种判断不依靠对象的概念而单纯由于我们自己对于这个对象所有的愉快感，却使我们判定这种愉快是应该和每一个其他主体里面的同样对象的表象结合在一起的，这种判断是怎样成为可能的？而且又如何有其可能，这样一个判断却是一个验前的判断，就是不必去等候别人同意的一个判断？”①

《纯粹理性批判》的基本问题原是：综合的验前判断是怎样成为可能的，也就是说，判断的述项不是暗藏在其主体概念里，只需从这概念抽取出来便得的，这种判断是怎样成为可能的？关于我们在这里所谈的鉴赏判断，很容易说明这种判断是综合的判断而不是分析的判断，因为它们的述项（即和对象的表象联系着的愉快）不是含蕴在所说的对象的概念里，这是自明的。当我们断言我们是对于所说的对象感到愉快时，我们这样断言是丝毫没有兴趣到要知道那个对象本身是什么的，就是说，我们这样断言是没有理会到任何概念的。同样也很清楚，鉴赏判断是超出那被判定的对象的直观范围的。直观是知识的要素，它使我们能够知道一个对象的感性性质是什么。鉴赏判断就与此不同，它把某东西作为述项和我们关于所说对象的直观结合起来，而这某东西是和所说的对象毫不相干的。因为，在断言我们直观到当下的对象时，我们就觉得愉快，这也就是我们把我们关于这个对象的直观和只对于主体有关系的某东西联系起

① 《判断力批判》，288页。

来,即和我们自己的愉快感联系起来。

所要解答的问题就是:这样的验前的综合判断是怎样成为可能的?"很容易看到,鉴赏判断是综合判断,因为它们是超出所说的对象的概念,乃至超出这个对象的直观以外以便在那直观之上增加某东西作为述项,而那东西和认识是毫无关系的,那东西就是愉快感或痛苦感。但是,虽然这个述项,这个和那表象相联系的个人愉快,乃是一个经验性的述项,然而这些判断是要求每一个人都与之同意的这个事实,也就说明在这种要求的表达中这些判断或者是验前的或者它们至少是想要被看作验前的。所以我们当下的问题是属于判断力批判的,而且是先验哲学的一般问题的一部分,而这个一般问题就是:综合的验前判断怎样成为可能的?"①

第三十七节

在这个标题为"在一个鉴赏判断里对于一个对象验前所断言的恰恰是什么"的一节里,康德只重复从前已经说过的东西,而我也是好几次处理过的。他再次说一个对象的表象和愉快的综合起来是永远不能在验前知道的,确定表象与愉快之间的联系的一个判断乃是一个经验性的判断②,能在验前确定的表象与感情之间的唯一联系就是道德律的表象和对于道德律的尊重这种感情两者之间的联系③。但是就这种感情来说,"奠基在理性里的有确定意志的一条验前原理"④。而且严格说来,道德感乃是意志确定的单纯后果,因此,它是不能和鉴赏判断以之为基础的愉快感相比较的。

道德感是要有规律的一个确定性的概念的,"而一般认为[伴随着鉴赏判断的]愉快是直接和判断这个单纯动作(mit der blossen Beurteilung)在任何概念之先就有联系的"⑤。

为着同样的理由,一切鉴赏判断都是单称判断。"它们不是把喜悦这

---

① 《判断力批判》,288 页,289 页。

② 关于这点,参看上文第九节自第五个段落起。

③ 参看上文,《实践理性批判》中"有限的意志和规律的尊重",又第十二节。

④ 《判断力批判》,289 页。

⑤ 《判断力批判》,289 页。

个述项和一个概念结合起来,而是和一个所与的经验性表象结合起来。"①

从本节的最后一个段落就能看清楚何以康德要重复这一切的东西,他想要再次强调对于美的东西所感觉到的愉快决不能在验前被确定,我们是靠经验找出什么对象给我们愉快的。这个演绎所将要从事的不是在我们称一个东西为美的这个时候所谈到的愉快,唯一指出我们使我们的判断和一条验前的原理有关的乃是我们以普遍有效性归之于我们的愉快这个事实。所要解答的问题就是:我们是否有正当的理由来把普遍有效性与必然性归之于我们对于美的东西所感觉到的愉快?

"所以在一个鉴赏判断里表现为判断能力的一条验前普遍性的规则,一条被认为对每一个人都有效的规则的,不是愉快,而是在心里看出是和对于一个对象的单纯鉴定相联系的这种愉快的普遍有效性。当我肯定我发觉一个对象而且以愉快来判定这个对象时,我的判断是一个经验性的判断。但是当我觉得一个对象为美的,就是说,当我假定我有权来以我的喜悦归到每一个人作为必然的时候,那时我的判断就是一个验前判断了。"②

第三十八节

在这一节里我们就有了鉴赏判断的演绎。康德的论证可以意译如下。之前已说明,我们判定一个对象为美的,是在我们想象这个对象时,我们意识到我们的两种认识能力(想象力与知性)有一种协调的关系,使我们能够觉知到这点的乃是判断的能力与其反思的原理。判断力不使用任何明确概念就使想象力与知性相互发生关系,在它里面,我们感到愉快的乃是这两种能力的一种完全未确定的关系。另一方面,我们的判断是不依靠感觉,正像它不依靠概念一样的,给我们愉快的乃是对于当下对象的单纯静观,我们对于知道这个对象是什么绝不感兴趣,我们对于它的感性属性也不感到愉快。这种判断在本质上是不同于我们关于令人愉快的

---

① 参看上文,第八节最后四个段落。

② 《判断力批判》,289 页。

东西的判断(不同于感官的判断)的,它乃是一个反思的判断。我们具有审美反思的能力,就是说,一种觉知到是一般知识的条件的这两种心的能力的一种协调的能力。我们之所以称一个对象为美的,是因为它使我们感觉到这种协调。我们曾说明过,我们对于这种对象的愉快是发生于它对于判断能力的主观有意图性,我们之所以对于这个对象感到愉快,只是因为它的表象使一般知识的主观条件有一种协调的关系。

康德的论证如下进行。我们有权来预先假定表象和判断能力的这些条件的一致,在一切人里面都将是同样的,因而就必然可以假定这些条件对于每一个人来说都是验前有效的。

"换句话说,我们有权来以[同样的]愉快归到每一个人。这种愉快事实上乃是所说的表象关于认识能力的关系的主观有意图性,[这种有意图性是我们]在一般的感性对象的鉴定里[所意识到的]。"①

关于这个所谓演绎令人觉得奇怪而康德从第三十节起一直是准备着我们的,并不是因为它是这么简短,也不是因为康德指望读者能理解他所用的名词,他才预先假定例如我们不会有困难来理解他的说法如"关于认识能力的关系的主观有意图性"等等是什么意思,因为这一切已经屡次说明过,康德就指望我们能理解他的。但是,他没有提出他的论证的重点实在是什么,这是很奇怪的。除非他从前曾告诉过我们,否则我们就会觉得没有可能来理解他是根据什么来相信我们必然认为判断力一般的主观条件在一切人里面都是同样的。我们理解这点,只是因为康德在美的分析论里曾告诉过我们,既然为了客观知识的可传达性,想象力与知性之间的确定性关系就必然应该在每一个主体里是同样的,那么就可推断它们的未确定的关系也是同样的,因而可以推断审美判断可以正当要求有普遍有效性的。

诚然康德在[《判断力批判》原德文版]第 290 页的一个脚注里曾说到这点。他的话是:"要有权来为审美判断力所作出的一个判断要求有普遍同意,而且所依据的是单纯主观的理由,如果承认下面所说的就够了:(a)这种能力[即审美判断的能力],这种能力所与之有关的是以一般认识为

① 《判断力批判》,290 页。

目的而变为活跃起来的诸认识力量的关系的，其种种的主观条件在一切人里面都是同样的；而且这点必须是真的，由于不然的话，人们就会不能相互传达其表象，乃至不能相互传达其知识。”①

但是我认为没有人会否认，除非康德从前曾说明过，否则几乎就不可能理解这点，尤其是考虑到这个事实，就是论证的最重要一点是包含在最后的几个字里的（“乃至它们的知识”，德文的 und selbst das Erkenntnis）。

我可以提一下，我在这里所批评的乃是康德阐明的方式。我认为丝毫不可怀疑，就这个学说来说，这个演绎是完全和在《判断力批判》里从前所曾说过的而又和先验哲学的一般原理相一致的。

注 释

我现在就要开始我的阐明了。在演绎这章之后是标题为“注释”的一节，而在这节里康德提出了几点有趣的观察意见。他指出，鉴赏判断的演绎和范畴的演绎比较起来何以是这么容易，其理由就是鉴赏判断的演绎无须去辩明一个概念的实在性。一个鉴赏判断不是一个认识判断，因而要证实它的有效性，我们所需要做的不过是说明我们有正当理由来预先假定判断力的同样主观条件是存在于每一个判断主体里面的。

一个特殊鉴赏判断的有效性的另一条件就是特殊事例的正确统摄在普遍性规则之下。当然这所提出的困难不是在同样方式上影响一个逻辑判断的。在一个逻辑判断里，我们把当下特殊的实例统摄在一些明的普遍性概念之下，而在一个审美判断里我们是把它统摄在一条未确定的主观规则（即想象力与知性的协调）之下的，这个规则（即协调）是不能思维而只感觉到的。很清楚地可以看出，作为这种情况的后果，那种统摄是可以容易成为谬误的。我们容易因之就相信一个特殊对象满足了这规则的条件，而事实上原不是这样的。然而必须注意，正如关于一个特殊实例的统摄在逻辑原理之下的困难与不确实，并不影响到逻辑原理本身那样，同样的困难，不管它是怎么大，也不影响到审美的原理。我们所假定的只是，如果一个特殊实例是得到了正确的统摄，我们就指望有普遍的同意

① 《判断力批判》，290 页注。

的。审美判断所依据的原理就是，一个判定一个对象为美的个别人，是有正当理由来以一条普遍的未确定的主观规则为准标的，而这规则是对一切进行判断的主体都有效的。

第三十九节

在本节所讨论的问题乃是一个感觉的传达性[①]问题。在本节里几乎没有什么东西是从前没有说过的，然而这节还是饶有兴趣的，因为在这里康德陈述他的问题比别处都清楚些。他的论证是如下进行的。

如果我们是有权来假定每一个人都有同样的感性，感觉就会是普遍可传达的，可是这是不为人所承认的。我们决无权来认为器官感觉在一切人里面都是相同的，它是以个人的感觉器官为转移的，完全没有可能认为一个人从一个对象所得到的印象是完全和另一个人所得到的印象相同的。试举例来说明，如果有一个人缺少了五官之一，我们就不能把我们从这种器官的对象所得到的印象的性质来传达给他。但是即令没有这样的残缺，例如两个人同具有嗅觉器官，他们也绝不能有把握认为他们从同样的对象所得到的感觉在两人里面是恰恰一样的。

我们也很难假定适意感与不适意感在不同的个人里面是相同的，不同的人是否觉得一个事物是适意的完全是依靠他们个别的本性。关于适意与不适意，个人的心是完全被动的，某些对象给某些人以愉快，而对于别的人就不是这样。因此，完全没有可能来要求一种特殊的适意感或不适意感是每一个人所应该承认的。

可是还有另一种愉快，即对于一种行为由于它是一种道德的行为而为人感觉到的喜悦，可以预先假定这种愉快在每一个主体里面都是相同的。然而在几处地方已经说明[②]这种感觉（即道德感）乃是我们关于道德律的意识的一种直接后果，我们是能用理性的概念来确定它的，这个理由就说明何以它是普遍可传达的。“所以除了通过理性之外，这是不能普遍传达的；如果要这种愉快在每一个人里面都是同一类的，那就必须通过实

① 关于这个名词的意义，需看上文第九节。——作者原注

② 参看上文《实践理性批判》中“有限的意志和规律的尊重”一段；又《审美判断力批判》，第十二节第二个段落。

践理性的很明确的概念才能发生。"[1]而且在崇高的分析论中曾说明过，我们对于崇高东西所感觉到的愉快也可以要求有普遍的有效性与传达性的。但是我们又曾看到，为了把这归之于它，我们就必须涉及人性的道德基础。我们得要预先假定每一个有道德的存在者在意识到它的道德命运时将要感到愉快的。我们看到我们有权来要求每一个人对于崇高的东西都要感觉到同样的愉快的，"但是我们只有通过道德律才能这样做，而道德律又是以理性的概念为基础的"[2]。

唯一一种普遍可传达的感觉就是对于美的东西的愉快。它不是纯然属于感官的，像在令人愉快的东西里面的愉快那样(单纯享乐的愉快)，又不和确定性的概念有关的，像对于善的东西所感觉的愉快那样(按照规律而活动的愉快)，又不是间接与理性的概念有关的，像对于崇高的东西所感觉的愉快那样(康德给这种愉快以"按照理念的一种理性化的静观的愉快"，Lust der vernünftelnden Kontemplation nach Ideen)，它是一种不依据任何客观原理的单纯静观的愉快。

依先验原理来说，对于一个对象的通常领会依靠两种主观的条件，依靠心的两种能力，即想象力(直观的能力)[3]与知性(概念的能力)，判断能力使这两种能力发生联系[4]。但是在经验性认识的情况下，判断能力是以特殊直观统摄在知性的确定性概念之下来承认这两种能力的关系的，而在"审美的判定"(aesthetische Beurteilung)里，判断能力所采取的途径就完全不同。"它[判断能力]所得要做的只是看出当前的表象足以使这两种认识能力在其自由中发生和谐的与主观上有意图的活动。换句话说，它只得要对于伴随着那表象的心情感到愉快(den Vorstellungszustand mit Lust zu empfinden)。"[5]

我们可以把普遍有效性与传达性归之于对于美的东西所感到的愉

---

① 《判断力批判》，292 页。

② 《判断力批判》，292 页。

③ 应当说想象力是综合直观的能力，康德在这里称它为直观的能力是以别于智力的各能力的(知性、判断力与理性)。由于想象力是心的唯一能力，直接和感官的直观有关，因此在广义上它也可以称为直观的能力。——作者原注

④ 参看上文，《纯粹理性批判》中"判断与图型法"一段。

⑤ 《判断力批判》，292 页。

快，因为它所依据的条件是和最通常的经验性认识所依据的条件同样的。我们只认定认识能力的未确定的关系产生特别一种的愉快而在每一个主体里以同样的方式显出自己。如果我们确知我们的判断是一个反思的判断，就是说，一个纯粹鉴赏判断，我们在其里面称事物为美的，其理由无非是这些事物的表象使我们觉知到我们认识能力的一种未确定的和谐关系，那么我们就有权来把我们的愉快归到每一个别的人。

"这种愉快在每一个人里面必然是依据同样的条件的，因为这些条件乃是一般知识的可能性的主观条件，而又因为鉴赏所需要的这些认识能力的相称也是通常健康的知性所需要的，而每一个人都具有通常健康的知性，乃是我们有权来假定的。以同样的理由，作出一个鉴赏判断的人……有权把主观的有意图性，即他对于当前对象的喜悦归到每一个别的人，而且他可以看他自己的感情作为普遍可传达的，并且可以假定无须以概念为中介这就是可能的。"①

我们看到，何以对于美的东西所感到的愉快是普遍可传达的唯一一种的感觉，其理由就是它和客观的知识一样是依据同样的主观条件的。如前面曾几次指出过的那样，普遍可传达性是含蕴这个意思的，就是所感觉到的愉快在一切进行判断的主体里面都是同一个样的。审美判断演绎的问题原是：怎样有可能来在验前确定在某一定的表象发生的时候，每一个主体都必然是要感到愉快的？现在这个问题已经解决了，一种哲学可以声明对于美的东西所感到的愉快是普遍有效而又普遍可传达的，因为这种哲学不同于怀疑论的哲学。它提出这种见解，认为人人都是能相互同享其客观知识的，因为这种愉快是和知识一样以同样的条件为依据的，它乃是认识能力的一致所产生的后果。康德在《判断力批判》的第二十一节里说过，按先验原理来说，我们有理由来预先假定一种共同感觉的存在。"我们能假定它作为我们知识的普遍可传达性的必需条件，而这种可传达性是在每一种逻辑里而且在每一条不是怀疑论的知识原理里必须被预先假定的。"②

① 《判断力批判》，292 页，293 页。

② 《判断力批判》，239 页。

在我们这里所与之有关的这节里，又叙说到这点。在第四十节里（在别方面我们是不会去牵涉到这节的），我们发现下面一段，虽然它并不包含什么新的东西，然而它表达康德的主要思想是这么清楚，所以我也许应该在这里引用其全文如下：

"人之能相互传达其思想也是预先假定想象力与知性之间的一种关系的；为要使其有可能来把直观和概念联合起来，又把概念和直观联合起来，这样来为着认识而把它们结合起来，可是在这种情况下，心的这两种力量的一致是规律所确定的，而又为确定性的概念所使然的。只有当想象力在自由活动时，唤起知性，而知性不用概念而使想象力运用一种有秩序的活动这个时候，表象才被传达，却不是作为一种思想（Gedanke），而是作为一种有意图的心情的内部感觉。"①

现在我们可以转到康德关于艺术与艺术家的学说那里去。这学说是在第四十三节开始的，我们将看到这学说是怎么紧密地与他的审美判断理论相联系的。

第四十三节②

这一节除了各种艺术的一套定义以外没有其他东西。既然审美判断力批判所与之有关的只是特别一种的艺术，即康德称为美术的（schöne Kunst），我们就可以不去管它而转到第四十四节去。

第四十四节

在第四十四节所说明的论证各要点如下。美术必须和科学区分开来。美的东西不能用科学来确定，即不能用证明来确定，而科学是以明确的规则以及客观的证明为基础的，不能有科学的艺术或美的科学这样的东西。

其次，我们还得要把两种艺术区别开来，即（a）机械的艺术，（b）审美的艺术。唯有审美艺术是单独企图产生这种对象，对于判定它们的人给

① 《判断力批判》，295 页，296 页。

② 原文从"第三十九节"直接跳到"第四十三节"。——整理者注

以愉快的。审美艺术可划分为娱乐艺术(angenehme Kunst)与美术。前者产生出的东西是旨在使别人得到愉快感的,例如烹调术就可称为一种娱乐艺术,因为它所关心的只是人们会欣赏它的产品,美术就与此不同,它所企图产生的不止于单纯享乐。我们曾看到,我们称一个对象为美的,其理由是我们意识到我们认识诸能力的一种和谐关系,伴随着这种意识的愉快不是单纯感觉的愉快,它乃是反思的愉快。

“如果艺术的直接意向是要产生愉快感的,那么它就称为审美艺术。审美艺术可划分为娱乐艺术和美术。当艺术的意图乃是要愉快伴随着表象作为单纯感觉时,我们就给它娱乐艺术这个名称;当它的意图乃是要愉快伴随着表象作为知识的型式时,我们就给它美术这个名称。”①

我们曾看到,我们对于美的东西所感到的愉快是思维作普遍可传达的。在感觉到它时,我们是假定它应该为每一个人所感觉到的②。又曾说明过,我们称一个对象为美的,其理由不过是我们在想象到它时,我们就意识到对我们的表象诸能力有一种有意图的关系。这一切已经足够弄清楚了,理解下面一段文字是会容易的。

“另一方面,美术乃是表象的一种型式,这种型式就其自身来说,是有意图的,而且虽然没有一定的意图,但是它有助于心的各种力量的培养而使我们有可能来把这些力量传达于社会。所说的愉快不应是从单纯的感觉发生的一种享乐的愉快而应是一种反思的愉快,这是包含在愉快的普遍可传达性这个概念里面的。所以审美艺术作为美术来说是以反思的判断力为其标准而不是以[器官的]感觉为其标准的。”③④

在这节里使人感到兴趣的就是这个事实,即康德的美术论显然是完全依靠他关于我们美的东西的判断的理论的,他深信要确定美术的性质(所谓美术就是有关于美的物件的产生的艺术),除了以关于美的东西的

① 《判断力批判》,305 页。

② 参看上文,第十九节。

③ 《判断力批判》,306 页。

④ 关于“没有意图的有意图性”,参看上文,第十一节;关于美的东西作为反思判断的述项,参看上文,第六节;关于令人愉快的和美的两者的区别,参看上文,第二节;关于我们对于美的东西所感觉到的愉快的普遍可传达性问题,参看上文,第八节第八段起。

判断为准标以外是没有其他的方法的。如果我们是要了解一个美的东西是什么以及它是怎样产生的，我们就得要知道使我们判定一个东西为美的那些条件是什么。这些条件是什么，在美的分析论里已经弄清楚了，关于艺术与艺术家的学说是要在每一方面都符合于审美判断的分析的。康德是深信这点的，在后面几节中就看得十分清楚，他关于艺术与艺术家的理论在每一方面都是依靠他的鉴赏判断的分析的。

第四十五节

我们已看到，美这个理念起于表象各种能力的一种和谐关系的觉知，这种关系是不依靠任何概念的。没有任何知性的规则能替我们说明这种“有意图的”关系，表象的有意图性是没有意图的而且是不能用概念或规则来确定的[①]。

由此就可推断出艺术作品所给我们的印象不是它为一个人为着一定的意图所创作而是自然的一种产物。因为为着觉得它是美的，我们必须有这样的感觉，就是它不受一种有意识活动的人类理智所强加在它上面的规则所束缚的。据我们看来，美术的产品像是无意产生似的，像是只存在似的。为了能欣赏它，我们必不可想到艺术家方面有任何明确的意向，因为如果我们这样想的话，立刻就会在审美上中止欣赏它了，那就不会有我们认识诸能力的自由活动这种意识的发生了，我们的想象力也就会为明确的概念所束缚了。依我们看来，艺术产品是没有任何一定的人类意图的。依我们看来，它像是自然产物似的。

这是怪事，就是为要能够感觉到一个自然对象是美的，我们就必须把自然看为仿佛它是一个艺术家。这就意味着我们在想象自然对象时，我们必须想到自然，其产物是为不同于单纯机械的原理的一条原理所确定的。自然是被看为在一种审美的意义上能生产的，它是艺术地产生对象的。它给它们以我们觉得是美的一种形式，而在这里面就含着这种意味，就是我们以“无意图的有意图性”这原理归之于自然。我们设想到自然的一种技巧这个理念。我们看自然不是作为单纯的自然(按照机械的因果

① 参看上文，第十一节。

作用原理而发生作用的)，而是作为一个艺术家[1]。

“当自然同时看来像艺术时，它才是美的；而艺术之能称为美的，只是我们意识到它是艺术，虽然依我们看来，它却是似自然一样。”[2]

但是这里就有困难了，因为很清楚，没有人类艺术的作品是能被看为是完全无意地被产生出来的。它是人类心灵的产物，我们只能假定在艺术家的心里面有某种意向。“艺术总是有产生某东西的一种明确的意向的。但是，如果这个‘某东西’是单纯感觉的话，就是说，单纯主观的某东西，是人们认为和愉快结合在一起的，那么当我们判定这个对象时，它会使我们感到愉快，这就会只是通过[器官的]感觉的。”[3]如上面已经说明过的，我们绝不应以普遍有效性归之于这样的一种感觉。我们应该只说：艺术家原打算给我们愉快；那对象令我们觉得愉快；艺术家心目中的一定意图已经完成了。

反之，如果艺术家的意向是以一定的对象之产生为目的的，这种对象就会借助于一个概念来令我们感到愉快，而我们又是不应称它为美的。它是会令我们感到愉快正如机械的艺术作品令我们感到愉快一样。试举一例来说。钟表工有做出一个表这个意向，为着能够实行这个意向，他在心里必须有一定的意图，他是想这个对象适合于他的意图的。在一个表的这个实例里，其意图便是它能表示一日的时间，钟表工要能做出一个表来，就必须对自己完全清楚地表现，表是要适合什么意图的，而又必须照着去工作。而为了对于这个产品感到愉快，我们就得要把艺术家心目中的意图放在我们面前。我们喜欢这个对象，它令我们感到愉快，其理由就是它适合于作出它时原有的意图。可是美的东西是属于完全不同的一类的。我们称一个对象为美的，乃是当它在判定这个单纯的动作中就使我们感到愉快的，就是说，当它符合于我们审美反思的原理而并没有关联到单纯的感觉[4]或者关联到一定的概念的时候[5]。

---

① 参看上文，第七节。

② 《判断力批判》，306 页。

③ 《判断力批判》，306 页。

④ 就是主观的意图，参看上文，第十一节前段。

⑤ 就是客观的意图，参看上文，同上一段。

我们看到，美的东西是在这个范围内必须被看为是有意产生的，就是那艺术家想要它成为一个对象，其表象会使我们意识到我们诸认识能力的一种和谐的，就是说，它会使它像是一个实例，我们对之能应用我们审美有意图性的原理的。

"所以，即令在美术的作品里，其有意图性在实际上是有意的，但是它必不可在表面上就是这样的。那就是说，美术必须是可以被看为自然的，虽然我们意识到它原是艺术。"①

显然我们必须以某种的意向归之于艺术家，我们必须假定他是想对我们呈现出一个我们将觉得是美的对象。他必须对他的作品的产生使用某些规则，但是他必须意识不到这些规则的详细性质；而对于觉得他的作品是美的这个人来说，也是如此。正如我们的能享受美只是在我们的想象力与知性是在一种未确定的关系上而没有为任何明确的规则所确定这个时候。同样的，艺术家自己也必须在他的认识诸能力里享受自由，他必须能够按照一些规则来产生他的作品，但是并不完全意识到这些规则是什么。在后面几节里还要把这点弄得更清楚。

第四十六节

我们曾看到，产生美的东西的人不能按照任何明确的规则而动作，而艺术的作品则反要依靠某些规则。这就是说，艺术家所用的规则是属于他自己个人的本性的，他必须具有产生人们将要判定为美的这种东西的能力。这些规则不能为产生艺术作品的艺术家所确定，也不能为判定作品的人所确定。这些规则乃是艺术家个人本性的表达。艺术家能产生的能力可以称为天才。

"天才就是以规则给与自然的才能，或者说天资。但是既然才能作为艺术家的一种与生俱来的能生产的能力来说，其本身是属于自然的，那么我们就可以这样来下天才的定义：天才乃是通过它自然给规则与艺术的那种生来的属于心的能力(拉丁语所谓 ingenium)。"②

---

① 《判断力批判》，307 页。

② 《判断力批判》，307 页。

每一种艺术都预先假定有规则，因为不然的话，它的产品就会是单纯意外的产品而不是艺术的产品了。但是，既然纯艺术这个概念不容许关于它的产品的美的判断得自任何一个概念作为其决定性根据的规则，所以就可推断出，艺术家自己是不意识到他所使用的规则的。“美术只作为天才的产品才有其可能。”①既然对于产生美的东西不能有明确的规则被给予出来，而结果就是艺术家自己也不意识到他怎样创作这些美的东西出来，那么他也就不能教别人以那些能使别人作出美的东西的规则，而他也不能从别人学得这些规则。所以创造性必须是艺术家的主要属性，但是既然在每一种艺术工作里必须有某种规则，那么创造性不能看为是艺术作品产生的唯一条件。别出心裁的胡闹这种东西是有的。美术的作品，虽然它们是创作的，同时必须是“典型，也就是说，它们必须是示范的；而这样，虽然它们本身不是模仿的产物，然而它们必然可用作别人的模仿的，就是说，作为一个标准或规则，按照着来判定它们”②③。

艺术作品的创作者是不能科学地指出他所用的规则的，他把规则“作为自然”给出来。他自己不知道他怎样产生他的作品，他的能产生他的作品，他归之于他的与生俱来的能力。“因此，出自他的天才的产品的作家自己不知道这种产品的理念是怎样到他这里来的；他也不能随意地或者有一定的方法来创制这样一个东西，他也不能以什么格式给与别人使他们能够创作同样的产品。”④

要紧去注意的就是，“自然”通过天才规定的规则不是对于科学而是对于艺术的，而且对于艺术也只在美术的范围的。科学和机械的艺术都不是天才的产物，因为它们所遵照的确定性规则都是能以公式订下来而能以之教人也能学习的。这点将在下节说明。

第四十七节

“天才”与“模仿”基本上是互相对立的这一点是人人都同意的。何以

① 《判断力批判》，307 页。

② 《判断力批判》，308 页。

③ 关于审美判断的示范性的普遍有效性，参看第十八节最后三段。——作者原注

④ 《判断力批判》，308 页。

必须如此是很清楚的，因为我们曾看到，"天才"的创作是按照不能学会因而不能模仿的未确定的规则的。在科学的领域里，情况就完全不同，因为科学家，既然知道他如何达到他的结论，就能证明他的论证的真理而且订出别人能学的一些明确规则，别人所必须做的只是逐步跟着他的论证而勤劳坚持获得科学的知识。所以在科学的事情上，最伟大的发明家的不同于最可怜的仿造者与学徒，只是在于程度上而不是在于类别上，因为前者所曾成就的东西"乃是同样能学会的东西"①。

至于美术就不是这样的，对于艺术的才能是不能学的。"它必须由自然亲手直接授与每一个个人，因之这人一死，那才能也没有了，等到有一天自然又同样以之授与另一个人，而这个人所需要的无他，不过是一个实例，就能用同样的方法来开动他所意识到的才能。"②

我们曾看到，虽然一种艺术产品不是为能用公式来表达的任何明确规则所确定，然而含蕴在它里面还是有某种规则的。这就是何以它能，而且事实上必须被看作一个典型。它就是它按照着而被产生出来的未确定的规则的一个实例。这个规则本身不能予以详细说明，而这个产品也不能为人所模仿；但是有可能，艺术家的理念就是在他的作品里表达出来的理念，在他的学生方面，将要唤起同样的理念，如果自然曾以艺术的才能授与他的学生的话。但是除了在个别艺术作品里面以外，不能在别的地方碰见这些理念，因而一个艺术家永远不会单纯地模仿另一个艺术家。学生的生产能力从而受到激发的艺术作品的用作为一个典型，不是为着模仿(Nachahmung)而是为着继承(Nachfolge)的。一个继承另一个艺术家的艺术家将产生出一种艺术作品是他的业师的作品所刺激的，但是他自己的作品将是创作的。

如从前曾说过，虽然创造性是艺术作品产生的一种不可少的条件，然而它决不是唯一的条件。不管机械的艺术与美术是如何不同，在美术里面也有某种机械的东西，某种能够而且事实上必须学习的东西，某些必须遵守的规则。而牺牲一切以求创造性，单纯为着与别不同的起见而这样

① 《判断力批判》，308页。

② 《判断力批判》，309页。

做，是愚蠢的，天才与创造性是美术的必需条件。但是它们只能提供质料，如何给这种质料以一种适当的形式，这就必须要学，而且有某些规则是决不能违反的。

“可是，由于才能的创造性是形成天才的性格的一种最主要的成分，虽然不是唯一的成分，浅薄的人就相信他们最有力证明他们是发育的天才的方法，就是把他们自己从一切规则的强迫教育（Schulzwange）解放出来，而且他们还在想象中认为一个人在烈马上比在驯马上更能表现其自己。天才只能替美术提供丰富的质料，这种质料的精制和给这种质料以其形式，还有待于才能，而才能又必须有教导给它培养，使得它可以为人所使用而经得起判断能力的考验。但是如果一个人在需要最精密的理性钻研的事情上，像一个天才似的夸夸其谈，他就是完全令人可笑的了。我们很难知道是要笑一个魔术家还是要笑天真的群众才好：魔术家把周围的人弄得迷迷糊糊，以致他们不能好好地判断而因之更多地去想象，而天真的群众认为他们的不能足够清楚地看到而把握住这个识见的杰作乃是由于许许多多的新的真理乍然推给他们，而和这比较起来，通过一些精密的定义和种种原理的、按照方法的考查来说明细节，只是一个手艺笨拙的人的事情而已。”①

第四十八节

在本节的开始，康德把鉴赏力与天才区分开来，并且指出为着美的对象的判断，只有鉴赏力是需要的，而为着美术，即为着美的东西的产生，天才是需要的，这是十分容易理解的。接着的一段就更难理解。康德谈到自然的美和艺术的美两者之间的分别，而且声明我们不依靠关于所说的对象原来打算是要成为哪一种东西的这种概念也就是不去问到意图就能欣赏自然的美，而在欣赏一种美的艺术作品时，我们必须预先假定一个意图，也就是预先假定这个对象是要成为什么东西的这个概念。在欣赏一个美的艺术作品时，必须考虑到它的完善与否。

---

① 《判断力批判》，310 页。

这是最令人稀奇的一种说法，因为康德曾一再告诉我们说，我们关于美的判断是无论如何不预先假定关于对象的一个明确概念的（即不预先假定一种意图的），而且又说美是一种性质在基本上不同于完善的。

然而我认为解决这个困难是比较容易的。康德在这里是把艺术的美和自然的美作对比的，他所想要说明的就是，我们在鉴定一种美的艺术产品时，我们就得要使这种产品的表象与想要以美给他的产品的人的意志有关系。艺术家心目中的意图和他设法去实现的完善就是美，这个美是他的唯一意向。然而我们还必须说他是决意要使他的作品成为美的，因为不然的话，这个作品就会不是艺术的产品而是纯粹偶然事件的产物了。我们不能不假定这个作品的美是有意给与一种艺术作品的，艺术家是想要他的作品具有完全的美的，反之，我们不能以任何这种意图归之于自然。为了觉得自然的对象为美的，我们无须预先假定自然是打算以美的对象向我们呈现出来的，我们以美归于某些自然的对象，但是我们不能说自然是有意把这些对象的美给它们的。事实上这是不可能的，由于我们并不知道有一种有理智的自然，可是我们知道实在是有一些人，即艺术家，他们产生东西是有意给它们一种美的形式的。由这就可推断，和我们关于美的自然对象这种判断比较起来，我们关于美的艺术产品是预先假定有一种意图这个理念的。但是这并不变更这个事实，就是乃至在美的艺术产品的情况下，所包含着的意图不是一种明确的客观意图，而其概念也不是一个明确的概念。在我们一切关于美的判断的基础上的原理乃是主观有意图性的原理，或者说没有意图的有意图性的原理①。

我不去管这节的其余部分了，而马上转到第四十九节，我们将要看到这节是极其饶有兴趣而极其难懂的，它的标题是："构成天才的心力。"

---

① 参看上文，第十一节。附带地说，注意这点是重要的，就是依康德的意思，乃至我们关于自然的美的判断也是在某方式上含有它的有意图性这个理念的。在鉴定自然的美时，我们以某一定的原理（即自然的审美技巧）归之于自然。我们只得假定自然是想给美与它的产物的。但是分别是，在美术的情况下，我们实际上知道人是按照这样一个意图而动作的，而在自然对象的情况下，我们永远不能确知这点。我们假定审美技巧的原理作为一条单纯制约性的原理，就是说，为的是要我们自己搞清楚自然的美的对象的存在（看上文，第一种导言的第七、八节）。——作者原注

第四十九节

鉴赏判断的分析曾说明我们作出这些判断是依靠某些认识能力与其关系的。现在得要解答的问题就是：使艺术家能产生艺术作品的一些心力是什么？它们彼此间的关系又是什么？我们曾看到，艺术作品产生所需要的不止于鉴赏力（判定美的东西之能力），为了能创作将为人判定为美的东西，艺术家必须具有一种一向称为“天才”的这种创作能力。现在要解答的问题就是：构成天才的一些心力是什么？

假设我们面前有一种艺术作品，就是说对美有其要求的一种作品，很有可能，就鉴赏的规则说来，在它里面我们也许没有发现任何可指责的东西，然而我们总觉得它缺少了某东西。康德称这种美的要素为 Geist，很难找到德文 Geist 这词的英文同义词，而其主要理由就是德语 Geist 这个词的意义是十分笼统的。这词的特征就是它的不明确性，Geist 乃是一种可以感觉到而不能思想的质素，它是完全不可形容的。

我将翻译 Geist 为英语的“灵魂”（soul）而译德文 ohne Geist 这个词组为“无灵魂的”（soulless）。但是我可以说，依我的意见，英语的“spirit”（精神）和“without spirit”（缺乏精神）这种翻译至少也行，或者更确切地说，也不大行①。

康德在本节的开始说，我们谈到一种美术产品时，可以说它是没有精华的（ohne Geist）。例如我们可以想到一首诗，它是很可爱、很雅致，可是毫无精华。我们谈到一篇故事时，说它是精密的、方法好的，然而我们觉得它没有精华。可以认为在某种节日的场合上所作的演说是有条理的（gründlich）而且是优雅的（zierlich），然而是没有精华的。一席话每每不是不叫人觉得愉快，可是毫无精华。乃至一位女人，我们也可以说她很漂亮、谈吐风生、举止大方（gesprächig und artig），然而她却是没有精华的。那么，在我说的一些实例里，所谓 Geist 是什么意思呢？康德的定义如下：

① 本译者认为德语 Geist 在康德的用法上可译为“精华”或“精意”。——中译者注

"我的所谓'精华',在审美的意义上就是使心灵活泼的原理,但是这原理以之使心灵活泼的那东西,以及它所用的质料,正是产生心灵的各种力量之和谐运动的东西(was die Gemütskräfte zweckmässig in Schwung versetzt),也就是使这些能力有这样的活跃以维持其自身并且加强包含在它里面的各种力量的东西。"①

虽然很难把康德 Geist 的定义译成英文,然而它的意义是比较容易说明的。精华(Geist)不是别的,而只是心力的不明确的和谐、心力主观有意图的关系。并且我们还可以想起康德曾告诉我们②说表示各认识能力的自由活动的形式上有意图性包含着某一种因果作用的形式,它使我们充满着欲望要保持各认识能力的和谐这种感觉。如康德所说明的那样,我们延长对于美的东西的静观是因为这种静观加强自己再生自己③。

精华(Geist)不过是使心的各种能力发生这种和谐的东西(主观的或者说形式的有意图性)。它使艺术作品有生命,没有精华的(ohne Geist)艺术作品是无生气的,由于虽然它是符合于鉴赏力的规则的,它的表象却不使我们感觉到我们心力的和谐关系。如果艺术家只遵守鉴赏力的规则,他是不能产生一种真正的艺术作品的。他自己是没有精华的(ohne Geist),他所缺乏的乃是精华(Geist),缺乏心灵的令人兴奋的原理。

"现在我主张这原理不是别的而只是显出审美的种种理念的能力。我所谓审美的理念就是想象力的那种表象,它引起许多的思想,虽然总是没有明确的思想(即概念)能够得上它,可见决不能有什么语言是完全表达它(erreichen)或者说使它易于了解的。容易看到,审美的理念就是理性理念的相对物(Pendant),而理性理念又是一个概念绝无直观(即想象力的表象)能够得上它的。"④

在刚才引用的一段话里的主要困难就是要了解康德的所谓"审美的理念"是什么意思,我将试作一种说明。

---

① 《判断力批判》,313 页。
② 见本《批判》第十二节。
③ 参看上文,第十七节最后一段
④ 《判断力批判》,313 页,314 页。

理性的理念[①]乃是绝无直观(即想象力的表象)能够得上的一个概念,因为理性的理念是超乎感官世界之上的。既然理性的理念是超乎感性直观的世界的,所以就可下它的定义为"绝无直观(即想象力的表象)能够得上的一个概念"[②]。

可能像是难懂康德怎能在谈到审美的理念时说它们是想象力的表象绝无概念是够得上它们的,但是说明它是有可能的。让我们假定想象力的表象所包含的多于能被包含在一个概念里面的,这样一来,作为领会感性直观的能力的想象力和作为概念能力的知性就又是彼此分开了。为了我们自己能弄清楚这点,我们得要再一次超出经验的世界,在这个世界里每一个概念都和直观相称而每一个直观都是和概念相称的。只要我们与之有关的不是别的而只是感官世界的客观知识的话,我们是能使想象力的每一个表象和概念有关系的。真正能生产的只是审美的想象力,而其表象所包含的是可以多于知性的任何概念所包括的,康德在我们刚才引用的一段的后面一个段落里说明了这点。为要了解他的论证,我们必须提到一点是我们从前几次曾谈到的。在《纯粹理性批判》一书里,康德分别开(a)再生的想象力,这是依靠联想的经验性规律的,和(b)能生产的想象力,这是依靠知性的验前规律的。这两者都不是"自由的",反之,我们在这里所谈到的审美想象力却是"自由的",而且真正是能生产的。

然而必须记住,由于想象力是一种单纯属于感官的能力,所以如果它是要能够创作什么,它就必须在某方式上和知性与其概念有关系。康德深信总是有这样的某种关系的。艺术家不是单纯想象某东西,他的作品代表一个概念,而这个概念乃是一个未确定的概念。在想出这个概念时,艺术家超出经验的自然的范围。"想象力,作为知识的一种能生产的能力来说,是很有力量来用实在自然所提供给它的材料去创作出好像一种第二个自然。当我们觉得经验太平凡的时候,我们就以这第二个自然作娱乐;也许我们乃至改造经验,诚然我们改造经验时,是按照与[经验的规律]有点相类似的规律的,但是我们也使用一些原理,那是处在经验的范

① 关于康德理性的理念学说,参看《纯粹理性批判》的"理念的制约性使用"一段。——作者原注

② 《判断力批判》,314 页。

围以外，而其位置是在理性里面的。这些原理对我们来说，是和知性用来把握(auffasst)经验性的自然的那些原理同样完全是自然的；而在使用这些原理时，我们觉得我们不受隶属于想象力的经验性使用的联想规律的束缚。因为，虽然我们按照联想的规律从自然借来材料，但是我们能够把它加工变为优于自然的某东西。”①

“如果现在我们使想象力的表象与一个概念有关系，而且这个表象虽然是有这个概念的显示包含在它里面，但是如果它由它自身使我们所想到的总是多于一个确定性的概念所能包括的，结果就是这个概念在审美上被扩大超出限度，那时想象力就是创造性的，而且是使智性的种种理念的能力即理性动起来的。发生的事情就是，在有了一个表象时，想象力就使理性想到这个表象，而虽然这种思想是属于对象的概念的，可是它是多于在这个表象中所能被抓住或者说弄清楚的。”②

这两段话再一次给我们说明康德关于艺术的理论是怎么紧密和他的审美判断分析联系的。他在美的分析论里曾一再告诉我们说，要作出一个关于美的判断，我们就必须在某方式上与知性作为概念的能力有关系。他现在是说明，如果创作的艺术家是要能够产生一种艺术作品，他就必须也用他的知性，关于他的意向必须有一个明确的想法。而且他又告诉我们，既然艺术家的想象力不是限于任何一定的概念的，所以它就显出一种创造性的活动，艺术家所要产生他的关于事物的表象，其所包含的是多于属于这个事物的经验性概念的。这样，他的想象力就把他带到感官世界的外边去了，他也就创造了第二个世界。他的想象力是自由的，但是所谓自由，其意义不是指它是完全脱离任何概念的。与此相反，他的作品所表示的是多于知性的任何经验性的概念或验前的概念所能包括的。“想象力……是创造性的，而且是使智性的种种理念的能力，即理性，动起来的。”③“总而言之，审美的理念乃是变为和一个所与的概念联合起来的想象力的表象。在自由利用这个概念的当中，想象力是把它和这样的一些部分表象的杂多联系起来，以致它没有可能来找到它的一个明确的表达，

① 《判断力批判》，314页。

② 《判断力批判》，314页，315页。

③ 《判断力批判》，314页，315页。

能为一个确定性的概念所表示的。所以,那就有可能在思想上增加到一个概念上去的,许多是不能在语言上表达出来的;而当我们感觉到这点的时候,我们知识的各种能力就变为活跃的,而语言这个单纯字句的东西也就和精神(Geist)联系起来了。"①

在第四十九节第一部分的结尾,康德又一次说明构成天才的是想象力和知性之间的某一定的关系。由于想象力是不限制于任何一定的概念的而是能靠其自己引起和知性的协调的,所以它就能提供出来"丰富的未经发展的材料是知性在其概念里所并未注意到的。知性使用这种材料,不是为要获得认识而是要使认识的能力在主观上活跃起来,这样一来,知性使用这种材料间接也是为了获得认识"②。

"所以,严格说来,天才是在于一种气质,既非科学所能教而又非刻苦所能获得的。这种气质使我们能够替一个所与的概念找到种种的理念,而且还把那些理念这样表达出来使得伴随着这个概念的主观心情能够向别人传达。"③我认为第四十九节这部分和它第一部分的其余部分都是现在不需要有任何解释的,那么我们就可转到第二部分了。

康德开始又一次发表他关于天才的理论的重点。他说天才不是为科学用的一种才能,因为科学是遵循清楚已知的规则的,而是为艺术用的一种才能,这点已经是充分弄清楚了的④。第二点相比较更难懂。康德断言艺术的才能是预先假定有产品的明确概念作为它的意图的。在这种说法里困难的就是这说法像是和康德的基本学说前后不一致的,那学说是说,我们关于美的判断和艺术产品的原理都不是与一个明确的概念有关系的。在我关于第四十八节的阐明中,我已经处理过这个困难,而且并试图说明康德的意思不过是说,既然艺术家是有意识活动的人,他的心目中必然是有一个明确的意图的,那就是以美给与他的作品的,这就可称为作品的明确概念作为一个意图⑤。

---

① 《判断力批判》,316 页。

② 《判断力批判》,317 页。

③ 《判断力批判》,317 页。

④ 参看上文,第四十六节后部分。

⑤ 参看上文,第四十八节。

康德远远没有修改他的基本立场，那立场就是虽然知性是艺术作品产生的一种必要条件，但是这种作品的特质却不是一个明确的概念或者一个明确的意图。从这句话的其余部分就可看出这点。在这句话里他是说虽然艺术的才能预先假定知性，但是此外，它还需要“材料的一种表象，即令是一种未确定的表象，那就是说，需要用来显示这个概念的直观的一种表象。换句话说，所预先假定的乃是想象力与知性之间的一种[一定的]关系”①。

我们必须记住康德的学说就是，替艺术作品供给材料的乃是想象力。知性的概念是在一种不明确的方式上显示出来的。艺术家自己关于这种材料不能有清楚的知识，因为他的想象所给他的丰富材料是多于在任何一定的概念里所能包括的。这就是何以虽然是有想象力与知性的关系，然而这关系却是一种不明确的关系，在下面所引的一段文字里又一次表达了这一层意思。

“第三，天才的表现与其说是在达到在显示一个确定性的概念的过程中所追求的意图，毋宁是说是在于提出或者说表达为那意图包含着丰富材料的审美理念的这种能力。换句话说，[天才所需要的乃是一种能力去说明]想象力在其不受到任何规则的指导这种情况下，它还是适宜(zweckmässig)于显示所与的概念的。”②

在这里正好记得康德下审美理念的定义为“想象力的一个表象，它引起许多的思想(die viel zu denken veranlasst)，虽然没有任何明确的思想，即没有任何概念，是能适合于它的”③。他曾说明想象力在产生一个审美理念的过程中“像是从实在的自然所提供给它的材料创造出来一种第二个自然”④，而且又说明想象力的这种表象的可以名为理念，主要是因为“绝不能有什么概念能完全适合于作为内部直观的这些理念的”⑤。

康德牢固地相信艺术家意识到的想象力和知性的这种未确定而又不

① 《判断力批判》，317 页。

② 《判断力批判》，317 页。

③ 《判断力批判》，314 页。

④ 《判断力批判》，314 页。

⑤ 《判断力批判》，314 页。

可确定的和谐在他心中发生,是当他感觉到他的表象所包含的是多于知性的规则所能确定的。康德所坚持的不但是必须对于知性与其规则有某种关系而且在艺术家的想象力所产生的表象里所有的又必须多于在言语中任何时候所能弄清楚或表达的,给艺术作品以生命的就是这个。墨守规则是不能引起想象力与知性的自由协调以及它符合规律的原理的。这是属于个别艺术家的本性而在一种创作的方式上表现于他的作品的。

下面是康德自己的话:"第四,而且最后,天才表现于一种主观的有意图性,而这个有意图性不是有意识地或有意地引起的。它表示于这种事实,就是想象力自由地和知性规律[的原理]相协调;而这样,它就预先假定这两种能力这样的相称与协调(Stimmung)是任何单纯对于规则(无论是科学的规则或者是机械模仿的规则)的遵守所不能在任何时候使之实现的,而且是任何东西所不能产生而只有主体的本性才能产生的。按照这些预先假定,就可下天才的定义为一个主体的天资[表现]于认识能力自由使用里面的示范性的创造力。所以,一个天才者的作品……不是叫人去模仿的一个模范,因为那就会是失去天才的本质和作品的灵魂,它乃是它启发而使之感觉到其原有的创造力的另一个天才者所要继承的一个模范。它激起这另一个天才者去运用他的艺术,不受规则的束缚,使得艺术本身获得一条新的规则,而艺术家才能的模范性格就在这新的规则里表示出来。"①

第五十节

在这节里,也就是我们要处理的审美判断力分析论的最后一节里,提出的问题就是,在美术的事情上鉴赏力抑或天才是更为本质的。康德说,这就等于是问关键所在是想象力多些或者判断力多些,容易看到何以康德是这样相信的。他曾指出,天才乃是设想审美理念的能力,而且审美理念又是想象力的表象,为要决定这些表象是否和知性与其符合规律的这种原理相协调,就需要判断力,从全部审美判断力分析论中所曾说过的就能得出这个结论。上面曾说明过,使我们设想到想象力和知性的未确定

---

① 《判断力批判》,317 页,318 页。

的协调的乃是我们反思判断的能力。鉴赏判断乃是判断能力的产物,由此便可看得清楚,如果艺术家是要能够决定他的作品是否符合于鉴赏力的要求,他自己也必须使用这个能力。

康德对于在美术的事情中更重要的是天才或者是鉴赏力,是想象力或者是判断力这个问题,其答复是在下面一段引文里,而理解这段文字是不困难的。“那么想象力是多少使一种艺术有资格称为一种精神界的(geistreiche)艺术的,但是只在判断能力是包含在它里面这程度上,一种艺术才可以正当地称为一种美术。可见在判定艺术为美术时,我们得要最注意的乃是判断能力,至少作为美术的不可少的条件(conditio sine qua non)。为要能够产生美出来,我们要富于理念以及在理念上是别出心裁的,这并不是那么需要的。但是需要的乃是想象力在其自由活动上应该符合于知性符合规律[这条原理],由于想象力的一切丰富,如果让它有无规律的自由,所能产生的只是胡闹,但是判断能力乃是使想象力适合于知性的能力。”①

在离开审美判断力的分析论之前,我想要说,我希望我已成功地说明康德关于艺术与艺术家的学说是在每一点滴上都和他的鉴赏判断的分析相一致的,而且在《判断力批判》一书的两部分里康德是严格遵循同样的原理的。

可是还有一件事情我想要提一提的。在读康德关于鉴赏判断的阐明时,读者易于忘记在导言中所提出的很重要的一点,那就是,我们一切关于美的判断都是指向着感官世界以外的某东西的。康德在导言中常常叫人注意这点。他指出,审美判断依据自然的一种技巧这个理念,而这是使自然对象和一条超感性的原理有关系的。我认为康德在分析论中有意避开这个问题,因为在开始讨论他的问题之先,他必须说明不但是自然的美的产物,而且还有美术的作品,都是指向着一条超感性的原理的。现在他已经说明了,他已说明艺术家的想象力必须超出自然的世界,从给予他的世界创造出第二个自然来,并且他是具有想象到审美理念的能力的。任何懂得先验哲学的人都将立刻看到人类心灵在想象到一个理念(Idee)时,必

① 《判断力批判》,319页。

然是超出感官的世界，即超出我们客观知识所局限于它的那个世界。

在审美判断力的辩证论里所要讨论的问题就是：必然与一条超感性的原理有关系的判断是怎样成为可能，而且和这些判断相应的对象如何有其可能？

审美判断力的辩证论

第五十五节①

康德的问题是什么而且他所谓审美判断力的辩证论是作何解，在这节中是清楚说明的。我们只需跟着他的论证，这论证是如下文那样的。

如果是有判断能力的辩证论，那么所说的判断必然是要求有验前普遍有效性的。引起这辩证论的必须是特别一种的判断力，即据理解释的(vernünftelnd)判断力。关于令人愉快的东西这种审美判断，由于是纯然主观的而不要求有普遍有效性或必然性的，永远不能产生一种辩证论出来，就是说，在它们里面永远不能含有表面上或实际上互不相容的一些命题，因为我们是万一碰见两个命题，同是要求有绝对普遍的必然性与有效性，然而它们表面上或实际上是互相矛盾的，这个时候我们才谈到两个命题的辩证对立。

一个纯然主观的判断永远不会导至一些客观的命题(即替每一个进行判断的主体要求有普遍有效性的命题)，其不可调和性会引起一种辩证论的。“因此，在感官的审美判断即关于令人愉快或不愉快的东西的判断的不可调和性里，没有什么东西会引起一种辩证论。”②

关于其他一类的审美判断，即鉴赏判断，关于美的东西的判断，显然在它们里面的主观成分不能产生一种辩证论。只要一个关于美的东西的判断所与之有关的不是别的而只是作出这样一个判断的个人的主观感觉，那么不同个人所作出的不同判断的不可调和性不会导至一种辩证论，因为每一个进行判断的主体所与之有关的只是他自己的判断，如果另外

① 原文从“第五十节”直接跳到“第五十五节”。——整理者注

② 《判断力批判》，337 页。

一个人的判断与之相矛盾,这是无关重要的。

我们看到,可以把鉴赏的判断力卷入一种辩证论的漩涡里的只是几个判断对于普遍有效性的要求,也就是它们的"客观"成分或原理。康德说:"所以,关于鉴赏力的辩证论唯一剩下来的概念就是鉴赏力关于它的原理的批判的一种辩证论,而没有鉴赏力本身的辩证论这种东西。鉴赏力批判的辩证论的发生是因为关于鉴赏判断可能性的根据的不相容概念是自然地、不可避免地要出现的。"①

鉴赏力的批判分解鉴赏力为它的各要素。我们曾发现蕴藏在每一个鉴赏判断里有一条主观的原理而又有一条客观的原理。鉴赏判断的分析曾显出,一方面每一个鉴赏判断都是作为一个单纯主观的判断而作出的,就是作为关于进行判断的主体所感觉到的愉快的这样一个判断而作出的,而另一方面,每一个鉴赏判断都是作为一个"客观的"判断而作出的,如果我们理解一个判断的客观性为它对于普遍有效性的要求的话。

现在是有可能,在考虑这个判断的两方面时,我们可以从它的第一种特性得出结论说它是一个纯然主观的判断(判断的第一个概念),而从它的第二个特性得出结论说它是一个纯然客观的判断(判断的第二个概念)。这两个概念是相互矛盾的,它们所以之为基础的是不可调和的原理。这就发生了判断的原理的二律背驰,使这些原理的可能性变为可疑的。这样一个二律背驰的出现就提出关于一般鉴赏判断可能性的根据这个问题。

"只要我们发现这种能力的原理之间的一种二律背驰,使这个能力是符合于任何规律的原理这一点成为可疑的,因而又使这能力的内部可能性成为可疑的,那么鉴赏的先验批判就因之要有一部分,是配得审美判断力的辩证论这个名称的。"②

第五十六节

可是有没有这样的鉴赏力二律背驰呢?康德的答复是肯定的,他如

① 《判断力批判》,337页。

② 《判断力批判》,337页。

下论证。

关于鉴赏力存在着一个通常的口头语(Gemeinort)。我们说:各人的嗜好是不同的[①]。我们指责他为没有欣赏力的人可能回答我们,而且正确地回答说鉴赏判断乃是一种纯然主观的判断,关于个别作出判断的人的感觉的判断,关于他的喜悦或痛苦(Vergnügen oder Schmerz)的,因而一个鉴赏判断没有权利来要求别人的必然同意。

但是还有另一通常的口头语,即令不否认鉴赏判断对于普遍有效性的权利的那些人也同意的。这个口头语可以这样来叙述:“关于嗜好是没有可辩论的。”[②]

显然这两种口头语并不是互相矛盾的。反之,我们可以把第二种看作第一种的必然后果,因为从各人的嗜好不同这个事实,我们能够,而且事实上必须,推论出关于嗜好是没有可争辩的。然而必不可忘记,第二种口头语的意思可能是指别的说的,那就是,虽然关于嗜好的辩论是不可能的,虽然关于嗜好的判断不是以确定性的概念为基础的,然而这些判断是基于它们可以与之有关系的一些未确定的概念的。如果这点是假定了的,就不能认为鉴赏判断是纯然主观的了。而且大家承认,虽然谈到哪些特殊对象是要被判定为美的这个问题,是不能达到决定的,可是鉴赏判断可以是正确又可以是错误的,也许没有可能用证明来决定哪是正确,哪是错误的,但是关于这问题的争辩是有可能的。

康德相信争辩(Streiten)与辩论(Disputieren)的分别是什么,可以从下面一段看出:“因为关于判断的争辩与辩论两者之同是在于这点:在两种情况下,我们都是想要通过彼此反驳对方的判断而得到双方判断的一致。然而两者之间有分别,由于在辩论的情况下,我们希望按照确定性的概念作为证明而获得这种的一致,而且在这样做时,我们假定判断是以客观的概念为基础的。”[③]

---

① 德语说 Ein jeder hat seinen eigenen Geschmack(每个人有他自己的嗜好)。——作者原注

② 《判断力批判》,338 页。

③ 《判断力批判》,338 页。

他接着说明在这两种口头语之间显然缺少了一个中间的命题。这个命题没有明白说出，虽然实质上是包含在第二种口头语之内的。可以把它作成公式如下：关于嗜好可以有争辩，显然这是断然反驳把嗜好看作纯然主观的那第一个口头语的，因为含蕴在它里面有这点，就是鉴赏判断所具有的是多过单纯对私人的有效性。如果我们承认一个鉴赏判断可以为别人所反驳，我们就承认它有一定分量的客观性与普遍性，鉴赏力的二律背驰是这样发生的。从第一种口头语就得出这个推断，说鉴赏判断不是奠基于概念的，而从第二种口头语就得出推断说它们是奠基于概念的。"所以关于鉴赏力的原理就现出下面的二律背驰：(1)正题。鉴赏判断不是以概念为基础的；因为如果是的，那就会可能关于它有辩论，那就是说，它的真实性是能用证明来确定的。(2)反题。鉴赏判断是以概念为基础的；因为不然的话，纵然有鉴赏判断的分歧，也会不可能甚至有关于分歧的争辩，就是说，要求别人对于这样一个判断有必然的同意就会不是可能的了。"①

第五十七节

如我们所预期的，康德鉴赏力二律背驰的解决所遵照的原理和他遵照着来解决头两部《批判》中的理论二律背驰以及实践二律背驰的原理是同样的。我们也许记得，康德是用这种方法解决理论的二律背驰的。他指出两个表面上不相容的命题的矛盾是发生于这个事实的，就是这些命题与之有关的对象不是在同样的意义上理解的。只要不体会到这点，这两个命题必然是像不相容似的。试举一例来说明。在解决理论的理性的第三种二律背驰(即自由与因果作用之间的二律背驰)时，康德指明这个二律背驰的正题(断言自由的存在的)是把世界看作自在之物来谈的，而其反题(否认有自由，而除了自然因果作用以外不承认任何其他原理的)所谈的是出现的世界。如我们曾看到的那样，他还相信这两个命题之间的不相容性的假相乃是自然的、不可避免的。凡是一个人，按其本性，都

① 《判断力批判》，338页，339页。

必定得到表面上不相容的命题。解决这些二律背驰别无他法，唯有使用基本先验原理。按照这些原理来说，经验性对象的世界是被看作单纯出现的东西的世界，有别于自在之物的世界的。

鉴赏力二律背驰的解决是遵照同样的原理的。“除了说明在这样的判断里，对象与之有关的概念是在审美判断力两个通常口头语的两种不同的意义上理解的以外，就毫无可能来消除在每一个鉴赏判断的基础上两条原理之间的冲突（这两条原理在事实上是同一于从前在分析论中所提出的鉴赏判断的两种特性的）。其次，我们必须指明在我们判定的过程中这种双重意义，或者说方面，对我们先验的判断力来说是必然的；不但这样，而且由于［这两种意义的］混淆，所使然的幻相是自然的、不可避免的。”①

我们可以回忆到鉴赏判断的两种特性，(a)“鉴赏判断确定其对象为一个美的东西是按照对它所感觉到的喜悦的，而且它要求每一个人的同意，仿佛它是一个客观判断似的。”②(b)“鉴赏判断决不能用证明来确定的；在这点上，它是相似于一个单纯主观的判断的。”③

在审美判断力的辩证论中这两条原理的次序是颠倒过来的。宣称鉴赏判断为主观的，就是说，不是以任何概念为基础的，乃是二律背驰的正题；而把这一种判断看作客观的，就是说，以一定的概念为基础的，乃是反题。

我们得要解答的问题就是：鉴赏判断必须不与任何概念有关，或者是与一定的概念有关，这种说法是否实际上是真的？如果鉴赏判断是有效的，如果它对于普遍有效性的要求是有任何意义的，那么显然它就必须和某种的概念有关；而且同样明显，按照先验的原理，完全有可能来承认鉴赏判断是与一个概念有关的，即令这个概念在本质上是不同于知性的概念的。

在正题所肯定的就是，这种判断与任何概念无关，而在反题所肯定的

① 《判断力批判》，339页。
② 《判断力批判》，281页。
③ 《判断力批判》，284页。

就是,对于概念的关系是含蕴在这种判断里面的,两种肯定在某种意义上既是真而又是假的。这种判断与之有关的是特别一种的概念,即一个未确定的概念,如果说每一个概念都必须是确定了的并且是可确定的,这不是真的。一定给我们以知识的概念当然就必须是确定性的概念,因为如在《纯粹理性批判》一书里所说明的,这些概念的功用就是要确定直观而反过来又为直观所确定,对于验前的概念来说是如此,而对于经验性的概念来说,亦完全是如此。这两类概念同是确定性的而又是可确定的概念。

但是必不可忘记范畴的有效性与普遍性是限于感官的世界的,要获得关于这个世界的知识,人的心就必须用概念来确定直观。然而除非这些概念是与直观有关的,否则它们是毫无意义的,所以就可以说,我们的直观反过来确定我们的概念。像康德在这里所说的,这些概念"是可以用感性直观的述项来确定的,而感性直观是能与这些概念相应的"①②。

但是我们不是也曾说明在感官世界以外还有一个世界的存在是必须要假定的吗?除非我们把我们自己的世界和另一世界作对比,否则我们是不能理解我们自己的世界的,所谓另一世界就是自在之物的世界,而且,除非我们把我们的知识和一种不同类的知识,即知道事物如它们在其自身那样的知识来进行对比,否则我们就不能正当地理解我们自己知识的性质。

在《纯粹理性批判》一书里又曾说明过人的心产生出一些概念在类别上根本不同于范畴的,那就是理念。这些理念不能给我们知识,然而它们是我们理性的必然产物,由于理性按其本性是必然形成关于超感性的对象的概念的。

在我们目前与之有关的实例中,可以这样问:是否有可能我们鉴赏判断与之有关的概念是可以属于类似的一类的,就是说,它可能是理论上超感性东西的一个不可确定的概念?这就是康德对于问题的解答,但是由于他自己的话不易理解,为着解释起见,我可以利用一种论证,这论证虽不是他明白作出的,可是依我看来是暗藏在他的论究里面的。

---

① 《判断力批判》,339页。

② 康德在这里是指他的范畴图型法这种学说说的(参看上文《纯粹理性批判》"判断与图型法"一段)。使之有可能来用从感性直观(为想象力的先验综合所结合的感性直观)借来的述项去确定知性的概念的乃是图型法,而图型法又使直观与概念之间发生对应。——作者原注

让我们假定我们的知性给我们以关于自在之物的绝对知识，这样一来，我们就不能作出一个与一个未确定的概念有关的判断。因为我们就应该有关于对象的绝对知识，那就是说，我们所想象的每一个对象都会是我们如它实在那样知道的。判定同一个对象就不能有不同的方式。除了我们借助于纯粹思想而知道的属性之外，我们不能以任何其他属性归之于一个对象，一个对象具有我们在理论上不知道的属性就会是不可能相信的了。换句话说，审美判断，即从超感性的东西的不明确的概念得出杂多的某一定的特征的这种判断是不会有的，其理由是容易明白的；不会有不可确定的超感性的基质这种东西，而我们一切判断都会是以确定性的概念为其基础的认识性判断了。可是情况并不是如此，我们并不具有认识的无限力量，而且我们不知道事物如它们本来那样的，而这就是何以我们一方面所作出的判断是单纯主观的判断，而不是（以确定性的概念为其基础的）认识性判断，也就是何以另一方面我们使我们对象的表象和超感性的东西的未确定的概念有关系。

何以我们的审美判断应该是普遍有效的，我们不知道任何客观理由，但是我们通过使我们对象的表象与超感性的基质有关系，就有权来以主观的普遍有效性归于审美判断。

我认为这就说明何以康德相信只有按先验的原理才能说明鉴赏判断的性质，才能解决鉴赏力的二律背驰。只有按这些原理，它们是承认，而且事实上是预先假定，一个尚未知的超感性世界的存在的。这样的一种特别的心的能力如鉴赏力才能得到解释，鉴赏能力是包含着这样的不同成分的，如一方面有单纯主观性（对于概念的独立性），而另一方面又有对于超感性的东西这个不明确的概念的关系。

“可是，鉴赏判断是有关于感官的对象的，但是它的目的不是要为知性确定关于这些对象的概念的，因为它不是一个认识性的判断。作为与愉快感有关的一个直观性的个别表象来说，所以它是一个单纯个人的判断；而在这个限度内，它就会是在其有效性上限于个别的进行判断的人的。当下的对象乃是对我的一个喜悦对象，对于另一个人，它可能是不同的：人各有其嗜好。然而毫无疑问，鉴赏判断含有那对象的（而且同时也是那主体的）表象的扩大准标；而我们扩充这样的判断而且相信它们对每一个人都是必然的这个权利是以上面所说的为其根据的。可见某种概念必然一定是在我们的表象的基础上的,但是这种概念必然是一个概念,它不能为直观所确定,而且用它是不能获得任何知识的。结果,我们想要能够用它来证明一个鉴赏判断,这是没有可能的。那么,这样一个概念是超感性东西本身的纯粹理性概念(der blosse reine Vernunftbegriff von dem Übersinnlichen),是处在所说的对象作为一个感官的对象或者说作为单纯出现的东西看的那个东西基础上的概念(而又是进行判断的主体的概念)。因为如果不采取这样一个观点,鉴赏判断对于普遍有效性的要求就是不能维持的。"①

看来好像难于理解何以康德相信鉴赏判断含有对象方面以及主体方面对于超感性的东西的关系,但是实在是十分容易理解的,因为我们只需记得他曾屡次对我们说明过,处在我们鉴赏判断的基础上的原理乃是自然的一种主观有意图性的原理。一个审美判断乃是一个反思的判断,使我们想到自然适应于我们的需要的自然这个理念的乃是我们的反思判断能力。

为了想到这种理念,我们得要超出为我们知性所知的自然。主观有意图性的原理是一条超感性的原理,是我们的知性不能掌握的原理,由于知性所与之有关的无他,只是自然与其机械的规律。我们的知性不能给我们解释何以会有自然的美的对象,而在判定一个对象为美的时候,我们是扩大了我们关于自然的表象的。我们以之归于自然的是多于我们的知性所能掌握的,而为了说明美,我们就得要涉及自然的一条超感性的原理而同时又涉及我们里面的一条超感性的原理。在想到自然的一种技巧这个理念时,心灵就意识到这个事实,就是它是在特别一种方式上来看自然,在它里面,它具有超出自然的能力:在使用审美反思的原理时,它涉及超感性的东西这个未确定、不可确定的概念。

鉴赏判断不能确定超感性的东西的概念,这是从这个事实推论出来的,就是鉴赏判断乃是一种单纯主观的判断,与认识无涉的判断。但是,虽然每一个鉴赏判断都是严格的单称判断,一个直接伴随着其对象的直

① 《判断力批判》,339页,340页。

观性表象的判断，然而它涉及超感性东西这个未确定的概念，因为这种判断应该是对每一个人都有效的，就是说，对每一个能够而且事实上必须利用审美反思的原理的人都有效的这点是含蕴在它里面的。我们永远不能了解何以我们具有这种能力，而且我们永远不能在客观上证明它是存在的或者一个特殊的审美判断在客观上是有效的，但是我们能合理地预先假定这种判断的根据，也就是所假定的每一个主体的同意的根据，是处在我们一无所知的范围里的，"是处在人性的超感性的基层里的"。

"可是，当我们像下面那样来说事情时，一切矛盾就消逝了。鉴赏判断是基于一个概念的，所包含的概念乃是对判断能力来说的自然的主观有意图性的一般原理(eines Grundes überhaupt)。然而用这种概念不能知道关于对象的任何东西，而且用它又不能证明什么，由于它是绝对不能被确定的，因而对于知识来说是无用的。然而这个概念给予这种判断以对每一个人有效性的要求……因为它的决定性根据可能是处在可以看作人性的超感性的基层那个东西的概念里的。"①

现在已经在最令人满意的方式上解决了鉴赏力的二律背驰了，因为为要解决它，我们只需说明两个表面上相矛盾的命题在事实上却是相互一致的，"虽然关于它们的概念可能性的解释是超出我们知识能力的范围的"②。

前面已证明，对于人类理性来说，这种二律背驰是自然的而且是不可避免的；而证明是可能的，因为我们能够应用先验哲学的基本原理，按照这原理，我们就假定，有一个范围是人类理性所不能知道的，即超感性东西的范围，这个范围一方面包括(作为一个单纯现象看的)自然的超感性基层，而另一方面又包括人性。二律背驰的正题与反题同是需要订正的，其正题应该为："鉴赏判断不是以确定性的概念为基础。"③而其反题应该为："鉴赏判断依据一个概念，纵然是一个未确定的概念(就是现象的超感性基层的概念)。"④这样一来，两个命题不相容性的一切假相就都消逝了。

① 《判断力批判》，340页。
② 《判断力批判》，340页。
③ 《判断力批判》，340页。
④ 《判断力批判》，340页。

“我们能做的只是消除鉴赏力所提出的要求与反要求里面的这种矛盾,绝对没有可能来指出鉴赏力的一条确定性的客观原理是鉴赏判断所从而得到指导、检查与证明的。因为,如果那是可能的话,这种判断也就再不是鉴赏判断了,那种能力的根源是隐藏着不为我们看得见的,透入它的秘诀的唯一钥匙就是这条主观的原理,也就是我们里面的超感性的东西这个无确定性的理念,别无他法使它成为更可理解的”①

这一节的其余部分是十分简单的。康德声明他对于这个二律背驰的“提出”与解决“是依据鉴赏力的正当概念作为单纯反思的审美判断力[的一条原理]的”②。只有按这条原理,这两条表面上冲突的原理才可以得到彼此的和解。如果拿愉快或者拿完善当作鉴赏判断的决定性根据,就是说,如果鉴赏判断是看为或者是纯然主观的判断或者是纯然客观的判断,其结果就是一种绝对不能解决的二律背驰。

“这样我们就看到,我们在除去审美判断力的二律背驰时所采取的途径是类似于批判解决纯粹理论理性的种种二律背驰时所遵循的途径的。而且看来在这里和在《实践理性批判》里,二律背驰都迫使我们反乎我们的意志去看到感性世界之外(über das Sinnliche hinaus zu sehen)而在超感性的东西中去寻找我们一切验前的能力的集合点(den Vereinigungspunkt aller unserer Vermögen a priori zu suchen)。我们必须这样做,因为没有别的方法使理性和它自身相协调。”③

第五十七节后面有两段,标题为注释一与注释二。我们将看到这两段都极其饶有兴趣而且极其难懂的。其理由就是康德从一个很广泛的观点考虑审美判断力辩证论的问题,他是在其与他的哲学的一般原理的联系上考虑它的;而其所以难懂,就是因为他指望读者是熟悉他的体系的每一部分的。

注释一

康德这样开始:“既然在先验哲学里,我们是这么常时有机缘来把理

① 《判断力批判》,341页。
② 《判断力批判》,341页。
③ 《判断力批判》,341页。

念从知性的概念区别开来，所以介绍一些用来足够表示它们的种种分别的术语可能是有好处的。"①

这就好像康德正在打算开始讨论一些单纯术语的问题。如我们将看到的那样，事情远远不是这样的。事实上，没有一个真正熟悉《纯粹理性批判》一书而知"我理解理念为理性的一个必然的概念，对它是没有相应的对象能在感官经验中被给予出来的"②。

我们看出，依康德来说，理性在想到它的理念时，是使知性的概念独立于直观的范围的。一个范畴正当的功用就是提供想象力在其综合直观的努力中以综合统一的规则。可是理性不考虑这点，而把范畴从想象性的综合分开。它离开感官的世界(即受条件限制的对象的世界)而且必须这样做，由于它所追求的绝对不受条件限制的东西是不能在感官经验的受条件限制的世界里碰得见的。"条件的绝对总体这个概念是在任何经验里都不适用的，由于没有经验是无条件的。"③

我们看到，按照康德在《纯粹理性批判》里所说明的学说，理念就是变为从属于特别一条原理(绝对总体的原理)的范畴。在使用这条原理时，理性把概念从想象力分开(想象力是有关于直观的综合的)。理性的概念是不能应用于感官的对象的，没有感官经验能在任何情况下相应于一个理性的概念。我们现在可以回到我们[所讨论]的那段去，康德接着说如下。

"'理念'这词在其最一般的意义上，可以这样来解释。理念乃是表象，虽然在某种主观的或客观的原理上是与一个对象有关的，但是永远不能给我们关于这个对象的知识。要就是它们在涉及一种直观时是按照一条单纯主观的原理，这原理表示两种认识能力，即想象力与知性的一致(übereinstimmung)，而在那种情况下，它们就称为审美理念。要就是它们在涉及一个概念时，是按照一条客观的原理，然而永远不能给我们关于对象的知识。在那种情况下，它们就称为理性的理念，而所包含的概念就是一个超经验的概念，必须区别于知性的概念，因为知性的概念总是能以

① 《判断力批判》，341 页，342 页。

② 《纯粹理性批判》，B383。

③ 《纯粹理性批判》，B383。

足够与之相应的经验为基础的，因而就称为内在的概念。

“一个审美理念不能变成一种认识，因为它是想象力的一种直观总不能替它找到一个相称的概念的。一个理性理念永远不能变成一种认识，因为它含有(超感性的东西的)一个概念，总不能给与出来对它是相称的直观的。”①

就理性理念来说，康德的意思现在是十分清楚的了。似乎更难理解(a)康德怎能谈到审美的理念，而且(b)他说到它们时，怎能说它们不能给我们关于对象的认识。为了理解这点，我们就得要记得一个审美理念乃是想象力的一个表象，其中所包含的感官性直观的杂多是多于知性的一个确定性的概念所能掌握的。当我们判定一种艺术作品为美的时候，我们就觉知到我们认识的两种能力(即想象力与知性)的一种协调，但是我们不能弄清楚这种协调是怎样发生的，由于我们的直观不是为知性的明确概念所确定的，“一个审美理念不能变为一种认识，因为它是想象力的一个直观永远不能替它找到一个相称的概念的”②。

我们现在就能理解在什么意义上理性的理念和审美的理念是能说为相互类似的。当我们想到一个理性的理念时，我们所思想的是多于我们的想象力所能显出来的。一个审美的理念所包含的是多于我们思维能力所能说明的。

然而在这两类的理念之间还有一种可注意的分别，这个分别是康德在这里没有弄得十分清楚的。当我们想到一个理性的理念时，我们思维能力(理性)把想象力与知性彼此完全分开，一个超感性的世界这个理念是这样被想出的。理性的先验理念乃是关于超感性的对象的明确概念。理性的原理乃是一条客观原理(无条件的东西的原理)，虽然它不给予我们以关于这些对象的知识，可是它是一条确定性的原理，使范畴不致应用于直观和它们在想象中的综合。明确的先验理念(灵魂这个理念、宇宙论的理念、上帝这个理念)是有的。一个审美的理念就与此不同，它在我们里面发生，正是为着这个缘故，就是我们觉知到想象力与知性的一种协

① 《判断力批判》，342 页。

② 《判断力批判》，342 页。

调，所以审美理念没有在实在上把想象力与知性彼此分开。也许有人甚至要问，何以我们认识的能力这种协调的关系使我们想到超感性的东西。我想康德会说，这正是由于这个事实，就是想象力与知性之间的关系乃是一种未确定的关系，就是说，这样的关系是知性不能使之为人可理解的，因为知性是有关于感官的世界和适用于这个世界的确定性的概念的。这就是何以我们必须使这两种能力的这个未确定的关系和一条更高的原理有关系，这就是关于一个超感性的世界的原理，而这样一种关系的可能性的根据是要在这条原理里面去寻找的。只有这样的一条更高的超感性的原理才能给我们说明这个事实，就是虽然想象力所包含的多于知性的任何概念所能掌握的，然而这两种能力还是彼此一致的。我们不能有关于这样一种可能的事的客观知识，所说的原理是单纯主观的，它能给我们说明的既不是何以我们具有审美欣赏的能力，又不是何以某些人能够产生一些对象，其表象使每一个进行判断的主体都感觉到他的认识诸能力的一种协调。实是有具有这样一种能力的人这件事，我们就必须归之于自然以外的某东西了。

在这节的第三个段落里，我们发现下面的说法："那么，我认为称审美的理念为不能解释的(inexponible)想象力表象，而称理性的理念为不可证明的(indemonstrable)理性概念是合理的。我们关于这两类的理念都预先认为它们不是没有基本原理的(grundlos)。与此相反，我们预先(按照一般理念上面的解释)假定它们是按照它们所属的认识能力的某一定的原理被产生出来的，而有一个分别就是认为审美的理念是按照主观的原理产生出来，而理性的理念是按照客观的原理产生出来的。"①

这段的最后一部分是容易的。理性的理念和审美的理念都不是任意产生的。它们遵循必然的原理，这些原理在理性的理念的情况下是客观的，而在审美的理念的情况下是主观的。具有想象力、知性与理性的人类心灵必然一定想出理性的(客观的)理念和审美的(主观的)理念。

要理解这段的第一部分，我们首先必须解释康德的名词：证明、可证明的和不可证明的。这不是实在困难的，因为康德接着说，知性的一切概

---

① 《判断力批判》，342 页。

念必然是可证明的，那就是说，与它们相应的对象必然是能够在直观里被给与出来的，现在，这是第一部《批判》的每个读者所熟悉的一个学说。知性的概念靠其自身是毫无实在意义的，它们乃是思想的单纯形式。为要得到一种客观的意义，必须使它们和所与的直观有关系，只有作为图型化的概念，也就是作为与想象力的综合有关系的概念，它们所有的意义才多于单纯逻辑上的意义的。靠它们自身，它们就是思想的空洞形式，不确定任何对象的。当康德在这里说，纯粹的概念和经验性的概念都可以用一个经验性的直观来证实，也就是说，关于它们的思想可以用实例指示出来(gewiesen)，证明出来(demonstriert)，显示出来(aufgezeigt)，这时他不过是重述他关于图型法的理论："这一定是可能的，因为不然的话，我们就不能有把握我们的思想是否空洞的，那就是说，我们的思想是否与任何对象有关系的。"①

康德接着说，他在这里用"证明"(ostendere，exhibere)这词是作为同义于给直观里的概念以其伴随的显示，就是在刚才曾说明过的意义上。他批评在逻辑里关于这个词的使用，因为在逻辑里，"可证明的"和"不可证明的"通常只关于命题才使用的，能被证明的命题就称为可证明的命题，不能证明的命题就称为不可证明的命题。这种区别是尽人皆知的，我们就无须去谈它。我们只需注意到这个事实，就是康德在这里理解可证明的概念为能与直观有关系的那些概念，不管这些概念是否能被证明的。

现在是容易明白，当康德称理性的理念为不可证明的概念时，他的意思是什么。他进而解释一般说的一切现象的超感性基层这个理性的概念(他尽可说自在之物的理论性概念)以及道德自由这个理性的概念就是这样的不可证明的概念。前一论点是直接清楚的，关于后一论点，必须注意，道德的自由这个理念，虽然它实际上确定发生于感官世界的行动，必须被看作一个超经验的概念，但我们不能有关于道德概念的理论知识这个事实乃是由于人类心灵不能使它们与直观有关系。

康德理解"不可解释的"(inexponible)这词为什么，而且何以他认为一个审美的理念是想象力的一个不可解释的表象，可以从下面一段看出

① 《判断力批判》，343页。

来："像在一个理性的理念的实例里，想象力同它的种种直观不能圆满达到所与的概念那样，在一个审美的理念的实例里，知性用它的概念也照样不能达到想象力以之和一个所与的表象联系的内部直观的总体。"①

康德接着说，他后面将有机会来更充分地处理审美的理念。不幸的是，他可是永远再没有提及，至少没有明显地提及这些理念，这是令人很苦恼的。在本节里他所附加的不过是说审美理念和理性理念的原理都是在理性里面的。如我们将要在下一段（注释二）所看到的那样，康德认为审美判断力的二律背驰是理性所致的，而理性是对判断能力的原理下判断的。这显然和他这里所说的审美理念的原理是在理性里面这句话有联系的。但是，如我们将要看到，(a)很难理解在下段所说明的论证，和(b)在这段里康德再不提到审美理念。结果就是，即令我们是顺利理解何以康德相信审美判断力的辩证是理性所致，我们仍旧是不清楚何以他相信审美理性本身的原理是在理性里面的。

在本段的最后一个段落里，康德第一次下天才的定义为审美理念的能力。他如下接着说"这同时也说明何以在天才的作品里[为着美的东西的产生而]给艺术以规则的乃是主体的本性而不是一种熟思的(überlegter)意图。因为既然判定美的东西不是按照概念而是按照想象力的有意图的状态(nach der zweckmässigen Stimmung der Einbildungskraft)，也就是说，按照想象力的和一般概念能力的和谐，可见规则与教训都不能作为[美术的]标准。作为标准的必须是主体里面单纯本性的这个成分，不能表达为规则或概念的某东西的，也就是说，不能为知性的任何概念所能达到的那个主体的一切能力的超感性基层。我们的最高意图就是要我们一切的认识能力在其对于这个超感性基层的关系上有完全的和谐。这是一种意图为我们的本性的睿智部分所给予我们的，而这样这个超感性基层就用作那能有合法的要求去使每一个人愉快的美术里审美的而且是不受条件限制的有意图性的一种主观的标准。只有这样才可以想象为它是不能规定任何客观原理的艺术是基于一条主观的而又是普遍有效的验前原

① 《判断力批判》，343页。

理的"①。

很清楚,康德在这里指望读者曾懂得他审美判断力批判自始至终的论证,他预先假定读者熟悉他的一切术语以及属于这些术语的意思。诚然,凡细心研究过审美判断力批判的人要在这里去理解他,困难是不多的。

只有几点是我想要讨论的。首先,我们必须注意到,康德又是从我们关于美术的作品的判断而得出这种作品的。他的论证就是,既然我们关于美的判断是不依靠概念,既然在作出这种判断时,我们不使用客观的原理而单纯谈到我们认识能力的和谐,那么要判定为美的艺术作品就不能是按照任何明确的意图或者按照这作品要成为什么这种明确的概念而被产生出来的。这是自然的,因为如果我们是从一种意图而得出它,我们就不会判定它为美的了。从此就可推断艺术家不能给艺术什么明确的规则,这种规则必须属于个别艺术家的本性的。但是康德这里所谓"本性"是什么意思?

显然不是任何人所知道的本性。他在这里所想到的不是作为感官经验对象的性质,是我们按照知性的规定而确定的,是每一个人借助于知性的概念来确定他的直观而这样使直观与知性发生一种确定性的关系,从而能够知道的。它乃是在特别一种意义上的性质,即是个人的终究本性,它是使[有关的]诸认识能力发生和谐的关系的这种能力,而这种和谐的关系也就是曾被称为主观有意图性的那个东西。艺术家自己不知道艺术家是怎样成就这种作品的。判定艺术家的作品为美的,即判定它符合主观的然而是审美反思的普遍有效的原理的人也是这样。

一切关于自然的客观的知识都能用规则与概念来确定的,但是,那要用作"那种在能合法要求去令每一个人愉快的美术里面的审美的、不受条件限制的有意图性的一个主观标准的"诸认识能力的未确定的和谐这条主观原理,是不能用规则与概念来确定的。

我们得要替我们一切认识能力的和谐找出一个以之为准标的点,而这种准标点我们只能在主体的一种超感性的能力里去发现,这种能力也

① 《判断力批判》,344 页。

就是产生审美理念的能力。为了我们自己弄清楚一个人如何能产生一种为每一个人所判定为美的艺术作品，我们就得要涉及产生这种作品的主体的特别一种能力。而我们不能从任何东西得出这主体按照着来产生那种作品的规则，而只有从“这个主体里面的单纯本性的这个成分，不能表达为规则或概念的某东西的，也就是说，不能为知性的任何概念所能达到的那个主体的一切能力的超感性基层”来得出这种规则①。

显然这一切都是和从前所说的相一致的。

注释二

在这段里，康德拿三种二律背驰来相互比较。所说的三种二律背驰就是理论的二律背驰、实践的二律背驰和审美判断力的二律背驰。他开始是如下那样说的。

“在这里自然是有下面的重要观感的。纯粹理性的二律背驰分三类，它们相同之点是在于它们迫使理性放弃从别的方面看是很自然的假定，就是认为感官的对象就是物自身。它们且使理性把这些对象看作出现的东西而假定一种睿智的基层的存在(und ihnen ein intelligibles Substrat…unterzulegen)，那就是说，假定某超感性的东西，其概念只是一个理念而不容有正当意义上的所谓知识。但是不能因为有二律背驰的出现就能说服理性去接受一条使它的思辨范围缩小这么多，或者作一些牺牲是使这么多漂亮的希望化为乌有的原理。因为乃至现在它的损失还得到补偿，就是对它展开了一个境界使它的理论范围缩小而它的实践力量就随而更加扩大，于是它就好像不能忍痛和那些希望分离或者不受它的旧日依恋所束缚。”②

凡是研究过《纯粹理性批判》和《实践理性批判》两书的人都会了解这点的。我请读者参看我对于这两部《批判》的阐明。

可是有一点是难懂的。也许有人问，何以康德在这里谈到理性的三种二律背驰呢？难道他真的相信一切二律背驰，乃至审美判断力的二律

① 《判断力批判》，343页。

② 《判断力批判》，344页，345页。

背驰,都是理性所使然的吗?从紧跟在我们刚才所引用的一段的后面之一段就可看出这实在是他的意见。

"有三种二律背驰的理由就是因为有了三种认识能力,即知性、判断力与理性,其中每一种作为高级的认识能力是必然有它的验前原理的。在对这些原理本身以及对它们的使用下判断时,理性冷酷地要求它们都替所与的受条件限制的东西有那不受条件限制的。可是只要我们还把感性的东西认为是属于自在之物而不是使它们作为单纯的现象依赖于(unterlegt)某超感性的东西,就是说,依赖于我们认为自在之物的在我们里面和在我们以外的自然(der Natur ausser uns und in uns)的睿智基层,那不受条件限制的东西是永远不能发现的。"①

这里的困难是什么?我们并不难于理解有认识的三种高级的能力而且它们都有它们的验前原理,因为我们从我们对于《判断力批判》的导言(特别是第九段)的审查就知道这点了。我们也知道何以康德是这样相信的。困难是要了解他怎能提出这个见解,认为一切二律背驰都是理性对于验前原理下判断而使之发生的②。

为要了解何以康德以审美判断力的二律背驰归之于理性,我们可以首先回忆到他在第四十五节里曾告诉我们说没有鉴赏本身的辩证这样东西,而只有鉴赏力关于它的原理的批判的一种辩证。只有在我们发现鉴赏力的原理的二律背驰的时候,鉴赏力的先验批判才包含一部分称为辩证论的。在后面一节即是康德说明鉴赏力的二律背驰的那节,他说明导致二律背驰的实在不是鉴赏力的原理而是从这些原理所引申出来的结论。这种二律背驰的发生是因为从鉴赏力的原理是纯然主观的这个事实,就推论出鉴赏判断并不是基于概念的;而从鉴赏判断要求有普遍有效性这个事实就引申出相反的推论,即鉴赏判断是基于明确的客观概念的。

按照康德哲学的原理,显然这些推论都是理性所作出的。理性在考虑这个判断的主观方面而且以绝对无条件的有效性归之于这个判断时,

---

① 《判断力批判》,345页。

② 关于纯粹理性的二律背驰以及实践理性的二律背驰,参看上文《纯粹理性批判》的"理性宇宙论——二律背驰"一段。理性的基本概念就是不受条件限制的这个概念,参看上文《实践理性批判》的"实践理性的二律背驰"一段。——作者原注

就得到鉴赏判断不是基于任何验前原理的且它们是不依靠概念的这个结论。在考虑其他一方面而应用同样的原理(即绝对无条件的有效性)时,它就得到相反的结论。

我们现在就进行本段的考查了。康德如下接着说:“那么就有(a)理性对于认识能力的二律背驰,认识能力是有关于知性扩充到无条件的东西的理论使用的,(b)理性对于有关于判断能力的审美使用的苦乐感的这种二律背驰,和(c)理性对于有关于自立法的理性的实践使用的欲望能力的这种二律背驰。”①

我可请读者参看我关于《判断力批判》导言第十一段的阐明来说明这点。为着目前的缘故,扼要重述在那里所说明的论证各要点就够了。康德相信心灵有三种能力:(a)认识能力,(b)苦乐感,(c)欲望能力。其次还有三种高级的认识能力:(a)知性,(b)判断力,(c)理性。心灵的能力和认识的能力是处在必然的联系上的。知性似乎只对于认识能力才有其验前的原理,判断力只对于苦乐感才有其验前的原理,而理性对于欲望能力才有其验前的原理的。我从前曾设法说明何以康德相信这一切所说的,而这里所需要的只是说在本段所提出的论证是和导言中所说的相一致的。从下面一段就可看出这点。

“有三种二律背驰的理由就是因为有了三种认识能力,即知性、判断力与理性,其中每一种作为高级的认识能力是必然有它的验前原理的。”②

理解本段的其余部分是容易的。康德说,曾说明过,二律背驰的两种(即理论的二律背驰和实践的二律背驰)是不可避免的,而且是不能解决的,除非理论的判断和实践的判断涉及一种超感性的基层,但是一经这样涉及时,它们就能得到解决了。同样的方法,就是说涉及超感性的东西的方法,必须用于审美判断力二律背驰的解决。因为不然的话,只会有两种可能的选择。(a)必须说明鉴赏判断并不是验前的判断,它们是纯粹主观的,而鉴赏判断的配作为正确的看,只是因为碰巧许多人关于它们是同意

---

① 《判断力批判》,345 页。

② 《判断力批判》,345 页。

的。如果是这样，所谓同意是由于这些不同的主体的一种相似的结构而来的，否则(b)鉴赏判断，必须宣称为伪装的理性判断，即关于事物的完善的目的论判断，其所以称为审美的只是“由于属于我们反思的混乱”。

“可是，在我们关于鉴赏判断的阐明中曾屡次说明这些选择作为逃避的方法都是如何令人不满意的。”①

康德作出结论如下：“可是如果至少承认我们的演绎是按正确的路线完成的，即令细节上也许不够清楚，那么我们就碰到三类的理念：(a)一般的却没有进一步确定的超感性的东西作为自然的基质这个理念，(b)超感性的东西这个理念作为对于我们认识能力来说的自然的主观有意图性的原理，(c)超感性的东西这个理念作为自由的种种意图的原理，以及作为这些意图在道德的范围里和自由相符合的原理。”②③

① 《判断力批判》，346页。

② 这里所说的演绎当然是鉴赏判断的演绎，这演绎，如康德在第三十五节所曾说过的那样，只是有关于这些判断的形式上特性的。这些判断形式上的特性就是：(a)它们要求有普遍有效性，仿佛它们是客观的判断似的(第三十五节)，(b)它们是不能有证明的，仿佛它们是主观的判断似的(第三十六节)。这演绎得要考虑到鉴赏判断的客观和主观两方面而且要把它们从关于令人愉快的东西(的主观感官判断)以及从关于完善(的客观理性判断)区别开来。一般超感性的东西作为自然的基质这个理念就是和通常称为“自在之物”同一的。在几处地方已经说明，自然的一种主观的有意图性这个理念是处在我们一切鉴赏判断的基础上而且其实是处在一切反思性的判断的基础上的。——作者原注

③ 《判断力批判》，346页。

判断力批判 Ⅲ

目的论判断力批判

我现在可以离开审美判断力批判而转到目的论判断力批判来了。康德在《判断力批判》的导言里已给我们说明审美和目的论之间的联系是什么。在目的论判断力批判的第一节(即全书的第六十一节)里,他扼要地重述在导言中详细弄清楚了的东西。我将按照着这论证的秩序,但是为着充分理解起见,读者还须参看导言。

第六十一节

康德在本节的论证可以改述如下,按照先验哲学的原理,我们有充分的理由(guten Grund)把关于自然的特殊性规律的"主观有意图性"归之于自然。上面曾说明过,我们按照一条必然的验前原理必须预先假定自然是要满足我们的判断能力对它的要求的,我们必须假定自然是要以特殊性的规律的体系对我们呈现出来的。这样一种假定是必要的,由于不然的话,我们就不能使自然为我们所理解的。如果我们是要理解自然,那么它的一些特殊性的规律必不可是绝对种类不同的(heterogeneous),而必须是相互有关系而使我们能够把它们安排在一个逻辑体系里的。

我们曾看到人类心灵必然会使用逻辑反思的这条主观的原理。我们以逻辑的有意图性归之于自然,我们不得不设想一个适应于我们判断力的要求的这个自然理念①。

上面曾说明过,我们有权来以一条审美的有意图性原理归之于自然,那就是说,我们可以指望自然以这样的对象对我们呈现出来,这些对象,依我们看来,好像是自然原计划它们为着符合于我们判断力与其审美反思的原理的要求这种明白的意图的。换句话说,我们有正当理由来假定

① 参看上文,第一种导言第五段。——作者原注

自然会以我们将要判定为美的这种型式对我们呈现出来，就是说，所呈现的型式是使我们的审美反思能力活跃起来的（这就是那原理，我们因之而觉知到我们诸认识能力的一种和谐关系的）。不是没有可能来理解我们如何在实际经验之先能认为自然会对我们呈现出一些型式，在其里面是表示一条统一性这样的原理能唤起我们审美反思的能力的。当然我们在验前不知道哪些对象是我们会判定为美的，必须在经验中有对象被给予出来，然后我们才能够在审美上判定它们。但是审美反思的原理本身却是一条验前原理，如果我们不能从别的东西得出这个推断，我们也能从这个事实把它得出来，就是除非这条原理本身是事先被假定的，否则我们就不能判定一个所与的对象为美的，即符合于审美反思的原理的。

换句话说，虽然只有经验性的对象才能使我们觉知到美，然而按着它这个对象才被判定的这原理却不能从这对象得出来。这原理乃是心的产物，它乃是一条验前的原理①。

很清楚，我们何以能利用逻辑性的反思和审美的反思的种种验前原理，其理由就是，它们都是单纯主观的原理。在应用这些原理时，我们关于对象本身并不断定什么。我们所关心的乃是它们纯然形式上的特征，是逻辑性的也好，是审美性的也好，就是说，乃是它们对于判定它们为符合于心灵自己的原理的那个人类心灵的关系。

发生的问题就是：有没有可能看自然对象本身作为自然的意图？看来好像答案会得要是消极的。

“但是认为自然的种种对象（Dinge der Natur）应该相互作为达到目的的手段（Mittel zu Zwecken）的，而且认为这些对象的可能性，只有当我们假定这种因果作用时，才是足够可理解的——为着这样的假定，我们在自然作为感官对象的总体这个普遍性的理念里是毫无根据的。因为既然在上述的情况下[在自然的美的型式的情况下]事物的表象乃是在我们里面的某东西，所以就没有困难来甚至在验前把它想为适宜而且善于适应于引起我们诸认识能力的内部有意图的和谐（innerlich zweckmässige Stimmung）的。但是我们怎能在验前而且在任何盖然性的程度上假定一

① 参看上文，第一种导言，第九段从第七个段落起。——作者原注

些意图，既不是我们自己的意图，而又不能归之于（我们不当作一个有理智的存在物的）自然的，可是能够，乃至必须，构成特殊一种的因果作用，至少使自然符合于有规律的特别原理（eine ganz eigne Gesetzmässigkeit derselben）？”①

这一段大部分是容易为任何读过《判断力批判》导言的人所理解的。康德的问题就是：如何有可能看某些对象为自然的意图？看来是不可能做任何这类的事情的，因为作为经验对象的自然，作为感官对象总体（Inbegriff der Sinne）的自然，没有给我们任何征兆表示它是服从另外一条原理的，表示它是故意产生对象的。不是不可能理解我们怎样能够以一条主观有意图性的原理归之于自然，因为这条原理只在其对于人类心灵的关系上才被想为有效的。但是我们怎能以它自己的意图归之于自然呢？我们怎能利用自然作为一个有理智的存在物这个理念呢？很明显，关于自然的这样一种想法根本上是不同于知性的原理所想的，这种想法是以一特种的超感性因果作用归之于自然的。我们假定在感官的世界以外存在着一个有理智的存在者，是按照一特种的因果作用，即按照意图的因果作用来产生对象的。

在继续下去以前，有一种我们必须处理的困难。康德在我们刚才引用的那段里说，毫无理由来假定自然的对象是相互作为达到目的的手段的，或者假定只通过这种因果作用就能使它们的可能性成为完全可理解的。这种说法是不清楚的，但是我们后来将看到他分辨开两种的有意图性，即外在的有意图性（即自然产生东西是为了使它们相互有用这个理念）和内在的有意图性（即自然按照一种意图这个理念而产生特殊性的东西这个理念）。他将说明，能有一点盖然性作出的假定乃是后面的一种假定。

我们现在就能继续我们的解释了。如我们所曾看到的，康德的问题就是看来没有可能来把意图归之于自然。他接着又提出另一种论证：“但是不止于此，那些意图的现实存在是不能用经验来证明的，除非有一种辩证的过程（Vernünftelei）先行于我们的经验。这种过程只是把事物的性

① 《判断力批判》，359 页。

质解作一种意图,而不是从事物或者从关于事物的知识借来一个意图的概念。换句话说,人们用这个概念是为着通过和一条支配我们自己的表象的联系的主观原理作类比而使自然成为可理解的,而不是为着按照客观原理(aus objektiven Gründen)来获得关于自然的适当知识的。"①

我们也许记得导言的第十段,在那里康德曾说明目的论原理不是经验性的原理,它是不能得自关于自然对象的经验的。为要在目的论上判定一个物质对象,我们的心必须把某东西作为是对象里面的。困难就是,看来好像这又是不可能的,好像我们决不能有权来把自然当作自然里面的东西的,简单的理由就是,目的论原理是和知性的原理冲突的,知性除机械性的联系外是不知有什么其他的因果联系的。

我们看到目的论原理作为一条经验性的原理和作为一条验前原理都像是不可能的:"此外,客观的有意图性,作为自然对象可能性的一条原理,远不是和自然这个概念必然联系的,而我们乃在进行证明自然与其型式的不必然性时,反而正是求助于这条原理。拿一个例子来说,我们引用鸟的构造——鸟骨的内空,鸟翼的部位宜于飞动,鸟尾的部位宜于转向等等——如果我们按照单纯有效的联系(nexus effectivus)来考虑这一切而不求助于一特种的因果作用,即意图的因果作用(nexus finalis),那么我们就说这一切都是高度不必然的。这就含着这个意思,就是我们认为自然作为单纯的机械作用来说,尽可能在成千的不同方式上形成其自己而不会碰见按照这样一条原理的统一性(Einheit nach einem solchen Prinzip),因而我们如果要有丝毫的指望来找到可以说明这种统一性的任何验前根据,我们就必须在自然这个概念以外去找它而不是在这个概念里面去找它。"②

凡是读过导言的人也都是容易懂得上面所说的,第六十一节的其余部分也是这样。在这部分里,康德说明,我们能利用关于自然的目的论原理,只要我们不妄想去用它来解释(erklären)自然,它只能作为一个未解决的问题来使用,就是说,为着我们自己钻研自然起见,而不是用来确定

① 《判断力批判》,359 页,360 页。

② 《判断力批判》,360 页。

自然本身的。换句话说,它乃是属于反思判断力的原理而不是属于能确定的判断力的原理。它至少给我们又一条原理为我们探讨自然用的,而是我们用于我们认为其机械性原理是不够用的那些实例的。在使用这原理时,我们的看自然是以我们自己有意产生东西的能力作类比的,我们看自然作为具有技巧活动的能力的。

但是,虽然这样一条制约性的原理的假定是合法的,然而它必不可令我们把它自己的意图归之于自然。我们必不可以明确的意向归之于自然,因为这样做时,我们就会把一条组织性的原理替代了一条单纯制约性的原理,而我们用组织性的原理是为着确定自然本身的。使用自然的意图这个概念不是为了反思的判断力而是为了能确定的判断力的,我们用来超出自然而以一种超感性的因果作用归之于它的就会是理性的一个客观的概念。那么我们就把一种新的因果作用引入科学中去,但决不能许可这样做的。

目的论判断力分析论

第六十二节

在这节里康德分别开来两种的客观有意图性,即形式的客观有意图性和质料的客观有意图性,如我们所将看到的,目的论判断力分析论只涉及后一种。为了说明第六十二节,我们得要了解康德所谓形式的客观有意图性是什么意思。

他在这节的开头是这样说的:"按照原理而作出的一切几何形都表示一种客观的有意图性,这种客观的有意图性在许多方式上表现出来而常常为人所称赞。它在这个事实里表现出来,就是这个几何形适用于许多问题按照独一条原理的解答,或者表现于甚至这个事实,就是每一个问题都能在无限多的方式上得到解答的。"①

我们从这就能看到,形式的客观有意图性也就是几何形的有意图性,这些几何形可称为有意图的,是因为它们适合于多种多样问题的解答的。

① 《判断力批判》,362页。

何以康德称这为有意图性呢？这些几何形所为人认为是适合的意图乃是什么呢？从康德所举的实例就可看出这点来。让我们假定我们是要作出一个三角形，其底线与顶角是已知的。很清楚，这个问题是能有无限多的解答的，然而我们发现一切可能的三角形都是为作为它们的几何轨道的圆所确定的，这样我们的问题就在极其令人惊奇的方式上得到简单化了。我们的意图原是要找出一切满足所设的条件的可能三角形，而这个意图是容易达到的，由于那圆是包含一切这些三角形的。

为了更好地理解这点，我们就得要记得康德在《判断力批判》的导言里关于逻辑的有意图性所曾告诉我们的。何以逻辑的有意图性这个理念发生于我们心里，而且它发生时的情况是什么？要求于我们的就是把自然的特殊性规律全盘作出系统的安排，而我们的困难，就我们的知性来说，就是仍然是有可能，我们觉得一切这些特殊性的规律是绝对相互不同的，因之它们的系统化就成为完全不可能的。可是，我们在研究自然的过程中，我们发现情况不是这样的，我们发现自然的特殊性规律不是完全不同种类的，自然是适合于我们自己的把它的特殊性规律来系统安排这个意图的。对于这种事实的体会就必然如所说明的那样，在我们心里产生一种惊奇的感觉，或者说至少在先验哲学家的心里产生这种感觉，因为先验哲学家是知道知性的验前原理（自然的普遍性规律）是不能说明自然在其特殊性规律方面的这样一种系统的统一的。我们赞叹大自然的有意图性，即大自然对于人类心灵的适应，大自然好像符合于主体要知道自然的这个欲望，而这种知识的可能性是依靠大自然之为一个体系的①。

几何形的有意图性乃是与此类似的一个实例，我们又一次发现对象是照着我们自己的愿望的。我们想要解答一个几何问题，而我们发现我们的对象，即几何形的属性不但使这有其可能而且使之变为容易的，难怪我们因它们的有意图性而赞叹它们。康德谈到古时的几何学家时说：“他们喜欢一种属于事物本性的有意图性，而这种有意图性是他们能够完全在验前证实为必然的。”②他接着又说：“我们不求助于经验而就能发现的

① 参看上文，第一种导言第二段最后五个段落。——作者原注

② 《判断力批判》，363页。

事物的这种原本的素质以及心灵从事物的(der Wesen)超感性原理得出它们的和谐这种能力……就以这样的热情充满了原是这种艺术的一位大师的柏拉图,使得[他的思维]上升到经验性的概念之上而到了理念,这些理念依他看来,是不能说明的,除非假定和一切事物的起源有一种理智的神交。"①

先验哲学家关于几何形与数的这种有意图性有什么可说,其观察是使柏拉图认为人类心灵是能从超感性的东西得出它的呢? 首先,他观察到所假定的有意图性显然是客观的、智性的,而不是主观的、审美的。这是清楚的,因为在假定它时,我们是关心于对象的认识的而不单纯关心于我们自己关于对象的主观感觉的。然而"这种智性的有意图性的可能性是能被说明的,虽然它是一种客观的有意图性而不像审美的有意图性是主观的。因为,作为一种单纯形式的而不是实在的有意图性,它是可以完全被说明而无须以意图这个概念作为说明的基础的,就是说,无须利用目的论的。可是必须注意到,像这样能变为可理解的只是它的一般原理"②。

这好像是难懂的。因为从这个有意图性是客观的这个事实,也就是从它涉及对象的属性这个事实,好像就推论出它必然是从一个明确的客观概念得出的。好像可容许,乃至必须从超感性的东西得出客观的形式的有意图性。在紧接我们刚才所引用的一段的后面的那段里面就有这个问题的解答。康德指出一个几何形,例如一个圆,乃是一种知性按照一条原理所曾确定的直观。"我任意假定而用作一个基本概念的(ich als Begriff zum Grunde lege)这条原理的统一性是用于直观的一种形式,即空间,而空间也是一种单纯的表象并且是验前在我们的心里碰到的。这就使之有可能来说明许多规则的统一性(这些规则是那个概念的作图的结果,而且从许多可能的观点看都是有意图的),无须把这有意图性归之于一种意图或任何其他根据。"③

凡是熟悉《纯粹理性批判》关于几何学的学说的人都会容易理解这点的。按照这个学说,一个几何形不是一个自在之物,它乃是一个单纯的表

① 《判断力批判》,363 页。
② 《判断力批判》,364 页。
③ 《判断力批判》,364 页。

象,而作为这样一个表象,它必然是一定符合于直观与思维的种种验前条件的。一个几何形不是一个外界的对象,它乃是心的产物,它必然一定符合外部经验的客观条件(空间以及知性的概念)。因此之故,就容易看到,从作图而得来的种种规则的统一性是如何使然的,它是由于每一种几何作图都必然一定(验前地)符合于思维的验前形式这个事实的。这种有意图性不是实在的而是单纯形式的,因为那个对象是心的产物,而作为心的产物来说,它是有意图的,"单纯是在它符合于心所规定的形式这个范围里的"。

现在这个问题就发生了:何以我们赞叹这种纯是形式的、智性的有意图性呢?按照先验原理来答复这个问题是十分容易的。我们只需记得在第一部《批判》里已经说明过指导几何作图的规则都是综合的验前规则,一个几何形的属性不能用单纯的分析而使之现出的。试举一例,为要知道一个圆所具有的属性,我们所必须做的,只能是分析圆的概念,我们必须把这个概念用于直观,我们必须在空间里作圆的图。"表面上这就好像这些规则的统一性是经验性的,而且有一个独立于我们的表象力量的外界根据的。这样,对象的符合于要求有规则这个愿望,就像是不必然的,这种愿望是我们的知性所特有的。[从这我们就推断这样一种符合性的可能性]是依靠一种明白以对象的产生为目的的意图的。"①

康德的论证进行如下,这种验前的有意图性的存在就会使我们体会到只有通过它的确定(这确定是借助于想象力而且是按照一个概念的)对象才成为可能的那个空间不是外在于我们的东西的一种特征而是表象(Vorstellungsart)的型式。对象对于空间以及对于数学种种概念的必然符合性,就应该使我们体会到统一性的原理不属于几何形本身而是心所输入几何形里面去的。

但是,如康德所说明的,这样一种反思需要有理性的批判使用(einen kritischen Gebrauch der Vernunft)。既然只有按照先验哲学的原理,形式的、智性的有意图性才能被说明,那么我们赞叹几何的对象,因为它们符合于我们自己的验前原理,这是十分自然的。康德接着说:"那么,惊奇(Verwunderung)乃是当一种表象以及通过它而给予出来的规则好像和

① 《判断力批判》,364页。

我们所假定的原理不相容这个时候。心灵所受到的一种震荡，而这就使我们怀疑我们曾否看准了，判定对了。赞叹(Bewunderung)就与之不同，它是一种惊奇，即令那种疑心消失了，而惊奇是继续不断地再发生的，因之它是我们在事物作为出现东西的性质里所观察出的有意图性的一种完全自然的后果。不能怪我们感觉到它，由于感性直观的那型式，即空间，和概念能力，即知性，这两者之间的一致是不能说明的。这里有关系的不只是我们不能说明何以这种一致应该有它实有的形式而不是其他，而且[在觉知到它时]我们的心就激动到模糊觉得超出那些属于感官的表象以外的某东西，在其里面，虽然不为我们所知，也许可发现那种一致的终究根据的。当我们所关心的只是我们验前表象的形式的有意图性时，我们是无须知道这个根据的，但是乃至我们应该在那个方向来去留意，这个事实就也同时使我们充满着对那迫使我们这样做的对象有其赞叹的心情。"①

这一段是比它乍看起来重要得多的。为了理解康德的问题是什么，我们就得要记得如他在《判断力批判》导言中所曾告诉过我们的那样，自然的逻辑有意图性(不同的一种有意图性)的想法是必然和愉快感结合在一起的。其次，我们曾知道，先验哲学家在发觉自然对象符合于逻辑有意图性这条原理时，就必然赞美自然因它是按照特殊性规律成为一个体系的。

何以这种赞叹的感情局限于先验哲学家，以至如康德所说，除先验哲学家以外很难有别人能有这种感情的?② 我们是已经知道了答案的。先验哲学家会赞美自然因为自然是一个逻辑体系，其理由就是，他知道知性的客观原理是不能说明这点的。就知性的原理来说，自然尽可是一团糟，使我们假定自然不是这样的乃是一条单纯主观的原理，而每次我们发现这条原理为事实所证实时，我们就必然因之而赞美自然。这就是因为我们知道没有什么必然的理由何以自然应该是一个体系的。自然的有系统的秩序是单纯碰到的，我们验前不知道这样一种秩序是否存在的，而在我们在经验中发现它是存在的时候，我们的理性，或者至少曾批判地用过他

① 《判断力批判》，365 页。

② 参看上文，第一种导言第二段最后部分。

的理性的先验哲学家，就要赞美自然因为它符合于反思的单纯主观的原理。

关于自然的质料的客观有意图性所说的可以是与此正相反的。任何别人也许因几何形的有意图性而赞美几何形，唯有先验哲学家就不会这样做，因为只有先验哲学家是知道把有意图性输入几何形里面去的乃是我们自己的心。“批判地用过理性”，他就知道几何形乃是单纯的表象，而且知道它们是必须符合于直观的形式以及思维的形式的。而他发现情况实是如此，何以他应该赞美那些几何形呢？

然而乃至从先验哲学的观点来看，对这样的赞叹也不能有什么异议，因为虽然先验哲学家知道人类心灵要有知识就得需要直观而又需要一种思维能力，可是他不能说明何以空间是我们外部直观的形式，也不能说明何以人类心灵能把这个属于感官的直观的形式和概念的能力(知性)结合起来。这两者的一致必须有某种的根据，但是得要在超感性的东西里寻找这种根据，而对于超感性的东西，我们是一无所知的。对于形式的客观有意图性的遵守不会给我们关于直观与思维一致的这种最高根据的更多知识，但是它使我们充满着对于使我们想到这种有意图性的对象有一种赞叹的心情①。

我们现在可以结束我们第六十二节的阐明了。从这节我们学到康德所谓客观的形式的有意图性是作何解，而且我们又学到目的论判断力分析论是得要涉及不同的一种客观的有意图性的，也就是质料的客观的有意图性。

第六十三节

从下面一段可以看出康德所谓客观的而又质料的有意图性是作何解。

“只有一个实例，其中的经验是引导我们判断能力到一个客观的、质料的有意图性这个概念去的，也就是到自然的一种意图这个概念去的。

① “我们只需说，人类知识有两个主干，即感性与知性，它们可能是同根生的，但是这根是我们所不知道的。”(《纯粹理性批判》，B29)

这种情况发生，只是在我们得要判定一种因果关系，其对于规律的符合性是我们不能解释得清楚的，除非把那原因的因果作用看为是依靠其结果的理念的这个时候。我们这样就看结果这个理念为原因本身所依靠的基本条件，如果它是要能够使其结果成为可能的话。”①

在附于这段的一个注里，康德又一次说明纯粹数学与之有关的有意图性乃是一种单纯形式的有意图性。数学是和事物的实在存在无关的，因此，数学不接触到因果的问题，而所观察到的有意图性不导致自然意图这个概念。

我们现在得要说明康德关于客观的、质料的有意图性的阐明。这点实际上并不困难。首先，我们得要问：包含在机械性的因果作用原理里面的因果关系是什么？康德会说，在应用这种关系时，我们是看其结果为依靠着原因而没有假定那原因是在任何方式上依靠所要产生的结果的。我们可以用一个例子来说明这点，例如，当我们判定海为陆地肥沃的原因，我们的意思是什么？显然所说的结果（肥沃）是依靠所说为它的原因（海）的，我们认为这种联系是必然的。如果海当初没有淹没陆地，陆地就不会成为肥沃的，但是我们并不假定海的淹没陆地是有意使陆地变为肥沃的，就这个原因是完全不依靠其可能的结果这点来说，我们就判定因果的这个联系为不必然的。

当我们进一步假定海的淹没陆地是为着使陆地变为肥沃时，情况就不同了。这里我们是使用着看因果为相互依存的那条目的论原理，如果不是有原因，结果就会是不可能的，而没有所要产生的结果的表象，谈到原因的话，它也不会发生作用。

我们怎样利用目的论原理，当在后面加以说明。我们首先必须分别开两种的客观的质料的有意图性，即内在的有意图性和外在的（相对的）有意图性。

康德说：“我们可看结果或者直接为艺术的一种作品，或者为别的可能自然存在者为着他们艺术的意图而利用的单纯质料（als Material für die Kunst anderer möglicher Naturwesen）。换句话说，我们可以看它或

① 《判断力批判》，366 页，367 页。

者为一个目的或者为别的原因在其追求自己的目的中所用的一种手段(als Mittel zum zweckmässigen Gebrauche anderer Ursachen)。在人的情况下,后一种有意图性就称为可利用性(Nutzbarkeit),而在任何其他存在者的情况下就称为有效果性(Zuträglichkeit)。这种有意图性乃是单纯相对的有意图性,而首先提出的有意图性乃是自然存在物的内在有意图性。"①

如果康德没有用使之成为十分清楚的一些例子来说明,想要理解这点就会有困难。

我们可以以有意图性归之于自然,其根据就是它产生适合于其他自然对象的意图的东西,比方我们可以说自然产生植物是为着维持兽类的生存。不然的话,我们又可以说自然产生某些东西是为着使人的生存有其可能而且维持它。在这两种情况下,所假定的有意图性却是外在的而有关于自然的不同对象之间的关系的。

康德所论证的就是我们不能以任何这样的原理归之于自然,因为要能断言自然产生某一定的东西是为着其他东西的缘故的,我们就得要证明后者是应该存在的。可是这乃至关于人也是完全不可能的,对于自然的单纯观察永远不能使我们有正当理由来得到结论说某一定的东西是应该存在的。自然的观察所能告诉我们的只是什么是什么而不是什么应该是什么。甚至关于人,我们也不能说,自然希望他们存在,它的产生其他的东西是意在维持人的生存的。"从所说的就容易看到,我们有权来把外在的有意图性(一个东西对别的东西的适顺性或说有效果性)看作自然的外在意图(für einen äussern Naturzweck),只有如果我们能说明,在其关系上另一东西是直接或间接适合的,那个东西的存在才本身是自然的一种意图。可是,既然靠关于自然的单纯观察不可能决定这点,于是就可推断,相对的有意图性,虽然在假设上它是指向自然意图的存在的(hypothetisch auf Naturzwecke Anzeige gibt),然而不使我们有权来作出任何绝对目的论的判断"②。

① 《判断力批判》,367 页。

② 《判断力批判》,368 页,369 页。

我们不去谈这节的种种细节，而只述康德的大意如下。我们不能以外在的或者说相对的有意图性归之于自然，只有特殊的自然对象是我们能以目的论的方法来判定的。所要解答的问题就是：有什么自然的对象，关于它们我们是有权来作出“绝对”目的论的判断的？这个问题将在下面三节里予以解答。

第六十四节

这节的标题是“我们因之而称事物为自然的意图的那些特别的特性是什么？”①

康德是如下开始的：“为要了解一个东西只作为一种意图才有其可能的，那就是说，它从而得到它的起源的因果作用不是在自然的机械作用中去寻找而是在一个其活动能力是为概念所确定的原因里去寻找的——这就必须是没有可能按照单纯自然的规律来说明所说的东西的形式，就是说，没有可能按照只是知性才能知道而应用于感官对象的规律来这样说明。所需要的是，甚至想要对于这样一个东西，关于它的原因与结果，获得经验性的知识，我们就要假定理性的概念。当理性考虑它的时候，所说的对象的特别形式，依我们看来，是完全碰巧才得到它的起源的，不管我们为要说明它是曾用过多少自然经验性的规律的。关于理性，单单假定它是要理解和这个对象的产生有关联的种种条件，也必须在一个自然产物的每一种形式中认识到那形式的必然性，然而理性觉得没有可能把这样的一种必然性归之于给予那东西的形式。这本身就是一个理由，何以理性必须把所说的对象的因果作用看为好像它只有通过理性才是可能的。可是，[这样想象的因果作用原理]也就是按照意图而动作的能力，即意志；而被表现为由于意志而有其可能的对象同时也将被表现为只作为一个意图才是可能的。”②

为要了解“自然的意图”这种极其抽象的描述，我们就得要讨论在这里没有弄清楚的一点，即只有有机体才是我们能够，而事实上必须，判定

① 《判断力批判》，369 页。

② 《判断力批判》，369 页，370 页。

为自然的意图的。

康德在这里告诉我们说，只有假定一个东西的起源是不能按机械性的原理得到说明的，我们才必须看这东西作为自然的意图然后有其可能的。

每一个感官对象都是一种许多部分形成的杂多。关于这样一种杂多，知性与其机械因果作用原理(Grundsatz)能告诉我们的是什么？康德会说，只要知性所利用的原理不过是它原有的机械因果作用原理，那么它所能给我们说明的也不过是这个对象的各部分是必然结合的，给予我们的对象的起源是由于它的各部分曾结合起来这个事实。一部分按照因果作用的规律加在另一部分之上，而我们看见的杂多就是由于它的质料部分之汇合而有其起源的。很清楚，我们看见的对象，其整体在这里是被看作不过是物质过程的一种单纯结果，并没有假定那些部分是相互有其任何必然的联系，或者和作为刚才提到的物质过程的结果而被产生出来的对象的整体有任何必然的联系的。

可是我们在自然中发现某些对象，即有机体，是我们不能这样说明得了的，由于在给予我们的杂多里所包含的每一部分都是和每其他部分并且和整体有关系的。因此，我们就不能承认各部分的汇合纯是偶然的。给予我们的对象具有一种形式，它使我们假定这些对象不是机械性原因的单纯产物，而与此相反，这形式使我们假定整体的理念先就已经存在而使各部分结合起来而产生我们看见的形式。我们的知性与其原理不能给我们说明何以我们对象的各部分会这样相互有关系使之看来好像每一部分只是为着其他的部分以及为着它们所同属的整体而存在的，好像每一部分的存在不只是通过其他部分而且又是为着其他部分的。

为要给我们自己弄清楚这样一种联系，我们就得要利用理性的概念。因为如在《纯粹理性批判》里已经说明了的那样，理性乃是原理(Prinzipien)的能力，而所谓原理也就是完全确定统摄于普遍性概念的特殊东西的概念①。

① "所以从原理而来的知识单单是那种知识，在其里面我通过概念而领会普遍中的特殊。"(《纯粹理性批判》，B357)——作者原注

这种自然的产物与其特别形式的起源是什么？我们对于这个问题的答复就是，自然首先想出这个东西要成为什么这个理念，然后，按照这个普遍性的理念（即这个东西的意图）来安排各部分质料（特殊），这样来使它们都适合于同一个意图。换句话说，我们想象自然仿佛它是一个具有意志的有理智的存在者。我们以之归于它的因果作用基本上是不同于机械性的因果作用的。

如康德从前曾几次告诉我们的那样，机械性原理与目的论原理之间的分别就是，在使用前者时，我们只假定结果是依靠其原因的，而在利用目的论原理时，我们进一步假定其原因是必然一定为所要产生的结果所确定的。所假定的是，使那原因起作用的乃是所期待的结果的表象。

这样，在一切那些情况下，我们发现没有可能来用任何方法去说明所与的结果，唯有把它得自一个原就有意使这结果发生的原因，很清楚，我们就必须利用一种有理智的自然这个理念。

我们有权来利用这样的想法是到什么范围，这点在后文将要弄清楚。暂时只说，在看对象为自然的意图时，我们是以特别一种的因果作用归之于自然，这也够了。我们把自然看作具有意志而按照东西的意图来产生某些东西的一个有理性的存在物。

这一切在下两节里将要变为足够清楚的，所以我们现在就可以继续解释第六十四节了。

康德继续说，设使有人发现一个几何形，比方一个端正的六角形，划在他认为是没有人住的地方的沙上面，这人在设法为自己说明这个几何形的可能性，在自问它的起源是什么时，他就会觉得不可能把这几何形从单纯机械性的原因得出来。他正在反思其起源的这个对象表示出来的形式是使他没有可能来相信它能够是由单纯机械性的原因所产生的。

“按照[他的理性的本性]他会觉得没有可能来把那沙，那邻近的海，或者兽类的脚迹……或者任何无理性的原因，看作这样一种型式(Gestalt)的可能性的根据，因为这些东西任何哪几种会汇合(zusammentreffen)于像这样的概念之上的这种凑巧(Zufälligkeit)，只有通过理性才是可能的，而依这人看来，却是这么无限异于平常的(gross)，只好相信在它里面完全是没有什么自然规律之可言的。"①这人所发现的对象,即那个几何形,好像明明是一个有理性的存在者心中的一个明确概念的产物,以致他只能相信它是有意按照这个概念被产生出来的。"[从这他就会推论说]没有属于单纯机械性的自然的原因是能含有产生这样结果的因果作用的,而只有这样一个对象的概念作为单单理性才能为着和这个对象比较的缘故而给予(geben)的,才能包含这样的一种因果作用。"②

很清楚,何以他必须以这个对象的产生归之于一个有理性的存在者,何以在给他自己说明它时,他必须涉及理性的一个概念。因为没有其他的心力是把特殊看为依靠普遍性的概念或理念的,把原因看为依靠所要产生的结果的表象的。事情就是,正在反思这个对象的人觉得这对象是依靠一个概念的,从这点他就推断这对象是按照这样一个概念被产生出来的,它的起源是由于一个有理性的存在者,这个存在者是首先想出这个东西的概念,然后才按照着来动作的。就是说,他作出这个几何形是为了使它相应于他自己心中的概念的。换句话说,这个结果(几何形)依靠那个原因,而那个原因(有理性的存在者)反过来又为所期望的结果的表象所确定。

"按照这些根据,对他说来,这个结果就像是能无条件地看为一种意图,虽然不是自然的一种意图。换句话说,他会看它为艺术的作品——vestigium hominis video(我看见人的痕迹)。"③

我们看到"艺术"这个名词在这里,如常常在《判断力批判》一书中那样,是康德用在最广义上的,表示人类心灵这个能力,为着有意产生东西,即按照东西要成为什么这个理念而产生东西的。

在这里,康德的问题就是:怎能把自然看作含有一条原理是和处在人类艺术基础上的原理相应的呢?我们怎能以按照理念或者说按照意图的一种因果作用归之于自然呢?"可是,还得更要有某东西,如果我们是要能够相信有一个东西,我们认识为自然的产物而又能被判定为一种意图,

① 《判断力批判》,370页。

② 《判断力批判》,370页。

③ 《判断力批判》,370页。

因而是自然的意图的——除非我们的断言或者是包含有矛盾的。作为临时的说法，我姑且说：如果一个东西（虽然在双重意义上）同时是它自身的原因又是它自身的结果，那么它就是作为自然的意图而存在的。因为在这个断言里含有这种意思，就是我们以一种不能和自然这个单纯的概念相联系的因果作用归之于这个东西，而同时不把一种意图归之于自然。但是即使是这样，那种因果作用，虽然是能被思维而无矛盾，却不能为人所完全了解的。”①

在论证的现阶段，我们不能希望完全理解康德的定义，说明作为同时是自身的原因而又是它自身的结果的东西的这种自然的意图的，但是我们已经能看到他的问题是什么了。

好像要把自然中任何东西看为一种意图是不可能的，甚至是悖理的，因为这种看法包含着一个关于自然的概念，关于一种有意识动作的自然的概念，而这是和我们通常以它为机械性的这个概念正好相反的。以这样一个概念为基础的一个判断，像是含有一种矛盾的。它究竟是不是这样，要到后面才看得清楚。然而这点是清楚的，即令我们是有权来在某方式上使用这条目的论原理，我们也永远不能使用它正如我们使用知性的机械性的原理一样。

得要注意的还有另外一点，那就是，要能判定一个东西为自然的一种意图时，其所需要的比我们把一个东西看为人类艺术的一种作品所需要的还多另一个某东西。很明显，何以这必然是这样的，因为我们从经验就知道人是能为着某一定的意图而产生东西的。可是，关于自然，我们就没有这样的经验，我们所知道的自然是为机械性的规律所确定的。那么，我们怎能看它为一个有理智的存在者？我们怎能把它说成是使用艺术的原理的呢？

康德对于这个问题的答复就是，关于自然那些同时是其自身的原因又是其自身的结果的产物，我们是能这样做的。

完全理解这点是不可能的，而我们必须等待康德进一步的说明。但是我们看到，要有权来在目的论上判定自然对象，在自然对象自身里就要

① 《判断力批判》，370页，371页。

有一种特别的因果联系,这是必需的,使我们有正当理由来假定目的论原理的乃是对于这种联系的观察。

康德用一个实例来说明,我们对它使用目的论原理的特别因果联系是什么。他所选择的实例就是树,他论证如下。

按照我们所熟悉的自然规律来说,树是产生另一树的。它按照种类①自产生,而这样就应看为是自己的原因而又是自己的结果。

第二,一棵树乃至作为一棵个别的树,也是自产生的。一般称这种过程为生长。然而我们必须把生长和一种单纯的物质过程从大小的单纯增加区分开来。我们得要把它看为一种产出,因为这植物预备它所消化的质料而在特别一种的方式上渐渐把它作成。它给它增加在它自身之上的质料以一种形式,"而这种形式是它以外的自然的机械作用所不能提供的,而且它借助于一种材料来发展它自己,但是这种材料就其合成的性格来说,乃是它自己的产物"②。这棵树,就其生长来说,是产出自身来的,它乃是自身的原因而又是自身的结果。

第三,关于树的各部分,一棵树是这样产生自己的,其结果就是,一部分的保持是依靠一切其他部分的保持的,而反过来说,也是这样。例如,我们可以看树叶为树的产物,然而树叶反而帮助来保持树的本身。因为重复地使树落叶树就会枯死,树叶为其产物的树干,所以树叶依靠树干而树干也依靠树叶,以它的各部分而论,树乃是它自身的原因而同时又是它自身的结果。

第六十五节

在这节的开始,康德就指出他所下的自然意图的定义是需要进一步的说明的。"按照在前节所说的,一个东西,虽然是自然的产物,却得要认为只作为一种自然的意图才是可能的,这个东西在对于它自身的关系上,必然是原因而又是结果(sich zu sich selbst welchselseitig als Ursache und Wirkung verhalten)。然而这是有些不适当、不确切的说法,而[为要

① 说是"按照种类"的,因为在其产物里它保持它所属的种类。——作者原注

② 《判断力批判》,371页。

理解它]我们必须找出一个可以从而得它出来的明确概念。"①

康德接着就划分两种因果联系之间的界限。有(a)知性所思维的因果联系。在这种因果联系里,所有的一系列的原因与结果是被想为单纯前进的,其结果是被看为依靠它们的原因的,但是原因在它们方面就不是被看为结果所确定的。这种因果联系称为有效原因的因果联系(nexus effectivus)。又有(b)按照理性的意图概念的因果联系。[这里]原因与结果的系列是被认为既是前进而又回溯的,结果是看为依靠原因的,而同时原因又被看为依靠结果的。在实践的范围里,即在人类艺术的范围里,这是明显的,试举一例来说。"例如,房屋无疑是作为房租而收入的金钱的原因,然而[反过来说,也是真的,就是]这种可能收益的表象是房屋建造的原因。"②这种因果联系称为最后原因的因果联系(nexus finalis)。也许更适当的是称前一种因果原理为实在原因的联系,后一种为理想原因的联系,由于这就会立刻表明不能有多于这两种的因果作用。

既然在前面我已经处理过这段③,现在就不必在这里有解释了。但是我关于康德的术语还想说几句话,必须注意,"实践的"和"艺术"这两个词他在这里是用于最广泛的意义上的。康德在这里理解"实践的"为不同于知识的任何一种的行动,必须不与狭义的"实践的"混淆起来,在狭义上的"实践的"是和"道德的"同义的。康德理解"艺术"为人为某一定的意图而作什么东西的这种能力。

何以康德相信最后原因的因果联系(nexus finalis)是理性的原理,这是容易理解的。他曾好几次告诉我们,意图乃是单纯一个理念,是理性所产生的一个普遍性概念,在把某东西看为一个意图时,我们是从这种普遍性的概念得出包含在这东西里面的每一个特殊,从整体的理念得出其每一部分。在我们给自己说明这样一个东西的起源时,我们是说这东西的理念是先于它的现实存在的。我们是认为一个有理性的存在者(不管是人或者是自然本身)先想出这东西的理念,然后按照这理念产生这东西的④。

---

① 《判断力批判》,372 页。

② 《判断力批判》,372 页。

③ 参看上文,第十节,第五、六两个段落。——作者原注

④ 参看上文,第一种导言第二段后一部分。

“为要一个东西成为自然的意图，首先，其各部分，就其存在与其形式来说，都必须是只有通过它们对于整体的关系才是可能的。因为这东西本身是一个意图，因而它是被包含在一个概念或一个理念里面的（unter einem Begriffe oder einer Idee befasst），这个概念或理念必须在验前确定所要包含在这东西里面的任何东西的。另一方面，就一个东西是被看为只有这样才是可能的这点来说，它简直就是一种艺术作品；那就是说，它是一个有理性的原因的产物，而这原因和其质料是分开的，就是和这东西的各部分分开的。所假定的是，这个原因的因果作用（在取得与结合那些部分时）是为要在这种方式上作成的整体的理念所确定的，因之它不是为它外面的自然所（durch die Natur ausser ihm）确定的。”①

这里有一点是难明的。有人也许要问：何以康德认为这样考虑的东西简直就是一种艺术作品呢？换句话说，何以他把艺术看为比不上自然呢？我认为答案是简单的。以人类的艺术而论，其作品的意图是外在于它所确定的作品的。试举一例来说，一个表乃是为着一意图而做出来的人类艺术产品。毫无疑问，如果没有钟表工心中的理念，这个表就不会存在，也不会有它那样的形式。这就是最后原因的因果联系（nexus finalis），其原因是依靠所想望的结果的表象的。除非钟表工原是想要产生这个结果，否则他就不会做出这个表来的。这个原因是依靠其结果，或者说依靠其结果的表象，而与此同时，这个结果显然也是依靠钟表工的艺术与其原因的。无疑在原因与结果之间存在着最后原因的因果联系（nexus finalis）所需要的交互联系。然而这联系是单纯外在的，那个有理智的原因是从外面活动的，它按照整体的理念安排而且结合各部分，然而在其产品本身里我们并没有看见结果与原因的交互关系。

很清楚，在人类艺术的情况下，我们完全有权来预先假定一个外在的有理性的动作者的存在，因为我们从自己的经验知道人是能产生东西而使它们适合一个意图的。但是同样清楚，我们不能同样把自然看作一个艺术家，因为我们不知有一种自然是按照意图而活动的。

可见，在物质的对象本身里必须有某东西使我们把这个对象看为是

① 《判断力批判》，373页。

一个意图。这某东西是什么呢?

康德说:“可是,如果虽然一个东西是一种自然产物,然而是要在它本身里面,而且在它的内在可能性里面,含有对意图的关系——那就是说,如果是要把它看作可能的,只有作为自然的意图而不涉及通过概念的因果作用原理,按照这种原理就会认为它是依靠在它本身以外的有理性的存在者的——那么,就必须满足另一个条件。这所需要的就是,那东西的各部分应该交互为彼此形式的原因与结果而形成一个整体的统一性,因为只有这样才有可能使这个整体的理念反过来(或者说交互地)确定其一切部分的形式与结合。可是必不可把这个整体的理念看作这个东西的原因——因为这样一来,这个东西就会是一种艺术作品了——而只作为认识它的根据;那就是说,这样的一个根据,它是使判定它的人有可能来得知在当下所与的质料里一切杂多的条件的形式与结合[所需要的]系统统一性。”①

从这点我们就能理解何以康德相信,为要有条件来在目的论上判定自然的对象,原因与结果之间、整体与部分之间的交互关系必须是在这个自然对象的本身里面,并不是有一个外来的动作者对这些部分起作用。各部分本身是相互起作用的。这种对象比人类艺术作品是无限复杂得多的,因为人类艺术作品的存在是由于一种外来的原因的。

然而很清楚,我们只是为了给自己说明这个对象,我们才能利用关于自然这样一个理念的。我们有权来说,我们如果不使当前的对象与一个理念有关系,我们就不能理解在这个对象里的系统统一性。这种理念乃是一种基础,只有根据它,我们才能说明那对象,它是认识对象的根据。但是它并不是可以看作对象的实在根据的,就是说,我们不能说,自然作为这个对象的原因而实际上按着对象的意图这个理念产生了这个对象的。不久就要变得更清楚,何以这样的假定是不可能的。在处理这个问题之先,我们得要更确切地确定我们判定为自然的意图的东西的特别特征。

“在这样一个自然的产物里面,每一部分不只是通过其他部分而存在而且并被看为是为着其他部分而又为着其整体而存在的。换句话说,每一部分都是作为一个工具或器官看的。可是这还是不够的,因为如果它

① 《判断力批判》,373页。

的特征只是这些，它就尽可是艺术的一种工具，因而就被说成它的可能性是由于一个在最一般的意义上的意图的。所进一步需要的是，每一部分都应该是产生其他部分的一个器官，所以每一部分是交互产生每其他一部分的。这一种属性是不能归之于艺术的任何工具的，而只能归之于自然，自然是供给工具的材料的，甚至供给艺术的工具的材料的。只有在这些条件具备的时候，这样一个产物作为一个有组织的而且是自组织的存在物才能称为自然的意图。”①

我们看到，人类艺术是如何基本上不同于自然在其有机产物中所显出的艺术。

康德用一个实例来说明这种分别。一个表是人类艺术的产品，在它里面，一部分是开动其他部分的工具，但不是那些其他部分产生的有效原因。一部分无疑是为着其他部分而存在的，但它不是通过它们而存在的。一个表的轮并不产生其他的轮，而更不能说一个表产生其他的表，这也正像一个表的不能补充它所失去的部分那样。

这一切都是我们可以期待于有机自然的，“所以一个有机体不是一个单纯的机器；因为一个机器只有动力，而一个有机体在它里面是具有形成的(bildende)力的，而这种力是这样的，所以它被传达到本身不具有这力的物质部分的。换句话说，一个有机体是具有能繁殖的形成力(sich fortpflanzende bildende Kraft)的，而且这种力是不能单以运动的机械性能力来解释的”②。

康德接着说，我们不能正当地把自然产生有机物的力量说成是“艺术的一种类似物”，因为在这样说时，我们就会把自然看作一个从外边工作的艺术家，自然是组织其自身的。这种力量是绝对不可思议的，而和我们所知的任何力量毫无共同之处的，我们可以称它为生命的类似物。但是在这样称它时，我们并没有更好地理解它。“严格地说来，自然的组织和我们所知的任何因果作用毫无类似之处。”③

当自然以美的对象向我们呈现出来时，我们可以正当地把它和人类

---

① 《判断力批判》，373页，374页。

② 《判断力批判》，374页。

③ 《判断力批判》，375页。

艺术相比较，因为只在对象对于我们自己的反思能力的关系上，我们才称它们为美的。“可是那些只有作为自然的意图才有可能，因而被称为有机体的东西所具有的内在自然完善性(innere Naturvollkommenheit)不能按和我们所知的任何物理的(即自然的)力量(Naturvermögen)的类比来被思维或解释，人类艺术也不能提供一种严格的类比，由于我们自己乃是最广义上的自然的一部分。”①

这一切都是容易理解的，而本节的其余部分亦复如是。在本节其余部分里，康德指出作为一个意图的东西的概念不是知性的或理性的一个组织性的概念，而是为反思判断力用的一个制约性的概念，就是一个概念，其功用乃是“指导我们钻研那些对象而在一个远远和我们自己按照一般的意图的因果作用的类比的光亮下来想到它们的最高原因”②。

可是很清楚，在使用这条原理时，我们不能扩大我们关于那最高原因的知识。“与此相反，必须把它限制于对理性的正正同样的实践能力的服务，即我们原是在与这种能力的类比上考虑所谈的有意图性的原因的。”③

在这里唯一的困难就是“实践的”这词是用在最广泛的意义上的，而在本节的最后一个段落里，康德是在比较狭义上使用它的，其意思是道德上的实践的，作为有别于自然的任何原理的。从下面一段就将看出这点。

“所以有机物是自然中唯一的物，乃至当以从它们本身来考虑而不涉及其他东西，除了作为自然的意图外，都不能把它们想为可能的。因此，第一次给那不是作为一种实践的意图而是作为自然的一种意图的意图这个概念以其客观实在性的乃是[这些有机物的存在]。这样，这些有机物就使科学有正当理由来假定目的论，就是说，来假定一条靠它来判定科学对象的特别原理。但是我们不能因为这就有权来把这样一条原理引入科学中去，因为我们不能在验前了解这样一种因果作用的可能性。”④⑤

---

① 《判断力批判》，375页。

② 《判断力批判》，375页。

③ 《判断力批判》，375页。

④ 《判断力批判》，375页，376页。

⑤ 关于“实践的”比较狭义(道德自由原理作为与自然的任何原理对立的)，参看我关于《判断力批判》的第一种导言第一段的阐明。——作者原注

第六十六节

这节标题为"按着来判定有机物的内在有意图性的原理"[①]。康德关于这原理的定义如下："我们理解自然的有机产物为一种产物，在它里面一切都是交互为目的与手段的。在它里面没有东西是枉然的或者说没有意图的，而且没有东西是能归之于自然的盲目机械作用的。"[②]

这是容易理解而无须解释的。康德接着说，虽然在经验中有机会来采用这条原理，但是这原理本身乃是一条验前的原理，纵然是单纯制约性的原理。

这点是重要的，因为在读上一节时，读者可能容易误解康德认为目的论原理是得自有机体的经验性观察的。当然这不是康德实在的意见，他实在相信的乃是目的论原理是一条验前原理，而有机体的观察只是给我们以应用它的机会。

完全不错，必须先有对象在经验上给予我们，然后我们才能应用这原理，因为，既然它是单纯主观的或者说制约性的原理，我们就不能在验前知道经验会以使它的使用为有正当理由的对象向我们呈现出来。然而它还是不能得自观察的，因为人类心灵，除非是具有鉴定自然对象的这样一条原理，否则是永远不能发现能对之应用这条原理的对象的。理解这一切也许像是困难的，但是事实上康德在本《批判》第一种导言的第十段中已经把它弄得十分清楚了，在那里，康德曾说明目的论判断乃是验前的判断[③]。康德的大意是什么可以从下面一段看出。

"同样地，必须承认，目的论判断是以一条验前原理为基础的，而且没有这原理，它就会没有可能的。情况是这样的，虽然有这个事实，就是我们只是靠经验才能发现自然的意图的，而且如果没有这样的经验，我们就甚至不能知道那类的东西是否有其可能的。"[④]

现在回到我们目前与之有关的这节上来的时候，我们发现按照康德

---

① 《判断力批判》，376 页。

② 《判断力批判》，376 页。

③ 详见上文第一种导言第十段后一部分。——作者原注

④ 《判断力批判》，第一种导言，Buek 版 219 页；Lehmann 版，49 页。

来说，假定目的论原理作为鉴定有机体的准则乃是绝对必要的。我们不得不假定在这样一个自然产物里没有什么是无意图的。我们在鉴定有机体时不能放弃目的论原理，正如我们在判定不是有机体的对象时的不能放弃科学一般原理的机械性原理一样。正如放弃了后者时，我们不会有任何经验那样，在放弃了前者时，我们就同样会没有线索(Leitfaden)来帮助我们去观察某一定类型的自然东西，这些东西已是为人在自然意图这个概念之下所思维的。

何以这必须如此，是清楚的。在判定一个东西为自然的意图时，我们是从一个理念得出它的可能性的。诚然，使我们假定这点的原理乃是单纯反思的原理，然而所使用的概念基本上是不同于机械性原理所使用的原因这个概念的。康德说，这就把理性引导至事物的一种秩序里去，那秩序是完全不同于自然单纯机械作用的秩序的。他接着说："但是，既然[那个理念]含有表象的绝对统一性(absolute Einheit de Vorstellung ist)，而质料所包含的乃是不能靠其自身而提供给我们以任何结合的明确统一性的东西的单纯多数性，从这就可推断，如果那理念的统一性是要看为确定使这样结合的形式的因果作用的自然规律的根据，而且作为验前的根据，那么就得要把自然的意图扩充到包括在它(即自然)的产物的一切东西去。"①

在目的论上判定一个东西时，我们是把这东西得自于特别一种的统一性，即一种系统的统一性的。我们假定在它里面的每一部分都是和整体这个理念有关的。另一方面，机械作用是把每一个杂多看作单纯一大堆，这个杂多是被认作一个单纯的合成物，毫无一定的统一性的，其各部分按照必然的机械规律集合起来，但是它们之间是没有内在联系的。

康德由此就推论出，一经我们开始看一个东西为自然的意图，一经我们开始假定它不只是机械地凑成部分的集合体，而这样就把它从一个超感性的根据得出来，那么，我们就必须完全按这条原理来鉴定它。我们不得不预先假定包含在它里面的每一部分都是依靠其整体的理念的。

"我们毫无理由还假定这样一个东西的形式依然部分是依靠机械作

① 《判断力批判》，377 页。

用的，因为这就会引起不同种类的原理的混淆，而那样我们就不会有我们用来能进行判定的一条可靠的规则了。"①

这是足够清楚的了。我们看到康德确信目的论原理，就其作为一条制约性原理的性格来说，凡是对于它所适用的对象都是必然彻底的适用的。我们不得不假定我们这样鉴定的对象(即有机体)是完全依靠目的论的因果作用的。

这点在本节的最后一个段落里弄得更清楚。康德在那里指出，情形或能是一个动物身体的某些部分，(如皮肤、毛、骨)是能作为单纯的自然的增大按机械的原理来说明的。

"然而取得适当的材料的原因，变更它，形成它，把它安置在应有的地位的那个原因，必须总是在目的论上判定的，所以，包含在它里面的一切都必须看为是有机的，因而在其对于所说的东西的关系上，其自身又反而是一个器官了。"②

第六十七节

我们现在要处理的目的论判断力的辩证论乃是在康德全部批判哲学体系里最饶有兴趣的一段。使它成为这么有兴趣的就是这个事实，即它乃是康德在其哲学中说到其基本原理的最后一次而又是最成熟的。在它里面所讨论的是一个特别问题，即目的论判断可能性的问题。然而这个问题的解决是这样严格按照康德哲学的基本原理的，以致一个不熟悉康德的批判哲学的每一部分的读者就觉得它是完全不可理解的。

许多康德的注释家提出过这种见解，认为既然康德不幸不能了解他自己的哲学，他的注释家的职责就是要去了解他的哲学比他自己所了解的好些，阅读过在这种精神上所写的注释没有能使我确定这么大胆的断言的真理。其实我觉得了解这些注释比了解康德自己的哲学还难些，这些注释满纸都是前后不一致的话语，而反把这些不一致之处当作是康德哲学体系的突出特征之一。没有人比我更愿意承认康德的哲学是难于了

① 《判断力批判》，377 页。

② 《判断力批判》，377 页。

解的，而且承认我们现在要处理的一段是尤其困难的。虽然我不断地研究这篇辩证论，然而我仍旧觉得它是充满着许多困难的，康德的许多说法对我说来一直还是不清楚的。然而，如果我真能抓住他的大意，如我认为我已抓住了的那样，而且真能说明他的论证中的某些困难，这是由于我所遵循的方法。我关于康德哲学的研究使我越来越多地确信，要了解它只有一个方法，那就是把它作为整体看，没有一部分是和了解其他部分不相干的。

对于目的论判断力的辩证论来说，尤其是这样。其第一个问题就是：何以要有像目的论判断力的辩证论的这样的一个东西？我可断言康德的许多注释家会说其理由就是，曾有过纯粹理性的辩证论，有过实践理性的辩证论，有过审美判断力的辩证论，而由于康德醉心于相称论或者说醉心于通常称为他的"知识体系均齐论"（architectonic），他就也得要写出一种目的论判断力的辩证论来。替这种见解来辩护是困难的，由于在目的论判断力的辩证论里，康德所关心的乃是机械性原理与目的论原理表面上不相容性的问题。

没有人能合理地主张这个问题是康德所想出的。事实上，这个问题甚至不纯然是一个哲学问题，自然科学一直是关心这个问题的。在康德以前以及在他之后，曾有过不少的科学家与哲学家主张机械性原理乃是自然科学所能使用的唯一原理，只有这种原理才能给我们说明自然现象，而把目的论原理引入科学里面去乃是摧毁其科学性而假定有一条任意的而又不能保证的原理。还有别的人，主要是哲学家，他们相信自然现象的目的论解释乃是唯一令人满意的解释，而且只有我们探究东西的最后原因才使我们洞见东西的实在本性。又有第三类型的思想家，如我们将要看到的，这是康德所属的一种类型，他们主张自然科学必须使用这两种原理，而每种是在其适当的地方使用的。

在这篇辩证论里，康德的问题乃是：何以是这样？怎样有可能，人类心灵能在两种不同的方式上来看自然现象？这两种原理不彼此冲突吗？自然探讨的两种基本上不同的原理的假定不引起一种辩证论，不引起一种基于这两种原理的辩证论吗？

康德确信这样一种二律背驰是必然要发生的，而他在这篇辩证论的第一节（即第六十九节）就说明这点。这节的标题乃是："判断能力的二律背驰是什么?"①

第六十九节

康德的论证是如下进行的。确定性的判断力不能引起它的原理的二律背驰,其简单的理由就是,它并不具有任何二律背驰。如上面所曾说明的,确定性的判断力不是心的一种独立的能力,它的唯一任务就是把所与的直观统摄在知性所与的普遍性原理之下。这些原理原属于知性而不属于确定性判断力,给其必需的规律来确定直观的乃是知性。确定性的判断力乃是这种能力,它以直观统摄于概念,以特殊实例统摄于普遍性的规则。

这样它就以实在性给与知性的概念,而离开它们对于直观的应用来考虑,这些知性的概念乃是思维的单纯形式,毫无客观意义的。然而可以正确地断言,确定性的判断力不具有任何独立的原理,而且不产生规律,康德在这里所说的是,它"不是独立能立法的"。

"这样,如我们所曾说明的那样,包含着统摄于范畴的过程所需要的条件的先验判断力不是独立能立法的(für sich nicht nomothetisch)。它单纯指定感官性直观的种种条件,在这种条件下一个所与的概念(作为知性的规律)才能得到客观实在性的;那就是说,它指定那些在其之下所说的概念才能被使用的条件。关于这点,判断的能力永远不能自相冲突,至少就其原理来说是不能自相冲突的。"②

反思性的判断力的情况就完全不同。如所曾说明的,它是具有特别一条原理的。这原理,即反思的原理,只是属于判断能力的。我们也许能想起使我们区分能确定的判断力与反思性判断力的这条特别的原理是什么,它乃是我们在探讨自然的经验性规律的过程中所用的原理。在研究自然的过程中,人类心灵必须先行假定自然的特殊性的、经验性的规律不是一种毫无条理的一大堆,必须先行假定有一种自然特殊性规律的体系。如已说明的,不能把这原理看作知性的原理,知性只是有关于自然的普遍性规律的。这原理乃是一条主观的原理,是我们判断能力的产物。我们

① 《判断力批判》,385页。

② 《判断力批判》,385页。

是在单纯主观的根据上假定它的，就是因为我们认定自然会符合于我们想有经验性规律的系统联系这个愿望的。其次，康德还告诉过我们说，判断力既然在这里不能依赖知性的客观原理，就必须作为其自身的原理。这一切都是他在本节里所反复说过的，从下面一段将要看到。

“另一方面，反思性的判断力所要统摄于其下面的规律是还没有被给予出来的。换句话说，它所含有的原理是使我们单纯能反思对象的原理。它所适用的那些对象，或者是我们完全不能在客观上用规律来确定的，或者关于它们我们至少是没有一个对象，其概念是够得上用作一条原理能涵盖到我们面前来的那些特殊性的事例的。现在，既然我们不能没有原理而就使用我们的诸认识性能力，因之在那些情况下，判断能力就得要用为自身的原理。可是，既然这原理不是客观的，而且既然就我们[要获得客观知识的]意图来说，我们不能以一条够得上那个意图的认识性原理(Erkenntnisgrund)作为我们探讨这个对象的基础，因之这原理就必须用作一条使我们能在一种有意图的方式上使用我们认识性能力的单纯主观的原理。换句话说，它是适合于我们反思某种对象的。”①

没有仔细读过本《批判》的导言的读者也许在这里觉得有许多困难。首先，他也许觉得不可能理解何以康德以为在应用于自然的特殊性规律的研究的反思原理与我们在反思特殊一种对象的过程中所使用的目的论原理这两者之间有一种必然的联系。

因为我们曾了解康德在全篇导言里的论证，所以我们在这里就觉得容易了解他。他曾告诉我们，我们在使用逻辑反思的原理时，我们形成自然的有意图性这个理念。正因为我们的知性不能给我们说明特殊性规律的体系的存在，而我们却发觉必须要假定这种体系的，所以我们就给自己提出自然作为曾产生这种体系的一个有理智的存在者。为了我们自己的利益，那就是说，为了使我们有可能来获得否则就会是不可能的知识，我们就想象自然为一个整体，其每一部分都是和其他部分有关系的，一个为一个有理智的存在者所产生的整体。

这样一个自然的理念乃是一个理性的概念。要想象它，我们就必须

---

① 《判断力批判》，385 页。

超出单纯自然的世界而从一种超感性的来源得它出来，然而特殊性规律的体系本身是被思想为在于经验的世界里的。

目的论原理的情况是与此很相类似的。我们又是从理性的一个理念得出在经验中给予我们的东西，只是现在我们与之有关的不是自然的经验性规律与其关系，而是我们在经验里发现的特殊自然对象。换句话说，我们把给予我们的特殊对象看作一个体系。

还有另外一点是需要讨论的。康德在我们引用的一段里告诉我们说，反思的原理，既然不能给我们以客观的知识，就必须用作一条单纯主观的原理，为我们在一种有意图的方式上使用我们的认识性能力。他这样说是什么意思呢？要作出答复，我们就得要记住如他在导言中告诉我们的那样，为了作出一个目的论的判断来，我们的判断能力必须使心的其他两种能力，即知性与理性，相互发生关系。

我们刚才说明过何以理性与其意图这个概念是包含在每一个目的论判断里的。至于何以康德认为知性也是包含在这样一个判断里这个问题，我们在讨论导言的时候，已经处理过了。如我们所曾看到的，康德认为，为了在目的论上判定一个对象，我们必须首先把它想象为通常经验的对象，就是说，作为像任何其他经验对象一样为机械性原理所确定的。只有在这样做了之后，我们才能应用我们目的论反思的原理，这原理使我们把机械性规律所确定的对象从一条更高的原理，即理性的原理，得出来。处在我们目的论判断的基础上的知性与理性的关系可以称为一种“有意图的”关系。它所适合的意图是单纯主观的，如在目的论判断力的辩证论中将要说明的那样，我们的必须在目的论上判定某些对象，只是由于人类知识的特别性格，由于人类心灵为认识所使用的能力的性质。但是还将要说明，既然我们的认识诸能力是它们实际上的那样，我们就不能不用目的论原理。由于这个事实，就是我们的知性不给我们以一条鉴定某些自然对象的原理，我们就得要使用目的论反思的原理。探讨的目的论方法，就其作为反思的主观原理的性格来说，其必然性是已经确定的。

现在我们面临的困难就是这原理像是和机械性因果作用的原理不相容似的。这两种方法之间发生了一种自然的而不可避免的辩证，这种辩证是基于在下节将要说明的判断力的二律背驰的。

第七十节

虽然要了解这节里的论证一般的趋向是十分容易的，然而想要详细地懂得它不幸是极其困难的，而我觉得没有能够满意地说明它。康德是如下那样开始的。

“理性，就其所与之有关的是自然作为外部感官的对象的总体来说，是能依赖规律的。这些规律要就是知性本身给自然所验前规定的规律，要就是知性通过在经验发生的经验性确定而能无限制地增加的这种规律。要能够使用其第一种规律，即物质自然的普遍性规律，判断能力不需要特别一条原理，因为既然知性提供给它以一条客观原理，判断力在这里就是能确定的。但是关于我们只通过经验才变为熟悉的特殊性规律，也许有这样的一种分歧以及不同质性，那么判断能力就必须充当它自己的原理，如果只是为了它能在自然现象中寻找一条规律而尾追(ausspähen)它。判断力需要这原理作为一条指导原理，如果它是要有任何指望来完成有系统的经验性知识(zusammenhängendes Erfahrungserkenntnis)，那就是说，要符合于自然的彻底规律性(durchgängige Gesetzmässigkeit der Natur)的知识，或者换句话说，关于按照经验性的规律的自然统一性的知识。可是，既然特殊性规律的统一性是凑巧的，也许判断能力在其反思的过程中是按照两条准则进行的，其中一条是单为知性在验前所提供的(deren eine ihr der blosse Verstand a priori an die Hand gibt)，其他一条是特殊经验所引起的，而这些经验使理性活跃起来而使判断能力按照一条特别的原理来判定物理自然与其规律。这样所发生的情况就是，好像这两条准则是很难相容似的。”①

这里第一种困难是有关康德的术语的。在这段的开头，“理性”这个名词是在其最广泛的意义上使用的，意思是一般人类理性，就其与外部对象以及对它们的性质的探讨来说的。稍后，“理性”这个名词是在一种较狭隘的意义上使用的。当康德说，在鉴定特殊的经验这种过程中，理性就变为活跃，显然他是想到反思的原理，而且是重复着他从前曾说过的东

① 《判断力批判》，386 页，387 页。

西,就是反思的原理,即人类心灵借以想要完成自然的经验性统一的原理,本身必须利用理性的概念。自然关于它的特殊性规律的有意图性这个概念乃是理性的一个概念,是我们在反思自然时所必须假定而借以使所与的自然对象和一条超感性的原理有关系的。

这就立刻引起另一个困难了。我们会指望康德在一方面是自然的客观原理,即能确定的判断力单纯得要用于所与的直观的原理而无须利用到一条特别原理的,而另一方面是反思性的判断力的主观原理,即与自然的经验性统一有关的那原理,这两者之间加以区别。

我们并不应该看到康德把我们对特殊性规律反思的原理和目的论原理同一起来就甚至大为惊异,因为他曾充分地说明目的论原理与我们反思自然特殊性规律的原理这两者之间的联系的性质而且说明了它们同是在同样心的能力即反思性的判断力里有其根源的。

我们面临的困难是属于不同的一类的。在他关于二律背驰的阐明里,康德谈到机械性的原理和目的论原理好像它们是彼此同值的。他没有区别开来那些基于自然因果作用的概念因而是从知性得出来的客观的机械性的原理,和那些是反思性判断力的产物的主观的目的论原理,反而把机械性的原理和目的论原理同作为反思的原理来对待。他把它们都称为准则,都称为制约性的而不是组织性的原理。他论证说,只要我们把探讨自然的这两种准则都看作它们实在的那样,也就是作为反思的原理,它们就不是相互矛盾的。我们是有权同时使用这两类原理的。当我们说我们必须鉴定物质东西的一切产物与其型式是按照单纯机械性的规律成为可能的,而同时又说物质自然的有些产物不能鉴定为按单纯机械性规律成为可能的,而说我们必须假定完全不同类的因果作用,即最后原因的因果作用,这样说时,并不含有任何矛盾的。只有当这些制约性的原理转变为组织性的原理,即转变为对象本身的可能性的原理时,两者之间的二律背驰才发生的。这样的二律背驰的正题就会是:物质东西的一切产生都是按照单纯机械性的规律有其可能的;而反题是:这种东西的有些产生不是按照单纯机械性的规律有其可能的。

康德接着论证说,作为能确定的判断力所用的客观原理来说,这两个命题就会彼此矛盾,其中之一必然会是假的。“那么这就一定会是一种二律背驰,虽然不是判断力的二律背驰反而是理性的立法(Gesetzgebung der Vernunft)中的一种冲突。然而另一方面,理性却不能证明这两种原理的任何一种,因为对我们来说,不可能有一条验前原理是能确定东西按照单纯经验性的自然规律的为可能的。"①

何以康德在这里说这个二律背驰不是判断力的二律背驰而是理性的立法中的一种冲突呢?我们想起他曾在审美判断力的辩证论里告诉我们说,引起在任何形式上出现的一切二律背驰的乃是我们的理性。我们又要记住何以他相信这是如此的。依他的哲学来说,理性乃是设想无条件的或者说绝对的这个理念的唯一心力。各种各样的二律背驰的发生是因为理性在使用它的原理的过程中,对构成二律背驰的两个命题的每一个都下判断而且以绝对的或者说无条件的有效性归之于它们。在我们目前与之有关的情况下,这就意味着正题所作出的断定(一切东西都为机械性的原因所确定),对于被当作自在之物的东西来说,是绝对真的。理性另一方面在考虑反题,而且把绝对有效性归之于它时,那它就会断言自然的某些产物不是为机械性原理所确定的,自然中某些东西从而产生的因果作用是完全不同的一种因果作用,即按照意图的因果作用。我们看到目的论原理也是作为适用于自在之物的原理,虽然不是一条适用于一般的一切东西的原理。

这里困难的就是康德现在是在第三种意义上使用"理性"这个名词的。如我们曾看到的,康德在本节的开始时是在一种很含糊的意义上使用这个名词的。稍后,他就把理性说成是我们反思性的判断中的一个要素。而现在他所涉及的乃是理性作为这种能力,对于构成这二律背驰的命题下判断而以绝对有效性归之于每一个命题,结果就是这两个命题为我们认为是彼此不相容的。

很清楚,两条不同的原理都不适用于自在之物,因而当作它们是适用于自在之物的理性就必然发现这两条原理是不相容的。理性在企图确定自然现象的实在原因时,不能决定要假定这两条原理的哪一条,摇摆于两种选择之间,时而承认机械性的因果作用为事物的唯一真正解释,时而(当碰见某些现象时)就断言只有目的论的因果关系才真正说明支配这些

① 《判断力批判》,387 页。

事物产生的规律。

如我们所曾看到的，康德对于这二律背驰的解决是这样的。机械性的原理和目的论原理都是制约性的原理，它们同是反思的单纯主观的原理，而在使用它们时，我们并不断言什么是关于事物如其从自身来看那样的。康德在本节所提出的见解是说人类心灵可以使用这两条原理，各有各的应有地位。

"但是，关于我们首先提到的反思性判断力的准则，事实上它并不含有任何矛盾。因为当我们断言在物质自然中的一切事件，因而同样在物质自然里的一切型式(作为物质自然的产物)，关于它们的可能性，都是要按照单纯机械性的规律予以判定的，我们这样断言时，意思不是说，它们单独在那方式上才是可能的，因之任何其他种的因果作用都得要被排斥的。我们所表示的只是，任何时候，我们都应该按照单纯自然的机械作用这条原理来反思它们[指事件与型式说]。所以我们所要表达的就是我们应该尽其所能去探究这个机械作用，因为除非我们把它作为我们自然研究的基础，否则就不能有真正意义上的关于自然的知识。但是这不一定妨碍我们在某些场合上使用第二条准则；那就是说，我们可以在某一定的自然型式的情况下……寻找自然而且反思自然，其所按照的原理是基本上不同于我们在机械地说明自然时所应用的原理的，这就是最后原因的原理。"①

这段提出了最严重的一些困难。因为，如从前所提到过的，我们必须自问：康德怎能把机械性的原理和目的论原理都作为反思性原理来对待？这样一种断言显然是反乎他的哲学的基本原理的。依他说来，机械性的原理是得自普遍性的因果作用规律的。这规律是知性的产物，它是一条客观原理，我们在一切现实的经验之先借助这原理而知道自然中的每一个事件都必须为机械性的原因所确定。康德在《纯粹理性批判》里已经把这点弄得十分清楚，而参看他关于那第二种二律背驰的讨论就够了。那第二种二律背驰是以公式如下表达的："按照因果作用规律的时间相继而起的原理，一切变更都是符合于因果联系的规律发生的。"②

---

① 《判断力批判》，387 页，388 页。

② 《纯粹理性批判》，自 B232 起。

现在也许有人认为康德在《判断力批判》中已改变了他的学说，而现在是相信机械性原理与目的论原理是同一的性格的，由于两种原理同是反思性判断力的原理。

可是对康德学说的这样一种解释是完全没有可能的。我们已经看到，而且在我们往下去时，这点将要变为越来越清楚的，康德在《判断力批判》里严格坚持他知性的组织性原理（特别是机械性因果关系的原理）和目的论反思的制约性原理这两者之间的区别。其实，如果不考虑到这种区别，一般说来，《判断力批判》而特别是目的论判断力的辩证论，是一直完全不可理解的①。

① 也许有人反对我的解释，说康德既然在《纯粹理性批判》里称类比为制约性原理，我在这里是提出一种不必要的困难。康德在那书里说明公理与预测都是组织性原理，因为按照它们，我们就能构想对象，而在因果作用的原理里我们只有一条规则去在经验中寻找一个对象的原因以及去发现它的标志，而这样它就必须称为一条制约性的原理。一般对于类推与公准也是这样说，康德称它们为制约性的原理，而预测与公理则被说成是组织性的原理。然而这里引起混乱的也许乃是康德的术语，当康德分辨范畴与原理为组织性原理，而理念为制约性原理（这是《纯粹理性批判》的每一个读者所熟悉的区别）时，这些名词的意义是完全不同于在原理分析论里附属于它们的意义的。但是康德是充分把这种特别的意义弄清楚的。他把数学原理和力学原理分别开来，其区别就是前者与单纯直观有关，而后者是与出现东西的存在与它们的关系有关的；而康德的论点就是，既然力学原理简直不能在直观里构成，既然它们是与所与的出现东西的存在有关，所以它们是单纯的规则（制约性的原理）。“经验的类推所以就只是一条规则，按着它经验的统一可以从知觉发生。它并不告诉我们单纯知觉或一般经验性的直观本身是怎样发生。它不是组织对象的原理，即不是组织出现东西的原理，而只是制约性的。关于一般经验性思想的公准同样能如此断言，这些公准是与单纯直观的综合（即出现东西的形式的综合）有关的，并且与经验（即这些知觉的关系）的综合有关的。它们是单纯制约性的原理而区别于组织性的数学原理的。”（《纯粹理性批判》，222 页，223 页）这一切是够清楚的，把公理和预测说为组织性的，因为它们是我们能有知觉的条件；把类推与公准说成是制约性的，因为它们单纯提供给我们以怎样联系知觉的规则。如果康德在本节里在同样意义上使用“制约性的”这词组，而且称机械性原理为制约性的原理，我也并不会觉得苦恼。这样做是完全有正当理由的，由于机械性原理是得自因果作用的规律，而既然这规律是经验的一种类推（第二种类推：“一切变更都是符合于因果联系的规律而发生的”《纯粹理性批判》，B232 起），所以就可以正当地称为一条制约性原理。然而事实上康德在这里所说的就好像机械性的原理和目的论原理是有同样的地位的。他把两种原理都说为反思性判断力的准则，而不是能确定的判断力的客观原理，而这样它们之间的根本区别就变为消灭了。这个区别是目的论判断力批判所依据的，而按照这区别机械性的原理才是知性的客观原理（一般经验的条件，组织性的原理）以别于目的论原理的，而目的论原理乃是判断力的主观原理，用来单纯是为着某些自然对象的鉴定的（制约性的原理）。——作者原注

但是我们怎样解决我们目前的困难呢？我想试着提出我认为至少是一种部分的解决。我们的问题是：在什么意义上机械性的因果作用和目的论的因果作用能称为属于反思性判断力的制约性的原理？我认为其答案乃是：就这点来说的，就是它们都不给我们任何洞见是深入事物的性质如它们本身那样的。诚然，除非我们把机械性的因果作用这原理应用在经验的每一个对象之上，否则我们是不能有关于自然对象的知识的。这样就可以把这原理说为一条验前的而又是组织性的原理。然而我们经验的对象不是自在之物，它们是单纯出现的东西；而我们为着我们关于它们的知识而使用的原理并不给我们以深入它们实在性质的洞见，出现东西的终究根据是必须在超感性的东西里面去寻找的，而关于这超感性的东西，人类心灵是丝毫不能有所知的。

所以如果所谓组织性的原理，我们理解为一条原理，它给我们以绝对的知识的，一条确定事物如它们实在的那样而不是单纯给我们规则为着我们属于感官的直观的综合的，那么知性的一切原理都可称为制约性的原理。而且其实何以我们能利用目的论原理的理由就是，机械性的原理不给我们任何消息关于我们的对象实在是什么以及它们是终究为什么原因所确定的。

我姑且提出这种解释，而愿意承认康德论证的许多论点依然是不清楚的。我觉得特别难懂，何以康德在这里谈到机械性的原理，像它们属于反思性判断力而不属于知性似的。

康德在本节至少一次给我们表示他不是看现象的机械说明与目的论说明是同值的。他在上面所引的一段里告诉我们，除非把机械性的原理作为我们研究的基础，否则就决不能有任何真正意义上的知识的。在全部辩证论里他将越来越清楚地说明这是他的坚定确信。

后来这点为康德这么强调，以至许多他的说法给读者这种印象，似乎他是相信事物的实在解释是要在机械性的因果关系里去寻找，而且机械性的原理乃是不只适用于现象并且也适用于自在之物的原理。如果我们关于第七十节的解释防止我们对于康德的学说有上述的误解，那么虽然它是有缺点的，但也有一种用途。

在本节的末尾，康德说到，我们假定目的论原理不就是断言我们在目的论上所判定的那些型式是不能按照自然的机械作用成为可能的，所断言的只是总没有人类理性能按机械性的原理去了解被判定为自然的意图的那些事物的特别性格。物理机械性原理与目的性原理是否结合在一单条原理里面还是一个不能决定的悬案。我们所能说的只是人类心灵不能结合它们，因而如果想要能够鉴定自然中某些对象，它就必须设想一条不同于机械作用的原理的这种原理。

在现阶段上，我们还不能了解这个论证。但是我们已经看到，康德认为使我们没有可能来结合机械性原理与目的论原理的乃是人类知识的性质，其结果就是我们必须使用目的论原理作为反思的原理。至于何以人类知识不能结合这两条原理以及这两条原理的关系是什么这个问题乃是目的论判断力辩证论的基本问题，我们可以指望在一步一步地跟着康德的论证前进之后，成功地达到对他的问题的了解。

第七十一节

康德给本节的标题是："上述二律背驰解决的引论。"[①]因此，我们必不可指望在这里面得到康德对于判断力二律背驰的最后解决。事实上，由于这节的导言性格，康德的许多说法还是模糊不清的。在这节的开始，康德断言完全没有可能来证明自然有机产物的产生是不可能按照单纯的机械作用的。何以是这样，其理由就是"我们不能洞悉构成自然许许多多特殊性规律的终究内部根据的东西，由于我们只在经验上知道那些规律，因而对我们来说，它们是凑巧的。这样，我们就绝对不能够扩充我们的知识到说明自然(einer Natur)可能性的内部而无所不足的原理，即处在超感性世界里面的原理"[②]。

很重要的是在这里注意到康德的意思不是说机械性原理在其为人类心灵所使用时也许是自然对象的无所不足的解释。他的意思是说，不同于我们自己的一种知性也许在物质世界本身里发现我们看为是机械地被产生的东西的原因和我们看为依靠意图的东西的原因。这样一种知性就

① 《判断力批判》，388 页。

② 《判断力批判》，388 页。

得要使用一条原理基本不同于我们的机械性因果作用原理的。

由于我们所用的机械性原理的性质，我们就必须利用一条完全不同的原理来判定自然的某些产物。既然我们的机械性原理不能使我们洞悉事物的内部性质，而且既然，就这些机械性的原理来说，特殊与普遍，部分与整体，不是看作处在任何必然的联系上的，我们为了要自己弄清楚某些自然对象的性质，而这些对象是表示这样一种联系的，我们就必须求助于一条完全不同的原理，就是目的论原理。我们不得不判定我们发现在某些对象里面的，即在有机体里面的，部分与全体的内部联系是依靠一种外在的原因的，判定这联系是由于想要它存在的一个有理智的存在者的。

这不是什么理由我们要因之而断言绝对不可能结合机械性原理与目的论原理，或者说除非从一个按理智而动作的原因得出事物来，否则就没有存在者能在自在之物里找到事物的实在解释的。

但是当然那不是就说，某些东西不是我们所了解的那样的，不是为一特种因果作用所确定的自然意图。

对于事物实在原因是什么这个问题能作出的唯一答复就是我们不知道。我们的理性是不能答复这样的问题的；我们所能说的只是，按照我们认识能力的性质，我们不能按机械性的原理给自己说明有机体，而必须在目的论上判定它们，这毫无疑问是确实的：人类理性在判定有机体时，必须涉及一种超感性的因果作用。在鉴定它们时，我们必须使用自然意图这个理性的理念，我们必须假定不同于机械作用的一种因果作用。但是我们所用的原理乃是反思性判断力的原理而不是能确定的判断力的原理，就是说，它不确定对象本身，它不断定一个有理智的原因实际上存在着。我们所能说的只是：我们必须看某些对象好像它们的存在是由于一种超自然的因果作用似的。

目的论原理不是与自在之物有关而只和事物在其与人类心灵的关系上有关的。这种目的论原理乃是反思的一条主观的、必需的原理，为我们自然研究的指导性原理。“所以我们按着来断言，既然当前的事物明白是为最后原因所联系，我们就不得不认为有一种因果作用不同于机械作用的，那就是说，一种有理智而按照意图去动作的世界原因。这原理是完全正确的原理，只要把它作为反思性判断力的原理，不管这作为能确定的判断力的假定是怎样轻率而没有保证的。在第一种情况下,是把这原理看为判断能力的一条单纯的准则,而那因果作用的概念乃是一个单纯理念,我们不以任何实在性归之于它,而且我们用它单纯作为反思的指导性原理。这样一来,对每一种机械性的解释的门是仍然敞开的,而我们毫无危险流落于感官世界以外的。在第二种情况下,这原理(Grundsatz)就会是理性所规定的一条客观原理,判断能力就得要服从那原理而按着它来确定[其对象]。但是在这样做时,它就会离开感官世界而陷入一个超经验的境界里去,这样就误入迷途了。"①

康德的一般观念是清楚的。二律背驰发生是因为反思性判断力的原理和能确定的判断力原理混淆起来,在本节的最后一个段落里又说到这点。然而我在这里面觉得有点困难,康德说,那为我们理性关于特殊性的经验性规律来使用而单纯在主观上有效的反思性判断力的自律被错认为能确定的判断力的他律,而能确定的判断力是必须遵照知性的普遍性规律或特殊性规律的。

现在这好像是容易的。反思性判断力是正当地说为具有自律的。因为,如屡次曾指出的那样,它给自己一条原理(即反思的原理),而这是和知性无关的;又如从前曾屡次说明过的,反思的基本原理就是那原理,它使我们假定自然是按照经验性规律的一个体系的。另一方面,单纯的他律就可归之于能确定的判断力,因为能确定的判断力既不具有原理又不具有规律,它单纯把知性给与它的东西统摄在规律之下。

我的困难就是,依我看来,康德在这里意在言外的也就是事实上我一直希望他说的,就是包含在对象的机械性说明里面的,乃是能确定的判断力。在机械地说明事物的过程中,我们的能确定的判断力是使用知性给予它的(特殊性或普遍性的)规律的,经验的每一个对象都必按这些原理才能得到说明的。虽然这些原理不适用于物自身,它们不在目的论原理的意义上是主观的。目的论原理是使用不可证明的理性概念的,我可以引用这一段。康德说:"何以在一方面有严格物理的或者说机械性的说明的准则,而另一方面有目的论的或者说技巧的说明的准则,而在这两者之

① 《判断力批判》,389 页。

间表面上会有一种二律背驰,其理由只是一个,就是我们把一条反思性判断力的原理和一条能确定的判断力的原理混淆起来。我们混淆了反思性判断力的自律和能确定的判断力的他律,可是反思性判断力只是主观上有效的,使得我们能够用我们的理性来研究特殊的经验性规律,而能确定的判断力是必须遵照知性所给它的普遍性或特殊性的规律的。”①

那么也许我所提出的说明是正确的,而康德在这里的意思是说自然的严格的物理(即机械性)说明是按照知性的规律作出来的,而把这些规律用于一切所与的出现东西的乃是能确定的判断力。假使那样,就会和前节所说的相矛盾,因为前节说的是,使我们按单纯机械性规律鉴定事物为可能的那准则就是反思性判断力的准则②。然而也许他的意思不是这样。那么,或者他单独有关于目的论原理的说明,而这原理是被说为反思性判断力的原理而不是能确定的判断力原理的;或者他的意思是再次说,机械性的原理和目的论原理的相容性是由于它们同是单纯反思的原理。我觉得难于同意前一种解释,因为依我看来,康德的话语像是暗示着他在这里所讨论的不只是目的论原理,而且也是机械性的原理。况且事实上,两种原理之间二律背驰的解决,乃至一种单纯临时性的解决,怎能只考虑两个表面上矛盾命题之一呢?

我又同样觉得难于接受后一种解释,因为(a)如我在讨论前一节时所说的,我不能理解康德怎能把机械性原理和目的性原理作为同值的来处理,他怎能看它们为属于反思性的判断力而不属于能确定的判断力的主观原理,而(b)他这里的话语使这样一种解释几乎没有可能。

我不能作出一种令人满意的说明,而必须丢下第七十一节了。既然第七十二与七十三节是康德在那里列举各种目的论体系而指出它们都是不能维持得住的,这两节所以只是对历史有关系的,那么我就不去管它们而转到第七十四节去,在那里康德是继续讨论他自己的问题的。

第七十四节

曾再三说过,自然的意图这个想法是属于反思性的判断力而不属于

① 《判断力批判》,389页。

② 参看上文,第七十节后部分。

能确定的判断力的。在区分反思性的判断力和能确定的判断力以及在断言前者的原理只有关于对象在其对于能知的心的关系上而并不确定对象本身,这个时候,我们就是用了批判哲学的基本原理。批判哲学的基本上不同于独断哲学是在于批判哲学否认人类心灵除感性世界以外能有关于任何东西的知识。

把一个东西想成是自然的意图是使经验性的对象与超感性的因果作用有关系的,而虽然这对象本身是在经验里给予的,然而在以目的论来判定它时,我们是涉及经验的世界以外的某东西的。

但是,虽然是这样,批判哲学也不反对使用目的论原理,只要它是作为单纯反思的原理用的。人的由于他们认识性能力的性质,就必须在目的论上来判定某些对象,但是这些对象本身不能为这样一种想法所确定。如果我们说自然中某些对象的存在是由于一种超感性的原因,那就会是自然意图这个概念的一种独断使用,想要作出这样一个断言,我们首先就得要确知这个概念的客观实在性,使得我们能够把自然的对象统摄在这个概念之下。可是这种确知是不可能的,意图这个概念的客观实在性是不能建立的,由于这个概念基本上是不同于知性的概念的。知性概念的客观实在性,作为经验的条件是能证明的,而自然的意图这个概念,既然是理性的一个概念,是只能为反思性判断力所使用的。我们有权来利用它作为我们研究的指导原理,但是我们必不可想象我们通过它就能作出能确定的判断。

甚至去问,自然是否按照某些东西的意图这个理念产生这些东西,都是不可能的,因为我们不知道我们所用的概念"是由于我们理性方面的单纯诡辩(ein bloss vernünftelnder Begriff),因而就是由于一个客观上空洞的概念(conceptus ratiocinans,纯理论的概念)或者它是一个[真正]理性的概念(conceptus ratiocinatus,属于理性的概念),能给我们知识而为理性使之有效的"①。

"不但没有可能来决定自然对象,作为自然的意图看,其产生是否依靠完全特别一种的因果作用,即按照意向(Absichten)而活动的因果作

① 《判断力批判》,396 页。

用？乃至提出任何这样的问题都不是有可能的，因为自然的意图这个概念，关于它的客观实在性，是不能为理性证明的；那就是说，因为它不是为着能确定的判断力所用而是组织性的，乃是为着反思性的判断力所用而是制约性的。”①

如果剩下还有疑问关于这个概念是否能证明的，我们只需考虑我们因而假定这个概念的情况是什么。这情况就是，当我们不能按照自然单纯机械性规律来了解一个事物时，我们才把它说为自然的意图的。机械性原理不能给我们说明何以在一个自然对象里面每一部分都和每另一部分以及和其整体有关系，从机械的观点来看，有这样一种联系乃是偶然的事情。

当我们发现我们以为是具有这样一个型式的对象时，我们就必须用一条不同于一切机械性原理的原理，我们就判定这样对象的存在不能按那些以自然因果作用的规律为基础的机械性原理来得到说明。我们必须超出自然而把这些对象得自超感性世界，也就是得自我们不能知道的一个境界。我们把这些对象和整个机械性的自然与它们一起付托于超感性的未知境界，付托于我们经验境界以外的某东西。使我们离开机械性说明的客观原理而用不同的一种说明的乃是我们不能有关于特种性质的对象有客观的知识这个事实。

既然使我们不用客观原理的乃是我们的无知，所以就可推论出替代这些原理而使用的原理不能是一条客观原理。完全不错，我们不能没有目的论的原理，但是这只说明自然本身是有意或无意产生东西这个问题乃是毫无意义的。自然的意图这个概念乃是一个因问题而有的概念，不能把它独断地来处理的。

“从这我们就理解，何以从来是为着要把自然的意图或者自然作为整体这个概念独断地来对待而想出来的一切体系，而其自然的整体的首尾一贯又是由于最后原因而来的。这些体系是靠它们的客观肯定或者靠它们的客观否定，都不能决定任何东西的。其理由就是，如果东西是统摄在单纯是有问题的一个概念之下，那么这个概念的综合述项……除了产生

① 《判断力批判》，396页。

也是有问题的这样判断之外，不能关于这个对象产生任何其他的判断；对于肯定的判断和否定的判断来说，同是这样，由于我们不知道我们所进行判定的是有某东西或者是空无一物。”①

康德接着就说，通过意图，即通过技巧(art)②的意图的因果作用的概念以及按照自然的机械性作用的因果作用的概念都是有客观实在性的。

他的意思是说，我们知道人类有一种能力能产生某东西来使它们适合于某意图。我们只靠经验才知道这事，然而我们确信关于人类技术的这样一种因果作用的客观实在性。

按照机械性作用的这种自然因果作用也是有客观实在性的。我们在现实经验之先就知道每一个自然对象都是为机械性的因果作用原理所确定的，在《纯粹理性批判》一书里已说明这点。在那书里曾证明因果作用规律乃是一条验前的客观规律，由于除非假定它，否则关于对象的经验就是不可能的。

我们目前与之有关的作为结束的一段全文如下。

“完全不错，按照意图的原理(Regel der Zwecke)的自然因果作用这个概念是能被思维而无矛盾的，而这更加是适用于这个存在者的概念，这个存在者是不能在经验中对我们被给予出来的，它是被看为自然的原始根源的一个存在者。然而这不使我们有权来关于它作出任何独断的断言(dogmatische Bestimmungen)，因为，既然这个概念不能得自经验而且不是经验的可能性所必需的，所以它的客观实在性就不能是这样得到的。但是即令是能的话，我们既经明确地断定东西是神圣技巧的产物之后，又怎能继续笑它们为自然的产物呢？使我们必须求助于一种不同于自然的原因的岂不正正是自然的不能按照它原来的规律而使这样的东西发生吗？”③

很有趣地看到，现在康德终于清楚地区分开机械性的原理与目的论的原理，这两种原理是彼此根本不同的。只有机械性的原理能有客观实在性为其属性，而给我们以关于自然现象的实在说明的，其理由就是，它

① 《判断力批判》，397 页。

② 英语“art(技巧)”这个名词在这里是在其最广泛的意义上使用的。——作者原注

③ 《判断力批判》，397 页。

一直是在经验的范围里边,而所处理的是自然的规律而不是不能属于自然的超感性的原因。反之,我们不能以同样的客观有效性归于目的论原理,因为(a)目的论原理必须依靠理性的超感性因果作用这个概念,而且(b)它不是经验的可能性所需要的。

最后一点是尤其重要的,因为,如我们所知,机械性原理的客观有效性是完全以它是经验的条件为其根据的。

在我们刚才所引用的那段里,康德竟然说,即令我们能够证明一种超自然因果作用的客观实在性而且说明自然的产物是为神圣的技巧所产生的,我们也再不能称这些产物为自然的产物。由于正是自然之不能按照它自己的规律来产生这样的东西,才有必要来求援于一种神圣的来源。我们看到康德明确地区分机械性原理与目的论原理,而且依他的见解来说,只有前者才给我们自然现象真正意义上的说明。

在上面所曾说过的之后,注意到这个事实是很重要的。我们曾看到,康德起初是把这两种原理几乎作为同值的来对待的,现在我们看到他实在是把它们看作互相对立的。但是他在这里过分强调它们之间的区别到了这个程度,以至除非我们是曾读过前面几节,否则我们就会以为他的意思是说机械性的因果关系,对于人类的知识来说,是唯一有价值的一种说明。

另外一点要注意的就是康德告诉我们说,目的论因果作用对于经验的可能性说来,是不需要的,这又是一种夸大其词。如康德在后面所将要说明的那样,目的论原理在某种意义上也是经验的一种条件。它不像机械性原理,它不是一般经验的一种条件。它不是我们客观经验的条件,然而它是我们对于某些对象的经验之一种主观条件。康德将要说明我们对于自然某些产物(即有机体)想要甚至得到经验,我们也必然是要使用目的论反思的主观原理,不然的话,我们就不能理解它们的特种性质。

第七十五节

在本节所说的大半是单纯的重复,但是由于康德陈述他的主张比他在前面所说的更易理解,所以我们必须看这节对于正当理解他的论证说来是有很大价值的。

他开头是这样说的。说自然中某些对象，乃至自然作为一个整体的产生只是通过一个按照计划而活动的原因才有其可能的，这是一回事；而说，按照我们认识能力的特种构造，我只能在一种方式上来判定这些东西的可能性，就是给我自己呈现出一个存在者，它在产生东西的过程中，是使用一条原理类似于我们知性的因果作用的，这是另一回事。

在第一种情况下，我所考虑的是对象本身，因而就得要证明我所用的概念的客观实在性。在第二种情况下，我所考虑的是对象只在其对于我自己，以及对于我的认识力量的关系上。或者换一种说法：第一条原理(Prinzip)乃是一条客观原则(Grundsatz)，为能确定的判断力用的，第二条原理乃是一条主观原则，为反思性判断力用的。

第二条原理的假定不只是可能的而且甚至是必要的。按照我们知识的性质来说，我们必须以目的论的方式来判定自然的某些产物的，我们得要以一种有理智的原因这个理念为我们探讨自然的基础。不然的话，乃至对于这些产物的特种性质的观察都成为不可能的。

很自然，一经采取了这原理之后，我们要会进一步而把自然整体看作目的论的一个体系，这是容许的。但是必须牢记，在我们在目的论上判定有机体时，乃至想要获得关于它们的性质的知识，这原理的采用是绝对必需的，而在我们得要判定作为整体的自然的时候，这就不是必需的，因为作为整体的自然不是作为有机的被给予我们的。使我们看自然为目的论体系的准则也许是有用的，但不是不可少的。

如从前曾说过的，当我们说一个东西只作为自然的意图才有其可能，否则就不能存在这个时候，我们所说的含有这个意思，就是这东西的存在从机械性规律的观点来看，乃是不必然的。自然的规律好像关于这种东西的存在不给我们充分的说明，这就是何以我们认为只作为自然的意图才有其可能的那些东西不论什么时候总得要被看作宇宙不必然性的一种证明。常识与哲学家一样曾推论说这些东西的存在就证明宇宙依靠一个有理智的原因，证明宇宙的起源是由于一个超世界的存在者。

然而，虽然这种证明好像是能说服人的，但是如果它被看为一种客观的证明，被看为这样一个存在者实在存在的证明，它就是无效的。所能证明的只是在反思某些对象时，由于我们认识能力的素质，我们必须利用一种有理智的原因这个理念。这个理念在主观上是有效的,但在客观上就不是有效的。

“但是乃至最广泛的目的论所证明的终归是什么呢?也许它证明这样一个有理智的存在者是存在的吗?一定不是。它所说明的只是按照我们认识能力的构造,就是说,当我们把经验和我们理性的最高原理联系起来时,我们只能在一种方式上设想这样一个世界的可能性,就是想到这世界的一个按照计划而动作的最高原因。可见‘有一个有理智的原始存在者’这个命题是不能在客观上证明的,而只在主观上作为一个命题为我们判断能力在其对于自然意图的反思上所用,而这些意图只能按着一种原理被想到(gedacht),就是按着依靠一个最高原因的有意图的(absichtlich)因果作用。”①

从这个事实就可推断出我们完全不能在客观上证明自然中意图的存在以及自然的一个最高原因的存在,那事实就是,严格说来,我们在关于对象的经验里观察不到意图而是把自然解作是有意图的。把这种想法引入自然中去的乃是我们自己的心。何以我们以意图归之于自然只有一个理由,那就是,在自然中有某些对象是我们不能照着自然单纯观察所用的原理来予以说明的。而这就是何以我们认为必须假定给予我们的东西不止是自然的一个单纯产物,何以我们离开单纯经验的范围而说:这东西不是机械性自然的产物;它是自然的意图;它是一个超自然的原因所产生的。

我们完全有正当理由来作出这样一种假定的。因为“如果我们是要关于自然中许多东西的内部可能性的任何应有的知识,我们不能想象或者使之为我们所理解,我们必须假定的有意图性,除非我们把那些东西想象为,而且还要把世界想象为,一个有理智的原因的产物,那就是说,想象为一位上帝的产物”②。

但是我们必不可片刻假定对于每一个思维的而能知道的存在者(denkende und erkennende Wesen)来说,都必然如是的,其实,何以这是

① 《判断力批判》,399页。

② 《判断力批判》,400页。

不是这样的这个问题使我们有什么兴趣呢？我们能够说明，对我们来说，必然是要作出目的论的判断而假定自然的一个有理智的原因的存在，这也足够了。“现在，既然那命题是基于我们判断能力的不能避免而必然的准则的，所以从人的任何观点来看，那命题对于我们理性的理论用途与实践用途都是完全令人满意的，那么我就想要知道，我们如果不能证明它也是对于更高级的存在者有效的，我们又有什么损失；那就是说，如果我们不能这样证明是纯然由于客观的，其知识不幸是我们力之所不及的根据的。”①

我们立刻可看到，康德的“不幸”是反语，他确信人类心灵关于超感性的东西不能有客观的知识这个事实不是我们要叹惜的，反而是我们要欢迎的。如我从前曾说过的，这种态度是他人格的特性，而我曾引用过头两部《批判》的几段，在那里是清楚地这样表示的②。

在《判断力批判》里他采取同样的见解，在考虑目的论的问题的过程中，他说明人类心灵必然是要假定一个最高存在者的存在的，想要答复这样一个存在者实在是否存在这个问题，是完全没有可能的。但是我们不必为这所苦恼，从人类的任何观点来看，这个问题本身是多余的。但是有一个问题是实在有关系的而且是能得到解答的，那就是，人类心灵能否或者是否必须使用目的论原理，我们是否有权从我们自己的观点来把意图归之于自然而且假定一种超感性的因果作用这个理念。

其答复必须是肯定的。我们一定完全不能单纯指望自然的机械性原理来给我们说明乃至最简单的有机体的性质。

“其实这是这么确定，以至我们可以大胆地说，甚至假定这样的东西或者指望也许有一天会有另一位牛顿起来，能够按照没有安排好计划的自然规律而使单纯一根草的产生成为可理解的，这对于人来说都是悖理的。”③

第七十六节

我们常常听见说，人类心灵之所以必须利用目的论原理，乃是由于它

① 《判断力批判》，400 页。

② 参看上文，《纯粹理性批判》最后一个段落，又《实践理性批判》最后一段。

③ 《判断力批判》，400 页。

的认识能力的特种性质。但是到此为止，康德还没有告诉我们，依他看来，把人类知识区别于不同一种的知识的那种特别性质是什么，因此，读者也许没有能够充分了解康德的理论。

在他给以标题为“解释”的这目前一节里，康德作了他关于人类知识性质理论的一般考查来在某程度上弥补这个缺陷。

他在开始时告诉我们说，这种考查是值得在先验哲学里有一种详细的推敲的，而在这里介绍出来只是作为一种解释性的枝节而不是作为正题的一个步骤。

十分不幸，他没有在别处作出关于这里提出的理论的更精细的叙述。如果他曾这样做，我们是会很感激他的，因为甚至他的哲学基本原理的这种概述仍是极其饶有兴趣的。

关于康德这里说到介绍他的理论作为一种单纯的枝节话而并不是他的论证实在所必需的这一点，我觉得很难相信他。至少我是一个，如果他略掉了这一节，我就会觉得他的目的论判断理论几乎不可理解，而有这节许多论点关于康德的哲学都变得清清楚楚，否则就会一直是模糊不清的。诚然，如果康德不是概括地提出他的论证，而给我们一种更详细的叙述，他就会把事情弄得越发清楚。照现在那样，我们就必须尽量利用我们所有的，而且可以满怀信心，在康德的三部《批判》里，自始至终努力于了解他，我们在这里是能懂得他所说的。

他是这样开始的。理性乃是原理(Prinzipien)的能力，不受条件限制的东西乃是它要达到的最终目标，知性反而是由它处置的，但总是唯有在某一定必须是给予出来的条件之下。没有客观实在性所必须被给予的知性概念，理性就成为超经验的。它表现在理念里，而理念不是客观上有效的概念。虽然这些理念对一切人来说是有效的，而人都是具有同样的认识的，这理念并不使我们有权来关于自在之物作出什么断言。客观判断不能基于理性的概念，虽然可以正当地说，这些概念不但对每一个人都是有效，而且乃至对于每一个有限的有理智的存在者也是有效的。换句话说，理性的理念，虽然它们作为制约性的原理来说，不但是对于每一个人是必需的，而且对于每一个有限的有理智的存在者(按照任何我们能够替我们自己关于一般有限的有理智的存在者所形成的想法)也是有效的，却不是客观原理。要给它们以客观实在性,知性就必须能够追随理性在其对不受条件限制的东西的探索,然而这是完全不可能的,因为知性概念,就它们的有效性来说,是依靠某一定条件的。我们知道这种条件是什么,就是对于属感官的直观的应用。

我们所曾考虑的论证是将为任何一个熟悉《纯粹理性批判》一书的人所了解的。由于我从前几次曾处理过这个论证①,我就无须多说了。

我们可以提醒自己,按照康德来说,理性的一个概念、一个理念,无非是一个范畴扩充到经验的受条件限制的世界以外。这样一个概念的客观有效性是不能证实的,因为范畴本身是从它们对于我们的直观的综合是必需的这个事实得出其客观有效性的。它们是我们感官世界经验的条件,而所谓感官世界也就是这个世界,是我们用概念来确定我们的直观从而觉知到的世界。理性,按其本质是超出自然的世界的,所以就不能替它的概念要求有客观的有效性,然而它的概念作为制约性原理来说,是必需的。每一个人类理性——其实每一个有限的理性——都必须把自然的系统统一这个理念摆在自己的面前。在想出这个理念时,理性就涉及受条件限制的感官世界以外的某东西,如在《纯粹理性批判》一书里所说明的,心理学的,宇宙论的,以及神学的理性都是这样想出来的,它们所涉及的对象都是处在感官世界以外的。有限的心灵必须按照这些观念来制约它对于自然的探讨,而为着这个意图,这些观念也就是必需的原理,但是它们不确定什么对象,因为有限的心灵是不能用单纯思想来确定对象的。有限的心灵必然是要思维理念这个事实并不保证这些理念所涉及的对象的实在性。

在本节里康德用一些实例来说明他的论证。他把它们说成是这样重要的,而同时又是这么充满着困难的,因之不能在这里硬加于读者作为已经证明的命题。然而它们可以拿来给读者作为反思的资料而且也许有助于说明他目前关心的问题。

很奇怪,康德在这里会谈到实例,因为实际上他是在讨论这个问题,

① 参看上文,《纯粹理性批判》的"理性——辩证"的后半段。

有限人类知识的特种性格是如何在人类理性关心的各种不同的范围里表示出来的。他的论证是从一个很一般的观点提出的，而他并没有实在用任何具体实例来说明他的学说。他说明人类知识的一般原理如何在心灵对于它的对象所采取的不同态度里表明出来。他首先叙述我们理论知识的性质而论证如下。

人类知性①必然是要区分事物的可能性与其现实性的，但是这样做的理由不是处在对象里面而是处在主体与其各种认识能力里面的。除非我们对知识的运用需要两种不同质的因素（为概念的知性，和属于感官的直观来给概念以其相应的对象），否则就不会有在可能的与现实的之间的任何区别。

一种直观性的知性除是现实的对象以外没有任何其他对象，单纯以对象的可能性为目标的概念和给我们某东西但是不因之而给我们知识的属于感官的直观都会同归于消逝了。

"可能的与现实的之间的整个区别只依据这点——就是在我们说一个东西是可能的时，我们的意思是说，我们所关心的乃是这东西的表象在其对于我们的概念和一般思维能力的关系上的地位；而在我们说一个东西是现实的时，我们是不管这个概念而断定这东西本身的（die Setzung des Dinges an sich selbst ausser diesem Begriffe）。照这样说，可能的东西与现实的东西之间的区别乃是单纯对人类知性来说才有主观有效性的区别。"②

我不认为在这里了解康德是实在困难的。按他的哲学来说，知性的验前概念（即范畴）都是普遍性的规则。范畴的客观实在性是在于什么呢？只是在于它们是我们关于对象的经验的普遍性条件。我们的知性能告诉我们关于实在性的性质的是什么？不过是经验的每一个对象必须符合于范畴。没有对象能不依靠范畴的，因为假使那样，它就完全不是一个对象了。换句话说，知性能规定一些条件，只有在这些条件之下，

① 如果康德说人的由于他的知性的性质，就得要区别开可能性与现实性，这就会清楚些；因为遵守它自己性质的特性的，一定不是知性本身。如果要把这归之于人类心灵的任何一特种的能力，它就必须归之于理性，如康德在同一个段落里实际上所做的那样。——作者原注

② 《判断力批判》，402 页。

对象才成为可能的，一个不符合于这些条件的对象就不会是可能经验的对象①。

另一方面，经验的内容就不是知性所产生的。这是直观给予我们的，直观是给知性提供材料的。虽然没有使我们能够把我们的种种表象在一个意识里统一起来的知性，我们就不能对于这材料有认识，但是材料本身是完全不依靠知性的。知性是思想形式的根源，但是我们所想的东西是不依靠知性的，我们通过按照范畴而确定直观才觉知到一个对象，范畴独自不以任何现实对象对我们呈现出来。由于我们不能靠单纯思想来确定一个对象，所以我们关于一个对象所能说而不与思维规律相矛盾的，只是它是一个可能的对象②。

凡是我们通过纯粹理性的概念，即理性，来想的对象都是如此，它们都是可能的对象。例如上帝这个理念，就其是符合于思维规律这点来说，乃是一个可能的对象，然而我们完全不能证明上帝在现实上是存在的。要能证明，我们就得要在直观里证实我们的概念，而这是不可能的，因为在上帝这个概念里就正含有这个意思，就是上帝是属于智性世界的，即属于感官世界以外的世界的。既然我们一切直观都与感官世界有关系，所以上帝的现实存在，我们关于上帝的理念的客观实在性是不能证明的。从我们必然是要想到上帝的理念这个事实并不能推断上帝是存在的，我们必须想到某些对象这件事，不证明这些对象在现实上是存在的。

我们之所以必须把可能性与现实性区分开来是由于我们知性的性

① 必须记得，要成为可能的，一个对象必须符合于不只范畴而且还有其他概念。——作者原注

② 康德在这里忽略了逻辑的可能性与实在的可能性这两者之间的区别。这是不幸的，因为如果他曾考虑到这区别，他就能使他的论点变为甚至更清楚。这个区别是什么，康德在《纯粹理性批判》一书中自 B265 起说明过（即一般经验性思维的公准）。如果一个对象的概念不是自相矛盾的，这个对象就是逻辑上可能的。为要有一个对象的实在可能性，所需要的就还有某另一东西。它所必须与之一致的不但是思维的形式，而且还有直观的形式（B268；又参看 BXXVi）。康德关于实在可能性的定义如下：“在直观上和在思维上与经验的形式条件一致的东西就是可能的。”（《纯粹理性批判》，B265）我们看到我们的知识是怎样不同于一个纯是有理性的存在者所具有的知识的。和我们思想形式一致的东西甚至不是实在可能的，不必说现实的了，而对于一种直观性的知性来说，可能的与现实的区别完全不会存在，而它的思维的所有内容都同时是现实的对象。——作者原注

质。当我们谈到一个东西说它是可能的时候,我们使我们对它的表象和我们关于它的概念以及我们一般的思维能力有关系。当我们谈到这东西而说它是现实的时候,我们是断言它也是在直观中被给予我们的。

显然这种区别只适用于像我们的一种知识,其中含有直观与知性这两种不同质的成分的,如果我们想象不同一种的知识的存在,这区别就消逝了。让我们假定有一种存在者,其知性所产生的不只是思维的形式而且同时又有这些形式所适用的材料。对这样一个存在者来说,即一个具有我们称为一种直观性的知性的存在者,可能的与现实的之间的区别就不会适用的。凡它所想的都会存在,凡它认为是可能的都会是现实的。我们所必须作出的可能的与现实的之间的区别是起于这个事实的,就是"我们总是能够给某东西以在我们思想中的一个地位,虽然它并不存在,或者说能想象某东西作为所与的,虽然我们关于它还没有一个概念"①。

康德继续如下说:"所以在断言事物可以是可能的而不是现实的,而且从单纯的可能性不能推论到现实性,这样断言时,我们所说出的命题,对人类理性来说,是完全有效的,但是这不证明所说的区别是处在事物本身里面的。"②

这里困难的乃是康德的术语,因为"理性"这个名词在这里是他用在最模糊的意义上的,它所指的是一般的人类心灵,而康德每每,尤其是在《判断力批判》一书里,是在这个意义上使用"理性"这个名词的。

困难就是,在同样这个段落里,他用这个名词是在更严格而更专门的意义上,而理解"理性"为原理的能力,即是使我们想到不受条件限制的必然性这个理念的能力,而作为这样的能力,它是基本不同于知性的③。

康德的论证可以这样转述。可能性与现实性两者之间的区别不能以之归于物自身,而这是从这个事实推论出来的,就是"理性无情地要求我们至少关于一个东西得要预先假定,就是关于原始的根据,预先假定它是

① 《判断力批判》,402页。

② 《判断力批判》,402页。

③ 参看上文,《纯粹理性批判》的"理性——辩证"后半段;又"理性的宇宙论——二律背驰"前部分。——作者原注

绝对必然存在的，而且预先假定在对它的关系上，可能性与现实性再不能说成是区别的”①。

我们看到，他这里理解理性为使我们想到不受条件限制的这个理念，即一个必然存在者这个理念的心灵特别能力。

他的论点就是，既然甚至在人类思维的范围里发生有这种区别不适用的一个存在者这个理念，所以它必然是不影响物自身的一种区别。

康德怎能说在理性的一个绝对必然的存在者这个理念里再没有可能性与现实性之间的任何分别呢？我想这点将为任何一个曾研究过第一部《批判》的人所理解的。按照第一部《批判》的学说，一个必然的存在者这个理念就是关于这样的存在者的理念，正好它的概念是包含着现实的存在的②。这就是何以它被称为一个必然的存在者，即一个存在者有别于一切其他存在者的，这些其他存在者都是依靠这个必然的存在者才有其存在的。必然存在者乃是唯一是必然的存在者，因为它不依靠别的任何东西作为它的条件的，它自己的概念就是它的存在的保证。它是必然要被思维的，而结果就是它必然存在的。

我们知道康德所主张的是，虽然这样一个理念对于人类理念来说是自然的，但它并不具有客观实在性。具有客观实在性的概念只是知性的概念，因为它们是经验的条件，必然存在者这个概念则与此不同。必然存在者乃是一个存在者，对它来说，可能性与现实性之间的区别是不适用的，它是知性所不能设想的，因为知性是在可能的存在与现实的存在之间有着一道不能越过的鸿沟的。康德的话语是：“我们的知性绝对不具有任何会相称于这样一个理念的概念，而且知性不能发现任何方法来想象这样一个东西或者它存在的型式。因为如果知性去思维这种东西——随它怎样去思维——这东西只能作为可能的来表现的；另一方面，如果知性是意识到它作为在直观中所与的，那么它就是现实的，而就不会因之想到它

① 《判断力批判》，402 页。

② 作者这句以后到这个段落的结尾，尤其是这一句，是易令人误解的，因为我们知道《纯粹理性批判》的学说是正与此相反的，例如看该书《先验辩证论》的第二卷，第三章，第四、五节便明白。但作者在紧接的下一段落里说明康德的意见实是不主张必然的存在者是必然存在的。作者原意只是说其理念是含有必然存在的意思的，但他不应说含有现实的存在。——译者附注

的可能性了。”[①]康德接着说，虽然绝对必然的存在者这个概念是一个不可缺少的理性理念，但是对于人类知性来说，它却是一个达不到的问题性的概念。

现在这里又有一种困难了。因为我们必须问自己：康德相信不相信，不同于我们的知性的一种知性，一种直观性的知性，能够达到必然存在者这个理念呢？这样来解释他的论证好像是必然的，因为他不是告诉过我们说可能的与现实的之间的区别不影响一个必然存在者这个理念吗？那就好像从这可推断一个超人类的知性是能达到这样一个绝对必然存在者这个理念的。

然而我们只需较为更仔细一点考虑我们的问题，就可看出康德不能主张这种见解。依他的见解，一个必然存在者这个理念是怎样在人类心中发生的？它是从这个事实而起的，就是人类知性必须把可能的与现实的区分开来，符合于知性概念的对象称为可能的对象，而被给与在直观中的对象称为现实对象。我们的理性在设想一个必然存在者这个理念的过程中是把它和每一个其他对象相对比的。它是一个必然要存在的对象，而一切其他对象单纯是偶然存在的。由于我们知性的性质，我们的理性才得到这个结论说至少必须存在有一个必然的存在者[②]。

如果一个存在者是具有不同的一种知性的，具有一种不会依靠直观因而不必去区别事物的可能存在与现实存在的知性的，这样一个存在者就不会想到这样一个理念。凡是这样一种知性所想的都会是存在的，而一个必然存在者这个理念也就不会发生。正如可能的与现实的之间的区别是属于单只有限的心的，同样地，除去这种区别的概念也是属于单只有限的心的。“那区别不适用的一种知性就会说：我知道(erkenne)的对象都是有的，即存在的。[如]还不存在的一些东西的可能性[这样的理念]，就是说，如果它们存在的话，它们的不必然性，而且不同于不必然性的必然性[这个理念]——上面所说的那种存在都不能想到任何这样的东西的。”

---

① 《判断力批判》，402 页。

② 但这并不是说，我们的理性肯定它是现实存在的。——译者附注

本段落的其余部分是简单的。康德说明使我们的知性难于和理性比肩的就是理性看到是组成其对象而采用为它的原理的东西，对于人类知性来说，是超越的。“在这种形势之下，下面的准则总是一直有效的；关于一切其知识超出知性力量之外的对象，我们应该按照这种条件进行思维，这些条件必然是相伴我们人类的本性的，而且只在它们之下我们才能使用我们各种的能力的。这样作出的判断不能是组织性的原理，如实确定对象的——凡是超越的概念被包含在那里的地方，情形怎能不是这样呢？然而这些判断依然是制约性的原理，在其被用为内在的原理时，它们对我们的人类意图来说是可靠的而且称人心意的。”①

这不需要解释，所以我们现在就可转到下一个段落，在那里康德是处理实践理性的问题的。他的论证如下进行。

如在其自然的理论研究里理性必须假定自然的原始根据（Urgrund）为无条件必然的那样，在实践的领域里，理性也必须假定它自己的无条件因果作用，即通过自由的因果作用。

实践理性，在其意识到它自己的无条件因果作用时，是有资格来作出这样一个假定的。但是道德行动的客观必然性是表现为职责的，如果道德行动的根据处在自然本身里面而不是在自由的超感性的因果作用里面，情况就不会是这样。同一个动作，在道德上是绝对必然的，而在物理上是不必然的，不是有了道德的必然性就一定有物理的必然性的。更简单地说，“必然应该发生的东西每每是不发生的”②。

由此可见，不只是由于我们实践能力的主观性格，道德律才必须为我们表述为命令，而必须与之符合的动作表述为职责，而且理性把道德的必然性表达出来时，不是用一个“是”而是用一个“应该是”。如果理性与其因果作用是离开感性而被考虑，就是说，不受它们的主观条件（即它们对于自然中的对象的应用）所限制，情形就会是不同的。在一个只能用理智来了解的世界里，在一个完全（durchgängig）为道德律所确定的世界里，就不会有“应该做”（Sollen）与“实在做”（Handeln）之间，“或关于通过我

① 《判断力批判》，403 页。

② 《判断力批判》，403 页。

们成为可能的实践规律与关于通过我们而成为现实的理论规律之间的区别了”①。

然而，虽然这样一个世界这个理念②对我们来说是一个超越的概念，但是它却有其正当的功用的。

因为，虽然它不给我们关于对象的理论知识，虽然它不是一条组织性的原理，但是它是一条普遍有效的制约性原理。它不过是如此，乃是由于这个事实，就是我们部分是属于感官的存在者；而且，就我们从我们理性的性质所能看出的来说，关于一切是这样为感官世界所束缚的存在者，同都是这样的。作为一条单纯制约性原理来说，它不能在客观上确定自由作为因果作用一个型式的性质。然而“它还是把一条命令加于每一个人，要他们按照自由这个理念确定他们行动的规则，而它这样做，其有效性是不减于它如果是这样就确定了自由的性质的”③。

读者将看到，我是紧紧跟着康德的论证的，那论证依我看来是完全可理解的。康德在这里所说的大半是他从前在《实践理性批判》一书里解释过的，我们简短地重述其最重要的几点就够了。我们知道康德主张“职责”与“义务”只对于有限的有理性的存在者，即属于感性和纯智性的两个世界的存在者才有其意义的。一个纯是有理性的存在者是会按其原有的性质照着道德而行动的，这样的存在者甚至不知道所谓的职责与义务，由于他的一切行动都是自由的超感性因果作用所确定的。

我们又曾看到何以康德相信关于自由的理论知识或者说它作为一个思想对象的确定，是不给与人类理性的，而且他又主张，就理论知识说来，自由乃是一个超越的概念。

然而有一点是我想要大家注意的，我认为在康德的整个哲学体系里没有任何其他一段话是比这里更强调“我们实践能力的主观性格”的，就我所知，也没有另一段话是他实际上称道德原理为一条“制约性的”原理的。

---

① 《判断力批判》，404 页。

② 所谓这样一个世界就是这个世界，在其里面“每一个东西单纯因为作为善的某东西就是可能的，那它就也是现实的”——《判断力批判》，404 页。

③ 《判断力批判》，404 页。

这也许会令人以为康德是以同样程度的主观性归之于理论理性和实践理性的，但是实际上不是这样。依他的意思，这两者之间有一种基本的分别，理论理性是和对象的知识有关的，所以它的概念不给我们这种知识这个事实就必然为人认为是一种不利之处。在实践行动的范围就不同，在那里，我们的理性的目的所在无他，而只是要找出一条确定行动的规则。如果这样一条规则，这样一条“制约性的原理”找出来了，那就完全好了。因此，道德的自由是否作为一个超感性的对象而存在这个问题，对于实践理性来说，是毫无兴趣的。它设法去寻找一条行动的规则，而它在实践的自由这个理念里就找到了。

这是康德自己在我们这个段落的最后一句里指出来的。他在这句里说，虽然这制约性的实践原理“在客观上不确定自由作为因果作用的一种型式，然而它要每一个人遵守一条命令，就是要他们按照自由这个理念确定他们行动的规则，而它这样做，其有效性是不减于它若果是这样就确定了自由的性质的”①。

在本节的最后一个段落里，康德说，我们必须区别自然的机械作用与自然的技巧即有目的的联系(Zweckverknüpfung)是由于我们知性的性质，因为我们的知性得要从普遍转移到特殊，所以判断力如果要在特殊里发现有意图性，就必须使用一条特别的原理。因为特殊按其本性是含有关于普遍的某不必然的东西的。理性要求在特殊性规律的综合里有某种的统一性，某种对于规律的符合，这种符合是不能为知性所确定的；就知性来说，特殊性规律的统一性是不必然的，在不必然的方面来说，这种对于规律的符合性就名为有意图性。可见自然的有意图性这个概念虽然不确定对象本身，然而它却“是理性为着判断能力的一条主观原理，而这原理，作为是制约性的而不作为组织性的来看，对于我们人类判断力来说，是正如好像它是一条客观原理一样必然有效的”②。

凡是读过这部《批判》的导言的人都会了解这里所说的大半内容，我们可以回忆一下在那里提出的论证的要点：(a)我们的知性由于只和自然

① 《判断力批判》，404页。

② 《判断力批判》，404页。

的普遍规律有关，就不能按照特殊规律来保证自然的统一性；(b)人类心灵必然要求有这种统一性，它就设想自然的系统统一这个理性；(c)使人类心灵能够从这样一个观点看自然的，乃是反思性判断能力，它之称为反思性的判断力以别于能确定的判断力，是因为它的原理是主观的或者说制约性的而不是客观的或者说组织性的；(d)反思性判断力原理以之为基础的理念乃是自然的技巧这个理念，自然不单纯机械地而技术地进行的这个理念；(e)既然这样的自然的技巧，就知性说来，是不必然的，所以判断能力在发现自然符合于判断力的规律时，就以有意图性归之于自然；(f)有意图性就是不必然作为一种不必然而对于规律的符合性。

我们现在可以转到第七十七节，康德在那里将还要告诉我们关于他的学说，说不能设想自然意图这个理念的，只是人类心灵，而使我们必须形成这样一个概念的，就是我们知性的特性。

第七十七节

这节也许是《判断力批判》全书中最饶有兴趣的，康德在这节里提出了他直观性知性的理论。详细了解他的论证是很困难的，但是我认为凡是从头至尾读过三部《批判》的人不会有什么不可克服的困难来掌握他的主要思想的。

康德一开始就叫人注意到关于自然意图这个概念的一种困难。他论证说，很清楚，这个概念是不能在客观上予以确定的。宣称一个东西为自然意图的判断，其述项是涉及超感性的东西的；而且又很清楚，意图这个概念乃是一个单纯理念。然而，既然涉及这个理念的自然意图是在自然中给与的，那它就好像是一条组织性的原理，而在这方面是不同于一切其他理念的。

可是整个分别不在别的地方而是在于此——就是所讨论的理念乃是理性的一条原理，不是为知性用，而是为判断能力用的。

完全不错，自然的一个意图这个理念是我们用来只是为要了解某些对象的。然而使我们称事物为自然意图的判断乃是一个单纯反思性的判断而不是一个能确定的判断，没有对象是我们能按照意图这个理念来确定的。我们所能做的，不过在反思对象时利用这个概念而已。"结果就是，虽然这个对象是在经验中被给予出来的，然而它不能按照这个理念而确定地得到判定，更不必说得到完全足够的判定。我们所能做的，只是按照这个理念来对它有所反思。"①

这一切都是容易的。康德经常告诉我们说，我们一切目的论的判断都是单纯反思性的判断而且必须作为这样的判断区别于能确定的判断，即在客观上确定事物的判断，这些判断所用的原理不是组织性的原理而是制约性的原理。我们必须假定自然的有意图性这个理念，我们在反思自然的某些事物的过程中，必须以自然的意图这个理念为我们反思的基础。虽然所假定的概念不是一个客观概念，虽然它是一个单纯的理念，但是人类心灵不能没有它。按人类知识的主观条件，我们必须在目的论上来判定某些对象。

但是何以是这样？使这样的使用成为必需的是人类心灵的什么特性？康德在本节所作出的答复就是，这是由于我们的知性不同于其他可能的知性这个特别的性质。或者更明确地说，使判断能力必须假定特别一条原理，即目的论反思的原理的乃是我们的知性对于判断能力所采取的态度。

在本节的稍后，康德将要给我们说明何以他相信我们的知性是属于特别一类的。在提出这种信念的理由之先，他指出，如果我们谈到我们知性的种种特性，或者谈到我们的知性对于判断能力的特种态度，我们心目中必定有不同的一种知性，正如在《纯粹理性批判》一书里人类直观是和另一种可能的直观，即智性直观，相对比的。只有是假定另一知性这个理念时，才有意义来说"某些自然的产物必须为我们按照我们知性的特别构造看为由于计划而有其可能性并且作为意图而产生出来的"②。

在这个断言里意味着我们不否定另一种(超人类的)知性是可以在不

① 《判断力批判》，405 页。

② 《判断力批判》，405 页。

同方式上判定的。我们拿我们的知性和不同类的一种知性作对比，而后一知性在自然的机械作用里发现事物的实在根据而无须按照特别一条原理来判定某些对象的。这样一种知性不会从一个有理智的原因来得出任何对象，它不会像我们由于我们知性的特别性质那样使用两条因果解释的原理，即机械性的原理与目的论的原理。

“在这里有关系的就是我们知性对于判断能力所采取的态度，因为这就使我们注意到在我们知性的构造里某一个不必然性的要素，这是要注意作为我们知性不同于其他可能的知性的一种特性的。”①

这种特性是什么，康德将在下一个段落里说明。那就是这个事实，所要统摄于知性的普遍性概念之下的特殊不是为这些概念所确定的。

也许好像令人奇怪，康德在这里是主张特殊不是为我们知性的普遍所确定的，因为按他的学说来说，确定特殊直观的正是知性的普遍性概念。他的意思可以这样来说，我们知性一切验前概念所共同的，就是它们都以普遍性的特征加于特殊的所与杂多，而在这种意义上可以说它们确定那些特殊。但是有一个东西是我们知性概念不能办得到的，那就是它们不能确定特殊作为特殊，我们用范畴就能在验前确定经验的每一个对象要有的普遍性特征是什么。但是范畴不能告诉我们任何东西是关于经验对象的特别特征的，例如我们在实际经验之先就知道一切自然对象都必然是在因果上联系着的，但是我们不知道特殊的因果联系是什么，或者它们是如何相互有关系的。这就必须看为我们知性方面的一种缺点，而像康德在导言中所曾详加说明的那样，这就是一个理由何以判断能力必须想出一条特别的原理我们按着来假定出现的东西，甚至就它们的特别特征来说，都是从属于一条秩序的原理的。判断能力与其反思的主观原理使我们假定自然的特殊性规律和特殊性的自然对象都是在某方式上相互有关系的。人类心灵不能承认自然是互不相干的胡乱一大堆的特殊性规律与特殊性型式，因而它就得要采取一条特别原理，使它看自然为按照特殊性规律的一个体系，然而这条原

① 《判断力批判》，406 页。

理不是知性的一条客观的、能确定的原理，它是反思性判断力的一条主观原理。自然是这样的一个体系，就我们的客观知识，即我们知性所得的知识来说，这是不必然的，我们的知性是一种推论的知性，其概念是不能确定对象的特别特征的。一种直观性的知性，如康德马上要说明的那样，情况是不同的，在这样一种知性所得的知识里面，自然的特殊性规律和知性的一致就不会是凑巧的。

但是在处理康德的直观性的知性学说以先，我想要说他这里关于我们推论的知性的特别性质所说的，像是和导言的论证完全协调的。从下面一段就可看出："在判断能力得要带到知性的概念的普遍之下的特殊里完全自然要发现不必然性这个要素的，因为通过我们(人类的)知性的普遍，并不确定特殊，而且虽然不同的东西可在一个共同的标志上相同，但是它们出现于我们知觉的型式的多样性乃是不必然的。我们的知性乃是概念的能力，那就是说，一种推论的知性，从它的观点来看，在自然中可以被给予出来的而统摄于它的概念之下的特殊之种类以及差异必须是不必然的。"①

如果我们自问何以我们的知性不能确定那些要统摄在它的概念之下的特殊，其答复是比较简单的。我们的知性乃是思想的能力，就它实际上产生那些是经验的必需条件的普遍性概念这点来说，它是能生产的。但是，如在《纯粹理性批判》一书里所曾说明的，概念靠自己是不能给我们知识的。为了得到知识起见，我们必须使知性的验前概念与所与的直观有关系，而这样我们才知道自然的特殊性规律。关于自然的特殊性规律是什么，或者它们的相互关系是什么，我们的知性不能给我们任何验前的知识，就是因为那些规律是必须在直观中被给与出来的。

现在让我们假定存在着不同一种的知识，即一种知识，其中直观与知性不是不同的要素，因而就无须区别在一方面的所与特殊，而另一方面为心所确定的普遍。很清楚，这样的知识基本上是会不同于我们自己的知识的。我们知识的要素之一，即知性，就其产生自然的普遍性规

---

① 《判断力批判》，406 页。

律来说,可以说是具有自发能力的,但是在我们知识里面的其他一种要素,即直观,是被动的、接受性的。总之,一种纯是主动的知识能力——它是如康德在这里所说的,直观的完全自发性的能力,一种不同于感性而又完全不依靠感性的能力——换句话说,一种直观性的而不是推论的知性,就不会为我们的知性同样的种种困难所苦。在它的特殊性规律里的自然,是和这样一种知性相一致的,这就不会是偶然的事情,它就会是必然的。

自然的特殊性规律能被统摄在我们知性的概念之下,这是很令人奇怪的东西,而我们绝不能有把握说我们能使自然的特殊性规律都相互发生关系以便把它们统摄在其普遍性规律之下,从而得到知识的系统统一。一种直观性的知性的情况就会是与此完全不同的,在它的知识里"不会遇见自然在其按照特殊性规律的产物里和知性相一致的不必然性的"①。

我觉得这是容易的。何以自然的特殊性规律和它的普遍性规律相一致不会必须为一种直观性的知性看为不必然的,其理由就是在它的知识里,特殊性规律是会直接从普遍性规律得出来而且是会为普遍性规律所确定的。在我们推论的知性的情况下,这一切都是在本质上不同的。这一点康德在下一句再一次表达出来,我想要引用这句如下:"这是我们的知性在其对于判断能力的关系上的一种特有的特征,就是在它所得的知识里,特殊不是为普遍所确定的,这样就不可能单从普遍来得出特殊。然而在自然的杂多中,特殊得要通过概念与规律的中介和普遍相一致,使得它能够被统摄在普遍之下。可是,在这样的情况下,这种一致必然主要是很不必然的(sehr zufällig)事,而判断能力就必是没有一条能确定的原理[来指导它]了。"②

自然对象和我们判断能力的一致,除非我们涉及自然方面的一个意图,否则乃是对我们来说没有可能的事情,所以想要我们自己至少弄清楚

① 《判断力批判》,406 页。

② 《判断力批判》,406 页,407 页。

这样一种一致的可能性，我们就必须想到另一种知性。这就会是一种知性，对它来说，自然依照特殊性规律的统一性不会是不必然的，它会了解它的必然性，因而就无须用一条特别的原理来说明它。自然的有意图性这个概念乃是人类心灵的产物而其起源是由于我们各认识能力中的种种缺点的。这是从这个事实推论出来的，就是我们以有意图性归之于自然，只是因为我们不能了解自然在其特殊性规律与型式里面的统一性是怎样引起的。一个具有一种直观性的知性的超人类的存在者不会想起自然的有意图性这个观念的。

康德在本节的稍后一点将把这点弄得更清楚，但是首先他告诉我们更多关于人类知性的特别性质。他的论证可以这样来叙述：我们知性的一种属性就是为着认识，它必须从分析的普遍，就是从概念，前进到特殊，到所与的经验性直观。在这种过程中，它关于直观的杂多不确定什么，而把这种确定留给判断能力，这能力是把经验性的直观统摄在概念之下的①。

使了解康德成为困难的在这里只是他的术语。可能有人问：康德怎能称知性的概念，包括范畴在内，为分析的普遍呢？按照他的学说，不是一切概念都是综合的规则吗？

必须注意到"分析的"这词在这里有特别一种意义，这意义又是常常出现在康德的著作里的，如果要避免混乱，就得要确切地予以确定的。一切知性概念，不管是经验的或者是验前的，就它们所确定的是事物的共同特征而不是它们的特别特征这点来说，都是分析的普遍。要获得关于一个事物特别特征的知识，它就必须在经验中被给予我们，一个个别事物的特别属性是不能得自这事物的概念的。如我们现在所说的，一个概念乃是一个抽象的普遍而不是一个具体的普遍。试举一个实例来说，狗的经验性概念不能给我们说明一个个别狗的特别特征。关于这只个别的狗的特殊性质，它不能告诉我们任何东西，它所能陈述这狗的只是这狗和同类

① 在自然产物的情况下，直观是经验性的直观；在几何形的情况下，直观是纯粹直观。——作者原注

的其他分子共同具有的属性。狗的概念乃是一个抽象普遍。现在，在一个经验性的概念的情况下，是很容易看到何以必须是这样的，由于这个概念是从许多个别实例抽取出来的，而在形成它的过程中，我们是有意略去概念类的个别分子的一切特别特征的。关于范畴，诚然它们不是由于抽象的，然而它们甚至比经验性的概念还更抽象，因为关于我们对象的特殊特征是什么，它们是不能给我们任何指示的，它们在实际经验之先所能确定的只是这种经验的一切对象所共同的将是什么。这样，范畴就可称为分析的普遍，虽然它们的任务正是综合所与的知觉，而且没有这种综合，客观经验就会没有可能的。

关于《判断力批判》一书与之有关的基本问题，我们可以说它是从这个事实的观察而发生的，就是我们知性的概念都是分析普遍。我们可以回忆到在这部《批判》的导言里，康德曾告诉我们何以判断能力得要想出它的那条使我们预先假定自然是按照特殊性规律的一个体系的特别主观原理，其理由就是知性的验前概念不能保证这样一个体系的存在，这些概念只告诉我们一切经验性对象的共同特征将是什么，而这样就不能排斥这种可能性，就是自然也许是混乱一大堆的互无关系的特殊性规律与特殊性事物。

我可以在这里引用第一种导言的一段，那里是特别把这点弄清楚的。这段对我们目前的意义是特别有兴趣的，由于在那里面“分析的”和“综合的”这两个词既用在和第七十七节里所用的同样意义上而又用在那更通常的意义上。“一段一般经验的可能性就是经验性认识作为综合判断的可能性，所以不像平常所相信的那样，它是不能分析地从一些单纯相互比较的知觉抽象出来的，因为在一个对象的概念里（即给我们知识的概念里）两个不同知觉的结合乃是一种综合。这种综合的能使一个经验性的识知，即经验，成为可能的，其方式只能是遵照出现东西综合统一的原理，也就是说，遵照那些出现的东西从而被统摄在范畴之下的原理（Grundsätze）。然而这些经验性的识知，就它们必然是共同的那点来说（也就是就自然的那些先验规律来说），是构成属于一般经验的一种分析统一性。可是这些经验性的识知不具有那种经验作为一个体系的综合统一性，这种综合统一性是把许多经验性的规律甚至关于它们的种种差别（这些差别可能是无限大的），结合在一条原理之下。我们按照着来假定自然是乃至在其特殊性的规律里有意图地适应于我们的判断能力的原理，使我们把自然不作为单纯机械性的而又作为技巧的来想象的原理，其所完成的作用是类似于范畴对于每一个特殊经验的关系上所有的作用。然而必须注意到，虽然它不同于范畴，并不在客观上确定综合统一，但是它仍然提供给我们以一些主观的原理（Grundsätze），用作我们自然研究的线索的。”①

如要解释这段特别困难，我就要请读者参看我前面的讨论，但很有趣的就是在这里看到康德在第七十七节里的论证，而且甚至他的术语，都是完全和他在导言里所说的一致的②。

从上面所说的就会看得十分清楚康德理解一个分析普遍为什么。他接着说，可能想象到（sich denken）一种知性，因为它不是推论的像我们的知性那样，而是直观性的，它就会从综合的普遍进到特殊，或者说，从整体的直观本身到特殊，也就是说，从整体到部分。“在这样的一种知性与其对于整体的表象里，不会遇见［这个观念的就是］要使整体的一定形式成为可能，其各部分就都先要凑巧地（contingently）结合，但我们的知性反而需要这种［观念］，因为它必须从部分作为普遍地被设想为根据（allgemeingedachten Gründen）的而到统摄在它们之下作为后果的不同的可能型式。按照我们知性的构造，自然中的一个实在整体是要看作其各部分的汇合动力的单纯结果的。”③

这远不如它表面上看起来那样困难。康德在导言中已经给我们说明过，由于我们知性的性质，在自然中有两件事是我们不假定一条特别原理就不能理解的，就是（a）自然按照特殊性的规律会成为一个体系，（b）会有

① 《判断力批判》，Buek 版，186 页注；Lehmann 版，11 页注。

② 从 B133－4（比方看 B133 注）就可看出“分析的”和“综合的”这两词用法的意义是已经在《纯粹理性批判》一书里指出的，“意识的分析统一性属于一切一般的概念的作为这种概念的（hängt allen gemeinsamen Begriffen als solchen an）”。——作者原注

③ 《判断力批判》，407 页。

自然对象,在其里面的整体乃是其各部分的条件,而其各部分是相互内在必然联系的。我们知性所知道的原理只是机械性的原理,按照这种原理,一个整体是看作其各部分的一种单纯集合体的,因而判断能力必须使用一条特别的原理来说明那些必须看作体系的自然对象,也就是那些对象,其各部分不是单纯外在地相互有关系的。正如要弄清楚自然作为按照特殊性规律的一个体系的可能性,我们就得要假定一条特别的原理,即自然的有意图性或者说自然的技巧这原理,同样地,要弄清楚有机体的存在,我们就得要把它们看为自然的意图,也就是把它们看为不是单纯机械地产生出来的东西。

从这我们就可得出一个很有趣的结论。如果要想象一个整体的各部分同时在其被造的本性(Beschaffenheit)上而又在其结合(Verbindung)上都是依靠其整体的,只有人类心灵才按其知性的特性必须使用一条特别的原理的。

人类心灵所必须使用的特别原理是什么呢?就是从自然产物的意图这个理念而得出这种产物来的目的论原理。按照我们知性的性质,我们不能看一个整体为其各部分结合的可能性的实在根据,因为在推论的知识里,这会是自相矛盾的,我们必须从一个观念性的根据得出这样一种的联系的可能性。

我们只得相信整体这个理念,在一个有理智的存在者心中这个整体的表象,乃是我们对象的根据。换句话说,我们必须从一个意图得出这个对象。“在这样的形况下,整体就会是一种结果,或者说,一种产物,其表象是被看作这整体的原因的。现在,既然所谓意图,我们是理解为一个原因的结果,这原因的确定性根据就只是其结果的表象,那么就可推断,单纯因为我们知性的性质,我们才必须把某些自然的产物想象为它们的可能性本身是由于一种因果作用不同于支配着物质的自然规律的,那就是意图与最后因的原理。”①

在这里注意到康德是怎样驳斥独断目的论的基本论证,这是有趣的。

① 《判断力批判》,408页。

独断论的哲学家一直是相信有机体，即不能按机械性原理来说明的这类的自然产物，其存在就在客观上证明自然的最高原因的存在，这个最高原因产生东西是要使它们适合某一定的意图的。

但是，康德在这里说明不但这种论证是无效的，而且又说明只是由于我们知识的主观条件，我们才利用这条目的论原理。具有一种直观性知性的更高级的存在者就会完全无须使用这条目的论原理了，并不是完全不可能相信在物质世界里能碰到一切自然产物的真正解释，一个超人类的知性也许能够在那里找到它的；而且完全不可能有丝毫保证来说一切有理智的存在者都是觉得不可能形成关于有机体里面所有的统一性的一种表象而不把这种统一性的理念作为它的产生原因，就是不把有机体看作是一个有理智的存在者所产生的。

这里有一种困难，因为有些康德的说法叫我们会想到他相信一种超人类的知性能够按我们所用的机械性原理来说明有机体的。然而这不是他的意见而且实在不能是他的意见，因为依他说来，我们所用的机械性解释乃是人类心灵所使用的原理，并不照着事物在其自身那样确定事物的。

我认为他的意思是这样的，在我们称一个东西为自然的意图时，我们是把它得自一个外在的原因，得自一个理念，而我们认为这个理念是存在于一个产生它的有理智的存在者的心中的，这个存在者是独立于物质世界而且按照他心中的理念形成其物质的各部分的。

但是我们这样就能真正说明一个有机体的存在吗？目的论原理的使用不就是承认我们自己的无知吗？在从一个超自然的原因得出一个有机体时，我们是把它好像它是人类艺术的作品似的来对待的。然而事实上，它是无限优越于人类艺术的作品的，因为它的各部分不像我们能作出的对象的各部分那样单纯是外在地相互联系的。

康德已说明过人类艺术和自然在有机体里面所显出的艺术这两者之间的基本区别(第六十一节)。我们可回忆一下他的论证的要点："在一部机器里，在这种人类艺术的产品里，每一部分都是被看为为着其他部分而且为着其整体而存在的。在一个有机体里，其各部分不但是相互为着而存在，而且又是相互产生的。一个有机体组织自己，不只具有运动的

(bewegende)能力而且还有形成的(bildende)能力。换句话说,有机体是活的,因而当我们称之为艺术的类似物时,我们关于自然和自然在有机产物中所显出的能力说得远远太少了。因为这里我们心目中所有的是一个艺术家,一个有理性的存在者,在自然以外的。反之,自然是组织自己的……也许称自然为生命的类似物,我们就会更紧密地接近自然的那种不可窥测的属性。"①

一种直观性的知性所能办到的就是窥测这种我们不能窥测的自然的属性。它能理解物质怎能生活,而它的能这样做,是由于在物质世界本身里发现生命的种种原因而无须求援于一种外在的原因。何以人类心灵在说明自然的某些产物的过程中得要用目的论的解释,其理由就是由于它的知性的有限制的性质,它实在不能了解这些产物。因为我们自己的无知我们才得要使用一种单纯反思性原理,就是一种原理,它说明对象只是在其对于我们自己的心灵的关系上而并不关于这些对象乃至作为单纯的现象而加以充分的解释。"从这我们也就同时了解何以在自然科学里,当自然的产物为人们给我们解释而联系到一种按照意图的因果作用时,我们大为不满意。因为在这样一个解释中,我们所要求的只是我们关于自然生产的判断要适应于我们判定自然的能力,那就是说,适应于反思性的判断力;而我们不要求它要适应于事物自身,使得它能为能确定的判断力所使用。"②

现在这是容易了解的,而下一句也是这样,在这句里康德声明证明一个原型的知性(intellectus archetypus)的存在是完全不必要的,说明我们觉知到我们自己知性的凑巧的构造时,就达到不同一种的原型知性(intellectus archetypus)这个理念也就够了。在觉知到这种知性时,我们就称我们自己的知性为模仿的知性(intellectus ectypus),即需要意象的知性(der Bilder bedürftiger Verstand),或者说一种推论的知性,而我们把它和一种原型的知性(intellectus archetypus)相对比。如果我们能说

① 《判断力批判》,374 页。

② 《判断力批判》,408 页。

明这样一种原型的知性这个理念不含有矛盾，那就够了。

康德继续如下写着："那么，当我们把一个物质整体在其形式上看为其各部分、各种力量以及各种自发地结合的能力的一种成果时……我们就是想象着那整体的一种机械性的产生。但是这样我们就不能得到这个整体作为一种意图这个概念，因为这样一个概念的内部可能性必然预先假定一个理念，就是一个整体，其各部分的性质与作用都是依靠它的。可是这正是我们如何必须想象一个有机体的方式。然而从这不就推断，如刚才所说明的那样。这样一个物体的机械性产生是不可能的，因为这就会等于说，任何知性都不可能，或者换句话说，会自相矛盾，来想象到杂多结合里的这样的统一而不同时把那统一的理念看作它的产生的原因，就是说，不假定按照计划的生产。"①

已经说了这些之后，再无须更有解释了。

我觉得下一句话是很难理解的。康德的论证是，如果我们是有权来把物质的东西看作物的本身的话，就可推断有机体的机械性产生是不可能的，因为这样一来，那构成自然的各种型式(Naturbildungen)的可能性的根据的就会不过是空间的统一性而已。然而事实上，空间不是东西生出的真正根据。它只是东西的形式条件，然而它和我们所寻找的真正根据却有共同之处，就是在空间里面，没有一部分能被确定，除非是在其对整体的关系上，所以整体的表象就是各部分的表象的条件。

这个论证的最后部分是不困难的。由于空间是东西的形式条件，所以它是近似那真正根据的，因为空间整体的表象是处在其各部分的可能性的基础上的(dessen Vorstellung der Möglichkeit der Teile zum Grunde liegt)。这是第一部《批判》的每一个读者所熟悉的学说，空间的各部分不是独自存在的，它们都是无所不包的空间的限定②。一经体会

---

① 《判断力批判》，408 页。

② 参看《纯粹理性批判》，B39："首先我们已能想象一个空间；如果我们谈到不同的空间，我们的意思只是要说同一个独一无二的空间的一些部分。其次，这些部分不能先行于那无所不包的一个空间，好像是那个空间从而能得到构成的成分似的；与此相反，只能把它们想为在那空间的里面的。在本质上，空间是一个，因而多数空间的一般概念完全是依靠限定[的引入的]。"——作者原注

到空间不是真正的物而只是一个表象，就容易看出何以必须是这样的。空间整体的表象是原始的，其部分的表象是派生的，因为我们只能由限制空间整体的表象才能想象空间的各部分的。

可是康德在这里关于空间作为单纯表象看的属性所告诉我们的，对于理解他的主要论证来说，给我们的帮助是很少的。他在这里正在讨论的问题是：如果空间不是单纯出现的东西的一个形式条件而是自在之物的真正根据的话，结果会是什么呢？他的答案就是，这样一来，我们就会有权来断言有机体的机械性产生是不可能的了。何以会是这样呢？因为在这样的情况下，自然产物的统一就会是空间的统一，也就是外在的统一，如果空间果是实在的而且它里面的物果是自在之物，那么，空间的各部分就会是空间整体的条件，而一个东西的各部分就会是整个东西的存在的条件了。换句话说，东西的产生就会是由于它们各部分的单纯会合，一个整体就会是各部分的聚拢来的一种单纯后果。如果一个整体得要是它的各部分的存在的条件，如果得要有在一个对象里的各部分与整体的一种内部联系，而这正是我们在有机体里所观察到的东西，那么给我们指出这样一种联系的对象，其产生就必须归之于一个特别的原理，这个对象的真正根据是不能在物质世界里碰见的，它必须归之于一个有意产生它的外在动因。

可是，有人可以问，何以不可能把机械性的因果作用和目的论作用同归之于作为自在之物的物质世界，何以这样断言说属于这个世界的某些事物的起源是由于不同于机械性原因的原因的，那就是自相矛盾的呢？对于这个问题康德不作出明确的解答，但是我认为有可能来猜测他的论证会是什么，而我将试着来叙说它。

如果我们看物质世界为自在之物，如果我们又把真正的存在归之于空间，那么我们就必须相信一切物质对象的存在都是由于它们各部分的单纯汇合，那就是说，由于一种单纯机械性的结合。现在有某些物质对象即有机体，它们是不能这样说明的，因而我们就必须从一种特别原理，从目的论原理得出它们的。这就和我们第一个断言说一切物质对象都是机械地产生的相矛盾。

然而还发生一种新的困难。我们曾看到康德着手来证明我们无权来断言有机体的机械性产生是不可能的，他刚才给我们说明何以是这样，那就是因为物质世界乃是一种出现的东西而不是一个自在之物。可是必须要问，何以他要证明这呢？他是否相信机械性因果关系是物质世界里每一个事件的真正根据，而且在物质世界里每一个东西毕竟是机械性规律所确定的呢？我不相信这实在是他的意见，然而他主张(a)那必须求援于外在的原因来说明种种物质过程的目的论原理乃是一条主观原理，为有限的心灵应用来解释它们不能完全了解的现象的；而(b)机械性原理既然必然应用于每一个现象性的对象，所以它是优越于目的论原理的。

康德不相信像有限的人类心灵所设想的机械性因果关系是物质过程的真正根据。事物的这个真正根据必须在我们一无所知的超感性的东西里去寻找。要解决机械性原理与目的论原理之间的二律背驰，我们就得要假定在超感性东西里还有要碰到的一种不同于这种原理的更高级的原理，这原理是会包含着现象的真正根据的，这原理还会说明何以我们有限的存在者在判定自然时必须使用两条不同的原理。为要理解自然作为一个感官的对象为必然的普遍性规律所确定的，我们就得要按照机械性规律来判定它；为要弄清楚自然遵照特殊性规律的统一性而且为要使某些自然型式即有机体的特别性质成为可理解的，我们就得要在目的论上判定自然。

“但是，既然这样，至少也有可能来把物质世界看作单纯出现的东西而想到某东西为其基体，为不是出现东西的一个自在之物，而且，我们还可以赋予这种基体以一种与之相应的智性直观，虽然这样的一种直观不是我们所具有的直观。我们这样就备有自然的一种超感性的虽然是不可知的真正根据，而那自然都是我们自己所隶属的。这样就有可能来把自然中必然的东西按照机械性规律作为感官对象考虑。与此同时，我们能按照目的论规律考虑特殊性规律和从它们得出来的种种型式。我们就机械性规律来说，必须判定为不必然的[特殊性规律与型式的这种统一与一致]在自然中就会作为理性的对象而存在……这样，我们就按照两条原理来判定自然，而机械性的解释并不为目的论解释所排斥，好像这两条原理是相互矛盾似的。"①

在下一节里康德将要告诉我们更多关于机械性原理与目的论原理的关系,而且他将要说得更清楚,何以他相信为要使它们彼此相容,我们就得要涉及超感性的东西。

我们现在可以转到第七十七节的最后一个段落,那里提出的困难不多。康德说,曾经说明,虽然机械性原理是和目的论原理一致,但是前者不能代替后者。这是他所说的某东西,我们很容易会猜测得到,但永远不能证明的。我们可以把机械性产生的一切规律全都用于一个有机体的鉴定,而且甚至可以指望在这样做的过程中进步良好,然而我们永远不能不求援于一种完全不相同的原理,就是按照意图的因果作用原理。

"就人类理性来说(而且关于那一点,乃至就任何和我们的理性在质素相似,而不管在程度上是多么超出我们的理性的有限理性来说),绝对不可能希望从单纯机械性的原因来了解乃至一根草的产生。因为为着这样一个对象可能性的解释,判断能力不能不用因果目的论联系的原理,即令它的唯一意图乃是在经验的指导下去研究它。再则,关于作为出现的东西那些外部对象,我们不能[在出现东西的世界之内]发现它们的充分根据是会含有对意图的关系的。与此相反,这样一个根据,虽然它必须对自然有某种关系(der auch in der Natur liegt),但不能在任何其他地方去找到而只能在自然的超感性基体里找得,而这基体是我们不可能窥透的。从这一切就可推断绝对没有可能从自然借来会说明目的论联系的根据(aus der Natur selbst hergenommene Erklärungsgründe für Zweckverbindungen zu schöpfen),而且按照人类知识能力的构造,我们必须在一种作为世界的原因的原始知性里寻找这些目的论联系的最高根据。"②

已经详细地跟着来看康德关于直观性的知性这种学说之后,我们觉得在那里有许多是我们想要得到解答的问题,例如完全是自然地要问:依康德说来,一种直观性的知性是否只是一种能力,它知道事物的方式是不

① 《判断力批判》,409 页。

② 《判断力批判》,409 页,410 页。

同于我们自己的方式的，或者它还产生它自己的对象的？再则，是否有几种的直观性知性，而都是知道物自身的？或者直观性知性乃是只能归之于上帝的一种能力？

对于这些问题，康德全都没有给我们作出任何答复，而我认为他有很好的理由甚至不提出这些问题。我们只需考虑一下，依他的见解，一种直观性知性是完全独立于感性的一种知识的能力。现在，既然时间与空间乃是感性的形式，而作为这样的形式来说，是只属于有限的心灵的，而且不能在无限的存在者所有的知识里面碰见的，那么，有没有任何意义来问：一种直观性的知性知道它的对象的方式是否不同于我们自己的方式，或者它还作出它的对象？这样一个问题是无意义的，因为在我们谈到一个东西而说它是被作出的这个时候，我们的意思是说，原有一个时候，是这东西还没存在的，而它是在更迟的某时候才变为是有的，我们只能理解作出的过程为在时间中发生的一种过程。

其次，我们能否知道一种无限知识力量的对象？一定不能，因为这些对象不会是在我们谈到对象这个意义上的对象。它们不会是单纯给予认识它们的那个心灵的，因为单纯被给予的对象永远不能完全被知道的。乃至是有几个对象或者只有一个对象这个问题也会是没有意义的，因为“一”与“多”乃是概念，只对有限心灵来说才有其意义的，而且是为它们用来认识所与的外部对象的。我们能否合理地问：以直观方式知道事物的主体是只一个或者多于一个，那就是说，只有一个或者有几个直观性的知性？

关于我们所提出的一切这些问题，而我们能提出的还有许多，康德都会觉得是无意义的。他提议他的直观性知性的学说，其意义是要弄清楚人类知识的性质。他绝不自己认为对于一种根本不同于我们自己的知识的那知识的性质能看透什么，而且他深信没有人能看透的。一种直观性知性这个理念所能适合的意图不是给我们关于超感性对象的知识，或者使我们理解超人类知识能力的性质。我们设法去了解的乃是人类知识，而一种直观性知性这个理念，在它使我们体会到人类心灵的特质就是它的知性是推论的而且是不能通过单纯的思维而得到知识的，这时候，这种知性是适合一个有用的意图的。一切人类知识都是依靠知性与直观的合作的,而在人类知识里知性与直观乃是分开的、不能分析的要素。

这是基本的批判学说,《纯粹理性批判》曾表示这个见解,而《实践理性批判》和《判断力批判》又曾证实它,就是人类心灵乃是一种有限的心灵,不能有绝对的知识的,我们所能有的知识无非是关于现象世界的。然而,如又是曾说明过的那样,在单纯出现的东西的世界以外的某东西这个理念还是必要的,而且我们必须假定一个超感性世界的存在,因为,除非我们假定我们不能知道的一个超感性世界的存在,否则我们怎能谈到我们能知道的感性世界呢?

要关于我们现象世界的性格得到充分的了解,我们就得要把它和一个自在之物的世界相对比,而要了解我们那种依靠知性与直观的有限知识的性质,我们就把它和一种单凭知性或单凭直观的无限的知识力量相对比。但是,正如我们关于自在之物,即独立于人类心灵的对象的性质不能有任何清楚的想法那样,我们也同样不能有任何想法是关于一个无限的知识的,这无限的知识是为一种智性的直观或一种直观性的知性所得到的。

康德的直观性知性这个学说不是一种独断的形而上学论,它乃是对于人类知识的性质的批判性的研究之一部分,而它为康德所提出,乃是为着关于这种知识的性质的一个特别问题的解决的。我们有责任来解答这个问题:我们怎样说明这个事实,就是在人类心灵的自然研究的过程中,它能,而且事实上必须,使用两条完全不相同的原理?

康德深信,只有先验哲学,即一种哲学,它不承认人类心灵能有关于绝对实在性的任何知识,然而并不否认这样一种实在性的存在,这种哲学才能解答这个问题。

由于使目的论原理与机械性原理都和未知的超感性的东西有关系,而这样就体会到两者都不给我们关于绝对实在性的知识,我们就能解决两者之间的二律背驰了。一种独断论的哲学,即一种哲学,它得要以绝对有效性或者归于机械性原理,或者归于目的论原理,而这样就看它们为适用于自在之物的原理的,这种哲学是不能使它们彼此调和而且不能说明人类心灵如何能在两种完全不相同的方式上解释自然的对象。

康德在下节里将要告诉我们更多关于机械性原理与目的论原理的论证，这下一节也就是我们将要处理的《判断力批判》的最后一节。

第七十八节

在本节的开始，康德提出下面的论证。把自然的机械性作用牢记在心里，对于理性来说是极其重要的，因为离开机械性作用的原理就不能获得对于事物性质的洞见。如果我们或者说一个最高的建筑师曾直接按其从开始以来就存在着的方式创造了自然的各种型式，或者说他预先确定了在自然的行程中不断符合于同样模型的那些型式，这是丝毫无补于我们关于自然的知识的，因为我们完全不知道这样一个最高存在者动作的方式和他的种种理念，而我们认为这些理念是含有自然对象产生的原理的。用这样一个存在者这个理念，没有可能来说明自然中任何东西，如康德在这里所说的，我们不能从上帝这个理念出发，自上而下地说明自然(und von demselbenals von oben herab die Natur nicht erklären können)。

同样不可能采取相反的途径而从我们对于自然的意图的观察而证明一个最高存在者的存在，因为这样一来我们就陷入丐词的逻辑谬误[即以本身还未证明的原理作为论据的谬误]。我们就会预先假定自然中某些事物就是意图，而这正是我们着手要证明的东西，验前地或验后地都不能证明一个按照意图而活动的原因的存在。

无论我们要想从上至下(von oben herab)或者从下而上(von unten hinauf)去证明它，就是说，无论我们从一个最高存在者这个理念出发而从它得出自然对象，或者我们是从我们关于自然对象的经验而推论出一个最高存在者的存在，“我们都只是会用话语来欺骗理性，更不必提到，随着这种解释，我们就迷失在一个超经验的境界里，在那里我们的自然知识不能跟上我们，而就把我们的理性引入诗意的放肆里去，可是这就是理性的最高意图所要防止的”①。

① 《判断力批判》，410 页。

这里最重要的一点就是康德又一次表达他的确信，认为机械性原理乃是自然科学的基本原理，唯一给我们真正看透自然现象的原理。其所以是如此，是因为这些原理没有离开单纯自然的范围而且不从人类心灵不能有所知的超自然的原因去得出自然现象来。虽然在《判断力批判》一书中他完全体会到目的论原理的重要性与必要性，然而这并不使他放弃他的信念，认为机械性原理，即只承认自然原因的原理，乃是我们探讨自然的基本原理。一经人类心灵忽略了事物的自然原因，就不能得到事物本性的窥见的。

康德接着说明，虽然在我们应用有意图性这条原理于自然的产物时，这并不使那些东西的产生成为更可理解，然而这条原理依然是一条诱导作用的原理，它使我们能够探讨自然的特殊性规律。但是，虽然在使用它时，我们严格把自己局限于"自然的意图"这个名词，而使用它只是为了说明自然现象，而这样就不超出自然的界限，然而我们还是预先假定特别一种的因果作用，一种不是在自然中发现的而基本不同于物质的因果作用的因果作用。

可是很重要的是，我们不应该随便采取这样的一个步骤，而且不应该把自然每一种技巧都说成为目的论的。比方，我们必不可用目的论来解释自然这种能力，就是它产生一种东西表示着单纯形式的有意图性，或者只在对于我们的领会的关系上是有意图的，例如在有规则的物体的情况下①。"但是竟然完全排斥目的论原理而硬要墨守单纯机械性作用的原理而不管一切，乃至在那些情况下，就是理性在研究自然型式靠着它们才有其可能的那些原因的时候，发现一种完全清楚地表示对于不同类的因果作用的关系的有意图性这种情况——我说，这一切必然是使我们的理性成为妙想天开的，而把理性送到去放荡于种种不可思议的自然能力之中的。[而这是坏的，正如]那绝不理会自然的机械性作用，因而把理性引入狂热(Schwärmerei)里去的纯是目的论类型的说明一样。"②

① 关于这种有意图性(形式的与客观的有意图性)参看上文，第六十二节起。——作者原注

② 《判断力批判》，411页。

这将为任何一个读过目的论判断力辩证论上面几节的人所容易理解的，而对于本节的其余部分来说，也是如此，因此，我就不去管这论证的每一个细节了。

康德接着说，这两条原理不能结合着用于同一个事物，我们判定自然的一个产物，必须是或者按照机械性的原理或者是按照目的论的原理。这一点从前在第六十六节里我们曾讨论过，而在那节里康德曾告诉我们，那些是我们必须看作有机体或自然的意图的东西，必须自始至终以目的论来判定的，我们只得假定在它们里面没有什么是由于单纯机械性的原因的。“没有理由何以我们要假定这样一个东西的形式还是部分依靠机械性作用的，因为这就会引起不同类的原理的混淆，而我们就会变为没有一条可靠的规则是我们能用来判定的了。”①

人类心灵是绝对不能结合机械性方式的说明与目的论方式的说明的，结合它们的原理（而我们必须假定它们终之是结合的）必须处在一个我们毫无所知的即超感性的境界里。我们必须假定它们之间有一种联系，因为不然的话，我们就会没有权利来使用两条绝对不相同的原理去解释现象。

“那么，一方面机械地得出事物而另一方面目的论地得出事物，两者共同的原理乃是**超感性**的原理，这是我们必须理解为看作现象的自然的基础的（welches wir der Natur als Phänomen unterlegen müssen）。可是，关于这，我们从理论的观念来说，是不能形成任何概念的，我们也不能对它作出任何积极的断言。因此，决不能说明如何按照超感性的东西作为一条原理来看，自然在其特殊性的规律里可以替我们构成一个体系，而这体系按物理的原因或最后的原因的产生原理都能为人知道是可能的。我们所能说的只是这：如果碰到我们面临着一些自然对象，其可能性是我们不能认为是按照机械性作用的原理的，而这可能性总是能要求在自然中有一个东西（Naturwesen）而无须求援于目的论的根据的，那么我们就可具有信心来假定我们有权来以这两条原理都为我们对于自然规律探讨

① 《判断力批判》，377 页。

的基础……我们不必为发生在我们按着来进行判定这个对象的两条原理之间表面上的二律背驰所扰乱。因为我们有把握，至少不是没有可能，这两条原理乃至在客观上，是可以能够在一条原理里面结合起来的，因为它们是有关于预先假定有一个超感性的根据的出现的东西的。"①

这里最重要的就是我们看到康德现在弄得十分清楚，结合这两条原理的既不是机械性的原理，又不是目的论的原理。两条原理都只在现象的解释上才是有效的，而只是因为它们两者同在某种意义上是主观的，也就是因为它们只和出现东西的世界有关的，它们才能彼此得到调和。

只是因为我们可以假定一个超感性世界的存在，因为我们得要拿现象同自在之物作对比，才能使之可能理解我们如何能利用两条我们觉得不可能结合的原理。如果我们所知道的东西果是自在之物，那么在这两条原理之间就会发生一种不可解决的二律背驰了。可是事实上，这种二律背驰只是表面上的。

完全可以理解，何以人类心灵，按照它的知识的性格，能用两条不相同的原理来解释事物。"没有可能用机械性作用[的原理]来替代那是我们至少必须看为只由计划才是可能的，或者用不必然性[的原理]（这是会需要一个意图作为它的确定性根据的）来替代那是我们知道按照机械性作用是必然的。"②

由于人类知识的有限性，我们永远不能确知有多少机械性作用投入东西的产生里，因而我们的职责就是尽我们力之所及，按照机械性原理来解释自然现象。但是同样是确定的，不管我们用机械性的解释能前进多远，我们必须用目的论来判定某些对象。对于我们承认为自然的意图的事物来说，机械性的解释将总是依然不够的。"就是以这为基础我们的权利而（由于按照机械性作用的原理的自然研究对于我们理性的理论用途而有的重要性）甚至我们的义务，要尽我们力之所逮来用机械性作用去解

① 《判断力批判》，412页，413页。

② 《判断力批判》，414页。

释一切自然产物与事件，甚至那些最为有意图的产物与事件……但是这必不可使我们忽视了这个事实，就是有一些事物，除非我们假定理性的一个意图这个概念，否则我们甚至不能拿来作为研究的，而是按照我们理性本质上的构造，我们才必须终之把这些东西——虽然是有机械性的原因——隶属于按照意图的因果作用。"①

① 《判断力批判》，415 页。

译后语

《判断力批判》是康德著名的《三批判》之一，也是《三批判》的最后刊出的一部《批判》，在《纯粹理性批判》出版后九年，《实践理性批判》出版后两年才于1790年出版，其时康德已是六十六岁的高年了。在《判断力批判》的序言里康德曾写道："在写了这部《批判》时，我也结束了我的全部批判工作了。"可见，康德自己是十分重视他这部著作的。

事实也应该是这样。我们研究康德的哲学思想是不能局限于他的最著名的《纯粹理性批判》一书的，这部书里的许多重要概念以及主要问题是得要在《实践理性批判》里才得到初步的解决，而依康德自己的见解来说，还须等到《判断力批判》才彻底地弄清楚的，而且在这第三部《批判》里更提出了有些重要的观点和见解是发前两部《批判》之所未发的。因此，我们为了了解康德的哲学思想，进而在马克思列宁主义的立场上予以批判，不得不全读他的三部《批判》，尤其是《判断力批判》。我们读了这第三部《批判》之后，将会发现康德的世界观与人生观主要是在这部书里面明显地提出的。

可是，在某些方面，这部《判断力批判》，读起来比《纯粹理性批判》更难理解。如果不掌握其重点而且和前两部《批判》以及作者的某些一般认为是他的次要著作联系着来看，难免觉得这书某些地方是晦涩难明的。可以简单地这样说：《判断力批判》不但是一部关于美学的著作，而甚至更重要的是康德总结他的批判哲学，提出他自己的世界观与人生观的一部著作。如果说康德是一个唯心主义的哲学家，这是我们都一致同意的，那么要看到他是唯心主义到什么程度，要看到他掌握了当时的自然科学而何以还坚持他的唯心主义，我们就不应只在他的时代背景与阶级立场上来分析，纵然这种分析是完全必要的，而且还得要看看他具体上所提出的问题，然后才能抓住他的要害，从而彻底地予以批判。

开始读康德原著的人，每每感觉到关于康德的《纯粹理性批判》的参考书还有几本可资借镜,而想看一本关于《判断力批判》的参考书就颇不易得。译者把德人 H. W. Cassirer(卡斯拉)用英文写出的一部《判断力批判解义》中译出来,主要是要提供给我国读者这样的一部参考书。

作者卡斯拉对于康德哲学系统的研究是有其家学的渊源的。他的父亲原是康德哲学研究的一位杰出的大家,他关于康德哲学的编著、考证与著述早为研究康德哲学的人所重视,其子 H. W. 卡斯拉在第二次世界大战前被迫离开德国,流亡于苏格兰,在苏格兰的康德哲学研究大家 H. T. Paton(裴顿)的要求、鼓励与帮助之下从事于《判断力批判》一书的注解,历四年之久,写成他的《解义》一书。这书是作者用英语写出的。在几经英国人在文字上修改润色之后,书中的行文尚称流畅易读,不多涉及考证以及对康德思想意见分歧的问题,而只按原著的逐节逐段予以阐明,正如他在解释《判断力批判》的第一种导言里所说的:“我对于一本哲学著作的解义的想法,就是它应该设法帮助读者来了解他所感到难懂的某一定的段落;而我在这本解义中所作的正是这个。”依本译者看来,这本解义的作者卡斯拉是做到了这点的,因而他的《解义》是应对《判断力批判》的读者有相当大的帮助的。

读这本解义的人最好是联系着宗白华同志与本译者合译的《判断力批判》中译本来读,但也可以单独地来读,不像本译者从前所译由商务印书馆出版的《康德〈纯粹理性批判〉解义》之必须和原著联系着来读,否则不得其要领那样。

译文中插入一些德语的词句,都是作者在英语原著中插入的,但在中译本照样插入时,多半是根据需要加入中译的。其所用的拉丁语词句,则除常用的之外,一概加入中译,以便读者。

为了便于国内研究康德哲学进而予以批判的人,译者曾从事于康德的哲学原著以及研究康德哲学的重要著作的翻译。由于思想水平、业务水平与外语水平都极有限,而错误与缺点自知难免,希望专家与读者随时惠以批评与指正,是为幸甚。

韦卓民

1963 年 7 月 6 日于武昌华中师范学院

整理者后记

本卷为康德哲学译著部分，由《判断力批判》、《康德〈判断力批判解义〉》两部分构成。

这次整理在尽可能地理解韦卓民先生的思想和尊重其创作风格的前提下，对下述方面作了订正、修改：(1)对不符合现代汉语习惯和现代人阅读习惯的表达作了必要的调整；(2)按现行规范对标点符号作了改动；(3)对过时、不通行的人名、地名、术语根据新的规范作了必要的改动；(4)增加了少量由整理者撰写的注释，删去了一些不必要的中英文注释；(5)花较大气力对繁体字和连写的且不清晰的外文单词作了规范的处理。

在整理过程中，我们进行了如下分工：向玲、刘畅共同负责《康德〈判断力批判解义〉》、《判断力批判》(上)的录入，向玲后来还参与了《康德〈判断力批判解义〉》的校对；熊桂玉负责《判断力批判》(下)的录入，及《康德〈判断力批判解义〉》、《判断力批判》(上)(下)的校对、排版、统稿工作；高新民最后对整理过程中碰到的疑难问题作了处理。在整理过程中，我们虽抱着认真负责的态度，尽了最大努力，以还原韦卓民先生手稿的历史原貌，但错漏在所难免，敬请读者指正！

整理者

2015 年 8 月 18 日

出版后记

韦卓民先生(1888—1976),广东珠海人,我国著名的翻译家、哲学家、教育家,曾长期担任华中大学校长(1929—1951年)。韦先生毕业于文华大学,曾留学美国、英国,先后获哈佛大学哲学硕士学位和伦敦大学哲学博士学位,精通英、德、法、俄等多种外语,学贯中西,尤其是在康德哲学、黑格尔哲学、逻辑学、宗教学方面造诣很深。他毕生致力于沟通中西文化,在西学东渐、弘扬中国传统文化方面作出了巨大贡献。整理、出版《韦卓民全集》(11卷)对全面展示、传承韦卓民先生的学术成就,弘扬他的爱国精神和教育思想具有重要的文化价值和现实意义。

华中师范大学有一批富于抢救保护学术珍品责任感的领导和学者,一直在不计得失地付出。如上世纪八九十年代,以章开沅教授为首的校领导组织成立了韦卓民遗著整理小组,与韦先生一同工作过的曹方久(已去世)教授,敬仰韦先生学问与人品的唐有伯、高新民、王宏维等教授,一直在搜集、整理韦先生的遗著。华中师范大学出版社从20世纪90年代起就开始陆续编辑出版韦卓民先生的译著系列及相关研究,出版有"韦译哲学名著研究系列"及关于韦卓民研究的重点图书260多万字,包括《康德哲学讲解》、《康德〈纯粹理性批判〉解义》、《康德哲学原著选读》及《韦卓民学术论著选》等书。其后,由于经费和人手的紧张,仍有约700万字的译稿和文章等未能整理出版。所幸2013年湖北省新闻出版广电局启动了湖北省学术著作出版专项资金资助项目,11卷本的《韦卓民全集》获得资助;一贯重视韦卓民著述出版的珠海市委宣传部对该套书的出版也给予了高度重视和经费上的有力支持;还有马敏、佘子侠、高新民、刘家峰等老师也为全集的出版不计名利地做了大量工作。特别要说明的是,韦卓民先生的后人对全集出版给予了无私的帮助,他们承诺放弃稿酬。根据他们的建议,出版社和他们商定全集出版后开付的稿酬,将作为"韦卓民奖励基金",用于研究韦卓民先生著述的出版及相关的学术活动。在此,对这些一直关心、支持全集出版的所有同仁一并致以诚挚的谢意！

《韦卓民全集》的书稿形式繁多而复杂，除有大量手稿外，还有一些是从图书馆和档案馆拍摄的图片资料；手稿的大部分存放于华中师范大学档案馆，少部分保存在韦先生亲属手中，还有部分资料被收藏在英国和美国的大学图书馆。韦卓民遗著整理小组力求尽量把海内外所藏相关文献搜罗完备，整理出版。此次出版的《韦卓民全集》包括韦卓民生前已公开出版的各类作品和从未刊发的手稿、书信等，总体上分为翻译书稿和研究论著两大类，并按照哲学、逻辑、教育、宗教及文化等板块进行分卷，共11卷。

由于《韦卓民全集》绝大部分为翻译作品，如康德的《纯粹理性批判》、《康德的经验形而上学——〈纯粹理性批判〉上半部分注释》、《判断力批判》及卡斯拉的《康德〈判断力批判〉解义》、《康德哲学原著选读》，斯密的《康德〈纯粹理性批判〉解义》等，都是深奥难懂的哲学著作；加之韦卓民先生生活的年代和当时的行文习惯，书稿中有些说法和表述与现在的语言文字规范及出版规范有较大出入，但又不能按现在的要求径改，只能采取尊重历史、适当变通的原则进行特殊处理，现分述如下：

1. 关于标点符号。书稿中有很多不是分句而使用分号，不必断句而使用逗号，在“与”、“和”等之前使用标点的情况，还有在破折号前使用逗号和句号，以及括号中的内容单独列出并在句末用句号的情形等。这是当时的行文特点及作者的表达习惯，只要不影响对文意的理解，一律保持原貌；但如果导致无法理解，甚至是明显的错误，才按现在的规范予以改正。

2. 对书稿中的有些字词与现在的说法有出入的处理。如把“钥匙”写作“锁钥”、“介绍”写作“绍介”、“终究” 写作“终久”等，都一仍其旧；还有一些不符合现在的用词规范的，如“已曾”、“看成是”、“涉及到”等，只要不影响对内容的理解，亦未作改动。

3. 全集的注释很多，且形式繁杂。有大量简写的，如“A713 即 B741”是指康德《纯粹理性批判》两个不同版本的页码；有很多注项不全的，如“见书之第 12 节”；同一文献资料有多种说法的，典型的如华特生的 The

Philosophy of Kant Explained 一书,韦先生有时简译为《解康德》,有时译为《释康德》,更多的时候译为《康德解》等等。编审人员不宜按照现有的规范统一,注项不全的也因资料有限而没法补充完整。为了尽可能保持原貌,更为避免造成新的错误,只能大致统一。

4. 正文内容的层次复杂,很多并没按现在通行的层次表达形式。同一层次的内容,有用 A、B、C……表示的,也有用 a、b、c……表示的,还有用(1)、(2)、(3)……表示的等,甚至同一层次的内容,其表现形式也不统一。考虑到没有错误,均未径改。

5. 有些表述虽不合适,但明显属于个人的写作习惯。如书稿中经常用"而"表递进关系,还有很多"是……的"句式,但有的"是……"后面没有"的"字等。虽然改了更符合现在的规范,但文中此类表述甚多,考虑到这种表述不影响读者的理解,亦未擅改。

6. 全集中还有少部分英文内容,原稿中同一个英文单词既有英式拼写,也有美式拼写,专用词的大小写亦不统一,同一地名的写法不尽相同,还有作者在书信后的署名写法不尽一致,为了保持作品原貌,亦未全书统一,仅在同一篇章或同一书信中统一。

韦卓民先生行文的特殊性还有不少,书稿的编校需要特别对待之处也很多,在此不一一赘述。

与大多数 20 世纪上半叶人物文集整理出版的难度大一样,《韦卓民全集》书稿的整理、编审难度远远超乎我们的想象。书稿除了少部分成书外,绝大部分都是图书馆和档案馆存放多年的手稿,编校这类书稿的难度有三:一是书稿中有大量非规范的简化字、繁体字、异体字,并夹杂有德文、英文、法文、拉丁文、希腊文等外文,且字迹难以辨认;二是书稿存放时间太久而导致的字迹脱落或模糊不清;三是由于书稿的专业性太强而难于理解。这不仅给书稿的收集整理增加了难度,对编审和校对人员也是极大的挑战。为了使文集尽量保持韦先生写作的原貌,也为了最大限度减少书稿的差错,编校人员反复查阅原件,并多次到图书馆、档案馆通过复印、拍照等方式获得资料进行核对和辨认。这仅仅有负责、敬业的精神和认真、细致的态度是不够的,编辑同人是怀着对韦先生的景仰之情和对学术的敬畏之心来做这套书的。我们有理由相信,《韦卓民全集》的出版将为学术界提供一个全面研究韦卓民先生的最佳文本,也将为西方哲学、教育学和宗教学等的研究提供重要的学术资源。同时,韦卓民作为研究中西方文化的先贤,其全集的刊行也将进一步推动中西方文化的交流与合作,为我国当下的学术发展与文化建设起到积极作用。

本社

2016 年 3 月 10 日